Thomas Korbus u.a. (2012):
Jugendreisen 2.0 | Analysen und Perspektiven,
Bielefeld, ruf akademie

Bielefelder Jugendreiseschriften | Band 8

Herausgegeben von:

Renate Freericks

Thomas Korbus

Bernhard Porwol

www.ruf-akademie.de
E-Mail: info@ruf-akademie.de
ISBN 978-3-00-037476-0

Lektorat und inhaltliche Gestaltung: Simone Nettingsmeier, Hans-Sachs-Str. 4, 33602 Bielefeld, www.lutterlotsen.de, sn@lutterlotsen.de
Lektorat: Bärbel Philipp, Steinweg 24, 07743 Jena, www.textperlen.de, lektorin@textperlen.de
Design & Produktion: Sandra Klages, ruf Grafikabteilung
Fotos: André Bitter, Christoph Buckstegen, shutterstock, GettyImages, iStock, Fotos von Autoren
Druck: Sievert Druck & Service GmbH; Potsdamer Straße 190, D-33719 Bielefeld

Thomas Korbus u.a.

>> Jugendreisen 2.0
Analysen und Perspektiven

1. Nichts ist beständiger als der Wandel.
Oder: Wie sich Gesellschaft und Jugend verändern

2. Wie der Wandel Jugendreisen bewegt.
Oder: Von Diversifizierung bis Internationalisierung

3. Eine Basis mit doppeltem Boden.
Oder: Bildung und Jugendreisen, ein untrennbares Paar

›› 4. Kompetent, menschlich, vertrauenswürdig. Oder: Ohne Qualität läuft nichts

Vorwort 1

Jugendreisen 2.0: So lautet der Titel dieses Bandes der Bielefelder Jugendreiseschriften – einer Buchreihe, die im Jahr 1997 von den Herausgebern Bernhard Porwol, Wolfgang Nahrstedt und Thomas Korbus gestartet wurde. Die Nähe des Titels zum Web 2.0 ist dabei durchaus gewünscht, denn das Prinzip von Web 2.0 lautet: mitmachen, eigene Ideen einbringen! Je mehr dabei sind, umso besser wird das Web. Das Buch versucht, auch technisch einen Bogen zu schlagen.

Parallel zur Printversion erscheint die Homepage zum Buch „www.Jugendreisen20.de". Hier wollen wir weiterführende Informationen, Interviews, Blogs, Filme und Artikel platzieren. Offline und online passen zusammen.

So hat sich auch im Jugendtourismus eine große, vernetzte „Community" entwickelt, die vieles bewegt – und natürlich hat das Internet auch unsere Branche revolutioniert. Dass die Bielefelder Jugendreiseschriften damals entstanden sind, hatte gute Gründe: Während der Jugendreisemarkt im Ausland längst hohes Ansehen genoss, sah die Situation in Deutschland dagegen anders aus. Politik, Wirtschaft, Medien und Wissenschaft schenkten dem Jugendtourismus viel zu lange zu wenig Beachtung. Deshalb schlossen sich Ende der 1990er-Jahre engagierte Sozialwissenschaftler mit den Machern von ruf zusammen, um bestehende Defizite aufzuarbeiten und den Dialog in Gang zu bringen.

Im ersten Buch „Vom Staat zum Markt" schilderten zahlreiche Experten ihre Sichtweise zu Problemfeldern und Möglichkeiten in unserem Geschäftsfeld. Die Hauptbotschaft lautete: Der Weg im Jugendtourismus geht vom Staat zum Markt – von der öffentlich subventionierten Jugendpflege zum privat finanzierten Jugendtourismus.

Und heute? Das Fazit ist klar: Der Jugendtourismus in Deutschland hat stark an Bedeutung gewonnen. Die wirtschaftliche Bedeutung unseres Segments wird anerkannt, benannt und gefördert. Das ist der Zusammenarbeit aller Player im Markt zu verdanken. Das Thema Jugendreisen hat selbst in der Politik wesentlich mehr Gehör bekommen. Und auch die Medien sowie die Fachöffentlichkeit nehmen uns als wichtigen Baustein im Gesamtmarkt Tourismus wahr.

Thomas Korbus
Jahrgang 1959, Dipl.-Pädagoge, Studium in Köln, Oldenburg und Bielefeld, Gründer von Reisen und Freizeit mit jungen Leuten e. V. (**ruf**) und geschäftsführender Gesellschafter von **ruf**, Trend Touristik GmbH, Bielefeld, Gründer des Reisenetz e. V., des BundesForum Kinder- und Jugendreisen e. V., der Jugendreisehalle auf der ITB und der Bielefelder Jugendreiseschriften.

Inhaltlich zeigt sich: Auch eine gut vernetzte Jugendtourismuswelt braucht einheitliche Standards – und so begleiten uns die Themen Professionalisierung und Qualitätsorientierung damals wie heute. Aber es sind viele weitere Bereiche hinzugekommen: Der Jugendtourismus lebt von seiner beeindruckenden Vielfalt. Wesentlich ist noch, die wissenschaftliche Diskussion weiter auszubauen. Aber auch hier zeigt sich eine neue Dynamik: Im Forscher-Praktiker-Dialog entstehen universitäre Netzwerke – und die Bereitschaft wächst, den Praxisbezug als wesentliches Element universitären Lernens in Forschung und Lehre stärker zu fördern.

Mit diesem inzwischen achten Band der Bielefelder Jugendreiseschriften wollen wir nun einen Bogen zum ersten Band schlagen, der vor 15 Jahren entstanden ist. Wir wollen Bilanz ziehen, Entwicklungen aufzeigen und den Blick in die Zukunft wagen. Im Sinne des Jugendtourismus 2.0 haben wir bei dieser Ausgabe wieder viele Menschen dazu eingeladen, sich mit einem Beitrag zu beteiligen. Mehr als 60 sind diesem Ruf gefolgt – eine tolle Bilanz!

Bei allen Autorinnen und Autoren möchte ich mich für ihr Engagement und die investierte Zeit ganz herzlich bedanken. Ihr Input und ihr Fachwissen machen das neue Buch erst zu dem, was es ist! Auch bei unseren Mitarbeitern von **ruf** möchte ich mich bedanken: bei den Kollegen, die ihr Fachwissen ebenfalls als Autorin oder Autor eingebracht haben, sowie bei den Kollegen aus dem Marketing und der Grafik, die dem Werk den passenden äußeren Rahmen gegeben haben. Das Büchermachen gehört nicht zu unseren Kernaufgaben, umso mehr Spaß hat es mit euch gemacht!

Besonders bedanken möchte ich mich an dieser Stelle bei zwei Frauen für ihren einzigartigen Einsatz. Zum einem Simone Nettingsmeier (www.lutterslotsen.de), als unsere jahrelange Lektorin und im Rahmen dieses Buches auch verantwortlich für so manch inhaltliche Ausgestaltung der Artikel. Und zum anderen bei Jana Pieper, unserer Kollegin aus der **ruf akademie**, die als Projektleitern unermüdlich und herausragend das Buchprojekt gemanagt hat und unseren 50 Autoren jeder Zeit mit Rat und Tat zur Seite stand.

Bielefeld, Februar 2012   Thomas Korbus von **ruf**

Vorwort 2

Der Kinder- und Jugendtourismus hat in den vergangenen Jahren stark an Bedeutung gewonnen und ist ein bedeutendes touristisches Segment mit enormen wirtschaftlichen Entwicklungspotenzialen. Mit einem Jahresumsatz von zwölf Milliarden Euro ist er inzwischen ein wichtiger Teil der deutschen Tourismuswirtschaft.

Die Deutsche Zentrale für Tourismus (DZT) trägt dieser Entwicklung mit ihrem Themenjahr „Junges Reisen nach Deutschland" im Jahr 2013 Rechnung. Bereits jetzt vermarkten wir das Reiseland Deutschland für Jugendliche in unserem Internetauftritt www.germany.travel in 26 Sprachen und 30 Märkten weltweit unter der Rubrik „Deutschland für Jugendliche". Hier gibt es auch eine Verlinkung zur Seite „Young-germany.de" des Auswärtigen Amtes.

Wie neueste Studien zeigen, haben junge Reisende andere Urlaubsbedürfnisse und andere Informationsquellen als ihre Eltern. Sie informieren sich über Social Networks, buchen zu 80 Prozent im Internet und wählen ihr Urlaubsziel nicht in erster Linie nach Destinationen aus, sondern vor allem nach dem Angebot vor Ort. Und hier ist das Reiseland Deutschland bestens aufgestellt.

Wissenschaftliche Untersuchungen zu diesem Thema sind noch spärlich. Umso größer ist die Bedeutung des vorliegenden Buchs. Ein Werk, das die Veränderungen der letzten 15 Jahre aufzeigt und zugleich alle wichtigen Persönlichkeiten aus der Jugendtourismusszene zur Wort kommen lässt. Damit ist ein weiterer Meilenstein für die Publizität des Jugendtourismus gelegt, der zugleich das Vertrauen von Eltern, Politikern und Entscheidungsträgern in dieses Feld weiter stärkt.

Ich beglückwünsche **ruf reisen**, die weiterhin die Initiative ergreifen und wichtige Publikationen zum Jugendtourismus herausbringen. Der Reiseveranstalter bietet Vertretern der Szene eine Plattform und dokumentiert so in eindrucksvoller Weise die Entwicklungen und Zukunftsprognosen für die gesamte Jugendtourismusbranche.

Frankfurt, Februar 2012

Petra Hedorfer
Vorsitzende des Vorstandes
Deutsche Zentrale für Tourismus e. V.

Petra Hedorfer
Jahrgang 1965, studierte Wirtschafts- und Sozialwissenschaften in Augsburg. Seit 2003 leitet sie als Vorsitzende des Vorstandes die Deutsche Zentrale für Tourismus in Frankfurt und steht damit für die professionelle Bewerbung des Reiselandes Deutschland im Ausland. Marktgerechte Zielgruppenansprache steht bei der internationalen Marketingarbeit im Fokus. Diese setzt die DZT mit ihren weltweit 30 Büros und Agenturen auch für die wichtige Gruppe „Junge Reisende" um. Zentrale Plattform zur Vermarktung des jungen Deutschlands ist die DZT-Website www.germany.travel. Außerdem investiert sie verstärkt in Aktivitäten im Social-Media-Bereich und stellt ihre Tourismuswerbung 2013 weltweit unter das Themenjahr „Junges Reisen nach Deutschland".

Einleitung
Thomas Korbus

Mit diesem Reader knüpfen wir an ein Buch an, das genau vor 15 Jahren erschien und das die Grundzüge des Jugendtourismus skizzierte, die sich seit den 1980er-Jahren herausgebildet hatten. „Vom Staat zum Markt" beleuchtete dabei, wie sich mit Veranstaltern wie **ruf** der Jugendreisemarkt massiv veränderte: Mit den gewerblichen Reiseanbietern, die sich nur über den Markt finanzierten, wurde damals den subventionierten und gemeinnützigen Jugendreisen der Kommunen, Wohlfahrtsverbände, Parteien, Gewerkschaften, Sport- und Jugendverbände nahezu das Ende vorausgesagt.

Heute wollen wir in diesem Band „Jugendreisen 2.0 – Analysen und Perspektiven" aber nicht nur Bilanz ziehen, ob sich die aufgestellten Prognosen bestätigt haben. Wir blicken vielmehr auch auf die neuen Anforderungen, die sich für die Jugendreisepraxis und damit für Politik und Wissenschaft ergeben.

Welche Veränderungen hat das Internet in den vergangenen 15 Jahren mit sich gebracht? Gibt es neue Produkte, Zielgruppen, Partnerschaften und Vertriebswege? Wie sieht es mit den Bezuschussungen von Reisen aus – können alle Kinder heute an diesen Angeboten teilhaben? Wie steht es um die Qualität? War die intensive Debatte darum die einzige neue Entwicklung der letzten Jahre? Und – ist die Globalisierung auch im Jugendreisen angekommen?

Diese und viele weitere Fragen wollen wir betrachten und Perspektiven aufzeigen. Dabei kommen wieder die verschiedensten Experten zu Wort. Und es wird sich zeigen, dass diese teils auch durchaus kontroverse Standpunkte belegen. Darüber freuen wir uns sehr – denn so bleibt der Diskurs rund um das junge Reisen weiterhin spannend und lebendig. Dass die Branche zugleich in vielen Bereichen eng zusammensteht, hat gute Gründe: Wir müssen uns gemeinsam weiteren Herausforderungen der Zukunft stellen. Der demografische Wandel führt in Deutschland dazu, dass unsere Gesellschaft immer mehr altert – es werden zu wenige Kinder geboren. In diesem Punkt sind sich Wissenschaftler wie Klaus Hurrelmann und viele seiner Kollegen einig. Zugleich sorgen die gesellschaftlichen Entwicklungen dafür, dass sich die Zeitspanne massiv ausweitet, in der sich die Menschen jung und jugendlich fühlen. Wichtige Aspekte, denen wir gleich unser erstes Kapitel gewidmet haben:

1. Nichts ist beständiger als der Wandel.
Oder: Wie sich Gesellschaft und Jugend verändern.

Prof. Roland Conrady rät im Umfeld der gesellschaftlichen und demografischen Entwicklungen unter anderem dazu, die Zielgruppendefinition zu erweitern – warum sollte es nicht jugendliche Reiseangebote für Menschen bis 30 geben? Dr. Michael Buck präsentiert dazu interessante Anregungen, wie Reiseveranstalter durch branchenübergreifende Kooperationen und eine hohe Social-Media-Kompetenz Jugendliche weiterhin erreichen und in ihren Bann ziehen werden. Aber genau im Bereich Social Media bietet sich noch erheblich Potenzial, wie Michael Faber und Daniel Amersdorffer aufzeigen. Viele Unternehmen sind hier weitaus zu wenig aktiv, während die „Digital Natives" sich bei Facebook & Co. tagtäglich tummeln. Doch auch wenn die Jugendlichen tief ins Web abtauchen – sie brauchen in vielen Bereichen ihres Lebens das ganz reale Erlebnis. Davon ist Autor Axel Dammler überzeugt. Die Quintessenz seines Beitrags

lautet, dass sich „Jugend" in den letzten 15 Jahren eigentlich nicht verändert hat. Eine Ansicht, die auch Manfred Prager teilt: Er weist historisch nach, dass die Motive für eine Jugendreise gleich geblieben sind – lediglich die „Verpackung" sei moderner geworden. Und Peter de Jong ergründet, wie verunsichernd die globalen Veränderungen auf die Jugendlichen selbst wirken – er beschreibt, wie Jugendreisen dazu beitragen, dass sich die Jugendlichen selbst erproben und fürs Leben lernen können.

Fakt ist: Die vielfältigen Veränderungen erzeugen eine Dynamik im Jugendtourismus, die viele Ideen und Innovationen mit sich bringt. Und mit diesen spannenden Entwicklungen beschäftigt sich das zweite Kapitel.

2. Wie der Wandel Jugendreisen bewegt.
Oder: Von Diversifizierung bis Internationalisierung.

ruf hat sich am Markt sprunghaft weiterentwickelt: Inzwischen gibt es Kinderreisen, Teensreisen, die klassischen Jugendreisen, und mit **ruf** NEXT ein Angebot für die über 17-Jährigen. Damit hat **ruf** – entsprechend den veränderten Lebensentwürfen der Menschen – die Zielgruppen erheblich ausgeweitet und sich vom reinen Jugendreiseveranstalter zum Vollsortimenter entwickelt. Thomas Korbus berichtet, wie das gelungen ist. Und Florian Kuff vom **ruf** Produktmanagement beleuchtet, wie sich die Kinderreisen durch ihre innovativen Inhalte und durch richtungsweisende Kooperationen so entwickelt haben, dass **ruf** bei der Verleihung des Deutschen Tourismuspreises 2010 sogar als Sieger hervorgehen konnte. Im Rahmen der Kinderreisen hat **ruf** sogar ein Kinderhotel auf Föhr eröffnet – eine Insel, für die das Herz von Sandra Lessau schlägt. Kristina Oehler, Kai Nitzke und Katharina Schnellen schauen sich das Segment der älteren Teilnehmer und Teilnehmerinnen genauer an. Sie spüren dem Phänomen der unbetreuten „Sauf- und Komareisen" nach und erklären anhand der Entwicklung von **ruf** NEXT, was Jugendliche ab 17 dagegen von ruf erwarten – eine betreute Reise! Das liegt sicher an dem **ruf** feeling, das sie selbst in älteren Jahren noch genießen möchten. Saskia Schiller erklärt daraufhin, was eine **ruf** Reise so einzigartig macht.

Aber auch im Bereich der Unterkünfte haben sich interessante Entwicklungen ergeben: Oliver Winter berichtet beispielsweise, wie sich der Hostel- und Budgetmarkt so entwickeln konnte, dass diese Unterkünfte für das Deutsche Jugendherbergswerk sogar eine echte Konkurrenz geworden sind – und das, obwohl sie nicht staatlich subventioniert werden. Karin Löhnert zeigt dagegen in ihrem persönlichen Bericht auf, wie sich das DJH in Mecklenburg-Vorpommern modernisiert und für die Zukunft aufstellt. Überhaupt ist in Mecklenburg-Vorpommern vieles in Bewegung, wenn es um junges Reisen geht. Reinhard Schwarz zeigt uns auf, wie das Zusammenspiel vieler Akteure diese Entwicklung möglich gemacht hat.

Und wie sieht das Jugendreisen in Europa aus?
In Frankreich gehörten Jugendreisen schon seit vielen Jahrzehnten zur Kultur, berichten Eric Kubisch und Benjamin Richter. Aber dennoch sah man es dort lange Zeit lieber, wenn die Unterkünfte der Jugendlichen nicht direkt im Ort, sondern außerhalb angesiedelt waren. Doch innerhalb des letzten Jahrzehnts trat eine Wende ein: Das Potenzial der Reisen wurde entdeckt – und das Ansehen wuchs.
In Österreich hat sich ya! mit Diätcamps dem wichtigen Gesundheitsmarkt genähert, erklären Walter Kaltner und Bernd Seidl – und zugleich wird mit den „English Language Camps" und dem „German Language Camp" die Internationalisierung vorangetrieben. Diesen Ansatz präfe-

riert auch Jan Vieth: Er verweist darauf, dass deutsche Kinder- und Jugendreiseorganisationen bei ihrer Zielgruppenauswahl immer noch erstaunlich wenig das Ausland betrachten – und sich damit ein gutes Geschäft entgehen lassen. Sogar Verbände wie das Reisenetz richten sich internationaler aus, wie Klaus Eikmeier zum Schluss seines Artikels berichtet: Denn es zeigte sich im Rahmen einer Offenen Fachtagung (OFT), dass die Gäste aus Großbritannien, Irland und Spanien ein besonderes Interesse an den deutschen Qualitätsstandards hatten – und bereit sind, diese auf europäischer Ebene zu vereinheitlichen.

Peter de Jong ist sogar der Ansicht, dass Asien Europa zukünftig den Rang ablaufen wird. So wird es für Jugendliche also immer wichtiger, den asiatischen Raum und die Kultur frühzeitig kennenzulernen – zum Beispiel im Rahmen einer Jugendreise. So können sie möglichen beruflichen Anforderungen später gelassener begegnen.

Und an einer solchen außerschulischen Bildung haben Kinder und Jugendliche durchaus heute ein eigenes Interesse – das belegt eine interessante Entdeckung, die Heiner Giese im Bereich der Sprachreisen machte: Hier zeigt sich, dass immer mehr junge Menschen aus eigenem Antrieb ein solches Angebot nutzen wollen und sich zu einer Sprachreise in Deutschland oder im Ausland anmelden.

Apropos: Bildung ist ebenfalls ein wesentliches Thema für junges Reisen – sowohl im Rahmen der Reiseleiterausbildung als auch dann, wenn es um Reiseinhalte geht. Grund genug, zu diesem Bereich ein weiteres Kapitel zu gestalten:

3. Eine Basis mit doppeltem Boden.
Oder: Bildung und Jugendreisen, ein untrennbares Paar.

Dr. Werner Müller fordert dabei in seinem Artikel direkt, dass es allen Kindern und Jugendlichen ermöglicht werden muss, an Reiseangeboten teilzunehmen. Gemeinsam mit Ansgar Drücker zeigt er auf, dass diese Reisen zunehmend die Funktion übernehmen, Alltagsfertigkeiten und künftige Lebenskompetenzen zu vermitteln. Welche Rolle die Pädagogen dabei übernehmen, das beleuchtet Prof. Dr. Renate Freericks in ihrem Artikel.

Gesunderhaltung, Gewaltprävention, Berufsvorbereitung oder auch internationale Jugendbewegungen: diese und weitere Themenfelder belegen inzwischen die Reiseveranstalter – Angebote, die Kinder und Jugendliche in ihrer Entwicklung fördern. Andrea Schütt nimmt dazu in ihrem Bericht einen weiteren Aspekt auf: die Möglichkeit, bei einer **ruf** Reise die eigenen Interessen und Talente entdecken und leben zu können. **ruf** Gäste können im Rahmen ihrer Sprachurlaube, Fernreisen, Kinderreisen oder Musik- und Sportreisen neue Welten entdecken und ihren Horizont erweitern.

Auch Klassenfahrten sind in diesem Umfeld nicht wegzudenken. Und so macht sich Uwe Flügel dafür stark, den Zugang zu solchen Fahrten für Lehrerinnen und Lehrer so einfach wie möglich zu gestalten. Außerdem zeigt ein Blick Richtung Großbritannien, dass erlebnispädagogische Klassenfahrten dort viel differenzierter dargeboten werden und sich explizit an Unterrichtsfächern, Schulzweigen und den Anforderungen der schulischen Bildung orientieren. Eckehard Klein berichtet in diesem Zusammenhang, wie Kinder- und Jugendreisen dazu beitragen, jun-

ge Menschen auch in politischer Hinsicht zu bilden, zu erziehen und zu sozialisieren: Es geht darum, Werte und Weltbilder zu vermitteln. Aber er verweist zugleich darauf, wie wichtig die Betreuerinnen und Betreuer dabei sind. Die Qualität der Ausbildung der Reiseleiterinnen und Reiseleiter nimmt auch Christoph Edlinger ins Visier. In seinem Beitrag geht es unter anderem um die richtige Aus- und Weiterbildung des **ruf** Personals.

Die Qualität des Jugendtourismus wird im Folgenden noch tiefer beleuchtet – in dem nächsten Kapitel dieses Buches:

4. Kompetent, menschlich, vertrauenswürdig.
Oder: Ohne Qualität läuft nichts.

Was macht eine gehaltvolle, hochwertige Kinder- und Jugendreise aus? Burkhard Schmidt-Schönefeld definiert zunächst die **ruf** Faktoren für beste Angebotsqualität. Eine Linie, die Berhard Porwol aufgreift: Er benennt die verschiedenen Qualitäten einer Jugendreise und zeigt die Herausforderungen für die Zukunft auf. Zudem erläutern Dieter und Ulrich Gauf, inwiefern die Bustransporte zur Reisequalität beitragen.

Gütezeichen und Zertifikate sollen im Jugendtourismus nicht nur für eine Vergleichbarkeit der Angebote sorgen, sondern ebenso um das Vertrauen der Eltern werben. Dies ist insbesondere bei den Kinderreisen der Fall – und so berichten Ulf Theike und Friedhelm Güthoff, wie das Qualitätszeichen „OK für Kids" entstanden ist. Zudem macht sich Jana Piper dafür stark, innerhalb der Branche nicht nur auf die „hauseigenen" Gütezeichen der Branchenverbände zu setzen, sondern auch auf externe TÜV-Zertifizierungen. Allerdings gilt es, nicht durch eine Schwemme von Gütezeichen die Transparenz für die Kunden und Kundinnen zu verwässern. Heike Peters erklärt in ihrem Artikel, dass sich die Qualität der Kinder- und Jugendfahrten mithilfe der Teams und der Teilnehmenden sehr gut evaluieren lässt. Und wie wichtig ein richtiges Qualitätsmanagement gerade auch im Fall einer Krise ist, das machen Kristina Oehler und Christoph Edlinger deutlich.

Die rechtlichen Hintergründe bieten Dr. Jana Illchmann und Patrick Wersin rund um das Reiserecht an. Und im Interview mit Dr. Volker Jorczyk erfahren Touristiker interessante Entwicklungen, die das Steuerrecht mit sich bringt.

Ein Qualitäts- und Erfolgsfaktor im Kinder- und Jugendtourismus ist aber auch, eine attraktive, zielgruppengerechte Angebotspalette für die Kundinnen und Kunden bereitzustellen. Diesem Bereich ist das nächste Kapitel gewidmet:

5. Kinder- und Jugendreisen im neuen Gewand.
Oder: Starke Marken als Erfolgsfaktor.

Jens Greven führt uns in diesem Part noch einmal vor Augen, wie schnelllebig unsere Gesellschaft geworden ist. Für den Kinder- und Jugendtourismus bedeutet das: ebenso schnell zeitgemäße und hochwertige Angebote für junge Menschen zu entwickeln, um sich positiv vom Markt abzuheben. Ein bisschen Psychologie – attraktiv verpackt – bietet dazu Jens Wiesehover an: Er macht deutlich, wie eine gefestigte, nach innen und außen deutliche Markenidentität den Weg zu anderen Partnern eröffnet und somit zu einer Vielzahl neuer Produkte führt. Eines davon war das Micky Maus Camp, das **ruf** erfolgreich mit dem Ehapa Verlag ins Leben gerufen hat. Jörg Risken stellt dar, welche positiven Auswirkungen diese Zusammenarbeit für alle

Seiten hatte – und was daraus geworden ist. Auch die TOGGO-Sommercamps sind eine solche gemeinsame Markenerfolgsgeschichte von Super RTL und **ruf**. Erzählt wird sie von Matthias Kappeler. Die Krönung dieser Zusammenarbeit war sicher der Deutsche Tourismuspreis, den **ruf** im Jahr 2010 erhielt. Florian Kuff lässt das Herzklopfen rund um die Preisverleihung noch einmal aufleben.

All diese Angebote finden ihren Weg in den Markt über einen gelungenen Vertrieb, dem wir im nächsten Kapitel Raum geben:

6. Gekonnt gebucht.
Oder: Zielgruppengerechte Vertriebskanäle.

Viele Medienvertreter sind am Thema „junges Reisen" nicht besonders interessiert – in Deutschland finden darüber kaum Berichterstattungen statt, macht das Interview mit Thomas Wilde deutlich. Insbesondere die Printmedien verlieren in diesem Segment zugunsten des Internets, das für die Branche als Vertriebsinstrument hoch interessant ist. In diesem Rahmen legt Michael Buller auf persönliche Weise dar, wie die PCs immer mehr in das private Umfeld Einzug gehalten haben – und was die Internetnutzung heute für die Kinder- und Jugendtouristik bedeutet. Denn die „Digital Natives" sind bestens vernetzt, und zwar auch, wenn es ums Reisen geht. Das verdeutlicht ebenso Dirk Foeste anhand von „Jan", einem beispielhaften Protagonisten, an dem er das Medienverhalten Jugendlicher erörtert.

Doch selbst wenn das Internet so hohe Bedeutung auch bei Reisebuchungen genießt, ist sich Matthias Gürtler sicher, dass die persönliche Beratung im Reisebüro auch in Zukunft gefragt sein wird. Und Dirk Rogel hält das Kinder- und Jugendreisen sowie Angebote für junge Erwachsene sogar für ideale „Einstiegsdrogen" in den späteren Markt der Pauschalreisen. Eine Ansicht, die Jürgen Büchy teilt: Er plädiert dafür, bei der Buchung einer Pauschalreise gleich eine Kinder- und Jugendreise mit anzubieten – um durch positive Erfahrungen und Reiseerlebnisse die Beziehungen zu den Kunden von morgen zu stärken. Claudia Christmann bietet dafür genau die richtigen Fortbildungen an: Sie schult Reisebüros auf den Verkauf junger Produkte und sieht hier noch einen großen Markt.

Und wenn es um die weitere Zukunft geht, lassen sich viele interessante Visionen entwickeln. Ein paar davon stellen wir in dem nächsten Kapitel vor:

7. Was morgen kommt.
Oder: Die Zukunft bringt Vielfalt!

Kreuzfahrten für Jugendliche? Dieses Zukunftsszenario erweckt Rainer Nuyken für uns zum Leben. Er sieht **ruf** quasi schon mit einer großen Schaar Jugendlicher über die Meere ziehen. Rolf Koskowski entdeckt dagegen eher in Bildung den Megamarkt von morgen – während Ellen Marquardt und Holger Falk insbesondere bei Klassenfahrten den weiteren Trend in der Erlebnispädagogik wahrnehmen. Insbesondere wenn Mobbing in einer Schule um sich greift, bietet ihrer Ansicht nach die Erlebnispädagogik sehr geeignete Instrumente, um erfolgreich intervenieren zu können. Und wo Social Media für Mobbingopfer fatale Folgen haben kann, zeigt uns Dr. Wolfgang Isenberg die positiven Vernetzungen der Jugendlichen im Reiseumfeld auf. Er stellt zudem den interessanten „TUI Think Tank Freizeit und Tourismus" vor, eine von TUI Vorstandschef Dr. Michael Frenzel lancierte „Denkfabrik", die dazu beitragen soll, Debatten über die Zukunft des Tourismus anzustoßen. Aber nicht nur in diesem Rahmen schauen viele aus der Branche gemeinsam nach vorn. Auch Horst Böttcher zeigt auf, wie sich gerade für die

Unterkünfte eine Akademie bildet, die dazu beiträgt, dass sich insbesondere die gemeinnützigen Häuser Richtung Zukunft aufstellen. Christiane Brandenburg skizziert, wie sich durch das Zusammenspiel vieler Branchenvertreter inzwischen selbst die politischen Vertreter bewegen und endlich den 2002 beschlossenen Aktionsplan zum Kinder- und Jugendtourismus in Deutschland aktualisieren.

Im Schlussbeitrag zeigen Thomas Korbus und Jana Pieper im Sinne eines „Making-of" noch einmal auf, wie dieses Buch entstanden ist. Einzigartig ist dabei sicher, dass von der Reiseleiterin bis zur Wissenschaftlerin, vom gemeinnützigen Verein bis zum Steuerrechtler viele zu Wort kommen und durchaus ihre persönliche Meinung kundtun. Dabei war es auch in diesem Reader gewünscht und gewollt, dass einerseits **ruf**spezifische Entwicklungen aufgezeigt werden – von den Menschen, die dieses Unternehmen prägen. Aber zugleich berichten zahlreiche Jugendreiseexperten aus ihrer Sicht, was die Branche rund um die moderne Jugendreisepädagogik 2.0 bewegt. Das macht dieses Buch so vielfältig und beleuchtent das Jugendreisen aus ganz verschiedenen Blickwinkeln.

Und jetzt wünsche ich Ihnen und euch viel Spaß beim Lesen!

Thomas Korbus

www.youtube.com / user / rufjugendreise#p / u / 9 / FEPaRlqnvlg
www.ruf.de
www.ruf-akademie.de

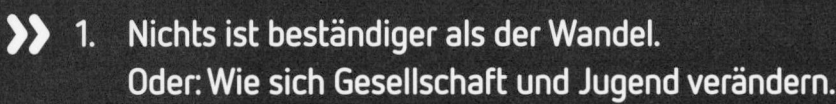

» 1. Nichts ist beständiger als der Wandel.
Oder: Wie sich Gesellschaft und Jugend verändern.

Alles Jugend oder was?

Thesen zum touristischen Produkt Jugendreisen

Dr. Martin Buck

Junge Menschen sind immer ganz vorne mit dabei, wenn es um Wandel und Neuerungen geht – das Reiseverhalten von Jugendlichen macht dabei keine Ausnahme. Junge Menschen verlassen überkommene Denkmuster, verschieben die Grenzen gewohnter Denkweisen und probieren neue Dinge aus. In einer Zeit, in der sich das Reisen schneller und stärker verändert als je zuvor, sind Jugendreisen nicht nur ein wichtiges Marktsegment, sondern eine ganz wesentliche Quelle für Neuerungen (vgl. UNWTO, WYSE TC [Hrsg.], 2011).

Die ITB Berlin bietet seit vielen Jahren mit dem Segment Jugendreisen eine Plattform, auf der viele prägende Entwicklungen und speziell für das Jugendreisen entwickelte Produkte von den wichtigen Marktakteuren zum ersten Mal der Öffentlichkeit präsentiert werden. Die Entwicklung des Jugendreisesegments war auf der ITB Berlin von Anfang an gekennzeichnet durch eine im Vergleich zu anderen Messesegmenten hohe Produktdiversität und -dynamik. So werden in unmittelbarer Nachbarschaft zu den Jugendreisen zum Beispiel Produkte aus den Bereichen Abenteuerreisen, „Sustainability und Corporate Social Responsibility" sowie Budget Hotels und Hostels („Economy Accommodation") gezeigt. In wenigen Metern Gehentfernung zeigt die ITB Berlin außerdem in einem weiteren Ausstellungsschwerpunkt die neuesten Entwicklungen im Bereich Travel Technology. Dort spielen Onlineanwendungen und „Mobile Travel Services" eine immer größere Rolle und reflektieren nicht zuletzt den Zusammenhang zwischen den neuen Technologien und der touristischen Produktkategorie des Jugendreisens.

Zum anderen bemüht sich die ITB Berlin als Weltleitmesse der Reiseindustrie, über die reine Produktpräsentation hinaus, den Austausch der aktuellsten Markt- und Fachinformationen zwischen den wichtigsten Marktteilnehmern und Meinungsbildnern kontinuierlich voranzutreiben. Dies geschieht sowohl auf dem ITB-Kongress – der sich zwischenzeitlich mit mehr als 12.000 Teilnehmern, 180 Einzelveranstaltungen an drei Tagen und 250 Referenten zum weltweit größten touristischen Fachkongress entwickelt hat – als auch in speziell für das Jugendreisen geschaffenen Foren.

In beiden Dimensionen, also Produktpräsentation in klassischer Messemanier einerseits und Austausch des neuesten Fachwissens andererseits, ist **ruf reisen** seit Beginn des

Dr. Martin Buck
Jahrgang 1960, ist bei der Messe Berlin als Vice President Travel + Logistics unter anderem verantwortlich für die ITB. Davor arbeitete er bei der Deutschen Lufthansa in verschiedenen kaufmännischen Führungspositionen im In- und Ausland, zuletzt als kaufmännischer Leiter der Condor Flugdienst GmbH. Buck ist promovierter Wirtschaftswissenschaftler und Lehrbeauftragter an der Fachhochschule Worms.

oben: ITB Stand von **ruf**, 2007, 2. Platz beim CBS Best Exhibitor Award

unten: ITB Stand von **ruf**, 2008, 3. Platz beim CBS Best Exhibitor Award

Jugendreisesegments auf der ITB Berlin dabei und spielt so für die ITB Berlin, aber auch für die Entwicklung des Jugendreisesegments in Deutschland sowie auf den internationalen Reisemärkten eine tragende Rolle.

Diese Zusammenhänge legen es nahe, die auf der ITB immer wieder neu entstehende Fülle an aktuellen und hochwertigen Markt- und Produktinformationen zu nutzen und zu versuchen, den Diskussionsstand zum touristischen Produkt Jugendreisen in einer Reihe von Thesen zusammenzufassen, die in der Folge dargestellt werden.

Jugendwahn versus demografischen Wandel:
Auch wenn alle immer jünger werden, gibt es davon immer weniger

Versucht man, die touristische Zielgruppe „Jugend" näher zu bestimmen, kommen dafür verschiedene Kriterien in Betracht. Jugend lässt sich definieren als:
• altersmäßig bestimmte Gesellschaftsgruppe im Alter zwischen mindestens 14 und höchstens 30 Jahren;
• die Entwicklungsphase im Lebenslauf zwischen Kindheit und Erwachsensein;
• erstrebenswertes Attribut für Individuen unabhängig von ihrem tatsächlichen Alter (vgl. Bähre, H., 2006).

Im Folgenden wird hauptsächlich mit Bezug auf Alter und Lebensphase argumentiert. Auch wenn Jugend als altersunabhängiger Wert für weite Teile der Bevölkerung eine potenziell kaufrelevante Rolle zu spielen scheint, stehen hier Fragen zur Veränderung der absoluten Größe der Zielgruppe und der dynamischen Veränderung ihrer Bedürfnis- und Nachfrageprofile im Vordergrund. Wenn etwa ein 60-Jähriger nur noch auf eine Marketingkommunikation anspricht, die ihm suggeriert, er sei 30 (und zwar für immer), ist das eine Sache. Wenn dieser 60-Jährige aber andererseits in seinem bisherigen Leben nicht oder nichts ausreichend dazu beigetragen hat, den demografischen Saldo von Geburten und Sterbefällen zumindest bei null zu halten, wird auf längere Sicht selbst die ausgefeilteste Marketingkommunikation keine zufriedenstellende Menge an Zielkunden mehr vorfinden.

Abnehmende Tendenz:
Die relative Bedeutung des Jugendreisemarktes Deutschland
Aktuelle Prognoserechnungen gehen davon aus, dass die Anzahl der Reisenden in der Altersgruppe der 14- bis 40-Jährigen, die 2002 in Deutschland bei fast 18 Millionen lag, bis 2030 auf 15 Millionen und bis 2050 auf 13 Millionen zurückgehen wird (vgl. Widmann, T.; Schröder, A., 2006). Im Hinblick auf den langfristigen Charakter dieses Szenarios sowie die dort nicht variierte, aber sehr wesentliche Größe der Reiseintensität bietet der Markt also zumindest auf mittlere Sicht noch ein hinreichend großes Nachfragepotenzial. Allerdings wächst er nicht mehr, was dazu führen dürfte, dass der Wettbewerb eher intensiver wird. Gleichzeitig entwickeln sich neue touristische Quellmärkte – vor allem im asiatischen Raum – wesentlich dynamischer, während in Deutschland selbst der Incoming-Tourismus an Bedeutung signifikant zunimmt (vgl. Buck, M., 2006). Anbieter von Jugendreisen im deutschen Markt sind vor diesem Hintergrund sicher gut beraten, ihre Strategien zu überprüfen. Sowohl die Entwicklung neuer Incoming-Produkte für Jugendliche aus anderen Quellmärkten als auch der Eintritt in diese Märkte selbst sind Handlungsoptionen, die im Einzelfall auf Machbarkeit und Wirtschaftlichkeit überprüft werden sollten.

Globalisierung und Qualifikation:
Jugendreisen sind ein Wachstumsmarkt!

Wer statt des deutschen den globalen Jugendreisemarkt betrachtet, stellt fest, dass zwischen 2000 und 2010 die Zahl der einschlägigen internationalen Ankünfte von 136 auf 187 Millionen gestiegen ist und damit 20 Prozent des Weltreisemarktes repräsentiert. Die UNWTO sagt bis zum Jahr 2020 einen weiteren Anstieg grenzüberschreitender Jugendreisen auf annähernd 300 Millionen voraus (vgl. UNWTO; WYSE TC [Hrsg.], 2011).

Das von der Zielgruppe der 14- bis 30-Jährigen gezeigte Reiseverhalten und die bevorzugten Reiseformen weichen von den Mustern, die für andere touristische Zielgruppen repräsentativ sind, erheblich ab. Das hedonistische Motiv „Zeitvertreib und Genuss" spielt zwar selbstverständlich auch bei Jugendreisen eine wichtige – manchmal sicher auch die einzige – Rolle. Andererseits wird das Reiseverhalten Jugendlicher in wachsendem Maß nicht vom klassischen Urlaubsmotiv dominiert, sondern von Reisen über längere Zeiträume und durch Auslandsaufenthalte, um etwa berufliche Ersterfahrungen zu machen, Fremdsprachenkenntnisse und interkulturelle Kompetenz zu erwerben, sich gesellschaftlich zu engagieren oder sich weiterzubilden. Zudem können sich mehrere Reisemotive überlagern, auch zeitliche Aspekte überschneiden sich häufig. So finden zum Beispiel Auslandsaufenthalte Jugendlicher mit dem Ziel der Qualifizierung zwar oft in den Ferien statt, werden aber von den Jugendlichen und ihren Eltern zugleich der beruflichen Qualifizierungsphase zugeordnet (vgl. Bähre, H., 2006).

Der zunehmende Wettbewerb, dem auch bisher gut positionierte Volkswirtschaften wie die deutsche durch die Globalisierung in wachsendem Maß ausgesetzt sind, und die immer heftigere Konkurrenz um Arbeitsplätze zwingen Jugendliche geradezu, sich durch möglichst optimale Qualifikation in diesem Ausleseprozess erfolgreich durchzusetzen. Längere Auslandsaufenthalte und gute Fremdsprachenkenntnisse werden bei Bewerbungen zumindest für höher qualifizierte Arbeitsplätze demnach immer mehr zur conditio sine qua non.
Daher lautet eine der Prognosen, dass der Markt für Jugendreiseprodukte wachsen wird – auch in Deutschland. Obwohl hier die Grundgesamtheit potenzieller Kunden eher stagniert, wird sich in Zukunft ein größerer Anteil dieser Zielgruppe für Produkte, die dem geschilderten Bedarf entsprechen, entscheiden. Allerdings wird dann zu fragen sein, ob es
a) überhaupt Veranstalter gibt, welche die Nische für solche zielgruppengerechten Produkte rechtzeitig entdeckt und besetzt haben, und
b) mit welchem Erfolg dies geschieht.

Der Markt für Jugendreisen wird komplizierter – oder doch nicht?

Selbst wenn die Notwendigkeit zum Erwerb von „Globalisierungskompetenzen" objektiv gegeben ist, heißt das per se noch lange nicht, dass die Jugendlichen das selbst genauso sehen. Wie also ist es um die Einstellung der (deutschen) Jugendlichen zu Werten und Zukunftserwartungen gegenwärtig tatsächlich bestellt?

Folgt man den Ergebnissen der Shell Jugendstudie (16. Shell Jugendstudie, 2010), gestalten Jugendliche heute ihre Zukunft nach dem Motto „Aufstieg statt Ausstieg" nicht nur pragmatisch und zielorientiert, sondern auch wieder optimistischer. Von der vor wenigen Jahren noch virulenten „Null-Bock-Stimmung" ist offenbar keine Rede mehr. Die Jugend setzt den erhöhten Leistungsanforderungen und Risiken eine gesteigerte Leistungsbereitschaft und Zuversicht entgegen. Leistung, Sicherheit und Einfluss sind ähnlich trendbestimmend wie

Kreativität, Toleranz und Genuss. Auffällig ist, dass mehr Mädchen als Jungen eine höhere Bildung anstreben und dass im Hinblick auf das Motiv „Erfolg in Schule und Beruf" eine Polarisierung der Zielgruppe festgestellt wird: Auf der einen Seite stehen die „selbstbewussten Macher" und die „pragmatischen Idealisten", die jeweils ein Viertel der deutschen Jugend repräsentieren und sich klar zum Leistungswettbewerb bekennen. Auf der anderen Seite stehen die 50 Prozent der Heranwachsenden, die mit den Anforderungen in Schule und Beruf Probleme haben und eher von Aggression und Resignation geprägt sind.

Zumindest für die Hälfte der Zielgruppe kann also von der Konsistenz zwischen objektivem Bedarf und subjektiven Bedürfnissen nach Jugendreisen mit dem Ziel des Kompetenzerwerbs ausgegangen werden. Ein attraktives Marktpotenzial für Jugendreisen ist in Deutschland also ohne Zweifel vorhanden. Wie aber kann dieses Potenzial erfolgreich erschlossen werden?

„Always on the run":
„Generation Y" als Marketingobjekt   ITB Stand von **ruf**, 2010, 2. Platz beim CBS Best Exhibitor Award

Selbst wenn der „Markt" also vorhanden ist, stellt sich die Frage, wie aus individuellen Bedarfsträgern Kunden werden. Dieser Transformationsprozess funktioniert offenbar zunehmend in einer anderen Art und Weise, als es dem herkömmlichen Wissensbestand des Marketings entspricht. Gerade in der Kernzielgruppe der 15- bis 25-Jährigen, der so genannten Generation Y, führt selbst die systematische Anwendung von marketingbezogenem Schulbuchwissen mit immer geringerer Wahrscheinlichkeit zum gewünschten Erfolg.

„These under twenty-fives (but over fifteens), are perhaps the most difficult community in history to market to. They don't watch much television, and they don't read too many newspapers or magazines. When they surf the web, they tune out the banner ads. They „discover" what's „cool" and avoid products and services that are over-marketed. Reaching the Y's isn't as simple as it was with their parents." (Dekom, P.; Sealey, P., 2003).

Hinzu kommt die Tatsache, dass die Kaufentscheidung für Jugendreisen in der Regel zumindest teilweise von den Eltern getroffen oder doch maßgeblich beeinflusst wird, weil sie die Reise ihres Kindes (mit-)finanzieren. Wer von diesen an der Kaufentscheidung für eine Jugendreise Beteiligten in welchem Umfang tatsächlich Einfluss auf die Entscheidung nimmt und wie der dabei stattfindende Prozess in seiner strukturellen und dynamischen Dimension beschaffen ist, dürfte nach wie vor weitgehend verkaufspsychologische Terra incognita sein. Im Zweifel wird es aber für den Anbieter von Jugendreisen notwendig sein, nicht nur die eigentliche Zielgruppe der Jugendlichen, sondern zusätzlich die der Eltern –und möglicherweise auch die der Lehrer – im Rahmen der Marketingkommunikation auf den geeigneten Wegen anzusprechen. Angesichts dieser Komplexität ist es wohl eine gute Botschaft, dass Angehörige der Generation Y ihren Eltern vertrauen. Vor allem aber vertrauen sie „…their market leaders (local peers who establish what's cool), and avoid sources that have disappointed them in the past. (…) They visit Internet sites they trust, review content „(…), but can turn skeptical if these sites look too industry-friendly." (Dekom/Sealey, 2003).

Auch wenn diese Erkenntnisse aus dem US-Markt für Unterhaltungsprodukte stammen, spricht wenig gegen ihre Übertragbarkeit auf die hier diskutierte Fragestellung. Denn: „The Ys are, nevertheless, super-connected, globally, via the World Wide Web; trends and fads spread like a raging virus in minutes." (Dekom/Sealey, 2003). Es lassen sich weitere spezifische Verhaltensweisen der Generation Y herausarbeiten, die bei der Entwicklung von Marketingstrategien für Jugendreiseprodukte berücksichtigt werden sollten (vgl. Deakom/Sealey, 2003):

· Indem Rezipienten zu Informationsproduzenten werden, ermöglichen insbesondere soziale Netzwerke wie Facebook, aber auch Websites wie TripAdvisor oder einzelne Reiseblogs den Auftritt neuer Meinungsführer, die selbst der Generation Y angehören und im Gegensatz zu anonymen „E-fluentials" persönlich identifizierbar und damit glaubwürdig sind.
· Ys sind Bilderstürmer – das, was gestern noch toll war, ist morgen schon das Letzte. Richtig „geil" ist eigentlich nur das, was als Nächstes kommt. Man könnte also auch von der „Was-kommt-als-Nächstes-Generation" sprechen. Die Generation Y hat keine dauerhaften Helden oder Stars mehr.
· Ys sind multitaskingfähig – während ihre Eltern maximal zwei Dinge gleichzeitig tun, sind es bei Y's problemlos (?) bis zu vier: zum Beispiel surfen, fernsehen, telefonieren … und Hausaufgaben machen. Die Ys haben sich an die rasante technologische Dynamik angepasst.
· Ys verbringen signifikant weniger Zeit im Netz als durchschnittliche Internetnutzer – in den USA sind es 258 Online-Minuten pro Monat, während die Grundgesamtheit aller Nutzer auf 728 Onlineminuten kommt.
· Parallel dazu gibt es wohl kaum eine demografische Gruppe, die mobile Medien –Smartphones, iPads, Spielkonsolen etc. – in ähnlich starkem Umfang nutzt wie die Ys.

Kritische Erfolgsfaktoren:
Die Produktgestaltung und der Vertrieb von Jugendreisen für die Generation Y

Wie viele andere durchläuft auch die Reisebranche gegenwärtig massive Transformationsprozesse. Über viele Jahrzehnte bestand die statische, traditionelle, vertikal organisierte touristische Wertschöpfungskette aus immer denselben Elementen: Fremdenverkehrsämter, Veranstalter, Hotels, Transportunternehmen und Reisebüros. Heute wird diese zunehmend durch eine flexible Netzwerkökonomie ergänzt (und teilweise auch ersetzt), die auf Informations- und Kommunikationstechnologie basiert und in der lokale Kulturen und Gesellschaften, Ausbildung, Arbeit und Freizeitaktivitäten je nach Bedarf Bestandteil der touristischen Wertschöpfung werden.

In diesem neuen touristischen Wertschöpfungsnetzwerk wird Mehrwert erzeugt, indem sich Akteure innerhalb und außerhalb der „klassischen" Reisebranche zusammenschließen, um neue Reisemöglichkeiten und Produkte zu schaffen und zu nutzen. In diesem Prozess wird die überkommene Rollenverteilung zwischen Produzent und Kunde häufig obsolet, manchmal sogar ganz aufgehoben. Neue Kategorien des Konsumverhaltens (oder soll man sagen: Produktionsverfahren?) entstehen und werden mit dem Begriff „Collaborative Consumption" oder „Ko-Konsum" bezeichnet (vgl. http://re-publica.de/11/blog/panel/designing-for-collaborative-consumption/). Ein recht aktuelles Beispiel für Ko-Konsum beim Reisen ist die Website AirBnB (vgl. http://www.airbnb.com/), die auf Tauschbasis Privatunterkünfte statt Hotelzimmer anbietet.

„As early adopting heavy users of new technology, young people are pioneering the use of social networking sites and mobile media in searching for travel information and purchasing products" (UNWTO/WYSE TC [Hrsg.], 2011).

Was also könnten kritische Erfolgsfaktoren sein, wenn es darum geht, Jugendreiseprodukte erfolgreich zu konzipieren und zu verkaufen? Die folgenden Aussagen skizzieren lediglich ein paar Möglichkeiten und verstehen sich eher als von aktuellen Entwicklungen – vor allem im Bereich der sozialen Netzwerke – geprägter Diskussionsanstoß und weniger als validierte oder vollständige Handlungsanleitung. Ganz zu schweigen von der Tatsache, dass sowohl die Frage als auch mögliche Antworten ganz offensichtlich dem traditionellen Ansatz klar getrennter Rollen zwischen Produzenten und Konsumenten entsprechen und das möglicherweise immer wichtiger werdende Phänomen der Collaborative Consumption nicht berücksichtigen.

Ausgehend von den geschilderten Beobachtungen zur Generation Y einerseits und der Beschaffenheit der touristischen Netzwerkökonomie andererseits ist eine Reihe erfolgskritischer Einflussgrößen ableitbar, die im Folgenden kurz beschrieben werden.

Ob ein Produkt erfolgreich im Jugendreisemarkt abgesetzt werden kann, hängt von seiner Glaubwürdigkeit ab. Diese wird zunehmend beeinflusst von Nutzerbewertungen, die zum Beispiel in Facebook-Communitys kommuniziert werden. Erfolgskritisch ist es in diesem Zusammenhang, mitzubekommen, wie das eigene Produkt in den relevanten sozialen Netzwerken bewertet wird. Die dort stattfindende Kommunikation muss also systematisch beobachtet werden. Das ist im Zweifel eine alles andere als triviale Tätigkeit und setzt beim Durchführenden voraus, dass er über entsprechendes professionelles Wissen über soziale Netzwerke verfügt.

Im nächsten Schritt könnte es entscheidend sein, dass die Erkenntnisse, die der gerade beschriebene „Social Media Manager" (vgl. Groth, A., 2011) gewinnt, im Unternehmen an die Stellen gelangen, wo die entsprechenden Anpassungsmaßnahmen ausgelöst werden können – und dass dieser Prozess erforderlichenfalls auch tatsächlich exekutiert wird.

Soziale Netzwerke eröffnen aber auch neue Möglichkeiten, die eigenen Produkte in der Zielgruppe der Jugendlichen bekannt zu machen und Feedbacks bestehender oder potenzieller Kunden zur Produkt(weiter)entwicklung zu nutzen. Hier könnte etwa auch eine eigene Facebook-Community etabliert werden. Wird diese allerdings einfach als weiterer Kanal der Marketingkommunikation betrieben, besteht eine nicht unerhebliche Gefahr, dass dies von der Zielgruppe als nicht glaubwürdig eingestuft wird. Diese eigens eingerichtete Community wird dann nicht genutzt, sondern vielmehr „desertiert".

„Kritisch" ist es also, die Befindlichkeiten oder besser: den spezifischen „Touch", der die Zielgruppe ausmacht, zu verstehen und idealerweise verinnerlicht zu haben. Das bedeutet letztendlich, dass Mitglieder der Zielgruppe identifiziert und rekrutiert werden müssen, die geeignet und motiviert sind, die Community sozusagen als „Strohmann" für das Unternehmen zu bespielen und so mit der notwendigen Authentizität auszustatten.

ITB Stand von **ruf**, 2009

Fazit: Ist das Glas der Jugendreisen halb voll oder halb leer?

Jugendreiseanbieter haben im Vergleich zu Unternehmen, die sich mit anderen Zielgruppen auseinandersetzen, einen dramatischen Vorteil: Ihre Kunden zeichnen sich dadurch aus, dass sie – ganz offenbar deutlich mehr als andere – sozusagen „generisch" und aus sich selbst heraus innovativ und kommunikativ sind. Gelingt es dem Unternehmen, die Technologie zu gestalten, in und mit der seine Zielgruppe kommuniziert, und gelingt es darüber hinaus, die so gewonnenen Informationen in ansprechende Produkte umzusetzen und dabei glaubwürdig zu bleiben, kann eigentlich nichts mehr schiefgehen.

Zieht man die Geschwindigkeit und Durchdringungstiefe des technologischen Wandels mit allen damit verbundenen Implikationen auf das Verhalten der potenziellen Käufer in Betracht, bleibt aber auch festzuhalten: Der Prozess zur möglichst optimalen Anpassung der Produkteigenschaften an die Kundenbedürfnisse bleibt eine permanente Aufgabe, und niemand kann sagen, wie lange die Lösung, die jetzt gerade optimal ist, auch optimal bleibt. Also: Immer schön wachsam bleiben!

Alter punktet nur bei Wein, Käse und Oldtimern

Warum und wie die Jugendkultur die Reisebranche prägt

Ein Interview mit dem Tourismusexperten **Prof. Dr. Roland Conrady**

Professor Conrady, fühlen Sie sich so alt, wie Sie wirklich sind?
Nein, ganz sicher nicht – und mit diesem Gefühl stehe ich auch nicht alleine da. Viele Menschen fühlen sich weitaus jünger, als sie tatsächlich sind. Jung sein hört heute nicht mit 18 Jahren auf, auch noch nicht mit 25. Die Menschen fühlen sich sogar noch mit mehr als 40 Jahren jung. Das tatsächliche kalendarische Alter und das gefühlte Alter klaffen inzwischen weit auseinander – bei älteren Menschen über 50 besteht mittlerweile eine Differenz von ca. 13 Jahren. Doch neben diesem Gefühl des Jungseins ist es auch faktisch so, dass Menschen selbst im höheren Alter physisch oft weitaus vitaler sind, als es früher der Fall war. So ist es kein Wunder, dass wir uns insgesamt besser und jünger fühlen.

Was bedeuten diese Erkenntnisse fürs Reisen?
Junge, also als jung wahrgenommene Reiseformen spielen auch in Altersgruppen noch eine Rolle, die – nach herkömmlichen Kriterien betrachtet – eigentlich nicht mehr unbedingt als jung bezeichnet werden können. Ein Grund dafür liegt darin, was Menschen mit dem Jungsein verbinden: Jungsein steht für Aufgeschlossenheit, Innovationsfreudigkeit, Trendorientierung, soziale Kontakte, soziales Miteinander, Erlebnis, Spontaneität, Technikaffinität... All diese Werte sind positiv, und so möchten sich die Menschen diese Eigenschaften auch in höheren Lebensjahren erhalten. Alter ist nur bei Wein, Käse und Oldtimern gut – nicht aber bei Menschen oder entsprechenden Reiseangeboten. Deshalb ist der sogenannte Jugendwahn ja auch in aller Munde. Und die Tatsache, dass es immer weniger Jugendliche gibt, spricht ebenfalls für den besonderen Wert des Jungseins: Gut ist, was selten ist. Der demografische Wandel spielt dabei eine ganz wesentliche Rolle.

Inwiefern?
Der demografische Wandel ist eine große Herausforderung für alle Reiseveranstalter. Denn wir erleben eine erdrutschartige Bewegung unserer Bevölkerung in Deutschland – wir altern massiv. Der Anteil der über 60-Jährigen steigt rapide an und der Anteil der unter 25-Jährigen sinkt dementsprechend rasant ab. Diese Entwicklung hat die Wucht eines Tsunamis. So wird es für Anbieter, die sich auf Jugendliche als Zielgruppe fokussieren, sicherlich nicht einfacher, erfolgreich zu sein, da die Zielgruppe nicht mehr wächst. Umgekehrt wächst mit der Zielgruppe der Älteren die Zahl der Anbieter für diese Personengruppe.

Prof. Dr. Roland Conrady
ist seit 2002 Professor am Fachbereich Touristik/Verkehrswesen der Fachhochschule Worms. Seine Forschungs- und Lehrschwerpunkte sind Luftverkehr, E-Business und Touristik. Prof. Conrady ist seit 2004 auch Leiter des weltgrößten Tourismuskongresses, des ITB Berlin Kongresses, sowie im Aufsichtsrat verschiedener Tourismusunternehmen. Daneben ist er Vorstand der Deutschen Gesellschaft für Tourismuswissenschaft DGT und Buchautor (u. a. Sterzenbach, R./Conrady, R./Fichert, F. Luftverkehr, München 2009). Zuvor war er Leiter des Studiengangs „Electronic Business" und Professor für Allgemeine und Verkehrsbetriebswirtschaftslehre an der Fachhochschule Heilbronn. Nach der Promotion zum Dr. rer. pol. an der Universität zu Köln im Jahr 1990 war er bis 1998 in verschiedenen Leitungspositionen bei der Deutschen Lufthansa AG tätig.

Wie begegnen Reiseveranstalter diesen Entwicklungen?
Im Bereich der Jugend müssen sich die Veranstalter von einer engen Zielgruppendefinition lösen, die sich ausschließlich am kalendarischen Alter orientiert. Diese Tendenz zeigt sich ja bereits in dem erweiterten Angebotsspektrum von **ruf reisen**. Aber auch bei anderen Reiseveranstaltern ist das kalendarische Alter zur Zielgruppenbestimmung nicht unproblematisch. Reisen, die explizit für über 65-Jährige ausgeschrieben werden, wirken eher abschreckend – selbst wenn die Menschen das Alter tatsächlich erreicht haben. Diese Bevölkerungsgruppe will einfach anders angesprochen werden. Zugleich müssen die Veranstalter die Angebote auf die objektive Befindlichkeit der Älteren zuschneiden. Doch Reiseangebote, welche die Bedürfnisse dieser Menschengruppe hervorheben, gibt es oftmals noch nicht. Reisen für mobilitätseingeschränkte Personen, gesundheitsorientierte Reisen, ärztlich begleitete Reisen – das steckt alles noch in den Kinderschuhen. Auch die Reisebüros sind da noch nicht ganz am Puls der Zeit. Die Beraterinnen und Berater wissen häufig nicht, ob Menschen mit Einschränkungen in dem gewünschten Hotel die entsprechenden Annehmlichkeiten vorfinden oder ob sich ein Arzt in der Nähe befindet. Das sind aber für die Kundinnen und Kunden wesentliche Entscheidungskriterien. Und diese Aspekte müssen sich weiterentwickeln.

Das klingt nun aber nicht mehr ganz so jung, wie zu Beginn unseres Gespräches.
Doch, eigentlich schon, denn bei den Älteren bleibt ja der Wunsch nach jungen, jugendlichen Themen. Schauen wir uns nur das Phänomen der zunehmenden Events an: Die Menschen besuchen gerne Events. Und Destinationen veranstalten Events, weil sie sehen, dass diese Attraktivitätspunkte für eine Region darstellen. Und woher kommt der Eventhunger? Zum Teil stammt er wiederum aus der Jugendkultur. Man möchte etwas erleben, man will ein soziales Miteinander und spannende Themen wie Sport oder Musik rundherum genießen – da prägt das jugendliche Verhalten den Gesamtmarkt.

Die Jugend verleiht der Reisebranche also Impulse?
In jedem Fall. Generell kommen zahlreiche Trends aus der Jugendkultur und diffundieren in ältere Bevölkerungsschichten hinein. Nehmen wir das Beispiel Technik: Geht es um Electronic Devices, agieren die Jüngeren wie selbstverständlich mit diesen Medien. Sie gehen ohne Berührungsängste an neue Technologien heran, sie sind dafür aufgeschlossen. Und deren Umgang mit Technik erreicht später die Älteren: Wenn die Kinder ständig mit Handys oder Smartphones herumspielen und zeigen, was die alles können, nehmen sie den Eltern und Großeltern ebenfalls die Berührungsängste. In diesem Zusammenhang ist interessant, dass die Zuwachsraten bei Social Media in den älteren Bevölkerungsgruppen derzeit am höchsten sind.

Jugendreisen übernehmen für den gesamten Reisemarkt eine Impuls- und Anregungsfunktion. Aus meiner Sicht sind sie viel näher am Puls der Zeit. In diesem Bereich werden stärker Trends entwickelt, weil die Jugendlichen noch nicht so festgefahren sind. Wer den Jugendmarkt also aufmerksam beobachtet, erhält wertvolle Hinweise – Frühindikatoren, die den Gesamtmarkt nachhaltig beeinflussen werden. Reiseveranstalter tun also gut daran, sich auch mit dem Jugendmarkt zu beschäftigen, um Impulse für die Gestaltung der eigenen Zukunft zu erhalten.

Werden sich deshalb mehr Reiseveranstalter auf junge Themen einrichten?
Ich denke, alle Reiseveranstalter machen sich darüber Gedanken, was ihre Zielgruppen wünschen. Wenn sie dabei feststellen, dass ihre potenziellen Kundinnen und Kunden beispielsweise mehr Events erleben oder mehr soziale Kontakte genießen möchten, werden sie sich darauf einstellen, ohne dass zugleich ein Etikett wie „jung" darüber hängen muss. Entscheidend ist, dass die Veranstalter zu den Bedürfnissen der Menschen vordringen und daran ihre Produkte orientieren. Das leisten viele schon recht gut: Wir erleben eine deutliche Ausdifferenzierung des Angebotes auf die verschiedenen Zielgruppen, auf die verschiedenen Reisearten und auf die verschiedenen Regionen.

Gibt es dafür schon gute Beispiele?
Die Skidestinationen in Österreich und in der Schweiz liegen in dieser Hinsicht im weltweiten Maßstab weit vorn. Nicht umsonst werden Österreich und die Schweiz beim World Economic Forum Travel & Tourism Competitiveness Report stets weit oben gerankt, die sind in dieser Hinsicht professionell unterwegs – und so müsste es auch in anderen Destinationen aussehen. Doch gibt es eine solche Ausrichtung in Spanien, in Italien, in der Türkei? Wohl eher nicht.

Erst dann, wenn sich Destinationen und Hotels auf bestimmte Zielgruppen und Bedürfnisse fokussieren, können sie ihre Markenbekanntheit und Markenpositionierung optimieren.

Serfaus ist ein wunderbares Destinationsbeispiel dafür. Dieser Ort hat sich über Jahrzehnte als Familienort positioniert. Jeder in Deutschland, der gerne Ski fährt und eine Familie hat, weiß, dass dieser Ort für Kinder optimal ist. Die Kleinen können sich in der Stadt frei bewegen, weil dort keine Autos fahren, für alle Altersgruppen werden Skikurse angeboten, es gibt Skirennen und Kinder-Bars, wo die Kinder verpflegt werden. Und auch die Hotels sind auf Familien ausgerichtet, sie bieten unter anderem Kinderzimmer und Kinderbetreuung an. Dass sich Familien in Serfaus gut aufgehoben fühlen, funktioniert aber nur, weil sich die gesamte Destination Kinder und Familien als Zielgruppe ausgesucht und das gesamte Angebot darauf zugeschnitten hat. Das ist erfolgsträchtig, geht aber auch über das hinaus, was ein Reiseveranstalter allein bewältigen kann.

Warum ist das so?
Kaum ein Reiseveranstalter besitzt so eine Stärke, dass er die Entwicklung einer Destination vollständig prägen kann. Das liegt unter anderem an der fragmentierten Struktur, die diese Branche prägt. Der größte Reiseveranstalter Deutschlands besitzt einen Marktanteil von 25 Prozent, danach kommen noch 1.500 weitere Anbieter, die jedoch keine Durchsetzungsmacht aufweisen. Sie können nicht die langfristige Entwicklung in den Destinationen oder in der Hotellerie prägen. Und dementsprechend dürfen wir uns nicht wundern, wenn weite Teile der Wertschöpfungskette eben nicht so eindeutig positioniert sind.

Ist das ein Plädoyer für mehr Zusammenarbeit?
Ja, auf jeden Fall. Zielgruppengerechte Angebote sind nur dann wirklich erfolgreich, wenn die sieben oder acht Mitglieder, die an der Wertschöpfungskette einer Reise beteiligt sind, optimal zusammenspielen – wenn sie das nicht tun, ergeben sich Brüche und damit kein konsistentes Angebot. So treffen in den Destinationen und den Hotels bisher die unterschiedlichsten Zielgruppen mit den verschiedensten Bedürfnissen ungefiltert aufeinander – und somit wird für alle letztendlich nur ein Mittelmaß geboten. Nur sehr wenige Veranstalter, Destinationen und Hotels haben sich klar auf bestimmte Bedürfnisse und bestimmte Zielgruppen fokussiert. Bei den anderen hat man eher den Eindruck, dass sie es allen recht machen wollen, weil sie eine bestimmte Menge an Reisenden brauchen – und dadurch verwässern sie ihre Positionierung. Wir müssen dahin kommen, dass wir Angebote präziser zuschneiden.
Die Automobilbranche hat das längst erkannt, dort sind sämtliche Komponenten bestens aufeinander abgestimmt – auch, weil die Hersteller ganz klare Qualitätsvorgaben machen. Würde dort jeder Zulieferer nach seinem Gutdünken Teile zuliefern, würden sicher nicht diese hochwertigen Fahrzeuge produziert, die weltweit mit ihrem Siegel „Made in Germany" glänzen. In anderen Branchen gibt es also häufig schon die Leader, die sagen, wo es langgeht und die alle Beteiligten orchestrieren.
In der Reisebranche sind solche Leader nicht zu finden. Wenn wir uns anschauen, wer da an der Wertschöpfungskette beteiligt ist, reicht das von den Verkehrsträgern wie Bus und Bahn bis zu den Luftverkehrsunternehmen, dann geht es weiter mit den Reiseveranstaltern und dem Reisevertrieb bis zum Aufenthalt vor Ort in der Destination und den Hotels sowie den ergänzenden Dienstleistungen. In diesem großen Umfeld gibt es keinen, der das gesamte Geschehen über die Wertschöpfungskette hinweg dirigiert und leitet. Deshalb wird die Branche auch so fragmentiert wahrgenommen, niemand nimmt die Touristik als eine einheitliche Branche wahr.

Lässt sich das nicht ändern?
Das zu verändern, ist schwer. Man kann allenfalls in Teilbereichen Veränderungen herbeifüh-

ren. Die TUI hat sich beispielsweise integriert aufgestellt und ist über mehrere Wertschöpfungsketten hinweg aktiv. Thomas Cook war es ja auch, wenn auch nicht ganz so stark. Wenn es die Großen schaffen würden, alle Mitglieder der Wertschöpfungsgruppe zu führen, eröffnen sich sicher viele Möglichkeiten: Sie könnten dann die Entwicklung einer Destination beeinflussen und Impulse setzen.

Bisher findet vieles eher im kleineren Rahmen statt – das ist zum Beispiel bei **ruf reisen** zu verfolgen: **ruf** hat sich als Marktführer im Bereich der jungen Reisen bereits mit anderen Dienstleistern eng abgestimmt – zum Beispiel mit Busreiseunternehmen oder mit Hotels, die für die Saison nach den eigenen Standards betrieben werden, da kann dann schon ein stimmiges Bild entstehen. In den Bussen wird eine andere Musik gespielt, andere Getränke werden gereicht, auch das Anschauen von Videos ist möglich. Und in den Hotels sind die Jugendlichen unter sich und genießen ein altersgerechtes Angebot. Da lässt sich ein weiteres Mal die Anregungs- und Impulsfunktion erkennen, welche die Jugend und die Jugendreisebranche übernehmen.

Woher wissen die Reiseveranstalter, was ihre Gäste wünschen?
Sicherlich über klassische Marktforschung, aber die würde ich nicht als vordringlich ansehen, weil sich kleinere Reiseveranstalter ein solches Instrument gar nicht leisten können. Neben der Primärforschung existiert natürlich auch die Sekundärforschung – Reiseveranstalter können also bestehende Studien sichten. Wenn Shell beispielsweise eine neue Jugendstudie herausgibt, können Veranstalter ihre Erkenntnisse daraus ziehen.
Ein enger Kontakt zu den Reisenden ist ebenfalls sehr hilfreich. Wenn es ein Reiseveranstalter schafft, seine Reiseleiterinnen und Reiseleiter so zu sensibilisieren, dass sie darauf hören, was ihre Kundschaft vor Ort an Empfindungen äußert oder an Bedürfnissen artikuliert – und wenn die Reiseleiter diese Informationen in Richtung des Reiseveranstalters zurückspielen, ist das sicher ausgesprochen wertvoll. Es gilt dann, die Informationen professionell auszuwerten, darin steckt sehr viel Potenzial.
Eine weitere Quelle ist die Erfahrung der verantwortlichen Personen, die sich in einer bestimmten Community bewegen, die beobachten, welche Trends den entsprechenden Markt

bewegen – Touristiker, die ein Bauchgefühl für neue Strömungen haben.

Welche Strömungen sind zurzeit zu entdecken?
Wahre Megatrends auszumachen, fällt zunehmend schwerer – es besteht eher eine Fragmentierung der Trends. Ein Trend ist beispielsweise das „Volunteering", in dem man sich persönlich engagiert, um die Welt im Kleinen zu verbessern. Work & Travel nimmt ebenso an Bedeutung zu.
Es gibt auch eine Tendenz in Richtung „Cocooning": der Rückzug ins Häusliche, ins Private. Man genießt in einem kleinen Freundeskreis, in einer kleinen Gruppe das Leben und schützt sich vor dem Unbill der globalen Entwicklungen. Eine weitere Richtung ist die des „Ekapismus" – die Realitätsflucht, das Ausbrechen aus dem Alltag. Komatrinken ist ein Ausdruck dafür, dass man sich verabschieden will aus dieser Welt, die man vielleicht als bedrohlich empfindet oder in der man noch nicht so richtig angekommen sein will.
Die Trends, die in der Reisebranche bedeutsam werden, leiten sich aus dem ab, wie sich unsere Welt generell verändert. So ruft jede Entwicklung eine Gegenbewegung hervor – quasi nach dem Prinzip der „kommunizierenden Röhren": Wird in die nach oben offenen, aber unten verbundenen Gefäße eine homogene Flüssigkeit gefüllt, so gleicht sich diese stets in einen gleich hohen Flüssigkeitsstand aus.

Wie werden sich diese Entwicklungen aufs Reisen auswirken?
Ich denke, dass die gesellschaftlichen Veränderungen für die Reisebranche interessante Auswirkungen haben werden. Im Bereich der Jugendreisen ist beispielsweise schon heute ein stärkerer Trend zu branchenübergreifenden Kooperationen zu beobachten, als es anderswo der Fall ist. Denn diese Reiseveranstalter haben erkannt, dass Jugendliche in Bezug auf die Reisebranche eigentlich keine festgelegten Markenbilder im Kopf haben – wohl aber in Sachen Mode, Musik, Technik und anderen Kategorien.
Für die gesamte Branche bedeutet dies, dass schon einfache Events eine Win-win-Situation hervorrufen können. Zum Beispiel, wenn der begehrte Produktanbieter und der Reiseveranstalter eine gemeinsame Party organisieren. Ich meine, man muss sich in diese Richtung öffnen.
Zudem ist zu beobachten, dass das jugendliche Verhalten ambivalenter geworden ist. Auf der einen Seite sind Jugendliche durch die sozialen Medien in der Lage, eine Vielfalt von Kontakten zu pflegen. Die Menge der sozialen Kontakte ist heute auch signifikant höher, als es früher der Fall war. Die Anzahl der Freunde, die viele Jugendliche beispielsweise in Facebook aufweisen, passt nicht zu dem Lebensalter. Man kann im jugendlichen Alter keine 100 oder 200 Freunde haben. Doch während bei Facebook & Co. die Anzahl der Freunde weitaus zugenommen hat, ist die Anzahl der Kontakte, die physisch mit sehr viel Engagement gepflegt werden, viel kleiner geworden. Da gibt es vielleicht drei oder vier gute Freunde im engeren Kreis, mit denen man sich persönlich austauscht. Und das ist dann die Gruppe, an der man sich sehr stark orientiert. So ist auch das Kleingruppenprinzip für die Reisebranche eine interessante Geschichte. Die Clique von fünf Freunden braucht eine Plattform – wenn sie zusammen organisiert reisen können, wird das eigentliche Event, beispielsweise der Skiurlaub, nochmals aufgewertet.

Was wird die Zukunft noch bringen?
Lassen Sie uns ruhig noch einmal auf den Beginn unseres Gespräches zurückkommen: auf den universellen, hoch geschätzten Wert des Jungseins. Mit diesem Begriff verbinden sich fast nur positive Assoziationen. Das haben schon einige Reiseanbieter erkannt, und so würde ich sagen, dass es bereits einen relativ hohen Angebotsanteil von jungen oder als jung

dargestellten Reisen im Markt gibt.

Aber wenn wir uns auch noch einmal den Jugendbereich ansehen, so zeigt sich auch, dass Jugendliche stets von einem Trend zum nächsten springen. Diesem Bedürfnis werden zunächst die Wertschöpfungsstufen, die jugendliche Zielgruppen ansprechen, nachkommen: Der Reiseveranstalter, aber auch der Bereich der Hotellerie- und Destinationsentwicklung müssen viel flexibler, dynamischer und agiler sein, als es in anderen, stabilen Marktsegmenten der Fall ist. Deshalb stehen Anbieter im Jugendbereich vor der Herausforderung, diese extreme Dynamik, die Volatilität im Markt auch abbilden zu können – flexibles Agieren ist gefragt. Alles muss beweglich sein, da braucht man ein Schnellboot und keinen Tanker.

Und da wir gesehen haben, dass der Jugendbereich durchaus als Impulsgeber für die übrige Branche fungiert, zeigt sich, dass alle Branchenmitglieder flexibel genug sein sollten, um weiteren gesellschaftlichen, demografischen oder auch umweltbezogenen Veränderungen begegnen zu können. Es lohnt sich, offen zu sein und dem Jugendbereich große Aufmerksamkeit zu schenken: Hier werden die Trends der Zukunft gemacht.

Professor Conrady, vielen Dank für das Gespräch!

Prof. Dr. Conrady beim ZDF Magazin „umwelt"
www.zdf.de / ZDFmediathek / kanaluebersicht / aktuellste / 464# / beitrag /
video / 1333378 / ZDFumwelt-vom-15052011

"SAME SAME, BUT DIFFERENT"
ruf guests experiences then and now
Peter de Jong

Today's young travellers on ruf reisen have grown up with one Berlin and one Germany, with email, internet banking, mobile phones and SMS, iPads and iPods, 'Schengen' and the Euro.

Their parents will remember two Berlins and two Germanies, cassette recorders, analog TV, fixed home phones, the Berlin Wall, the German Mark and the first fax machine.

Today's ruf guests may only know the Wall from photographs. They may never have experienced the long wait to cross a German border by car, or have seen a typewriter or a German Mark. Their world includes DJs and MP3, house music, Ibiza and pizza, while their parents discovered Torremolinos, the walkman and sangria.

How many of today's ruf guests have ever handwritten a letter, put it in an envelope, affixed a postage stamp and taken it to the mailbox? How many regularly visit a library to check out a book? Probably very few.

Did they miss something essential and important? Perhaps not. All these amazing changes have taken place with breathtaking velocity. They haven't necessarily made this a 'better' world, but certainly a 'different and faster' one.

Have these technological and historical changes of the last 30 years profoundly changed young ruf participants travel & learning experience, when compared to their parents? Probably not.

OK, today's tickets are 'paperless' and online; backpackers fly across continents to meet their buddies, whereas previously they would drive to Spain with their parents. But whether they fly to Goa or hitch-hike to the Costa, the essential reasons WHY they travel and WHAT they experience has changed a lot less than HOW and WHERE they travel.

Peter de Jong
Since 01 January 2012 Peter de Jong joins STB as Vice President, Business Development, operating out of New York and Bangkok.
Before that he was Senior Partner at 'Travel and Tourism Strategies, Inc.' (TTSI), a global travel industry consulting group. From 2001 to 2008, he served as President and CEO of PATA, the 'Pacific Asia Travel Association', based in Bangkok. Prior to that, he served for ten years as Director General of FIYTO, the 'Federation of Youth Travel Organisations', based in Copenhagen.
From 1985 to 1990 Mr. de Jong lived and worked in Sao Paulo, Brazil.

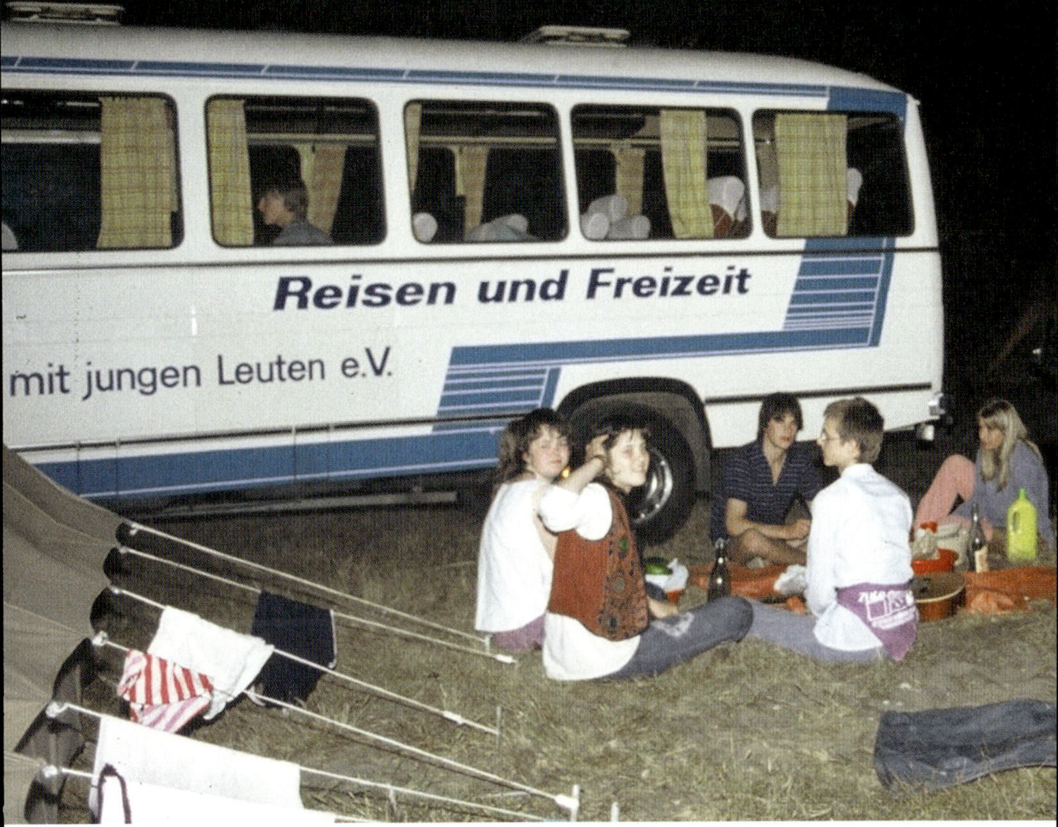
Reisen und Freizeit
mit jungen Leuten e.V.

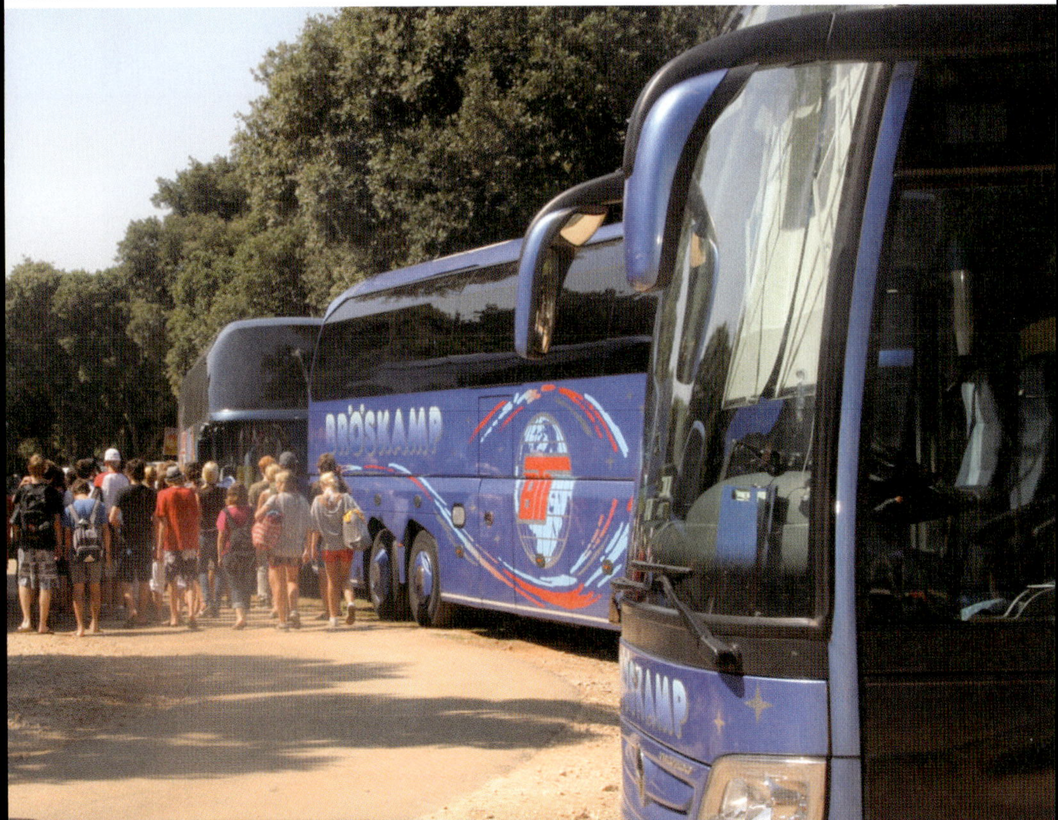
BRÖSKAMP

Travel today is just as much about 'self discovery and adventure' as it was 30 years ago. It's just as much a 'rite of passage' today as it was then. It's still about

- learning to stand on your own feet
- learning to communicate with people of a different colour and culture
- trying different foods and languages
- learning how to get along with others

In fact, it's perhaps more about communicating and appreciation than ever before:

- the break-neck pace of modern day life
- the challenge to separate 'real news' from the '24/7 information overload'
- the difficulty to find employment in a shrinking economy

All these new phenomena can be frightening and confusing.

This is the first generation since Second-World-War who will not automatically have better lives than their parents and grandparents. In fact, they'll be very lucky if their professional success and prosperity is equal to their parents' and grandparents'. Despite their gadgets and technology; despite their earlier maturity and global mobility; despite their access to learning and information.

We read it in the paper every day: youth unemployment in Europe has reached alarming records. Though some may disagree, the western world has lost its economic and political supremacy and Europeans have great difficulty adjusting to a non-Eurocentric or non-US-centric world.

Growing up in Europe today, during the Asian Century (actually, I call it the 'Asian Millennium') poses new challenges, brings new insecurities and – above all – unrivalled competition to young adults: competition for education, for skills, for employment and for wealth.

On top of it, modern medicine predicts that today's ruf guests will live close to a hundred years. All these developments can be very unsettling for young people: where and how can I fit in? What is my role, my future? How can I gain self-esteem and respect?

ruf has had its finger on the pulse of German society for three decades and has ‚taken the temperature' of young people's dreams and fears each year. Today, a 'Feel the Summer' break or an ‚Explore the World' journey has lost none of its importance or appeal.

Today's ruf Jugendreisen are organised and performed in new and different ways, but the targeted outcome hasn't changed: to present young travellers with fun-filled experiences for learning and relaxation, for sports and art, for language and culture. To help them develop the skills, the tolerance and ambition to succeed in today's 'brave new world'.

Long may it continue.

Kommunikation im Tourismus heute und in Zukunft

Digitale Medien und Jugend

Daniel Amersdorffer und Michael Faber

Ein radikaler Wandel erschüttert das Internet

Die Veränderung des Internets wird momentan in allen technischen und gesellschafts-
wissenschaftlichen Medien, aber auch in den Tagesmedien besprochen und diskutiert. Oft
genug wird auf die massive Zunahme der sozialen Netzwerke, auf den Wettbewerb der
Unternehmen Google und Facebook, auf Datenschutzthemen und auf die steigende Flut von
nutzergenerierten Inhalten hingewiesen.

Seltener, und hierzu möchten wir einige Worte verlieren, steht die Bedeutung der Mitmen-
schen im Internet im Blicklicht der Diskussionen. Im Internet spielt sich aktuell eine Trendwende ab, die dazu führt, dass Menschen mit ihren Vernetzungs- und Austauschmöglich-
keiten einen ähnlichen Stellenwert bekommen, wie sie ihn im realen Offlineleben schon
immer haben. Im Gegenzug verblasst der Einfluss konventioneller Werbung, der Einfluss von
Unternehmen und öffentlicher Hand auf die Menschen. Der zwischenmenschliche Dialog
prägt auch das Konsumverhalten der Zukunft in viel stärkerer Weise, als das in den letzten
Jahren der Fall war. Reisebewertungen oder Urlaubsinspirationen über die Urlaubsfotos der
Facebook-Freunde mögen zwei aus touristischer Sicht prominente Beispiele für diese Entwicklung sein. Das Kaufentscheidungsverhalten erfährt einen Rückfall zu jahrhundertelang
geprägten Mechanismen – das Einholen der Meinung anderer.

Daniel Amersdorffer
legt die Schwerpunkte seiner Arbeit auf die strategische Beratung zu Innovationen im Tourismus, Strategie digitale Medien (mobile, social media,
social software in Unternehmen, Websites), Medialisierung der Reisebranche und des Reisens sowie seit 2011 auf Qualitätsmanagement, Produktmanagement, Servicedesign. Aufbauend auf sein Studium der Tourismuswissenschaften (Dipl. Geograph) in Deutschland und Finnland sowie
Berufserfahrungen in Norwegen und Deutschland ist er seit drei Jahren
Mitglied der Geschäftsführung von Tourismuszukunft.

Michael Faber
ist Geschäftsführer von Tourismuszukunft – Institut für eTourismus. Der
gelernte Reiseverkehrskaufmann und studierter Touristiker (M.A.) berät
seit 2005 touristische Unternehmen im Bereich Social Media, Online-
Marketing und Reisevertrieb. Zuvor war er bei verschiedenen touristischen Unternehmen operativ tätig und ist Gründer der Reiseveranstalters
MyPassion-Tours. An der Fachhochschule Worms hat er sich in einem
gemeinsamen Projekt mit dem Deutschen ReiseVerband wissenschaftlich
mit dem Thema Social Media auseinandergesetzt und hat neue Ansätze im E-Commerce für die Touristik entwickelt. Er ist Mitglied im DRV-
Ausschuss Onlinevertrieb und hält Lehrveranstaltungen an der Fachhochschule Worms und der Hochschule Nürtingen-Geislingen.

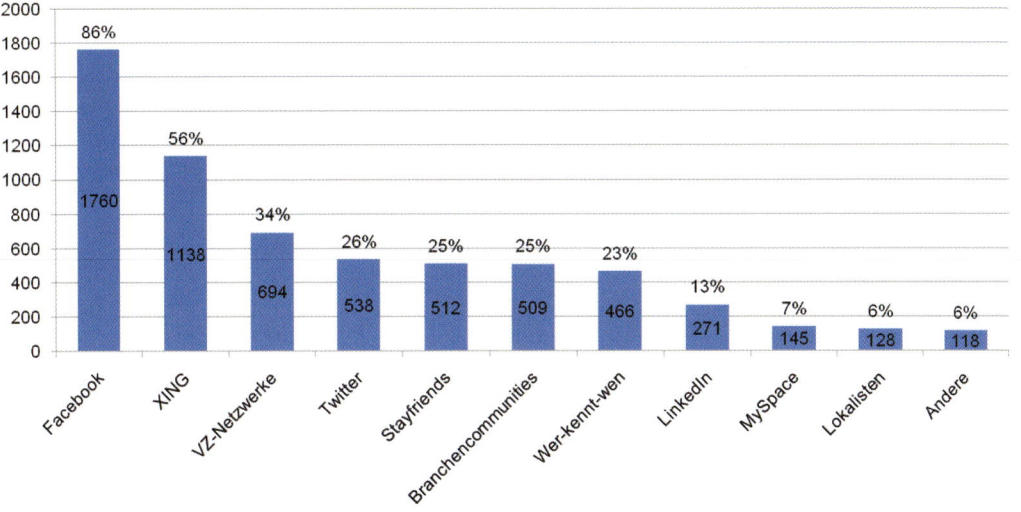

ge: „Bei welchen Social Networks/Communities sind Sie persönlich registriert?" (Mehrfachnennungen möglich)

sis: Stichprobe = 2038

elle: Touristik Consulting.de, Grundauswertung TOUROM-Studie 2011: Social Media in der Reisebranche

Abb. 1: Social Network Nutzung von Touristikern

Aber die Dynamik dieses Prozesses ist um ein Vielfaches explodiert durch die Digitalisierung sozialer Netzwerke, durch neue kulturelle Kommunikationspraktiken und durch eine fortschreitende Tendenz zur Echtzeitkommunikation im Internet. Führende Köpfe der Diskussion um dieses neue Internet, so beispielsweise Prof. Peter Kruse, sind schon längst von klassischer Medienwissenschaft übergegangen zu netzwerktheoretischen und kulturalistischen Forschungsansätzen, um den sich aktuell abspielenden Wandel und dessen Auswirkungen noch verstehen zu können. Wie stark jugendliche Reisende und Jugendreiseanbieter von diesen Entwicklungen betroffen sind, möchten wir im Folgenden kurz skizzieren.

Freunde, Social Media und das Handy prägen die Jugend

Wie nutzen Jugendliche heute die Medien? Ist das Internet wirklich ein relevantes Medium geworden in den vergangenen Jahren? Sieht das nur so aus, oder hat wirklich fast jeder Jugendliche ein Handy? Ganz offensichtlich hat sich in jüngster Vergangenheit ein massiver Wandel ereignet, was das Mediennutzungsverhalten der Jugendlichen angeht. Auf diesen Wandel werfen wir einen intensiven Blick.

Nennen wir die beiden Susanne und Martin, zwei deutsche Jugendliche, durchschnittlich und repräsentativ für die deutschen Jugendlichen zwischen zwölf und 19 Jahren. Ihnen ist das Internet – nach ihren Freunden, der Familie und der Schule – im Leben die wichtigste Alltagsangelegenheit (vgl. BITKOM 2011, S. 9) und das wichtigste Medium (vgl. IZI 2011, S. 9). Beide sind 144 Minuten am Tag online, also mehr als zwei Stunden, und ihnen steht, wie 99 Prozent ihrer Freunde ein Internetzugang zur Verfügung (vgl. IZI 2011, S. 4; JIM 2011, S. 14).

Computer und Internet sind für Jugendliche absolute Selbstverständlichkeiten. Jeder Haushalt, in dem junge Menschen zwischen zwölf und 19 Jahren aufwachsen, ist mit einem Computer und einem Internetzugang ausgestattet. Vier Fünftel der Jugendlichen haben einen eigenen Computer (zit. Nach JIM 2011, S. 32).

Internet und Handy rangieren sowohl bei Jungen als auch Mädchen auf den Top 3 der Mediennutzung. Radio, Fernsehen und Zeitung sind deutlich auf die hinteren Plätze abgeschlagen (vgl. JIM 2011, S. 16). Während die Internetnutzung in den letzten Jahren vor allem über einen ortsfesten Computer erfolgte, sorgt der Aufstieg von Smartphones in der Gesellschaft dafür, dass 2011 bereits 13 Prozent der Jugendlichen mobil auf das Internet zugreifen (vgl. ebd. S. 33). 96 Prozent der Jugendlichen besitzen ein Handy, von 80 Prozent wird dieses täglich benutzt und zählt im Beisein von Freunden zu den beliebtesten Beschäftigungen. Das „Wischen" über ein Touchscreen – in jedem zehnten Haushalt vorhanden – ist vom Geek-Status zum Statussymbol avanciert und markiert zugleich den Besitz eines der mobilen Endgeräte. Getrieben durch den rasanten Markt sinken die Preise für Endgeräte und mobiles Internet – es kommt zur massenhaften Verbreitung.

Gleich nach den Handys folgen die Digitalkameras: 53 Prozent der Jugendlichen besitzen eine, neun Prozent machen mindestens täglich Bilder damit. Susanne und Martin sind mittendrin. Und wenn sie mal einen Trend verschlafen, macht sie einer ihrer Freunde bestimmt darauf aufmerksam, denn Digitalität ist allgegenwärtig geworden in unserer Jugend.

Susanne und Martin interessieren sich nur sekundär für Reisen. Viel wichtiger sind den beiden Freunde, Computer, Handy und Internet. Sie zählen zu den 84 Prozent der Jugendlichen, die gerne ihre Freunde treffen (vgl. JIM 2011, S. 9). Der Freundeskreis ist für sie eine zentrale Instanz der Meinungsbildung, die Peergroup eine zentrale Einflussgröße für Kaufentscheidungen und Präferenzen. Die beiden treffen ihre Freunde natürlich nicht nur im realen Leben, sondern auch während den etwa 70 Minuten, die sie täglich mit ihren durchschnittlich 133 Freunden in sozialen Netzwerken im Internet verbringen (vgl. JIM 2011, S. 34). Susanne ist etwas älter als Martin und damit ist es noch wahrscheinlicher, dass sie Kommunikation allen anderen Nutzungszwecken des Internets vorzieht (vgl. ebd. S. 35). Beide nutzen, wenn sie Informationen suchen, erst eine Suchmaschine und dann, zur Validierung der Informationen, wird der Freundeskreis online oder offline befragt (vgl. JIM 2011, S. 39; BITKOM 2011, S. 25).

Je nach Altersgruppe zählt Facebook – mit einer Nutzung durch 76 bis 85 Prozent der Jugendlichen – zum führenden Player im Internet. Andere Netzwerke haben gerade im vergangenen Jahr massiv an Bedeutung verloren (vgl. IZI 2011, S. 35). Susanne und Martin machen sich, wie viele ihrer Freunde auch, in der letzten Zeit mehr und mehr Gedanken zum Datenschutz. Dennoch gehören die beiden zu den 73 Prozent der Jugendlichen, die ihre Hobbys und Interessen noch auf Facebook preisgeben (vgl. JIM 2011, S. 52).

Was erwarten Jugendliche also von der Kommunikation eines Reiseveranstalters? Einerseits muss der Veranstalter ganz klassisch über Suchmaschinen auffindbar sein, nämlich dann, wenn Jugendliche sich gezielt informieren möchten. Aber Suchmaschinen helfen nur teilweise, wenn es darum geht, in den Aufmerksamkeitsradius der Jugendlichen zu gelangen. Emotionen, Dialoge und Inspirationen spielen sich in der Mediennutzung der Jugendlichen an anderen Orten ab: im Internet und dort wiederum in sozialen Netzwerken sowie auf Videoplattformen. Reisen und Urlaubsfotos werden virtuell mit Freunden besprochen, Urlaubserlebnisse per YouTube-Video noch einmal erlebt, fremde und unbekannte Destinationen vorab per „YouTubing" erforscht. Der Social Circle ist zum Brennpunkt der touristischen Meinungsbildung geworden. Der Zugang zu diesem erfolgt oftmals auch vom Handy aus und im Beisein der Freunde – online und offline sind nicht mehr zu trennen und in Echtzeit miteinander verbunden.

Der Einsatz sozialer Medien in der Tourismusbranche

Die TOUROM Studie (vgl. Faber, 2011) ist eine der umfangsreichsten Untersuchungen, um den aktuellen Status quo in der Tourismusbranche zu dokumentieren. Beteiligt haben sich insgesamt 4.000 Mitarbeiter von verschiedenen Unternehmen der Branche. Neben Leistungsträgern, wie Hotels und Transportunternehmen, wurden auch Reiseveranstalter, Reisemittler und Destinationsmanager sowohl aus dem Business als auch aus dem Leisure Travel befragt.

Die Ergebnisse der TOUROM-Studie „Social Media in der Reisebranche" haben ergeben, dass Touristiker onlineaffin sind und Social Media auch für die Arbeit nutzen – die Unternehmen selbst hinken größtenteils aber hinterher.

Touristiker haben zu 50,2 Prozent mobile Endgeräte und nutzen – neben E-Mail und Suchmaschinen – insbesondere die Social Networks Facebook und Xing intensiv (89,2 Prozent sind zumindest in einem Netzwerk Mitglied). 86 Prozent der befragten Touristiker sind bei facebook und 56 Prozent bei Xing registriert (siehe Abb. 1). Xing setzen 96 Prozent und Facebook 72 Prozent der User dabei zumindest gelegentlich auch beruflich ein, oft am Arbeitsplatz. Die Erlaubnis dafür haben immerhin 73 Prozent der Befragten. Eine Mehrzahl (74,1 Prozent) wünscht sich arbeitsrelevante Informationen über Social Media – 38,8 Prozent davon sogar sehr gerne. Jedoch ist für 69,2 Prozent Werbung dort ein rotes Tuch.

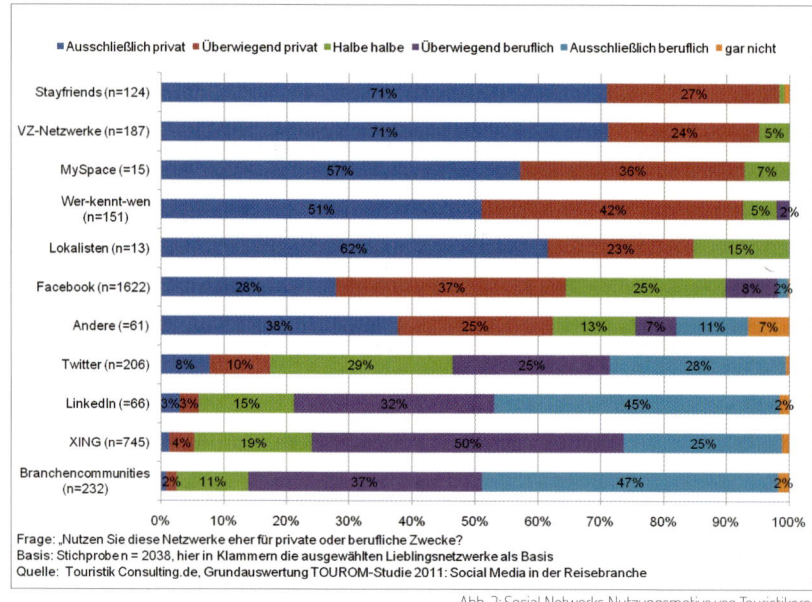

Abb. 2: Social Networks Nutzungsmotive von Touristikern

Konzentration auf Facebook – Destinationen und Hotels vorne

Die touristischen Unternehmen konzentrieren ihre Social-Media-Aktivitäten auf Facebook. 48 Prozent geben an, dass ihr Unternehmen bereits über eine eigene Seite verfügt. Weitere Kanäle sind ein Twitter-Account (33 Prozent) und ein Eintrag bei Google Places (23 Prozent). Nachhaltig relevante Kanäle, wie Weblogs, die es dem Unternehmen ermöglichen, sich personifiziert darzustellen und gleichzeitig positive Auswirkungen auf die Suchmaschinenplatzierungen haben, setzen nur die wenigsten ein. Zwar wollen viele Touristikunternehmen in Zukunft aktiver werden, jedoch fehlt bei 71 Prozent der Befragten eine Social-Media-Strategie. Auch Gespräche über das Unternehmen und seine Marken werden nur bei 15 Prozent überwacht. Das mag an den nötigen zeitlichen und personellen Ressourcen liegen, denn nur ein Drittel stellt mehr als fünf Arbeitsstunden pro Woche dafür bereit.

Betrachtet man die Facebook-Aktivität der Branchensegmente, so liegen Destinationsorganisationen und Hotels vorn. 74 Prozent geben an, dass ihr Unternehmen eine eigene Facebook-Seite besitzt. Verkehrsträger (64 Prozent mit einer Facebook-Seite) und Reiseveranstalter (58 Prozent) sind ebenfalls aktiv. Die Schlusslichter bilden Reisemittler Business (40 Prozent) und Leisure (34 Prozent).

Auch beim Einsatz von Social-Media-Marketing als Onlinemarketinginstrument stehen die Destinationen an der Spitze. 63,1 Prozent der Befragten aus Destinationsorganisationen geben an, dass sie Social-Media-Marketing betreiben. Es folgen Hotels und Verkehrsträger mit je 58 Prozent. Bei den Reiseveranstaltern sind es weniger als die Hälfte (48,9 Prozent), im Bereich Business Travel 28 Prozent. Die Reisemittler hinken mit nur 23,5 Prozent bei der Anwendung von Social-Media-Marketing hinterher.

Einflüsse auf die Kommunikation von Tourismusunternehmen

In den vorangegangenen Kapiteln wurde gezeigt, wie sehr sich das Internet und dessen jugendliche Nutzer verändert haben und inwieweit Social Media aktuell im Tourismus angekommen ist. Zusammenfassend lässt sich sagen, dass sich das Nutzungsverhalten sowie die soziokulturellen und technologischen Voraussetzungen des Internets massiv verändert haben – hin zu einer durch soziale Netzwerke dominierten Struktur mit ihren entsprechenden Folgen. Social Media beginnt, die klassischen Strukturen – Informationen anzubieten und Informationen zu suchen – im Sinne einer disruptiven Innovation in den Hintergrund zu drängen. Dazu zählen ebenso Kundenbewertungen wie auch die Bildung einer neuen Machtordnung im Internet. Plötzlich sind die Nutzer die entscheidende Größe, und neue Netzwerkstrukturen ermöglichen diesen eine schnelle, einfache und sehr einflussreiche Kommunikation abseits klassischer Informationsströme. Das soziale Web und die daraus resultierenden sozialen Prozesse werden die Strukturen des Reisevertriebs weiter nachhaltig verändern (vgl. Faber, 2010, S. 199).

Unternehmen im Tourismus müssen sich nicht mehr fragen, welcher der vielen Werbekanäle die höchste Kosteneffizienz verspricht oder wie Texte beschaffen sein müssen, um maximale Glaubwürdigkeit zu vermitteln. Heute stellt sich vielmehr die Frage, wie der Kunde überhaupt noch sinnvoll erreicht und überzeugt werden kann – verbringt er doch, wie oben geschildert, bis zur Hälfte seiner Onlinezeit in sozialen Netzwerken und mit den Informationen aus seinem Freundeskreis. Zur Beantwortung dieser Frage empfiehlt sich für Tourismusunternehmen eine an das Servicedesign angelehnte Sichtweise. Marketing wird hier nicht mehr als das Bedienen verschiedener Kanäle betrachtet, sondern der Kunde und dessen Berührungspunkte zum Unternehmen in der gesamten Servicekette werden analysiert und möglichst kundenorientiert gestaltet. Die Customer Journey des Kunden rückt also in den Mittelpunkt der Konzeption von Marketingstrategien. Vereinfacht teilt sich diese in fünf verschiedene Zyklen auf: Inspiration, Planen, Buchen, Reisen und Reiseberichte.

1. Inspiration: Jugendliche wissen noch nicht, wohin sie verreisen wollen, und suchen womöglich noch nicht einmal nach einem Reiseziel. Während früher Werbung in Form von Bannern neben thematisch oder zur Zielgruppe passenden Inhalten gute Erfolge erzielte, sind die jugendlichen Kunden heute genervt von Werbung und verbringen einen Großteil ihrer Zeit in sozialen Netzwerken. Die Erlebnisse und Informationen von Freunden, die hier geteilt werden, zählen viel mehr und lösen oftmals Reiseentscheidungen aus. Für Reiseveranstalter heißt dies, in diesen Nachrichtenflüssen präsent sein zu müssen. Aktuell versuchen viele Unternehmen dies mit einer Fanpage und entsprechender zur Interaktion anregender Kommunikation. Als erster Schritt mag dies sinnvoll sein, langfristig wird es aber auch hier zu einer Verknappung der Aufmerksamkeit auf Kundenseite kommen. Es stellt sich folglich die Anforderung, noch tiefer in die sozialen Netzwerke potenzieller Kunden einzutreten, Teil dieser Netzwerke zu werden. Dies kann nur gelingen, wenn Unternehmen nicht als solche im Social Web auftreten, sondern beginnen, Netzwerke zu knüpfen und Multiplikatoren in sozialen Netzwerken in ihre Aktivitäten einzubetten. Dazu müssen die Mitarbeiter von Unternehmen direkt und persönlich in Social Media auftreten, das Management von Unternehmen muss die dazu notwendigen Kompetenzen und Strukturen bereitstellen. Gleichzeitig sollten aber auch bestehende Kunden des Unternehmens immer wieder eingebunden werden, die ihre Erfahrungen mit ihrem sozialen Netzwerk teilen.

2. Planen: Google ist der erste Anlaufpunkt, wenn es um konkrete Fragen und deren Beantwortung durch Internetinhalte geht. Unternehmen sollten folglich nicht nur zur eigenen Marke, sondern zusätzlich im thematischen Kontext ihrer Produkte mit relevanten Inhalten auffindbar sein. Thematische Experten werden die zukünftigen Gewinner im Internet sein, nicht Content-Farmen oder Linkbuilding-Spezialisten. Die Integration des sozialen Netzwerkes in die Suche, wie sie sich aktuell durch Google Plus abzeichnet, führt zudem zu einer Bewertung der Inhalte durch das Freundesnetzwerk. Dieser Qualitätsfilter lässt sich einerseits durch den eigentlichen Content beeinflussen, andererseits durch die Vernetzung und Aktivität eines Unternehmens in Social Media.

Ist die Reiseentscheidung auf Basis der bereitgestellten Sachinformationen und der transportierten Emotionen getroffen, wird diese kundenseitig in einem mehrstufigen Verfahren zumeist durch Bewertungen anderer Kunden validiert. Ein aktives Bereitstellen von Kundenbewertungen aus vertrauenswürdigen Quellen erleichtert dem Kunden die Entscheidung. Letztendlich zählen in der Validierungsphase für den Kunden die Zahl der positiven Inhalte und die Glaubwürdigkeit der Quellen dieser Inhalte – Werbung muss sich hier immer Bewertungen geschlagen geben.

3. Buchen: Es gibt bereits erste Anzeichen, dass globale Onlinehändler zeitnah ihre Kernkompetenzen auch auf den touristischen Bereich ausbauen und mit dem Verkauf von Reisen beginnen werden. Aber auch andere große Unternehmen wie Google und Facebook machen sich offensichtlich Gedanken darüber, wie der Wechsel von Werbeeinnahmen zur direkten Vermittlung von Buchungen und daraus resultierenden Provisionserlösen erfolgen könnte. Besonders Google wird hier in den nächsten Jahren ein spannender Akteur bleiben – erlaubt die Google-Infrastruktur (Places, City Pages, Google Product, Google Hotelfinder) doch an vielen Stellen den kontextbezogenen, direkten Verkauf touristischer Leistungen. Aktuell fehlt Google noch größtenteils der Zugang zu den entsprechenden touristischen Angebotsdaten und Datenbanken, aber als finanzstarkes und weltweit einflussreiches Unternehmen wird Google diesen Schritt bewältigen können.

4. Reisen: Sobald der Kunde mit dem eigentlichen Produkt in Berührung kommt – Reiseunterlagen, An- und Abreise, Aufenthalt, Aktivitäten sowie Betreuung vor Ort – zählt das eigentliche Produkt als Marketingkanal. Je mehr positive Geschichten der Kunde über ein Produkt erzählt, desto mehr Aufmerksamkeit erhält dieses Produkt im Social Graph des entsprechenden Kunden. Tourismusunternehmen müssen also beginnen, das Produkt nicht mehr nur als Bedürfnisbefriedigung, sondern vielmehr als indirektes Sprachrohr zu begreifen. Servicedesign ist eine geeignete methodische Herangehensweise, das Ökosystem des Kunden zu verstehen und das Produkt mit seinen einzelnen Konsumationsphasen perfekt darauf abzustimmen. Nur Produkte, die zum Teilen im digitalen Netzwerk inspirieren, werden zukünftig eine hohe Marktdurchdringung halten können. Den Kunden aktiv zum Dialog aufzufordern kann helfen, jedoch ist ein gutes Produkt eine unabdingbare Voraussetzung dafür.

Vor Ort wird der Kunde mehr und mehr digitale Technologien einsetzen. In wenigen Jahren werden normale Digitalkameras bei Jugendlichen nichts Besonderes mehr sein und Smartphones im Urlaub zur Normalität gehören. Jugendliche Reisende werden „always in Touch" mit ihrem sozialen Netzwerk sein, in Echtzeit Erfahrungen teilen, gleichzeitig aber auch Informationen konsumieren. Visionär erscheint heute noch die Vorstellung einer Brille oder entsprechender Kontaktlinsen, die basierend auf Position und Wünschen ein Overlay mit Informationen aus dem Internet über das Bild der Realität einblenden. Natürlich werden auch hier Bewertungen und Meinungen aus dem digitalen Freundeskreis aufgrund der hohen Glaubwürdigkeit stärker nachgefragt, als bloße Anbieterinformationen. Jugendliche auf Restaurantsuche folgen 2020 nur noch einem Blick durch ihre Brille und vertrauen dabei auf die Intelligenz der crowd – auf das Wissen ihrer Freunde und ähnlich eingestellter Internetnutzer. Enterprise 2.0 resultiert als organisationsrelevanter Trend aus Social Media. Unternehmen müssen nicht nur im Marketing umdenken, sondern auch hinsichtlich der eigenen Organisation und hinsichtlich der Organisation eigener Prozessstrukturen. Social zu sein ist nicht nur ein Trend, den die Kunden fordern, sondern auch eine Anforderung an das moderne Management. Es gilt, Social Media intern einzusetzen, um Wissen und Ideen zu verteilen und ideal im Unternehmen zu nutzen. Darunter fällt auch das Einbetten externer Quellen in die Generierung neuen Wissens. Beispielsweise sollte bei der Schaffung neuer Produkte das Wissen der gesamten Firma genutzt werden können, aber auch Kunden und ausgewählte Multiplikatoren aus Social Media. Dieses Outsourcen der Produktentwicklung an eine definierte oder offene Anzahl von passenden Personen wird oftmals als Crowdsourcing bezeichnet. Fraglich bleibt in diesem Zusammenhang die Rolle der Unternehmen Google und Facebook, die aufgrund der von ihnen gesammelten Informationen sehr viel Wissen zu solchen Prozessen beisteuern können. Letztendlich wird sich die Auseinandersetzung an dieser Stelle vielleicht um einen geschätzten oder empfundenen Wert von Informationen aus Sicht touristischer Unternehmen drehen: Wie viel sind mit die Daten über einen Kunden wert?

5. Reiseberichte: Die Geschichten über ein Produkt, multimedial und hoch emotional erzählt durch den Reisenden in seinem sozialen Netzwerk, werden zukünftig die Entscheidung anderer bestimmen. Kunden, die aktiv von ihren Erfahrungen berichten, sind also im Fokus touristischer Unternehmen. Multiplikatoren werden im Zielgruppenraster höher priorisiert und für ihre Arbeit im Sinne des Unternehmens belohnt.

Abschließend lässt sich klar sagen: Social Media enthält nicht nur einige neue Plattformen, sondern ist zugleich Auslöser und Begleiterscheinung einer radikalen Veränderung der gesamten Medienlandschaft. Touristische Unternehmen sind mittelfristig angehalten, diese umfassende Dimension von Social Media zu verstehen, um langfristig im Markt zu bestehen. Große Player wie Google und Facebook, die sich geschickt in diesem medialen Wandel richtig positionieren, werden zukünftig auch im Tourismus zu gefährlichen Gegenspielern mit Einfluss auf die touristische Wertschöpfungskette werden.

 www.tourismuszukunft.de | www.facebook.com/tourismuszukunft | www.twitter.com/tourismusblog
www.TOUROM.de | www.mpfs.de/?id=225

Literatur

BITKOM (2011): Jugend 2.0. Eine repräsentative Untersuchung zum Internetverhalten von 10- bis 18-Jährigen. Berlin.

FABER, Michael (2011): TOUROM-(Touristik-Online-Marketing-)Studie: Social Media in der Reisebranche, Kastellaun.

FABER, Michael (2010): „Reiseberatung und –vertrieb im Web 2.0-Zeitalter-Status quo und Empfehlungen für den stationären Reisevertrieb" In: AMERSDORFFER, Daniel (u a.) (Hrsg.): Social Web im Tourismus: Strategien – Konzepte – Einsatzfelder, Berlin, S. 185-200.

IZI - Internationales Zentralinstitut für das Jugend- und Bildungsfernsehen (2011): Grunddaten Jugend und Medien 2011. Aktuelle Ergebnisse zur Mediennutzung von Jugendlichen in Deutschland. München.

JIM - Medienpädagogischer Forschungsverbund Südwest (2011): JIM-STUDIE 2011. Jugend, Information, (Multi-)Media. Stuttgart.

Freiheit, Flirt und Fun – die Evergreens
Urlaubsbedürfnisse Jugendlicher im Spiegel der Zeit
Manfred Prager

Wie ticken Jugendliche? Diese Frage beschäftigt Menschen, die mit Jugendreisen zu tun haben, spätestens seit Anfang der 1960er-Jahre. Zu dieser Zeit nahmen Jugendreisen gerade Fahrt auf und entwickelten sich zu einer eigenen Nische im Tourismus. Die Fragestellung war damals aber bei Weitem nicht so salopp gestellt. Es ging um wissenschaftliche und erzieherische Ansprüche, um Lang- und Kurzzeitpädagogik, Moralvorstellungen und um die Annäherung an eine Generation, die scheinbar so völlig anders war, als alle vorherigen. Der Studienkreis für Tourismus in Starnberg (StfT), damals geführt von Heinz Hahn schickte deshalb einen jungen Psychologen namens Helmut Kentler nach Catania, um sich dieser „jungen Spezies" zu nähern.

Wie war das also damals in Catania?
Helmut Kentler, getarnt als „Undercover"-Teilnehmer reiste im Auftrag des StfT in ein Jugendferienlager nach Sizilien. Er versuchte dort herauszufinden, „was diese jungen Menschen umtreibt" im Urlaub ohne Eltern. Die „Catania"-Studie war bahnbrechend für die Jugendreiseforschung und fand unter dem Titel „Urlaub auf Sizilien" im Jahrbuch für Jugendreisen und internationale Begegnung (StfT 1963) ihren festen Platz. Der abschließende Bericht über die „Sitten & Gebräuche" der Jugendlichen im Feriendorf fand große Beachtung, teilweise Empörung – nicht zuletzt wegen der lockeren Moral der jungen Leute einer damals beginnenden Mittelschicht.

Die entscheidenden Erkenntnisse lauteten:
- Man schlief morgens länger, manchmal bis in den Nachmittag
- Richtig zum Leben „erwachte" man erst in der Nacht. Strand- und Bungalow-Partys waren an der Tagesordnung
- Pärchen fanden und verloren sich nicht selten im Tagesrhythmus
- Es gab kaum Vorschriften: Leben und leben lassen war die unbewusste Devise
- Jeder wollte seine Ruhe haben, braun werden und gammeln, was das Zeug hält
- Angebote der Reiseleiter wurden konsumiert, Eigeninitiative war wenig vorhanden

Manfred Prager
Jahrgang 1960, studierte in Bochum Sozialwissenschaften. Er setzt sich seit Mitte der 1980er-Jahre mit Jugendreisen auseinander und war für verschiedene Jugendreiseunternehmen tätig, im Besonderen 17 Jahre für **ruf** Jugendreisen, zuletzt als Bereichsleiter Touristik. Weiterhin ist Manfred Prager Mitglied bei transfer e. V.in Köln. Seit 2007 arbeitet er als freiberuflicher Management-Trainer und systemischer Business-Coach und ist Inhaber von compass-business coaching in Bielefeld. Als Berater ist er der Jugendtouristik auch heute noch verbunden.

- Jeder lebte für sich und in lässigen, nicht geschlossenen Cliquen
- Toleranz, Rücksicht- und Freundlichkeit untereinander waren groß
- Land & Leute kennen lernen war überhaupt kein Thema,
- Sonne, Strand und das andere Geschlecht waren die wesentlichen Elemente der Reise
(Prager 1989).

Was machte die Jugendreiseorganisation für Jugendliche interessant?

Diese Organisation hatte keine traditionellen Formen, wie sie in der außerschulischen Jugendarbeit üblich waren. Das machte sie „unverdächtig", weniger „abschreckend" und ließ Freiheitsspielräume erahnen. Kentler stellte fest, dass zur damaligen Zeit der Jugendtourismus zu einer neuen Säule der außerschulischen Jugendbildung gehörte und ganz bestimmte Jugendliche daran teilnahmen. Nämlich die, an die traditionelle Jugendverbände nicht mehr herankamen (Kentler 1963, S.150). Anders sein, sich entdecken, Freiheiten herausnehmen, fern der Spießer-Erwachsenenwelt sein, sich ausprobieren oder nur „gammeln" – das hat die junge Generation in den 60ern ausgemacht.

Heute stellt sich Jugendtouristikern die gleiche Frage

Von den Beatles leben nur noch Paul McCartney und Ringo Starr, die Rolling Stones feiern 50-jähriges Jubiläum, Deutschland ist wieder größer geworden, die D-Mark ist dem Euro gewichen, Post kommt elektronisch, Kommunikation ist weltumspannend und die Erfindungen der letzten 20 Jahre übertreffen 200 Jahre Menschheitsgeschichte. Das Leben wird komplexer, der 68er-Generation folgte „Null Bock", später die Generation X, gefolgt von der Generation Golf – und nun haben wir die „Digital Natives". Eine Generation, die in digitale Netzwerke hineingeboren wurde und mit diesen elektronischen Medien so selbstverständlich umgeht wie die Jugendlichen der 1960er-Jahre mit Tafel und Kreide. Junge Leute, die „einen rasanten Einzug" in die Welt der Erwachsenen genommen haben – und auch so behandelt werden wollen.

Den Digital Natives auf der Spur

Geht es um die Mediennutzung Jugendlicher, verweisen Pädagoginnen und Pädagogen gerne auf die anerkannte JIM-Studie des Medienpädagogischen Forschungsverbunds Südwest (mpfs). Seit dreizehn Jahren untersucht die Studienreihe JIM (Jugend, Information, Multi-Media) jährlich den Medienumgang der 12- bis 19-Jährigen. In dieser Zeit konnte sie den stetigen Wandel der Medienwelt dokumentieren. Die Entwicklung des Handys, der rasante Aufstieg des MP3-Players sowie der Einzug des Internets in den Alltag von Jugendlichen prägte das vergangene Jahrzehnt. Die Medienwelt ist weiterhin schnellen und dynamischen Veränderungen unterworfen (JIM-Studie 2006/2010).

Doch auch anderorts wird Jugend erforscht. So haben MTV-Networks und Microsoft 2007 in einer Studie mit dem attraktiven Titel „Circuits of Cool" die Auswirkungen moderner Kommunikations- und Unterhaltungstechnologien auf das Leben junger Menschen im Alter zwischen acht und 24 Jahren untersucht. Diese Studie ist nicht unbedingt unabhängig durchgeführt worden, spiegelt jedoch den rasanten Einfluss neuer Medien auf Jugendliche deutlich wider. Recherchiert wurde in 16 verschiedenen Staaten, und für Deutschland kam man zu folgenden Ergebnissen:
Bestätigt wurde, dass die Mediensozialisation bereits sehr früh einsetzt. Zu Beginn dominiert der spielerische Umgang mit Technik, oft auch unter Anleitung der Eltern. Mit der Pu-

bertät steigt die Mediennutzung. 18- bis 21-jährige Jungen sind im Verlauf einer Woche 34 Stunden im Kontakt mit Medien. Eltern haben in dieser Altersstufe keine Chance mehr, ihre Kinder zu begleiten. Auffallend ist, dass viele Geräte permanent und parallel benutzt werden. 53 Prozent der befragten Jugendlichen gehen sofort online, sobald sie von der Schule nach Hause kommen. Der Computer wird von nahezu jedem Vierten nur noch ganz selten ausgemacht. Bereits 83 Prozent äußern, dass sie ohne das Internet nicht leben können. Jeder dritte Befragte identifiziert das Handy als das Medium, das am Morgen zuerst und am Abend zuletzt kontaktiert wird. Wenn Jugendliche über Instant Manager (IM) kommunizieren, werden parallel dazu 3,6 andere Dinge gleichzeitig erledigt. 67 Prozent surfen zugleich im Internet, 64 Prozent hören Musik, 46 Prozent essen, 43 Prozent schauen Fernsehen und 32 Prozent sind währenddessen auch mit einem virtuellen Spiel beschäftigt.

Die Studie wirft die Frage auf, ob die technikbesessenen Jugendlichen sich immer mehr von der realen Welt entfernen und somit eine „Alien Species" heranwächst. Beruhigend wird aber darauf hingewiesen, dass sich die Freizeitinteressen der jüngsten Generation gegenüber vorhergehenden Generationen nicht grundsätzlich geändert haben. Neben Musikhören steht „mit Freunden zusammen sein", „Essen oder ins Kino gehen", „fernsehen und relaxen" noch immer auf der Prioritätenliste. Nur 20 Prozent werden als Techno-Enthusiasten eingeschätzt. Für die Mehrzahl der Jugendlichen bilden die technischen Medien Hilfsmittel, um die traditionellen Bedürfnisse Heranwachsender zu befriedigen.

Überfordert die Kommunikationsexplosion?

Die Studie möchte den Eindruck erwecken, dass sich im Wesentlichen nichts verändert habe. Gleichwohl wird festgestellt, dass in der letzten Zeit eine Kommunikationsexplosion stattgefunden hat. Jugendliche sind heute permanent damit beschäftigt, zu kommunizieren. In erster Linie ist für sie das Internet ein Kommunikationstool. Die favorisierten virtuellen Aufenthaltsorte sind Chatrooms, IM, E-Mail-Kommunikation und Foren. 59 Prozent der 14 bis 24-Jährigen besuchen regelmäßig Communitys, dabei sind sie im Durchschnitt bei drei Communitys Mitglied. 51 Prozent haben mindestens ein Profil bei einer Community. Dazu kommen die Offlinemedien Telefon und Handy. Mit der Kommunikationsexplosion geht eine extreme Vernetzung der Jugendlichen einher. Nachrichten, Bilder, Filme und Audio-Files werden in kürzester Zeit verbreitet. Und die Anzahl der Freunde und Bekannten im Netz gilt als Statussymbol.

Viele Wissenschaftler, vornehmlich Hirnforscher, gehen davon aus, dass die massive Internetnutzung langfristig zu einer Veränderung der Hirnstruktur führt. So warnt der Göttinger Hirnforscher Gerald Hüther vor einer realitätsfernen Prägung der Gehirne von Kindern, wenn sie zu viel Zeit mit Handy und Computer verbringen (Süddeutsche Zeitung vom 18.09.2006). Der Internetkonsum beeinflusst die Bereiche des Gehirns negativ, die für Problemlösungen, Emotionskontrolle und Konzentrationsfähigkeit verantwortlich sind. In der Folge leiden vor allem soziale Fähigkeiten und die Empathie. Andererseits verbessern sich das räumliche Denken sowie visuelle Fähigkeiten. Unser Gehirn ist evolutionär aufgebaut, es passt sich an die Anforderungen der Umwelt an – und diese wird immer virtueller.

Symbolisch für die verminderte Konzentrationsfähigkeit durch die Schnelllebigkeit des Internet haben wir es heute vermehrt mit Symptomen wie ADHS, psychischen Auffälligkeiten, Mobbing sowie Burn-out-Syndromen und Depressionen auch bei Jugendlichen zu tun. Wer sich schlecht konzentrieren kann, dem fällt das Lösen von Problemen schwer. Kurzum, man sucht nach kurzfristigen Belohnungen, und das schlägt sich in letzter Konsequenz auch auf unser Sozialverhalten nieder.

Jugendliche im Zeitalter einer menschlichen Entfremdung?

Empathie hat uns als Kernkompetenz über Jahrtausende das Überleben gesichert und in der sozialen Gruppe dazu geführt, „unsere Persönlichkeit" zu finden und auszubilden. Nur dadurch, dass wir in der Lage sind, uns auf andere einzustellen und ihre Absichten zu erkennen, können wir uns in einem sozialen Umfeld auch zurechtfinden. Nun scheint diese wertvolle (Überlebens-)Fähigkeit durch die Unverbindlichkeit des Internets in Gefahr. Das war aber schon bei der Erfindung des Fernsehens genauso: Der eine nutzt es, um davon zu lernen, der andere will „stumpf" konsumieren. Hier ist es wie mit allen Erfindungen: Das Internet „an sich" ist nicht schlecht. Es geht darum, was man daraus macht und wie „Mensch" damit umgeht.

Empathie braucht Übung, diese Übung führt zu sozialen Fähigkeiten. Hier kann das Jugendreisen der Zukunft ansetzten. Es wird vermehrt ein Anliegen der Eltern sein, ihren Kindern soziale Fähigkeiten mit auf den Weg zu geben. Und auch Firmen beklagen mehr und mehr die „fehlende Kinderstube" bei jugendlichen Auszubildenden. Kinästhetisches, sensorisches und soziales Erleben geht den Jugendlichen von heute „ab"! Aber wie ist der Spagat zwischen pädagogischem Anliegen und marktorientierten Jugendreisen zu leisten?

Wünsche sind die Kinder der Bedürfnisse

Die Liste von Kentler hätte ebenso heute geschrieben werden können. Sie beschreibt die Bedürfnisse junger Leute, deren Wünsche und Verhaltensweisen. Der Inhalt ist der gleiche, aber die Verpackung hat sich verändert – ist moderner geworden. In der Motivationsforschung gibt es einen eindeutigen Trend, der heißt: „Hin zu und weg von …" Dies gilt im Prinzip auch für menschliche Gefühle. Im Bereich der Gefühlswelten geht es immer nur um zwei Dinge: entweder ich erstrebe etwas oder ich will etwas vermeiden. Der Mensch besitzt in seinem Inneren die Veranlagung, immer mehr vom Gleichen zu produzieren. Das Ergebnis ist (einfach ausgedrückt) abhängig von seiner inneren Disposition: konstruktiv- oder destruktiv, Innovation oder Routine. Der Motor all dessen sind die Bedürfnisse. Es gibt die Grundbedürfnisse wie Essen, Trinken, Schlafen und dann rund zwölf bis 30 weitere Bedürfnisse, die abhängig vom Persönlichkeitstyp sind.

Der Jugendliche in der Adoleszenz muss dies alles erst für sich erkennen. Was er feststellt ist lediglich: Plötzlich wird alles anders! Der Übergang vom Kind zum Erwachsenen ist eine der schwierigsten Lebensphasen. Der Hormonhaushalt spielt verrückt – und damit einhergehend die Gefühlswelten. Der Körper verändert sich, die Anforderungen von außen werden andere, Selbst- und Fremdbild kämpfen miteinander. Orientierung gibt es nur unter Gleichgesinnten in der Peergroup. Und hier liegt gleichzeitig die Gefahr: In allererster Linie gilt es, anders zu sein als die Erwachsenen. Neue Orientierung zu finden! Die Evolution hat dieses Verhalten in die menschliche (und tierische) Entwicklung eingebaut, um sich im Sinne „einer Trennung" überlebensfähig zu machen, um neue Familien zu gründen, neue Clans, neue Kulturen.

Was sind heute die Bedürfnisse Jugendlicher?

Jugendliche haben heute keine anderen Bedürfnisse als noch vor 50 Jahren. War zu Kentlers Zeiten die Psychologie noch auf dem freudschen Stand von „Es", „Ich" und „Überich", sieht die menschliche Psychologie heute allerdings anders aus. Komplexer, weg vom Schwarz-Weiß-Denken. Das Unbewusste gewinnt in der Wissenschaft mehr und mehr an Bedeutung. Wir sind nicht „Herr im eigenen Hause", lautet die Devise, das Bewusstsein ist nur der „Pressesprecher" des Selbst. Marketingpsychologen haben das im Sinne einer Neuromarketingstrategie schon lange erkannt. Süßigkeiten werden mit dem psychologischen Modell der „Belohnung" vermarktet, Hochpreisiges steht nett drapiert in Augenhöhe, Chansons im Supermarkt erhöhen den Abverkauf von französischem Rotwein. Der Mensch (auch der rationale) handelt emotional. Und er kauft emotional. Das Kaufargument muss nur seine innere Landkarte widerspiegeln – und ab geht's! Und dies schafft Verantwortung für Jugendreiseanbieter mit pädagogischem Hintergrund.
Denn die Bedürfnisse von Jugendlichen sind auch heute noch:

- Ausbrechen aus Gewohntem, Freiheit erleben,
- Selbst sein, anders sein dürfen und sich entdecken können,
- Die Frage nach dem „wer bin ich" beantworten zu können,
- Anerkennung bekommen für „das, was ich bin",
- Gemeinschaft erleben,
- Die Frage nach dem „warum bin ich da" beantworten können,
- Die Gegenbewegung zum Erwachsenendasein = „cool sein".

Die Frage ist nur, wo wir die Jugendlichen abholen müssen. Denn die heutige Welt ist undurchschaubarer geworden, schneller und unverbindlicher. Gerade Jugendlichen fehlt es an Orientierung. Psychologen haben den Begriff der „Unlesbarkeit der Zukunft" geschaffen. Was gilt – und für wie lange? Politiker leben es vor: Die Regeln in der heutigen Gesellschaft werden zunehmend undurchschaubarer, und traditionelle Werte scheinen nichts mehr wert zu sein. Und das in einer Geschwindigkeit von „so ist es" und „so ist es nicht mehr", die kein Mensch emotional mehr wirklich nachvollziehen kann.

Neue Jugend: Trendausschnitte von 2002 bis 2012

Vier große „Jugendtrends" lassen sich aus Sicht der Jugendforscherin Beate Großegger ausmachen. Auffällig dabei ist, dass die Trends untereinander widersprüchlich erscheinen, aber im gelebten Alltag anscheinend integrierbar sind.

1. Jugendkultur ist Freizeitkultur

Die Freizeitkultur der Jugendlichen bildet den Gegenpol zu Schule und Berufsalltag und spielt sich in verschiedensten „Szenen" (z. B. Musikszene, Sportszene, New Media, Subkulturen) ab. Sie ist primär „ideologiefrei", viel wichtiger ist den Jugendlichen die Orientierung am jeweils aktuellen Lifestyle.

2. Gesellschaft der Gleichaltrigen

Die Gesellschaft der Gleichaltrigen ist eine wichtige Alternative zum Generationenkonflikt. Bei Freunden finden Jugendliche Vertrauen und Verlässlichkeit – Eigenschaften, die sie in der Erwachsenenwelt vermissen. Freundschaft wird daher als sehr wichtiger Wert eingestuft.

3. Generation Networking

Die heutigen Jugendlichen sind die erste „mediensozialisierte Generation". Sie vernetzen sich mithilfe neuer Kommunikationstechnologien rund um gemeinsame Interessenlagen und quer zu geografischen Grenzen. Internet und globalisierte Jugendkultur sind für sie die Proberäume der Netzgesellschaft.

4. Die Sampling-Gesellschaft

Jugendliche suchen sich ihre Werte und Selbststilisierungen baukastenartig zusammen und sampeln auf den ersten Blick teilweise Widersprüchliches: Sie legen zum Beispiel viel Wert auf Körperbewusstsein und konsumieren andererseits bei Rave Partys Ecstasy. Oder das Leistungsdenken ist stark ausgeprägt, andererseits strebt man nach Lockerheit und geringstem Widerstand. Jugendliche leben Patchwork-Lebensstile, die sich nicht mehr an einem Motiv orientieren, sondern eine Reihe von Elementen aus verschiedenen Lebensstilen umfassen. So können sie besser experimentieren und gestalten – kulturell-stilistisch innovativ sein und sich von der Elterngeneration abgrenzen.

Außerdem hat sich im Zuge der allgemeinen Verschiebungen der Lebensabschnitte zwischen die Phase der Jugend und der Familiengründung eine neue Phase, die Post-Adoleszenz, geschoben, die den Zeitraum vom 18. bis zum 30. Lebensjahr umfasst. In diesen neuen Abschnitt fallen Ausbildung, Jobexperimente, Versuche der Selbstfindung, Reisen und serielle Monogamie. Der Einstieg ins Erwerbsleben und die Familiengründung erfolgen heute später (vgl. Fischer et al., 1997; Großegger 2002; Horx et al., 2002)

Diese „Konträrfaszination" der Motive von Jugendlichen, die ihren Lebensstil ausmachen und prägen, die Schnelligkeit der Veränderungen und die Ungewissheit, ob etwas noch in ist oder nicht, lassen auch auf eine gewisse Überforderung des jugendlichen Bewusstseins schließen. Daran ist nichts neu, nur heute wird diese „Überforderung" markttechnisch genutzt. Jugendliche Bedürfnisse werden analysiert, interpretiert und ausnahmslos vermarktet!

Viele Evolutionsforscher, Pädagogen und Entwicklungspsychologen sind der Meinung, dass der nächste Schritt der Evolution der Schritt zur „emotionalen Intelligenz" sein sollte: Menschen gehen miteinander wertschätzender um, komplettieren die menschliche Wahrnehmung auf alle ihre Sinne, und gehen auch mit den gegebenen Ressourcen verantwortlicher, vorausschauender nachhaltiger um. Den Begriff „Emotionale Intelligenz" haben John D. Mayer (University of New Hampshire) und Peter Salovey (Yale University) zur Beschreibung der Fähigkeit eingeführt, eigene und fremde Gefühle korrekt wahrzunehmen, zu verstehen und zu beeinflussen. Das Thema „Emotionale Intelligenz" ist somit ein Beitrag zur Diskussion der Frage nach dem Erfolg im Leben und Beruf. (Quelle: WIKIPEDIA)

Viele wissenschaftliche Untersuchungen und praktische Erfahrungen zeigen, dass dabei neben den Grundbedürfnissen folgende Bedürfnisse von Bedeutung sind: Schülerinnen und Schüler wollen etwas lernen, das heißt Neues entdecken und Sachverhalte verstehen lernen. Sie möchten nützliche Kompetenzen und Fertigkeiten für das gegenwärtige und zukünftige Leben erwerben. Sie haben das Bedürfnis, kreativ und/oder produktiv zu sein, das heißt etwas nach eigenen Vorstellungen zu gestalten. Sie brauchen Rückzugsmöglichkeiten, um allein und ungestört zu sein, auszuruhen und entspannen zu können. Sie brauchen sportliche Aktivität, um ihre körperlichen Fähigkeiten mit anderen zu messen. Sie sehnen sich nach Ausgleich, Vergnügen und Zerstreuung, nach Geselligkeit und Kommunikation, nach Selbstdarstellung und Anerkennung und nach sozialem Engagement. Das sind zwar nicht alle Bedürfnisse von Kindern und Jugendlichen, aber diejenigen, die für die Gestaltung von Lebensperspektiven wichtig sind. Jugendliche haben eine noch nicht ausgereifte Persönlichkeit und können diese Bedürfnisse „lediglich" durch Revolte ausdrücken. Jugendreisen können hier erweiterte Möglichkeiten auf diesem Gebiet bewusst wahrnehmen, denn Menschen, die sich wohlfühlen, lernen nachweisbar besser. Positive Erfahrungen innerhalb einer Jugendreise können positive Paradigmawechsel herbeiführen: ein Leben in Gemeinschaft, ohne Gewalt, Ausnutzung, Gewinnmaximierung – ein Leben mit gegenseitiger WERTschätzung! Ein „sozial-intelligentes" Leben.

Die zukünftige Herausforderung im Jugendtourismus

Der jugendliche Kunde ist mündiger geworden, er ist wichtiger geworden in puncto Kaufentscheidung. Er will beteiligt sein – ohne das geht nichts. Eltern wollen nach wie vor Sicherheit und Vertrauen, in Zukunft auch mehr den Aspekt der sozialen Fertigkeiten verwirklicht sehen. Hier müssen Jugendreisen ansetzen. Die heutige Welt zeigt, dass es nicht zukunftsfähig ist, alle Ressourcen zu verbrauchen, nur weil sie sich so „schön" verkaufen lassen. Sie zeigt auch, dass nicht alles vermarktungsfähig ist. Das gilt insbesondere für den Jugendmarkt! Die moderne Welt übersetzen in marktfähige (und verantwortliche) Programme, zu denen Jugendliche „cool" sagen und Eltern „sicher", das sind die zukünftigen und nachhaltigen Herausforderungen von Jugendreisen.

Das „Innenleben" von Jugendlichen hat sich in den letzten 50 Jahren nicht verändert. Sie sind in ihrer Pubertät zutiefst verunsichert und auf der Suche nach Identität. Die Bedürfnisse sind die gleichen – die Wünsche, die daraus erfolgen, werden zeitgemäß lediglich anders übersetzt. Ein verantwortlicher Jugendreiseveranstalter wird hier nicht marktschreierisch jedem Trend hinterherlaufen. Es geht darum, die jeweilige Zeit aufzunehmen, reflektiv und verantwortlich weiter zu entwickeln und in die passende „Grammatik der Gefühle" jugendlicher Lebenswelten neu zu integrieren. Ein schönes Beispiel dafür sind Udo Lindenberg und Clueso. Der Song „Cello" ist über 30 Jahre alt. Mit einem neuen Ko-Sänger, der aus der peergroup stammt, und einer neuen Instrumentalisierung ist er zum Hitgiganten 2011/2012 geworden.

Pädagogisches Jugendreisen stehen heute im Spannungsfeld der Kommerzialisierung (Jugend ist einer der größten Märkte), elterlicher Sorgfalt und gesellschaftlicher Ansprüche. Der Jugendreiseveranstalter von „morgen" holt die Kids da ab, wo sie sind – mit allen modernen Web-2.0-Techniken. Dabei wird er seinem pädagogischen Anspruch (wenn auch versteckt) gerecht und bietet den Eltern die Sicherheit, die sie brauchen! Er übersetzt die jugendlichen Bedürfnisse in zeitgemäße Wünsche und erfüllt diese.

Erlebnisorientiert muss nicht pädagogisch langweilig sein. Wenn Kids erfahren, dass Zusammensein, Fairness und Gemeinschaft Spaß machen, haben alle was davon: der Veranstalter und die Gesellschaft. Jugendliche benötigen aus der „Natur" der Sache heraus das Sparringsfeld zwischen Kindsein und Erwachsenwerden. Diese Phase wird zunehmend komplizierter und unüberschaubarer. Und es ist eine Aufgabe für Jugendreiseveranstalter, sich dieser Thematik anzunehmen und nachhaltig im Sinne einer modernen Pädagogik aktiv zu werden. Aus marktpolitischen Gründen im Sinne einer zertifizierten Jugendreisequalität und aus einer gesellschaftlichen Verantwortung heraus.

Daraus folgt für eine zertifizierte Jugendreisequalität:
· Der Einsatz unabhängiger Qualitätsstandards und deren Überprüfung
· Pädagogisch & psychologisch geschulte Betreuer, die sich in der Welt der jugendlichen Adoleszenz auskennen und professionell „nah dran" sind an den Bedürfnissen von Jugendlichen
· Ansätze einer gesunden Ernährung, die jugendgerecht mit Ansätzen einer Partizipation dargeboten wird und welche Orientierung bieten kann für die zukünftige Entwicklung zum jungen Erwachsenen
· Jugendgerechte Unterkünfte – modern und mit einer Art „Umweltlabel" versehen im Sinne einer nachhaltigen Ressourcenverwertung
· Pädagogische Einbeziehung in Web-2.0-Techniken
· Erlebnispädagogische Ansätze im Sinne einer kinästhetischen, sensorischen und sozialen Weiterentwicklung von Jugendlichen
· Die Übersetzung jugendlicher Bedürfnisse in eine zeitgemäße „Grammatik der Gefühle"
· Orientierung geben in Form einer „Kurzzeitpädagogik" als Hilfestellung in einer Zeit der „Unlesbarkeit von Zukunft" durch positive, soziale Erlebnisse für Jugendliche

Literatur

Prager, Manfred (1989): Jugendreisen – Entwicklung und Zielvorstellungen, Diplomarbeit, Ev. Fachhochschule Bochum

Kentler, Helmut (1963): „Urlaub auf Sizilien". In: Jahrbuch für Jugendreisen und internationale Begegnung, Studienkreis für Tourismus, S.150, Starnberg

MTV, Microsoft (2007): Circuits of Cool. MTV und Microsoft-Studie über das Medienverhalten von Kindern und Jugendlichen im Alter zwischen 8 und 24 Jahren

Röll, Franz Josef (2007): Einfluss neuer Medien auf die Kommunikation Jugendlicher, im Internet: www.jugendschutz-niedersachsen.de/Importe/pdf/einfluss-neuer-medien.pdf

Fischer, Michael; Kriechbaumer, Robert; Strasser, Michaela (1997): Trend-Landschaften. Blicke in unsere Gesellschaft, o.O., S. 9-127,

Großegger, Beate (2002): Jugend-Trends 2002-2012, Handouts, Institut für Jugendkulturforschung und Kulturvermittlung Wien.

Horx, Matthias (2002): Die großen Trends des sozialen Wandels und die Lebensstil-Zielgruppen von morgen,

        in: Christiane Friedemann, Andreas Giger und Matthias Horx: Future Living – Lebensstile und Zielgruppen im Wandel, o.o.

Horx, Matthias; Huber, Thomas; Mühlhausen, Corinna; Scheppach, Joseph und Horx-Strathern, Oona (2001): 100 Top Trends.

        Die wichtigsten „Driving Forces" des kommenden Wandels, o.O.

„Die beste Zeit meines Lebens!"
Warum man auch in einer virtuellen Welt noch reale Reisen braucht
Axel Dammler

Warum sollten Teenager und junge Erwachsene überhaupt verreisen? Schließlich ist das Erwachsenwerden – etwas pathetisch gesprochen – doch schon Reise und Abenteuer genug. Während die meisten Erwachsenen in den zwei oder drei „schönsten" Wochen des Jahres die Flucht vor der Normalität und den eingefahrenen Ritualen des Alltags suchen, kann bei jungen Menschen von Normalität keine Rede sein: Jedes Jahr eröffnet sich durch die altersbedingten psychischen und körperlichen Veränderungen sprichwörtlich eine neue Welt.

Natürlich ist diese Aussage etwas übertrieben, denn auch junge Menschen sind durch den Stress in Schule und Ausbildung durchaus mal urlaubsreif. Trotzdem steckt ein wichtiger Kern darin: Die „Funktion", die ein Urlaub für die Reisenden hat, ist für junge Menschen eine gänzlich andere als für Erwachsene – abgesehen vom Wunsch nach Erholung.

Beispielhaft erklärt sich das am Konzept „Genuss": Wir älteren Erwachsenen finden zahlreiche Möglichkeiten, um Genuss sowohl zu erleben als auch auszuleben, sei es die Musik, ein gutes Essen oder Wellness. Genuss setzt aber voraus, dass man ein Grundwissen hat, um das Gebotene zu schätzen – und dass der- oder diejenige die Muße besitzt, um sich diesem Genuss hinzugeben. Wenn Jugend aber neben fehlender Lebenserfahrung eines nicht hat, dann ist es Muße: Jugendliche mögen es schnell. Da geht es um Fast Food statt Slow Food, und statt Wellness werden „Peak Experiences" gesucht, das heißt, der ganz besondere, extreme Moment.

Beschleunigte, virtuelle Welt

Und damit sind wir auch schon beim Thema Internet angekommen: Das Internet steht für absolute Gleichzeitigkeit und Geschwindigkeit – alle sind immer online und erfahren alles sofort. Wer sich den Wandel junger Lebenswelten in den vergangenen Jahren ansieht, dem sticht also vor allem die Verlagerung der verschiedensten Lebensbereiche in den virtuellen Raum ins Auge.

Axel Dammler
geboren 1965 in Lemgo, hat Kommunikationswissenschaft studiert und ist seit 1992 als Jugendforscher tätig. Im Rahmen dieser Tätigkeit hat er diverse Studien für renommierte Kunden aus den verschiedensten Branchen erstellt. Seit 1999 ist er Geschäftsführer von iconkids & youth, dem größten deutschen Spezialinstitut für Kinder- und Jugendforschung.

Das Internet steht dabei nicht nur für Beschleunigung, sondern auch für den totalen Over-load durch die vielen verfügbaren Angebote. Es steht aber gleichzeitig auch für die Redukti-on auf das Wesentliche als notwendige Reaktion auf diese Vielfalt: Man mag mit Hunderten Leuten auf Facebook vernetzt sein, kommuniziert wird aber nur mit den wirklich wichtigen Freunden. Und wer sich online Ausschnitte aus TV-Sendungen oder Filmen ansieht, schaut ein „best of" der wichtigsten Momente. Eine ganze Sendung sieht sich kaum noch jemand an – wer hat dafür noch die Zeit?

Das Handy mit mobilem Internet setzt diese Beschleunigung fort: Wer stets darüber infor-miert ist, wer wo gerade was macht, verpasst nichts mehr. Die Jugendlichen sind geradezu getrieben von der Angst, dann doch mal die eine, ganz besondere Party, das essenzielle Teil bei H&M oder das coole Schnäppchen beim Media Markt zu verpassen. Kein Wunder also, dass auch die Jugendlichen irgendwann urlaubsreif sind …

Erwachsene Menschen, die nicht zu den „Digital Natives", sondern zu den „Digital Immig-rants" zählen, schauen oft mit einer Mischung aus Entsetzen und Unverständnis auf das, was die Jugend mit dem Handy und dem Internet so treibt. Und im Grunde stellt sich auch die Frage, ob denn nun nicht bald schon wirklich alles im Internet stattfindet. Konkret: Muss man als junger Mensch eigentlich noch verreisen, wenn es doch so viele Destinationen und Attraktionen im Web gibt?

Die Antwort lautet: Ja. Denn eigentlich ist alles halb so schlimm: Die Jugendlichen sind keine Aliens von einem anderen Stern. Letztendlich machen die jungen Leute heute nichts anderes als die jetzigen Erwachsenen früher. Sie erledigen ihre Dinge nur mit anderen Medien – die wir sicher auch genutzt hätten, wenn es die zu unserer Zeit auch schon gegeben hätte.

Alles ganz normal

Facebook ist ein Poesiealbum in digitalem Format, Chat oder Skype sind die modernen Geschwister des guten alten Telefons – ohne dass der Anschluss für die Eltern blockiert wird. Stylingexperimente, die früher mit Haarfarbe und Schminke in der Nachbarschaft für Unruhe sorgten, finden heute im Internet statt: Da wird posiert, gestylt und alles ausprobiert, was Make-up- und Kleiderfundus so hergeben.

Dafür, dass sich eigentlich nichts geändert hat, gibt es eine einfache Erklärung: Die Jugend an sich hat sich nicht verändert. Lediglich die äußeren Rahmenbedingungen, innerhalb derer Jugend heute stattfindet, haben sich geändert. Die Jugend ist eine Entwicklungsstufe, eine Phase auf dem Weg vom Kind zum Erwachsenen, die jeder Mensch durchläuft.

Die Hauptentwicklungsaufgabe der Jugendlichen lautet, eine eigene Persönlichkeit zu finden, ein eigen- und selbstständiger Mensch zu werden. Das setzt zum Beispiel die Abnabelung vom Elternhaus zwingend voraus – die leibliche Familie wird ersetzt durch die neue Familie namens Clique, die dann (für Jugendliche irgendwann in ferner Zukunft) wiederum ersetzt wird durch die eigene Familie mit eigenen Kindern.

Damit diese fundamentale Entwicklungsaufgabe der Persönlichkeitsfindung bewältigt werden kann, gibt es bestimmte Grundbedürfnisse, welche die Jugendlichen in sich tragen und die deren Verhalten bestimmen (Abb. 1). Diese altersspezifischen Grundbedürfnisse sind universell gültig: Man hat sie zu allen Zeiten gehabt und findet sie in allen Kulturen. Die Grundbedürfnisse sind für alle Jugendlichen relevant, verändern im Verlauf der Jugend aber ihr Gewicht – und damit lassen sich je nach Altersgruppe auch klare Ableitungen für altersgerechte Reiseangebote machen.

Jugendlichkeit lässt sich lernen

Für die „Einsteiger" in die Jugend mit etwa zwölf bis 14 Jahren geht es vor allem erst einmal darum, Jugendlichkeit zu erlernen und sich in Jugendwelten zu integrieren. Weil eben vieles noch neu und unbekannt ist, gibt es einen extrem starken Bedarf an Orientierung, den gerade bei den Mädchen die einschlägigen Jugendzeitschriften von BRAVO bis MÄDCHEN bedienen. Hier erfahren die „Jugendneulinge" alles, was sie über Stars, Mode, Styling, aber auch über den sich wandelnden eigenen Körper und die Veränderungen in der eigenen Gefühlswelt wissen müssen. In diesem Alter dominiert entsprechend der Mainstream: Man hört die Musik, die alle hören, und kauft bei H&M, weil das alle machen. Diese Orientierung am Mainstream gibt Sicherheit auf unsicherem neuen Terrain und hilft so dabei, sich in neue Jugendwelten zu integrieren.

Wichtig ist: Die Einsteiger finden das alles spannend und cool, sind aber noch nicht richtig dabei. „Krasse" Jugendthemen wie Alkohol oder Sex sind noch tabu, damit möchten sie sich eigentlich noch gar nicht beschäftigen – es reicht, wenn darüber einiges in Zeitschriften und Büchern zu lesen ist oder das Ganze aus der Distanz im Fernsehen oder Kino beobachtet werden kann.

Was bedeutet das für die Reiseangebote

Bei den „Einsteigern" reicht es im Grunde schon aus, wenn sie mit Gleichaltrigen und ohne Eltern in Urlaub fahren dürfen und aus der Reisegruppe Cliquen entstehen, in die sich jeder Einzelne integrieren kann. Generell ist eine Vermischung von Jungen und Mädchen hier noch nicht notwendig und auch nicht erwünscht: Auch im Alltag bewegen sich die Einsteiger überwiegend in getrenntgeschlechtlichen Cliquen, weil die Interessen von Jungen und Mädchen noch zu weit auseinander liegen. Bei den gebotenen Aktivitäten ist es dann ideal, wenn sie jugendliche Sachen ausprobieren können – aber ohne dabei „ernst zu machen": Eine Party ist toll, aber noch ohne Alkohol. Posen und Stylen sind super, doch noch ohne Zielrichtung auf das andere Geschlecht. Wenn auf der Reise aber Animateure dabei sind, die sich authentisch in Jugendwelten auskennen und z. B. den eigenen Musikgeschmack schärfen oder beim Tanzen, Stylen und bei Skateboard-Tricks coachen können, dann wird nebenbei auch sehr viel Orientierungshilfe geboten.

Die Bedürfnisse der „Kernjugend"

Der genannte Wunsch nach Integration ist auch für die „Kernjugend" von ca. 14 bis 17 Jahren wichtig. Teil einer funktionierenden Clique zu sein, ist entscheidend für das eigene Wohlbefinden, und das nicht nur im Urlaub. Dazu kommt nun aber das zentrale Bedürfnis, sich zu individualisieren, sprich eine eigene Persönlichkeit zu entwickeln. Man verabschiedet sich mehr oder weniger deutlich vom Mainstream und beginnt, das gesamte Portfolio der Möglichkeiten auszureizen, das Jugendlichen heute geboten wird. Mädchen experimentieren z. B. mit dem eigenen Aussehen und Moden, Jungen entwickeln oft spezifische Hobbys und werden z. B. zu spezialisierten Musik- oder Gaming-Freaks. Das alles dient jeweils dazu, sich selbst zu definieren, sich von anderen abzugrenzen und so quasi seine eigene „Duftmarke" in die Welt zu setzen.

Die Grenzen dieser Individualisierung werden dabei von der Clique gezogen: Alles ist erlaubt, solange sich niemand in der Gruppe isoliert und die eigene Integration gefährdet. Wenn alle Freunde lila-gelbe Haare in Ordnung finden, dann ist das erlaubt – egal was der Rest der Welt dazu sagt. Wenn die eigenen Freunde diese Farbkombination aber übel finden, dann ist sie verboten – egal, wie gerne man sie ausprobieren würde.

Das Arbeiten an der eigenen Persönlichkeit hat einen fundamental wichtigen Nebeneffekt: Man positioniert sich so natürlich auch gegenüber dem anderen Geschlecht. Ein zweiter zentraler, verhaltensrelevanter Treiber für diese Altersgruppe ist nämlich, dass das schon latent vorhandene Interesse am anderen Geschlecht nun endlich manifest wird. Das Bedürfnis nach Lieben und schließlich auch Sex wird nun zu dem zentralen Handlungsmotiv für Teenager. So werden z. B. bei den Mädchen die Wünsche und Sehnsüchte von den unerreichbaren (und damit ungefährlichen) Stars auf die sehr realen Jungs in der eigenen Umgebung umgelenkt.

Was bedeutet das für die Reiseangebote

Bei der „Kernjugend" genügt es eigentlich schon, wenn ihnen ein gewisses „Flirtpotenzial" suggeriert wird. Nicht, dass sich diese jungen Menschen im Urlaub wirklich unbedingt verlieben wollen – aber möglich sollte es schon sein …
Entsprechend sind gemischtgeschlechtliche Gruppen hier auch sehr viel interessanter. Im Idealfall bietet sich aus dem sicheren Terrain einer gleichgeschlechtlichen Clique heraus die Möglichkeit, das fremde Terrain zu „sondieren". Und da ist es natürlich hilfreich, die eigenen

Freunde von zu Hause dabei zu haben: Die sind eine sehr viel solidere Basis als Zufallsbekannte im Urlaub.

Wichtig ist es dann aber, den Jugendlichen auch Gelegenheit zu bieten, sich auszuprobieren und zu präsentieren: Jungs wollen z. B. ihre sportlichen Leistungen zeigen, Mädchen mit ihren Looks experimentieren. Zugleich ist es wesentlich, den Teenagern die Chance zu geben, sich kennenzulernen: Ungezwungen Aktionen und Spiele sind wichtig, um die Kontaktscheu abzubauen. Aber Vorsicht: Typisch für diese Altersgruppe ist auch der Wunsch nach emotionalen „Peak Experiences": Der Flirt muss die „große Liebe" sein, und die Party muss das absolute „Mega-Event" werden. Leider bedeutet das auch, dass sehr leicht über die Stränge geschlagen wird – Stichwort „Alkohol": Bei allen gebotenen Aktionen ist also unbedingt darauf zu achten, dass es die Jungs und Mädels nicht übertreiben!

Die Phase der „Aussteiger"

Bei der späten Jugend, den „Aussteigern" im Alter von 17 bis 19 Jahren, hat sich dann oft schon vieles wieder normalisiert: In den meisten Fällen haben sie schon einige Erfahrungen gesammelt (erste Beziehung, erster Rausch …) und wissen entsprechend auch schon etwas konkreter, was sie eigentlich wollen und was die eigene Persönlichkeit ausmacht. So haben z. B. die meisten Mädchen dann schon die Phase der wüsten Stylingexperimente hinter sich gelassen und die Jungs sich die Kompetenzbereiche erarbeitet, aus denen sie ihren Status ableiten können. Statt die eigene Persönlichkeit zu finden, möchten sie nun die gefundene eigene Identität verstärken und weiterentwickeln. Dafür brauchen diese Jugendlichen weniger Orientierung – auch das Thema Integration verliert an Handlungsrelevanz: Sie besitzen nun gefestigte Beziehungen, die den einen oder anderen Fehltritt überdauern.

Auf der anderen Seite entwickelt sich auch ein eher erwachsenes Rollenverhalten: Die jungen Leute sind es zunehmend gewohnt, in parallelen Welten zu existieren, die jeweils un-

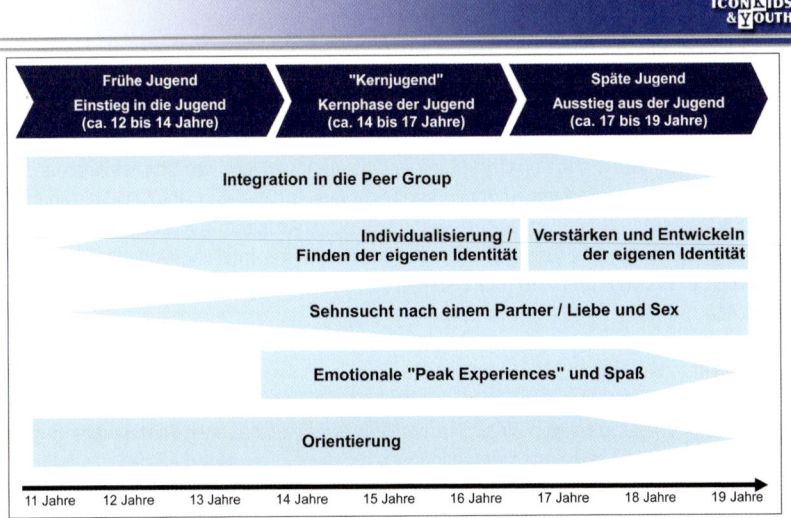

terschiedliche Anforderungen stellen: In Schule und Beruf sind sie vielleicht ernsthaft und fokussiert, beim Sport leistungsorientiert, im Nachtleben abenteuerlustig und risikobereit – oder umgekehrt. Es werden jeweils unterschiedliche Wertesysteme und Handlungsmuster angewendet.

Was bedeutet das für die Reiseangebote

Bei den „Aussteigern aus der Jugend" wird es inhaltlich komplizierter. Es reicht oft nicht mehr aus, das pralle jugendliche Leben anzubieten. Vielmehr ist entscheidend, welchen situativen Bezugsrahmen diese Altersgruppe für ihren Urlaub wünscht. Für die einen heißt das vielleicht Party nonstop, für die anderen aber eher Sport nonstop oder auch die Kombination aus beidem. Es wird für viele Jugendliche nun auch zunehmend interessant, in fremde Kulturen einzutauchen und auf Expedition zu gehen – manche nehmen sogar einen richtigen Reiseführer in die Hand. Generell gilt aber: Jugend wäre nicht Jugend, wenn sie nicht Spaß und die Gelegenheit zum Flirten suchen würde. Diese beiden Grundbedürfnisse sind also auch in dieser Altersgruppe fundamental wichtige Treiber und müssen auch im Urlaub bedient werden.

Hat sich Jugend wirklich verändert?

Wäre dieser Artikel vor 15 Jahren geschrieben worden, hätte die Beschreibung der einzelnen Altersgruppen und ihrer reiserelevanten Bedürfnisse im Grunde genauso ausgesehen. Wie gesagt: Eigentlich hat sich die Jugend nicht verändert. Das, was wir in Bezug auf die Nutzung neuer Medien beobachten, ist eine Mischung aus Pragmatismus und Reaktion auf die sich wandelnde Gesellschaft.

Pragmatismus deswegen, weil es nicht nur cool, sondern vor allem auch praktisch und geldsparend ist, wenn man alle Medienfunktionen in einem Gerät bündeln kann und dafür nicht wie früher mit Fernsehgerät, Radio, Stereoanlage, Telefon, Lexikon etc. eine Vielzahl von Ressourcen braucht. Und eine Reaktion auf die Gesellschaft ist es deswegen, weil wir uns – ob wir das wollen oder nicht – zu einer Gesellschaft hinbewegen, in der von der nachwachsenden Generation viel mehr Flexibilität und Mobilität gefordert wird. Sowohl räumlich in Bezug auf das eigene „Wissensmanagement" als auch in Bezug auf das Management der zwischenmenschlichen Beziehungen. Das Internet als dynamisches Informationsmedium und die sozialen Netzwerke als stabile Felsen in der Brandung sind – trotz aller damit verbundenen Probleme – unverzichtbare Hilfsmittel, um diesen Ansprüchen gerecht zu werden.

Dass so viele Aufgaben und Funktionen in die Virtualität verlagert werden, ist also ein Zeichen der Zeit und eigentlich eine notwendige Grundlage für Zukunftsfähigkeit. Und so muss sich auch niemand Sorgen um die Sozialkompetenz der Jugend machen: Facebook & Co. sind nichts weiter als die Verlängerung des Schulhofes ins Internet. Dort wird nicht mit der großen weiten Welt kommuniziert, sondern mit den Leuten, die man im Alltag auch in Fleisch und Blut vor sich stehen hat. Wenn einschlägige Untersuchungen wie die Shell Studie belegen, dass wir es mit einer sehr wertorientierten, konservativ eingestellten Jugend zu tun haben, die den Wert der sozialen Beziehungen über alles stellt (z. B. auch über den beruflichen Erfolg), dann unterstreicht das die Bedeutung, welche die sozialen Netzwerke für diese Generation haben. Natürlich gibt es hier Problemfälle, und auch Themen wie Onlinemobbing dürfen nicht verharmlost werden, doch bei der großen Mehrheit der Jugendlichen stärken die sozialen Netzwerke die Beziehungen.

Aber die Virtualität hat auch ihre funktionalen Grenzen, und das liegt an den oben beschriebenen jugendspezifischen Grundbedürfnissen. Manches davon bedienen Facebook &

Co. sehr gut: Jedes Mitglied ist dort in der Community integriert und kann gleichzeitig über das Profil an der eigenen Identität basteln. Man kann dort kommunizieren, flirten und sich mit Information und Orientierung versorgen.

Doch emotionale „Peak Experiences" kann einem das Internet nicht bieten, und echte Liebe oder echten Sex schon gar nicht. Diese essenziellen Bedürfnisse treiben die meisten Jugendlichen irgendwann aus dem Haus (bis auf die paar Nerds, die es früher aber auch schon gab – da nannte man sie noch „Stubenhocker").

Und das ist auch der Grund, warum es – wie es im Untertitel dieses Artikels heißt – auch in der virtuellen Welt noch reale Reisen braucht. Bestimmte Dinge muss man einfach im Wortsinn erleben und die Jugendlichen spüren das. Nirgendwo geht das so gut wie im Urlaub: Dort sind bestimmte Regeln außer Kraft gesetzt, und das Feeling ist anders. Dort können die jungen Leute beobachten, ausprobieren und auskosten, was es heißt, jugendlich zu sein. Und dann wird der Urlaub für Jugendliche tatsächlich zur besten Zeit ihres Lebens.

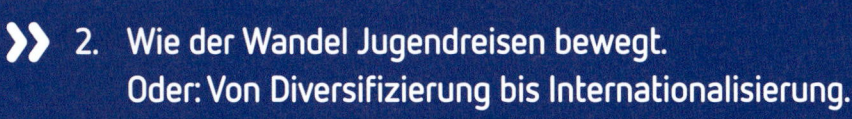
2. Wie der Wandel Jugendreisen bewegt.
Oder: Von Diversifizierung bis Internationalisierung.

Vom Spezialisten zum Vollsortimenter für junges Reisen

Die Entwicklungsgeschichte von **ruf** seit 1996

Thomas Korbus

1981 von Studenten der Freizeitpädagogik rund um Thomas Korbus gegründet, legte **ruf** zu seinem 15-jährigen Jubiläum zusammen mit IFKA Bremen die Bücherreihe der Bielefelder Jugendreiseschriften auf. In Band 1: „Jugendreisen, vom Staat zum Markt" wurde neben vielen Beiträgen von Experten auch die **ruf** Entwicklungsgeschichte der ersten 15 Jahre beschrieben. Es war eine sehr erfolgreiche Geschichte, wobei damals wie heute Rückschläge und Misserfolge genauso dazu gehörten wie dauerhaftes Wachstum.

Jetzt, weitere 15 Jahre später, im Jahr 2012 schreiben wir die 30-jährige Geschichte von **ruf**. Die Bedeutung des Unternehmens ist sicherlich nochmals gewachsen. Bereits 1996 war ruf Marktführer für betreutes Jugendreisen, und in dieser Funktion haben wir gerade in den letzten 15 Jahren die Qualitäts- und Professionalisierungsdiskussion (siehe Beiträge Burkhard Schmidt-Schönefeldt und Bernhard Porwol) im Kinder- und Jugendreisen maßgeblich vorangetrieben. Wir haben uns intensiv mit diesen Themen auseinandergesetzt und niemand hat sich so umfassend zu Qualitätsthemen zertifizieren lassen wie ruf.

Neben der Qualitätsführerschaft steht die Meinungsführerschaft im Fokus: Wohl kein Veranstalter unserer Coleur nimmt seine gesamtgesellschaftliche Aufgabe so ernst wie wir. Dafür sprechen unter anderem die acht Bücher, die wir bereits in dieser Reihe herausgegeben haben. Dieser Band beleuchtet besonders die Entwicklung der letzten 15 Jahre und will Perspektiven für die Zukunft aufzeigen.

1996 gaben wir unsere quantitative Größe mit 19.000 Jugendlichen bei (umgerechnet) 5 Mio. Euro Umsatz an und lagen damit auf Platz 58 unter den größten deutschen Reiseveranstaltern (FVW, Deutsche Veranstalter in Zahlen 1996). 15 Jahre später, im Jahr 2011, erreichte **ruf** mit 85.000 Kundinnen und Kunden einen Umsatz von 42,4 Millionen Euro und ist inzwischen mit Platz 35 unter den 63 größten deutschen Veranstaltern der einzige Jugendreiseveranstalter (FVW, Veranstalter in Zahlen 2011).

Thomas Korbus
Jahrgang 1959, Dipl.-Pädagoge, Studium in Köln, Oldenburg und Bielefeld, Gründer von Reisen und Freizeit mit jungen Leuten e.V. (**ruf**) und geschäftsführender Gesellschafter von **ruf**, Trend Touristik GmbH, Bielefeld, Gründer des Reisenetz e. V., des BundesForum Kinder- und Jugendreisen e. V., der Jugendreisehalle auf der ITB und der Bielefelder Jugendreiseschriften

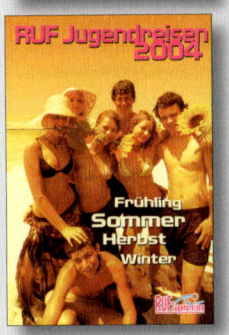

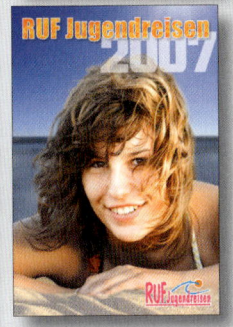

Katalogtitel 1996 - 2012

Natürlich haben sich auch die weiteren Kennzahlen geändert. Aus 34 hauptamtlichen Mitarbeitern 1996 wurden 2012 fast 120, aus 1.000 Saisonkräften im selben Zeitraum mehr als 2.000. Dabei operieren wir auf zwei Ebenen: mit dem Verein **ruf** (reisen und freizeit mit jungen Leuten e. V.) und mit der **ruf** Trend Touristik GmbH, welche die Reisen durchführt (siehe Beitrag Christoph Edlinger).

Der Verein ruf feierte im Jahr 2011 ebenfalls sein 30-jähriges Jubiläum. Er ist seit seiner Gründung 1981 als gemeinnützig anerkannt und Träger der freien Jugendhilfe (nach § 75 KJHG). Er ist ebenfalls Träger der **ruf akademie**, die dieses Buch mit herausgibt.

Ein Exkurs: Gemeinnutz versus Gewerblichkeit

„Kommerziell versus Gemeinnutz" – das war immer ein Thema im Jugendreisen. Es wurde meist aus sozialwissenschaftlichen Kreisen ideologisch behandelt, wobei „kommerziell" als Synonym für schlecht gewertet wurde und „gemeinnützig" für richtiges, gutes Handeln. Doch gute und schlechte Reisen können genauso von gewerblichen Veranstaltern wie von gemeinnützigen Organisationen durchgeführt werden. Und so entzieht sich gerade die neue Machergeneration in unserer Branche der ideologischen Debatte der Spätachtundsechziger, sie geht pragmatisch und professionell mit den Rechtsformen um (siehe Beitrag von Karen Löhnert).

Lediglich ewig Gestrige reiten noch immer auf diesem Unterschied herum. Man muss ihnen in der Regel eigennützige Interessen unterstellen. Geht es beim Gemeinnutz immer noch um das Sichern von lieb gewordenen Pfründen aus Subventionstöpfen, so erscheinen einigen immer noch alle Mittel recht, andere zu diskreditieren. Aber es bleibt Hoffnung. Das Erreichen des Rentenalters dieser alten „Recken" löst sicher mittelfristig auch dieses Problem. Immer wieder keimen aber auch bei jungen Kollegen, die in Jugendorganisationen ihren ehrenamtlichen Weg beschreiten, diese Diskussionen auf. Sie meinen, Jugendreisen wäre kein Tourismus, sondern „Pädagogik auf Reisen". Hier wird inzwischen jedoch unter anderem durch unsere Verbände, das BundesForum und das Reisenetz, sachlich aufgeklärt: Auch in den Verbänden ist das Arbeiten in den letzten Jahren professioneller und erfolgreicher geworden (siehe Beiträge von Werner Müller und Klaus Eikmeier).

Das ruf Sortiment

Die **ruf** Entwicklung der letzten 15 Jahre lässt sich am besten in der stärkeren Diversifizierung der Produkte erkennen: Bis 1996 waren wir noch ein lupenreiner Veranstalter für die 13- bis 17-Jährigen. Zu fast 100 Prozent führten wir unsere Reisen in den Sommerferien durch – neben Campinganlagen und den ersten Clubkonzepten nahm sich der Urlaub in Hotels noch bescheiden aus.

In den letzten 15 Jahren hat sich **ruf** breiter aufgestellt: Die **ruf** Reiseangebote beginnen jetzt mit Kids + Teens Reisen von 8 bis 13, auf diese folgen die klassischen Jugendreisen für die 13- bis 18-Jährigen in Clubs, Camps und Hotels. Zudem gewinnt mit **ruf** NEXT das Segment der über 17-Jährigen stark an Bedeutung. Ergänzt wird das vergrößerte Produktportfolio durch Sprachurlaub, Fernreisen, Sporturlaube, Winterreisen und **ruf** NEXT Abireisen für die Abschlussstufen.

Die klassischen Jugendreisen für 13- bis 17-Jährige

Das klassische Jugendreiseprodukt hat sich in den vergangenen Jahren natürlich ebenfalls verändert. Die Reisezeiten verkürzen sich, der Komfortanspruch steigt. Darauf haben wir inhaltliche Antworten zu finden. Auch die 24-stündige Erreichbarkeit von jedem an jedem Ort via Handy und Facebook verändert unsere Arbeit massiv: Es gilt, rund um die Uhr die Gäste positiv an **ruf** zu binden und deren Zufriedenheit jederzeit zu gewährleisten. So sorgen wir auch in Zeiten von Social Media für die positive Reputation unseres Unternehmens.

Zudem haben wir bei unseren Jugendreisen mit all-inclusive umfassende Verpflegungsleistungen eingeführt: 2005 boten wir diese Leistung erstmals im Hotel Oasis Park in Calella an. Und von dort aus eroberte diese das Taschengeld schonende Leistung schnell das Kinder- und Jugendreisen. Heute gehört all-inclusive zur Standardleistung, lediglich bei Städtereisen oder Special-Interest-Reisen verzichten wir darauf. Inzwischen wird allerdings mit dem Begriff „all-inclusive" inflationär umgegangen. **ruf** hat sich in dieser Hinsicht früh positioniert: Bei Minderjährigen gilt selbstverständlich keine Alkohol-Flatrate. Der Getränkestandard umfasst hier leckere, frisch zubereitete alkoholfreie Cocktails. Die sind gesund und kommen gut an. Und unsere „Rundum satt"-Initiative kommuniziert seit 2011 den ganzen Tag lang „qualitatives frisches Essen".

Mehr Komfort ist gefragt

Mit den steigenden Komfortansprüchen der Jugend veränderten sich auch die Unterkünfte. Das normale Gruppenzelt einer Campingreise ist inzwischen dem Komfortzelt gewichen, das mit festem Boden, Teppich, Betten und Licht ausgestattet ist. Das Deluxezelt bietet sogar jeweils zwei Zweibettkabinen und ist mit Schränken, Tisch und Stühlen ausgestattet. Ebenso ist die Unterkunft im Mobile Home mit separater Waschzelle pro Doppelzimmer möglich. Das Mobilehome bietet zudem Klimaanlage, Kühlschrank und eine eigene Veranda.

Man mag es mögen oder nicht: Der Trend geht unaufhaltsam in Richtung Komfort. Im Hotelbereich haben wir eine ähnliche Entwicklung zu vermelden. Haben wir in den 1980er Jahren mit einfachen Gruppenhäusern oder Pensionen angefangen, so gehört das Dreisternehotel mit All-inclusive-Verpflegung heute zum Standard, Viersternunterkünfte erzielen die größten Wachstumsraten. Dabei bevorzugen unsere Jugendlichen zwar den Komfort eines entsprechend klassifizierten Hotels, sie buchen aber immer noch gerne Drei- oder Vierbettzimmer, das schont das Budget und ist geselliger (siehe Beitrag von Matthias Gürtler).

Ein Exkurs: Young Island

Das sicherlich aufregendste Projekt der letzten 15 Jahre war mit Sicherheit das Inselprojekt „Young Island" von **ruf**. Eine eigene kroatische Insel wurde dabei mit einem Eventkonzept betrieben: Über 1.000 Jugendliche konnten hier gleichzeitig quasi in ihrem eigenen „Staat", nahezu ohne Erwachsene Urlaub machen. Ein Traum, der leider nur vier Jahre hielt. Denn nicht nur ruf fand die Insel einzigartig. Ein Konsortium erwarb sie und wollte ein Luxusresort mit Marina und schicken Villen aus ihr machen. Die Pläne scheitern an der Wirtschafts- und Finanzkrise. **ruf** betrieb die Insel 2008 mit den neuen Besitzern weiter, anfänglich mit erheblichen Abwicklungsproblemen. Das Ergebnis ist bekannt. Generell begann die Saison 2008 unter schwierigen Bedingungen. Wir haben sie dennoch erfolgreich zu Ende geführt. Aber eine rechtliche Hängepartie in einem Schwellenland der EU mit den divergierenden Interessen vor Ort, die auf dem Rücken von **ruf** und seinen Gästen ausgetragen wurde, war inakzeptabel. Das einzigartige Projekt liegt seit 2009 im Wartezustand. Ob es noch einmal wiederbelebt werden kann? Wir werden berichten.

Viel drin für wenig Geld

Neben den Komfortansprüchen ist noch ein Trend eindeutig: Seit der „Geiz ist Geil"-Kampagne einer bekannten Elektrohandelskette (2003) erwartet der Kunde von **ruf** heute „viel Reise" für nicht zu viel Geld. Eine Jugendreise kann nie billig sein, sie muss aber preiswert sein. Bei **ruf** bekommen die Kinder und Jugendlichen ihre Reise sozusagen in „Vollausstattung". Es gibt keine verdeckten Zusatzkosten, wie Kurtaxen oder ähnliche Kostentreiber, die in der Vergangenheit immer gerne von Reiseanbietern als Mittel benutzt wurden, um den Reisepreis gegenüber dem Kunden künstlich zu vergünstigen. Für uns gilt: Wer den Kundinnen und Kunden Mehrwert bietet – entweder durch günstigen Einkauf der wichtigen Reisekomponenten wie Anreise, Unterkunft, Verpflegung, die er aufgrund seiner Größe erzielen kann, oder durch Kooperationen mit renommierten Werbepartnern, der kann heute dem anspruchsvollen Jugendlichen auch mehr zum besten Preis bieten.

Ein Beispiel: Kostete 1997 bei uns eine einwöchige Reise in ein Atlantik-Wellenreitcamp nach Moliets Plage (Frankreich) umgerechnet 300 Euro inkl. VP, so bieten wir sie heute (umgerechnet auf sieben Übernachtungen) zum günstigen Frühbucherpreis von 330 Euro an. Damit kostet die Reise zehn Prozent mehr als vor 15 Jahren, dafür wird sie aber 2012 mit All -inclusive-Verpflegung, komfortableren Zelten und weiteren Mehrleistungen im Wert von bis zu 100 Euro angeboten, die es 1997 noch nicht gab.

Beständig steigender Service

Doch nicht nur ein verbesserter Komfort und zusätzliche Leistungen spielen eine Rolle. Auch gesteigerte Services waren ein Thema der letzten 15 Jahre. So unterlag und unterliegt die Rolle des Reiseleiters einem dauerhaften Wandel. Damals war der Teamer in erster Linie ein großer Freund, Kumpel und Kommunikationsstifter, der natürlich auch mal Grenzen aufzeigte. Heute sind bei den Teamerinnen und Teamern Serviceaspekte im Sinne von touristischen Dienstleistungen gefragt. Ob ein Strandabend um 19.00 oder um 20.00 Uhr anfing, hat vor 15 Jahren niemanden interessiert. Heute hagelt es Beschwerden bei scheinbar unnötigen Verspätungen.

Und mit den Servicewünschen haben sich auch die **ruf** Jobprofile im Servicebereich erheblich ausgeweitet. Waren es 1997 noch vier verschiedene Jobprofile in den Destinationen, so sind es inzwischen 22 verschiedene. Vor Ort sind heute Nachtwächter, Clubtechniker, Bühnenkonstrukteure, Animateure und sonstige Servicekräfte.

Hinzu kommen die vielfältigen, transparenten Informationen, die für Eltern und Teilnehmer bereitgestellt werden. Oder auch die Möglichkeit der ständigen Erreichbarkeit während der Reise, die wir für die Eltern 24 Stunden am Tag, sieben Tage die Woche mit unseren Hotlines sicherstellen.

Themenreisen für Kids & Teens

2007 weitete **ruf** das Angebot auf eine neue Zielgruppe aus: Wir bieten seitdem auch Reisen für Kinder von acht bis zwölf Jahren an. Diese Erweiterung des Leistungsspektrums zielte auf die immer selbstständig werdenden Kinder. Gemäß der Aussage von dem Jugend- und Gesundheitsforscher Prof. Dr. Klaus Hurrelmann (2003), dass die Kindheitsphase inzwischen früher verlassen wird und Jugend dementsprechend früher einsetzt, haben wir für diese Zielgruppe attraktive Reiseformate entwickelt, die als Themenreisen angeboten werden. Kinderreisen sind keine Erholungsreisen. Sie verlaufen in der Regel über eine Woche und sind gespickt mit Programmangeboten, die sich immer an der Natur und an den vier Elementen orientieren. Der Umgang mit Wasser, Erde, Holz und Luft bietet gerade den Kindern, die in großen Städten aufwachsen, ein erweitertes Naturerlebnis (siehe Beitrag von Florian Kuff). Gekoppelt mit interessanten Spielprojekten aus der Comic-, Lese- und Fernsehwelt der Kids ergeben sich so spannende Formate.

Die neuen Kinderreiseprogramme

Mit dem Mickey Mouse Camp, mit dem wir 2008 (siehe Beitrag von Jörg Risken) in der Lüneburger Heide in einer eigenen Anlage starteten, sowie mit unserem eigenen Kinderhotel auf Föhr, das wir seit 2009 betreiben, haben wir von Anfang an im Kinderbereich Maßstäbe gesetzt.

Die Highlights sind dabei die vielen verschiedene Formate, die wir mit Partnern entwickelt haben: Bibi Blocksberg, WAS ist WAS, D!'s Dance Camp, die Jetix Fußballschule, Wendy Reiterreisen oder Projekte mit Fußballligisten wie Arminia Bielefeld und dem FC St. Pauli gehören dazu. Seit 2004 arbeiten wir zudem erfolgreich mit den Top-Handballbundesligisten zusammen und bieten die beliebten Handballcamps für Kids und Teens an. Mit dem Kinder Fernsehsender SUPER RTL verbindet uns seit 2008 eine intensive Partnerschaft. Für den erfolgreichsten Kindersender der Galaxie produzieren wir für das Format TOGGO an zurzeit sechs Standorten in den Sommerferien eigene Themenreisen, die über den Fernsehsender beworben werden (siehe Beitrag von Matthias Kappeler).

Das preisgekrönte Festivalcamp für Teens

Der Übergang vom Kind zum Jugendlichen, der sich meist im Alter von elf bis 14 Jahren vollzieht, wird von tätigen Pädagogen immer als ein ganz besonderer Zeitabschnitt angesehen. Die Kids sind nicht „Fisch noch Fleisch". Die Lust zu spielen ist noch da, aber leider erscheint es dann vielen als nicht cool genug. Stattdessen rücken Themen, die die eigene Entwicklung beleuchten, verstärkt in den Fokus. Mit dem **ruf** Festivalcamp auf Rügen haben wir eine Teensreise entwickelt, die sofort für Furore gesorgt hat. Und zugleich erheben diese Reisen für Teens den höchsten Anspruch an uns und machen uns daher auch am meisten Freude. Dass es uns gelungen ist, als erster Reiseveranstalter überhaupt und dann noch mit einem Format für Teens im Jahr 2010 den Deutschen Tourismuspreis zu gewinnen, bestätigt uns in der Begeisterung für die Altersgruppe (siehe Beitrag Florian Kuff).

Sprachurlaub und Sprachreisen

Sprachreisen gab es bei **ruf** immer, bis 1986 führten wir diese selbst durch. Seit 25 Jahren ist Offährte Sprachreisen in Bremen unser Kooperationspartner. Sprachreisen sind anspruchsvolle Bildungsreisen, die mit ein wenig Erholung kombiniert werden.

Gemeinsam mit Offährte entwickelte **ruf** das Konzept des Sprachurlaubs, das wir seit 2008 sehr erfolgreich umsetzen. Wir setzen dabei auf die ausgereiften Urlaubskonzepte von **ruf,** bei dem Erholen und Erlebnis im Vordergrund stehen, und kombinieren sie mit dem Bildungsmodul Sprache. Dies ist als Best-Practice-Konzept ausgelegt und wird von Native Speakern begleitet. Bei Urlaubsländern, deren Landessprache speziell ist (wie zum Beispiel Kroatien), bieten wir Englischprogramme als Sprachurlaub an.

Besonders erfolgreich sind wir dort, wo wir den Sprachurlaub mit direkten Kontakten zu Land und Leuten kombinieren – oder zusätzliche Themen ankoppeln: So kombinieren wir beispielsweise auf Rügen den Sprachurlaub mit dem **ruf** Festivalcamp. Auf Malta können die Teilnehmerinnen und Teilnehmer zusätzlich das MTV Music Festival mitnehmen usw. (siehe Beitrag Andrea Schütt).

Ein anspruchsvoller Markt: Abireisen

Die Abireisen-Bewegung in Deutschland wird in diesem Jahr gerade einmal zehn Jahre alt.

Betrachten manche das so genannte Spring Break in den USA als „Urmutter" der Abireise, so entwickelte sich die europäische Tradition über die Maturareisen in Österreich. In Deutschland wurden die Abireisen Anfang des Jahrtausends dankbar von Busreise-Billiganbietern aufgegriffen. So geriet die Abireise in den ersten Jahren in den Ruf eines „Schmuddelproduktes", das gerne von den privaten Fernsehsendern medial aufgegriffen wurde. Sex and Drugs and Rock'n'Roll verkaufen sich eben gut.

ruf stieg im Jahr 2006 verhältnismäßig spät in diesen Bereich ein – und auch hier immer unter dem Gesichtspunkt, die hohen Qualitätsansprüche an all unsere Reisen zu halten. Einige Marktteilnehmer betrachteten aber die Abireise nicht als Reise, sondern als Dauerfete. Auf touristische Serviceleistungen wurde wenig Wert gelegt, das Event stand im Vordergrund. ruf aber hat sich mit seinem Konzept durchgesetzt. Inzwischen gehören unsere Abireisen zum NEXT Bereich. Und seit letztem Jahr sind die **ruf** NEXT Abireisen unter den Top-3-Playern in dem Segment zu finden (siehe Beitrag Kristina Oehler, Katharina Schnellen, Kai Nitzke).

Die Zielgruppe ist anspruchsvoll. Die zukünftigen High-Potentials unseres Landes wollen ihr schwer erarbeitetes Abitur feiern – mit gutem Recht. Aber sie legen genauso Wert auf hohen Komfort und ein inhaltliches Programm. In keinem Alterssegment sind unsere Ausflugsprogramme so gut belegt, wie bei den **ruf** NEXT Abireisen. Und die Anforderungen an das Wissen der örtlichen Reiseleiter rund um Kultur, Geschichte oder Sozioökonomie der Region sind kundenseitig sehr hoch.

In den Medien und der Öffentlichkeit haben die Abireisen fälschlicherweise immer noch das negative Image von randalierenden, betrunkenen Hooligans. Das wird den jungen Absolventen in keiner Weise gerecht. Hand aufs Herz: Gefeiert wurde auch in unseren Abi-Jahrgängen und es haben auch zu unseren Zeiten immer nur die wenigen für Aufsehen gesorgt, die wirklich über die Stränge geschlagen haben. Ich erlebe die jungen Erwachsenen als zuverlässige, intelligente, an Land und Leuten interessierte Zielgruppe, die den Lernstress vergessen und ihr Abitur gepflegt feiern möchten.

NEXTabireisen finden zwischen April bis Juni, aber auch vereinzelt bis in den September hinein statt. Eine stärkere Zentralisierung im Rahmen des Zentralabiturs werden zukünftig die Zeiträume einschränken. Ähnlich wie in Österreich werden damit die Anforderungen an Transport und hochwertige Unterkünfte steigen, der Markt wird schwieriger. Und so wie in Österreich wird sich das Geschehen auf immer größere Ferienanlagen in einem immer kleineren Zeitfenster bei zugleich wachsendem Markt konzentrieren. Das Potenzial ist noch lange nicht ausreizt. Die Abreise als Institution festigt sich gerade erst in Deutschland. Und auch hier gilt: Groß kann viel! Ich stelle infrage, inwieweit kleinere Anbieter über Dumpingpreisangebote im Mengenmarkt dauerhaft mithalten können. Spektakuläre und leise Insolvenzen in der frühen Vergangenheit zeigen an, dass sich der Anbietermarkt rund um Abireisen weiter konzentrieren wird.

Junges Reisen Ü17

Schon lange erweitert die jugendtouristische Diskussion das Jugendalter: Giesecke sprach bereits 1967 von der Zeitspanne von 14 bis 25 Jahren (Giesecke, 2002, S. 19), Horst Opaschowski erweiterte die Jugend sogar auf 27 Jahre (Opaschowski, 1970, S. 13). Und auch der in diesem Buch oft zitierte Klaus Hurrelmann (2003) konstatiert, dass das Jugendalter heute zu einem lang gestreckten Lebensabschnitt von durchschnittlich 15 Jahren geworden ist. Praktisch übersetzt, reden wir heute von einem verlängerten Jugendalter, das sich sogar bis zum 30. Lebensjahr ausweitet. Und auch weltweit operierende Veranstalter und Reisemittler arbeiten schon lange mit der Altersspanne von 16 bis 30 Jahren (GAB, STA, STB).

In Deutschland versteckten sich diese Kunden bisher entweder bei den großen Veranstaltern in deren normalen pauschalen Programmen. Manchmal nutzten sie auch anspruchsvolle Spezialangebote von meist kleineren Spezialisten. Oder sie buchten im Mengenmarkt billigst gemachte Pauschalreisen. Ihnen gemein war die Anreise in alten Bussen, Unterkunft in einfachsten Häusern bei einfachster Verpflegung – gepaart mit einer Alkoholanimation, die als Party verkauft wurde und wird. Vereinfacht gesagt: Das einzige Ziel für den jungen erwachsenen, meist männlichen Kunden ist dabei der schnelle Spaß, auch durch schnellere sexuelle Begegnung. Das einzige Ziel für den Veranstalter ist die zusätzliche Wertschöpfung vor Ort mit be- und angetrunkenen Gästen.

Diese Formate sind allerdings durch die anhaltende öffentliche Diskussion um sogenanntes Flatrate-Saufen in den Fokus von Fachleuten und Medien geraten: Sie stellen zurzeit eine große Herausforderung dar – die Veranstalter wollen sich davon qualitativ abgrenzen. Und besonders aufgeheizt verläuft die Diskussion, wenn es sich bei den Teilnehmerinnen und Teilnehmern noch um Minderjährige zwischen 16 und 18 handelt.

ruf hat sich dieser Zielgruppe mit nennenswerten Mengenangeboten erst 2009 geöffnet. Mit dem Format **ruf** NEXT – you are the next generation werden Gruppenreisen für 17-Jährige und Ältere angeboten: qualitativ hochwertige Reisen zu den Partyzielen Europas, Reisen mit Sportcharakter, Sprachurlaube und Fernreisen. Der Erfolg ist eindrucksvoll. Die **ruf** NEXT Kunden, die aus dem klassischen Jugendprodukt zwangsläufig herauswachsen, empfehlen diese Formate ihren Freunden und erwarten auch als junge Erwachsene „betreute" Inhalte. Daraus resultierend sind die schon angesprochenen Discount- und Budget Märkte für junge

Erwachsene für die **ruf** Angebote Ü17 kaum eine Konkurrenz. Denn auch bei NEXT liegt der durchschnittliche wöchentliche Reisepreis bei ca. 600 Euro, so wie fast der Durchschnitt der gesamten Tourismusindustrie in Deutschland (FWV, Veranstalter in Zahlen 2011, Rangfolge pro Teilnehmer).

Der Trend ist offensichtlich: Die Zielgruppe der 16- bis vielleicht 30-Jährigen ist für viele Veranstalter eine noch unbekannte Größe. Die Großveranstalter verdienen zwar gerade mit den Best Agern gutes Geld. Sie verlieren aber diejenigen, die ihre Zukunft sichern. Menschen bis zum 30. Lebensjahr akzeptieren nicht mehr durchgängig die klassischen Absatzwege, wie das Reisebüro. Sie sind nicht markentreu, und die dauerhafte Bindung an einen großen Veranstalter geht verloren (siehe Beitrag Wolfgang Isenberg). In diesem Bereich ist zukünftig viel zu tun, auch bei uns Spezialisten. Wir haben die Zielgruppe, wir haben die modernen Werkzeuge, um diese Kunden auch zukünftig zu erreichen, und wir wissen um den Content, den diese Zielgruppe abruft.

So viel sei an dieser Stelle aber schon verraten: **ruf** wird sich dem Thema in Formen von Tagungen und Publikationen nähern, das nächste Buch wird sich mit dem Phänomen des jungen Reisens, mit den 16- bis 30-Jährigen, beschäftigen.

Sportliche Angebote sind weiter ein Markt
Sportangebote gehören immer schon in die Angebotspalette von Kinder- und Jugendreisen, meist sind es Aktivitätsangebote mit spielerischem Charakter. Reiseformate mit eindeutigem Sportcharakter werden meist von kleineren Spezialisten angeboten.

ruf entwickelt seit 2008 zusammen mit Handbal-Bundesligisten wie dem THW Kiel, Flensburg Handewitt, HSV, TBV Lemgo, VfI Gummersbach, den Rhein-Neckar Löwen und vielen mehr bundesweite Handballcamps. Diese werden von vielen Tausend Kindern und Jugendlichen besucht. In Zusammenarbeit mit Fußball-Bundesligen entstanden zusätzliche Fußballcamps. Und weitere Formate für Themenreisen mit 100 % Sportansatz befinden sich bei uns bereits in der Vorbereitung. Der Markt erscheint groß und touristisch noch nicht für unsere Zielgruppe qualitativ durchdrungen.

Traumreisen in die Ferne

Die Entscheidung, auf hochwertige Fernreisen zu setzen, bei denen vierstellige Reisepreise aufgerufen werden, fiel anachronistischerweise gerade in der Zeit der ersten Wirtschaftskrise des neuen Jahrtausends: in die Jahre 2003 und 2004. Der Kunde forderte zu Recht immer mehr Leistung für immer weniger Geld – wie in allen Aspekten der Konsumgüter- und Dienstleistungswelt. Dennoch nahm seit diesen Jahren die Bereitschaft der Kundinnen und Kunden zu, bei **ruf** auch teurere Reiseformate zu buchen. **ruf** spricht traditionell die deutlich bildungsnahen Haushalte an. Und diese scheinen immer mehr darauf zu vertrauen, dass wir auch im hochwertigen Reisebereich die richtigen Antworten für ihre Kinder finden. Neben einer Vielzahl von Kleinstanbietern, die entsprechende Gruppenformate für Jugendliche und junge Erwachsene zur Verfügung stellen, scheint **ruf** zu den ganz wenigen zu gehören, die solche Formate auch in erkennbaren Mengen durchführen können. Zu den Fernreisen gehören Rundreisen, aber auch viele verschieden standortbezogene Reisen, z. B. in den USA.

Fast alle Reisen bieten wir mit Begegnungsmöglichkeiten an und besuchen die dortigen Universitäten. Die neuen Kontakte halten viele Teilnehmerinnen und Teilnehmer via Facebook. Die Kids wollen sich vernetzen, denn vielleicht gehört das gerade bereiste Ziel zum zukünftigen Studienplatzwunsch – und in dem Fall kennt man sich schon. Bei allen Reisen bieten wir zusätzliche Sprachmodule an, der Übergang zur hochwertigen Sprachreise liegt nicht weit entfernt (siehe Beitrag Andrea Schütt).

Mehr wissen durch Lernen auf Reisen

Lernen war schon immer Thema auf Kinder- und Jugendreisen. Nonformales bzw. informelles Lernen sind dabei die Schlagwörter der Gegenwart (siehe Beitrag Renate Freericks). Bildung mit erlebnisorientiertem Lernen zu verknüpfen, gelingt **ruf** seit vielen Jahren. Diese Reisen zeichnen sich dadurch aus, dass hier das Erlebnis mit dem Erlernen von Inhalten gekoppelt wird. So nehmen Themenreisen weiterhin zu: Bildungscamps werden der zukünftige Megatrend.

2011 hat **ruf** zum Beispiel gemeinsam mit der Bundesagentur für Arbeit bundesweit die Berufsorientierungscamps „Ich bin gut!" durchgeführt. Eigene Formate, in denen das Herausarbeiten von Talenten im Vordergrund steht, befinden sich noch in den Anfängen.

Die weiteren Reisetrends

Themenreisen im Bereich Sport, Entertainment, Wissen-Welten als Bildungscamps werden der zukünftige Produkttrend. Zugleich werden hochwertige Angebote unter freiem Himmel ihren Platz im jungen Reisen behaupten. Das Camp, der Bungalow-Club sind feste Bestandteile der Kinder- und Jugendreisewelt. Hotelurlaube werden weiter zunehmen, der Anspruch an Komfort und nach wertvollen Inhalten will erfüllt sein.

Und: Man mag Partyreisen mögen oder nicht – sie sind Themenreisen und werden den Urlaubsbedürfnissen gerade der älteren Jugendlichen gerecht. Aber gut gemacht müssen sie sein. Billige Abzocke wird entlarvt und im Netz abgestraft. Qualität wird sich hier auch weiter durchsetzen.

Die Reisezeit wird kürzer und länger

Die Urlaubsreisezeit wird sich weiter verkürzen. Dann sind spezielle Inhalte gefragt, um das perfekte Urlaubsgefühl auch in der kürzeren Zeit zu erzeugen (siehe Beitrag Saskia Schiller). Protagonisten, die darauf setzen, dass sich entsprechende gruppendynamische wertvolle Prozesse nur in drei Wochen erzeugen lassen, werden in ihren Nischen sitzen bleiben: Der Mainstream will kürzere Reisen (siehe Beitrag Thomas Korbus und Jana Pieper). Wir alle müssen uns dieser Anforderung stellen und Angebote bzw. Werkzeuge entwickeln, damit wir zu ähnlichen Lerneffekten und Urlaubszufriedenheiten kommen, wie sie sich bei längeren Reisen durch die schöne, gemeinsame Zeit entwickeln konnten.

Geht die Länge einer Urlaubsreise für Jugendliche bei **ruf** kontinuierlich zurück (1996 12,4 Übernachtungen, 2010 noch 9,5 Übernachtungen), so erleben wir seit 2011 eine ebensolche Gegenentwicklung: Bei unseren klassischen Urlaubsformaten werden auch wieder Reiselängen von 14 bis 21 Tagen angefragt. Eine wachsende Zielgruppe bildungsnaher Familien ist bereit, mehr Geld für längere und hochwertigere Reisen auszugeben. Es müssen jedoch Inhalte angeboten werden, die den Eltern und den Jugendlichen diesen Betrag wert sind.

Bei Fernreisen und hochwertigen Sprachreisen zeigen sich diese beiden Tendenzen ebenfalls: Von der 5-tägigen New-York-Tour, der einwöchigen China-Reise bis zur dreiwöchigen Traumreise nach Australien bieten wir alle Formate an.

Tue Gutes und rede darüber

Kommunikation, globale Vernetzung und die sich daraus ergebenden Veränderungen werden die Themen der nächsten Jahre, wenn nicht Jahrzehnte sein. Das bemerken die Eltern, und sie wollen ihre Kinder so früh wie möglich darauf vorbereiten. Lerne Sprachen, lerne die Welt kennen, vernetze dich virtuell und bereite dich damit auf echte Begegnungen vor! Denke global, handle lokal! So werden wir in Zukunft unsere jungen Zielgruppen ansprechen müssen. Explore the world and explore yourself (siehe Beitrag Peter de Jong). Und vor allem: Rede darüber!

Nichts bleibt verborgen, vieles wird öffentlich gemacht. Die Generation Facebook zwingt uns alle zu verändertem Kommunikationsverhalten (siehe Beitrag Dirk Föste, Michael Faber/ Daniel Amersdorffer, Michael Buller). Doch die Tourismusindustrie war in diesem Bereich immer schon ganz vorn dabei. Früher mit Reiseberichten in Fernsehen, Kino und Zeitschriften, heute mit unzähligen Blogs und Bewertungsportalen. Virtuelle Veranstalter boomen – Offline- und Onlinemarketing funktionieren perfekt.

Das Megabeispiel ITB Berlin

Alles spricht für die ITB Berlin
Als Mitgestalter der Reiseindustrie gibt die ITB Berlin einem kontinuierlich wachsenden Markt wichtige Impulse. Ein Ausstellerumsatz von rund 5 Mrd. Euro und eine Ausstellerzufriedenheit von 92 Prozent beweisen: Hier treffen Angebot und Nachfrage am richtigen Ort zusammen.

Weltleitmesse der Reisebranche

170.000 Besucher, darunter 111.000 Fachbesucher, rund 11.000 Aussteller aus über 180 Ländern sowie der weltgrößte Kongress der Reisebranche machen die ITB Berlin zur führenden B2B-Plattform des globalen touristischen Angebots. Alle Stufen der Wertschöpfungskette sind präsent: Reiseveranstalter, Buchungssysteme, Zielgebiete, Airlines, Hotels bis hin zu Autovermietern.

Trotz ihrer Größe ist die ITB Berlin übersichtlich strukturiert. Sie sorgt weltweit für mediale Aufmerksamkeit. Sie bietet Ausstellern umfassende Unterstützung in allen Marketingfragen. Und sie wird von einer erfahrenen Messegesellschaft veranstaltet, die immer wieder erfolgreich neue Ziele ansteuert – der Messe Berlin.

Quelle:
http://www.itb-berlin.de/ITBBerlin/ITBAufEinenBlick/

Die weltgrößte Messe für Tourismus, die ITB Berlin, war schon in frühen Jahren für Vertreter unseres Segments das Tor und Ohr zur Welt. Und mit der Erfindung der Jugendreisehalle 1998 begann auch für unsere Szene ein neuer Abschnitt der Öffentlichkeitswirksamkeit. Was als private Idee von Peter de Jong (damals General Director der FIYTHO, der Federation of International Youth Travel Organisations) und Thomas Korbus von **ruf** entstand, wurde seither ein durchschlagender Erfolg (siehe Beitrag Peter de Jong). 37 Aussteller präsentierten damals ihre Leistungen auf einem Gemeinschaftsstand auf der ITB.

Die Bereitschaft der ITB, diese private Initiative zu übernehmen und seit 1999 die Idee mit **ruf** und FIHYTO weiterzuentwickeln, führte zu einem ganz wesentlichen Durchbruch in der Wahrnehmung unseres Segments in der Welt – in der medialen, der fachlichen, aber auch in der politischen (siehe Beitrag Martin Buck).

Viele Player im Markt verstehen die ITB nur als Fachbesuchermesse, um ihre wichtigen Geschäfte zu machen. Sie war und ist viel mehr. Sie ist eines der weltweit größten und jährlich wiederkehrenden Medienmegaevents. Nach Aussagen des COO der Messe Berlin, Dr. Christian Göke, gehört die ITB mit bis zu 7.000 akkreditierten Journalisten zu den größten weltweiten Medienereignissen, die sich hinter der Olympiade und der Fußballweltmeisterschaft schon auf Platz drei einreihen.

Erzähle es in Berlin auf der ITB, du erreichst Berlin, ganz Deutschland und die Welt, wohin du es auch immer kommunizieren willst! Mithilfe der ITB wurde aus dem „Pflänzchen" der Jugendreisehalle (damals YTC, für youth travel center) inzwischen die Halle 4.1 – ein inhaltliches

Großereignis auch innerhalb der ITB: youth, trends and innovations sowie Adventure-Travel-Anbieter kamen hinzu, ebenso der stürmisch wachsende Markt der Economy Accomodations, das YIG (youth incoming germany), Handicap-Reisen und viele andere Spezialsegmente, die heute bewusst die Nähe zu dieser Halle suchen.

Und warum? Ganz klar! Wir haben die meisten interessanten Inhalte zu bieten. Junges Reisen ist immer Inhalt, nie nur Form. Wir können etwas zeigen. Und das nehmen die Medienvertreter weltweit stets gerne mit.

Unsere Halle gehört nach Aussagen der ITB seit Beginn 1998 immer zu den drei Events mit der höchsten Medienresonanz. Das bleibt nicht ohne Folgen. Berlin ist inzwischen der Nabel des politischen Deutschlands, die ITB ist das Tor – auch für die Politik, offensiv mit unserer Branche Kontakt aufzunehmen. Die Menge der Fachveranstaltungen in Halle 4.1 nimmt beständig zu, die Kongresse, Events, Talkrunden, Präsentationen und unzähligen Netzwerktreffen bis hin zu einzigartigen Festen sind und bleiben ein Must have! Und dabei finden sich auf der Großbühne auch viele Landes- und Bundestagsabgeordnete ein, bis hin zu ganzen Fraktionen.

Die Aufmerksamkeit für unser Arbeitsgebiet und damit unsere Bedeutung wächst. Dies ist vor allem den weitblickenden Kollegen der ITB zu verdanken, die unsere Initiative so großartig aufgegriffen haben und bis heute mächtig vorantreiben. Jeder fachlich an dem Feld des jungen Reisens Interessierte kommt nicht an der ITB vorbei. Der Erfolg dieses Öffentlichkeitskonzeptes bedingt in meinen Augen ganz wesentlich unsere stärkere Wahrnehmung im Markt, in den Medien und in der Politik. Sie stellt neue, von uns gewollte Anforderungen an unsere Kommunikation. Das merken wir als Veranstalter gegenüber unseren Kunden, das merken wir genauso in unseren Verbänden oder aufgrund von wachsenden Anfragen aus der Öffentlichkeit, uns zu vielfältigen Themen der Jugend zu äußern.

ruf, als „leader in the market", versteht sich hier als Klassensprecher, als Anwalt der Jugend. Und um den skizzierten Anforderungen an die Zukunft gerecht zu werden, erfindet sich **ruf** permanent neu. Zusätzlich haben wir im Jahr 2011, zum 30. Geburtstag, einen umfassenden Markenrelaunch durchgeführt (Beitrag Jens Grefen). Unser neuer Claim drückt seit 2012 die umfassendere Perspektive aus, der wir unsere Arbeit unterordnen:

ruf – die beste Jugend deines Lebens

www.youtube.com/user/rufjugendreise#p/u/22/-2dyrF34Er4
www.youtube.com/user/rufjugendreise#p/u/26/2Q6c9DUxiJI
www.ruf.de | www.ruf-akademie.de

Quellen

Opaschowski, Horst (1970): Jugendauslandsreisen. Geschichtliche, soziale und pädagogische Aspekte, Darmstadt und Berlin

Giesecke, Hermann (2002): Pädagogik des Jugendreisens, Bielefeld

Hurrelmann, Klaus (2003): „Schwindende Kindheit – Expandierende Jugendzeit. Neue Herausforderungen für die biografische Gestaltung des Lebenslaufs."

Vortrag bei der Dr. Margit Egnér Stiftung in Zürich

Contributing to a new Europe: ruf's challenge
Peter de Jong

If we can agree that the 19th century was the last 'European century' and the 20th century was the first 'American century', then we must admit that the 21st century is the 'Asian century'. In fact, I believe that we have entered the 'Asian Millennium':

Asia combines immense population growth with

- rapidly increasing personal wealth
- an appetite for learning with an eagerness to succeed
- a dedication to technology with a focus on manufacturing
- an entrepreneurial spirit and
- great optimism about the future.

These are young Asian nations, brimming with energy and ambition and a growing population. By comparison, Europe seems tired, listless and unmotivated. (And, with the imminent negative population growth, we're quickly running out of 'Europeans'…)

By the hundreds of millions, Asia produces the 'new consumers' and that includes 'the new travellers'. In only a matter of years, middle class Indians and Chinese (along with Russians, Brazilians, Indonesians and other new members of the mobile middle class) will crowd our European cities and beaches, our ski resorts, shops, restaurants and castles. They'll take pictures, look at us and smile: to them, Europe will be a living museum of 'the way things were'.

If this is true, is it good or bad?
It is good, if Europe can accept the new reality and accommodate to a smaller, lesser role on the world stage and adjust to the New Leaders, just as the Asians have had to adjust to us for hundreds of years. After all, we have no choice: we suffer of
- zero or negative population growth
- a myopic focus on internal issues (multi-culturalism, migration, pension rights, excessive taxation, social pessimism, etc.)
- staggering unemployment, especially among the young
- and insufficient savings to support an immense, ever older, retired population.

Peter de Jong
Since 01 January 2012 Peter de Jong joins STB as Vice President, Business Development, operating out of New York and Bangkok.
Before that he was Senior Partner at 'Travel and Tourism Strategies, Inc.' (TTSI), a global travel industry consulting group. From 2001 to 2008, he served as President and CEO of PAIA, the 'Pacific Asia Travel Association', based in Bangkok. Prior to that, he served for ten years as Director General of FIYTO, the 'Federation of Youth Travel Organisations', based in Copenhagen.
From 1985 to 1990 Mr. de Jong lived and worked in Sao Paulo, Brazil.

To make matters worse, we have no unifying leaders with vision and courage. Not a single European politician to lead the way.

It is bad, if we nostalgically insist on former glory. If, internally, we refuse to reduce our generous labour and retirement benefits, compromise on our short work weeks and long vacations. If, externally, we still believe that the world is euro-centric and insist on a north atlantic domination of inter-governmental agencies.

That domination was a reflection of our post-Second-World-War economic boom, but those days are over. Perhaps forever, but certainly for this century.

Let's look at travel and tourism in this context.

Aviation is dominated by carriers from the Gulf region and Asia: they employ new fleets and still treat passengers as guests and clients. The same goes for Asia's hotels and resorts: superior design, cuisine and service at affordable prices. Asia has magnificent cultural and historical sites, beautiful beaches and mountain ranges, friendly people who are eager to serve and who'll charge reasonable rates.

By comparison, much of Europe's accommodation, tourism and transport infra-structure looks 'tired', service is often unfriendly and the products are overpriced.

How will young Europeans, future ruf guests for instance, cope with these new realities of a European demise and an Asian ascent? What is their relationship with their homeland, and (how) do they see themselves evolve as 'Europeans'? Yes, they see themselves as globally mobile. But how professionally mobile are they, really? Will they consider employment in Ho Chi Minh City or Singapore or insist on unemployment in Flensburg or Dresden?

Only a few of them take advantage of opportunities to study outside Europe – to discover Asia through travel and study, to learn mandarin, to take Asian internships. In short: to get to know the new leaders, the new markets, the new consumers and the new opportunities.

Instead, too many of them stay at home, and remain un- or underemployed. Thus they don't develop the self-esteem and mental stamina that comes from earning a living, from making a daily contribution to a society, to an economy. Instead, they accept financial support from ever-poorer European nation states, where too few employed people pay too much tax to support too many elderly.

Sooner or later, the (welfare) system will be unable to cope and collapse. When that happens, will our students and young adults be prepared? Too many will not, I fear.

They will lack the mental toughness, the 'tool box' and the pride to be self-sufficient. Rather than 'going to where the jobs are', too many will still expect the jobs to come to them. They'll look to their homeland as a failed institution: a system that let them down.

The smart ones will understand that knowledge is empowerment: they will choose to spend several years in Asia, participating in the 'Asian Miracle'. Later on, they can bring their vision and knowledge home, to apply it successfully in Europe: to build bridges between cultures and continents, consumer groups and markets. To help a new Europe cope with new, inevitable realities.

I'd like to think that among these successful young Europeans will be many of the boys and girls that choose programmes like ruf reisen, where they develop an early appetite for international exposure and adventure, independence and group dynamics. Where they can appreciate, by being abroad, our common humanity and our new borderless world. Where they can develop a love of foreign languages and cultures. Where they can practice tolerance, acceptance and equality among people of different gender, race and persuasion.

And where they can begin to build their own European identity.

Europe's new beginning

For all those reasons, tomorrow's 'rufie' experience is just as important as yesterday's, and perhaps even more so. These past decades, we and our parents operated from a foundation of internal European strength. In the decades ahead, our children need to demonstrate humility and recognise that global power has shifted eastward: we are no longer 'teaching the world', we're ,learning from the world'.

As our sons and daughters learn how to cope with those new global realities, they will learn how to compete and participate successfully. They can develop a new 'tool box': it may be 'made in China', but it will be theirs to master and use.

Among these young Europeans will be the future leaders of a re-emerging Europe that has accepted and learnt to make the most of a changed global panorama. That is able and eager to take advantage of emerging opportunities.

If that happens, this story will have a happy end: namely Europe's new beginning. And ruf, in its own modest way, will have made a contribution.

 www.ttsi.travel

Brücken für Kinder- und Jugendreisen
Über die Arbeit der Branchenverbände
Klaus Eikmeier

Den Lobbyisten unterstellt man die stille, eigentliche Macht im Staate. Bei „Verbandsarbeit" denken wir aber eher an Klarsichtfolie und Schnellhefter, nicht an Logen und Freimaurer. In Deutschland engagieren sich einige Tausend Menschen ehrenamtlich für Berufs- und Brancheninteressen. Was machen Verbände und was hat das alles mit Jugendreisen zu tun?

Meine aktive Mitarbeit im Reisenetz, das damals noch nicht den Zusatz „Deutscher Fachverband für Jugendreisen" führte, begann 1996/97. Ausgerechnet zu einer Zeit, als der Verband in eine existenzbedrohende Krise geraten war. Die Ende 1993 von Köln nach Berlin verlegte Geschäftsstelle des Verbandes beschäftigte neben dem Geschäftsführer eine Honorarkraft und zwei ABM-Kräfte. Als das Bundesjugendministerium 1996 die Förderung des Verbandes aufkündigte, wurde dem Reisenetz mit der Finanzgrundlage auch die organisatorische Basis entzogen. Das Büro in Berlin musste aufgelöst werden. Nun ausschließlich auf Mitgliedsbeiträge angewiesen, blieb als einziger Ausweg die Rückverlegung des Büros nach Köln, dort übernahm Transfer e.V. die Führung der Reisenetz-Geschäftsstelle. Um die aufgelaufenen Altschulden zu bedienen, erklärten sich die Mitglieder bereit, eine Sonderumlage von jeweils 500 DM zu leisten. Ein beachtliches Zeichen für die hohe Wertschätzung des Verbandes. Als Plattform für die aktive Mitarbeit der Mitglieder wurden im selben Jahr eine Reihe von Ausschüssen gegründet: Städtetourismus, Benachteiligte, Bildung, Schulreisen, Umwelt, Internationales und Kinderreisen. 1997 fand im Herbst die erste Offene Fachtagung für Kinder- und Jugendreisen sowie die anschließende Mitgliederversammlung statt. Dieses Tagungsformat sollte auf Jahre hinaus eine wesentliche Dienstleistung für die Mitglieder des Reisenetz und dessen Gäste werden.

BundesForum Kinder- und Jugendreisen e.V.
Der Wegfall der halben geförderten Stelle beim Reisenetz sollte beim Bundesjugendministerium Mittel für den Aufbau einer übergeordneten Dachstruktur des Jugendreisens frei machen. Dadurch erhoffte man sich eine qualifizierte Eigenkontrolle des Arbeitsfeldes und Vereinfachungen bei der Mittelvergabe. Die zunächst nicht besonders willigen potenziellen Gründungsmitglieder wurden schließlich mit der Finanzierung einer gut dotierten Vollzeit-

Klaus Eikmeier
Lemgo und Allensbach, geb. 1955, verheiratet, Geschäftsführender Gesellschafter CTS Gruppen- und Studienreisen GmbH, Vorsitzender Reisenetz – Deutscher Fachverband für Jugendreisen e.V., 2003 bis 2007 auch Vorstandsmitglied des BundesForum für Kinder- und Jugendreisen e.V. Berufliche Schwerpunkte: Personalentwicklung/Fortbildung, IT/Internet, Vertragswesen/Reiserecht, Krisenmanagement, Qualitätsstandards, Finanzen/Kalkulation.

Reisenetz-Flyer 1996

stelle für den Geschäftsführer „überzeugt", am 17. November 1997 das BundesForum Kinder- und Jugendreisen e.V. zu gründen. Viele der „Schwergewichte" unter den Gründungsmitgliedern betrachten sich selbst als Dachorganisationen, und ihre Untergliederungen betreiben Jugendunterkünfte (Deutsches Jugendherbergswerk, Naturfreundejugend) oder sind Veranstalter mit zahlreichen eigenen Unterkünften (Paritätischer Gesamtverband, BAGs Evangelischer Jugendferiendienste und Katholischer Jugendreisen, Deutsche Sportjugend). Unter den großen Gründungsmitgliedern nimmt das Reisenetz eine Sonderrolle ein, da es sowohl gemeinnützige als auch kommerzielle Mitglieder hat. ruf ist mit seinem gemeinnützigen Verein Gründungsmitglied des BundesForum und, vertreten durch Geschäftsführer Thomas Korbus, seit Jahren wichtiger Impulsgeber.

Das Reisenetz: Wozu gibt es uns?

Jeder Anbieter ist gezwungen, seine Produktpalette immer wieder zu hinterfragen und sie veränderten Ansprüchen seiner Kunden anzupassen. Verbände benötigen diese Prozesse ebenso, haben aber oft nicht die Ressourcen, um diese Anpassungen zu verstetigen. Umso entscheidender wird, in der Kommunikation nach innen wie nach außen entscheidende Kernelemente herauszuarbeiten. Diese Kernelemente sollten langfristigen Bestand haben und den Rahmen für dynamische Anpassungs- bzw. Veränderungsprozesse setzen. Im Mai 2007 hatte das Reisenetz den Fachmann für Markenführung, Daniel Menzel, zu einer ZAT (zentrale Arbeitstagung) nach Hannover eingeladen. Für viele der Teilnehmer war es überraschend, dass sich die Begrifflichkeiten der Markenführung wie Claim, Markenkompetenz, Markennutzen, Markenattribut usw. äußerst sinnvoll für die Bedürfnisse eines Verbandes nutzen lassen. Als Konsequenz daraus wurden die Grundlagen für ein sogenanntes Markensteuerrad entwickelt. Bis Anfang 2008 folgten für das Reisenetz die anderen Elemente der eigenen Markenentwicklung bis hin zu einem neuen Logo und der Markenbildmatrix. Als wesentlicher Gründungsgedanke wurde unter anderem der Wunsch nach Integration von Pädagogik und Touristik festgehalten. So heißt es in den Verbandsgrundsätzen:

„Als Fachverband wollen wir maßgeblich dazu beitragen, dass sicheres Jugendreisen den Jugendreisemarkt dominiert. Wir sehen es als unsere Aufgabe, (...) die Wertigkeit unserer Mitglieder insgesamt zu stärken. Wir wollen der Zeit immer ein Stück voraus sein und das Verbandsangebot für unsere Mitglieder attraktiv gestalten."

Die Mitgliederversammlung beschloss zudem den Namenszusatz „Deutscher Fachverband für Jugendreisen." Wie im Reisenetz üblich, verwende ich den Begriff Jugendreisen in diesem Text als Sammelbegriff für Kinder- und Jugendreisen in allen seinen Ausprägungen.

2000 bis 2009: Jahrzehnt der Qualitätskriterien und -standards

Wie orientieren sich Jugendliche, Eltern, Lehrer, Leiter von Jugendgruppen, die vor der Buchung oder Organisation einer „elternfreien" Jugendreise stehen? Wesentliche Orientierungshilfen sind Marken, eigene Erfahrungen und Empfehlungen. Nun wird aber auch bei dinglichen Produkten, die in einem Laden anzusehen und auszuprobieren sind, nach der Beurteilung und Empfehlung einer dritten Instanz gefragt. Eine Vielzahl von Testberichten steht uns zur Verfügung, und wir schauen zumindest auf die uns für das entsprechende Produkt bekannten Gütesiegel, bevor wir unseren Einkauf zur Kasse tragen.

Die Notwendigkeit, den Entscheidern und Teilnehmern von Jugendreisen eine empfehlende dritte Instanz an die Seite zu geben, wurde von vielen Akteuren der Jugendreiseszene auch zum Ende des vergangenen Jahrtausends gesehen. So gründete das BundesForum 1999 einen Arbeitskreis zur Qualitätsentwicklung im Jugendreisebereich. Seine Aufgabe war, zu beschreiben, welche Aspekte die Qualität von Jugendreisen ausmachen. Im Folgejahr wurden der Bericht sowie Empfehlungen für die Weiterentwicklung der Leitsätze des Bundes-Forum vorgelegt.

Für das Reisenetz hatte der Arbeitskreis Schulfahrten Ende der 1990-er Jahre eine Befragung von verantwortlichen Lehrern und Schulleitern durchgeführt. Die Auswertung führte um die Jahrtausendwende zur Entwicklung von Qualitätskriterien für Schulfahrtenveranstalter im Reisenetz. Die im November 2000 beschlossenen Qualitätskriterien blieben jedoch relativ folgenlos, da zu diesem Zeitpunkt weder eine Kontrolle vorgesehen war noch Energie und Geld für eine werbliche Verbreitung zur Verfügung standen. Immerhin entstanden Orientierungsmöglichkeiten für die Bewertung der Neuaufnahme von Mitgliedern, und es wurde die Grundlage für weiterführende Debatten gelegt.

Unterdessen wurde vom BundesForum eine Liste von Fragestellungen veröffentlicht, mit denen der Entscheider Angebote für Jugendreisen auf Vollständigkeit prüfen und vergleichen kann. Die gewählte Bezeichnung „Qualitätskriterien des BundesForum" war missverständlich: Es handelte sich um Fragestellungen und keinesfalls um eindeutige Bestimmungen für Kinder- und Jugendreisen bzw. deren Einzelleistungen. Auch die im November 2001 vom BundesForum neu beschlossenen Leitsätze wurden immer wieder als Qualitätskriterien ausgegeben. Stattdessen betonten sie die gesellschaftliche Bedeutung der Jugendreisen und nahmen zusätzlich politische Forderungen auf – wie die besondere Bedeutung der Reisen nach Mittel- und Osteuropa und die Anerkennung der Leistungen der Begleiter und Begleiterinnen.

Das Reisenetz hatte für die Offene Fachtagung im November 2003 mit verschiedenen Workshops eine breite Debatte über Qualitätsleitlinien und -kriterien angesetzt. Die Diskussionen zeigten, wie schwierig es ist, bei einem so breit aufgestellten Verband und unterschiedlichen Sichtweisen und Interessenlagen zur Verständigung zu kommen. Immerhin wurde der Vorstand einstimmig beauftragt, einen Arbeitskreis für Qualitätskriterien einzurichten. Unter Mitarbeit von offaehrte und der Kanu-Basis Mirow wurde die entscheidende Grundlage für die im November 2004 beschlossenen Qualitätskriterien gelegt. Im April 2005 fand zudem eine zentrale Arbeitstagung statt, auf der die beschlossenen Qualitätskriterien in überprüfbare Standards überführt werden sollten. Für das inzwischen außerordentlich große Interesse der Reisenetz-Mitglieder an dem Projekt spricht, dass die Tagung von 16 Mitgliedsorganisationen und über 20 Teilnehmern besucht wurde. Und hier konnten viele Ängste und Vorbehalte zu den vorgesehenen Kontrollmechanismen abgebaut werden. Auf der Grundlage der Tagungsergebnisse entstand eine „Qualitätsmatrix", die sämtliche Qualitätsstandards in eine für alle Säulen bzw. Produktbereiche gültige Form brachte. Ebenso wurden grundlegende Aussagen über die Art der Kontrolle und deren Frequenz aufgenommen. Wie die damit verbundenen Verwaltungs- und Kontrollaufgaben finanziert und organisiert werden können – das wurde auf einer Tagung im Mai 2006 festgelegt. Und so konnten Ende 2006 die Zertifizierungsunterlagen an die Mitglieder versandt werden. Der gewählte Qualitätsausschuss des Reisenetz nahm 2007 unter Leitung des Vorstandmitglieds Helge Maul seine Arbeit auf. An der Entwicklung der Unterlagen und der praktischen Einführung des Prüfverfahrens hatte der Reisenetz-Geschäftsstellenleiter Ludwig Ottenbreit wesentlichen Anteil. Zur ITB im März 2007 konnten bereits die ersten Urkunden übergeben werden.

QMJ Jugendunterkünfte und QMJ Rahmenbedingungen Reisebegleitung – Zertifizierungen des BundesForum

In meine zeitweilige Doppelfunktion als Vorstandsmitglied von Reisenetz und BundesForum fiel die Entwicklung der QMJ-Zertifizierung (QMJ = Qualitätsmanagement Jugendreisen) für Unterkünfte. Impulsgeber für dieses Projekt war der „Runde Tisch der Unterkünfte", ein durchschnittlich zwei Mal jährlich tagender Arbeitskreis überwiegend gemeinnütziger Unterkunftsträger. In dem Gremium hatte sich ein breiter Konsens entwickelt, auf Basis der von der AG „Junges Land für Junge Leute" in Mecklenburg-Vorpommern erarbeiteten Vorgaben eine bundeseinheitliche Kategorisierung für Jugendunterkünfte einzuführen. Besondere Berücksichtigung sollte dabei die Qualität der Leistungen der Unterkunft für die Programmgestaltung finden.

Seit der Einführung 2007 sind zahlreiche Jugendunterkünfte in Deutschland durch unabhängige Auditoren geprüft worden. Die Basiszertifizierung verlangt entsprechende Sachkunde der Hausleitung und deckt die wichtigsten Grundlagen aus den Bereichen Sicherheit und Gesundheit/Hygiene ab. Zusätzlich gibt es eine Kategorisierung nach Sternen. Wenn Kunden beim Angebotsvergleich das etablierte Hotel-Sterne-System assoziieren, besteht die Gefahr, dass gegenüber den ausgezeichneten Jugendunterkünften eine zu hohe Erwartungshaltung aufgebaut wird. Aus diesem Grunde verwenden einige Reiseveranstalter die QMJ-Kategorien bei Angeboten nicht. Den Intentionen einer Jugendreise käme eine Typisierung der Jugendunterkünfte nach Leistungsschwerpunkten (Sport, Seminareinrichtungen, Umweltstudienplatz, besondere Ernährungsangebote, günstig gelegene städtische Unterkunft usw.) weitaus mehr entgegen. Es bleibt aber anzuerkennen, dass QMJ einen sinnvollen Druck auf Jugendunterkünfte unterhalb der Mindeststandards aufgebaut und wichtige Impulse für die Qualitätsentwicklung gesetzt hat.

Im ersten Halbjahr 2006 hatte ich unter den Mitgliedern des BundesForum eine telefonische Umfrage durchgeführt, ob sie die Entwicklung eines Qualitätssiegels für betreute Jugendreisen unter dem Dach des BundesForum unterstützen würden. Dieses Ansinnen wurde abgelehnt. Der hilfsweise empfohlene Aufbau einer Trägerdatenbank mit Recherchemöglichkeiten zu Qualitätsaussagen der Veranstalter oder Träger kam wegen Finanzierungsproblemen nicht zustande. Eine schließlich erfolgreichere Initiative entstammte einem ständigen Arbeitskreis des BundesForum, der Plattform Personal.

Allgemein war anerkannt, dass der wichtigste bzw. auch problematischste Faktor bei einer betreuten Jugendreise die Betreuerinnen und Betreuer selbst darstellen. Wenn man Gefährdungen durch Verkehrsmittel, Unterkunft, Verpflegung nicht berücksichtigt, liegt bei der Eignung der Betreuerinnen und Betreuer der Schlüssel für eine gelungene, misslungene oder problematische Jugendreise. Auswahl, Ausbildung und Anleitung des Betreuerteams sind also besonders wichtige Qualitätsaspekte. Die Arbeitsgruppe konnte Ende 2006 einen anspruchsvollen Fragebogen für die Rahmenbedingungen pädagogischer Arbeit bei Kinder- und Jugendreisen vorlegen. 2007 folgte eine Pilotphase mit dem Diakonischen Werk Bayern, der Sportjugend Rheinland Pfalz, **ruf reisen**, Erlebnistage Harz und CISV Deutschland. Die fachliche Begleitung erfolgte durch IJAB und Transfer e.V. Im April 2008 stimmte die Mitgliederversammlung des BundesForum der Einführung des Zertifizierungsverfahrens unter dem Titel „QMJ Rahmenbedingungen Reisebegleitung" zu.

Etablierung des Siegels „Geprüfte Reisenetz-Qualität"

Reisenetz-Flyer 2011

Gegenüber diesen freiwilligen Zertifizierungsangeboten bestand der Wunsch der Reisenetz-Mitglieder, die Mitgliedschaft im Reisenetz von der erfolgreichen Zertifizierung abhängig zu machen. Dies sollte jedenfalls für die Angebotsformen gelten, für die das Reisenetz bereits Qualitätsstandards entwickelt hatte bzw. entwickeln lassen wollte. Im November 2009 kam es auf der Mitgliederversammlung in Erfurt zum Schwur über diesen engagierten Plan. Die Übergangsphase zur Einführung der Standards war abgelaufen, nun hätte der Ausschluss der nichtzertifizierten Mitglieder erfolgen müssen. Die Mitglieder wollten am Ende Konsequenz und stimmten für die notwendigen Ausschlussmaßnahmen. Die Anzahl der Neuzugänge, welche die Qualitätsstandards als Grund für ihren Aufnahmeantrag nannten, konnte am Ende die Zahl der ausgeschlossenen Mitglieder ausgleichen.

Im Jahr 2010 folgte die Einführung der Qualitätsstandards für die sogenannte fünfte Säule im Reisenetz, die pädagogischen Programmanbieter. Dieser Dienstleistungszweig hat sich während der letzten vergangenen zehn Jahre außerordentlich dynamisch entwickelt und wird für viele Klassenfahrten in Anspruch genommen. Die an der Erlebnispädagogik orientierten Anbieter haben sich in einem eigenen Verband organisiert, dem Bundesverband Individual- und Erlebnispädagogik e.V. Er hat für seine Mitglieder ein eigenes Qualitätssiegel entwickelt, das „beQ".

Inzwischen haben zahlreiche große und kleine Mitglieder des Reisenetz die „geprüfte Reisenetz-Qualität" in ihren Katalogen und auf ihren Internetseiten präsentiert und tragen so zur Bekanntmachung bei.

Vorstandskollege Thomas Hahne hat inzwischen mit seinem Qualitätsausschussteam das System der Nachzertifizierungen aufgebaut. Die erste Runde der Folgezertifizierungen für die zuerst zertifizierten Reisenetz-Mitglieder wurde inzwischen erfolgreich abgeschlossen.

Krisen sind keine Ausnahmeerscheinung

„Das Beste, was man von einer Reise mitbringen kann, ist die heile Haut!" Wir haben viel dafür unternommen, dass dieses persische Sprichwort heute keine Berechtigung mehr hat. Trotzdem mussten einige Reisenetz-Mitglieder bereits Erfahrungen mit veritablen Krisen machen. Unter den dramatischen Vorfällen mit Personenbeteiligung sind das Unglück 1995 mit einer havarierten Fähre vor Jersey mit 185 Teilnehmern einer CTS-Reise hervorzuheben, das Busunglück einer **ruf** Reisegruppe in Niederösterreich im Sommer 2000 und der Unfall am Rastplatz Bayerwald 2007 während einer Ungarn-Reise der Falken. In allen drei Fällen haben die befragten Teilnehmerinnen und Teilnehmer sowie deren Angehörige den Veranstaltern ein vorbildliches Verhalten nach dem Ereignis und eine absolute Schuldlosigkeit an dem Vorkommnis zugesprochen. In Sachen Medienpräsenz hatte CTS einfach Glück: Da keine Todesfälle zu beklagen waren, recherchierte die Boulevardpresse nur oberflächlich. **ruf** und die Falken haben dagegen die Rücksichtslosigkeit der Medien zu spüren bekommen – beide in Bezug auf die Belästigung der Teilnehmer, die Falken insbesondere auf die verleumderische Berichterstattung. Die Erfahrungen führten zu der Erkenntnis, dass selbst große, organisationserfahrene Einrichtungen bei solchen Vorkommnissen in den Zustand der Überforderung kommen können.

Zusammen mit Oliver Schmitz (Transfer e.V.) habe ich Ende September 2008 in Bielefeld ein erstes Seminar zum Krisenmanagement organisiert. Neben der Einführung und Sensibilisierung für die Thematik war Hauptzielsetzung die Erarbeitung von maßgeschneiderten Krisenhandbüchern. Zu den Referenten gehörten führende Experten wie der Krisenpsychologe Werner W. Wilk oder die Leiterin des Teams International Services bei der Roland Assistance, Aniko Vierbuchen-Kuti. Im November 2009 folgte ein Fortsetzungsseminar mit dem realitätsnahen Training von Krisenfällen. Der Medienberater Thomas Seidenberg hat über die Zusammenhänge der Medienkommunikation in Krisenfällen referiert und war bei den Trainings mühelos in die Rolle hartnäckiger Medienvertreter eingestiegen. Aufgrund der Nachfrage hat Thomas Seidenberg ein Angebot über Krisen-PR für Reisenetz-Mitglieder entwickelt.

Nicht nur Unfälle können Auslöser für Krisen sein und die Existenz von Veranstaltern, Unterkünften und anderen Dienstleistern bedrohen. 2001 kam es in Großbritannien zu einem massiven Ausbruch der Maul- und Klauenseuche, die sich auch nach Irland, Frankreich und die Niederlande ausbreitete. Da die Seuche extrem ansteckend ist, kam auch der Reiseverkehr als Infektionsweg in Verdacht. Statt aber den übertriebenen Transport von Tieren über weite Strecken zu unterbinden, kamen immer mehr Landräte auf die Idee, Klassenfahrten ins Ausland zu untersagen. Nachdem sich auch Kultusministerien problematisch äußerten, wurden einige Tausend bereits gebuchter und durchorganisierter Klassenfahrten in ihrer Durchführung bedroht. Die Reisenetz-Strategie bestand zunächst darin, mit einem wissenschaftlichen Berater Empfehlungen in Sachen Verhalten, Programmgestaltung und Reiseziele zu erarbeiten. Diese sollten Reiseveranstaltern, aber auch Gruppenleitern und Reiseteilnehmern zur Verfügung stehen. Doch schon die Suche nach einem solchen Experten gestaltete sich schwierig. Erst mithilfe eines befreundeten Tierarztes konnte ein laufender Argumentationsleitfaden erstellt werden. Es folgten Rundschreiben mit Vorlagen für Pressemitteilungen an die Mitglieder und Busunternehmer. Ferner wurde im NRW-Landtag von der FDP-Fraktion eine kleine Anfrage auf der Basis unseres Argumentationsleitfadens eingereicht und von Ministerin Bärbel Höhn beantwortet. Die angeschriebenen Kultusministerien reagierten mit deutlichem Nord-Süd-Gefälle: Während Schleswig-Holstein abweisend bis aggressiv reagierte, NRW zunächst gar nicht und dann wenig fundiert, erreichten uns aus Bayern und Baden-Württemberg sehr wohlwollende Stellungnahmen. Der effektiv aufgebaute Druck hat Wirkung gezeigt und half, die schlimmsten Auswirkungen zu verhindern. Die Kampagne zur Maul- und Klauenseuche 2001 war das anspruchsvollste Projekt des Reisenetz aus Anlass einer Krisensituation.

2009 wurde in Deutschland der erste Mensch mit Schweinegrippe infiziert, und in der Folgezeit kam es zu einer weiten Verbreitung der Erkrankung auch innerhalb Deutschlands. Neben der Angst vor einer Ansteckung während der Reise weitete sich die Problemlage auf tatsächlich oder möglicherweise infizierte Teilnehmer aus. Das Reisenetz reagierte mit einer

Zusammenstellung von fachlichen Informationen zur Erkrankung und den Infektionswegen, der Situation in den Zielgebieten sowie praktischen Verhaltensempfehlungen. Ergänzend wurden reiserechtliche Stellungnahmen erarbeitet.

Generell gilt, dass sich jeder Leistungsanbieter im Jugendreisen individuell auf seine potenziellen Krisenszenarien vorbereiten muss. Dies dient seiner Existenzsicherung und ist eine Anforderung der Reisenetz-Qualitätsstandards. Die daraus resultierende Leistungsfähigkeit ist eine Daseinsrechtfertigung für Reiseveranstalter überhaupt. Die Jugendreiseverbände haben die Aufgabe, Fortbildungs- und Trainingsangebote anzubieten. Denn ein Versagen im Ernstfall schadet nicht nur den direkt Beteiligten, sondern der gesamten Branche. Bei punktuellen Krisenereignissen können Geschäftsstelle und ehrenamtlicher Vorstand des Reisenetz mit ihrer Erfahrung beratend zur Seite stehen und Kontakte vermitteln. Bei großen oder übergreifenden Krisenszenarien können Verbandskampagnen hilfreich sein. Der direkte Informations- und Erfahrungsaustausch und die solidarische Hilfe im Netzwerk sind weitere Mittel zur Krisenbewältigung.

Fachgremium Jugendreisepädagogik und -forschung

Dem Arbeitsfeld Internationale Begegnungen ist es trotz vergleichsweise wesentlich geringerer Teilnehmerzahlen gelungen, sich behördlich und politisch abzusichern und sich – unter Einbeziehung von Institutionen wie dem IJAB und den bilateralen Jugendaustauschorganisationen – erhebliche finanzielle und personelle Ressourcen zuzuführen. Das übrige Jugendreisen hat demgegenüber mit dem Manko zu kämpfen, seit mehr als 20 Jahren kaum mehr Gegenstand von Forschungsvorhaben und Veröffentlichungen gewesen zu sein. Rühmliche Ausnahmen sind die hiermit fortgesetzte Buchreihe, einige Veröffentlichungen zur Erlebnispädagogik und schließlich das von Wolfgang Ilg entwickelte und sehr anerkannte Verfahren der Freizeitenevaluation (Ilg 2008). Das unter dem Dach des BundesForum angesiedelte Fachgremium Jugendreisepädagogik und -forschung wurde 2006 gegründet, um diesbezüglich neue Impulse zu setzen. Ein großer Erfolg seiner jüngeren Geschichte wurde 2011 erzielt, als mehr als ein Dutzend Hochschulen für eine Beschäftigung mit dem Thema gewonnen werden konnten. Eine gut besuchte Tagung in Bielefeld führte zu einer Identifizierung und Abstimmung von Interessen und Fragestellungen. Jetzt sind die Hochschulen am Zuge, Entwürfe für Forschungsvorhaben zu entwickeln. Die Arbeitsgruppe plant in eigener Verantwortung die Herausgabe einer Buchveröffentlichung. Über diese Aktivitäten hinaus findet auf den Sitzungen ein intensiver Austausch über laufende Projekte statt.

Politische Interessenvertretung

Während die Heterogenität der Jugendreiseszene für die inhaltliche Zusammenarbeit ein Vorteil ist, erschwert sie die Entwicklung gemeinsamer politischer Zielsetzungen.
Kommerzielle Jugendunterkünfte erwarten eine staatliche Förderung allenfalls in strukturschwachen Gebieten. Jene Unterkünfte, welche die stärkste staatliche Unterstützung erhalten, z. B. das Deutsche Jugendherbergswerk, verfügen über so gute Kontakte zu allen Parteien und zum Ministerium, dass sie die Fürsprache der Jugendreiseverbände nicht benötigen. Da nicht einmal gemeinnützige Jugendunterkünfte steuerlich und von der Förderpraxis her gleich behandelt werden, wäre die Einforderung der Gleichbehandlung denkbar gewesen. Sie wurde bislang nicht aufgestellt, weil erhebliche Konflikte zu erwarten wären und die Akzeptanz eines gewissen Status quo zu den ungeschriebenen Gesetzen der Szene gehört. Eine weitere Konfliktzone stellt das Verhältnis des BundesForum zum Bundesjugendring und seinen Untergliederungen dar. Zum Hintergrund: Bis Anfang der 1990er-Jahre waren

Jugendreisen ein anerkannter Baustein der Kinder- und Jugendhilfe und erhielten staatliche Zuwendungen. Zwar war die Förderung der Sache nach weiterhin in § 11 KJHG/SGB VIII vorgesehen, wurde jedoch von den Kommunen als freiwillige Leistung interpretiert und zurückgefahren. Mit der Rücknahme der Förderung zogen sich die freien Träger der Jugendhilfe immer stärker aus dem Arbeitsfeld zurück. Trotzdem empfindet sich der Bundesjugendring auch heute als einzig legitimer Vertreter der Sache und hat sich immer wieder kritisch zu den Aktivitäten des BundesForum in Sachen Qualitätsstandards positioniert.

Ausgehend von der Interessenlage aller Beteiligten gäbe es ein wesentliches Thema, aus dem eine fundierte politische Forderung entwickelt werden könnte: die Teilhabe Benachteiligter. Aus der soziodemografischen Entwicklung heraus ist der Begriff „Benachteiligte" inzwischen auf den Schultypenbezug „unterhalb gymnasialer Bildung" zu erweitern. So erfreulich es ist, dass Hartz-IV-Empfängern auf der Grundlage des Bundessozialgerichtentscheids vom 13.11.2008 die Kosten für Klassenfahrten erstattet bekommen, bestehen z. Zt. keine Initiativen, diese Rechtslage auch dauerhaft abzusichern. Auch für die Ausgestaltung des sogenannten Bildungspakets hätten Forderungen für die Einbeziehung von Jugendreisen gute Chancen gehabt.

Schwierig zu beurteilen ist der am 03.07.2002 fraktionsübergreifend im Deutschen Bundestag beschlossene Aktionsplan zum Kinder- und Jugendtourismus in Deutschland (Bundestagsdrucksachen 14/9363, 14/9545 und 14/9715). Formal ist er ein Achtungserfolg der Jugendreiseszene. Problematisch aber ist, dass viele Zuständigkeiten in der Hand der Bundesländer liegen und diese sich nicht mit einem gut gemeinten Beschluss des Bundestages zu Aktivitäten zwingen lassen. Die beabsichtigte Aktualisierung des Aktionsplans ist leider bislang nicht umgesetzt worden.

Der politischen Erfahrung und der engagierten Kontaktpflege von Christiane Brandenburg ist es zu verdanken, dass der zum siebten Mal in Berlin von BundesForum und Reisenetz veranstaltete „PolitTalk Kinder- und Jugendreisen" zu einer angesehen Institution geworden ist. Er dient dem fachlichen Dialog der Mitglieder des Deutschen Bundestages aus den Ausschüssen Tourismus, Gesundheit sowie Familie, Senioren, Frauen und Jugend sowie den jeweiligen Vertretern der Ministerien mit Fachleuten der Bereiche Kinder- und Jugendreisen, internationale Begegnungen und Jugendarbeit. Leider bleibt die inhaltliche Entwicklung von politischen Forderungen hinter den formalen Möglichkeiten, sie zu artikulieren, zurück. BundesForum und Reisenetz haben daher 2011 eine „Verbandsübergreifende Fachpolitische Vertretung für das Kinder- und Jugendreisen" gegründet. Sie soll Forderungen entwickeln, Gespräche mit Ministerien vorbereiten und unter anderem den PolitTalk organisieren. Ich hoffe, dass es gelingt, die Mitglieder der Verbände zur Mitwirkung zu gewinnen, um dem Gremium Praxisbezug zu vermitteln und sinnvolle Forderungen sowie gute Konzepte an die Hand zu geben.

Offene Fachtagung (OFT) und Reisenetz goes international

Die OFT hat sich zur bedeutendsten, jährlich wiederkehrenden Veranstaltung und zum Szenetreff des Jugendreisens in Deutschland entwickelt. Die Auswertungen bestätigen, dass ein wesentliches Interesse der Teilnehmer am Erfahrungsaustausch und der Beratung mit anderen sowie der Anbahnung von gemeinsamen Projekten und Geschäften bzw. der Netzwerkbildung besteht. Im gleichen Rang stehen die Qualifizierungs- und Informationsangebote der Workshops. Die mit über 110 Teilnehmern bislang größte OFT 2011 in Berlin richtete sich erstmals auch an ausländische Gäste, mit Themen von internationalem Interesse und mit einer Workshop-Schiene in englischer Sprache. Die Gäste aus Großbritannien, Irland und Spanien hatten ein besonderes Interesse am Verständnis deutscher Qualitätsstandards und an den Optionen einer Vereinheitlichung auf europäischer Ebene.

Abschließende Betrachtung über Sinn und Zweck

Hat es Sinn, sich in einem Fachverband oder einem fachlichen Dachverband zu engagieren? Um diese Frage zu beantworten, müssen drei Ebenen betrachtet werden:

1) Hilft es dem Ansehen und der Wertigkeit meines Produktes oder meiner Leistung? Werden durch die Arbeit die Grundlagen meiner Organisation zumindest erhalten oder die Rahmenbedingungen für eine Fortentwicklung verbessert?
2) Über die Verbesserung der Rahmenbedingungen hinaus gehend, wie profitiert meine eigene Organisation unmittelbar?
3) Aus Sicht von Funktionsträgern und besonders aktiven Mitgliedern: Was bringt es mir, die Zeit zu investieren?

Gute Rahmenbedingungen für eine Branche fallen nicht vom Himmel. Sie sind einer Vielzahl von Einflussnahmen unterschiedlicher Kräfte geschuldet und eine Bilanz dieser Faktoren. Ich habe versucht aufzuzeigen, dass Reisenetz und BundesForum einen guten und wichtigen Einfluss ausüben konnten. Ich muss hinzufügen, dass mehr als ein Dutzend weiterer Verbände und Unterkunftsträger ihren respektablen Beitrag zum guten Ganzen geleistet haben. Wir sind alle davon abhängig, welchen Stellenwert das Jugendreisen in der Gesellschaft hat. In der Konkurrenz um Anteile am verfügbaren Einkommen können wir nur bestehen, wenn insgesamt gute Produkte am Markt sind. Deshalb ist das Reisenetz-Ziel die Professionalisierung des Jugendreisens. Dass wir von dem Wert unseres Produktes überzeugt sind, ist schön. Für die bessere kommunikative Platzierung und wissenschaftliche Begründung der Wirkungen bleibt noch viel zu tun.

Der unmittelbare Nutzen der einzelnen Organisation liegt zunächst bei den Serviceleistungen des Verbandes – von Marktanalysen über Beratungen bis hin zur Unterstützung in Krisenfällen. Dem schließen sich die Informations- und Fortbildungsangebote an. Viele geschäftliche Kooperationen, auch solche mit Dienstleistungsanbietern, sind am Rande von Reisenetz-Veranstaltungen angeregt oder verabredet worden. Der zwanglose Austausch über Entwicklungen im eigenen Haus und am Markt ist der berühmte „Blick über den Tellerrand", der für Führungskräfte unverzichtbar ist. Der besondere unmittelbare Vorteil liegt schließlich in der Verwendungsmöglichkeit der Qualitätssiegel gegenüber potenziellen Teilnehmern, Eltern, Lehrern und anderen Entscheidern.

Die dritte Frage berührt das Motiv der Funktionsträger für ihren mit erheblichem Zeitaufwand verbundenen Einsatz. Mit Sicherheit besteht keine Lust an einer heimlichen oder „unheimlichen" Machtentfaltung. Auch würde ich mir wünschen, dass ganz besonders unsere weniger im Rampenlicht arbeitenden Mitglieder des Qualitätsausschusses mehr Bestätigung und Anerkennung für ihren wichtigen Beitrag erhalten. Mich persönlich bewegt der Dreiklang aus Leidenschaft für die Sache Jugendreisen als Broterwerb und gesellschaftlich wertvollem Beitrag, aus Freude an der stetigen Fortentwicklung des Gemeinwesens Reisenetz und an der inspirierenden und wohltuenden Zusammenarbeit im Vorstand.

www.cts-reisen.de | www.reisenetz.org

Literatur

Ilg, Wolfgang (2008): Evaluation von Freizeiten und Jugendreisen, edition aej, Hannover

Innovative Reisekonzepte für eine dynamische Gesellschaft

Kristina Oehler, Katharina Schnellen und Kai Nitzke

Kinder- und Jugendreisen erfinden sich immer wieder neu. Und auch heute steht die Branche vor neuen Herausforderungen: Inzwischen melden sich 16-Jährige mit Erlaubnis ihrer Eltern zu einer unbetreuten Reise an – die beste Gelegenheit, um exzessiv Alkohol zu konsumieren. Auf der anderen Seite stehen sehr behütete junge Erwachsene, die sich selbst mit mehr als 18 Jahren eine betreute Reise wünschen. Letztendlich sind all diese jungen Menschen ein Spiegel unserer dynamischen Gesellschaft: Sie reagieren auf kulturelle, soziale, ökologische und ökonomische Bedingungen, die ihnen ihr Umfeld bietet.

Wir verfolgen die Veränderungen rund um den demografischen und soziologischen Wandel mit großer Sorgfalt. Schließlich wirken sich die veränderten gesellschaftlichen Bedingungen auch auf das Reiseverhalten von Familien aus. So stellt der bekannte deutsche Sozial-, Bildungs- und Gesundheitswissenschaftler, Klaus Hurrelmann, zum Beispiel fest, dass die demografische Veränderung zu dramatischen Umschichtungen der Lebensspannen führt:

Kristina Oehler

Kristina Oehler ist gelernte Reiseverkehrskauffrau und Diplom-Betriebswirtin (FH) und stammt aus Norddeutschland. Sie leitet seit 2009 das Produktmanagement bei **ruf** und ist mit ihrem Team für die Planung, Durchführung und Weiterentwicklung aller **ruf** Produkte verantwortlich.
Neben der fachlichen Qualifikation kann sie auch ihre langjährigen Erfahrungen als Reiseleiterin bei **ruf** in die tägliche Arbeit einbringen.

Katharina Schnellen

geb. 1981, absolvierte den Diplomstudiengang Tourismusmanagement in Dortmund und erlangte ihren Master, ebenfalls mit Schwerpunkt Tourismus, in Australien. Nach Beendigung ihres Studiums arbeitete sie als Management Trainee bei der TUI Travel Plc. 2009 begann Katharina ihre Arbeit im **ruf** Büro in Bielefeld als Produktmanagerin für **ruf** NEXT, das Segment für Reisen ab 18 Jahren.

Kai Nitzke

Jahrgang 1974 aus Porta Westfalica, hat Wirtschaftspädagogik in Paderborn studiert. Drei Jahre arbeitete er als Personal- und Destinationsleiter für einen Gruppenreiseveranstalter. Seit Anfang 2011 ist er als **ruf** Product Manager für die spanischen Destinationen verantwortlich. Für das Reisenetz e. V. ist er im dritten Jahr als gewähltes Mitglied im Qualitätsausschuss der Säule „Betreute Jugendreisen" aktiv.

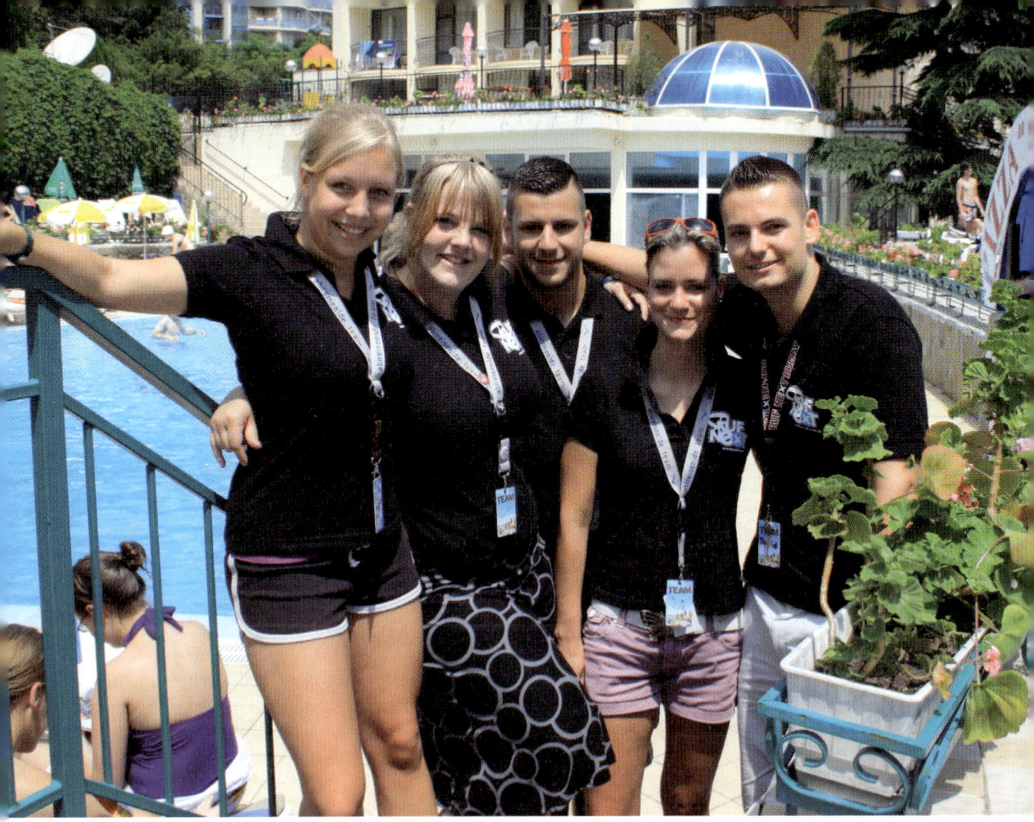

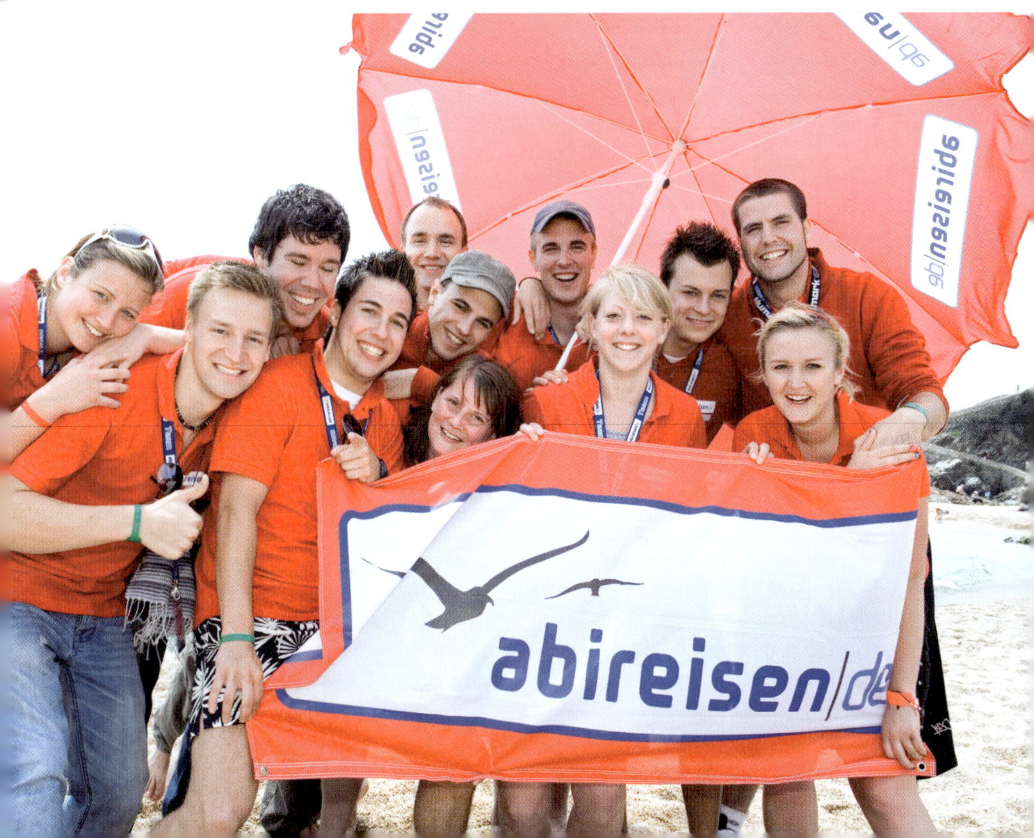
abireisen/de

Die Lebensphase Kindheit wird immer kürzer, das Jugendalter beginnt immer früher. (…) Das Durchschnittsalter für das Eintreten der Pubertät liegt bei 11,5 Jahren für Mädchen, Jungen folgen ein Jahr später. So gesehen sind heute – im Vergleich zu früher – alle Jugendlichen ‚frühreif.'" (Hurrelmann 2003)

Aber auch in Richtung des Erwachsenenalters sind laut Hurrelmann gravierende Veränderungen zu spüren:

„Das Jugendalter (…) ist heute zu einem langgestreckten Lebensabschnitt von im Durchschnitt 15 Jahren geworden. Es hat seinen eigenen Wert und seinen eigenen sozialen Rhythmus, es unterscheidet sich in vielen Facetten (private Lebensgestaltung, Konsumverhalten, Lebensstil) nicht mehr vom Erwachsenenleben. Umgekehrt legen viele Erwachsene Wert darauf, sich so wie Jugendliche zu verhalten, also die Offenheit des Lebens als eine Herausforderung zu begreifen, die kreativ gestaltet werden kann . (Hurrelmann 2003)

Ebenso verändern die Einführung von G8, der Verkürzung der Gymnasialzeit von neun auf acht Schuljahre, sowie die Einführung des Ganztagsunterrichts in den Schulen das Familienleben: Der Druck auf die Schulkinder wächst, viele Hausaufgaben sorgen für einen hohen Nachbereitungsbedarf, der oftmals auch die Ferienzeiten betrifft. Darüber hinaus stehen Eltern vor der Herausforderung, die Erziehung und die Ausbildung der Kinder mit ihrer Erwerbstätigkeit in Einklang bringen zu müssen.

Für **ruf** bedeuten diese Entwicklungen, dass sich mit dem fließenden Übergang zwischen Kindheit, Jugend und Erwachsenenleben auch neue Anforderungen an die Reiseangebote und deren Zielgruppen ergeben. Denn in den letzten 30 Jahren hatte sich der Begriff „Jugendreisen" als das Reiseformat junger Menschen bis 18 Jahren etabliert. Die pädagogisch betreute Reise wurde zur Kernkompetenz vieler Jugendreiseanbieter. Dabei hat sich die sanfte, pädagogische Betreuung nach dem Motto „organisierte Freiheit" etabliert.

„Dazu gehören pädagogische Beratung, Betreuung und Animation ohne Zeigefinger, aber mit Anspruch an Qualität und Professionalität." (Korbus / Nahrstedt, 1997, S. 48)

Dass die Jugendphase nun immer früher beginnt, scheint für die Kinder- und Jugendreiseszene nur eine verhältnismäßig kleine Herausforderung darzustellen. Für Kinder und Teenager gab es schon lange geeignete Reiseformate. Diese auf eine früher einsetzende Pubertät abzustimmen, haben die meisten Anbieter ohne Weiteres geschafft.

Eine größere Herausforderung entsteht da, wo junge Menschen immer früher selbstständig werden und somit in jüngeren Jahren eine größere Freiheit ausleben wollen, die sie durchaus von zu Hause gewöhnt sind. Gerade für die Zielgruppe der 16- bis 17-Jährigen gilt es, Formate zu finden, die eine Einhaltung der jeweils geltenden gesetzlichen Rahmenbedingungen gewährleisten und die Jugendlichen nicht in ihrem Freiheitsdrang einengen. Diesen Spagat zwischen den Ansprüchen von „Health & Safety" und den Bedürfnissen der Jugendlichen so zu gestalten, dass beide Punkte Berücksichtigung finden, ist eine Herausforderung, welche die Jugendreiseszene noch nicht abschließend gelöst hat.

Der neue Trend: Sauf- und Komareisen

Derzeit lässt sich am Markt die Tendenz beobachten, dass immer mehr minderjährige Jugendliche gerne ohne Betreuung auf Reise gehen – zumal der Reisepreis für eine solche „unbetreute Reise" entsprechend niedriger ist: Hier fallen keine Kosten für die Betreuung an. Diese Jugendlichen fühlen sich erwachsen und möchten eigenständige Erfahrungen in ihrer Clique machen. Übermäßiger, unerlaubter Alkohol- und Zigarettenkonsum gehört oftmals dazu, sodass „unbetreute Jugendreisen" im Volksmund auch als „Sauf- und Komareisen" bezeichnet werden.

Und dieser neue Trend bewegt die gesamte Jugendreiseszene: „Die ‚Szene' lebt und bebt wie nie!", war auf der im November 2011 veranstalteten Offenen Fachtagung des Reisenetz in Berlin zu hören: Hier spiegelte der Workshop „Erst kommt das Fressen, dann die Moral" die aktuellen Entwicklungen und Standpunkte wider. Diskutiert wurde über Quantität statt Qualität, Masse statt Klasse: Sauf- und Komareisen versus betreute Jugendreisen. Dabei wurde sogar die Frage in den Raum gestellt, ob gar eine neue Definition des Jugendreisens nötig sei – schließlich lassen sich „unbetreute Jugendreisen" mit den aktuellen Qualitätsstandards des Reisenetzes derzeit nicht in Einklang bringen.

Nun stellt sich zu Recht die Frage, wie es überhaupt zu solchen „Sauf- und Komareisen" kommen konnte. Denn die gesetzlichen Rahmenbedingungen bezüglich der Aufsichtspflicht haben sich nicht gelockert oder verändert. Im Gegenteil: Durch die europäischen Richtlinien haben sich viele gesetzliche Bestimmungen eher verschärft – so sind beispielsweise der Konsum von Zigaretten und leichten alkoholischen Getränken in vielen Ländern erst ab 18 Jahren erlaubt.

Dürfen Minderjährige überhaupt allein verreisen?

Schon immer war es möglich, dass Minderjährige ohne eine Aufsichtsperson auf Reisen gehen. Juristisch betrachtet obliegt die Aufsichtspflicht dann den Eltern – wo auch immer sich diese aufhalten. Dieses rechtliche Konstrukt nutzen einige Reiseveranstalter für ihre „unbetreuten Reisen", die sie Minderjährigen als Pauschalreisen anbieten: Sie lassen sich einfach von den Eltern vor Reiseantritt unterschreiben, dass sie auch während der Reise die Aufsichtspflicht übernehmen und den Veranstalter ausdrücklich hiervon befreien. Dieser hat dann lediglich eine Fürsorgepflicht, wie er sie auch bei erwachsenen Reisenden hat.

Die Jugendlichen aber können im Urlaub tun und lassen, was sie wollen. Natürlich müssen sie sich prinzipiell an geltende gesetzliche Bestimmungen halten. Doch werden diese vor Ort kaum durch die örtlichen Kommunen kontrolliert und gemaßregelt – selbst wenn sie im Gastland strenger ausfallen als zu Hause. Diese Lücke nutzen die meist 16- und 17-Jährigen für ihre Alkohol- und Nikotinexzesse aus. Besonders in sogenannten Partydestinationen wie Lloret de Mar in Spanien oder Rimini in Italien ist diese Reiseform beliebt. Für diese Partydestinationen ist charakteristisch, dass der Erwerb von Alkohol und Zigaretten auch für Minderjährige in der Regel kein Problem darstellt. In kleinen, idyllischen Urlaubsorten mit vornehmlich Familienurlaubern kommt dieser Reiseform keine Bedeutung zu. Auch ist zu beobachten, dass als Unterkunftsart bei unbetreuten Jugendreisen ausschließlich die Hotelform angeboten wird. Dies dürfte damit zusammenhängen, dass bisher vornehmlich kleinere Nischenanbieter unbetreute Reiseprodukte angeboten haben und sich der Einkauf von Hotelbetten als wesentlich einfacher und risikoärmer darstellt als die Organisation und Durchführung einer professionellen Campunterkunft.

Welche Motive stecken hinter einer unbetreuten Reise?

„Bei den Jugendlichen dominiert die Spaßorientierung, der Kontrast- und Freiheitscharakter des Urlaubs. Die Jugendlichen wollen viel Spaß und Unterhaltung haben, im Urlaub spontan tun, was ihnen gefällt. Urlaub bedeutet für sie Tapetenwechsel, Herauskommen aus dem Alltagstrott, zeitbegrenzter Auszug aus dem Alltag." (Opaschowski, 2002, S. 96)

Diese Motive wurden bereits bei der „sanften, pädagogischen Betreuung" herkömmlicher Jugendreisen berücksichtigt – allerdings unter der Prämisse geltender Jugendschutzbestimmungen. So ließen sich klare Grenzen und Regeln rund um Alkohol, Drogen, Gewalt usw. für den Reisezeitraum definieren und durchsetzen. Bei der unbetreuten Jugendreise fehlt die Instanz, die diese Jugendschutzmaßnahmen überwacht. Jugendliche suchen sich also ganz bewusst solche Reisen aus, wo sie unbeaufsichtigt sind und der Alkoholkonsum etc. problemlos möglich ist.

Die Eltern lassen sich vermutlich von dem niedrigeren Reisepreis der unbetreuten Jugendreisen beeindrucken. Sie kennen den Markt der Jugendreiseanbieter oft nicht so gut wie ihre Kinder, da er recht unübersichtlich geworden ist. Früher war klar, was sich hinter Freizeiten der Kirche, AWO, Feuerwehr, Stadtjugendring usw. verbarg. Nun werden allein auf der Homepage des Reisenetz, dem Fachverband für Jugendreisen, über 20 Veranstalter im Arbeitsfeld „betreute Jugendreisen" genannt und somit auch empfohlen. Die mangelnde Transparenz nutzen die Kinder gern zum Vorteil eigener Interessen aus, zumal bei einer günstigeren unbetreuten Reise ja letztlich sogar noch mehr Taschengeld übrig bleibt – unter Umständen für noch mehr Alkohol, Zigaretten usw.

Allerdings ist auch zu beachten, dass die Eltern ihren Kindern auch zu Hause weit mehr erlauben, als es die Jugendschutzbestimmungen vorsehen. Einige Eltern entscheiden sich somit bewusst für eine „unbetreute Jugendreise", da sie nicht möchten, dass ihr Kind im Urlaub weniger darf als daheim. Sie begründen diese Entscheidung mit dem hohen Vertrauen, das sie in ihr Kind setzen – und dahinter verbirgt sich das Wunschdenken, dass sich ihre Kids auch ohne Aufsicht der Eltern verantwortungsbewusst und zivilisiert verhalten. Eine Stippvisite in einer „Partydestination" würde vielen Eltern vermutlich enttäuschend die Augen öffnen.

Diesen „unbetreuten Jugendreisen" begegnen die Urlaubsorte zunehmend mit einer Neupositionierung: In vielen Urlaubsorten sind reine Partyreisen inzwischen nicht mehr uneingeschränkt willkommen. So wollen einzelne vom Tourismus geprägte Orte erkennbar das Partyimage hinter sich lassen. Diese Orte haben für sich erkannt, dass das Angebot von günstigen Reisen für junge Leute auch Nachteile hat: Durch die zunehmende All-inclusive-Verpflegung in den Hotels geben immer weniger Kunden ihr Geld in den Lokalitäten vor Ort aus. Und in den Sommermonaten kommt es nachts oft zu Lärmbelästigungen – was weitere, zahlungsfreudigere Kunden und Kundinnen von einer Reise dorthin abhält. Einige Kommunen der „Partydestinationen" planen deshalb, ihre Kontrollen zur Überwachung der bestehenden Jugendschutzbestimmungen zu verstärken, um besonders gegen den Alkoholkonsum bei Minderjährigen vorzugehen. Dies würde sicherlich verstärkt die „unbetreuten Jugendreisen" treffen.

Die neue Reiseform: begleitete Jugendreisen

Jugendreiseveranstalter sind es grundsätzlich gewohnt, bei ihren Angeboten einen echten

Spagat leisten zu müssen: Für sie gilt es, sowohl den Bedürfnissen und Urlaubsmotiven der jugendlichen Reisegäste als auch den Erwartungen an Qualität, Betreuung und Sicherheit der Eltern gerecht zu werden.

Doch mit diesen neuen Entwicklungen zeigt sich, dass die Eltern gerade bei den 16- bis 17-Jährigen nun anscheinend lockerere Maßstäbe ansetzen und ihren Kindern häufig mehr Entscheidungsmacht bei der Reisebuchung zugestehen. Sie vertrauen immer mehr auf die Vorselektion der Reiseangebote ihrer Kinder, wodurch sicherheitsgeprägte Reisemotive in den Hintergrund geraten. Dieses veränderte Kundenverhalten gilt es zu analysieren und die Produkte entsprechend anzupassen, um weiterhin wettbewerbsfähig zu sein.

In diesem Zusammenhang fällt neuerdings immer öfters der Begriff „begleitete Jugendreise". Dies ist – juristisch betrachtet – letztlich aber auch eine „unbetreute Jugendreise": Der „Begleiter", also der Reiseleiter, übernimmt bei den minderjährigen Reiseteilnehmerinnen und -teilnehmern nicht die Aufsichtspflicht, sondern bietet die klassischen Reiseleiter-dienstleistungen wie bei Reisen für Erwachsene an.
So gilt es, dem vorzubeugen, dass neue Nischenanbieter in diesem Segment Fuß fassen. Denn es besteht die Gefahr, dass sich diese dann ggf. einer gesellschaftlichen Diskussion im Rahmen der Verbände ganz entziehen und nur noch profitorientiert handeln. Aus diesem Grund wird sich **ruf reisen** der Diskussion über „begleitete Jugendreisen" positiv gegenüber - stellen und den Diskurs darüber zügig fortsetzen: Nur so ist es möglich, diese Reiseform gehaltvoll auszubauen und zeitnah auf Erfahrungswerte zurückgreifen zu können.

Jugendreisen für ältere Semester?

Während die Sauf- und Komareisen vorwiegend von 16- bis 17-Jährigen gebucht werden, die sich ganz klar diese Freiheit im Kreise ihrer Clique wünschen, zeigt sich eine andere Bewegung bei jungen Leuten im Alter von über 18 Jahren: Hier gibt es junge Erwachsene, die sich noch immer eine Betreuung ihrer Reise wünschen. Das zeigt sich an der Entwicklungs-geschichte unseres NEXT-Angebotes, das ursprünglich für junge Reisende über 18 Jahren gedacht war.

Blicken wir noch einmal zum Ausgangspunkt des Artikels zurück: Die Menschen fühlen sich immer länger jung – noch 30-Jährige bezeichnen sich als jugendlich. Für die Zielgruppe der 18- bis 30-Jährigen gibt es aber kaum maßgeschneiderte Reiseangebote. Sie können mit den normalen Angeboten der großen Pauschalanbieter reisen oder selbst einen Aben-teuerurlaub organisieren. Wollen sie aber noch am betreuten Jugendreisemarkt teilhaben, so können sie vielleicht noch eine Partyreise buchen – viel mehr Auswahl haben sie nicht. Jedoch zeigt sich, dass auch diese Altersklasse auf Reisen nach einer Orientierung sucht und noch nicht durchgängig selbstständig genug ist, um allein auf eine Reise zu gehen: Die jungen Leute sind für das Jugendreisen zu alt und für normalen Pauschalurlaub fühlen sie sich noch zu jung. Und eine Betreuung im Sinne der Aufsichtspflicht ist für die über 18-Jährigen ebenfalls nicht mehr gegeben. Die Herausforderung liegt nun darin, diese neue Form der Betreuung zu gestalten und zu definieren.

So wird in der Branche zurzeit eine Diskussion darüber geführt, ob Veranstalter, die auch Reisen für über 20-Jährige anbieten, Begriffe wie „betreutes Jugendreisen" oder „pädagogisches Jugendreisen" ersetzen sollten – erst recht, wenn sie durch Verbände wie das Reisenetz oder das BundesForum vertreten werden. Im Rahmen eines erweiterten Begriffes könnten sie auch die jungen Menschen über 18 in den Fokus nehmen. Ein alternativer Ansatz liegt darin, ganz neue Reiseformen und Begriffe für den Jugendreisemarkt über 18 zu etablieren.

Die Entwicklungsgeschichte von ruf NEXT

Mit Abireisen hatte **ruf** sich schon ein wenig dem Markt der über 18-Jährigen angenähert: Seit dem Jahr 2002 bieten wir Abiturientinnen und Abiturienten eine günstige Gelegenheit, gemeinsam in einer der europäischen Partydestinationen ihren Schulabschluss zu feiern. Doch nun war ein weiteres neues Produkt für diese Altersgruppe geplant, das andere Saisonzeiten bedienen und weitaus wirtschaftlichere Ziele erreichen sollte, als es mit einem Abiprodukt möglich ist: es entstand **ruf** NEXT.

Die klassischen **ruf** Teilnehmerinnen und Teilnehmer stammen in der Regel aus dem Bildungsbürgertum, nur zwei Prozent der **ruf** Gäste sind dem Hauptschulumfeld zuzurechnen. Und so handelte es sich bei der nun anvisierten Zielgruppe der über 18-Jährigen natürlich auch um Menschen, die in einem sehr stabilen sozialen Umfeld aufwachsen und die in der Regel über ein gewisses Einkommen verfügen. Unsere NEXT-Teilnehmerinnen und -Teilnehmer wohnen an Stadträndern in den Einfamilienhäusern ihrer Eltern und haben meist ihr Abitur in der Tasche. **ruf** NEXT war als Anschlussprodukt an die **ruf** Jugendreisen konzipiert und suggerierte den potenziellen Gästen eine gewisse Freiheit. Schließlich waren wir davon ausgegangen, dass diese jungen Leute nicht mehr „gegängelt" werden wollen – doch das Gegenteil war der Fall: Wir sprechen mit NEXT-Reisen eine soziale Schicht an, die sich eine solche Reise leisten kann und eine Betreuung wünscht. Oftmals werden die jungen Leute zu Hause noch komplett versorgt – sie müssen dort ihr Leben nicht selbst organisieren. Die Eltern kaufen ein, waschen die Wäsche und regeln auch sonst vieles für ihre Kinder. Sie bezahlen häufig sogar den NEXT Urlaub und bestimmen dann mit, wohin die Reise geht. Die gewünschte **ruf** Betreuung vor Ort stellen wir mit unseren üblichen Mitarbeiterstrukturen sicher. Die sogenannten Chefbuddys übernehmen dabei den organisatorischen Part, die „Buddys" das Programm. Beispielsweise gehen sie mit den NEXT-Gästen abends zusammen in die Disco und feiern oder begleiten die Kundinnen und Kunden auf Ausflügen vor Ort. Die „Buddys" sorgen durch das angebotene Programm für ein Gruppenzusammengehörigkeitsgefühl, vergleichbar mit dem einer betreuten Jugendreise, nur entsprechend dem Alter der Kunden angemessen.

Die Erweiterung: ruf NEXT integriert abireisen

Zugleich wurde ruf abireisen in den NEXT Produktbereich integriert und zu **ruf** NEXT Abireisen umbenannt. So sind alle **ruf** Reiseprodukte für die Zielgruppe nun im NEXT Umfeld angesiedelt. Allerdings stehen bei den Abireisen die Betreuungs- und Programmleistungen nicht im Vordergrund. Die Hauptintentionen der Teilnehmerinnen und Teilnehmer sind das gemeinsame Feiern und das Gemeinschaftsgefühl innerhalb ihres Jahrgangs. Diese Gruppen wünschen sich ein Reiseziel in einer der Partydestinationen Europas und eine gute All-inclusive-Verpflegung. Die Buddys informieren, wo vor Ort die besten Partys zu finden sind, und zeigen gegebenenfalls noch mögliche Programm- und Ausflugsmöglichkeiten auf. Insgesamt ist der Markt der Abireisen stark umkämpft: Die Jahrgänge schreiben diverse Anbieter an, lassen sich ein Angebot unterbreiten und entscheiden vor allem nach dem Preis.

Die Zukunftsstrategie: eine Ausweitung des Angebotes

Die NEXT-Reiseziele wurden bisher nach den Partymöglichkeiten ausgewählt. Wir gingen davon aus, dass die über 18-Jährigen vorwiegend feiern möchten. Und tatsächlich mögen sie gute Partys, sie wollen aber auch noch andere Angebote genießen. Viele NEXT-Gäste sind sportlich orientiert und kulturell interessiert. Wenn sie abends ausgehen, muss nicht immer eine Großraumdisco mit Laserbeschallung das Ziel sein. Die Teilnehmerinnen und Teilnehmer gehen auch gerne in eine Bar. Deshalb werden wir der NEXT-Zielgruppe zukünftig neben den Partydestinationen auch noch weitere Reiseziele anbieten: Von Surfcamps in Frankreich bis zu Fernreisen nach Peru ist alles möglich. Ebenso sind Bildungsreisen für die über 18-Jährigen angedacht – somit stehen „explore the world"- und die „explore yourself"-Konzepte für bis zu 30-jährige junge Menschen zur Verfügung.

Reiseangebote sind ein Spiegel der Lebensentwürfe

Im Bereich der betreuten Reisen gibt es also auch bei der Zielgruppe der über 18-Jährigen einen Markt, der Wachstumschancen bietet – gerade auch durch die Wandlungen im Schulbereich. Wenn die Jugendlichen im Rahmen von G8 Abitur machen, sind sie vielleicht noch nicht einmal 18, sie wohnen noch zu Hause und suchen ein solches Reiseangebot.
Deshalb werden wir in der Sommersaison 2012 das Reisesegment NEXT auch für 17-Jährige öffnen, das Einverständnis der Eltern vorausgesetzt. Hier wird sich dann zeigen, wie sich diese Öffnung auswirkt: Denkbar ist ein Konflikt, wenn Teilnehmer, die unterschiedlichen Betreuungskonzepten unterliegen und sich somit anderen Rechten und Pflichten unterwerfen müssen, aufeinandertreffen.

Für uns geht es darum, unter Einhaltung aller gesetzlichen Auflagen attraktive Reisen zu entwickeln, die Begegnungen stiften und nachhaltige Erlebnisse schaffen: Ganz wichtig dabei ist, die Diversifizierung der gesellschaftlichen Lebensentwürfe wahrzunehmen und in neue Produkte einfließen zu lassen. Wir haben die sehr selbstbewussten 16-Jährigen, die ihre Freiheit genießen möchten. Aber es gibt auch die Älteren, die sich betreute Angebote wünschen, bei denen sie Erfahrungen durch positive Gruppenerlebnisse machen. Die richtigen Inhalte in der richtigen Umgebung mit der richtigen Ansprache an junge Menschen zu bringen, macht eine Reise zu einem besonderen Wert. Daraus ergibt sich die Aufgabe, nicht den aktuellen Trends und Lebenswelten hinterherzulaufen, sondern Erlebniswelten für alle Altersstufen zu erarbeiten, die noch gar nicht nachgefragt sind: So werden wir immer weitere Innovationen schaffen – junge Reisen, die einzigartig sind.

 www.youtube.com/user/rufjugendreise#p/u/50/3HPM_ykFF90

Literatur

Hurrelmann, Klaus (2003): „Schwindende Kindheit – Expandierende Jugendzeit. Neue Herausforderungen für die biografische Gestaltung des Lebenslaufs." Vortrag bei der Dr. Margit Egnér Stiftung in Zürich

Eintauchen in Land und Language
Sprachreisen für Kinder und Jugendliche
Heiner Giese

Das Selbstverständnis von Sprachreisen ist: Eine Reise ins Ausland zu unternehmen, um eine Sprache zu erlernen oder die eigenen Fähigkeiten zu verbessern – und zwar dort, wo sie als Alltagssprache gesprochen wird. Es geht also um eine Bildungsreise.

Grundsätzlich wird zwischen „Schülersprachreisen" und „Sprachreisen für Erwachsene" unterschieden. In der Regel handelt es sich um Reisen, deren Dauer eine bis acht Wochen in Anspruch nehmen kann. Längere Aufenthalte zum reinen Spracherwerb werden ebenfalls als Sprachreise bezeichnet, nicht aber langfristige Auslandsaufenthalte, die den Besuch einer Schule oder Universität enthalten.

Der Fachverband Deutscher Sprachreise-Veranstalter (FDSV) geht jährlich von 160.000 Teilnehmerinnen und Teilnehmern aus, die eine Sprachreise unternehmen. Der Anteil der Schülersprachreisen am Gesamtmarktaufkommen lag davon im Jahr 2010 bei rund 57 Prozent (siehe fdsv.de).

Welche Sprachen stehen im Vordergrund?
Bei den Schülerinnen und Schülern liegt Englisch mit ca. 93 Prozent ganz klar vorn. Französisch als zweite Sprache landet bei ca. 5 Prozent, gefolgt von Spanisch mit ca. 1,5 Prozent. Alle anderen Sprachen fallen nicht weiter auf, der Marktanteil liegt unter 0,2 Prozent (FDSV 2010).

Englisch wird dabei zwar vorwiegend, aber nicht nur in England gelernt – sondern auch auf Malta, in den USA, Kanada und Irland. Fernziele wie Australien, Neuseeland und Südafrika spielen kaum eine Rolle. Französisch und Spanisch werden dagegen fast ausschließlich in Frankreich und Spanien gelernt.

Soweit die nüchternen Zahlen. Aber:
Woher stammt das Sprachreiseninteresse?
Die PISA-Studie aus dem Jahr 2001 hatte sicher positive Auswirkungen auf den Markt für Schülersprachreisen: Von 2002 bis 2010 hat sich der Anteil der Schülersprachreisen von

Heiner Giese
ist Geschäftsführer und Mitbegründer von offaehrte Sprachreisen IP International Projects GmbH. offaehrte Sprachreisen ist Sprachreiseveranstalter seit 1986, dabei hat sich das Unternehmen auf Schülersprachreisen mit Zielen im In- und Ausland spezialisiert. Ferner veranstaltet offaehrte Sprachreisen Familiensprachreisen und Sprachreisen für Erwachsene. Von 1999 bis 2011 war Heiner Giese zudem Vorsitzender des Fachverbands Deutscher Sprachreise-Veranstalter e. V. (FDSV).

ca. 39 Prozent auf ca. 57 Prozent in 2010 erhöht. Dies ist gleich in zweifacher Hinsicht erstaunlich:
- die demografische Entwicklung weist eher die gegensätzliche Entwicklung auf und
- der FDSV erhöhte den Gesamtmarkt Mitte des letzten Jahrzehnts von 140.000 auf ca. 160.000 Teilnehmer.

Dies würde bedeuten, dass der Markt der Schülersprachreisen um ca. 60 Prozent gewachsen ist! Auch wenn die Zahlen teilweise auf Schätzungen beruhen, so lässt sich doch sagen: Sprachreisen als außerschulisches Bildungsangebot gewinnen enorm an Bedeutung.

Die Ansprüche der Teilnehmerinnen und Teilnehmer
Schon 1997 zeigte eine Studie von offaehrte Sprachreisen eine spannende Entwicklung auf:
- Ca. 45 Prozent der befragten Teilnehmerinnen und Teilnehmer gaben an, sich aus eigenem Antrieb für eine Sprachreise entschieden zu haben;
- ca. 48 Prozent gaben eine gemeinsame Entscheidung mit den Eltern an und
- nur 7 Prozent fühlten sich durch Eltern und Lehrer ihrer Schule „geschickt".

Dies bedeutete einen Wendepunkt, denn in den 1970er- und 1980er-Jahren wurde die Teilnahme noch von den Eltern und Lehrern bestimmt. Weitere Studien wurden nicht verfasst, aber die Erfahrung zeigt, dass sich dieser Trend weiter zugunsten der eigenen und gemeinsamen Entscheidung ausgebaut hat. Die selbst auferlegten Ziele der Teilnehmerinnen und Teilnehmer sind in den vergangenen Jahren deutlich spürbar gestiegen, der selbst gemachte Druck führt zu hohen Qualitätsansprüchen – gerade und besonders beim Sprachunterricht. Anzeichen dafür sind die ständigen Wechselwünsche in eine höhere Sprachgruppe: Sie beschreiben den Wunsch der Teilnehmerinnen und Teilnehmer, sich in der gewählten Fremdsprache spürbar zu verbessern – und dabei sind die Teilnehmerinnen und Teilnehmer von vornherein oftmals schon sehr leistungsstark.

Die Teilnehmer werden immer jünger
Und die PISA-Studie machte noch eines deutlich: Die Frühförderung wurde in Deutschland bislang versäumt. Die Konsequenz: Nach PISA kümmerten sich die Eltern verstärkt um die außerschulische Frühförderung ihres Nachwuchses. Dementsprechend ist auch das Einstiegsalter für Sprachreisen gesunken – in den letzten zehn Jahren nochmals um ca. 0,7 Jahre (offaehrte Srachreisen). Der Einstieg mit zwölf Jahren ist nicht die Regel, aber der Anteil dieser Schülerinnen und Schülern wächst ständig an. Diese Entwicklung wurde von der Einführung des Fremdsprachenunterrichts in den Grundschulen (meist Englisch) und dem G8-Abitur unterstützt.

Die Sprachreisebranche hat sich auf diese Entwicklung noch nicht wirklich eingestellt. Es gibt zwar zunehmend Produkte für die unter 13-Jährigen, aber sie bleiben die Ausnahme. Öfter festzustellen ist, dass das klassische Produkt (mit Unterkunft in einer Gastfamilie) für Jüngere geöffnet wird. Es bleibt fraglich, ob dies der richtige und überzeugende Weg ist.

Die Dominanz der englischen Sprache
Vor rund zehn Jahren ging die Branche noch davon aus, dass sich die Schülerinnen und Schüler neben Englisch einer zweiten Fremdsprache zuwenden würden. Doch mit dieser Einschätzung lagen sie falsch: Der Anteil der französischen Schülersprachreisen hat sich von ca. 9,5 Prozent im Jahr 2002 auf nur noch 5 Prozent für 2010 verringert. Dabei scheint

der Anteil der Schüler, die Französisch als Abiturfach wählen, konstant bei ca. 10 Prozent zu liegen. Auch Spanisch ist nicht wirklich vom Fleck gekommen: 2002 lag der Anteil bei knapp unter 1 Prozent, 2010 aber erst bei ca. 1,5 Prozent (FDSV). Ursachen dafür kann man nur vermuten. Einerseits hat die Dominanz des Englischen weltweit eher noch zugenommen. Und zugleich scheint es für Eltern wichtiger zu sein, Englisch als Kernkompetenz bei ihren Kindern zu fördern, notwendige Zweitsprachen aber erst mit dem Studium oder später im Beruf weiter zu verfolgen.

Die Internationalität von Sprachreiseangeboten

Mit Sprachreisen wurde und wird neben dem Hauptziel der Sprachverbesserung auch immer ein kultureller Aspekt verbunden. Die Unterkunft in Gastfamilien soll sicherstellen, dass die Teilnehmerinnen und Teilnehmer ebenfalls die jeweilige Landeskultur entdecken. Dieses Lernen hat zwar ein definiertes Umfeld, aber keine geplante Agenda: Es erfolgt automatisch oder unwillkürlich und ist von vielen unterschiedlichen Aspekten abhängig. Damit sind Lernerfolge zufällig.

Fragt man Eltern nach ihren Vorstellungen von Sprachreisen, so beziehen sie sich heute auf
a) eigene Erfahrungen: Sie haben selbst einmal eine Sprachreise gemacht und erinnern sich gern daran. Sie sehen Gastfamilienaufenthalte als ideale Voraussetzung interkulturellen Lernens, die den Gebrauch der Fremdsprache garantieren.
b) die Internationalität von Sprachaufenthalten: Hier zählt vor allem die Hoffnung, dass mit Internationalität ein breiter Austausch stattfindet und möglichst viel Fremdsprache praktiziert wird.

So ergibt sich ein deutlicher Trend zu internationalen Sprachzentren im Ausland. Aber dennoch besitzt das klassische Schülersprachreiseprodukt noch den größten Marktanteil. Grund hierfür könnte sein, dass die Einstiegsbarriere bei internationalen Sprachreisen sehr hoch liegt, viele Schüler sich dies „noch" nicht zutrauen. Auch vor dem Hintergrund, dass die Teilnehmerinnen und Teilnehmer von Schülersprachreisen immer jünger werden, ist dies nicht von der Hand zu weisen. Hier gehen die Ansprüche der Eltern deutlich über die Selbsteinschätzung der Kinder hinaus.

Produktentwicklung bei Sprachreisen

Über Jahrzehnte haben sich die Konzepte der Schülersprachreisen kaum verändert. Doch die gesellschaftlichen Entwicklungen und das veränderte edukative Verhalten der Eltern haben inzwischen sichtbare Auswirkungen – auch auf die Produktentwicklung: Die Spaßgesellschaft der 1990er-Jahre tritt in den Hintergrund, heute ist eine möglichst gelungene Symbiose von Spaß (= Selbstmotivation) und notwendig erachteten Bildungszielen gefragt.

So haben sich unter anderem die Unterkunftsangebote erweitert: War bis Ende der 1990er- Jahre die „Gastfamilie" die dominierende Unterkunftsform bei Sprachreisen, so gehen einige Sprachreiseveranstalter und Sprachschulen nun erfolgreich in Studentenunterkünfte der Colleges, Universitäten und Internate oder in Ferienanlagen. Viele Teilnehmerinnen und Teilnehmer wollen nicht mehr in Gastfamilien eingeengt sein, sie suchen mehr Unabhängigkeit, Komfort und Privatsphäre. Außerdem wird die intensive Nutzung eines begrenzten Raumes möglich, es entsteht ein Sprach-Campus auf Zeit, der ein verändertes Freizeitprogramm erlaubt. Zentrale Großveranstaltungen, ausdifferenzierte Freizeitprogramme sind technisch kein Problem mehr und können umgesetzt werden. Auch dies kommt den Vorstellungen der Teilnehmerinnen und Teilnehmer entgegen. Bei Eltern spielt der Aspekt der Sicherheit eine große Rolle, die auf dem geschützten Campus größer ist als bei der Unterkunft in einer Familie irgendwo in der Stadt. Diese Residences sind auch bevorzugte Unterkünfte für viele Teilnehmer anderer Entsendeländer – und bieten so ideale Voraussetzungen für einen internationalen Campus. Über die Höhe des Marktanteils der Campusunterkünfte gibt es leider keine Zahlen, nach meiner Einschätzung könnte er um die 20 Prozent liegen. Bei offaehrte Sprachreisen hat sich der Anteil von Residenceunterkünften in den letzten zehn Jahren auf 85 Prozent gesteigert.

Mehr als „nur" der Spracherwerb

Auch kreative Angebote entstehen, die weitere Themen mit der Sprachreise kombinieren.

1) Sprache und Fußball

Die Kombination von Sprachreise und Fußballcamp ist als Erfolgsgeschichte zu sehen. Dies gilt übrigens nicht nur für Deutschland, sondern zeichnet sich auch in den Zielmärkten ab. Das zeigt, dass auch andere Entsendeländer eine ähnliche Entwicklung aufweisen.

2) Kinder- und Jugendreisen plus Spracherwerb

Die Trennung von Sprachvertiefung und dem dafür geeigneten Zielland hat seit einigen Jahren begonnen und leitet eine interessante Entwicklung ein. Sie ist so zu verstehen, dass eigene Interessen (wie z. B. Jugendreise am Mittelmeer mit Sommer, Sonne, Strand und Party) mit sinnstiftenden Inhalten, wie z. B. einem Sprachkurs Englisch verknüpft werden. In dieser Kombination ist die Investition in eine Jugendreise für die Eltern ein sinnvoller Akt, für die Teilnehmerinnen und Teilnehmer ein akzeptabler Kompromiss. Aber auch die Selbstmotivation der Teilnehmer ist nicht zu unterschätzen, da die Einstiegsbarriere deutlich unter der einer Sprachreise liegt, sowohl was das Umfeld als auch was die Lernbedingungen angeht.

ruf und offaehrte Sprachreisen haben vor Jahren gemeinsam das Produkt „Sprachurlaub" entwickelt, das genau auf diesen Aspekt abzielt. Es bietet mit den erfolgreichen ruf Reisezielen attraktive Standorte sowie eine umfassende Freizeitlogistik – und darüber hinaus wird eine auf Aktionen beruhende, interaktive Sprachförderung kombiniert. Die Best-Practise-Einheiten werden mitsamt dem notwendigen Vokabel- und Grammatiktraining in die Urlaubsatmosphäre verlagert. Dieses Konzept ist ortsunabhängig. Die Qualität des Sprachtrainings wird durch Muttersprachler sichergestellt, der Ablauf durch das Leben in der Urlaubsdestination und die Bedürfnisse der Teilnehmerinnen und Teilnehmer bestimmt. Es ist dynamisch und interaktiv angelegt und weist mehr Flexibilität auf als Sprachunterricht bei Sprachreisen.

Viel wurde darüber diskutiert, inwieweit hier für Sprachreisen eine neue Konkurrenz erwächst. Aber es zeigt sich, dass auf diese Weise unterschiedliche Zielgruppen angesprochen werden. Es ist unrealistisch zu glauben, dass Sprachreisen und der hier beschriebene Sprachurlaub austauschbar wären. Im Gegenteil, beide Produkte bedienen unterschiedliche Bedürfnisse, und ich halte es für sehr sinnvoll, ausdifferenzierte Angebote machen zu können.

3) Sprachcamps in Deutschland

Nach dem Selbstverständnis der Branche sind Sprachcamps in Deutschland eigentlich keine Sprachreise. Dennoch hat sich dieser Markt rasant entwickelt und weist alle Elemente einer Sprachreise auf – nur, dass damit kein Auslandsaufenthalt verbunden ist. Die Angebote erstrecken sich von

- guten und seriösen ein- bis zweiwöchigen Aufenthalten mit Sprachunterricht (manchmal in internationalen Camps)
- über Kinderreisen, die spielerisch den Umgang mit Sprache und den Erwerb von Sprachkenntnissen (meist Englisch) fördern,
- bis zu Trittbrettfahrern, die ohne jede Qualifikation und Lernkonzept auf den Bildungszug aufspringen.

Tatsache ist, dass Eltern in erheblichem Maße an außerschulischen Bildungsangeboten für ihre acht- bis zwölfjährigen Kinder interessiert sind. Und ein Blick ins Internet verdeutlicht, dass hier ein neuer Sprachmarkt entstanden ist, bei dem viele mitmischen wollen.

4) Themenorientiertes Lernen

Damit wären wir bei einem Thema, welches erst noch Bedeutung erlangen wird. Ich wage also einen Blick in die Zukunft. Die oben beschriebenen Entwicklungen lassen den Schluss zu, dass wir es immer öfter mit einem Mix an Reiseerwartungen zu tun bekommen werden. Um ein Thema, das die Teilnehmerinnen und Teilnehmer besonders interessiert, rankt sich der entsprechende Sprachanteil. Dies trifft die Eigenmotivation der Zielgruppe, auch die Eingangsbarrieren sind niedrig. Die genannten Beispiele verdeutlichen dies. Da die Kinder und Jugendlichen bei der Auswahl der Reise mitentscheiden, wird es wichtig sein, deren Interessen zu wecken, um „nebenbei" Sprachvertiefung sicherzustellen. Dadurch lassen sich neue Zielgruppen erschließen und die Akzeptanz von Spracherwerb verbessern. offaehrte Sprachreisen geht diesen Weg ab 2012 mit neuen Konzepten wie „Klimawandel und Englisch". Die Sorge um die Erhaltung der Natur, ein für Kinder spannendes und emotional aufgeladenes Thema, wird mit Englischlernen verbunden. Gemeinsam mit kompetenten Partnern dreht sich alles um die Erforschung des Klimawandels – und um die englische Sprache. Es gibt weitere Beispiele anderer Veranstalter, die auf diese Entwicklung hinweisen.

Der Anbietermarkt

Seit Jahren beschreibt der FDSV den Anbietermarkt mit ca. 150 Anbietern, wobei ca. 50 Veranstalter im Sinne des Reiserechts sind und ca. 100 Vermittler. In Deutschland sind die Anbieter von Schülersprachreisen allerdings meist Veranstalter, keine Vermittler. Der Anbietermarkt zeigt sich relativ stabil, allerdings sind einige interessante Entwicklungen in den letzten Jahren aufgetreten.

1) Mit dem Rückzug von Studiosus aus dem Sprachreisesegment 2011 ist deutlich geworden, dass es eine nicht mehr zu negierende Entwicklung vom Fremdvertrieb (Reisebüro) zum Direktvertrieb gibt. Die Hoffnung einiger Veranstalter, doch noch im Fremdvertrieb Fuß zu fassen, ist inzwischen überschaubar. Damit korrespondierend ist festzuhalten, dass der FDSV einen immer größeren Anteil bei den Internetbuchungen der jährlich befragten Veranstalter in Deutschland ausmacht. Dies ist keine Überraschung, sondern zeichnete sich schon seit Jahren ab. Das Internet ist der Vertriebsweg für Sprachreisen geworden, und der Wettbewerb bei Google AdWords ist zeitweilig unvorstellbar groß.

2) Die Branche ist weiterhin geprägt von kleinen Veranstaltern (bis zu ca. 20 Mio. Jahresumsatz). Das Produkt scheint sich für mittelständische oder große Veranstalter nicht zu eignen – wenige Versuche durch Mittelständler sind in den vergangenen Jahren gescheitert. Auch Studiosus hat sich, wie erwähnt, als einer der großen Veranstalter zurückgezogen.

3) Neue Veranstalter zeichnen sich nicht durch neue, innovative Produkte aus, sondern durch innovative Vertriebsmaßnahmen. Inzwischen ist es kein Problem mehr, bei Reisen außerhalb des Euroraums den Originalpreis der Schule ohne Währungsrisiko online zu buchen, der Kunde partizipiert also am täglich wechselnden Kurs der Fremdwährung. Dies trifft in erster Linie auf Sprachreisen für Erwachsene zu (mit Eigenanreise), weniger bei Schülersprachreisen, zeigt aber die Dynamik des Marktes.

4) Sprachschulen in den Zielländern haben die Möglichkeiten des Internets ebenfalls erkannt und werben in verschiedenen Sprachen weltweit für ihre Angebote. Der Anteil der Direktbuchungen bei den Sprachschulen im Ausland wächst, Spitzenreiter ist wahrscheinlich Spanien mit ca. 50 Prozent Direktbucheranteil. Bei Schülersprachreisen ist der Anteil der Direktbuchungen noch gering (es fehlt die Organisation der Anreise und die Sicherheit des deutschen Reiserechts), aber ein Anstieg ist auch hier in den nächsten Jahren gut vorstellbar.

Eine Branche organisiert sich

In den wilden Anfangsjahren – von den 1970er- bis weit in die 1980er-Jahre – gab es berechtigte Kritik an der Qualität von Sprachreisen, insbesondere in England. In dieser Situation gründeten einige Marktteilnehmer den Fachverband Deutscher Sprachreise-Veranstalter e. V. (FDSV). Es ging dabei vorwiegend um eine Qualitätssicherung bei Sprachreisen: Mithilfe wissenschaftlicher Kriterien wurde ein Standard definiert, den ein unabhängiger wissenschaftlicher Beirat regelmäßig überprüft. Dieses Konzept hat sich als erstaunlich belastbar und konstruktiv erwiesen. Auch der Anspruch von Wahrheit und Klarheit in der Kommunikation war ein erfolgreicher Schritt: weg von der überbordenden Prosa in Katalogen, die völlig unrealistische Erwartungshaltungen bei den Eltern und Teilnehmern hervorrief. Sprachreisen haben heute wieder einen guten Ruf, und die Branche hat sich entsprechend professionalisiert und qualifiziert. In den letzten 15 Jahren wurden über 800 Sprachschulen (populäre Schulen auch mehrfach über die Jahre) inspiziert.

Heute repräsentiert der FDSV den Markt der Sprachreiseveranstalter in Deutschland und vertritt diesen auch international. Von 2002 bis 2005 war der FDSV federführend an der Entwicklung der Europäischen Sprachreisenorm EN 14804, die seither in Kraft ist und unter anderem auch Ordnung in das Chaos der Begrifflichkeiten gebracht hat. Die Norm definiert zugleich einige Mindeststandards.

Ein Beispiel: Der Begriff „Gastfamilie" wurde als unzeitgemäß definiert, da er Assoziationen an ein Familienleben suggeriert, das es so nur noch selten gibt: Patchworkfamilien, allein-stehende Gastgeber etc. wurden damit nicht abgebildet. Der neue Begriff heißt „Privatun-terkunft", er ist somit weit weniger emotional aufgeladen und damit näher an der Realität. Die Anzahl der Gäste in einem Privathaushalt werden nach oben begrenzt, die Qualifikation der Sprachlehrer und Lernziele müssen mit den Kundinnen und Kunden kommuniziert wer-den, um nur wenige Beispiele zu nennen. Wer sich der Norm stellt und das Siegel einführt, muss sich wiederkehrenden Inspektionen stellen. Dabei sind Medien wie Kataloge, Internet-auftritte und Reiseunterlagen sowie die Reklamationsbearbeitung wesentliche Gegenstän-de der Prüfung.

Ein Blick Richtung Forschung

Sind Sprachreisen nachhaltig? Macht es einen Unterschied, ob ich einen Englischkurs auf Malta oder in England mache? Ist es für meinen Lernerfolg wichtig, ob ich in einer Privat-unterkunft lebe oder in einer Residence? Schadet eine große Anzahl deutscher Teilnehmer oder fahre ich besser in internationale Sprachzentren?

Es gibt noch eine Menge weiterer Fragen, aber keine befriedigenden Antworten. Damit ist das Problem umrissen – es gibt keine wissenschaftlichen Untersuchungen zu Sprachreisen. Dies ist ein Manko, das in den nächsten zehn Jahren unbedingt behoben werden sollte. Die Branche geht davon aus, dass eine Sprachreise nachhaltig ist. Aber welche Faktoren dies be-günstigen und ob die Annahme so zutreffend ist, muss sich erst noch erweisen. Ich halte es weiterhin für spannend festzustellen, wie sich eine Sprachreise auf die Lebensplanung von jungen Menschen auswirkt und welche Lerntypen zu welchem Produkt am besten passen. Um nur einige Fragestellungen zu erwähnen.

Eintauchen in einmalige Erlebniswelten

Die Entwicklung der Kinderreise zur exklusiven Themenreise mit professionellen Partnern

B. Florian Kuff

Ein kurzer Prolog. Oder: Wie stehen Eltern zu einer Kinderreise?

Die meisten Eltern sind vorsichtig und besorgt, wenn es darum geht, ihre Kinder anderen, oft fremden Menschen im Rahmen einer Reise ohne Eltern anzuvertrauen. Sind sie dazu bereit, so entscheiden sie sich häufig für ein Angebot in ihrem persönlichen Umfeld, dort, wo die Betreuer den Eltern zumindest namentlich bereits bekannt sind. Vor diesem Hintergrund erhielten Kinderreisen bei **ruf reisen** bis zum Jahr 2006 noch keinen großen Stellenwert. Ein Nischenprodukt, ungeeignet, landesweit Eltern zu überzeugen, dass **ruf** auch Spezialist für die betreute Reise von Kindern unter 14 Jahren sein könnte.

Die zündende Idee für die perfekte Kinderreise: Das Thema steht im Mittelpunkt

Im Jahr 2006 ändert sich das Schattendasein der Kinderreise: **ruf reisen** wird in Walsrode eine Anlage angeboten, die für Kinder sehr geeignet erscheint. Parallel zu diesem räumlichen Angebot kommt der Egmont Ehapa Verlag aus Berlin auf **ruf** zu. Die Berliner Comicmacher haben die Idee, ihre Abenteuer aus den Kindermagazinen in eine Erlebniswelt zu bringen, welche die jungen Leser des Micky Maus Magazins dann im Rahmen eines maßgeschneiderten Urlaubskonzeptes erleben können. Und so fällt der Entschluss, die Anfrage aus Berlin mit dem angebotenen Gelände in Walsrode zu verknüpfen und dort die erste **ruf** Themenreise für Kinder anzubieten.

Das Ziel: ein einzigartiges, abenteuerreiches Micky Maus Camp für Kinder

Kinderthemenreisen in Deutschland zu positionieren ist sinnvoll: Die Eltern können ihre Kinder selbst in den Urlaub bringen und abholen. So sehen sie nicht nur, wie ihr Kind untergebracht ist, auch die Betreuerinnen und Betreuer lernen sie direkt persönlich kennen. Mit der Entscheidung für die Selbstanreise ist auch klar, dass das Mick Maus Camp nicht als klassische **ruf** Pauschalreise angelegt werden wird. Das Konzept wird explizit auf Kinder ausgerichtet, mit definierten Inhalten, die sehr eng mit den Themen des Magazins verknüpft sind: Das Fähnlein Fieselschweif bietet für dieses Konzept genau die richtige Basis. Als Pfad-

B. Florian Kuff
kommt aus Düsseldorf und hat in Hannover Architektur studiert. Seit 1992 ist er im Kinder- und Jugendtourismus tätig. Seit 1995 für **ruf**, unter anderem als Zielgebietskoordinator und Destinationsmanager in Italien, Frankreich, Spanien und Deutschland. Ausbilder und Trainer an der **ruf akademie**. Inzwischen bei **ruf** verantwortlich für die Kinder-, Sport- und Teenagerreisen, leitet er als Senior Product Manager das Ressort „Explore the World".

finderorganisation veranstaltet das Fähnlein Fieselschweif regelmäßig Zeltlager und setzt sich für ein Zusammenleben zwischen Mensch und Natur ein. Dieser Organisation gehören auch Donald Ducks Neffen Tick, Trick und Track an. Und so entstand der Name des Konzepts für das Micky Maus Camp: Fähnlein Fieselschweif live!

Ein Programm für echte Pfadfinder

Abenteuer, Survival- und Outdoorerlebnisse: Alles, was Pfadfinder erkunden und entdecken möchten, wird im Micky Maus Camp zum eigenen Programmpunkt. Und so bietet das Fort Entenhausen in der Lüneburger Heide dann im Sommer 2006 erstmals Erlebnisferien in freier Natur. Das Spektrum reicht vom Reiten oder dem Übernachten im Heu bis zum Besuch des nahen Serengeti-Parks. Sogar ein eigener Campsong entsteht in Zusammenarbeit mit der Bielefelder Kinderrockband „Randale". Die Band tritt im Micky Maus Camp auf, und **ruf** sponsert den Tourbus der Gruppe.

Flyer „Micky Maus Camp" 2006

Schon das Ankommen ist ein Erlebnis

Das Konzept reicht so weit, dass die Kinder im Camp eigens produzierte Fieselschweif-Mützen als Markenzeichen tragen – so, wie ihre Comic-Vorbilder. Genauso sind sowohl das Micky Maus Branding als auch das Wording aus den Magazinen überall zu finden: Die Kinder übernachten im Fort Entenhausen, die Sanitärhäuser heißen Waschhausen, die Rezeption ist das Hauptquartier – jede lokale Bezeichnung wird entsprechend angepasst. Ebenso die Teambezeichnungen: Die Kinderreiseleiter werden zu Waldmeistern, Animateurin und Animateur heißen Oberspaßmeise und Oberspaßmeister, die Reinigungskräfte sind die Putzfinken.

Eine Welle der Begeisterung

Maximal 100 Kinder gleichzeitig vor Ort: Das ist zunächst die optimistische Planung im ersten Jahr. Doch es kommt anders. Beinahe im Wochentakt muss die Kapazität erhöht werden, der Ansturm ist enorm. Zuletzt sind es dann bis zu 300 Kinder gleichzeitig, die im Micky Maus Camp 2006 einen einzigartigen Kinderurlaub verbringen. Neben den Vertriebswegen von **ruf reisen** wird die Themenreise auch vom Egmont Ehapa Verlag beworben. Die Resonanz der Presse ist enorm und durchweg positiv: Sogar die Frankfurter Allgemeine Zeitung gestaltet eine ganze Seite mit der Überschrift: „Wir sind in ein Schlammloch geraten!" Liebevoll schildert hier der Redakteur sein Eintauchen in die Kindercomicwelt als einzigartiges Erlebnis. Dieser große Auftritt zählt bis heute zu den PR-Meilensteinen von **ruf**.

Nur Qualität zählt

Insgesamt zeigen die hohen Buchungszahlen, dass eine solche Themenreise offenbar bei Eltern und Kindern gleichermaßen gut ankommt. Wesentlicher Erfolgsbaustein: ein professioneller Partner, der ebenso für Qualität steht wie **ruf reisen** als Marktführer im Bereich der Kinder- und Jugendreisen. Der Egmont Ehapa Verlag ist Marktführer im Bereich Kinderzeitschriften. Zudem steht der Disney Konzern hinter dem Verlag. Ein starker, seriöser Partner erzeugt ein erweitertes Sicherheitsgefühl bei den Eltern und erleichtert deren Buchungsentscheidung. Nebenwirkung dieser „Elefantenhochzeit": Kleinere Mitbewerber sind nicht in der Lage, in diesem Konzert mitzuspielen. Ein wertvolles Alleinstellungsmerkmal zum Vorteil von **ruf reisen**.

Weitere potenzielle Partner müssen sich nun an diesem hohen Anspruch messen lassen. Aber schon gleich bei der nächsten Anfrage ist dieser Qualitätsaspekt wieder gegeben. Bei Super RTL hatte man vom Micky Maus Camp gehört. Und schon im Jahr 2007 ist mit der Konzeption der TOGGO-Sommercamps die Partnerschaft zwischen **ruf reisen** und dem Fernsehsender besiegelt.

Flyer „TOGGO" 2006

Das TOGGO Sommercamp entsteht

Super RTL gehört zur RTL DISNEY Fernsehen GmbH & Co. KG Köln. Der Familiensender ist der deutsche Marktführer bei den jungen Zuschauern und damit das reichweitenstärkste Kindermedium in Europa. TOGGO ist das Kindersegment bei Super RTL. Vor allem renommierte Serien wie Disney Kim Possible und innovative Eigenproduktionen wie WOW die Entdeckerzone garantieren ein hochwertiges Programm. Diese Programmvielfalt soll nun in einem Reiseformat umgesetzt werden. Herausfordernde Aufgabe für **ruf**: Es gilt, Kinder, die als Konsumenten vor dem Fernseher sitzen, nun aktiv werden zu lassen.

Tageweise tolle Angebote

Grundlegende Konzeptidee ist es, die Vielfalt des TOGGO Programms tageweise in attraktive Angebote umzusetzen: Die TOGGO Heldin Disney Kim Possible ruft zur Agentenrallye auf, am nächsten Tag präsentiert Sportacus witzige Sportspiele und wieder einen Tag später wird in der WOW-Entdeckerzone Spektakuläres erfunden. Die Kinder bewegen sich und können kreativ aktiv sein.

Super RTL bewirbt die TOGGO Sommercamps in Fernsehwerbespots. In Kombination mit den **ruf** Vertriebskanälen werden auch diese Kinderthemenreisen schnell stark nachgefragt. Fernsehspots für Kinderreisen: Das gibt es erstmals für die TOGGO Sommercamps. Eine einzigartige Möglichkeit, den Bekanntheitsgrad der Marke **ruf** weiter zu erhöhen.

Im Laufe der Jahre wechseln die Themen: Im fünften Jahr der TOGGO Sommercamps sind 2011 weitere Disney-Formate hinzugekommen. Auch hier sind sich Super RTL und **ruf** einig: Die Camps leben stets von den aktuellsten TV-Formaten und Trends.

Die positiven Folgen

Das Interesse der Presse an den Themenreisen hält unvermindert an. Filmteams drehen vor Ort. So werden Teile des Startagebuchs im Camp gedreht. Darüber hinaus erhält **ruf** eine große Resonanz auf der ITB Berlin, wo die Kinderthemenreisen über mehrere Jahre hinweg als Motto und Eyecatcher für den auffälligen Messestand genutzt werden. Name und Qualität haben sich durchgesetzt und sorgen für viel Interesse.

Kinderthemenreisen – ein ausbaufähiges Konzept

Das erfolgreiche Micky Maus Camp und die TOGGO Sommercamps haben gezeigt, dass die Kinderthemenreisen generell ein großes Potenzial in sich bergen und die inhaltlich-konzeptionelle Gestaltungsvielfalt viele, stark voneinander abweichende Möglichkeiten bietet. Jedes Kinderthemenreiseangebot ist individuell und einzigartig.

Und so entwickelt sich der Kinderthemenreisebereich bei **ruf** auf hochwertige Weise weiter. 2008 wird zum Projektjahr, in dem Reisekonzepte mit verschiedenen Partnern ausprobiert werden. Zusammen mit dem Egmont Ehapa Verlag entsteht das Wendy Camp für Pferdefreunde. Und für jüngere Kinder realisiert **ruf** mit der KIDDINX-Entertainment GmbH aus Berlin ein Bibi Blocksberg Camp für kleine Hexen. Außerdem baut ruf mit dem ruf kinderhotel in Wyk auf Föhr auch eine eigene Themenwelt für Kinder auf.

Auch Lernen kann spannend sein …

Mit dem Tessloff Verlag aus Nürnberg erarbeitet **ruf** das Was ist Was Camp zum Thema Mittelalter. Mit diesem Angebot zieht eine neue Komponente in die Kinderthemenreise ein – jetzt werden auch Lerninhalte auf unterhaltsame Weise angeboten. Die Kinder erfahren spielerisch Interessantes über Heraldik, zur mittelalterlichen Baukunst oder über das einfache Leben der Menschen in dieser Zeit.

Eine Detektivreise mit TKKG, in Zusammenarbeit mit Sony, wird ein weiteres Thema des Jahres 2008: Hier werden die Kinder zu Detektiven ausgebildet und lösen schließlich ihren ersten eigenen Fall.

Die Komponente des Edutainment zieht mittlerweile weitere Kreise: Selbst für das Jugendreisesegment von **ruf reisen** wird dieses Thema interessant. Eltern fragen entsprechende Inhalte gezielt an. Sport und Wissen werden zu gefragten Werten. Später resultieren aus diesem Gedanken auch die erfolgreichen Sprachurlaube von **ruf**.

Flyer „Cool Kids Dance" 2009

Tanzen lernen bringt Urlaubsfreude

Auch mit dem Choreografen Detlef D! Soost kommt es zur Zusammenarbeit. Mit ihm werden für den Kinderreisenbereich die D!'s Kids Club Camps entwickelt. Die Kinder erhalten im Urlaub Tanzunterricht von den professionellen Coaches von D!.

Ihr Vorbild Detlef D! Soost kommt dann am letzten Reisetag. Ein neuer, interessanter Themenreisenbaustein hat hier seinen Ursprung: Der „Promi-Faktor". **ruf** erkennt schnell und, wie so oft als Vorreiter, dass Prominente und Idole auch im Tourismus für Kinder und Jugendliche verkaufs- und qualitätsfördernd sind.

Themenerlebniswelt **ruf** kinderhotel Föhr

Das Thema „Nordseeinselurlaub" mit all seinen interessanten Facetten wird auf Föhr Wirklichkeit. **ruf** richtet erstmals ein Haus nur für Kinder ein. Hier dreht sich alles um Wassersport, Watterkundung, Bootsausflüge und Aktionen am eigenen Strandabschnitt. Zahllose Spiel- und Sportbereiche werden ergänzt durch Einrichtungen, die aufgrund von Partnerschaften ins Leben gerufen werden können. In Zusammenarbeit mit dem dtv – Deutscher Taschenbuch Verlag entsteht eine Kinderbibliothek und Schmidt Spiele stattet ein Spielzimmer aus. Die Partnerschaften mit der Kommune und der Föhr Tourismus GmbH ermöglichen immer wieder einzigartige Events und die Teilnahme an vielen Inselveranstaltungen, was den Bekanntheitsgrad des Hauses schnell steigert.

Das aktuellste Angebot: das GEOlino-Camp

In Kooperation mit dem bekannten Hamburger Verlag Gruner und Jahr ist als aktuellstes Produkt das GEOlino-Camp entstanden. Die Zeitschrift GEOlino ist bei Eltern und Kindern sehr gefragt: Das Blatt transportiert viele Sachthemen aus den Bereichen Geografie, Naturwissenschaften und Reisen.

Für die Kinderthemenreisen diese Themenstellungen ebenfalls interessant, denn hier dreht sich alles darum, die Welt zu entdecken und kritische Fragen zu stellen. Und so nimmt **ruf** die Kinder bei diesem Angebot mit auf eine spielerische, spannende Weltreise.

Zusätzlich wird die GEOlino-Reporterschule ins Leben gerufen. Hier lernen die Kinder Artikel zu schreiben, Interviews zu führen oder als Pressefotograf zu agieren. So entsteht jede Woche der „GEOlino-Campkurier", ein selbst gemachtes Magazin der Kinder.

Das GEOlino-Camp wird 2011 zum ersten Mal veranstaltet und stellt schon jetzt als Themenreise eine ähnliche Erfolgsgeschichte wie das Micky Maus Camp dar: Die Pilotveranstaltung sollte zunächst mit 100 bis 200 Teilnehmern starten. Doch Gruner und Jahr und **ruf** empfangen gleich im ersten Jahr über 600 Kinder im GEOlino-Camp.

Was bringen die Kooperationen mit starken Partnern?

Kinderthemenreisen in dieser hochwertigen Form auszugestalten, ist mit hohem Aufwand verbunden. Doch durch die Kooperationen mit starken Partnern wie dem Egmont Ehapa Verlag, Super RTL oder Gruner und Jahr bieten sich zugleich viele Vorteile. Die starken Marken machen Angebote unverwechselbar und ziehen Eltern und Kinder gleichermaßen an. Das Marketing umfasst stets mehrere Kanäle – und es entwickeln sich schnell neue, interessante Kontakte, die viel Potenzial in sich bergen.

ruf legt bei allen Kinderthemenreisen höchsten Wert auf Qualität, sämtliche Angebote müssen strengen Kriterien standhalten:

- Lässt sich mit dem potenziellen Partner ein Reisekonzept umsetzen?
- Ist der Partner engagiert und bereit, sich ganz in das Projekt einzubringen?
- Passt die Marke des Partners zu **ruf** und zu der Altersgruppe der Kids?
- Wie innovativ ist das Reisethema? Lässt sich mit dem Partner Neues entwickeln?
- Ist das Thema kindgerecht und pädagogisch geeignet?
- Enthält es neben Unterhaltung und Spaß auch Lerninhalte?
- Welchen Mehrwert bietet die neue Themenreise den Kindern?

Elternbroschüre 2010

Das gute Gefühl der Eltern

Bei solch hochwertigen Partnern bzw. bekannten Marken haben die Eltern nicht das Gefühl, dass ihre Kinder umworben werden. Sie empfinden die Angebote als interessanten Zusatz, der sogar die Buchungsentscheidung positiv beeinflussen kann.

Doch für das so wichtige gute Gefühl der Eltern wird weitaus mehr getan: So wurde das **ruf** Elternhandbuch „Die erste Kinderreise" erarbeitet, das Eltern aufzeigt, welche hohen Qualitätsmaßstäbe **ruf reisen** an die Konzeption, Ausgestaltung und Betreuung der Kinderthemenreisen stellt. Inzwischen ist der **ruf** Elternratgeber zu einem der Standards geworden. Im Rahmen der **ruf** Internetpräsenz finden Eltern ebenfalls ihren eigenen Bereich. Und während der Kinderreise helfen moderne Medien, wie Twitter und Facebook, die Eltern täglich mit aktuellen Informationen aus den Kinderreisezielorten zu versorgen.

Inzwischen haben Tausende Eltern ihre Kinder einer **ruf** Kinderreise anvertraut. Und die Kunden der Kinderreisen von heute sind die Kunden der Jugendreisen von morgen.

MEILENSTEINE

2006	Das Micky Maus Camp stellt den Beginn der **ruf** Kinderthemenreisen dar
2007	**ruf** entwickelt das TOGGO Sommercamp zusammen mit Super RTL
2008	Das Projektjahr der Kinderthemenreisen: **ruf** testet Vielfalt und Qualität
2009	Ehapa-Kids-Camp: Erstmals 5 Themenwelten in einer **ruf** Destination
2010	Themenwelt für Teens: **ruf** Festivalcamp gewinnt Deutschen Tourismuspreis
2011	**ruf** startet mit dem Verlag Gruner und Jahr das GEOlino-Camp
2012	**ruf** Kids-Sprachcamps bekommen Themen von National Geographic World

Das Fazit

Kinderreiseprodukte sind extrem schnelllebig, da sich auch die Kinder und deren Ansprüche rasch verändern. Waren vor einigen Jahren noch sehr kindliche Themen gefragt, so gehören heute viele Teenagerthemen zum Standard der Kinderreise. Qualität immer wieder neu erfinden und den Drang haben, nie mit dem zufrieden zu sein, was im Moment gerade gut ist: Das zeichnet **ruf** nun schon seit über 30 Jahren aus.

Mit den Kinderthemenreisen, die jeweils mit einem professionellen Partner umgesetzt werden, hat sich **ruf** ein Alleinstellungsmerkmal erarbeitet: Nur der Marktführer **ruf** ist in der Lage, maßgeschneiderte Reisekonzepte zu erarbeiten – von der ersten Strategie über die erfolgreiche Umsetzung bis zur qualitativen Erfolgskontrolle. Dazu verfügt **ruf** über hoch qualifizierte Mitarbeiter, die in der eigenen **ruf akademie** vorbereitet werden.

Zudem kann auch nur der Marktführer die Sicherheit gewährleisten, die für eine hochwertige Kinderreise notwendig ist. Denn der Arbeitsbereich ist hoch sensibel: Die Eltern vertrauen dem Reiseveranstalter schließlich das Wertvollste an, was sie haben. Und Fehler dürfen nicht passieren, um den Ruf der eigenen Marke und das Ansehen der Partner nicht zu schädigen. Damit sich hochwertige Kinderthemenreisen als wirtschaftlich erweisen, hat **ruf** die Erkenntnisse aus dem Projektjahr 2008 in die weiteren Strategien einfließen lassen. Die Konzentration gilt den viel versprechende Themen und Segmenten, die Kinder faszinieren. Einen immer wichtiger werdenden Stellenwert nimmt das Edutainment ein, denn Eltern haben verstanden, dass Kinder im Urlaub, ganz spielerisch, Wertvolles erlernen können.

ruf will mit spannenden Themen und Inhalten auch weiterhin Eltern und Kinder in ganz Deutschland begeistern. Schließlich erfüllt sich für die Kinder ein Traum, wenn sie in die einmaligen Erlebniswelten der Angebote eintauchen können. **ruf** bricht zu immer neuen Welten auf und möchte diese für die jungen Gäste und mit den jungen Gästen entdecken. So ist es nur konsequent, dass dieser Produktzweig ab 2012 eine neue Überschrift trägt: explore the world. **ruf** arbeitet auch weiter mit höchstem Engagement daran, dass Kinder von 8 bis 13 Jahren ein unvergesslich schönes Ferienerlebnis mit nach Hause nehmen können – heute und in Zukunft.

Was macht Föhr einzigartig?

Oder: Warum die Nordseeinsel gerade auch für Kinder ein Paradies ist

Sandra Lessau

Kilometerlange weiße Sandstrände, dazu eine einmalig grüne Naturlandschaft und ein mildes, vom Golfstrom begünstigtes Seeklima: Föhr-Fans nennen ihre Insel liebevoll „Friesische Karibik". Doch nicht nur die herausragende Schönheit macht Föhr einzigartig, sondern auch die besondere maritime Lage. Föhr liegt eingebettet in den Nationalpark Schleswig-Holsteinisches Wattenmeer – ein Weltnaturerbe der UNESCO.

Grandiose Wetterstimmungen über den Wellen, dazu ein fantastischer Blick auf die Halligen, deren Warften wie kleine Bergkronen aus dem Meer ragen: An Föhrs Küste atmet man Freiheit und Weite, im Inneren der Insel – der Marsch – tankt man Kraft und Lebenslust.

Föhr ist nicht nur die zweitgrößte Nordseeinsel Deutschlands, sondern auch traditionelle Heimat der Friesen. Wo sonst auf der Welt käme man auf die Idee, Bäume im Meer anzupflanzen? Was sich nach bestem friesischen Humor anhört, lässt sich real bestaunen: Wer die Insel per Minikreuzfahrt auf der Fähre von Dagebüll aus erobert, erreicht nach 45 spannenden Minuten Wyk auf Föhr und befindet sich in einer völlig anderen Welt. Und mit dem Festland lässt jeder garantiert auch den Alltag hinter sich.

Hier wird der Gast von 8.600 Insulanern erwartet – mit uralten Föhringer Traditionen, friesischen Eigenarten und einer angenehmen Herzlichkeit, für welche die Föhrer bekannt sind.

Und die Fakten: Föhr besitzt 82 qkm Gesamtfläche; 6,8 km von Nord nach Süd und 12 km von Ost nach West – für die riesigen Vogelschwärme im Frühjahr und Herbst ist die Friesische Karibik die wohl schönste Landebahn in der Nordsee.

Was bietet Föhr für Kinder?

Krebse gefischt. Sandburgen gebaut. Wattwürmer gefangen: Föhr ist ein riesiger Abenteuerspielplatz für Kinder. Die „Lütten" lieben es, auf dem Bauernhof herumzutollen, geheime Verstecke ausfindig zu machen oder mal auf dem Trecker mitzufahren. Und ganz nebenbei schließen sie hier neue Freundschaften.

Sandra Lessau
Jahrgang 74, hat Hotelfachfrau gelernt, später ein Tourismusstudium angehängt und ist nun seit über 22 Jahren im Tourismus tätig. Seit 2007 leitet sie das Marketing und den Pressebereich der Föhr Tourismus GmbH, zuständig für den Tourismus auf Föhr, der zweitgrößten deutschen Nordseeinsel.

Es ist schön zu sehen, wie sehr die Kleinen in der heilen Welt, die diese Insel noch bietet, aufblühen. Föhr ist ein Paradies für große und kleine Kinder – und für einige von ihnen geht es sogar das erste Mal allein in die Ferne, zum Beispiel ins Kinderhotel nach Föhr.

In den Sommerferien finden auf Föhr mehr als 600 Veranstaltungen nur für Kids statt. Darunter auch die Kinder-Uni Föhr – eine in Deutschland wohl einmalige Einrichtung. Auf Exkursionen im Forschungsgebiet Insel und Wattenmeer sowie in den unterhaltsamen Vorlesungen unserer Dozenten können die Kinder hier 1.000 Fragen stellen. Und auf jede einzelne erhalten sie eine spannende Antwort.

Warum ist der „Tourismus ohne Eltern" wichtig für die Insel?
Man glaubt es nicht, aber die Kinder möchten gern mal Zeit allein mit den Freunden verbringen. Vielleicht wollen sie sogar ohne die Eltern in den Urlaub fahren und sich in der Gemeinschaft Gleichaltriger erleben. Dann geht's ab in die Friesische Karibik.

Oder auch umgekehrt: Eltern möchten im Urlaub gern mal die Zweisamkeit mit dem Partner genießen. Hier auf der Insel erhalten sie viele Möglichkeiten, ihre Kinder in gute Hände zu geben.

Und selbst Jugendliche möchte gern mit den besten Freundinnen, Kumpels oder einer Gruppe von Schulfreunden im Gepäck die Ferienzeit verbringen. Gemeinsam Abenteuer erleben und aus Erlebnissen Erinnerungen schaffen.

Sie sind ganz sicher unsere Gäste von morgen und reisen, wenn sie erwachsen sind, mit ihren eigenen Kindern an, weil sie aus ihrer Erfahrung wissen, wie aufregend und schön es hier auf Föhr gewesen ist.

ruf betreibt ein Kinderhotel auf Föhr.

Doch inwieweit unterstützt das Unternehmen damit die Insel?

Kinder und Jugendliche lieben Föhr. Hier ist immer etwas los. Dass das Angebot so umfang-reich und qualitätsvoll ist, liegt an jedem Anbieter selbst. Das Engagement auf der Insel ist groß. Diese Auswahl macht uns die Kommunikation leichter. Wir nutzen jede Gelegenheit, um Familien von Föhr zu berichten – über die verschiedensten Werbemittel. Das **ruf** Kinder-hotel ist eine großartige Erweiterung des Urlaubsangebotes für Kinder.

Auf nach Deutschland!

Internationalisierungsmöglichkeiten deutscher Kinder- und Jugendreisen

Jan Vieth

Deutsche Kinder- und Jugendreiseorganisationen betrachten bei der Zielgruppenauswahl immer noch erstaunlich wenig das Ausland. Nicht nur deutsche Schulen weltweit, sondern auch Institutionen wie zum Beispiel das Goethe-Institut sorgen dafür, dass das Image Deutschlands als Bildungshochburg – trotz PISA-Studie – immer noch weitverbreitet ist. Deutsche Auswanderer suchen zudem die Möglichkeit, ihren Kindern die deutsche Kultur und Sprache in den Ferien wieder näherzubringen. Trotzdem ist auf dem deutschen Markt insbesondere für Einzelbuchende nur sehr wenig Angebot vorhanden.

Während osteuropäische Staaten in den vergangenen Jahren für einen regelrechten Boom bei Sprachcamps in England sorgen, verirren sich dagegen nur sehr wenige Osteuropäer nach Deutschland. Und das trotz eines generell starken Interesses an Deutschland und seinen Ferienangeboten für Kinder und Jugendliche: Auch wenn die Schulsprache „Deutsch" rückläufig ist, so zeigt das Goethe-Institut mit 14.042.789 Deutschlernern, dass immer noch eine große Nachfrage im Ausland an der deutschen Sprache vorhanden ist.

Es lohnt sich, international zu denken

Die Herausforderungen, die Reisen mit internationalen Kindern und Jugendlichen mit sich bringen können, sind natürlich vielfältig. Aber die Vorteile wiegen diese bei Weitem auf. Eines der Hauptargumente für deutsche Reiseanbieter, auch an ausländische Kundinnen und Kunden heranzutreten, kann auf jeden Fall der Reisepreis sein. Internationale Familien sind deutlich weniger preissensitiv als Deutsche. So sind es Familien aus Nordamerika beispielsweise gewohnt, mindestens 1.000 Euro für einen 14-tägigen Campaufenthalt zu bezahlen. Auch hochwertige Camps in Russland oder China haben deutlich höhere Preise als der deutsche Durchschnitt. Selbst, wenn man die hohen Anreisekosten mit betrachtet, kommen internationale Teilnehmerinnen und Teilnehmer in Deutschland auf einen für sie vertretbaren Gesamtpreis.

Jan Vieth
ist Geschäftsführer und Gründer des 2002 gegründeten Unternehmens Camp Adventure mit Hauptsitz in Hamburg und weiteren Geschäftsstellen in Reus / Spanien und Ottawa/Kanada. Hauptgeschäftsfeld sind internationale Sport- und Sprachcamps in Europa sowie die Beratung im Bereich Abenteuersport. Als Botschafter für Deutschland beim „International Camping Fellowship" und Beauftragter für internationale Kontakte des deutschen Fachverbands für Kinder und Jugendreisen „Das Reisenetz" kann er auf vielfältige Erfahrungen mit internationalen Camps und Organisationen blicken.

Was erwarten die ausländischen Eltern?

Natürlich ist der Aufwand, der für internationale Teilnehmer im Voraus betrieben werden muss, oft deutlich höher. So stellen Eltern, wenn sie ihre Kinder schon Tausende Kilometer weit verschicken, hohe Ansprüche an Sicherheitsaspekte und an den Betreuungsschlüssel der Reiseveranstalter. Im „Weltverband der Camps" (International Camping Fellowship) ist es üblich, ein Betreuer-Kind-Verhältnis von 1:3 bis 1:8 als absoluten Maximalwert anzustreben.

Was ist organisatorisch zu beachten?

Organisatorisch stellt insbesondere die Kommunikation auf Englisch durch das Büro eine Herausforderung dar, die sich aber durch entsprechende Qualifizierungsmaßnahmen gut lösen lässt. Zudem sollten die Informationsmaterialien von der Homepage bis zur Packliste mindestens durch Zweisprachigkeit überzeugen. Die Zahlungsabwicklung erfolgt im Regelfall per Kreditkarte – unpraktische Überweisungen sind meist nicht mehr üblich und auch sehr teuer: Die Gebühren hierfür variieren je nach Anbieter zwischen 1,5 bis 3,9 Prozent des Umsatzes und müssen in den Kosten berücksichtigt werden.

Weiterhin ist eine Flughafenabholung zu leisten. Diese kann gerade bei unbegleiteten Kindern (UMs) hohen Aufwand bedeuten, da Airlines häufig verlangen, dass die Begleitperson das Kind bis zum Gate begleitet und der Stewardess erst kurz vor dem Abflug übergibt. Aufschläge hierfür werden aber von internationalen Kunden ohne größere Probleme gern bezahlt.

Ein Plus: die internationale Atmosphäre

Einer der größten positiven Effekte ist die internationale Atmosphäre, die durch die neue Teilnehmergruppe entsteht: Die Stimmung in internationalen Camps ist fantastisch, auch für deutsche Reiseteilnehmer – sie sorgt für neue Reiseinhalte und einen großen Zufriedenheitsgrad der Teilnehmerinnen und Teilnehmer: Wer möchte nicht Freunde aus aller Welt kennenlernen?
Auch die Eltern sind von dem interkulturellen Lernen ganz ohne Lehrplan begeistert. So ist die Markentreue von internationalen Teilnehmern in der Regel sehr hoch. Kinder aus den USA und Kanada sind es beispielsweise gewohnt, dass sie von ihrem achten bis zu ihrem 17. Lebensjahr stets dasselbe Camp besuchen. Auch ihre Geschwister, Cousins, Cousinen und beste Freunde werden in dasselbe Camp geschickt. So haben Familien oft über Generationen hinweg immer dasselbe Ziel. Das spüren wir auch bei unseren internationalen Teilnehmerinnen und Teilnehmern sehr deutlich, die stets das dasselbe Camp buchen wollen – und die gesamte Familie ihnen folgt. Es spricht sich aber nicht nur in der Familie herum, sondern dank der sehr großen Netzwerke von zum Beispiel Deutschen im Ausland verbreiten sich Nachrichten über gute Urlaubsangebote generell schnell.

Individuelle Bedürfnisse differenzieren

Während der Reise haben wir es als große Herausforderung empfunden, die unterschiedlichen Vorstellungen, was eine Mahlzeit umfasst, bei den internationalen Teilnehmern miteinander zu vereinbaren. Zugleich mussten unsere Betreuer intensiv dahin gehend schulen, auf unterschiedliche Bedürfnisse viel stärker proaktiv einzugehen. So hatten wir in der Vergangenheit insbesondere bei Kindern aus asiatischen Ländern das Problem, dass Schwierigkeiten mit dem Essen, Erschöpfung oder sogar Krankheiten „geheim" gehalten werden, da die Kinder nicht wollen, dass der Betreuer als „Gastgeber" sein Gesicht verliert. Nur genaue

Beobachtungen und ständiges Nachfragen trugen dazu bei, dass den Kindern geholfen werden konnte. Ebenso sind Kinder aus unterschiedlichen Kulturen oft eine ganz andere Form von Autorität und Kommunikation gewohnt. Während Nordamerikaner sich wundern, dass nicht alles „fantastic and so much fun" ist, wundern sich Osteuropäer oftmals über unsere Lockerheit und wünschen sich mehr Autorität.

Warum sind deutsche Camps so anders?

Eine der Schwierigkeiten, mit denen wir nicht gerechnet hatten, sind die unterschiedlichen Grundvorstellungen, wie ein Camp gestaltet wird. Wird von Kinderreisen bzw. Camps gesprochen, so geht man international davon aus, dass die Angebote auf dem festen „amerikanischen" Prinzip aufgebaut sind. Eine feste Hierarchie in der Betreuerstruktur, meist sehr stark vorstrukturierte Programme und fest angestellte Campleiter sind hierbei nur einige der Aspekte. Im internationalen Verband ist deutlich zu spüren, dass sich die Grundstrukturen der Camps sehr ähneln und so auch von internationalen Teilnehmern und ihren Eltern erwartet werden – selbst wenn sie aus Brasilien oder China kommen. Umso verwunderter sind dann die Eltern, wenn sie auf ein ehrenamtlich organisiertes deutsches Ferienlager treffen. Auch die deutschen Zeitabläufe, wie zum Beispiel die klassischen „Jugendherbergs-Essenszeiten" oder auch der meist sehr offene Umgang mit Kindern und Jugendlichen in Bezug auf den Körperkontakt sowie der Umgang mit „Ferienlagerpaaren", kann verwundern.

In amerikanischen und kanadischen Camps herrscht meist eine No-Public-Display-of-Affection-Regel „No PDA". Diese Regel bedeutet für Betreuer, dass sie Teilnehmerinnen und Teilnehmer beispielsweise nicht umarmen und auch innerhalb der Kinder- oder Jugendgruppe kein Händchenhalten, Küssen etc. erlaubt ist. Die Camps begründen diese Haltung damit, dass Jugendliche im Alltag stets unter dem Druck stehen, eine Freundin oder Freund haben zu müssen. Diesen Druck möchten die Camps den Jugendlichen nicht auch noch im Urlaub zumuten – dabei haben sie insbesondere die Schwächeren im Blick, die Schwierigkeiten haben, eine Freundin oder einen Freund zu finden. Durch die No-PDA-Regel soll dieses Ziel zumindest teilweise erreicht werden, da es keine Zurschaustellung von Beziehungen mehr gibt.

Wir haben uns für einen Kompromiss entschieden, der dazu führt, dass zwar Beziehungen entstehen können, aber nicht als Hauptziel des Camps gelten. So können auch die Schwächeren eine tolle Zeit ohne den Alltagsbeziehungsdruck erleben und genießen. Auch wenn insbesondere unsere Gäste aus den USA und muslimischen Staaten dieses oft als zu „lasch" empfinden, bemerken die Eltern, wenn sie uns anrufen, dass wir uns intensiv mit dieser Problematik befasst haben.

Was ist in der Betreuung erlaubt?

Eine weitere Herausforderung für deutsche Ferienlager sind sicherlich auch die unterschiedlichen Auffassungen, was Betreuerinnen und Betreuern erlaubt ist und was nicht. Hierbei meine ich nicht offensichtlich notwendige Richtlinien für Sicherheit und Körperkontakt, sondern was sie in ihrer „Freizeit" tun dürfen. In den meisten internationalen Camps arbeiten die Betreuer die gesamte Saison – also 2,5 Monate – und schlafen teilweise bei den Teilnehmern im selben Zimmer, Zelt, Bungalow oder auf dem Campgelände. Insbesondere Bier, Wein oder Zigaretten sind dort auch für Betreuerinnen und Betreuer während der Saison absolut verboten – was sich sicherlich in Deutschland nur schwer durchsetzen lässt. Selbst wenn die Kinder im Bett sind und eine Nachtwache übernommen hat, wird das in Deutschland oft übliche „Feierabendbier" im Ausland als unverantwortlicher Skandal wahrgenommen. Auf Anrufe der Eltern sollte man auf jeden Fall vorbereitet sein – und eine gute Antwort hinsichtlich der unterschiedlichen Kulturen parat haben.

Als Geschäftsfeld interessant?

Natürlich ist aller Anfang schwer: Potenzielle Anbieter müssen zunächst Referenzen nachweisen können, bis internationale Teilnehmerinnen und Teilnehmer überhaupt bei ihnen buchen. Internationale Agenturen, die Gruppen schicken, können dazu beitragen, dass Eltern ein größeres Vertrauen durch lokale Ansprechpartner gewinnen. Kennenlernen kann man sie auf den großen Treffen von der WYSTC oder ICEF sowie bei Veranstaltungen anderer Verbände. Auch internationale Organisationen, wie zum Beispiel der Weltverband der Kinderferienlager (International Camping Fellowship – ICF), können helfen, andere Kulturen und ihre Erwartungen zu verstehen.

Internationale Camps sind sicherlich kein Massenmarkt, und es erfordert viel Mühe, internationale Teilnehmer dazu zu bewegen, die eigenen Reiseangebote zu buchen. Aber die positiven Effekte durch internationale Teilnehmer in deutschen Ferienlagern überwiegen stark. Kultur und Sprachen durch sicheres Reisen erkunden und kennenlernen – das sollte schließlich für jedes Kind und jeden Jugendlichen zum Reisealltag gehören.

young austria – back to the roots ...

Ein qualitativer Schritt zurück in die Zukunft

Walter Kaltner und Bernd Seidl

young austria (ya!) wurde 1950 als Jugendferienwerk Salzburg von Ludwig Kaltner sen. gegründet und ist Österreichs größtes privates Jugendtourismusunternehmen. Neben vier eigenen Jugendhotels zählen weitere 13 Partnerbetriebe in Österreich zum Marketing- und Vertriebsverbund des Unternehmens – und alle sind Eigentum der Familien Kaltner. Schwerpunkt ist die ganzjährige (saisonale) Auslastung aller Häuser mit Schulen, Freizeitgruppen und eigenen Veranstaltungen wie zum Beispiel betreuten Sommercamps. Das Unternehmen wird heute bereits in der dritten Generation von Katrin Kaltner und dem Geschäftsführer Bernd Seidl geleitet. ya! beschäftigt über 50 Mitarbeiter und zählt jährlich ca. 36.000 Gäste. young austria ist seit vielen Jahren Partner von **ruf reisen** in Österreich.

Ein Rückblick auf die 1990er-Jahre

Fast unglaublich, aber bereits zu den Anfängen des Tourismus in den 1960er-Jahren war die „Maturareise" (Abiturreise) eine österreichische Spezialität. So hatte ya! bis weit in die 1990er-Jahre neben dem klassischen Kerngeschäft mit über 700 Gruppen eine große Palette an interessanten Destinationen im Angebot – vorwiegend in Griechenland und Italien. 1998 erreichte das Auslandsreisegeschäft seinen Höhepunkt: 250 Gruppen pro Jahr mussten abgewickelt werden. So war eine Abteilung mit mehr als zwölf Mitarbeiterinnen und

Walter Kaltner
geb. 1956, verheiratet und Vater von zwei Töchtern, ist zusammen mit Bruder Ludwig Eigentümer der Unternehmensgruppe Young Austria. Unternehmungsgründung 1950 durch Ludwig Kaltner sen. (†). Seit 1977 im Unternehmen, ursprünglich tätig im Bereich Camps und Teamerausbildung. 1984–1993 Sprecher des Arbeitskreises Jugendtourismus der Handelskammer Salzburg, 2000–2006 Präsident Skalclub Salzburg und Vizepräsident Skal Austria. Seit 2011 Vorstandsmitglied des REISENETZ. Hobbys: EDV und Nautik.

Bernd Seidl
geb. 1979, verheiratet, seit 2000 bei young austria in den Bereichen Vertrieb, Marketing und Produktentwicklung tätig, seit 2007 Geschäftsführer der young austria–Österreichs Erlebnisgästehäuser GmbH, seit 2012 Geschäftsführer der young austria Service GmbH, seit 2006 stellvertretender Sprecher des Arbeitskreises Jugendtourismus der Handelskammer Salzburg. Hobbys: Ski, Tennis, Digital Media, Musik und Kultur.

Mitarbeitern voll damit beschäftigt, die Urlaubserwartungen der jungen Schulabgänger zu erfüllen. Das war oft nicht leicht. Hinzu kam, dass die Transportmöglichkeiten in die südlichen Destinationen noch hauptsächlich Bahn und Bus umfassten. Das Fliegen war damals in Österreich noch nicht leistbar.

Dieser Erfolg brachte bald viele Nachahmer hervor! So waren die großen Reiseveranstalter plötzlich selbst in den Schulen zu finden und umgarnten die Klassensprecher mit günstigen Angeboten. Auch die Fluglinien warben um dieses gute Geschäft. Kein Wunder, war es doch ein perfektes Produkt für die Vor- und Nachsaison. Der Preisdruck nahm enorm zu, die Personal- und Vertriebskosten ebenso. Unser Bürobetrieb in Salzburg platzte aus allen Nähten, immer mehr Mitarbeiter wurden eingestellt, die Spannen wurden immer geringer und die Erlöse sind diametral zum Umsatz gefallen.

So kam bald die Erkenntnis, dass ya! den Wettbewerb mit den Großen der Branche nicht aufnehmen und gewinnen kann. Eine weittragende, unternehmerische Entscheidung war gefragt: Es ging zurück zu den Wurzeln des Unternehmens. Das Produkt „Berge und Seen" wurde neu ausgerichtet, und ya! widmete sich wieder vollends dem Stammgeschäft – dem Jugendtourismus nach Österreich. Mit der Neuausrichtung musste sich ya! dann auch gänzlich von den Auslandsdestinationen verabschieden. Ein massiver Schnitt an Personal und Büroräumlichkeiten war notwendig.

Zurück zu den Wurzeln!

Die Jahrtausendwende war also sehr prägend für das Unternehmen. Die Erkenntnis, nicht auf allen „Kirchtagen gleichzeitig tanzen zu können", hat sicherlich dazu beigetragen, sich wieder mehr auf die Schönheit der Landschaft und die Stärken des alpinen Angebots zu besinnen. So definiert sich ya! heute mit seinen „Erlebnisgästehäusern" als Österreich-Spezialist für Jugendbeherbergung und Jugendreisen nach Österreich. Zunächst war es notwendig, die Partnerbetriebe auf diese Stärken neu einzuschwören: Überzeugung und Investitionswille waren erforderlich. Es entstanden neue Standards, das Mehrbettzimmer mit Dusche und WC, Turnhallen, Kinosäle, Kletterhallen und eine schier unzählige Programmvielfalt an Outdoorsportarten, die vor allem im Sommer für eine gute Auslastung sorgen.

Unsere Kunden

young austria arbeitet nun zu 90 Prozent im Gruppenbereich und definiert sich als Spezialist für Klassenfahrten und Jugendgruppenreisen. Etwa 50 Prozent der Kunden sind Schulen aus Österreich, Deutschland, Belgien und England. Sportvereine, kommerzielle Veranstalter, aber auch Firmen decken die zweite Hälfte ab. Der Anteil internationaler Kunden liegt bei etwa 40 Prozent.

Die Geschäftsbereiche

Die Erlebnisgästehäuser – das ya! Partnermodell

Bereits in den 1950er-Jahren war ya! ein geschätzter Ansprechpartner in der Landbevölkerung für die, die den Sprung zum Tourismus schaffen wollten: Landwirte und Bauern, die meist über viel Grund und Boden verfügten, hatten es nicht schwer, eine Finanzierung für den Bau eines Beherbergungsbetriebs zu bekommen. Allerdings fehlte es ihnen am Vertrieb und dem Know-how, an die Gästeschichten heranzukommen. Häufig wurde ya! über eine Vermittlung der Bank als Vertriebspartner empfohlen, und rasch konnte ein Bauprojekt samt Finanzierung realisiert werden. Viele der damals errichteten „Jugendheime" sind heute noch

Partner. young austria ist mit seinem Marketingbüro in der Stadt Salzburg für die Vollaus-lastung der Partnerbetriebe während der Winter- und Sommersaison verantwortlich. Die gesamte Werbung, Marketing, Vertrieb, Abrechnung und das Zahlungswesen werden über das Büro in Salzburg abgewickelt. Die Partner ersparen sich teure Werbekosten, haben we-nig Büroaufwand und können sich voll um die gastronomische Leistung und um das Wohl der Gäste kümmern. Bei den Preisverhandlungen mit den Partnern war nicht immer der höchsterzielbare Preis das Dogma, sondern die Auslastung über das Jahr.

Wesentlicher Kern der Erlebnisgästehäuser sind die Eigentümerfamilien, die – jede für sich – durch ihre Individualität und Persönlichkeit den Betrieb zur unverwechselbaren Marke ma-chen. ya! setzt in seinem Markenkern ganz bewusst auf den Aspekt der Familie, sowohl in der Zusammenarbeit mit den Partnern als auch mit den Mitarbeitern in den eigenen Betrieben. Sein Bestreben ist, die Unverwechselbarkeit und Individualität jedes Betriebs in den Vordergrund zu stellen und das Erlebnis für die Gäste spürbar und greifbar zu machen.

Teil dieser Erlebnisgästehäuser sind die eigenen ya! Betriebe in den Topskigebieten des Salzburger Landes, in Obertauern, Zauchensee und Mariapfarr. Diese Jugendhotels verfügen über eine Bettenkapazität von knapp 660 Betten. Die Häuser werden mit eigenem Personal geführt und sind vorwiegend in der Wintersaison geöffnet.

Camps – betreutes Jugendreisen seit 40 Jahren

Bereits Anfang der 1970er-Jahre begann ya! mit der Veranstaltung von eigenen Sommer-camps. Besonders zu erwähnen – und damals einmalig – waren die später erstmalig an-gebotenen „Diätferien" oder die „English Language Camps", die danach viele Nachahmer fanden. So haben während der Sommermonate jährlich über 800 Kinder mehr als eine Tonne Übergewicht in Österreich zurückgelassen. Heute beruht das Konzept der Diätferien natürlich nicht mehr in erster Linie auf dem Abnehmen, sondern auf einer bewussten Le-bens- und Ernährungsweise. Diese Gesundheits- und Bildungsprogramme erleben, neben Abenteuer- und Erlebnisreisen, heute wieder eine Renaissance. In den Anfangsjahren wur-den noch sämtliche Leistungen in Eigenregie abgedeckt, heute hat man zu den verschie-denen Themengebieten Spezialisten mit ins Boot geholt, um für mehr Qualität zu sorgen.

Das „ya! Diätcamp" ist ein Vorzeigebeispiel für nachhaltiges Arbeiten mit adipösen Kindern. Zahlreiche Modifikationen im Konzept wurden mit unterschiedlichen Ernährungswissen-schaftlern und Diätologen erarbeitet, um das Camp jährlich den neuesten wissenschaftli-chen Erkenntnissen anzupassen. Zu Beginn des Camps werden die Körperbestandteile wie Wasser, Fett und Muskeln mittels einer bioelektrischen Impedanzanalyse ermittelt (BIA), um den Teilnehmerinnen und Teilnehmern zu veranschaulichen, woraus ihr Körper exakt be-steht. Neben dem Fettverlust steht heutzutage auch der Muskelaufbau im Fokus unserer Arbeit. Selbstverständlich wird dadurch der reine Gewichtsverlust der Teilnehmer geringer als noch zu Zeiten von FDH-Diäten. Die Nachhaltigkeit des Konzeptes steigt mit dieser Me-thode jedoch um ein Vielfaches. Ein überaus hoher Betreuerschlüssel von 1:5 gewährleistet eine sehr individuelle Betreuung dieser anspruchsvollen Zielgruppe.

Auch die „English Language Camps" werden inhaltlich durch eine professionelle Sprach-schule gestaltet. Ein auf die unterschiedlichen Leistungsanforderungen abgestimmtes Un-terrichtskonzept wurde erstellt und nach neuesten didaktischen Methoden im Camp an-

Foto: Ziener

gewandt. Ein ähnliches Konzept wird im „German Language Camp" verfolgt, welches sich zu einer internationalen Jugendfreizeit entwickelt hat. 2011 konnten Anmeldungen aus 28 unterschiedlichen Nationen verzeichnet werden. Natürlich stellt diese bereichernde Vielfalt eine Herausforderung für das Büro in der Abwicklung und auch für die Betreuer vor Ort dar.

Der Vertrieb besteht aus einem breiten Netzwerk aus Länderrepräsentanzen, klassischen kommerziellen Anbietern von Kinder- und Jugendreisen sowie Unternehmensbetriebsräten. Im Bereich Direktvertrieb hat sich der Onlinevertrieb dem klassischen Marketing gegenüber stark behauptet und wird entsprechend forciert. Neben den gewohnten internationalen Herkunftsmärkten gewinnt Osteuropa einen immer höheren Stellenwert und wird als interessanter Zukunftsmarkt betrachtet.

Die ya! Betreuerausbildung

Mit Beginn der Camps musste sich die Abteilung natürlich mit der Auswahl und Ausbildung geeigneter Jugendbetreuerinnen und -betreuer befassen. Rasch wurde das „ya! Betreuerseminar" zur größten pädagogischen Bildungsveranstaltung dieser Art in Österreich, bei der jährlich über 100 junge Freizeitbetreuerinnen und -betreuer auf ihren Job vorbereitet wurden. Heute macht die Suche nach geeigneten Betreuern ein hohes Engagement notwendig, da der finanzielle Aspekt meist über den ideellen Werten gestellt wird. Um die besten Mitarbeiter zu finden, mussten ansprechende Rahmenbedingungen geschaffen werden. Zudem wurde eine eigene Abteilung für das Recruiting gegründet. Aufgrund dieses Engagements wird ya! als einziger kommerzieller österreichischer Anbieter vom Bundesministerium für Jugend und Familie als „Ausbilder von pädagogisch qualifiziertem Betreuungspersonal" anerkannt.

Die starke und die schwache Saison

Aufgrund der geografischen Lage ist die Schwerpunktsaison der Winter. Skisport hat in Österreich eine lange Tradition, europaweit zählt Österreich zu den beliebtesten Wintersportregionen. Im Sommer punktet unser Angebot mit Seen, attraktiven Sportprogrammen und einer wunderschönen Bergwelt, die allerdings bei der Jugend – zumindest während dieser Zeit – nicht zu den beliebtesten Reisedestinationen zählt. Das Verhältnis an Nächtigungen liegt bei 65 Prozent zu 35 Prozent zugunsten der Wintersaison.

Der Wintersport in Österreich

Skifahren hat in Österreich eine sehr lange Tradition. Bereits kurz nach den Kriegsjahren wurden erste Schikurse von engagierten Lehrern veranstaltet. Die Sinnhaftigkeit dieser Schulveranstaltung wurde bald auch in der Regierung erkannt und als zentrales Thema der Sporterziehung an den Schulen festgemacht. Die Quartiere waren damals sehr einfach, jedoch lagen diese in den schönsten Regionen Österreichs. Für viele Kinder und Jugendliche aus den Ballungsräumen ein einmaliges Erlebnis, um das die Kinder selbst von ihren Eltern beneidet wurden. Viele heute sehr bekannte Wintersportorte, wie Saalbach, Zell am See oder Obertauern, hatten ihre Anfänge im Jugendtourismus. Einfache Liftanlagen wurden errichtet, und ein für Österreich sehr wichtiger Wirtschaftszweig war geboren.

Der große Boom an Jugendgästehäusern entstand dann später in den 1960er-Jahren, als es für jede Schule Pflicht war, zumindest eine Wintersportwoche in der Unterstufe (zehn bis 14 Jahre) und eine in der Oberstufe (15 bis 18 Jahre) durchzuführen. So fuhren die österreichischen Schüler sozusagen „von Staats wegen" zum Wintersport! Eltern, die dafür die Kosten nicht aufbringen konnten, wurden großzügig unterstützt, auch von der Sportindustrie. Für die Beherbergungsbetriebe bedeutete dies eine gesicherte Auslastung auf Jahre. Schwieriger war es, die Schulferienzeiten in den Häusern zu belegen. Parallel dazu hat sich der Wintersport auch in den Nachbarländern sehr positiv entwickelt, und so war auf der Suche nach einem geeigneten Quartier schnell ein Skiverein gefunden.

Das Geschäft lief gut, und viele glaubten an eine ewig währende Auslastung durch Schulen. Hier machte man die Rechnung aber ohne den Wirt: Immer mehr Lehrerinnen und Lehrer, die anfangs noch gerne auf „Skikurs" gefahren sind, empfanden es immer häufiger als lästige Pflicht. Die Entlohnung war eher bescheiden, und selbst die komplette Skiausrüstung musste privat gestellt werden. So kam es in den 1980er-Jahren zu Streiks der Lehrer, die teilweise die komplette Stornierung der bereits gebuchten Wintersportwoche zur Folge hatten. Erst durch Einlenken des dafür zuständigen Ministeriums und einen massiven Aufstand der Tourismusindustrie kam es zu einer finanziellen Vereinbarung mit den Lehrerinnen und Lehrern, die akzeptiert wurde und auch heute noch gilt.

Der große Einbruch ...

... kam dennoch in den 1990er-Jahren, als die Verpflichtung für die Durchführung der Wintersportwochen aufgehoben wurde. Von da an konnten die Schulen plötzlich selbst entscheiden, wohin und wann gefahren wird. Lediglich der sportliche Gedanke ist geblieben, nach dem die Schule mindestens ein Mal pro Jahr eine Veranstaltung mit sportlichem Hintergrund durchführen muss. Dies konnte natürlich auch eine Fahrradtour durch die Toskana sein.

Bis vor wenigen Jahren ist der Anteil an Wintersportwochen mit österreichischen Schülerinnen und Schülern von ursprünglich knapp 300.000 auf unter 150.000 gesunken. Das führte in Österreich zu einer breit geführten Diskussion um das Ende des Wintersports. Auch die Hotellerie sah dieser Entwicklung mit großer Sorge entgegen, geht es doch auch um die „Gäste der Zukunft". Viele der damals entstandenen „Jugendheime" haben sich entweder gänzlich umorientiert oder auf Hotelniveau aufgerüstet. Der Rückgang an jugendlichen Wintersportgästen war nicht mehr aufzuhalten.

Auch der deutsche Schulmarkt brach zunehmend ein, Skifahren wurde teurer und die Diskussion in der Ökologiebewegung über künstliche Beschneiung tat das Ihre dazu. Stabil hingegen hielt sich bis heute der Kundenanteil aus Vereinen und kommerziellen Veranstaltern. **ruf reisen** zum Beispiel hat den Wintersport mittlerweile zu einer starken zweiten Saison ausgebaut.

Vernetzt die Zukunft gestalten

Viele Initiativen entstanden, um den Wintersport der Jugend wieder schmackhafter zu machen. Der Jugendtourismus, der bis dato ein Nischendasein fristete, wurde plötzlich zur Chefsache erklärt. So wurde 2006 von Branchensprechern und Interessenvertretern aus Skiindustrie, Seilbahnwirtschaft, Hotellerie und Gastronomiebetrieben sowie dem Sportartikelhandel die Plattform „Netzwerk Winter" in Salzburg gegründet. Ziel dieser branchenübergreifenden Meinungsbildungsplattform ist die Fortschreibung der österreichischen „Erfolgsgeschichte Wintersport" unter Berücksichtigung eines global stattfindenden Verdrängungswettbewerbs. Jugendliche als jene Gruppe, deren Freizeitsportverhalten das spätere Urlaubsverhalten entscheidend prägt, wurden von allen Branchen als einer der wichtigsten Bausteine in der Erhaltung der Erfolgsgeschichte Wintersport erkannt, und es entstanden zahlreiche Konzepte zum Thema Schneesport.

Im Jahr 2008 entstand aus dem „Netzwerk Winter" die „Allianz Zukunft Winter" als nationales Pendant zur regionalen Pioniergruppe. Schließlich kam es Ende 2009 zu einem Entschließungsantrag aller österreichischen Parlamentsparteien zum Thema „Attraktivierung und Forcierung von Schulskikursen und Wintersportwochen in den Schulen". Der Entschließungsantrag blieb nicht ohne Medienecho, und schon kurz danach sorgte die Wirtschaftskammer als Vertreter der Privatwirtschaft mit dem Aufruf zur „Wiedereinführung des Pflichtschulskikurses" für erhitzte Gemüter. Lehrer fühlten sich bevormundet, aufgebrachte Eltern taten ihren Unmut kund, und beide zusammen traten vehement gegen diese Art der Zwangsbeglückung auf. Die positive Stimmung drohte zu kippen, bis die zuständigen Ministerien deutlich klarstellten, dass eine Wiedereinführung dieser verpflichtenden Veranstaltungen nicht Gegenstand der Diskussion ist.

Die Zuständigkeit für die Wintersportwoche wurde auf drei Ministerien verteilt. Ursprünglich war nur das Unterrichtsministerium mit der Thematik Wintersportwochen betraut. Fortan sollten sich Sport-, Unterrichts- und Wirtschaftsministerium der Angelegenheit widmen. Mit Oktober 2010 wurde unter der Leitung des Sportministeriums eine Koordinationsstelle für Wintersportwochen gegründet. Die Servicestelle hat als zentrale Zielsetzung, Wintersportwochen an den Schulen zu fördern. Die Servicestelle steht Lehrerinnen und Lehrern, Eltern sowie anderen Interessenten zur Seite und informiert über spezielle Angebote der Tourismuswirtschaft zu diesem Thema. Sie berät über etwaige Förderungsmöglichkeiten der Bundesländer und fungiert als Koordinationsstelle für eine neue Skiausbildungsoffensive für Junglehrer. Lehrerentlohnung bei Wintersportwochen, Kostenabrechnung für Begleitpersonen (Eltern) sowie Forcierung von „skialternativen" Wintersporterlebnissen wie Skilanglauf, Schneeschuhwandern oder Eislaufen sind weitere Serviceangebote.

Schneehaus, Zauchensee (Ski Amadé - 160 Betten) - direkt an der Piste.

Neben breit angelegten Imagekampagnen wie Radiowerbung, die im Herbst 2011 weit über Österreich gestreut war, sieht die Politik auch eine zentrale Aufgabe in der Erhaltung und Förderung von Kleinskigebieten als Nahversorger für den Nachwuchs. Der Schlepplift im unmittelbaren Nahbereich des Wohnortes sollte bei Bedarf finanziell unterstützt werden, und Gemeinden und Länder werden dazu aufgefordert, Liftanlagen ähnlich wie kommunale Sporteinrichtungen der Bevölkerung zur Verfügung zu stellen.

Die Ernsthaftigkeit dieser Maßnahmen unterstreicht ein erneuter Entschließungsantrag aller Parlamentsparteien im November 2011.

Wintersport in Zeiten des Klimawandels

Durch die Klimaerwärmung und den damit rückläufigen Schneefall in den Wintersportregionen sind Beschneiungsanlagen nicht mehr wegzudenken. Auf die Gratwanderung zwischen ökologischen und ökonomischen Interessen sei hier nicht näher eingegangen. Bei einer Wertschöpfung des Wintersporttourismus in Österreich von über fünf Prozent und einem Anteil an Skipisten von nicht einmal 0,3 Prozent der Alpen ist die Notwendigkeit von Beschneiungsanlagen aus rein wirtschaftlichem Interesse durchaus zu erkennen. Diese Wertschöpfung entspricht z. B. der des gesamten Einzelhandels, der öffentlichen Verwaltung oder der unternehmensbezogenen Dienstleistungen in Österreich.

Die Pistenfläche in Österreich ist mit über 25.000 ha beinahe 1,5-mal so groß wie das Fürstentum Lichtenstein. Davon ist auf über 66 Prozent der Fläche ein beinahe gefahrloser Betrieb bis zum Saisonende möglich. Über 1.000 Pistengeräte und Investitionen in Höhe von einer halben Milliarde Euro jährlich in technische Beschneiung, Neubau und Modernisierung von Anlagen machen dies möglich.

Insgesamt ist die Summe aller Seilbahnanlagen gesunken, allerdings die Anzahl der Beförderungen deutlich gestiegen – einerseits durch den Austausch von alten Schleppliftanlagen in moderne Kabinenbahnen, andererseits durch die um ein Vielfaches höheren Geschwindigkeiten der Beförderungsanlagen. Die möglichen täglich zu fahrenden Pistenkilometer steigen somit jährlich an. Die Finanzierung ist komplex und vielerorts unterschiedlich. Der Großteil entfällt auf private Investoren bzw. Unternehmer, aber auch Gemeinden und Länder beteiligen sich durch Förderungen an den Seilbahninvestitionen. Der junge Gast auf Österreichs Pisten darf also weiterhin mit besten Bedingungen rechnen.

Kaufen oder leihen?

Eine spannende Entwicklung ist auch im Bereich der Skiausrüstung zu beobachten. Lag vor zehn Jahren in klassischen Sportgeschäften der Anteil von verkaufter zu geliehener Ausrüstung bei etwa 70 Prozent zu 30 Prozent, so hat sich dies diametral zum Gegenteil gewandelt. Der „Normalskifahrer" ist mittlerweile längst mit neuestem, meist günstigem Skimaterial auf den Pisten unterwegs. Auch ya! hat bald erkannt, dass diese Serviceleistung von seinen Gästen sehr geschätzt wird und begann damit, die komplette Verleihabwicklung bereits im Vorfeld der Reisen anzubieten. Ein Mehraufwand ohne Belohnung, aber unerlässlich für eine funktionierende Skireise.

Im Skigebiet angekommen, müssen die Gäste sich heute nicht mehr auf Waagen stellen, um den Ski auf das richtige Gewicht einzustellen. Vielmehr betritt der Gast die Verleihstation, in der er unkompliziert – im Stile einer „Drive-in-Station" von Fast-Food-Ketten – unter Angabe seines Namens das bereits fix und fertig angepasste Material abholen kann. Minuten später steht dem grenzenlosen Pistenvergnügen nichts mehr im Weg, auch der Skipass wurde längst vom Quartier bereitgestellt. So ist der Wintersport heute zu einem weiteren Dienstleistungsbereich geworden, der aus den Fehlern der Vergangenheit gelernt hat und optimistisch in die Zukunft blickt. Während der Wintermonate ist die Destination „Alpen" die Topdestination unter Europas reisewilliger Jugend.

Der Sommer in Österreich

Die einst verlässlichen Sommerkunden aus der Jugendwohlfahrt gibt es heute faktisch kaum mehr – und wenn, dann nur in sehr bescheidenem Ausmaß. Der Preisdruck wurde immer größer, öffentliche Zuschüsse wurden zusehends geringer. Kommerzielle Veranstalter punkteten im Angebot durch Destinationen in den Mittelmeerländern: Sonne, Strand und hippes Leben in schicken Hotels oder auch Zeltlagern standen dem teilweise verregneten Bergsommer und manchmal auch der zu ernst genommenen „Hausordnung" übereifriger österreichischer Gastgeber gegenüber.

Eine massive Verbesserung der Infrastruktur im Haus und am Angebot war angesagt. Plötzlich war das Komfortzimmer mit Dusche und WC Standard, Turnhallen und moderne Sporteinrichtungen wurden errichtet. Auch eine sehr gute Struktur an Programmanbietern ist entstanden, die ein modernes, zeitgemäßes Produkt für die Zielgruppe der Zehn- bis 18-Jährigen schufen. ya! hat das Angebotsspektrum um eine Fülle an Programmbausteinen erweitert und verfeinert, mit dem Erfolg, dass heute mehr als die Hälfte der Gruppen ganze Pakete, teilweise mit Betreuung vor Ort, buchen.

Zeitgleich entstand im Salzburger Land eine breit angelegte Imagekampagne der lokalen Tourismuswerber zum Thema Bergsommer für junge Zielgruppen. Zahlreiche Spezialisten, darunter **ruf reisen**, wurden als strategische Berater gewonnen, um dem Salzburger Land ein neues, jugendliches Sommerimage zu verpassen. Heute lässt sich positiv resümieren, dass die richtige Positionierung unter Einbindung der zweifellos vorhandenen Stärken auch tatsächlich zum Erfolg führt. Der Bergsommer holt stark auf, und die richtig gewählten Bilderwelten in der Kommunikation sorgen dafür, dass immer mehr Jugendliche mittlerweile keine langweiligen Wanderungen mehr mit Österreich konnotieren, sondern glasklare Quellen, blitzblaue Bergseen und Adrenalinkicks bei Funsport in freier Natur. Ganz ohne Show und künstliche Inszenierung. Echte Erlebnisse sind wieder gefragt!

Fazit und Ausblick

Die Jahre des Direktvertriebs waren gezählt. Konnte ya! zu Beginn dieses Jahrzehnts noch fast 80 Prozent Direktvertrieb aufweisen, sind es heute nur mehr 60 Prozent. Kommerzielle Veranstalter aus allen Bereichen der Jugendreiseszene, große Sozialwerke von Ministerien, aber auch immer mehr Firmen bieten „Full Service", also alles aus einer Hand – inklusive der kompletten Betreuung.

Auch die Anforderungen an den Jugendtourismus und die Erwartungen der jungen Kunden an das Produkt ändern sich ähnlich rasch wie Jugendkulturen. Täglich neue Wünsche im Bereich Service und Qualität bringen enormen Investitionsdruck mit sich. Das spannende Arbeitsfeld rund um den jungen Gast ist durch ein unglaublich hohes Entwicklungstempo geprägt und stellt uns vor zahlreiche Herausforderungen in der Zukunft!

Wir stellen uns diesen Herausforderungen und freuen uns auf weitere spannende Jahre im Jugendtourismus!

Der Spagat zwischen Werten und Wirtschaftlichkeit
Ein persönlicher Erlebnisbericht über die Entwicklung des DJH
Karin Löhnert

Thomas Korbus ruft an – ob ich Lust hätte, an der Neuauflage seines Buches „Vom Staat zum Markt" mitzuarbeiten. Klar, ich bin gern dabei. Die erste Ausgabe des Buches steht seit 2007 im Regal bei mir im Büro. Nicht mit dem Rücken, sondern mit dem Titelbild schaut mich das Buch jeden Tag an. Weil ich es absichtlich so platziert habe. Irgendwann habe ich es mal im Trödel erstanden, für nur einen Euro. Da wusste ich noch nicht, dass ich eines Tages in diesem speziellen Segment der Tourismusbranche tätig werden würde. Seit 2007, mit dem beruflichen Eintritt in das Deutsche Jugendherbergswerk (DJH), hat die „Jugend-tourismusbibel" für mich einen zusätzlichen Stellenwert bekommen – daher die besondere Regalplatzierung.

Natürlich fühle ich mich auch geehrt, angesprochen zu werden, ob ich etwas zu der Neuauf-lage des Buches beitragen wolle. Schließlich bin ich noch ein „junger Hüpfer" im DJH. Vier-einhalb Jahre Tätigkeit in einem 103 Jahre alten Unternehmen – das ist nichts im Vergleich zu Kolleginnen und Kollegen, die haupt- oder ehrenamtlich schon fast ihr ganzes Leben im Verband verbracht haben. Aber vielleicht ist es auch gerade spannend, jemanden über das DJH schreiben zu lassen, der Erfahrungen aus der freien Wirtschaft mit Erfahrungen der letzten fünf Jahre vergleichen und in einen Kontext setzen kann. Also, dann …

Alles beginnt …
… mit einer relativ kleinen Anzeige in der fvw – dem führenden Magazin für Touristik und Business Travel im März 2007, kurz vor der ITB. Ein/e „Vorstandsvorsitzende/r DJH Lan-desverband Mecklenburg-Vorpommern", Sitz in Rostock, wird gesucht. Eine Jugendherberge – „Flash" –, da war ich doch mit meiner Familie vor einigen Monaten in Bremen mehr oder weniger durch Zufall gelandet. Wir wollten an einem Wochenende das Erlebnismuseum Uni-versum kennenlernen, ich googelte nach einer Unterkunft und entschied mich dann für die Jugendherberge, weil sie direkt an der Weser lag, die Innenstadt zu Fuß erreichbar war und die Herberge einen guten Übernachtungspreis bot. Die Buchung gelang völlig unkompliziert per E-Mail und Mitglied konnte ich gleich vor Ort werden.

Karen Löhnert
Jahrgang 1962, hat nach dem Abitur zunächst ein Tiermedizinstudium an-gefangen, sich dann aber doch für das „Kurieren" von gestressten Menschen entschieden, denen sie im Rahmen ihres beruflichen Werdegangs in der Rei-sebranche Urlaub und Erholung verschafft. Die Tourismusmanagerin war unter anderem als Bereichsleiterin bei den FIRST Reisebüros und als Vertriebsleiterin bei ÖGER TOURS tätig, bevor sie sich nach Stationen in der „New Economy" und als Geschäftsführerin eines Hoteldienstleisters im Jahr 2007 aus Über-zeugung für eine Arbeit beim DJH entschied, um Werte und Dienstleistungs-orientierung im Tourismusgewerbe miteinander zu vereinbaren. Sie ist heute Vorstandsvorsitzende des DJH Landesverbandes Mecklenburg-Vorpommern und seit Januar 2012 zusätzlich Vorstandsmitglied im DJH Landesverband Berlin-Brandenburg.

oben: Umwelt Jugendherberge Mirow

unten: Jugendherberge Prora: Die längste Jugendherberge der Welt

Als wir morgens beim Frühstück nach vielem Lachen über das Schlafen im Doppelstockbett in dem modernen Speisraum saßen mit fantastischem Blick über den Fluss, knackig frischen Brötchen, Obst und alles was dazugehörte, fragte ich mich, warum ich nicht schon viel früher einmal mit meiner Familie in eine Jugendherberge gereist war. Ich war positiv überrascht und erzählte später vielen in meinem Bekanntenkreis davon. Die meisten kannten Jugendherbergen nur von früher, von Klassenfahrten. Komisch — wieso kannte keiner die Jugendherbergen heute, von denen es doch über 500 allein in Deutschland gibt?

Für Jugendherbergen arbeiten ...

... für so ein tolles Produkt — und dann noch am Meer in Mecklenburg-Vorpommern, das erschien nun als absoluter Traum! Ich, die gebürtige Hamburgerin, war nämlich inzwischen im Rheinland gelandet, bei einem internationalen, europaweit tätigen Unternehmen. Jettete heute nach Madrid, morgen nach Paris und übermorgen nach London. Heuschrecken hatten das Unternehmen gekauft — für uns im Management ging es darum, die dritte Dezimalzahl nach dem Komma zu optimieren. Ich fühlte mich mehr und mehr fehl am Platze. Was hatte das noch mit Sinnhaftigkeit zu tun?

Also schrieb ich eine Bewerbung, schwärmte im Anschreiben von der Weite Mecklenburg-Vorpommerns, dem Gelb der Rapsfelder, dem Grün der Alleen und dem Blau der Seen und des Meers. Und von den Werten des Unternehmens: Toleranz, Respekt ...
Internationales Miteinander — dafür zu arbeiten, DAS würde mich erfüllen! Das Schreiben kam von Herzen, und ich wurde direkt zum Vorstellungsgespräch eingeladen.

In der Jugendherberge in Warnemünde traf ich an einem für ein Vorstellungsgespräch ungewöhnlichen Samstag auf fünf ehrwürdige ältere Herren, Mitglieder des ehrenamtlich tätigen Verwaltungsrates, sowie auf den jungen Präsidenten. Ich stellte Fragen, warum denn die Übernachtungsentwicklung in den Jugendherbergen des Landes unter dem Schnitt des boomenden Tourismuslandes Mecklenburg-Vorpommern läge. Da hatte ich wohl ins Schwarze getroffen. Genau das sollte ich ändern. Der Landesverband musste saniert werden.

Das Telefon klingelte gleich am Montag danach …

… man hätte sich für mich entschieden. Mein Herz hüpft. Dass das Gehalt deutlich geringer ist als mein jetziges, macht mir nichts aus. Ich will endlich Sinnhaftigkeit und Bodenständigkeit – kein oberflächliches Multikultijuppidasein mehr.

Meine drei Wochen Sommerurlaub verbringe ich vor Arbeitsantritt in den Jugendherbergen von Mecklenburg-Vorpommern. Und komme aus dem Staunen nicht mehr heraus: In NRW sind bereits Ferien. Familienautos aus Düsseldorf, Köln und Bonn stehen auf dem Parkplatz der fantastisch direkt an der Promenade gelegenen Jugendherberge Heringsdorf auf der Insel Usedom. Aber keine Kleinwagen – da stehen BMW, Audi, Mercedes und VW Passat Kombis. Hier steigen nicht die sozial schwachen Familien ab. Nein, es ist das Bildungsbürgertum, das seinen Kindern in Zeiten der Schnelllebigkeit von Facebook, Atomkatastrophen und sterbendem Regenwald ein Stück heile Welt zeigen will. Back to the roots! Keine TV-Bedröhnung im Hotelzimmer, sondern Stockbrot am Lagerfeuer unter freiem Himmel gemeinsam mit anderen Familien, gesundes Essen und die Übernahme von Verantwortung. Ein idealer Ort für alle LOHAS – die „Lifestyle of Health and Sustainability"-Zielgruppe. Hier werden Freundschaften geschlossen, alles ist unkompliziert. Der Fünfjährige übernimmt gern das Tischabwischen, weil seine Freundin vom Lagerfeuer gestern Abend das auch tut.

Nach drei Wochen Besichtigungen …

… und Gesprächen mit den Herbergsleitungen bin ich voller Tatendrang. Das wäre doch gelacht, wenn man ein so tolles Produkt nicht entsprechend vermarkten können sollte. Mein erster Bürotag im Erdgeschoss eines heruntergekommenen Plattenbaus in Rostock ist etwas ernüchternd. Aus dem Gebäude sollte mal eine Jugendherberge werden. Daraus konnte aber nichts werden, weil es keine Fördermittel vom Land für den Bau von Hotelbetten mehr gab. Hm, dann sollten wir schnellstmöglich raus aus diesem gruseligen Gemäuer, das mir nicht adäquat erscheint, um Urlaubs- und Ferienstimmung aufkommen zu lassen. Schließlich verkaufen wir Emotionen und sollten daher auch an dem Ort, an dem wir einen Großteil unserer Zeit verbringen, diese Stimmung einkehren lassen.

Verkaufen …

Ich stelle fest, dass dies ein „böses" Wort zu sein scheint. Verkaufen klingt nach „Kunde über den Tisch ziehen". Verkäufer? Nein – WIR doch nicht. Wir sind Betreuer, Gastgeber, aber keine Verkäufer. Offen sagt mir das keiner, aber dennoch ist es genau das, was an Befindlichkeit zwischen den Zeilen heraustönt. Erst recht, wenn ich die Hände über dem Kopf zusammenschlage, wenn ich feststelle, wo überall in den Jugendherbergen Leistungen vermittelt werden, ohne einen Cent Bezahlung dafür einzufordern.

Da werden Fahrräder für Kunden organisiert, aber keine Provision vom Vermieter eingefordert. Reiseversicherungen werden vermittelt, ohne dass etwas für den Verband hängen bleibt. Das Thema Zusatzverkäufe ist mir als Tourismusmanagerin mit 25 Jahren Berufserfahrung in Fleisch und Blut übergegangen. Wo soll man Geld verdienen, wenn nicht hier? In einem Landesverband, der darüber hinaus auch noch ein Sanierungsfall ist, ist es geradezu eine Pflicht, in diesem Bereich tätig zu werden.

Kostenbewusstsein – das haben alle …

… im DJH wird gespart und gespart. Aber so kommen keine Impulse, kommt kein Schub nach vorn. Also organisieren wir Verkaufsseminare. Für Herbergsleitungen, für Rezeptionskräfte. Durchpflügen sämtliche Vereinbarungen mit Lieferanten auf Kickbackregelung. Der Referent der ersten Verkaufsseminare gibt nach zwei Durchgängen auf. Anstrengend ist die Auseinandersetzung mit der Herbergskultur. Den Befindlichkeiten, dem Konflikte-nicht-offen-austragen-Können-und-Wollen. Wir haben uns alle lieb. Wir stehen zusammen und gehen gemeinsam durch dick und dünn.

Ich bin beeindruckt von dieser Kultur ...
... die Mitarbeiterinnen und Mitarbeiter haben wirklich einiges durchgemacht. Sie haben für ihre Sache gekämpft, für ihre Arbeitsplätze, als ein von der Hausbank verordnetes Blinden-hund-Beratungsunternehmen zu dem Schluss kam, dass man doch in einem personalkostenlastigen Unternehmen als Erstes hier sparen sollte, bei den Arbeitsplätzen. Man könne doch alle Herbergen bis auf vier über den Winter schließen und die Leute in die Arbeitslosigkeit schicken. Aber Mecklenburg-Vorpommern ist doch ein Saisontourismusland mit Peak im Sommer und Tal im Winter.

Als der Beschluss und die Kündigungen kamen, gingen die Herbergsleitungen auf die Barrikaden, setzten den Verwaltungsrat und den Vorstand ab. Absolut verständlich. Es war eine falsche Maßnahme, Herbergen zu schließen und Mitarbeiter freizusetzen in einer Zeit, in der sie sich aktiv um die Akquise für die Saisonübernachtungen kümmern müssen.

Und dennoch – es kann nicht alles so bleiben, wie es ist ...
... wir müssen uns bewegen, müssen schneller werden in unseren Entscheidungen und deren Umsetzungen. Der Markt bestimmt unser Handeln, nicht wir allein. Wenn wir unser Verhalten nicht dem schnelllebigen Markt anpassen, sind wir verloren. Ich werde nicht müde, dies immer wieder zu „predigen". Natürlich sind wir ein Verein mit Mitgliedern. Aber wir sind auch ein Unternehmen, das sein Überleben und vor allem seine Arbeitsplätze sichern will, um weiter als Träger der freien Jugendhilfe mit gesellschaftspolitischer Verantwortung am Markt agieren zu können. Also können wir nicht wie bisher alles basisdemokratisch entscheiden. Wir brauchen unsere satzungsrelevanten Gremien, und diese Gremien müssen gemäß ihren definierten Rollen agieren.

Es fängt an zu knirschen im Landesverband ...
... ich setze die Änderung von Strukturen durch und verfolge weiterhin den Wachstumskurs. Mir wird vorgeworfen, die Werteorientierung zu verlieren, es ginge ja nur noch um Zahlen, Zahlen, Zahlen. Ich verneine dies entschieden. Wir brauchen die Wirtschaftlichkeit, um die Werte leben zu können. Ohne Wirtschaftlichkeit kein „Gutmenschentum", kein Geld für kostspielige internationale Begegnungen, die zeitaufwendig sind und kaum Übernachtungen für den Landesverband bringen. Eine Mitarbeiterin für internationale Begegnungen produziert 1.500 Übernachtungen, ein Herbergsleiter im Vergleich ca. 30.000.

Ende 2009 steigert sich der Knirschen zum Knall. Anlass ist eine Preiserhöhung um 50 Cent, die meine Kollegin und ich in unserer Funktion des Vorstands und der Stellvertreterin für den Landesverband mit persönlicher Haftung satzungsgemäß durchführen wollen. Der Präsident und die Herbergen halten die Preiserhöhung aus ihrem Werteempfinden heraus für nicht vertretbar, während ich klar für die Grundlagen einer gesicherten wirtschaftlichen Betriebsführung eintrete.

Der Streit endet in der Neuwahl eines Präsidenten und des Verwaltungsrates im Juni 2010. Kompetenz aus Betriebswirtschaft, Steuerrecht, Marketing-Know-how und gemeinnütziger

Unternehmensführung gepaart mit jahrelanger DJH-Erfahrung zieht in den Verwaltungsrat ein. Endlich kann der Umbau des Vereins nach den Prinzipien Wirtschaftlichkeit UND Werte-orientierung und nicht Werteorientierung VOR Wirtschaftlichkeit weitergehen.

Nach drei Jahren Arbeit im DJH wird mir schmerzlich bewusst, wie viel Energie in einem Unternehmen im Wandel gebunden wird. Changemanagement nennt man es in der freien Wirtschaft – ich habe den Aufwand unterschätzt. Den Aufwand, mit Befindlichkeiten umzu-gehen und eben nicht nur Sachthemen zu managen. Und dennoch, trotz aller Blauäugigkeit, mit der ich in diesem DJH angefangen habe – ich bereue meine Entscheidung keinen ein-zigen Tag. Ein 103 Jahre alter Verband ist nun mal kein New-Economy-Unternehmen. Und ich bin stolz auf mein Mecklenburg-Vorpommern: auf Mitarbeiter, die sich langsam nach vorne trauen, und auf positive Ergebnisse, die sich bei diesem Nachvornetrauen von selbst einstellen.

Seit 2007 steigen die Übernachtungszahlen …
… und das Ergebnis des Landesverbandes kontinuierlich. Im Juli 2010 werden unsere Ak-tivitäten durch die erfolgreiche Eröffnung der Jugendherberge Prora auf der Insel Rügen gekrönt. Noch nie hat es so viel Presse- und Medienaufmerksamkeit zur Eröffnung einer Jugendherberge gegeben. Vom ersten Tag an ist sie komplett belegt. Unsere anderthalb Jahre vertriebliche Vorbereitungsarbeit haben sich gelohnt.

Auf dem Zeltplatz in Prora kooperieren wir erfolgreich mit **ruf**. Thomas Korbus hatte das Potenzial des ideal am Strand gelegenen Areals früh erkannt. Die Zusammenarbeit mit ei-nem professionellen Touristiker mit Gespür für den Markt, gleichzeitig aber auch mit einem knallharten Geschäftsmann macht Spaß und lohnt sich für beide Seiten. Manchmal bin ich ein bisschen neidisch auf Tom und seine Möglichkeiten, schnell in klaren und übersichtlichen Unternehmensstrukturen entscheiden zu können. Keine Grabenkämpfe mit Gremien austragen zu müssen, nicht die Anstrengung des ewigen Politisierens zu haben, den Luxus zu genießen, rein fachlich arbeiten zu können.

Aber das DJH hat als Verband auch unbestritten seine Vorteile. Nicht alle ehrenamtlich Tätigen sind ewig Gestrige. Ich lerne Visionäre kennen, Menschen mit einer beneidenswerten Kombination aus Lebensweisheit und Berufserfahrung, mit unermüdlichem Engagement für die Sache des DJH. Und das Ganze in ihrer Freizeit, freiwillig und unentgeltlich. Ich ziehe den Hut vor meiner Bundesvorsitzenden, die neben ihrem Vollzeitberuf gefühlt 24 Stunden am Tag auf nationaler und internationaler Ebene für das DJH unterwegs ist. Die Menschen zusammenbringt, vermittelt und mit geschickter Hand vorsichtig Reformen einleitet und durchsetzt.

Frank-Walter Steinmeier und Karen Löhnert

Seit 2009 hat das DJH es endlich geschafft …

… im Rahmen der Arbeiten zur Repositionierung der Marke ein bundesweit einheitliches Corporate Design und eine Corporate Identity einzuführen. „Gemeinschaft erleben" – das ist nicht nur ein Slogan, der wie bei so vielen anderen Unternehmen als Subtitle zur Marke künstlich kreiert wird. „Gemeinschaft erleben" ist das, was aufgrund einer repräsentativen Kundenbefragung von allen Befragten als das definiert wurde, was das Erlebnis DJH ausmacht.

Machen Familien in einem x-beliebigen Familienhotel Urlaub, sitzt zur Essenszeit jede Familie an ihrem Tisch. In einer DJH Jugendherberge sitzen die jungen Familien zusammen am Tisch, nur hier finden völlig zwanglos Begegnung und Austausch statt, schweißt gemeinsam erlebtes Programmangebot emotional zusammen und lässt eine Verbindung zur Marke DJH entstehen. Und wo sonst sind die Möglichkeiten so groß für jeden Mitarbeiter, in seinem persönlichen Einflussbereich so viel zu bewegen, Gäste glücklich zu machen und ihnen das Gefühl zu geben, an einem Ort gelandet zu sein, der Tradition und Zukunft miteinander verbindet, wie in diesem DJH.

Ende 2011 wird nach zwei Jahren Vorarbeit …

… endlich die Satzungsreform im DJH bundesweit Wirklichkeit. Zukünftig entscheidet nicht allein das Ehrenamt über die strategische Weiterentwicklung des Verbandes, sondern ehrenamtliche Präsidenten und operativ verantwortliche Geschäftsführer von Landesverbänden plus Hauptverband gemeinsam.

„Erfolg 2.0 professionell und engagiert", das Motto des DJH Landesverbandes Mecklenburg-Vorpommern für 2012 bekommt so auch Chancen, auf Bundesebene realisiert zu werden. Auf Geschäftsführungsebene steigen in den vergangenen Jahren in anderen Landesverbänden Kollegen ein, die frisches Know-how einbringen. Das ist erfreulich und genau das, was wir brauchen, um nach vorne zu kommen und dem Wettbewerb standzuhalten: Touristisches Fach-Know-how, kombiniert mit Werten.

Die beiden DJH Landesverbände Mecklenburg-Vorpommern und Berlin-Brandenburg beginnen das Jahr 2012 mit einer kleinen Revolution: Erstmalig in der 103-jährigen Geschichte des DJH haben zwei von den Strukturdaten gleich große Landesverbände sich entschieden, miteinander zu kooperieren. Sie haben einen Kooperationsvertrag für drei Jahre abgeschlossen. Angesichts demografischer Entwicklung, sich verengenden Ferienkorridors, zunehmendem Wettbewerbs und Kostendrucks handeln beide Landesverbände rechtzeitig mit strategischer Weitsicht und beschließen, die Ressourcen der Geschäftsstellen in Rostock und Potsdam/Berlin zu bündeln und sich damit weiter zu professionalisieren. Das langfristige Ziel ist die Gründung einer gemeinsamen Betriebsgesellschaft – ein Verfahren, das nicht nur bei Krankenkassen modellhaft erfolgreich ist (siehe Gründung der AOK Nordost 2011), sondern auch bei Kirchen praktiziert wird (siehe Fusion evangelische Kirchen von Nordelbien, Mecklenburg und Vorpommern zur Nordkirche 2012).

Das Fazit

Richard Schirrmann, dessen 50. Todestag im Dezember 2011 gefeiert wurde, war ein früher Grüner und damit ein Trendsetter! Wenn in 15 Jahren die nächste Ausgabe der Jugendtourismusbibel von **ruf** erscheint, wird es vermutlich – bedingt durch weitere Kooperationen und Fusionen – weniger Landesverbände geben. Wir werden gemeinsame, stärkere, bundesweite zentrale Steuerungsmechanismen etabliert haben. Wir werden unsere Alleinstellungsmerkmale gegenüber dem Wettbewerb stärker herausgearbeitet und damit die Marke DJH für mindestens weitere 100 Jahre strahlend am Jugendtourismushorizont verankert haben. In 15 Jahren gehe ich in Rente – prima! Dann erlebe ich das ja noch!

www.jugendherbergen-mv.de | www.youtube.com/watch?v=aX4Yqr9iapA&feature=related
www.youtube.com/watch?v=RYb1vVs3kUg | www.youtube.com/watch?v=z60pZ-EIWEI

Von der „colonie de vacances" bis zum Atlantic Surfer Paradise

Jugendreisen in Frankreich

Eric Kubisch und Benjamin Richter

Für den Franzosen gehört die Jugendreise, die „colonie de vacances", zu seiner Kindheit wie später der Wein zum Käse. Unzertrennlich. Kein Wunder, dass Jugendreisen oft nicht wie ein Markt betrachtet werden – oder gar als potenzieller Wachstumsträger, sondern wie ein Service, fast ein öffentlicher Dienst. Und das lässt sich historisch auch erklären.

1945–2000: Staats- und Firmensache

Nach dem Zweiten Weltkrieg nimmt der Staat die Freizeit und den Urlaub der Jugend wieder in die eigenen Hände, die Zahl der Teilnehmerinnen und Teilnehmer steigt spektakulär. Zwischen 1945 und 1948 verdreifacht sich die Anzahl der Teilnehmer und steigt auf rund eine Million. Doch nicht nur der Staat spielt eine wichtige Rolle beim Boom der Jugendreisen. Auch die 1936 gegründeten Betriebsräte sorgen in Unternehmen für die Demokratisierung der Jugendreisen. Ab 1945 ist jede Firma, die mehr als 50 Personen beschäftigt, zu einem Betriebsrat verpflichtet. Die größten Arbeitgeber, allen voran die staatlichen Unternehmen wie die Bahn (SNCF), die Post und Stromversorger (EDF-GDF), gründen schnell Häuser in den Bergen und am Strand für ihre Jugendreisen.

Mit den Jahren empfinden die Arbeitnehmer und deren Familien die Jugendreise als ein

Eric Kubisch
Dipl.-Journalist, geb. 1984 in Frankreich, studierte Jura und Journalismus in Bordeaux. Er arbeitete für verschiedene Zeitungen und Fernsehsender in Frankreich und Luxemburg, zuletzt für den internationalen TV-Sender LUXE. TV mit Schwerpunkt Luxus und Reisen. Seit 2010 ist er Gesellschafter der Ferienanlage Albatros in Vieux-Boucau an der französischen Atlantikküste.

Benjamin Richter
Product Manager, geb. 1979 in Kempten, studierte Erziehungswissenschaften und Anglistik in Erfurt. Nach seinem Studium und mehrmonatigen Auslandsaufenthalten schloss er eine Zusatzausbildung zum Personalreferent ab. Seit 2009 arbeitet er im Innendienst bei **ruf reisen** und ist als Product Manager für die Jugenddestinationen in Schweden, Italien, Frankreich, Griechenland, Kroatien und Malta zuständig.

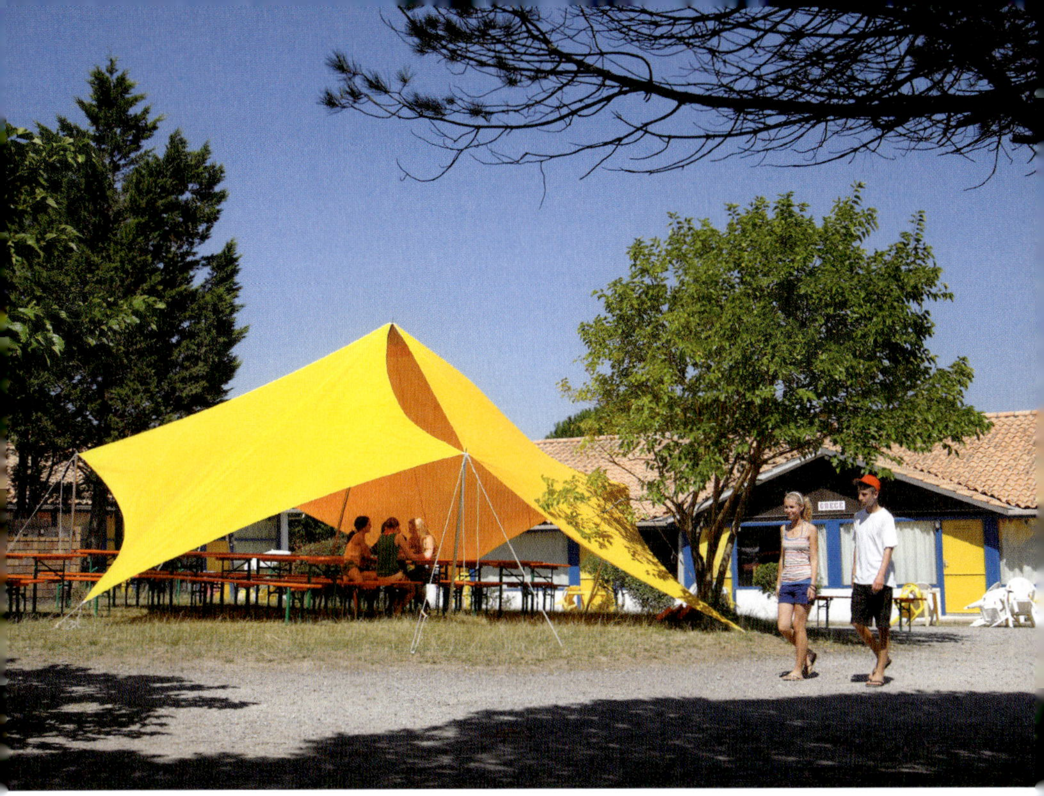

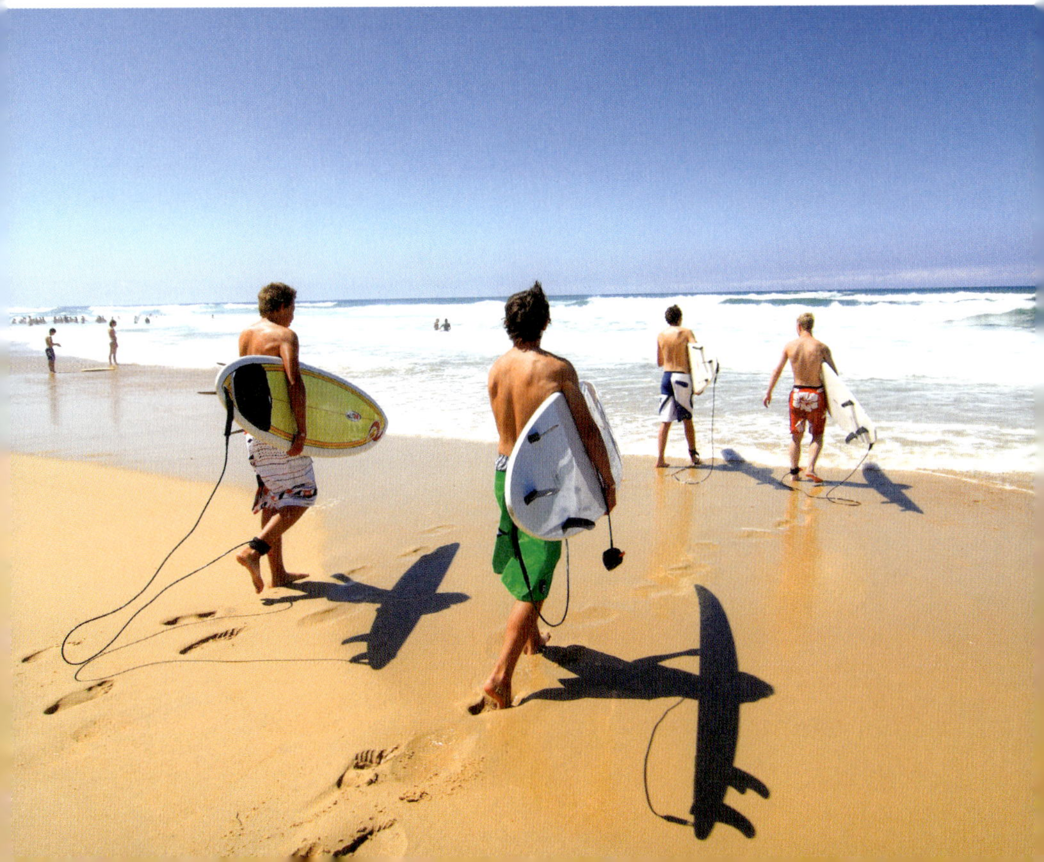

Recht, welches ihnen zusteht. Aufgrund dieser allgemein herrschenden Einstellung sind die meisten Jugendreiseträger entweder in den Betrieben integriert oder entstehen als gemeinnützige Vereine.

Ab 2000: vom Staat zum Markt

Man schätzt, dass noch heute ca. 850.000 Kinder an Jugendreisen in Frankreich teilnehmen. Natürlich sind die großen Unternehmen mit ihren Angeboten weiterhin vorn dabei. Aber neue Akteure, sogar aus der privaten Wirtschaft, möchten die Jugendreise endlich zum Markt machen.

Dazu gehört beispielsweise der in Paris ansässige Reiseveranstalter Telligo. Seit 2001 bietet dieser nun Reisen mit professioneller Betreuung an. Das Zielpublikum: zum einen die betriebsinternen Reisen, die ihre bisherige Organisation abgeben, zum anderen Familien, die bereit sind, einen etwas höheren Preis zu zahlen. Das Modell scheint aufzugehen: Beschäftigte Telligo im Jahr 2001 gerade einmal vier Personen in der Firmenzentrale, so sind es heute knapp 40. Bei den traditionellen Reisen innerhalb Frankreichs bietet der Reiseveranstalter abwechslungsreiche Programme an, fokussiert auf Sport oder Wissen. Die Reisen werden oft im Cobranding mit einem attraktiven Partner beworben – unter anderem finden sich Helden wie Harry Potter, Fünf Freunde oder angesagte Fernsehsendungen bei den Reiseangeboten wieder. Auslandsreisen bleiben gewissermaßen ein Nischenprodukt, die Auswahl ist jedoch sehr groß und reicht von den Seychellen über Japan bis zu den USA.

Obwohl Jugendreisen in Frankreich heute durchaus professionell organisiert werden, ist dieser Marktbereich nicht so stark mit dem restlichen Tourismus verbunden wie beispielsweise in Deutschland. Kein Wunder also, dass da die touristische Hardware (Unterkunft und Verpflegung) weniger im Vordergrund steht als vielmehr der Inhalt und die Betreuung.

Die Politik: beobachtet und mischt mit

Trotz einer gewissen Privatisierung wird der Jugendreisesektor nach wie vor stark vom Staat beobachtet. Als 2011 die spezifischen Arbeitsverträge der Betreuerinnen und Betreuer von einem Beschluss des europäischen Gerichtshofes bedroht wurden, meldeten sich spontan zahlreiche Spitzenpolitiker aller Parteien zu Wort, um diese zu schützen. Was war ihnen gemein? Nun, sie waren alle selbst einmal Betreuerinnen oder Betreuer einer Jugendreise. Diese Anekdote zeigt, wie stark Jugendreisen in der französischen Kultur integriert ist.

Die nächsten Jahre werden zeigen, dass die privaten Träger, ähnlich wie in Deutschland, an Bedeutung gewinnen werden. Insbesondere, weil Betriebe und Vereine Jugendreisen nicht mehr selbst organisieren wollen oder können. Spannend wird auch zu beobachten sein, ob und wie sich das Qualitätsmanagement in diesem Sektor entwickeln kann – gerade im Hinblick auf touristische Leistungen.

Unterkünfte für Jugendliche: lieber separat

So gehören Jugendreisen in Frankreich schon seit vielen Jahrzehnten zur Kultur. Jedoch sieht man diese Sparte des Tourismus nicht unbedingt als vollwertiges Mietglied der Tourismusindustrie an. Das merkt man durchaus auch an der Lage der Jugendferienanlagen. Meistens befinden sich die „centres de vacances" am Rand der Badeorte, und wenn sie im Ort zu finden sind, dann müssen sie sich mit der zweiten oder dritten Reihe zufriedengeben. Jugendreisen in einem „normalen" Hotel durchzuführen, wie es in Spanien oder Italien schon lange üblich ist – das ist in Frankreich für viele noch undenkbar. Jugendreisen gehören in getrennte Unterkünfte oder bestenfalls auf den Campingplatz. Schließlich wollen die anderen Gäste ja nicht gestört werden.

1995 eröffnete die Ferienanlage Albatros im beliebten Badeort Vieux-Boucau an der französischen Atlantikküste unter neuer Leitung. Die Anlage war bis dato für französische Familien gedacht, die ihren Urlaub in der Sonne gerne mit etwas mehr Animation genießen wollten. Das „Club Med"-Konzept aus den 1970er- und 1980er-Jahren diente sicherlich als Modell für viele um diese Zeit gebauten „villages vacances". Nun sollten aber, mitten im Ortszentrum und direkt am Strand, bis zu 400 Jugendliche aus ganz Europa Urlaub machen. Ärger, Lärm, Unruhe, womöglich Alkohol und Drogen seien vorprogrammiert, meinten viele. Doch überraschend mussten die Zweifler einsehen, dass diese Jugendlichen im Alter von 13 bis 18 Jahren durchaus zwei Wochen ohne Probleme am Atlantik verbringen können, indem sie sich für Wellenreiten, Mountainbiken, Beachvolleyball oder einfach Baden begeistern. Und das, obwohl zu bedenken ist, dass der Jugendtourismus Mitte der 1990er-Jahre noch nicht so inhaltsorientiert war, wie er heute ist. Damals galt das gemeinsame Sitzen am Lagerfeuer durchaus als Abendprogramm-Highlight der gesamten Reise.

Urlaub am Atlantik: jede Menge Lebensgefühl

Die zunehmende Segmentierung des Jugendreisemarktes hat in dieser Hinsicht viel bewirkt. Immer weniger Gäste, die eigentlich nach Lloret de Mar oder an den Balaton reisen wollten, verirrten sich nach Frankreich. Dafür kamen aber immer mehr junge Leute, die etwas Neues erleben wollten. Und dieses „Neue" hat einen Namen: Wellenreiten. Der Legende nach wurde die erste Welle in Europa hier in Biarritz um 1955 vom Drehbuchautor Peter Viertel gesurft – und Biarritz liegt gerade einmal 45 Minuten von Vieux-Boucau entfernt. Bekannte Surfwear-Marken wie Billabong, Rip Curl oder Quiksilver sorgten dafür, dass Wellenreiten nicht nur als Sport wahrgenommen wurde, sondern sich zu einer Lebensart entwickeln konnte. Viele junge Menschen saugen dieses Lebensgefühl fast hungrig darauf, ohne je eine Welle wirklich gesehen zu haben. Kein Wunder, dass es heute an den Atlantikstränden zur „Rushhour" durchaus auch mal eng werden kann.

Innerhalb eines Jahrzehnts veränderte sich das Ansehen der Jugendreisen im Ort stark: Nachbarn der Ferienanlage Albatros setzten sich sogar dafür ein, dass die komfortable Anfahrt für Reisebusse in der neuen Straßenplanung berücksichtigt wird. Und der Bürgermeister ist tatsächlich auf der Internetseite von **ruf reisen** als Interviewpartner präsent: Dort lobt er die Qualität der Jugendreisen, vor 15 Jahren wäre dies sicher undenkbar gewesen.

Die Zusammenarbeit: kooperativ und zukunftsgewandt

Die Kooperation zwischen der Ferienanlage Albatros und **ruf reisen** begann 2008 — und sie hat gewiss eins gezeigt: Die Synergien, die es seit Langem zwischen Reiseveranstaltern und Hoteliers im „normalen" Tourismus gibt, lässt sich im Jugendtourismus im Sinne der Anbieter und der Gäste genauso positiv nutzen. Gemeinsam werden vor der Saison Konzepte erarbeitet, wie beispielsweise der Abreisetag gestaltet werden kann. Zusammen wird überlegt, wie sich einzelne Ausflüge inhaltlich noch attraktiver gestalten lassen, um die Kundenzufriedenheit zu erhöhen. Und im direkten Kontakt mit der **ruf** Kundenbetreuung werden Probleme in der laufenden Saison diskutiert und Lösungen dafür geschaffen. Dies sind nur einige Beispiele von vielen, wie wir im permanenten Austausch bleiben, das Produkt in all seinen Facetten immer wieder unter die Lupe nehmen und stets versuchen, die Zusammenarbeit zu fördern und auszubauen.

Es scheint allen Beteiligten klar geworden zu sein, dass Jugendliche ein wertvoller Zukunftsmarkt sind. Die jugendlichen Kunden von **ruf** sind qualitätsbewusste, selbstbewusste Kunden. Um eine langfristige Kundenbindung zu erreichen, ist es notwendig, den jugendlichen Reisenden auch die Kultur, die Region und die Umgebung näherzubringen. Nicht umsonst sind lokale Feiertage, wie der französische Nationalfeiertag, Highlights der Reise. Ebenso gehören Workshops, die sich beispielsweise dem Thema französische Spezialitäten widmen, zu den beliebtesten Programmpunkten. Seit 2008 ist außerdem der Sprachurlaub als erfolgreiches neues Reisekonzept in Vieux Boucau etabliert. Hier steht der Spaß am Erlernen der französischen Sprache im Vordergrund. Neben den **ruf** Workshops und Ausflügen tauchen die Jugendlichen in die Sprache ein, die sie direkt vor Ort anwenden und ausprobieren können. Ein muttersprachlicher Lead Teacher sowie die **ruf** Sprachteamer sorgen für eine interessante Sprachvermittlung und machen Lust auf mehr. Auch das gesamte französische Team der Ferienanlage Albatros freut sich, die Jugendlichen hierbei zu unterstützen. Sprachhemmungen werden abgebaut, und es erfolgt ein ganz neuer, ungezwungener Zugang zur Fremdsprache.

So wird das Reisen ins Atlantic Camp in Frankreich Jahr für Jahr für viele Jugendliche zu einem nachhaltigen Erlebnis.

www.youtube.com/user/rufjugendreise#p/u/4/f5kXXOwW1VA
www.youtube.com/user/rufjugendreise#p/u/6/kI6Z2advHzg

Der Boom im Budget-Markt
Oliver Winter

Im Jahr 2000 begann in Berlin eine spannende Zeit: Die Bundeshauptstadt wurde zum Schmelztiegel der Hostellerie: Der Immobilienmarkt war günstig und ermöglichte einen späten Aufstieg des Regierungssitzes – Berlin wollte touristisch aufholen, und so war es für viele neue Hostelanbieter leicht, eine Loftetage anzumieten und sich dort mit einer Low-Budgetunterkunft zu verwirklichen.

2000 war also auch das Geburtsjahr der A & O HOTELS and HOSTELS. Und auf diese Angebote im Budget-Markt hatten viele nur gewartet: Für Gruppenreisen und Klassenfahrten gab es zuvor 40 Jahre lang eine Jugendunterbringung nur in den Jugendherbergen oder in anderen gemeinnützigen Häusern wie denen von Kirche, Kolping & Co. Und nun kamen die Hostels moderner, frischer, jugendlicher daher als die bisher bekannten Unterkünfte. 40 Jahre lang hatten diese Institutionen den Markt für Jugendgruppen besetzt, aber niemand hatte den Markt weiterentwickelt, etwas ausprobiert.

So fanden die Hostels direkt ihren Weg in den Markt: A & O besitzt heute 18 Häuser, davon 16 in Deutschland – und weitere Häuser sind in Planung. Im Jahr 2010 konnten wir 1,6 Mio. Übernachtungen verbuchen. In unseren Hostels können wir jährlich auf 4.400 Klassenfahrten setzen. Zusätzlich buchen noch viele Gruppen und Familien unsere Angebote, wenn sie zum Beispiel eine der Hauptstädte besuchen wollen. Und auch der Businesstourismus bucht sich in unsere Hotels ein – oder auch ganz bewusst in ein Hostel, weil diese Kundinnen und Kunden die Gemeinschaft in einem Hostel zu schätzen wissen.

Damit grenzen sich die neuen Hostels wie A & O oder auch Meininger noch einmal vom klassischen Hostel ab, das auf Backpacker setzt – Europareisende, die pendeln und günstige Übernachtungsmöglichkeiten suchen. Die vielleicht noch einmal eine Nacht verlängern, wenn es ihnen in der Stadt gefällt. Wir sind touristisch organisierter, haben Kunden wie Welcome Berlin Tours, Alpetour usw., wir haben nicht so viele Direktgäste, sondern werden eher über einen Vermittler gebucht. Zugleich bieten wir in unseren Unterkünften ein hohes Maß an Standardisierung: Ein A & O Hostelzimmer weist im Wesentlichen überall die gleichen Be-

Oliver Winter
geboren 1975, ist Mitbegründer und Vorstandsvorsitzender der A & O HOTELS and HOSTELS Holding AG, die zurzeit 9.500 Betten an neun deutschen Standorten sowie in Prag und Wien anbietet. Er ist verheiratet und hat zwei Kinder.

standteile auf, die gleichen Zimmereinrichtungen, die gleichen Bars, die gleichen Services an jedem Ort. So können unsere Partner die A & O Zimmer viel besser verkaufen. Kennen sie die Ausstattung eines Standortes, können sie darauf vertrauen, dass auch alle anderen Häuser mit diesem Standard aufwarten. Und zudem wissen sie, dass wir auf Qualität wirklich Wert legen. Alle Hotelteile sind Zwei-Sterne DEHOGA zertifiziert, sechs Hostels sind bereits Vier-Sterne-QMJ-zertifiziert, bei den anderen Häusern läuft das Verfahren.

A & O und Meininger haben in dieser Form die neue deutsche Hostelszene maßgeblich mitgeprägt – das Konzept hat absolut gegriffen.

David gegen Goliath

Doch vor zehn Jahren musste man noch erklären, was ein Hostel ist. Es galt, unsere Marke bekannter machen, wir wollten über Internetsuchmaschinen auffindbar sein. So haben wir dort als Suchbegriff unter anderem auch „Jugendherberge" verwendet. Doch der Begriff war damals vom Deutschen Jugendherbergswerk (DJH) geschützt. Wir haben dem DJH daraufhin ein Arrangement angeboten, wollten auch für die Nutzung des Begriffes bezahlen, aber unser Vorschlag wurde abgelehnt.

Doch wir fanden, dass der Begriff „Jugendherberge" keine Marke darstellt, sondern eher eine Leistung beschreibt – so wie Seniorenheim oder Supermarkt. Dann haben wir die Marke angegriffen mit dem Ziel, den Begriff löschen zu lassen. Damals war das ein Kampf David gegen Goliath. Unser Rechtsstreit ging über fünf Jahre, bis zum Bundesgerichtshof. Doch dann haben wir gewonnen, und die Marke wurde gelöscht. Jetzt darf jeder den Begriff „Jugendherberge" verwenden.

Das Deutsche Jugendherbergswerk hat uns diese Konfliktfähigkeit nicht zugetraut, sie hätten niemals gedacht, dass wir einen solchen Kampf aufnehmen. Aber das Ergebnis ist gigantisch: Standen in Berlin im Jahr 2000 noch 4.000 Jugendbetten zur Verfügung – vorwiegend in Einrichtungen des Deutschen Jugendherbergswerkes, so sind heute in Berlin bis zu 30.000 Betten im Jugendbereich verfügbar. Und mit diesem Siegeszug der Hostellerie kam das DJH natürlich auch in Erklärungsnot.

Subventionierte versus wirtschaftliche Betriebe

Jahrzehntelang hat das DJH automatisch von Subventionen profitiert: Die Immobilien wurden meist von der öffentlichen Hand kostenlos zur Verfügung gestellt, auch die Steuerbefreiung ist selbstverständlich gewesen und sogar von der GEZ-Gebühr sind die Jugendherbergen befreit, die uns allein 900.000 Euro im Jahr kostet.
Aber obwohl wir nicht in den Genuss dieser Subventionen gekommen sind, haben wir mit unserem Konzept von Anfang an Geld verdient. Und so stand natürlich damals die Frage im Raum, warum nicht auch freie Träger von Steuerbefreiungen profitieren, wenn diese dem DJH gewährt werden. Für uns war es ja schon eine Revolution, dass die Mehrwertsteuer für die Hotellerie von 19 auf sieben Prozent herabgesetzt wurde.
Unsere Angebote gleichen sich. Und so führen die Privilegien wie Steuerbefreiung bei Übernachtungsleistung oder Baukostenübernahme beim DJH zu einer echten Wettbewerbsverzerrung. Schließlich bezahlt beim DJH letztendlich der Steuerzahler knapp 70 Prozent der Kosten eines Anbieters, der aber seine Leistungen meist teurer verkauft als die Hostels.

Bedarfsgerecht Unterkunftsangebote bereitstellen

Auch die Schulen bekamen mehr und mehr Kenntnis von den Hostelangeboten und wollten nicht mehr „zwangsweise" beim DJH buchen. Gerade für Schulen mit kleinem Geldbeutel ging es darum, wo sie günstige Unterkünfte bekommen. Und heute finden sie in Berlin und vielen weiteren Städten genau die gewünschte Vielfalt vor. Jetzt ist zum Beispiel Hamburg eine Stadt, die stark nachgefragt ist. Dass Hamburg erst jetzt entdeckt wird, liegt daran, dass es dort einfach kaum Unterkunftsangebote für Klassen- oder Gruppenfahrten gab. Heute hat A & O 4.000 Betten in Hamburg, Meininger stellt 500 Betten zur Verfügung.

Und die Fahrtenvermittler verzeichnen große Zuwächse im Hamburg-Geschäft, weil sie Produkte haben, die sie anbieten können.

So werden wir weiterhin danach schauen, an welchen Standorten es sinnvoll ist, weitere A & O Häuser zu eröffnen. Denn es gehört zu unserer Philosophie, mit den Verantwortlichen zu reden. Wir fragen nach, wo Bedarf nach neuen Häusern besteht, welche Orte sie sich wünschen.

Durch innovatives Denken verstaubte Wege verlassen

Dinosaurier wie das Deutsche Jugendherbergswerk haben durch die Hostels schmerzlich erfahren, dass sie um eine Modernisierung des gesamten Systems nicht herumkommen werden. Aber noch in vielen anderen Bereichen sind Touristiker erschreckend uninnovativ. Keiner überträgt zum Beispiel seine Daten via Internet. Buchungsbestätigungen werden noch per Post verschickt. Ebenso die Rechnungen. Selbst die großen Touristiker wie TUI oder Accor faxen ihre Daten hin und her. Das sind die Prozesse wie in den 1970er-Jahren.

Wir haben ein System entwickelt, das unseren Kunden sofort per Internet die Verfügbarkeiten in unseren Häusern anzeigt. Wir sind heute beispielsweise mit den Reiseveranstaltern Welcome Berlin Tours, Alpetour und EVR Reisen über eine Schnittstelle direkt verbunden. Diese Schulfahrtenveranstalter können nun die kompletten Verfügbarkeiten aller Häuser von A & O für das gesamte Jahr einsehen und buchen.

Das automatische Einlesen der Optionsbuchungen beschleunigt die Abläufe unserer Buchungsabteilung, auch Änderungen werden sofort ins Buchungssystem eingearbeitet. Mit dem direkten Onlinezugang können wir viel schneller auf die Wünsche unserer Kunden reagieren.

Auf diesen Zug springen die Reisetouristiker nur ganz schleppend auf. Alle haben uns auch gesagt, dass dafür kein Markt ist. Kein anderer touristischer Anbieter bietet eine solche Gruppenbuchungsmöglichkeit an: Weder die Deutsche Bahn noch die Lufthansa oder Air Berlin sind in der Lage, systemgesteuert Gruppen einzubuchen.

Doch wir haben mit aogruppen.de im ersten Jahr bereits 1,9 Mio. Euro Umsatz gemacht. Uns geht es darum, mit dieser Website den Zugang zu unseren Produkten so einfach wie möglich zu gestalten. Wenn einem Lehrer also um 23:00 Uhr einfällt, dass er gerne wissen möchte, wie viele Plätze in einem unserer Hostels frei sind, dann weiß er das um 23:05 Uhr und nicht erst am kommenden Montagnachmittag. Und diese Möglichkeit liegt im Trend der Zeit – er will sofort wissen, was er buchen kann. Insofern können wir nur dazu beitragen, dass auch andere diese Möglichkeiten moderner Technologien erkennen und für sich nutzen.

Die Trends der Zukunft

Hostels sind Lifestyle geworden. Dieser Trend bleibt und weitet sich. Denn die Hostelbuchung hängt längst nicht mehr nur vom Einkommen ab. Viele Gäste haben heute durchaus das Geld, auch in teureren Hotels zu übernachten. Aber sie gehen trotzdem bewusst in ein Hostel, weil sie das Feeling genießen und die Gemeinschaft erleben wollen. Insbesondere Kunden, die allein unterwegs sind, nutzen das Hostel als Erlebnis. Wenn sie in Sachen Business unterwegs sind, buchen sie das Hostel. Wenn sie mit ihrer Frau unterwegs sind, gehen sie durchaus auch ins Viersternehotel. Und auch die Ausstattungswünsche der Gäste haben sich verändert. Die Gäste suchen heute weniger eine gute Bar mit gutem Bier in einem Hostel, stattdessen wünschen sie sich Highspeed-Internet. Diesen Wünschen kommen wir natürlich entgegen.

Im Sommer bieten wir Sprachschulen viele gute Unterkünfte an – aber auch in diesem Bereich haben sich die Märkte verändert und werden sich auch weiterhin wandeln. Heute kommen Brasilianer, Russen und Türken zu diesen Sprachkursen nach Deutschland. Früher waren dabei vor allem europäische Nachbarländer vertreten. Insgesamt sind die Menschen eher bereit, für Bildung Geld auszugeben. Wenn ein Jugendlicher vier Wochen durch Europa ziehen will, um Land und Leute kennenzulernen, so wird dies von den Familien weniger unterstützt, als wenn er vier Wochen einen Sprachkurs in Deutschland besuchen möchte. Diese Sprachreise wird als Investment in seine weitere berufliche Karriere und in die persönliche Entwicklung verstanden.

Und wenn wir weiter Richtung Zukunft denken, so werden wir uns aufgrund des demografischen Wandels noch internationaler ausrichten. Denn der demografische Wandel in Deutschland wird immer mehr zu spüren sein. Bei uns wird der Altersdurchschnitt seit drei Jahren erfasst. So lässt sich feststellen, dass unsere Gäste schon jetzt älter werden. Waren die Einzelreisenden früher 24 Jahre alt, so sind sie heute im Durchschnitt 26 Jahre alt. Unsere Gäste fühlen sich länger jung und nehmen deshalb länger so ein Produkt in Anspruch. Aber in nur vier Jahren werden wir rund 20 Prozent weniger junge Leute in Deutschland haben. Deshalb wollen wir im Ausland weitere Marktanteile gewinnen. Besonders Osteuropa haben wir dabei im Visier. Polen zum Beispiel ist eine junge Volkswirtschaft. Die Hälfte aller Polen ist unter 30 Jahre alt. Auch die Türkei wird für uns ein weiteres Schwerpunktland. Hier ist eine Mittelschicht entstanden, die reiselustig ist.
So richten wir uns für die Zukunft aus, denn wir wollen weiter wachsen und den Boom im Budget-Markt noch viele Jahre mitgestalten.

Potenziale nutzen – durch eine starke Plattform

Die Entwicklung des Jugendtourismus in Mecklenburg-Vorpommern

Reinhard Schwarz

Die Zahl der Kinder- und Jugendlichen, die jährlich organisiert verreisen, geht in Deutschland in die Millionen. Damit ist der Kinder- und Jugendreisesektor ein nicht unwesentlicher Wirtschaftsfaktor. Allerdings wird dieser Bereich in der Öffentlichkeit und besonders in der Touristikbranche häufig zu wenig wahrgenommen: Trotz vieler punktueller, vor allem standortbezogener Fortschritte sind die Entwicklungsmöglichkeiten bei Weitem noch nicht ausgeschöpft.

Im Bundesland Mecklenburg-Vorpommern wurde der Kinder- und Jugendtourismus erstmals im Jahr 1993 offiziell in die Tourismuskonzeption aufgenommen:

Mecklenburg Vorpommern ist wegen seiner idealen Freizeitmöglichkeiten ein besonders begehrtes Ziel von Jugendfahrten aus der näheren und weiteren Umgebung. Rad- und Wasserwandern sind Formen der Jugendfahrten. Dabei ist der Jugendtourismus mit den vielfältigen Formen der sonstigen Jugendarbeit eng verknüpft. Heutige und künftige Förderungsmaßnahmen des Landes betreffen unter anderem die Modernisierung von Jugendherbergen und die Förderung von Ferienlagern und -fahrten (Tourismuskonzeption Mecklenburg-Vorpommern Ziele und Aktionsprogramm, 1993).

Kräfte bündeln

Doch schon bald wurde erkannt, dass das junge Reisen weitere, zusätzliche Potenziale bietet. So gab es bereits 1999 auf der ITB in Berlin erste Gespräche zur Weiterentwicklung des Jugendtourismus in Mecklenburg-Vorpommern. Daran nahmen der Tourismusverband Mecklenburg-Vorpommern, Reiseveranstalter, Leistungsanbieter und der Landesverband Mecklenburg-Vorpommern des Deutschen Jugendherbergswerkes teil. Das gemeinsame Ziel lautete, Jugendreisen in und nach Mecklenburg-Vorpommern attraktiver zu gestalten. Ebenso sollte eine Koordinierungsstelle geschaffen werden, die alle Aufgaben bündelt und potenzielle Partner unter einem gemeinsamen Dach vereint.

Um dieses Ziel voranzutreiben, lud der Tourismusverband bereits im November 1999 sämtliche Anbieter von Jugendübernachtungsstätten zu einem ersten Workshop nach Rostock

Reinhard Schwarz
geb. 1951 in Barth / Mecklenburg -Vorpommern, Abschluss der 10. Klasse und Lehre in der Landwirtschaft
1974 Arbeitsaufnahme in verschiedenen Funktionen beim Jugendreisebüro der DDR bzw. Reisebüro der FDJ „Jugendtourist" im Bezirk Rostock. Ab 1987 stellv. Leiter der Bezirksstelle für das Jugendherbergswesen im Bezirk Rostock, ab 1990 Aufbau des Jugendherbergsverbandes in Mecklenburg-Vorpommern e. V., Geschäftsführer bis 2001, ab 2002 Projektleiter der Arbeitsgemeinschaft „Junges Land für Junge Leute" beim Tourismusverband Mecklenburg-Vorpommern für den Bereich Kinder- und Jugendreisen.

ein. Bei diesem Treffen wurden die verschiedenen Aktivitäten zusammengeführt, auch die gemeinschaftliche Vermarktung der Angebote aller Leistungsanbieter wurde beschlossen. Durch dieses gemeinsame Handeln sollten mehr junge Menschen für einen Ferien-, Urlaubs- und Studienaufenthalt in Mecklenburg-Vorpommern gewonnen werden.

Strategisch vorgehen

Im selben Jahr stellte auch die Arbeitsgruppe „Qualitätstourismus Mecklenburg-Vorpommern" aktiv Fragen zum Kinder- und Jugendtourismus in den Raum.

- Gehört Mecklenburg-Vorpommern bereits zu den Marktführern im Kinder- und Jugendtourismus?
- Erfüllen die jugendtouristischen Einrichtungen die Erwartungen der Gäste?
- Sind die Erlebnisangebote im Vergleich zu anderen Bundesländern konkurrenzfähig?
- Ist das Marketing schon optimal?
- Wo liegen weitere Potenziale, und wie können sie erschlossen werden?

Um Antworten auf diese und weitere Fragen zu erhalten, beauftragte die Arbeitsgruppe das Deutsche Wirtschaftswissenschaftliche Institut für Fremdenverkehr e. V. mit der Erarbeitung eines Strategiepapiers zur Entwicklung des Kinder- und Jugendtourismus in Mecklenburg-Vorpommern. Im Dezember 2002 wurde die entsprechende Studie der Öffentlichkeit vorgestellt. Das darin enthaltene Handlungskonzept bot auch interessante Impulse für die zukünftige Entwicklung eines qualitätsvollen Jugendtourismus in Mecklenburg-Vorpommern.

Gezielt vermarkten

In den Jahren 2000 bis 2002 folgte die Einrichtung einer Marketingstelle beim Tourismusverband, die mit Fördermitteln des Wirtschaftsministeriums finanziert wurde.
Die Marketingstelle ging zunächst zwei Aufgaben an:

- die Sammlung von Daten zu den verschiedenen Übernachtungsstätten und
- die Vorbereitung der Herausgabe eines ersten gemeinsamen Jugendreisemagazins.

Dieses Magazin enthielt eine Adresssammlung der Jugendübernachtungsstätten, der verschiedenen Jugendreiseveranstalter sowie zahlreiche Freizeittipps für junge Gäste. Das Jugendreisemagazin erschien 2002 in einer Auflage von 20.000 Exemplaren. Damit erhielten die jungen Reisenden und besonders Schulklassen eine komplette Übersicht zu Angeboten in einem Bundesland. Das war zu diesem Zeitpunkt in Deutschland einzigartig.

Aktivitäten vernetzen

Im Oktober 2002 nahm die Arbeitsgemeinschaft „Junges Land für Junge Leute" des Tourismusverbandes Mecklenburg-Vorpommern in Rostock mit zwei Arbeitskräften in einem Projektbüro ihre Arbeit auf. So konnte die bisher durch die Marketingstelle geleistete Arbeit kontinuierlich fortgesetzt werden. Gefördert wurde dieses Projekt zunächst aus Mitteln des Arbeitsministeriums, seit 2008 durch das Wirtschaftsministerium.

Die Arbeitsgemeinschaft ist keine selbstständige Organisation, sie ist das Netzwerk jugendtouristischer Einrichtungen in Mecklenburg-Vorpommern. Diese Plattform kann einzelne Aktivitäten unterstützen sowie im Interesse aller auf Landesebene agieren.

Zahlen und Fakten aus Mecklenburg-Vorpommern
Laut der Datensammlung der Marketingstelle des Tourismusverbandes definieren sich in Mecklenburg-Vorpommern ca. 271 Einrichtungen als Jugendübernachtungsstätten* oder Jugendunterkünfte:

- 3 Jugendwaldheime
- 15 Schullandheime
- 29 Jugendherbergen
- 61 gewerbliche Einrichtungen
- 164 gemeinnützige Träger / Vereine
- Ca. 75 kirchliche Einrichtungen

Die Einrichtungen stellen insgesamt ca. 22.000 Betten zur Verfügung und beschäftigen ca. 2.500 Arbeitskräfte. Im Jahr 2010 wurden in diesen Häusern ca. 2.780.000 Übernachtungen gezählt.

* + Definition: „Eine Jugendübernachtungsstätte ist eine Beherbergungseinrichtung, die einen jährlichen Belegungsanteil von mehr als 50 % durch Kinder und Jugendliche aufweist." (Praxisleitfaden für Kinder- und Jugendreisen Mecklenburg-Vorpommern, 2005)

Das Engagement des Projektbüros besteht darin, die Leistungsfähigkeit der jugendtouristischen Einrichtungen nachhaltig zu stärken sowie die Vernetzung und die Kooperation bestehender Anbieter und Initiativen verstärkt zu fördern. Das Reiseland Mecklenburg-Vorpommern soll damit noch attraktiver für junge und jugendliche Gäste aus ganz Deutschland sowie weiteren Ländern werden.

Richtlinie der konzeptionellen Arbeit sind dabei die Handlungsempfehlungen, die in der Studie „Kinder- und Jugendtourismus in Mecklenburg-Vorpommern" im Jahr 2002 vorgestellt wurden. Demnach ergeben sich folgende Schwerpunkte:

- berufsbegleitende Weiterbildungsangebote wie Belegungsmanagement, Direktmarketing
- Entwicklung von Jugendreiseprogrammen wie Pauschalprogramme mit mehreren Projektpartnern, Projekttage
- Gemeinschaftswerbung und Öffentlichkeitsarbeit durch Jugendreisekataloge, Internet und Messeauftritte
- seit 2003 Entwicklung des Qualitätsmanagements Kinder- und Jugendreisen in Mecklenburg-Vorpommern im Auftrag des BundesForums
- die Gesundheitsangebote GUT DRAUF

Politisch verankern
Aus den „Gründern" der Initiative „Junges Land für Junge Leute" war das Projektbüro hervorgegangen. Diese Gründer waren und sind bis heute Mitglieder im Beirat beim Tourismusverband Mecklenburg-Vorpommern für das Kinder- und Jugendreisenprogramm. Der Beirat tagt einmal jährlich und bespricht insbesondere Marketingmaßnahmen und setzt Schwerpunkte für die nächste Projektantragstellung.

Auch im Tourismusausschuss des Landtages stand mehrmals das Projekt „Kinder- und Jugendreisen Mecklenburg-Vorpommern" auf der Tagesordnung. Alle Fraktionen im Landtag bekannten sich positiv zur Entwicklung des Kinder- und Jugendreisens in unserem Bundesland als eine Säule der Tourismusentwicklung in Mecklenburg-Vorpommern.

So ist die weitere Entwicklung des Kinder- und Jugendreisens seit 2003 ein beständiger Aspekt in den Tourismuskonzeptionen des Bundeslandes. Bereits 2004 wurden die Anträge der CDU sowie der Koalitionspartner SPD und PDS unter dem Titel „Landesaktionsplan zur Entwicklung des Kinder- und Jugendtourismus in Mecklenburg-Vorpommern" einstimmig angenommen. 2008 wurde von der Fraktion der Linken ein zusätzlicher Antrag zur Weiterentwicklung des Strategiekonzeptes „Kinder- und Jugendtourismus in Mecklenburg-Vorpommern" in den Landtag eingebracht, der ebenfalls beschlossen wurde.

Eine starke Lobby

Unter der Leitung des Wirtschaftsministeriums unseres Landes haben sich seit 2002 das

- Wirtschaftsministerium,
- Sozialministerium,
- Ministerium für Bildung, Wissenschaft und Kultur,
- Ministerium für Ernährung, Landwirtschaft und Verbraucherschutz

zur Zusammenarbeit im Bereich Kinder- und Jugendtourismus in Form einer ständigen Arbeitsgruppe zusammengeschlossen. Die Arbeitsgruppe ergänzen als weitere Mitglieder die wichtigsten Multiplikatoren und Akteure des Kinder- und Jugendtourismus:

- der Tourismusverband
- die AG „Junges Land für Junge Leute"
- der DJH Landesverband
- der Verband der Schullandheime
- der Landesjugendring
- die AWO – Reise gGmbH Kröpelin

Weiterhin nehmen an den Sitzungen Vertreter des Landesforsts und des Landesamtes für Umwelt und Natur teil. Die Arbeitsgruppe dient als interministerielle Kommunikationsplattform zum Thema Kinder- und Jugendtourismus. Inhaltliche Schwerpunkte der AG-Arbeit sind die Begleitung der Umsetzung des Strategiekonzeptes und der Tourismuskonzeption 2010, die Abstimmung der Fördermaßnahmen im investen Bereich von gewerblichen und gemeinnützigen Einrichtungen des Kinder- und Jugendtourismus sowie die Förderung der Netzwerkbildung wie auch der Weiterbildung und Beratung von jugendtouristischen Einrichtungen.

Wirkungsvoll agieren

Die „Arbeitsgemeinschaft Junges Land für Junge Leute" arbeitet bereits mit einer Vielzahl von Jugendunterkünften, Reiseveranstaltern und Erlebnispartnern aus Mecklenburg-Vorpommern zusammen. Um das Segment Kinder- und Jugendreisen noch besser in der Tourismuslandschaft positionieren, hat die Arbeitsgemeinschaft das Projekt „Jugendreisen

Messestand

men, Vereine, Einzelpersonen als Anbieter von Leistungen im Jugendtourismus noch stärker bei der Vernetzung und Kooperation unterstützt werden – insbesondere, wenn es um die Vermarktung von Produkten und Leistungen geht.

Die positive Entwicklung des Netzwerkes zeigt sich besonders an der Beteiligung der Jugendunterkünfte und Erlebnispartner an dem seit 2004 jährlich erscheinenden Jugendreisekatalog Mecklenburg-Vorpommern: Beteiligten sich im Jahr 2004 lediglich 62 Jugendunterkünfte am Katalog, so sind im aktuellen achten Katalog bereits 102 Jugendunterkünfte aus allen acht touristischen Regionen des Bundeslandes aufgeführt.
Weiterhin nutzen 47 Erlebnispartner das Netzwerk und damit auch den Katalog, um sich mit Angeboten im Bereich Kinder- und Jugendtourismus zu präsentieren. Mit insgesamt 182 Programmangeboten hat sich die Anzahl im Vergleich zur ersten Erstellung fast verdoppelt.

Bemerkenswert ist jedoch auch, dass seit fünf Jahren ein besonderes „Themenjahr" für den Katalog mit dem Bildungsministerium abgestimmt und mit entsprechenden Partnern umgesetzt wird. Von Gesundheitsangeboten „GUT DRAUF" über museumspädagogische Angebote bis zu waldpädagogischen Angeboten für 2012 reicht die Palette.

Des Weiteren ist das Kinder- und Jugendreisen auf vielen Veranstaltungen und Messen durch den Tourismusverband, die touristischen Regionalverbände sowie der Fachverbände vertreten. Selbst bei Präsentationen des Bundeslandes durch die Ministerien bzw. die Staatskanzlei ist das Kinder- und Jugendreisen Bestandteil der Ausstellung oder der dargestellten Informationen. Dies konnte nur durch die Zusammenarbeit im Rahmen des Netzwerkes für Mecklenburg-Vorpommern erreicht werden.

Qualität sichern

Im Rahmen der Netzwerkarbeit erlangte zudem die Angebotsqualität eine immer stärkere Bedeutung. Schließlich erwarten Kinder, Jugendliche und junge Erwachsene – so wie andere Gästegruppen auch – von den Beherbergungseinrichtungen, dass sie bestimmten Qualitätsansprüchen genügen. Die Information über vorhandene Merkmale in der Ausstattung und

Gästebetreuung der Häuser übt einen entscheidenden Einfluss auf die Zufriedenheit der jungen Zielgruppen und letztendlich auch auf deren langfristige Bindung an Mecklenburg-Vorpommern aus.

Die Arbeitsgemeinschaft „Junges Land für Junge Leute" startete deshalb im Rahmen des Projektes „Jugendreisen in Mecklenburg-Vorpommern" im Jahr 2004 eine Qualitätsoffensive für Jugendunterkünfte in Mecklenburg-Vorpommern. So wurden verbindliche Qualitätsstandards für Jugendunterkünfte in Mecklenburg-Vorpommern entwickelt, die patentiert wurden und nach denen geprüft wird. Das Qualitätsmanagement Jugendreisen unterteilt sich in zwei Stufen: die Zertifizierung und die Klassifizierung – dabei ist die bestandene Zertifizierung Voraussetzung für die Klassifizierung.

Die Vorteile des Qualitätsmanagements haben in Mecklenburg-Vorpommern zahlreiche Einrichtungen erkannt: Von den 271 Jugendunterkünften haben sich inzwischen 116 von externen Auditoren prüfen lassen.

Vorbildlich vorgehen

Dieses in Mecklenburg-Vorpommern erarbeitete Qualitätsmanagement ist bereits Vorbild für ganz Deutschland: Im Jahr 2007 übergab der damalige Wirtschaftsminister gemeinsam mit der Präsidentin des Landtages, die zugleich Präsidentin des Tourismusverbandes ist, das bereits getestete Qualitätsmanagement Kinder- und Jugendreisen® an das BundesForum für Kinder- und Jugendreisen Deutschland e. V. Die Übergabe erfolgte im Rahmen des ersten Kinder- und Jugendreisegipfels im Bundestag mit dem Ziel, das Qualitätsmanagement aus Mecklenburg-Vorpommern auch in anderen Bundesländern einzuführen. Die Durchführung des Qualitätsmanagements Kinder- und Jugendreisen in den anderen Bundesländern obliegt seit diesem Zeitpunkt dem BundesForum Kinder- und Jugendreisen e. V. In Deutschland wird damit eine wesentliche Lücke bei der Klassifizierung von Übernachtungsstätten geschlossen. Nach Hotels, Ferienwohnungen, Urlaub auf dem Bauernhof, Marinas und vielen anderen können sich Kinder und Jugendliche oder deren Eltern und Lehrer nun auch bei der Buchung von Jugendübernachtungsstätten für geprüfte Qualität entscheiden.

Die Zertifizierung und Klassifizierung erfolgen auf freiwilliger Basis. Wer das Gütesiegel führen will, muss sich strengen Qualitätskontrollen von unabhängigen Prüfern unterwerfen. Grundsätzlich können sich alle Jugendübernachtungsstätten beim BundesForum Kinder- und Jugendreisen e. V. um das Qualitätssiegel bewerben. Und das lohnt sich, denn die Zukunft des Kinder- und Jugendreisens entscheidet sich über die Qualität.

Beispielhaft kooperieren

Ein positives Beispiel für einen gelungenen Jugendtourismus in Mecklenburg-Vorpommern ist beispielsweise das **ruf festivalcamp** auf Rügen: Hier können die Jugendlichen nicht nur während ihres Urlaubes DJ sein, als Band auftreten oder als Musicalstar die Bühne erobern. Sie erkunden auch die Insel, genießen den schönen Naturstrand in Prora und unternehmen weitere Ausflüge in Mecklenburg-Vorpommern. Sie lernen dieses Bundesland damit auf eine sehr emotionale und nachhaltige Art kennen – und verbinden auch später noch positive Erinnerungen mit ihrem Aufenthalt auf Rügen.

Die Qualität dieses Reiseangebotes wurde nicht nur vom TÜV zertifiziert – das **ruf festivalcamp** wurde auch vom Deutschen Tourismusverband mit dem ersten Platz des Deutschen Tourismuspreises 2010 ausgezeichnet.

Fazit und Ausblick

Das Zusammenführen der verschiedenen Akteure und Leistungsträger rund um das junge Reisen hat in Mecklenburg-Vorpommern vieles bewirkt: Hier sind attraktive Angebote entstanden, die durch ihre gezielte Vermarktung die richtigen Zielgruppen und Entscheider erreichen – das beweist unter anderem die positive Veränderung der Buchungszahlen: Berichtete eine Unterrichtung der Landesregierung aus dem Jahr 1998 (Drucksache Nr. 2/3584) noch von 1.130.945 Übernachtungen, die in 158 Einrichtungen mit 9.417 Betten durchgeführt wurden, so konnten im Jahr 2010 ca. 2.780.000 Übernachtungen in 271 Häusern mit ca. 22.000 Betten gezählt werden.

Nach zehnjähriger Tätigkeit des Projektbüros führen wir diesen Erfolg auch darauf zurück, dass wir es als neutrales Projektbüro geschafft haben, dass sich viele verschiedene Träger des Jugendtourismus zusammengefunden haben. Diese Partner haben für Mecklenburg-Vorpommern und damit auch für ihre eigene Tätigkeit nach neuen Wegen gesucht, mehr Kinder und Jugendliche in unser schönes Bundesland zu holen, um auch so ihre Bettenkapazitäten besser auszulasten. Viele Maßnahmen, die wir gemeinsam durchgeführt haben, kann sich eine einzelne Einrichtung finanziell oder auch personell kaum leisten.

Diese Arbeit führte zu gemeinsamen Auftritten gegenüber dem Parlament und der Landesregierung. Dabei wurde die Verschiedenheit der Einrichtungen und der Angebote immer im Auge behalten. Ein Schullandheim blieb ein Schullandheim. Alle Mitwirkenden beteiligten sich gleichberechtigt an den Aufgaben und wurden auch gleichberechtigt dargestellt.

Eine weitere Erkenntnis ist die gewonnene Akzeptanz durch die politischen Gremien. Durch die Darstellung der wirtschaftlichen Bedeutung des Bereiches „Jugendtourismus" in all seinen Facetten (zum Beispiel Umsatz, Arbeitskräfte) erkannte auch die Politik, dass es notwendig war und ist, Kinder und Jugendliche als zukünftige Gäste schon jetzt im Fokus zu behalten. Durch die Anbindung an den Tourismusverband wurde dieses gewährleistet.
Auch im gerade verabschiedeten Marketing- und Kommunikationskonzept der Landesregierung zur zukünftigen Entwicklung des Tourismus in Mecklenburg-Vorpommern wird der Jugendtourismus nicht vergessen, sondern als zu beachtender Markt als Sonderthema beschrieben. Damit wurde eine entscheidende Weiche für die nächsten Jahre gestellt.

Kinder- und Jugendreisen hat aber in unserem Bundesland noch genug Entwicklungspotenzial, das nur über gemeinsame Anstrengungen aller in diesem Bereich Tätigen ausgeschöpft werden kann. Dazu gehören die Häuser, die vielen Erlebnis- und Leistungspartner, aber auch die Verbände und auch die zahlreichen Informationsstellen (zum Beispiel Kurverwaltungen) in Mecklenburg-Vorpommern. Deshalb ist die kontinuierliche Weiterarbeit einer neutralen Koordinierungsstelle für die zukünftige Entwicklung und Vermarktung des „Jugendtourismus" in unserem Land unabdinglich.

www.auf-nach-mv.de/jugend

Das ruf feeling
Oder: Was eine ruf Reise einzigartig macht
Saskia Schiller

„Erlebnisse sind Bewusstseinsvorgänge, in denen der Mensch tief innerlich und ganzheitlich von der Sinn- und Wertfülle eines Gegenstandes ergriffen wird." (Doerr 1952)

„Das war der beste Sommer meines Lebens", erklärt die 16-jährige Lisa ihren Freundinnen, als sie diese nach ihrer 14-tägigen ruf Reise zum ersten Mal wiedersieht.

„Das war der beste Sommer meines Lebens" berichtet auch ein ruf Reiseleiter, als er im nächsten Semester seine Studienkollegen trifft. Für den einen bedeutete der Sommer Arbeit, für die andere Urlaub – doch das so genannte ruf feeling hat sich offensichtlich sowohl bei der Teilnehmerin als auch bei dem ruf Mitarbeiter bemerkbar gemacht: Das Gefühl, das einen Urlaub mit ruf so besonders und einzigartig macht.

Mit welchen Intentionen buchen ruf Gäste ihren Urlaub?

Dieses wunderbare Urlaubsgefühl lässt sich nur erzeugen, weil ruf die Wünsche und Erwartungen der Teilnehmerinnen und Teilnehmer an einen gelungenen Urlaub genau kennt. Und das, obwohl sich durch die sich dynamisch wandelnde Lebenswelt der potenziellen Kundinnen und Kunden auch stets neue Anforderungen ergeben, welche die ruf Gäste und ihre Eltern an den Urlaub und die Betreuung stellen:

- Oftmals handelt es sich um die erste Reise, die ohne die Eltern stattfindet. Deshalb wünschen sich die ruf Gäste und deren Eltern eine gute Betreuung: Die Kinder, Jugendlichen und jungen Erwachsenen erwarten kompetente Teamerinnen und Teamer und nutzen diese als Informationsquelle, als Begleiter und zu ihrer Sicherheit.
- Die Erwartungen an diese Reise ohne Eltern sind hochgesteckt – auch, wenn es um den Preis geht: Der Urlaub soll preiswert sein und zugleich alle Wünsche erfüllen.
- Die Schule beansprucht die Kinder und Jugendlichen enorm, sodass die Zeit für eigene Interessen zu Hause oftmals gering ist. Dazu verschieben sich die realen Erlebniswelten der jungen Leute häufig zugunsten der virtuellen Medienwelt: Anstelle selbst erlebter Abenteuer treten die Fernseh-, PC- oder Filmhelden. Die meisten Jugendlichen wollen deshalb in ihrem Urlaub ganz besonders viel Spaß haben, Partys feiern, ausschlafen und neue Leute kennenlernen: Sie möchten etwas erleben.

Saskia Schiller
M. A. Integrative Heilpädagogik/Inclusive Education. Derzeit Studium der Sonderpädagogik mit den Fächern Deutsch und Philosophie. Außerdem Studium des Erweiterungsfachs „Spiel- und Theaterpädagogik".
Erfahrung in der Jugendarbeit gesammelt während Tätigkeiten bei der evangelischen Kirche, Übungsleitung im Turnverein 1898 Münster e. V. und eines Auslandspraktikums an einer Grundschule in Frankreich im Bereich Integration/Inklusion. Während des Studiums mehrere Jahre bei der Lebenshilfe e. V. (vorwiegend als Integrationskraft in Schulen) beschäftigt. Bei ruf seit 2007 in verschiedenen Jobprofilen tätig.

Es ist also an **ruf**, diese Erlebnisse für die Teilnehmerinnen und Teilnehmer zu schaffen und gemeinsam mit ihnen einen unvergesslich schönen Urlaub zu gestalten. Dazu gehört zum Beispiel das Versprechen, dass jeder bei einer **ruf** Reise schnell Kontakt findet und neue Leute kennenlernen wird. Diese Aussage motiviert Kinder, Jugendliche und junge Erwachsene, auch allein ihre Reise anzutreten.

Wie werden nachhaltige Erlebnisse erreicht?

ruf bietet allen potenziellen Kundinnen und Kunden ein altersgerechtes und interessengeleitetes Reiseangebot. Hier findet jeder Gast seine ganz persönliche Traumreise in Deutschland, Europa oder weltweit. Auch die Form der Anreise und der Unterbringung lässt sich den individuellen Vorstellungen leicht anpassen: von der Bus- bis zur Fluganreise und vom Campurlaub bis zur Unterbringung im Viersternehotel ist jede Reiseform möglich. Zum Erfolg unserer Reisen tragen aber vor allem die sozialen und erlebnisorientierten Faktoren bei – und ebenso die Teamerinnen und Teamer, die in der hauseigenen **ruf akademie** ausgebildet werden.

Gut ausgebildete Teamerinnen und Teamer

Die Teamerinnen und Teamer haben zum Teil selbst bereits an einer **ruf** Reise teilgenommen und dabei erfahren, wie viel Spaß ihre Teamer an dem Job hatten. Andere bewerben sich, weil sie große Lust verspüren, den Jugendlichen einen wunderbaren Urlaub zu bescheren und mit ihnen einen unvergesslichen Sommer zu erleben. Die Begeisterung für den Einsatz im Sommer wird während der Ausbildung in der **ruf akademie** weiter gesteigert: Dort werden viele Situationen, die während des Arbeitseinsatzes im Urlaubsort auftreten können, zum Seminarinhalt erklärt. Teile der Reise werden so bereits während der Seminare erlebt, wobei die anderen Seminarteilnehmerinnen und -teilnehmer die Rollen der Gäste einnehmen und so in den Urlaub eintauchen. Wie kann eine Begrüßung am Bus aussehen? Welche Elemente stärken vor Ort das Gruppenfeeling? Wie wird eine erfolgreiche Abschlussshow gestaltet? Wie steigert man den Wohlfühl- und Spaßfaktor? Diese Fragen beantworten sich für alle neuen Teamerinnen und Teamer in der realitätsnahen Ausbildung. Und so wie im Sommer bringen auch hier die Seminarinhalte die Menschen miteinander in Kontakt: Sie arbeiten gemeinsam an einem Ziel, testen ihre Grenzen aus, fungieren als Darsteller auf einer Bühne, oder bringen sich backstage als Regisseur, in der Maske oder der Technik ein. Auf diese Weise wird das Ausbildungsseminar zur Generalprobe und bietet einen Vorgeschmack für den späteren Einsatz vor Ort.

Und nach diesen intensiven Ausbildungstagen wird deutlich, welches Gefühl die **ruf** Gäste am Ende ihres gemeinsamen Urlaubs erwartet: Auch bei den Seminarteilnehmerinnen und -teilnehmern fließen beim Abschied Tränen, weil sie es kaum erwarten können, die neu gewonnenen Freunde und Mitteamer bald wiederzusehen. Dieser Tag lässt in der Regel nicht lang auf sich warten: Die nächste Station für die frisch ausgebildeten Mitarbeiterinnen und Mitarbeiter ist der sogenannte Destitag. Hier lernen sie zum ersten Mal ihr Team kennen, mit dem sie vor Ort arbeiten werden. Der Chefreiseleiter oder die Chefreiseleiterin stehen für offene Fragen zur Verfügung. Die Animateure versuchen, die Interessen der Mitarbeiterinnen und Mitarbeiter zu erkunden, um das Programm im Sommer auch an deren Können anzupassen. Hinzu kommt jede Menge Spaß – von kleinen Kicks in den einzelnen Teams über Fotoshows aus den letzten Jahren bis zur gemeinsamen Party am Abend. So fahren alle mit vielen neuen Eindrücken nach Hause und freuen sich auf ihren Einsatz in der Destination.

Gruppengefühl von Anfang an

Auch bei den meisten **ruf** Gästen ist nach der Buchung die Vorfreude auf den Urlaub bereits sehr hoch. Vor ihrem Urlaub haben sie schon die Möglichkeiten genutzt, sich mit anderen Reisenden über die **ruf** Community und die anderen soziale Netzwerken auszutauschen, Kontakte zu knüpfen und sich auf die gemeinsame Urlaubszeit einzustimmen. Und wenn sie dann an ihrem Urlaubsort ankommen, laden ihre Teamerinnen und Teamer sie direkt zu einem Meeting ein. Bei diesem ersten Treffen lernen die **ruf** Gäste nicht nur die übrigen Teilnehmerinnen und Teilnehmer kennen. Dort erfolgt auch die Einteilung der Zelte oder der Zimmer durch den zuständigen Chefreiseleiter, der Buchungswünsche sowie gruppendynamische Aspekte wie zum Beispiel Alter und Geschlecht berücksichtigt. Bei dem Meeting erhalten die ruf Gäste zudem wichtige Informationen über den Urlaubsort, sie erfahren die Regeln für das gemeinsame Miteinander und entdecken die verschiedenen Programmbausteine. Ein passendes Kennenlernspiel rundet den formellen Teil ab, fördert die Kommunikation und ermöglicht bereits ein erstes Beschnuppern der Gäste untereinander.

Während des gesamten Urlaubs wird das tägliche gemeinsame Meeting beibehalten. In diesem Rahmen erfragen die Teamerinnen und Teamer, wie es den einzelnen Teilnehmerinnen und Teilnehmern in ihrem Urlaub geht und welche Unternehmungen sie sich wünschen – auch gemeinsame Aktionen werden geplant. Das Meeting bietet allen Gästen eine geeignete Plattform, um sich in ihre Gruppe einzufinden, Beziehungen herzustellen und sich zugehörig zu fühlen. Sollte es Probleme geben, finden die Teamerinnen und Teamer Möglichkeiten, diese zu beseitigen. Sie integrieren mögliche Außenseiter und leben die Normen und Werte des Zusammenseins vor.

Eine optimale Betreuung

Die Teamerinnen und Teamer stellen in ihrer Gruppe die ersten Bezugspersonen aller Jugendlichen dar. Sie wohnen im selben Villagio, Hotel oder in einem Nachbarhotel und haben selbstverständlich auch über die tägliche Meetingzeit hinaus stets ein offenes Ohr für die Wünsche ihrer Teilnehmerinnen und Teilnehmer. Da sie ohnehin viel Zeit mit den Gästen verbringen, können häufig Probleme schon vor dem Auftreten erkannt und umgangen werden. Sollte der Teamer einmal allein keinen Rat parat haben, steht hinter ihm ein Team, das problemlösungsorientiert und kompetent beraten kann: Dieses Team besteht nicht nur aus Chefreiseleiter und Animateur, sondern auch aus Menschen, die viele Specialjobs übernehmen. Sie sorgen zum Beispiel als Cookies für das gute Essen oder als Nachtwächter für die Sicherheit der Gäste. Das gesamte Team steht ebenfalls den **ruf** Gästen zur Verfügung. Alle Teilnehmerinnen und Teilnehmer finden also rund um die Uhr einen aufmerksamen Ansprechpartner, den sie aufsuchen und mit dem sie sich austauschen können.

Die Teamerinnen und Teamer haben in ihrem Job neben vielen anderen eine wesentliche Aufgabe: Sie sorgen für die Sicherheit der Gäste. So ist es ein Muss für jeden Mitarbeiter, über das Jugendschutzgesetz und die landesspezifischen Gesetze Bescheid zu wissen, im Meeting darüber aufzuklären und darauf zu achten, dass diese eingehalten werden. Die Teamerinnen und Teamer handeln jederzeit verantwortungs- und pflichtbewusst. Die Gäste haben zwar den Raum, sich auszuprobieren, zum Beispiel indem sie allein Städte erkunden oder das Nachtleben kennenlernen – sie erhalten dafür aber positiv formulierte Regeln, welche die Sicherheit der Gäste gewährleisten.

Die übergeordnete Motivation aller Mitarbeiter vor Ort ist es, für das Glück und die Zufriedenheit der Teilnehmerinnen und Teilnehmer zu sorgen, mit ihnen gemeinsam Spaß zu haben. Wer am Ende des Urlaubs vor einem Bus mit weinenden Teilnehmern steht und selbst die Tränen nicht zurückhalten kann, hat seinen Job gut gemacht und kann sicher sein, dass es für die **ruf** Gäste ein unvergesslicher Urlaub war.

Ein interessengeleitetes Programm

Das erste große Event des Urlaubs ist die Infoshow, die direkt am Ankunftsabend stattfindet: Bereits während dieser Show erleben die Teilnehmerinnen und Teilnehmer das Wir-Gefühl, sie identifizieren sich als Gruppe. Zugleich ist die Infoshow der Infotainment-Einstieg in einen gelungenen Abend, denn das weitere Programm ist je nach Destination unterschiedlich: Die einen erkunden mit ihren Teamerinnen und Teamern schon einmal die örtlichen Diskotheken, die anderen sitzen gemütlich am Lagerfeuer und genießen den Sternenhimmel …

Das weitere Urlaubsprogramm gestaltet sich nach dem Motto „Alles kann – nichts muss": Die **ruf** Gäste entscheiden selbst, wie viel sie mitmachen und erleben möchten. Sport, Ausflüge, Workshops oder Kultur: Das und mehr ist möglich. Dabei ist ein motivierter Teamer das A und O einer jeden Animation. Denn nur wer selbst Spaß an der Sache hat, wirkt authentisch und kann so andere begeistern.

Persönliche Talente entdecken

Deshalb werden die Workshops nach den persönlichen Stärken der einzelnen Mitarbeiterinnen und Mitarbeitern besetzt. Und der Kreativität sind keine Grenzen gesetzt: Das reichhaltige Workshopprogramm umfasst zum Beispiel von „Shuffeln" – einem Tanzstil aus den neuesten Videoclips – bis zu Perlentiere basteln oder dem Wellnessday einfach alles, was die Gäste einmal ausprobieren wollen. Oftmals werden so viele Angebote unterbreitet, dass die Teilnehmerinnen und Teilnehmer sich sogar entscheiden können, an welchem Workshop sie gerade am liebsten teilnehmen möchten. Und ist der Teamer mit Spaß bei der Sache, wird sogar ein Meditationsworkshop am Strand mit 25 „oohmmm"-summenden Jugendlichen zum vollen Erfolg – selbst wenn sich diese Gäste in einer Partydestination befinden und den Strand eigentlich vorwiegend zum Chillen benutzen möchten.

Spannende Ausflüge erleben

Darüber hinaus nehmen die Ausflüge im Urlaub ein geraumes Zeitfenster ein. Diese werden ebenfalls im Vorfeld so gut organisiert, dass die Teilnehmerinnen und Teilnehmer weitestgehend selbstständig agieren können. Sie lernen neue Städte kennen, genießen Bootstouren an den Küsten, erkunden auf Mountainbikes die nähere Umgebung oder tauchen auf andere Weise in die idyllische Natur ein. Und bei all diesen Erlebnissen stehen ihnen natürlich wiederum ihre Teamerinnen und Teamer als kompetente Reiseführer, Shoppingberater oder auch einfach als Begleitung zur Seite.

Bis in den Abend reichen die Angebote für ein interessantes und altersentsprechendes Programm. Diese haben sich im Laufe der Jahre immer wieder verändert – analog zu den sich ändernden Lebenswelten und den Wünschen der Teilnehmer: Wurde noch vor einigen Jahren der „Heartbreakersball" oder die „Fisch-sucht-Fahrrad-Party" veranstaltet, so werden heute auf einer Facebook-Party Kontakte geknüpft. So wird das virtuelle Freundesammeln im Urlaub zu einem realen Flirtevent.

Gut geschützt Neues wagen

Das gesamte Programm trägt dazu bei, dass sich die **ruf** Gäste ihrer Gruppe zugehörig fühlen und die Gemeinschaft als einmalig erleben. Dabei bringen die Angebote und erlebnispädagogischen Einheiten auch die Möglichkeit mit sich, die eigenen Kompetenzen zu erweitern und sich selbst in einem neuen Umfeld auszuprobieren. Ganz gleich, ob ein Teilnehmer auf der Abschlussshow tanzt, die Musical-Show unterstützt oder durch andere Aktivitäten seine eigenen Grenzen erprobt: Er wagt dies in einem geschützten Raum, in dem man ihm mit Respekt begegnet und in dem schon der reine Mut belohnt wird.

Das Fazit

Es sind viele Faktoren, die das besondere **ruf** Feeling ausmachen. Anreise, Unterkunft und Verpflegung spielen dabei eine vergleichsweise untergeordnete Rolle. Es ist vielmehr das Gefühl des Angenommenseins, das die gute Stimmung aller **ruf** Gäste prägt: Außenseiter gibt es nicht – das Gegenteil ist der Fall: Hier bietet sich die Chance, bei einer Reise neue Freunde kennenzulernen und die schöne Gemeinschaft in einer Gruppe zu erleben. Zugleich wird jeder Einzelne durch das Programm und durch die vielfältigen Angebote dazu ermuntert, die eigenen Talente zu erkennen und zu fördern oder neue, trendige Freizeitangebote kennenzulernen und zu erproben. In einer gut funktionierenden Gemeinschaft bestärken sich die Gäste dabei gegenseitig: So lassen sich Ängste vor einer unbekannten Situation – wie zum Beispiel ein Auftritt bei der Abschlussshow – bestens meistern.

Die sehr gut ausgebildeten Teamerinnen und Teamer begleiten dabei nicht nur den Prozess der Gruppenfindung aktiv: Sie haben in ihren Ausbildungsseminaren gelernt, sich in die Teilnehmerinnen und Teilnehmer hineinzuversetzen – und diese Empathie sorgt vor Ort dafür, dass sich die Gäste bestmöglich verstanden fühlen. Zudem reißen die Teamerinnen und Teamer durch ihre motivierende Art und ihre Persönlichkeit mit. Ein Event mit ihnen will niemand verpassen. Und da die Mitarbeiter einen sehr nahen und direkten Kontakt zu ihren Teilnehmern pflegen, wissen sie bei der weiteren Programmgestaltung, was diese wünschen, und können deren Interessen berücksichtigen.

Ganz sorglos Spaß haben, Neues ausprobieren, Grenzen testen, in neue Kulturen eintauchen – und das in schöner Umgebung, mit vielen neuen Freunden: Das ist es, was die **ruf** Gäste begeistert, und so vergeht die gemeinsame Zeit wie im Flug.
Und die Teamerinnen und Teamer erleben, wie die Gruppe zusammenfindet, wie alle immer mehr zusammenwachsen. Sie spüren, dass sie mit ihrer Person überzeugen und sehen, dass sich ihr Engagement lohnt. So ergibt sich für beide Seiten – für die **ruf** Gäste sowie für die Mitarbeiterinnen und Mitarbeiter vor Ort - der beste Sommer ihres Lebens.

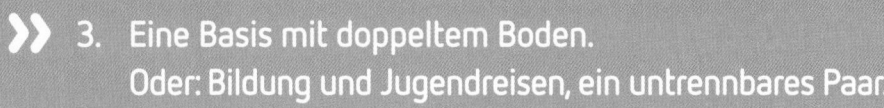

3. Eine Basis mit doppeltem Boden.
Oder: Bildung und Jugendreisen, ein untrennbares Paar.

Lernfeld Jugendreisen

Die neue Rolle des Pädagogen in inszenierten, erlebnisorientierten Bildungsräumen

Prof. Dr. Renate Freericks

In den vergangenen Jahren ist Bewegung in die Bildungs- und Tourismuslandschaft gekommen. Das informelle Lernen außerhalb tradierter Bildungsinstitutionen wie Schule und Weiterbildungseinrichtungen hat einen zunehmend hohen Stellenwert gewonnen. Erlebnisorientierte, inszenierte Bildungsräume sind entstanden, die auch das Lernen auf Reisen in einem neuen Licht erscheinen lassen. Die Wissenschaft spricht von einer Entgrenzung des Lernens. Mit den neuen, inszenierten Räumen und Lernfeldern entstehen aber auch neue Anforderungen an die Didaktik und die Vermittlungspersonen. Welche Rollen übernimmt der Pädagoge oder die Pädagogin? Welche der Reiseleiter und die Reiseleiterin? Welche der Jugendteamer? Sind sie Lehrer, Edutainer oder Gestalter?

Auf betreuten Jugendreisen geht es um eine bewusste Gestaltung bzw. Inszenierung von Erlebnisräumen und -angeboten, um Stimmungen, Eindrücke, Bilder und Erinnerungen bei den Teilnehmerinnen und Teilnehmern hervorzurufen. Dabei geht es um eine Emotionalisierung von Themen, um eine Verpackung in Geschichten, eine sinnliche Ansprache der Teilnehmerinnen und Teilnehmern und um neue Formen eines informellen Lernens in Freizeitzusammenhängen. Inszenierung bedient sich hierzu verschiedener Medien, setzt auf Raumgestaltung, aber auch auf Formen der personalen Ansprache, wie zum Beispiel Show und Animation.

Der folgende Beitrag befasst sich mit den didaktischen Herausforderungen durch erlebnisorientierte Kontexte und den Rollen von Pädagoginnen und Pädagogen in den neuen, erlebnisorientierten Lernfeldern. Dabei wird von der These ausgegangen, dass insbesondere auf Jugendreisen der personalen Vermittlung eine besondere Bedeutung zukommt. Ebenso ist von einer funktionalen Ausdifferenzierung des pädagogischen Rollenhandelns im Zuge der weiteren Entwicklung auszugehen. Nicht zuletzt auch die neuen medialen Voraussetzungen (Social Media) verändern die Aufgaben der Reiseleiterinnen und Reiseleitern.

Prof. Dr. Renate Freericks
Jahrgang 1961, Dr. phil., Professorin im Lehr- und Forschungsschwerpunkt Pädagogische Freizeit- und Tourismuswissenschaft.
Forschungsschwerpunkte: Freizeit- und Tourismusforschung, informelles Lernen, Zeitforschung. Studiengangsleiterin des „Internationalen Studienganges Angewandte Freizeitwissenschaft" (ISAF) an der Hochschule Bremen, Vorsitzende des Instituts für Freizeitwissenschaft und Kulturarbeit (IFKA) e. V., stellv. Vorsitzende der Kommission pädagogische Freizeitforschung der Deutschen Gesellschaft für Erziehungswissenschaft (DGfE), Mitherausgeberin der Zeitschrift Spektrum Freizeit und der Bielefelder Jugendreiseschriften.

1. Erlebnisorientierte Lernfelder

Hintergrund der Ausdifferenzierung der pädagogischen Rollen bildet eine Entwicklung in postmodernen Gesellschaften, die von der Erziehungswissenschaft als Entgrenzung des Lernens und als eine Zunahme von Selbststeuerung im Bildungssektor beschrieben wird. Lernen im sozialen Umfeld, also im Freizeitsektor, erfährt dabei eine Aufwertung – teilweise als Ergänzung anderer, formaler Lernorte, mitunter aber auch als ein Faktor der Innovation. Und es entwickeln sich neue Bildungsräume, die als „erlebnisorientierte Lernorte bzw. -felder" gekennzeichnet werden können. Diese Lernfelder mit einem hybriden Angebot aus Bildung und Unterhaltung stellen das Tätigkeitsfeld der „neuen Lernhelferinnen und -helfer" dar. Sie sind Kontext für eine wachsende Gruppe von professionellen Akteurinnen und Akteuren, welche die Lernfelder mitgestalten, Programme entwickeln, Teilnehmerinnen und Teilnehmer beraten sowie zur Nutzung der vielfältigen Lernchancen animieren. Der Kontext für pädagogisches Handeln verändert sich und damit die vorherrschenden Rollen für die Beteiligten.

Bereits in den 1960er Jahren ist das in der Erziehungswissenschaft und im Tourismus allseits bekannte Buch „Pädagogik des Jugendreisens" von Giesecke/Keil/Perle erschienen. Mit der Faksimile-Auflage im Jahr 2002 im Rahmen der Bielefelder Jugendreiseschriften (Band 5) wurde der nach wie vor hohen Aktualität einiger Themenbereiche gewürdigt. Die Forderung am Ende des Buches nach einer Qualifizierung der Reisebetreuung ist vor dem Hintergrund der veränderten Lernfelder aktueller denn je. Interessant für das Lernen im Jugendtourismus sind die kritischen Ausführungen zum Lernzwang auf traditionellen Jugendreisen und die Folgerung: „Der moderne Tourismus ist insofern Gegenstand der Pädagogik als er ein Lernfeld darstellt, in dem spezifische Erfahrungen möglich sind, die aus den emanzipatorischen Tendenzen des touristischen Systems resultieren" (Giesecke; Keil; Perle; 2002, S.73). In diesem Kontext wird Pädagogik auch bereits als Dienstleistung aufgefasst (ebd. S. 142). Pädagogik erscheint als eine Art Angebotspädagogik. Die Teilnahme an den Angeboten ist freiwillig. Für das Gelingen der Reise und die Zufriedenheit der Teilnehmerinnen und Teilnehmer ist das „Team", die Reiseleiterin, der Reiseleiter mit einer hohen Serviceorientierung von zentraler Bedeutung.

Mit dem ersten Band der Bielefelder Jugendreiseschriften (Korbus et al., 1997) „Jugendreisen vom Staat zum Markt" wurde dem Dienstleistungs- und Servicegedanken im Jugendtourismus besondere Aufmerksamkeit geschenkt. Die Veränderung der Rolle des klassischen Jugendbetreuers zum Reiseleiter und dessen Professionalisierung wurde unter anderem thematisiert. Der Jugendliche bzw. der Nachfrager mit seinen Wünschen entscheidet über die Angebotsgestaltung auf dem Jugendreisemarkt in besonderer Weise. Welch hohe Bedeutung der Kundenzufriedenheit im Jugendtourismus zukommt, die sich unter anderem im Spaß- und Erlebnisfaktor auf der Reise widerspiegelt, zeigen die Analysen im Band 3 der Bielefelder Jugendreiseschriften (Porwol, 2001). Deutlich zeigt sich, dass die Erlebnisorientierung in der sogenannten Erlebnisgesellschaft einen zentralen Zufriedenheitsfaktor ausmacht. Kritisch wird die Pädagogik der Postmoderne zur neuen Bescheidenheit aufgerufen (Fromme/Freericks, 1997) und das planerische, reiserechtliche und wirtschaftswissenschaftliche Know-how der Mitarbeiterinnen und Mitarbeiter im Jugendtourismus im Sinne einer Qualität des Jugendreisens gefordert.

Diese eher aus erziehungswissenschaftlicher Sicht geführte Diskussion lässt sich in Anlehnung an Pine/Gilmore (1999) mit den Entwicklungsstufen zu einer Experience Economy auch aus ökonomischer Perspektive nachvollziehen.

Abb. 1
Quelle: Freericks et al., 2005, S.112 in Anlehnung an Pine/Gilmore 1999

Deutlich wird, dass die Bereitstellung von Gütern/Produkten (wie Anreise, Unterkunft und Verpflegung im Reisemarkt) sowie ein guter Service heute nur die Basis für ein erfolgreiches Produkt im Freizeit- und Tourismusdienstleistungssektor darstellen. Das erwünschte und angestrebte Ziel sind vielmehr positive Erlebnisse und Erinnerungen, etwas, das im Teilnehmenden selbst entsteht. Die Ökonomen Pine/Gilmore stellen am Ende ihres Buches aber selbst die Frage: „Was kommt nach Erlebnis?" Was kommt als neue Idee, als neuer Sektor für die ökonomische Entwicklung? Die Figur, die sie dann präsentieren, ist noch weitaus pädagogischer als ihre bisherigen Überlegungen zu Erlebnismöglichkeiten. „Guide Transformations" meint offenbar, Menschen bei ihrem Veränderungsprozess zu begleiten und ihnen Erlebnisse und Unterstützung anzubieten, die sie für ihre Lernprozesse wünschen. Gedacht ist dabei ebenfalls an eine anhaltende, nachhaltige Wirkung von Erlebnissen. Wie immer man weitreichende Hoffnungen auf Veränderung, Lerneffekte durch Freizeit- und Reiseerlebnisse bewerten mag, Beobachtungen und Studien zeigen: Nicht nur Eltern sehen sie als lernförderlich an. Und dies könnte mit ausschlaggebend für Reiseentscheidungen sein – nicht nur für minderjährige Jugendliche, sondern auch für Twens, die sich möglicherweise im Sinne eines Mehrwertes ebenfalls neue Erlebnisse/Erfahrungen auf Reisen wünschen, unterstützt durch eine qualifizierte Begleitung.

Veränderung, Transformation und Lernen zu ermöglichen, wird auch Aufgabe des ökonomischen Systems, so lässt sich folgern, nicht nur des Staates. Bildung und Freizeit, Lernen, Spaß und Geselligkeit auf Reisen bilden keine Gegensätze mehr, sondern ergänzen sich gegenseitig.

In erlebnisorientierten Lernfeldern, wie auf betreuten bzw. begleiteten Jugendreisen, gehen

Lernen, Erlebnis und Konsum eine neue Mischung ein. Sie bieten einen Freiraum für eigene Erkundungen und regen die Teilnehmerinnen und Teilnehmer an, sich mit bestimmten Themen zu beschäftigen. Sie sind gleichzeitig Orte für Spaß, Unterhaltung und Geselligkeit. Dies ist ihr vorherrschender soziokultureller Kontext. Beides schließt sich nicht aus. Auch in den Teilnahmewartungen an die Reisen kommen Aspekte von Unterhaltung und Lernanregung vor. Deutlich wird: In der nachindustriellen Gesellschaft entwickeln sich neue Bildungsräume. Schule und Weiterbildung sind nicht alles. Lernbedürfnisse nach Erfahrungen mit Kopf, Herz und Hand richten sich auch an Veranstalter im Freizeit- und Tourismusbereich. Grenzüberschreitungen führen zu hybriden Ansätzen aus Bildung und Unterhaltung. Sie machen vielfach den Reiz neuer, inszenierter Lernfelder aus.

Erlebnisorientierte Lernfelder sind eine Antwort der Wissensgesellschaft auf neue Anforderungen an die Wissensaneignung und den Wissenstransfer. Sie reagieren möglicherweise auch auf einen Trend der Überfülle an verfügbaren Informationen, bündeln, setzen thematische Schwerpunkte, geben eine neue, profilierte Topografie des Lernens und ermöglichen zugleich eine individuelle Prioritätensetzung und Selbststeuerung. Für sich relevantes Wissen zu finden, wird zur neuen Aufgabe in der Wissensgesellschaft, und dies könnte und sollte vielleicht auch in einem geselligen Rahmen und auf Reisen möglich sein − nicht nur auf der Schulbank.

Unterstützt wird diese Perspektive von der neurobiologischen Forschung:
· Lernen ist nicht gebunden an die Institutionen des Lehrens,
· sondern ist eine individuelle Leistung des Gehirns,
· kann aber durch äußere Bedingungen angeregt und gefördert werden
· und ist vom Erleben nicht prinzipiell zu trennen.

Das Gehirn geht in der Freizeit und auf Reisen eben nicht auf Stand-by, sagt der Gehirnforscher Manfred Spitzer und ermutigt dazu, die Lernchancen von Freizeit-Erlebniswelten offensiver zu vertreten (Spitzer, 2002). Daran kann man anknüpfen, neue Möglichkeiten gestalten und Perspektiven für ein Erfahrungslernen im Jugendtourismus entwerfen. Die Lernchancen umfassen dabei:

· Erinnerungen an eigenes Tun und Erleben
· Neues Wissen, Verknüpfungen, Regeln
· Selbsterfahrung und neues Handeln
· Wandel von Einstellungen und Emotionen

Unterschiedliche Ausprägungen und Schwerpunktsetzungen sind hierbei zu vermuten. Insgesamt sind Jugendreisen ein Schlüssel zum Bildungsraum. Interesse an Themen wird geweckt und kann zu formaler Bildung oder zu einem weiteren informellen Lernen führen.

Deutlich wird: Neue Kontexte und Beschäftigungsfelder für Pädagoginnen und Pädagogen entstehen heute außerhalb eines überwiegend staatlich verantworteten Bildungssystems. Die darin agierenden Pädagoginnen und Pädagogen müssen sich stärker als andere im Sinne einer Dienstleistung an den „Kundenbedürfnissen" ausrichten und wirken an einer attraktiven Ausgestaltung von Freizeit-Erlebnisräumen maßgeblich mit. Während in traditionellen Bildungsräumen ein pädagogischer Handlungsrahmen durch Gesetze, Richtlinien und Lehrpläne geordnet erscheint, entwickelt sich in den neuen Kontexten ein Handlungsrahmen von den angestrebten subjektiven Erlebnissen der Teilnehmerinnen und Teilnehmer her. Wie lassen sich diese Situationen, in denen Pädagoginnen und Pädagogen sowie Jugendreiseleiterinnen und -leiter tätig werden, genauer analysieren?

2. Lernszenarien als neuer Handlungsrahmen

Die Vielfalt der realisierbaren Inszenierungen im Lernfeld Jugendreisen lässt sich mit Bezug auf das von Pine/Gilmore (1999) vorgeschlagene Vierfeldermodell des Erlebnisraums kennzeichnen. Szenarien können eher kognitiv oder emotional ausgerichtet sein. Kognitiv dominierte Ansätze zielen auf das Aufnehmen neuer Informationen (zum Beispiel neues Wissen zum Thema Ernährung erlangen), emotionale Szenarien ermöglichen das Eintauchen in Gefühlswelten (bei liebevoller, detailreicher Gestaltung von Räumen). Szenarien können als weitere Dimension dieses Modells eine eher passive oder aktive Beteiligung der Teilnehmerinnen und Teilnehmer vorsehen. Bei einer passiven Beteiligung sind die Teilnehmer Betrachter, Zuschauer und Publikum. Sie sind Flaneure in der Vielfalt des Angebots und nehmen hier und da neue Eindrücke wahr. Bei einer aktiven Beteiligung werden die Teilnehmerinnen und Teilnehmer viel stärker in das Szenario einbezogen. Sie bauen, probieren, testen, experimentieren und spielen (zum Beispiel bauen sie beim Thema Piraten auf einer Jugendreise ein Floß). Die Kombination beider Dimensionen zeigt Perspektiven in vier Denkrichtungen.

Abb. 2
Quelle: Freericks et al., 2005a, S. 312 in Anlehnung an Pine/Gilmore 1999

Gute, ergänzende Lernszenarien haben einen Bezug zum Reiseort, zum Jugendcamp, sie sind nicht losgelöst von den Themen, Objekten, Möglichkeiten am Ort. Sie haben aber auch einen Bezug zu gesellschaftlichen Zukunftsfragen und zur Lebenswelt der Teilnehmerinnen und Teilnehmer. Sie bereichern die Lern-Erlebnis-Situation, machen sie vielfältiger, interessanter und komplexer. Randbedingung ist auf jeden Fall die freiwillige Teilnahme sowie

ein Gestaltungsspielraum für die Nutzerinnen und Nutzer. Ein formalisiertes Schulungs-
programm bleibt ausgeschlossen. Es gibt aber eine Modellierung des selbstgesteuerten
Lernens. Es bietet Anregungen, unterschiedliche Zugänge und aktive Beteiligungsmöglich-
keiten. Schließlich ermöglichen gute, ergänzende Angebote auch eine Vernetzung von Er-
fahrungsmöglichkeiten, schlagen Brücken zu anderen Institutionen, Medien und Aktivitäten.
Vier Gruppen von praktischen Szenarien lassen sich dabei gut unterscheiden:

- Arrangement von Räumen, Situationen
- Events, Shows
- Personale Vermittlung: Animation, Show, Workshop
- Lern-, Infomaterialien (vorher, während, nachher)

3. Transformation bekannter pädagogischer Handlungsformen

Die vier Gruppen von Handlungsszenarien deuten bereits die didaktischen Herausforderungen und Aufgaben des Pädagogen in Freizeitlernkontexten bzw. im Lernfeld Jugendreisen
an. Auf einer allgemeinen didaktischen Ebene (vgl. Abb. 3) lassen sich drei Konzepte unterscheiden: eine Unterrichtsdidaktik erscheint bestimmend für das Geschehen in Schule und
Weiterbildung. Bildung ist der vorherrschende Kontext. Demgegenüber findet sich in allgemeinen Freizeitsituationen eine ereignisgesteuerte, situative Didaktik. Unterhaltung ist hier
der vorherrschende Kontext und bestimmt das primäre Interesse, das erst durch geeignete
Interventionen ergänzt wird. Davon abgrenzen lässt sich eine organisierte Erlebnisdidaktik.
Sie hat als Kontext komplexe Erlebniswelten, wie zum Beispiel das frühere Micky Maus
Camp von **ruf**. Kennzeichnend sind Mischformen aus Bildung und Unterhaltung und eine
besondere Inszenierung von Erlebnis- und Bildungsräumen. Mit einer vorgedachten „Dra-
maturgie" für ein erlebnisreiches Lerngeschehen grenzt sich dieser außerschulische Lernort
von rein situativ bestimmten Lernorten im weiten Feld der Lebenswelt ab.

Abb. 3
Quelle: Freericks, 2011, S. 8

Nach Giesecke umfasst die Freizeitpädagogik „alle planmäßigen, absichtsvollen Lernangebote (…), die den Menschen in ihrer Freizeit gemacht werden – gleichgültig, ob sie das dabei Gelernte für ihre Berufstätigkeit oder für ihre Freizeit verwenden" (Giesecke, 1997, S. 143). Es ist dabei unwichtig, ob kommerzielle oder gemeinnützige Einrichtungen als Anbieter auftreten. Die freizeitpädagogischen Angebote sind Teil des Freizeit- und Bildungsmarktes. Insofern werden spezifische Anforderungen an das pädagogische Handeln gestellt.

Nach Hermann Giesecke sind Pädagoginnen und Pädagogen „professionelle ‚Lernhelfer'" (ebd., S. 15), die Lernen für jedwede Altersgruppe ermöglichen. Er unterscheidet fünf pädagogische Handlungsformen, die je nach situativem Kontext zum Einsatz kommen können: Unterrichten, Informieren, Beraten, Arrangieren und Animieren.

Unterrichten in Erlebnisworkshops
Unterrichten wird insbesondere im schulischen Kontext genutzt. Doch auch in Lernszenarien auf Jugendreisen kann diese Handlungsform transformiert werden. So finden wir sie unter anderem in Sprach-, Tanz-, Kreativ- oder Kochworkshops oder bei Stadterkundungen auf Jugendreisen. Die Vermittlung kultureller Techniken, das Kennenlernen neuer Orte erscheint als Lernziel. Der traditionelle Gästeführer bzw. Reiseleiter tritt in neuer Rolle in Erscheinung. Es werden hohe Anforderungen an eine unterhaltsame und animative Vermittlung gestellt.

Informieren als eigene Attraktion
Das Informieren ist immer auf die aktuelle Situation bezogen, denn „wir brauchen Informationen, um uns in einer Situation richtig, angemessen oder wunschgemäß verhalten zu können" (ebd., S. 84). Informationen vor der Reise, online, zu Beginn der Reise, bei der Begrüßung am Urlaubsort durch die Teamerinnen und Teamer helfen bei der Orientierung im Camp, im Hotel, am Urlaubsort. Sie schaffen Möglichkeiten des Kennenlernens und der Akzeptanz der Regeln im sozialen Umgang miteinander. Durch eine neue Form des Infotainments, einer Vermischung von Design und Thema (Selbstinszenierung des Teamers, Inszenierung des Camps etc.) werden Inhalte auf unterhaltsame Weise präsentiert.

Beratung für den eigenen Lernweg
Die Teamerinnen und Teamer, die sogenannten Lernhelferinnen und Lernhelfer geben bei Bedarf Erklärungen oder führen auch kleinere Showevents durch – die Castingshows bei **ruf** sind nur ein Beispiel dafür. Die Teamerinnen und Teamer können auch bei individuellen Fragen oder Problemen in der Gruppe beratend zur Seite stehen. Der gruppendynamische Prozess auf der Jugendreise wird von ihnen verantwortungsvoll begleitet. Beratungen im Sinne psychosozialer Probleme werden auf Reisen weniger die Aufgabe sein. Hilfestellungen geben zu können und die Fähigkeit, Außenseiter zu integrieren, sind jedoch gefordert.

Arrangieren von komplexen Erlebniswelten
Beim Arrangieren geht es darum, Situationen so zu gestalten, dass Lernen ermöglicht wird. Dabei bleibt dem Lernenden überlassen, was und in welchem Umfang er lernt. Es wird lediglich ein Möglichkeitsraum geschaffen. Das Arrangieren bzw. das Arrangement ist vergleichbar mit dem hier verwendeten Begriff der Inszenierung. Die themenorientierte Gestaltung in den Workshops, bei der Schatzsuche oder bei Rallyes sowie die inszenierte, arrangierte Umgebung fördern das selbstgesteuerte Lernen. Die aktive Beteiligung der Teilnehmerinnen und Teilnehmer erscheint als ein wesentlicher Faktor für den Erfolg dieser inszenierten

Erfahrungsräume. Selbst etwas ausprobieren und erkunden, eigene Erfahrungen sammeln, sich etwas aneignen und selbst organisiert eigene Lernziele verfolgen, macht Lernszenarien im Freizeitbereich interessant.

Es ist wichtig, die Kinder und Jugendlichen aktiv zu beteiligen, sie nicht nur als Zuschauer, Zuhörer oder Konsumenten von vorgefertigten Erlebnisschablonen anzusprechen, sondern ihre Neugier zu wecken und ihnen Möglichkeiten für Erkundungen, eigene Entdeckungen oder auch eine individuelle Auseinandersetzung mit interessanten Themen anzubieten. Selbst etwas tun, ist ein starker Motor für nachhaltig in Erinnerung bleibende Erlebnisse. Die Intensität kann bei geeigneten Arrangements bis hin zu Flow-Erfahrungen reichen.

Pädagogische Impulse als unterhaltsame Animation

In Ergänzung zum Arrangieren richtet sich das Animieren auf den Versuch, andere zu bewegen, in einer gegebenen Situation Lernchancen zu nutzen. Animieren heißt vom Wortstamm so viel wie „beseelen", ‚Leben einhauchen' (Nahrstedt, 1975). Animieren ist die Anregung zum aktiven Tun (Opaschowski, 1979). Grundsätzlich kann zwischen personaler (der Animateur) und materialer Animation (Schnupperangebote etc.) unterschieden werden. Szenarien für das informelle Lernen leben aber auch insbesondere von der persönlichen Ansprache der Teilnehmerinnen und Teilnehmer sowie von dem persönlichen Bezug zu Teamern, Edutainern, Lernberatern, Workshopleitern und Animateuren. Sie lassen sich nicht allein auf Materialien und Arrangements zur Selbstnutzung gründen. Ein erlebnisorientiertes Lernfeld lebt nicht nur von einem ansprechenden Arrangement. Für ein Gelingen bedarf es auch der personalen Vermittlung in neuer Form. Der persönliche Bezug stützt eine intensive Auseinandersetzung mit einem Thema (zum Beispiel Ernährung) und ermutigt die Teilnehmerinnen und Teilnehmer, Ungewöhnliches auszuprobieren und etwas zu wagen (zum Beispiel bei einer Show vor Hunderten von Kids zu tanzen oder zu singen). Aus der Psychologie wissen wir, wie wichtig die Person des Vermittlers für den erfolgreichen Lernprozess, wie zum Beispiel für Einstellungsänderungen, ist. Sympathieträger, Personen in bestimmten Statusrollen inspirieren und motivieren uns. Wir lernen von Menschen, und je ausgeprägter die Vorbildfunktion oder die Identifikationsfigur, desto höher die Lernmotivation und nachhaltiger das Lernen.

Giesecke (1997) grenzt die gesellige (zum Beispiel Urlaubsanimation) und pädagogische Animation voneinander ab. In erlebnisorientierten Lernfeldern erscheint eine strikte Trennung jedoch wenig ratsam, zumal die Teilnehmermotive wie Geselligkeit und Unterhaltung in der Freizeit und auf Reisen bestimmend sind – und diese Motive mit Blick auf eine freizeitgemäße Gestaltung der Lernsituation nicht vernachlässigt werden sollten.

Lernnetzwerke und Events

Inszenierte Erfahrungsräume mit einem hohen Qualitätsanspruch können heute kaum noch von einem Veranstalter allein realisiert werden. Unterstützer auf der fachlichen Seite spielen hierbei eine wichtige Rolle, aber auch Marketing- und Medienpartner. Insgesamt wächst so das Erfahrungsfeld für die Teilnehmerinnen und Teilnehmer: Es bieten sich ihnen mehr Lernoptionen und es entwickelt sich idealerweise ein Lernen in Netzwerken. Die Kooperationen zwischen **ruf reisen** und der BZgA sowie anderen Partnern im Rahmen des „Gut Drauf"-Projektes zur Förderung der Gesundheit im Jugendalter stellt ein Beispiel für solch ein Netzwerk dar. Aber auch Kooperationen mit Hochschulen, wie derzeit zwischen der Hochschule

Bremen und **ruf** zur Entwicklung neuer, themenorientierter Jugendreisekonzepte oder zur Begleitforschung, sind hier zu nennen.

Vor und nach der Teilnahme besteht die Möglichkeit, auf begleitende Medienangebote zuzugreifen. Die Vielfalt der Optionen für eine vertiefende Auseinandersetzung wird mit netzwerkartigen Strukturen erhöht. Kleinere Anbieter allein können eine solche Inszenierung kaum leisten. Partnerschaft, gemeinsame Schnittmengen der Interessen und gemeinsame Stärken sind mögliche Leitideen eines Lernnetzwerkes. Dabei werden Brücken geschlagen zwischen vielen dezentralen Partnern aus Freizeit / Tourismus und Bildung, Medien, Politik und Wirtschaft. Wichtig für den Erfolg sind die gute Abstimmung untereinander und ein „Coaching" der Projektbeteiligten. Zusammen mit anderen Aspekten wie Info- bzw. Lernmaterialien und Rauminszenierungen entfaltet sich hier eine spezifische „Hintergrunddidaktik" für ein pädagogisches Handeln in neuen Bildungsräumen.

Entsprechend den Zielgruppen und den gewünschten (Lern-)Effekten können die pädagogischen Handlungsformen in unterschiedlicher Breite und Intensität eingesetzt werden. Zur besseren Strukturierung lässt sich zwischen der direkten Vermittlerrolle und einer sogenannten Hintergrunddidaktik unterscheiden. Folgende Grafik verdeutlicht die Ausdifferenzierung der pädagogischen Funktionen und Rollen.

Ausdifferenzierung der Rollen

Personale Vermittlung	Unterricht: Führungen, workshops	Informelle Beratung, Coaching	Animation: Show, Event
Hintergrunddidaktik	Info- und Lernmaterialien zur Vor- und Nachbereitung	Inszenierung: Gestaltung von Räumen	Vernetzung

Abb. 4
Quelle: eigene Darstellung

4. Fazit

Auf Jugendreisen, die hier als erlebnisorientierte Lernfelder analysiert wurden, steht idealerweise der Lerner im Mittelpunkt – nicht nur als zahlender Kunde für ein besonderes Erlebnis, sondern auch als Lernsubjekt mit eigenen Fragen, Interessen und Handlungsimpulsen. Ihm zur Seite stehen aber Vermittler in neuen oder transformierten pädagogischen Rollen. Und es gibt eine „unsichtbare Hand" der Hintergrunddidaktik, die über die Funktionalität von Arrangements, ihre Ästhetik sowie ihre Verknüpfung mit Netzwerken neue Möglichkeitsräume für ein selbstgesteuertes Lernen eröffnet. Eine funktionale Ausdifferenzierung ist mit Blick auf Berater, Animateur, Workshopleiter, Eventgestalter und Netzwerker durchaus erkennbar und könnte zu neuen Kompetenzanforderungen für die pädagogische Aus- und Weiterbildung führen.

Die aktive Beteiligung, zum Beispiel durch interaktive Shows, Mitmacharrangements und sinnliche Erfahrungsräume sind von besonderer Relevanz für den Erfolg der neuen Lernfelder. Auch die Einbeziehung eines größeren Zeitfensters im Sinne von vor-während-nach der Reise durch Entwicklung und Bereitstellung von Infomaterialien und -strukturen zur Orientierung und Begleitung gehört zu den Aufgaben des „neuen" Pädagogen, der Jugendreiseveranstalter. Die Entwicklung und Nutzung der neuen Medien (Social Communitys) werden in diesem Kontext einen immer höheren Stellenwert einnehmen. Aber auch begleitende Großevents im Vorfeld oder nach der Reise, wie zum Beispiel die jährliche Saisonabschlussparty „H.I.P" von **ruf**, die den persönlichen Kontakt ermöglichen, sind von Bedeutung. Mit Blick auf die Gestaltung von Events erscheint es wichtig, Netzwerke aufzubauen und passende Partnerschaften zu entwickeln (je nach Größe des Reiseveranstalters), um Aktionen größerer Reichweite zu schaffen. Der Blick über den eigenen Tellerrand und die Vernetzung mit passenden Partnern sind dabei wichtige Faktoren.

Dass es ohne Menschen nicht geht, wurde bereits deutlich, denn allein für die didaktischen

Aufgaben im Hintergrund ist qualifiziertes Personal notwendig. Wir brauchen gut ausgebildetes pädagogisches Personal, sogenannte neue Lernhelferinnen und Lernhelfer in neuen Rollen für die freizeitgemäße Vermittlung. Im Sinne eines systemischen Kreismodells lässt sich folgern, neue Lernräume erfordern auch neue Rollen der Vermittlung.

Abschließend ist festzuhalten: Jugendreisen sind Teil einer postmodernen Lernkultur. Sie bieten Raum für selbstgesteuertes und stark emotional fundiertes Lernen. Ob jedoch Wissensaneignung geschieht, ist zunächst offen. Durch eine bewusst geplante pädagogische Inszenierung, einschließlich der persönlichen Vermittlung, lassen sich jedoch die Lernchancen für viele erhöhen und interessante Lernanlässe mit Bezug zu drängenden Zukunftsthemen schaffen. Pädagogik und Reisen muss keinen Widerspruch bilden. Erlebnisorientiertes Lernen bietet Chancen für ein unverwechselbares Profil (USP). Wichtig ist jedoch gut ausgebildetes Personal im Sinne der ‚Guide Transformations'.

Literatur

Freericks, Renate et. al. (Hrsg.) (2005): Nachhaltiges Lernen in Erlebniswelten? Tagungsdokumentation. Bremen: IFKA.

Freericks, Renate et. al. (Hrsg.) (2005a): Projekt Aquilo: Aktivierung und Qualifizierung erlebnisorientierter Lernorte. Bremen: IFKA.

Freericks, Renate (2011): Außerschulische Lernorte. Typologie und Entwicklungsstand. In: Freericks / Brinkmann (Hrsg.): Zukunftsfähige Freizeit. Bremen: IFKA, S. 5-16.

Fromme, Johannes; Freericks, Renate (Hrsg.) (1997): Freizeit zwischen Ethik und Ästhetik. Herausforderungen für Pädagogik, Ökonomie und Politik. Neuwied: Luchterhand

Giesecke, Hermann; Keil, Annelie; Perle, Udo (2002): Pädagogik des Jugendreisens. Bielefelder Jugendreiseschriften, Band 5, Hrsg. IFKA e.V., Faksimile, Erstausgabe 1967

       Juventa Verlag München. Bielefeld: IFKA.

Giesecke, Hermann (1997): Pädagogik als Beruf. Grundformen pädagogischen Handelns. 6. Auflage. Weinheim, München: Juventa Verlag.

Korbus, Thomas et. al. (1997): Jugendreisen – Vom Staat zum Markt. Analysen und Perspektiven. Bielefelder Jugendreiseschriften, Band 1, Hrsg. IFKA e.V., Bielefeld: IFKA.

Nahrstedt, Wolfgang (1975): Freizeitberatung. Animation zur Emanzipation? Göttingen: Vandenhoeck & Ruprecht.

Nahrstedt, Wolfgang et. al. (2002): Lernort Erlebniswelt: neue Formen der informellen Bildung in der Wissensgesellschaft. Bielefeld: IFKA.

Opaschowski, Horst W. (1979): Einführung in die freizeit-kulturelle Breitenarbeit. Methoden und Modelle der Animation. Bad Heilbrunn / Obb.: Klinkhardt.

Pine, B. Joseph; Gilmore, James H. (1999): The Experience Economy. Boston: Harvard Business School Press.

Porwol, Bernhard (2001): Qualität im Jugendtourismus. Die zentrale Bedeutung der Kundenzufriedenheit.

       Eine empirische Untersuchung. Bielefelder Jugendreiseschriften, Band 3, Hrsg. IFKA e.V., Bielefeld: IFKA.

Spitzer, Manfred (2002): Lernen. Gehirnforschung und die Schule des Lebens. Berlin: Spektrum, Akad. Verlag.

Auf dem Weg zum „Bündnis Jugendmobilität und Bildung"

Dr. Werner Müller

Der Verein transfer e. V., den ich 1982 mit gegründet habe, setzt sich vor allem für die inhaltliche Weiterentwicklung der – wie wir aktuell sagen – Kinder- und Jugendmobilität ein. Er ist kein Jugendreiseveranstalter, sondern vor allem eine Fachstelle, die sich weitgehend mithilfe von öffentlichen Förderungen aus Bundes- und Landesmitteln finanziert. Eine der Hauptfunktionen von transfer ist seit jeher die Zusammenführung von Akteurinnen und Akteuren der Themenfelder

- interkulturelle Bildung
- Kinder- und Jugendreisen sowie
- Jugend und Gesundheit,

die Expertisen zu entwicklungsrelevanten Themen beisteuern. In diese Prozesse wird oftmals auch die einschlägige Forschung einbezogen.

Diese Positionierung des Vereins enthält vielfältige Partnerkontakte, die weit über die übliche Jugendreiseszene hinausgehen: kommunale Behörden, Landesjugendämter, Ministerien und Fachinstitute gehören unter anderem dazu. Fast immer ist es in diesen Kreisen wichtig, die Potenziale von „guten" Kinder- und Jugendreisen für die Persönlichkeitsentwicklung der Teilnehmenden zu erläutern und zu schärfen. Schließlich besteht oftmals in den Institutionen kein oder kaum Wissen über die bestehenden Angebote und Möglichkeiten unserer Arbeit. Bildung und Lernen sind in diesen Zusammenhängen unverzichtbare Begriffe, um die Türen bei den entsprechenden Kolleginnen und Kollegen zu öffnen.

Ergo: transfer e. V. hat vor allem mit den Reiseformaten zu tun, die Bildung und Lernen konzeptionell an vorderer Stelle einbinden. Das sind Klassenfahrten, internationale Begegnungen – aber eben auch Ferienangebote, die bewusst Spaß und Lernen miteinander verbinden. Das bedeutet jedoch nicht, dass wir professionell gestaltete Ferienangebote, die (auf den ersten Blick) nur auf Spaß konzentriert sind, ablehnen oder uns damit nicht beschäftigen. Im Gegenteil: Wir sind fest davon überzeugt, dass ein Zusammenleben in der Gruppe

Dr. Werner Müller
Dr. phil., Jahrgang 1951, geboren in Hamburg, mit Familie in Köln lebend. Berufliche Laufbahn: 1975–1979 Koordinator für (internationale) Jugendarbeit bei der Ev. Kirche in Hamburg und beim Bayerischen Jugendring; 1979/1980 Bundesreferent für „Europäische Jugendwochen"; Promotion über internationalen Jugendaustausch; 1981–1986 Freiberuflichkeit als Fortbilder; 1986–1993 Referatsleiter „Modellseminare" der Kölner Außenstelle des Studienkreises für Tourismus, Starnberg; seit 1994 Geschäftsführer des transfer e. V., Köln (Beratung und Qualifizierung für Kinder- und Jugendreisen, interkulturelle Begegnung, Jugend & Gesundheit). Seit 2011 Vorstandsvorsitzender des BundesForum Kinder- und Jugendreisen.

transfer

Beratung
Qualifizierung
Projektkoordination

Unsere Hauptziele:

Interkulturelle Bildung

Kinder- und
Jugendreisen

- Träger- und verbands-
  übergreifende Dialog-
  förderung und Vernetzung
  von Menschen und
  Organisationen

Jugend und
Gesundheit

- Qualifizierung des Kinder-
  und Jugendreisens und
  der internationalen
  Jugendarbeit nach
  Leitbildern von inter-
  kultureller Verständigung
  sowie sozialer und ökologischer Verantwortung und
  Gesundheit

transfer e.V.
Grethenstr. 30
50739 Köln
Tel. +49 221 95921-90
Fax. +49 221 95921-93

- Aufgreifen von innovativen
  und modellhaften Themen
  und in diesem Rahmen
  Initiierung von neuen
  Kooperationen

Anerkannter Träger
der freien Jugendhilfe

w w w . t r a n s f e r - e v . d e

Flyer vom transfer e.V.

„weg von zu Hause" im Normalfall per se einen persönlichkeitsstärkenden Rahmen bietet und zur sogenannten psychosozialen Gesundheit von jungen Menschen beiträgt (vgl. 13. Kinder- und Jugendbericht der Bundesregierung, 2009).

transfer wurde ein Jahr nach **ruf**, also 1982, gegründet. Diese Tatsache hat auch dazu geführt, dass es – bei aller Verschiedenheit der Arbeitsausrichtung – stets eine besondere Verbundenheit und einen großen gegenseitigen Respekt zwischen **ruf** und transfer gab und gibt. Insbesondere in den vergangenen Jahren hat sich die „Kooperationskultur" zwischen **ruf** und transfer ausgezeichnet entwickelt.

Die Entwicklung der Dach- und Fachverbände

transfer e. V. hat, auch wegen seiner vernetzenden Funktion, maßgeblich die Gründung und Entwicklung der aktuellen Dach- und Fachverbände mit geprägt. Der deutsche Fachverband „Reisenetz" entstand 1986 als logische Folge der vielen Neugründungen von Reisevereinen in den frühen 1980er-Jahren und gab diesen seinerzeit sehr kleinen Organisationen damit eine breitere Plattform. Heute ist der Verband ein Zusammenschluss von etwa 80 zum Teil sehr marktprägenden Mitgliedern, die vor allem aus Spezialisten des Kinder- und Jugendreisens bestehen.

Die Gründung des BundesForum, des Dachverbandes des deutschen Kinder- und Jugendreisens, folgte 1995 im Rahmen einer „Anweisung" des Bundesjugendministeriums. Das Ministerium forderte seinerzeit die Schaffung einer solchen Struktur – unter  anderem auch, um seine Förderung unter dem Titel „Jugendreisedienste / Fort- und Weiterbildung" durch die Schaffung einer zentralen Stelle abzusichern. Während die Arbeit des BundesForum inklusive der Personalkosten seitdem weitgehend durch diese ministerielle Förderung abgedeckt wird, muss sich das Reisenetz, abgesehen von kleineren Veranstaltungszuschüssen, selbst finanzieren. Ein weiterer Unterschied ist die Vorgabe, dass beim BundesForum ausschließlich gemeinnützige Mitglieder mitarbeiten. Das Reisenetz legt dagegen auf dieses Kriterium keinen Wert, sondern orientiert sich an der fachlichen Zugehörigkeit und der Einhaltung der eigenen Qualitätsvorgaben durch die Mitglieder.

Nicht zuletzt wegen dieser Ausgangslage traten dem BundesForum im Verlauf der Jahre vor allem große Jugend- und Wohlfahrtsverbände bei, die ihre Kinder- und Jugendreisen neben vielen anderen Aktivitäten durchführen und diese oftmals eher als Ergänzung der sonstigen Jugendarbeit sehen – nicht aber als zentrale Tätigkeit, wie es bei den Reisenetz-Mitgliedern der Fall ist. Ich halte es für „systemimmanent", wenn sich daraus in den vergangenen Jahren insgesamt ein Prozess ergeben hat, der

• die Entwicklung der Qualität und Marktfähigkeit von Veranstaltern allgemein eher beim Reisenetz,
• die Beschäftigung mit inhaltlichen, auch gesamtgesellschaftlich bedeutenden Aspekten aber eher beim BundesForum sieht.

Entsprechend sind aus meiner Sicht auch die jeweiligen Kernkompetenzen der Verbände verteilt.

transfer fühlt sich beiden Verbandsstrukturen verbunden und engagiert sich aktiv. Die für transfer markanten Themen werden allerdings zurzeit vor allem beim BundesForum verhandelt. Daher arbeite ich persönlich seit vielen Jahren in dessen Vorstand mit, nachdem ich auch beim Reisenetz – vor allem in den Gründerjahren – insgesamt vier Legislaturperioden in diesem Gremium mitwirken durfte.

Bei der letzten Vorstandswahl im Herbst 2011 wurde ich überraschend erstmals zum ersten Vorsitzenden des Dachverbands gewählt. Diese besondere Rolle fordert für die nächsten Jahre eine besondere Verantwortung, bietet aber zugleich auch Möglichkeiten, die Gesamtentwicklung des Arbeitsfeldes Kinder- und Jugendreisen positiv und verstärkt zu fördern. So verbindet sich für mich diese Funktion unter anderem mit diesen Schwerpunktzielen:

· einer schrittweisen, aber konsequenten „Rückeroberung" des Stellenwerts (vgl. ab Seite 5) eines pädagogisch, zeitgemäß und zielgruppengerecht gestalteten Kinder- und Jugendreisens in der öffentlichen Wahrnehmung der für diese Zielgruppen zuständigen Instanzen (Schule, Kommunen, Jugendhilfe, Ministerien und Behörden, Verbände);

· einer wieder deutlich verbesserten Platzierung des Arbeitsfeldes in der Zusammenarbeit mit Forschung und Hochschulen (auch in Bezug auf Rahmenbedingungen für die Anerkennung von Praxistätigkeiten für das Studium);

· der synergieorientierten Bündelung aller Akteure, die sich in diesem Sinne dem Arbeitsfeld verbunden und verpflichtet fühlen.

Im Klartext: Das Schüren einer Konkurrenzsituation zwischen dem Dach- und dem Fachverband BundesForum und Reisenetz, wie es in den letzten Jahren leider viel zu oft geschah, wird von mir nicht akzeptiert. Mir geht es vielmehr um den Aufbau von funktionierenden Prozessen und Strukturen der gegenseitigen Konsultation und Abstimmung. Dass dabei unterschiedliche Sichtweisen, Ziele und Interessen zusammenzubringen sind, liegt in der Natur der Sache. Fatal wäre jedoch, wenn sich die Außenwahrnehmung fortsetzen würde, dass die „Szene" in sich zerstritten sei und jeder Alleingänge mache. So war es beispielsweise aus dem Bundeswirtschaftsministerium zu hören, das daraufhin die Neuauflage des vom Deutschen Bundestag 2002 verabschiedeten „Aktionsplan zum Kinder- und Jugendtourismus" aussetzte.
Stattdessen muss es darum gehen, dem Jugendreisen auf neue Weise Bedeutung und Gewicht zu verleihen. Und das ist nur im guten Zusammenspiel aller Akteure möglich.

Den Stellenwert des Jugendreisens zurückerobern
Der Freizeitpädagoge Wolfgang Nahrstedt ermittelte unter dem Begriff „Rückeroberung des Stellenwerts" für die Zeitspanne Mitte der 1960er- bis Anfang der 1970er-Jahre eine „Theoriehochphase" des bundesdeutschen Jugendtourismus (Vom Staat zum Markt, 1997). Die zweite „Jugendtouristische Bewegung" folgte – nach einem gewissen Stillstand mit Blick auf inhaltliche Innovationen – in den 1980er-Jahren und war vor allem von kreativen Weiterentwicklungen der Praxis geprägt. Sowohl die einschlägigen Hochschulen als auch die Institutionen von Jugendarbeit und Jugendhilfe nahmen seinerzeit das Kinder- und Jugendreisen als ein wichtiges, vollwertiges Arbeitsfeld wahr, das in pädagogischen und sozial geprägten Ausbildungsgängen und Konzepten seinen festen Platz hatte. Entsprechend war auch die Wahrnehmung bei den kommunalen, regionalen und nationalen Geldgebern: Bis

in die 1990er-Jahre hinein gab es umfangreiche Förderprogramme, um auch den sogenannten sozial benachteiligten Kindern und Jugendlichen die Teilnahme an Freizeiten zu
ermöglichen. Vor allem bei großen Kommunen wie Berlin, Köln oder Düsseldorf existierte ein
entsprechendes Bewusstsein für derartige Unterstützungsprogramme mit Breitenwirkung.

Das Kinder- und Jugendreisen hat diesen Status, wie ich meine, vor allem in den 1990er-
Jahren verloren. So zeichnete sich 1996 nicht zuletzt durch die guten Marktentwicklungen
sehr deutlich eine Verschiebung des Arbeitsfeldes Kinder- und Jugendreisen ab: Es wurde
mehr der Tourismusindustrie zugeordnet – und weniger der Kinder- und Jugendhilfe.
Mein Plädoyer für die parallele Weiterentwicklung beider Funktionen fruchtete erst wieder
ab dem Jahr 2004: Bis dahin benötigte das BundesForum, um sich als Dachverband ausreichend zu etablieren und zu stabilisieren. Die Analyse der Gesamtlage ergab dann jedoch
einen breiten Beschluss der Mitglieder, einen Weg einzuschlagen, der wieder zu einer besseren Wahrnehmung in der Kinder- und Jugendarbeit führt, ohne dabei jedoch das inzwischen
erworbene Ansehen am „Markt" – also zum Beispiel bei der Internationalen Tourismusbörse,
ITB, in Berlin – zu verlieren.

Daraus folgend wurde die Arbeitsgruppe „Neue Kinder- und Jugendreisepädagogik" installiert, die 2010 in das bundesweite Fachgremium „Jugendreisepädagogik und -forschung"
überging. Dies ist seitdem der Ort, an dem kontinuierlich und durchaus effizient Schritt für
Schritt Ziele formuliert und Konzepte zur Realisierung erarbeitet werden. In diesem Rahmen
wurde das Gesamtkonzept „Neue Pädagogik des Kinder- und Jugendreisens" erstellt, das
seit 2009 vorliegt. Und in diesem Konzept wird bereits deutlich, wie vielfältig die Aspekte sind, die das Kinder- und Jugendreisen im Zuge seiner „Rückeroberung des verlorenen
Terrains" bearbeitet (Siehe dazu auch den Artikel „Die neue Pädagogik des Kinder- und
Jugendreisens" in diesem Buch).

Die neue Jugendreiseforschung

Mit einem Treffen im September 2010 in Solingen wurde zudem der „Neue Forscher/-innen-
Pool Kinder- und Jugendreisen" ins Leben gerufen, nachdem über 20 Jahre lang kaum Jugendreiseforschung betrieben wurde. Folgende Vorhaben wurden seitdem verfolgt:

• Aufmerksamkeit schaffen durch Publikationen
Zwischen 1962 und 1993 wurde vom Studienkreis für Tourismus e. V. (StfT) mit Sitz in Starnberg das anerkannte „Jahrbuch für Jugendreisen und internationalen Jugendaustausch" he-
rausgebracht, das jeweils für ein Jahr maßgebliche Geschehnisse aus Forschung und Praxis
zusammenfasste. Mit der Auflösung des Vereins wurde dort auch das Jahrbuch 1993 eingestellt. Nach einigen weniger beachteten Ausgaben über die Thomas Morus Akademie und
das BundesForum Kinder- und Jugendreisen gibt es im Bereich Kinder- und Jugendreisen
seit 2001 keine nennenswerte begleitende Publizierung.

Für den internationalen Bereich hat IJAB, die Fachstelle für Internationale Jugendarbeit der
Bundesrepublik Deutschland, mit dem „Forum internationale Jugendarbeit" seit 1996 ein
Periodikum geschaffen, das zunehmend diese Funktion übernimmt. Kinder- und Jugendreisen, die nicht dem Spektrum der klassischen internationalen Jugendarbeit entsprechen,
tauchen hier aber bestenfalls nur als „Anhängsel" auf.
Das Solinger Treffen des „neuen Forscherpools" vom September 2010 vereinbarte daher unter anderem eine gemeinsame Planung zur kontinuierlichen Veröffentlichung von Studien

und Berichten. Ausgehend von den erfolgreichen StfT-Jahrbüchern und dem zunehmend attraktiven Periodikum des IJAB „Forum internationale Jugendarbeit" soll auch für das Kinder- und Jugendreisen eine regelmäßig erscheinende, fachlich anerkannte Publikation ins Leben gerufen werden.

Auch das BundesForum wird in Zusammenarbeit mit den transfer-Trainingsseminaren ein Buchprojekt zum pädagogischen Kinder- und Jugendreisen umsetzen, das ein würdiger Nachfolger des Klassikers „Pädagogik des Jugendreisens" (Giesecke, Keil, Perle, von 1967) werden soll.

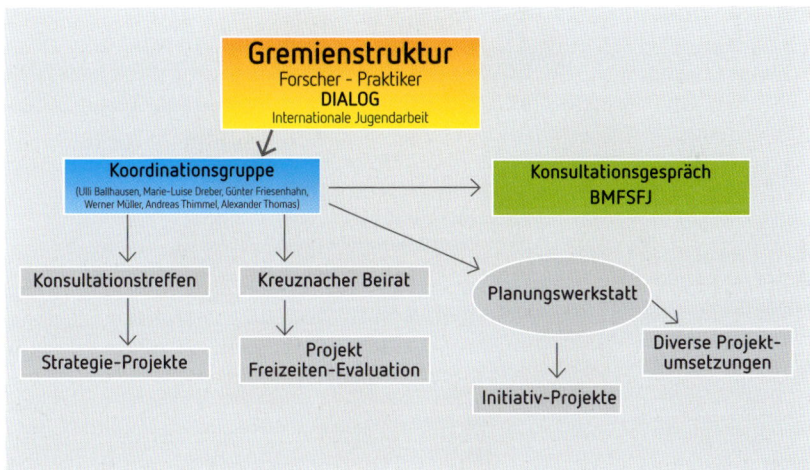

• Forscher-Praktiker-Dialog 2011
Im Rahmen des Forscher-Praktiker-Dialoges wurde nicht nur ein Planungsworkshop für die Entwicklung einer Wirkungsstudie zu Kinder- und Jugendreisen realisiert – es fanden auch Gespräche mit acht interessierten Fachhochschulen und Universitäten über eine kontinuierliche Zusammenarbeit mit dem Jugendreise- und Jugendbegegnungsbereich statt. Ab 2012 soll zunächst mit diesen Hochschulen, später erweitert um andere interessierte Institute, eine regelmäßige Zusammenarbeit dafür sorgen, dass wieder verstärkt anerkannte Praktika und Abschlussarbeiten sowie weitere als nützlich bewertete Vorhaben zustande kommen. (Einen Überblick gibt die 2012 erschienene Publikation „Internationale Jugendarbeit wirkt – Forschungsergebnisse im Überblick".)

Darüber hinaus wird eine wissenschaftliche Arbeitsgruppe unter Federführung von Prof. Andreas Thimmel (Fachhochschule Köln) bereits im ersten Quartal 2012 ein realistisches Design für die Erforschung von Wirkungen des Kinder- und Jugendreisens auf seine Zielgruppen entwickeln, das anschließend mit der Praxis im Rahmen der erwähnten Fachgremien abgestimmt wird.

Kinder- und Jugendreisen als eigenständiges Arbeitsfeld
Dass außerschulische Angebote maßgeblich zur Persönlichkeitsstärkung von Kindern und Jugendlichen beitragen, ist mehrfach belegt worden. Wenn es um die Wahrnehmung in Öffentlichkeit und Politik geht, gelang die ausführlichste und bisher erfolgreichste wissenschaftliche Behandlung dem Team um Prof. Alexander Thomas mit der Studie zu Langzeit-

wirkungen von internationalen Jugendbegegnungen (vgl. A. Thomas, C. Chang, H. Abt, 2007). Mit dieser Arbeit wurde eindrucksvoll dargestellt, wie nachhaltig und weitreichend pädagogische Reiseformate auf die persönliche und berufliche Entwicklung von jungen Menschen einwirken können.

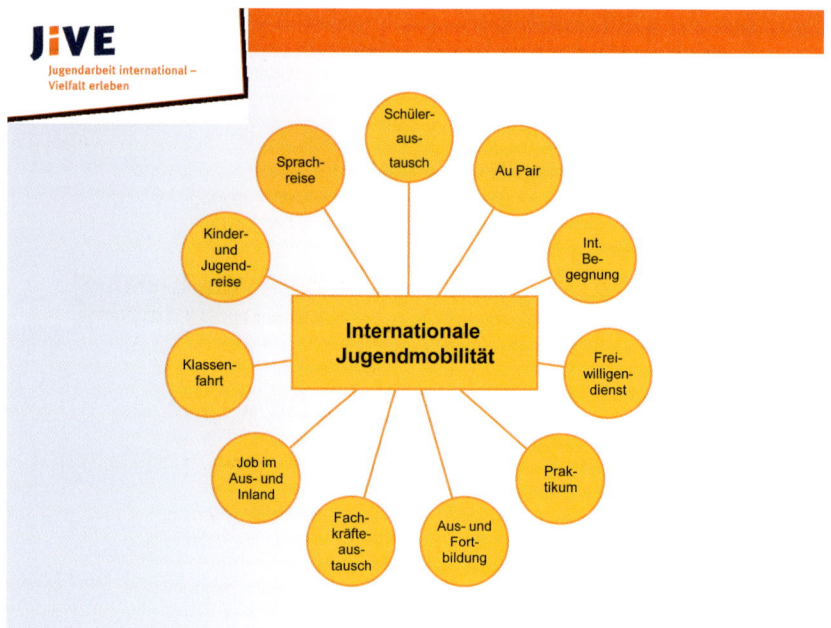

Allerdings gehören die Teilnehmerinnen und Teilnehmer von Ferienfreizeiten vorrangig zu mittleren und oberen Bevölkerungsschichten – bei internationalen Jugendprogrammen wurde in der Regel festgestellt, dass sogar mindestens 80 Prozent der Teilnehmenden eine gymnasiale Schulbildung besitzen. Nachdem diese Erkenntnisse vorlagen, setzte das Bundesjugendministerium (BMFSFJ) Akzente, um zwei Zielgruppen künftig verstärkt zu erreichen:

- die Jugendlichen mit Migrationshintergrund über das Programm „Interkulturell on Tour (IKT)" (2008–2010)
- diese Zielgruppe und alle weiteren Jugendlichen, die nicht ein Gymnasium besuchen oder besucht haben, über JiVE („Jugendarbeit international – Vielfalt erleben!"), die jugendpolitische Initiative für Bildung und Teilhabe (2011–2014).

Bei JiVE ist es gelungen, auch Formate des „normalen" Kinder- und Jugendreisens wie etwa Ferienfreizeiten und Klassenfahrten mit in das Spektrum der unterstützten Programme aufzunehmen, sofern deren Konzepte interkulturelle Vielfalt thematisieren (siehe Grafik). Das führte dazu, dass sich auch namhafte Träger und Verbände – wie zum Beispiel das BundesForum Kinder- und Jugendreisen, das Deutsche Jugendherbergswerk oder **ruf** – der Initiative JiVE angeschlossen haben.
Die von IJAB und „Jugend für Europa" koordinierte Jugendpolitische Initiative JiVE ist da-

her für mich für die nächsten Jahre der zentrale Ansatz, um die Forderung „Kinder- und Jugendreisen für alle!" mit einem Bündnis von insgesamt 22 Kommunen und Landkreisen, Verbänden der Jugendsozialarbeit, dem Deutschen Bundesjugendring und über 50 weiteren Einzelpartnern (unter anderem auch Schulen) voranzubringen.

Die Zusammenarbeit mit Schulen

Zu Beginn des Prozesses „Neue Jugendreisepädagogik" im Jahr 2004 gestaltete sich die Zusammenarbeit zwischen Schulen und Anbietern des Kinder- und Jugendreisens meist so, dass die Veranstalter, Unterkünfte und Anbieter von pädagogischen Programmen mit Prospekten darum warben, dass die Schulen ihre Klassenfahrten in Zusammenarbeit mit ihnen durchführen mögen. Eine strukturelle Kooperation von „Bildungspartnern auf Augenhöhe" gab es in der Regel nicht. Mit dem Konzept der „Neuen Jugendreisepädagogik" sollte deshalb genau dies erreicht werden.

In der Folge wurden entsprechende Strategien erarbeitet. Dabei fokussierte sich das zentrale Vorhaben unter dem Arbeitstitel „Bildungscamps", „um die vermehrte Entwicklung von Reiseangeboten, die Freizeitspaß mit dem Erwerb von Fähigkeiten verbinden, die der verbesserten Lebenskompetenz und der beruflichen Vorbereitung dienen. Dies soll – als Ergänzung zu schulischen Ansätzen – mit Methoden der außerschulischen Bildung und unter Nutzung der dafür besonders geeigneten Rahmenbedingung einer Reise geschehen (Ferienfreizeit, Klassenfahrt, internationale Begegnung, Wochenendfahrt einer Jugendgruppe)" – so der Antragstext der IJAB/transfer-Trainingsseminare für 2010. Und dabei sollten die Konzepte auch die Themen Integration, die neue Armut, Gesundheitsförderung etc. berücksichtigen. Aufgrund ausbleibender Fördermittel gelang es zwar nicht, es dem Arbeitsfeld der internationalen Jugendarbeit nachzutun, das mit „IKUS – Interkulturelles Lernfeld Schule" von 2009 bis Januar 2012 ein respektables, vom Bund unterstütztes Pilotprojekt durchführen konnte. Dennoch wurden viele Träger des Kinder- und Jugendreisens für ein neues Bildungsverständnis ihrer Arbeit sensibilisiert und gehen vor diesem Hintergrund nun anders auf die Schulen zu.

Mit dem Projekt IKUS, das die „Vermittlung von interkultureller Kompetenz" an Schulen zum Ziel hatte, aber auch durch die parallele Entwicklung von JiVE, dessen Hauptziel die deutlich vermehrte Teilhabe der jungen Menschen ist, die „benachteiligt" sind, ergeben sich wertvolle Chancen: Das Arbeitsfeld des pädagogischen Kinder- und Jugendreisens kann sich nicht nur relevant in jugendpolitische Initiativen einbringen, sondern auch die darin eingeschlossene Möglichkeit nutzen, mit Schulen auf Projektebene – und eben nicht im Anbieter-Kunden-Verhältnis – zusammenzuarbeiten.

Weitere (bisher) schwer erreichbare Zielgruppen

Neben den besonderen Bemühungen um Kinder und Jugendliche mit Migrationshintergrund und solchen aus bildungsferneren Schichten bewegt sich im Kinder- und Jugendreisen derzeit unter dem Stichwort „Inklusion" ebenfalls einiges um die Zielgruppe der behinderten Kinder und Jugendlichen.

Auf der Grundlage der Behindertenrechtskonvention müssen alle Anbieter von Jugendaustauschen, Freiwilligendiensten und Reisen die Teilhabe von Menschen mit Behinderung gewährleisten. Ebenso ist davon auszugehen, dass die Nachfrage nach inklusiven Angeboten zunimmt. Die anbietenden Träger sollten daher auf diese neuen Ausgangslagen vorbereitet sein – es gilt, entsprechende Handlungsempfehlungen zu erarbeiten.

Bereits 2010 wurde der Themenkomplex „Inklusion und Jugendmobilität" auf mehreren Fachtagungen behandelt. Im Jahr 2011 wurden daraufhin verschiedene Prozesse in die Wege geleitet, um das Thema einerseits für die Praxis zu bearbeiten und andererseits in Zusammenarbeit mit Forschungspartnern Studien anzugehen.

Folgende Vorhaben befanden sich mit Stand Dezember 2011 in der Entwicklung:

- Das BundesForum Kinder- und Jugendreisen plant, das Erreichen von behinderten Kindern und Jugendlichen als Kernprojekt in die Jugendpolitische Initiative JiVE einzubringen.
- Die BAG Katholisches Jugendreisen ist im Rahmen des BundesForum federführender Verband, um entsprechende Qualifizierungen der Praxis zu koordinieren.
- Der Behindertenbeauftragte des Landes NRW, Norbert Killewald, hat das Arbeitsfeld „Jugendreisen / -begegnung" als Schwerpunkt seiner Arbeit identifiziert. Nach einem Start-Workshop, an dem unter anderem IJAB, BundesForum, transfer, das DJH und diverse Behindertenverbände teilnahmen, wird zunächst unter Regie der Fachhochschule Köln eine Status-quo-Recherche zu aktuellen Trägerangeboten in NRW durchgeführt. Auf Basis der 2012 vorgelegten Ergebnisse sollen Folgemaßnahmen für Qualifizierungen in der Praxis erarbeitet werden.
- Über die transfer-Trainingsseminare wurde für 2012 ein Koordinationstreffen für die Praxis und eine Runde mit Expertinnen und Experten zur Erarbeitung einer Checkliste für Träger beantragt.

Darüber hinaus sind erste Projektstränge bei einzelnen Verbänden und Organisationen angelegt. Diese Bemühungen und Aktivitäten sollen gebündelt, Projektideen weiterentwickelt und zusätzliche Fördermittel akquiriert werden, um wichtige und politisch geforderte Entwicklungen voranzutreiben.

Eine gemeinsame Verständigung der hier engagierten Organisationen über begleitende Evaluation bzw. Forschung steht ebenfalls noch aus und wurde im Rahmen des Forscher-Praktiker-Dialogs für 2012 beantragt.

Statt eines Fazits

Seit dem Jahr 2004 wurde auf dem Weg zum Bündnis Jugendmobilität und Bildung schon vieles erreicht. Und dennoch bieten sich noch zahlreiche Chancen und Möglichkeiten, dem Arbeitsfeld Kinder- und Jugendreisen wieder zu mehr positiver Aufmerksamkeit zu verhelfen, wenn wir unsere Kompetenzen und Ressourcen deutlich besser als in den vergangenen Jahren bündeln.

Das Bundesjugendministeriums (BMFSFJ) hat dafür einen weiteren Impuls gesetzt: Das Ministerium rief die Träger des pädagogischen Kinder- und Jugendreisens dazu auf, sich vor den Antragstellungen für 2012 inhaltlich abzustimmen. Bisher hatten alle Empfänger ihre Anträge ohne weitere Rücksprachen separat beim BMFSFJ eingereicht.
Es folgte daraufhin eine Zusammenkunft, in der die Anwesenden vereinbarten, sich mit ihren Angeboten an Qualifizierungen, trägerübergreifenden Projektentwicklungen, Fachtagungen und Publikationen ab 2012 nicht nur gemeinsam darzustellen, sondern künftig auch konzeptionell und strategisch intensiver zu kooperieren. Dafür soll vom BundesForum – neben den bestehenden Fachgremien für Unterkünfte und Jugendreisepädagogik / Jugendreiseforschung – ein weiteres für fachpolitische Entwicklungen eingerichtet werden.

Den Trägern sowie den Multiplikatorinnen und Multiplikatoren des Arbeitsfeldes wird damit ein deutlich kompakteres und von den Akteuren gemeinsam gestaltetes bzw. abgestimmtes Angebot unterbreitet werden können. Und das ist sicher eine gute Basis für eine träger- und verbandsübergreifend ausgerichtete BundesForum-Philosophie, die ein großes Potenzial besitzt, um die Zukunftsfragen anzugehen:

· Die über das BundesForum organisierten Mitglieder betreuen das gesamte Arbeitsfeld der Jugendmobilität, zu dem die Angebote der „klassischen" internationalen Jugendarbeit wie internationale Begegnungen, Workcamps oder Fachkräfteaustausche ebenso zählen wie pädagogisch orientierte Programme des Kinder- und Jugendreisens.

· Sie erreichen nach den vorliegenden Studien und Befragungen ca. vier Millionen junge Teilnehmerinnen und Teilnehmer pro Jahr, die geförderte internationale Jugendarbeit dagegen derzeit nur ca. 400.000.

· Das Bildungsangebot der pädagogisch orientierten Jugendreise-Träger bietet ein breiteres Spektrum: Neben interkulturellen Aspekten sind Themen wie Gesundheit, Ökologie und viele andere weiterentwickelt worden. Das Konzept der entsprechenden Jugendreisepädagogik und -forschung, das im Rahmen der zuständigen Fachgruppe beim BundesForum erarbeitet wurde, belegt dies eindrucksvoll.

Was ich mir jedoch wünsche bzw. was ich aufgrund dieser Ausgangslagen empfehle, ist die Schaffung einer künftigen „Abstimmungskultur" auch zwischen IJAB und der Jugendreiseszene. Die in der Praxis beteiligten Träger, bei denen größtenteils die Grenze zwischen Angeboten der internationalen Jugendarbeit und der sonstigen Jugendmobilität zu Bildungszwecken fließend ist, würden dies sicherlich begrüßen. Und dass es den teilnehmenden Kindern und Jugendlichen egal ist, ob ihre Fahrt formal dem einen oder anderen Arbeitsbereich zugeordnet wird, sollte einvernehmlich klar sein.
Es wäre schön, wenn unser zuständiges Referat im BMFSFJ auch hierzu einen richtungsweisenden Impuls setzen könnte.

www.transfer-ev.de | ikus-projekt.de | www.forsche-praktiker-dialog.de
www.jive-international.de | www.bundesforum.de | www.reisenetz.org

Literaturhinweis
Korbus, Thomas; Nahrstedt, Wolfgang; Porwol, Bernhard; Teichert, Marina (Hg.) (1997): Jugendreisen: Vom Staat zum Markt - Perspektiven, Formen und Konflikte gemeinsamer Ferienaufenthalte, Bielefeld
Bundesministerium für Familie, Senioren, Frauen und Jugend (2009): „Mehr Chancen für gesundes Aufwachsen: Empfehlungen für den Beitrag der Kinder- und Jugendhilfe zu gesundheitsbezogener Prävention und Gesundheitsförderung", in: 13. Kinder- und Jugendbericht, S. 247 ff.
Thomas, A.; Chang, C.; Abt, H. (2007): Erlebnisse, die verändern – Langzeitwirkungen der Teilnahme an internationalen Jugendbegegnungen, Göttingen

Die neue Pädagogik des Kinder- und Jugendreisens
Ansgar Drücker und Dr. Werner Müller

In den ersten 35 Jahren nach dem Zweiten Weltkrieg entwickelte sich das Arbeitsfeld Kinder- und Jugendreisen in Westdeutschland zu einem anerkannten Baustein der Kinder- und Jugendhilfe: Dieses Arbeitsfeld stellte bei vielen öffentlichen und freien Trägern eine notwendige Methode der Kinder- und Jugendarbeit dar. Das Bundesland Nordrhein-Westfalen sah Kinder- und Jugendreisen bis in die 1990er-Jahre als einen wesentlichen Förderbereich an – im Rahmen der Kindererholung auf der Ebene der Jugendhilfe (Wohlfahrtsverbände und Jugendämter) sowie der Jugenderholung auf der Ebene der Jugendarbeit (Jugendverbände und offene Jugendarbeit). In den vergangenen 10 Jahren wurde diese Förderung deutlich abgebaut oder ganz eingestellt und spielte somit auch förderpolitisch eine immer geringere Rolle. Lediglich die Jugenderholung sowie die Erholungsreisen für Kinder und Jugendliche mit Behinderungen sind in Ansätzen auf Landesebene noch vorzufinden.

Auf kommunaler Ebene wurden Kinder- und Jugendreisen häufig unzutreffend als freiwillige Leistungen angesehen, da sie sehr wohl der Sache nach, aber nicht der Höhe nach als Pflichtaufgabe nach § 11 KJHG/SGB VIII festgelegt sind. Dennoch wurde in vielen Kommunen die Förderung reduziert oder ganz eingestellt. Auch auf Bundesebene wird der Arbeitsbereich Kinder- und Jugendreisen in der Jugendpolitik nicht als vorrangig angesehen. Er ist im Bundesministerium für Familie, Senioren, Frauen und Jugend im Referat Jugend und Europa angesiedelt und firmiert dort unter „Jugendreisedienste/Weiterbildung".

Ansgar Drücker
Diplom-Geograf, 1990 bis 1993 Aufbau von Strukturen der Jugendarbeit in Thüringen, 1993 bis 2004 Bildungsreferent und 2004 bis 2010 Bundesgeschäftsführer der Naturfreundejugend Deutschlands, 2005 bis 2011 Vorstandsmitglied bzw. Vorsitzender des BundesForum Kinder- und Jugendreisen e.V. Koordinierender Herausgeber des Leitfadens „InterKulturell on Tour" (Wochenschau Verlag). Seit Januar 2011 Geschäftsführer des Informations- und Dokumentationszentrums für Antirassismusarbeit e. V. (IDA), ein von Jugendverbänden gegründetes bundesweit tätiges Dienstleistungszentrum für die Themenfelder (Anti-)Rassismus, Rechtsextremismus, Antisemitismus, Interkulturelle Öffnung, Diversität, Antidiskriminierung und Migration.

Dr. Werner Müller
Dr. phil., Jahrgang 1951, geboren in Hamburg, mit Familie in Köln lebend. Berufliche Laufbahn: 1975–1979 Koordinator für (internationale) Jugendarbeit bei der Ev. Kirche in Hamburg und beim Bayerischen Jugendring; 1979/1980 Bundesreferent für „Europäische Jugendwochen"; Promotion über internationalen Jugendaustausch; 1981–1986 Freiberuflichkeit als Fortbilder; 1986–1993 Referatsleiter „Modellseminare" der Kölner Außenstelle des Studienkreises für Tourismus, Starnberg; seit 1994 Geschäftsführer des transfer e. V., Köln (Beratung und Qualifizierung für Kinder- und Jugendreisen, interkulturelle Begegnung, Jugend & Gesundheit). Seit 2011 Vorstandsvorsitzender des BundesForum Kinder- und Jugendreisen.

Dabei ist unbestritten, wie Kinder- und Jugendreisen junge Menschen zwischen sechs und 26 Jahren fördern: Diese Reisen übernehmen zunehmend die Funktion, Alltagsfertigkeiten und künftige Lebenskompetenzen zu vermitteln. Darüber hinaus leisten sie wesentliche Beiträge zur Bearbeitung wichtiger gesellschaftlicher Herausforderungen – indem sie unter anderem diese Themenfelder besetzen:

- Neue Armut und soziale Gerechtigkeit
- Gesundheitsförderung
- Gewaltprävention
- Antidiskriminierung und Toleranzerziehung
- Umgang mit Medien
- Integration von jungen Menschen mit Migrationshintergrund
- Vermittlung von interkultureller Kompetenz
- Vermittlung ökologischer Zusammenhänge

Die Leistungen und Potenziale in ausgewählten Teilaspekten

Konkrete Beispiele zeigen auf, wie die verschiedenen Themenfelder in die Kinder- und Jugendreisen einfließen und was sie dort leisten können:

Gesundheitsförderung

Bereits seit 1993 bietet zum Beispiel die Jugendaktion GUT DRAUF der Bundeszentrale für gesundheitliche Aufklärung (BZgA) Konzepte, Methoden und Materialien zu den Themen Bewegung, Ernährung und Stressbewältigung an. Durch die Verknüpfung von Projektpartnern aus Schule, Sport, Jugendarbeit und Jugendreisen sind in den vergangenen Jahren oftmals beispielhafte Kooperationen in diesem Rahmen entstanden, die zum Teil weit über das „GUT DRAUF"-Projekt hinausgehen.

Gewaltprävention

Streit und Konflikte sind unabänderliche Bestandteile unseres Lebens und somit auch Alltag der Kinder und Jugendlichen. Problematisch wird es dann, wenn sich die Beteiligten hilflos gegenüberstehen, weil ihnen entsprechende Lösungsstrategien fehlen oder versagt werden. Es kommt nicht nur zu einzelnen gewaltsamen Eruptionen, sondern es entsteht ein System aus Gewalt und Angst, das letztendlich das Miteinander unmöglich macht und den Grundsätzen der Menschlichkeit zuwiderläuft. Ziel von Gewaltprävention ist es daher, Kinder und Jugendliche zu befähigen, bei Konflikten untereinander vermittelnd tätig zu werden und durch die Erlangung lebenspraktischer Fähigkeiten und Fertigkeiten das Klima insgesamt positiv zu verändern.

Berufs- und Lebensvorbereitung

Neben erprobten Konzepten für die Arbeit mit benachteiligten Jugendlichen, bei denen auf Reisen Elemente der konkreten Berufsvorbereitung mit dem Erwerb sozialer Kompetenzen („Lebensvorbereitung") verknüpft werden, gibt es zahlreiche interessante Einzelmaßnahmen von internationalen Handwerkerprojekten über grenzüberschreitende politische Bildung für Auszubildende bis zu Projekten der Geschichts- und Erinnerungsarbeit.

Jugendhilfe und Schule

In den letzten Jahren sind Jugendhilfe und Schule näher zusammengerückt. Wie in der Jugendhilfe ist auch in der Schule das gemeinsame Reisen mit Gleichaltrigen als wichtige pädagogische Erfahrung und Arbeitsmethode anerkannt. Allerdings ist die Motivation zur Durchführung von Klassenfahrten für Lehrkräfte durch finanzielle Einschränkungen, neue Anforderungen und schlechtere Bedingungen zurückgegangen. Dass dennoch die Zahl der durchgeführten Klassenfahrten nur leicht gesunken ist, zeigt die grundsätzliche Wertschätzung durch die Lehrkräfte.

Klassenfahrten bieten sowohl ein Potenzial zur Qualifizierung des Fachunterrichts als auch zur nachhaltigen Verwirklichung allgemeiner schulpädagogischer Ziele. Durch eine intensivere Verknüpfung von Sozial- und Schul- bzw. Fachpädagogik kann die positive Interaktion innerhalb der Schule gefördert und der pädagogische Nährboden für die Entwicklung einer Persönlichkeit geschaffen werden, der das Verstehen fachlicher Zusammenhänge oft erst ermöglicht. Hierbei kann die besondere Situation einer Reise, die durch eine höhere Emotionalität und ein intensiveres Einander-ausgesetzt-Sein gekennzeichnet ist, genutzt werden, um Motivation sowie Lernbereitschaft und -fähigkeit für den schulischen Unterricht zu stärken.

Der Ausbau der Ganztagsschule bietet neue Chancen für eine Zusammenarbeit zwischen Schulen und Trägern der Jugendhilfe. Über Angebote im Rahmen der Nachmittagsbetreuung oder von Projektwochen hinaus bieten sich insbesondere im Bereich der schulischen Betreuungsangebote in den Ferien weitere Kooperationsmöglichkeiten zum gegenseitigen Nutzen an. Dies können beispielsweise Ferienangebote sein, die Bildung und Spaß im Rahmen von „Bildungscamps" angemessen miteinander verbinden.

Internationale Jugendbegegnungen

Die zunehmende kulturelle Vielfalt innerhalb der deutschen jungen Wohnbevölkerung wird sowohl innerhalb der Schule als auch innerhalb der Jugendverbände noch nicht ausreichend als Ressource für interkulturelle Bildung und Vielfalt gesehen. Oftmals werden pädagogische Alltagsprobleme und vermeintliche kulturelle Hindernisse zum Beispiel auf Klassenfahrten eher als zusätzliche Belastungen empfunden. Unbestritten ist dennoch, dass positive Gegenerfahrungen von gelungener Verständigung und Gemeinschaft auf Reisen einer Gruppe auch für das Zusammenleben zu Hause wertvolle Impulse mitgeben können.

So stellen internationale Jugendbegegnungen – also besonders qualifizierte Kinder- und Jugendreisen, die gemeinsam mit einer ausländischen Partnergruppe durchgeführt werden –

herausgehobene Chancen zur langfristig wirksamen Vermittlung von persönlichen und interkulturellen Kompetenzen dar. Diese sind in einer globalisierten Gesellschaft unverzichtbar: Die Globalisierung und die sich vertiefende europäische Integration erfordern zunehmend ein Aufwachsen mit internationalen und interkulturellen Bezügen, für die Kinder und Jugendliche sehr offen sind.

Ein gutes Beispiel für ein internationales Jugendprojekt war „InterKulturell on Tour" – ein Kooperationsprojekt mehrerer Träger (transfer e. V., Naturfreundejugend Deutschlands, IJAB e. V., JUGEND für Europa, Deutsche Sportjugend, VIA e. V.), das von 2007 bis Mitte 2009 zum Aufbau von Kooperationsstrukturen zwischen der Internationalen Jugendarbeit und Migranten(selbst)organisationen diente. Solche Angebote wieder zu beleben bzw. neue interkulturelle Angebote zu schaffen, wird eine wesentliche Aufgabe sein.

Neue Ansätze der Kinder- und Jugendreisepädagogik

Insgesamt soll eine „neue" Pädagogik des Kinder- und Jugendreisens erarbeitet werden, die erfolgreich an den in den späten 1960er- bis frühen 1980er-Jahre erreichten Stand der Jugendreiseszene anknüpfen kann – und somit die Wertschätzung auch bei Bund und Ländern wieder steigert. Dieser und weiterer Aufgaben stellt sich das BundesForum Kinder- und Jugendreisen e. V. als Dachverband: Der Verein gestaltet mit weiteren Partnern des Arbeitsbereichs solche neuen Ansätze der Kinder- und Jugendreisepädagogik. Ein beim BundesForum angesiedelter Arbeitskreis koordiniert dabei die Auseinandersetzung mit dem Thema, bündelt die Vorgänge und Erfahrungen und beteiligt sich an der Konzeption und Auswertung modellhafter Ansätze. Der Prozess wird unter Federführung von Ansgar Drücker und Dr. Werner Müller weitergeführt.

Forscher-Praktiker-Dialog

Zu den Ansätzen gehört auch der Forscher-Praktiker-Dialog, der bereits seit 1989 den interdisziplinären und trägerübergreifenden Austausch zwischen Wissenschaft und Praxis im Feld der internationalen Begegnung organisiert und begleitet. Dieser Dialog verfolgt das Ziel, Jugendbegegnungsprogramme zu qualifizieren und die darin tätigen Mitarbeiter/-innen zu beraten. Hier hat sich in den vergangenen Jahren verstärkt ein neuer Kreis von jungen Wissenschaftler/-innen eingebracht, die sich mit Kinder- und Jugendreisen beschäftigen. Themenschwerpunkte des beim von transfer e. V. koordinierten Forscher-Praktiker-Dialogs sind derzeit neben der Theorieentwicklung im Bereich der Internationalen Jugendarbeit die Integration von jungen Menschen mit Migrationshintergrund und internationale Begegnungen mit Kindern. Der einmal jährlich tagende Beirat zur Sichtung und Bewertung der Projektvorhaben hat ab 2008 ausdrücklich auch Themen aus dem Bereich Kinder- und Jugendreisen ausgewählt.

Kreuznacher Beirat

Im Kreuznacher Beirat arbeiten ebenfalls Institutionen sowie Wissenschaftlerinnen und Wissenschaftler aus dem Bereich des Kinder- und Jugendreisens zusammen. Ein wichtiger Schwerpunkt der aktuellen Arbeit ist die von Wolfgang Ilg entwickelte Freizeitenevaluation – eine Zusammenfassung von über 8.000 Fragebogenauswertungen der Jahre 2005 bis 2010. Diese Evaluation verdeutlicht, welche inhaltliche Vielfalt und Intensität mit Ferienfreizeiten abgedeckt werden (vgl. Ilg, 2010).
Die Materialien werden von den binationalen Jugendwerken, dem zuständigen Bundesministerium, der Bundeszentrale für politische Bildung, dem BundesForum Kinder- und Ju-

gendreisen und anderen Trägern intensiv beworben und finden weite Verbreitung. Darüber hinaus hat der Kreuznacher Beirat angeregt, unter anderem auf Basis der Daten der Ferienbörse Leipzig und in Nachfolge des Studienkreises für Tourismus eine Jugendreisestudie in Angriff zu nehmen. Der „Beirat Freizeitenevaluation" bietet sich als Zulieferer für diese Studie an, die ggf. unter der Regie des BundesForum realisiert werden könnte.

So werden kontinuierlich und effizient Schritt für Schritt Ziele formuliert und Konzepte für deren Realisierung erarbeitet, um die Idee einer neuen Jugendreisepädagogik gemeinschaftlich voranzutreiben.

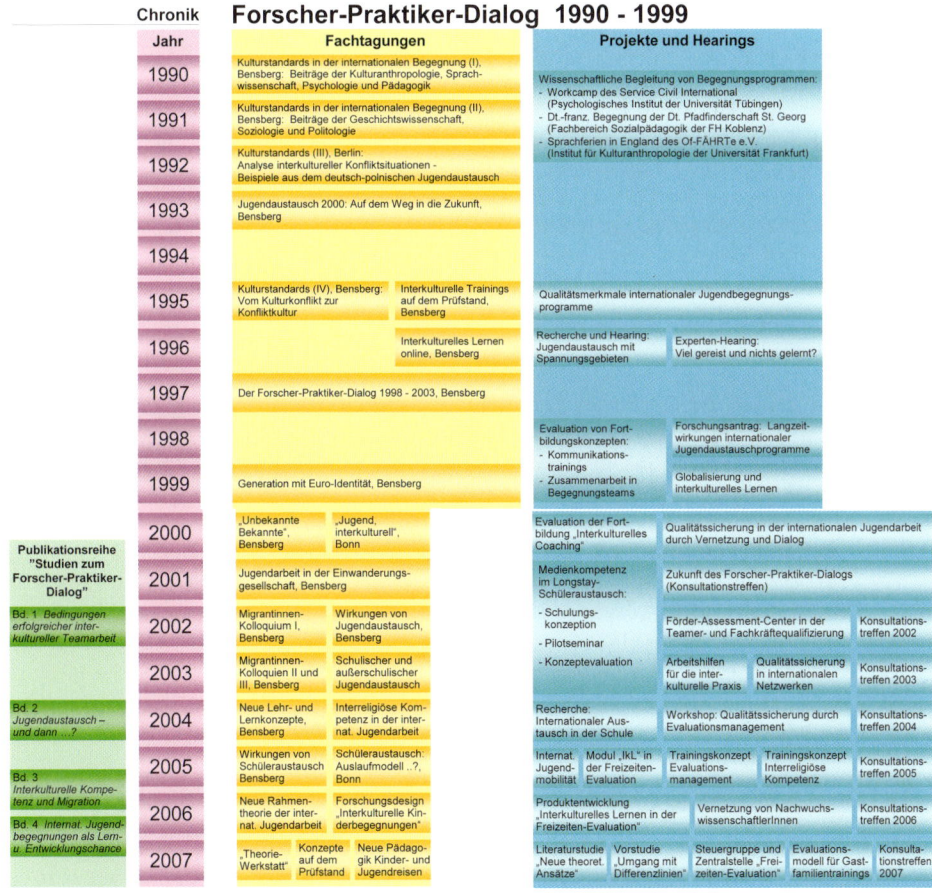

Literaturhinweis:

Ilg, Wolfgang (2010): „Freizeitenevaluation. Entwicklung eines Evaluationskonzepts für Freizeiten in der kirchlichen Jugendarbeit", Saarbrücken

Der feine Unterschied
Reisen von der Stange versus einzigartige Erlebnisse
Andrea Schütt

Reisen veranstalten viele. Aber: Was macht eine Reise unvergesslich und zu einem einzigartigen Erlebnis? Der feine Unterschied liegt bei **ruf reisen** weniger in der Leistungszusammenstellung von Destination, Transport und Unterkunft. Es geht vielmehr um die weichen Faktoren der Reise, die den Teilnehmerinnen und Teilnehmern geboten werden: Gruppenfeeling, Stimmung und Atmosphäre gehören unbedingt dazu. Ebenso die Leidenschaft, mit der eine Reise umgesetzt wird. Und diese emotionalen Faktoren werden mit reibungslosen Abläufen und Individualität kombiniert.

Ganz gleich, ob es um eine **ruf** Jugendreise, um eine **ruf** NEXT Reise für junge Erwachsene oder um **ruf** Kinder- und Teensreisen geht: **ruf reisen** sprechen seit jeher in ihrer inhaltlichen Ausrichtung die persönlichen Vorlieben der Teilnehmerinnen und Teilnehmer an. Partyhungrige Jugendliche finden ihr Angebot ebenso wie abenteuerlustige Kinder, sportbegeisterte junge Erwachsene, Naturfreunde oder Weltenbummler. Die Auswahl eines der vielfältigen Angebote garantiert den **ruf** Gästen also bereits einen Urlaub unter Gleichgesinnten – in einer gleichaltrigen Gruppe. Auf dieser Basis werden schnell neue Freundschaften geschlossen: Gemeinsam erkunden, entdecken und erobern die Teilnehmerinnen und Teilnehmer ihre Destination, sammeln neue Erfahrungen und erweitern ihren Horizont durch das Eintauchen in fremde Kulturen. Und das gemeinsam Erlebte schweißt noch einmal auf ganz neue Weise zusammen.

Die Auswahl der Unterkünfte und die Ausgestaltung der **ruf** Clubs, Camps und Hotels ist ebenfalls so ausgelegt, dass die Teilnehmerinnen und Teilnehmer altersgerecht untergebracht sind und die **ruf** Atmosphäre von Anfang an genießen – dafür sorgt auch das abwechslungsreiche Programm, das den Gästen zahlreiche Anregungen bietet.

Reisen mit Leidenschaft

Die Leidenschaft zum Produkt, zur Reise und die Liebe zum Detail, die **ruf** lebt, spüren alle Kundinnen und Kunden. Gerade auch, weil sie über den gesamten Reiseverlauf hinweg

Andrea Schütt
ist seit 2009 als Product Manager für den Bereich Sprache und Kultur bei **ruf** verantwortlich. Außerdem leitet sie dort das Projekt Beruf und Familie. Vorher arbeitete die Diplom-Betriebswirtin zehn Jahre bei einem Sprachreiseveranstalter im Vertrieb und Produktmanagement. Ihr Studium der Betriebswirtschaftslehre mit Schwerpunkt Touristik absolvierte Andrea Schütt von 1996 bis 1999 an der Fachhochschule der Wirtschaft (FHDW) in Paderborn.

von den **ruf** Reiseleiterinnen und Reiseleitern oder den NEXT Buddys begleitet werden. Die ausgewählten und in der **ruf akademie** eigens ausgebildeten Kräfte besitzen Persönlichkeit und bilden einen ganz entscheidenden Erfolgsfaktor für jede Reise.

Der Auftrag der Reiseleiterinnen und Reiseleiter lautet: gemeinsam mit den Gästen Urlaubsträume zu verwirklichen. Dabei agiert der **ruf** Teamer wie der große Bruder oder die große Schwester – im optimalen Fall ist er ein bester Freund. Und zugleich zeigen die Reiseleiterinnen und Reiseleiter ganz offen den Spaß an ihrer Arbeit – ihre Begeisterungsfähigkeit reißt die **ruf** Gäste mit. Alle Teamerinnen, Teamer und Buddys sind spezielle Typen und, wie die **ruf** Reisen, absolut individuell. Sie verleihen jeder Reise ihren eigenen Anstrich durch die Art, wie sie mit den Teilnehmerinnen und Teilnehmern umgehen, aber auch durch ihre vorhandene Reiseerfahrung, die bei den **ruf** Gästen Eindruck hinterlässt.

Oft sind sie Vorbilder für die Kinder, Jugendlichen und jungen Erwachsenen, weil sie mehrsprachig, witzig, animativ und beliebt sind. Getreu dem Motto „So möchte ich auch mal sein" erleben die Gäste ihre Reise noch positiver, wenn die Betreuung und Anleitung überzeugt. Aber dieser direkte Draht zueinander bietet noch weitere Vorteile: Stimmt die Beziehung zwischen Leitungsteam und Teilnehmern, werden die gesetzten Regeln eingehalten und Störfaktoren weitestgehend minimiert. Und auf dieser Basis wächst die Reisegruppe während der gemeinsamen Zeit so zusammen, dass beim Abschied einer jeden Reise echte Tränen fließen, weil der gemeinsame Urlaub mit den neu gewonnenen Freunden schon so schnell wieder vorbei ist.

Ein nachhaltiges Gruppengefühl

Dieses einmalige Urlaubsgefühl lässt sich jedoch verlängern – weil **ruf** allen Gästen über soziale Netzwerke im Internet weitere Kontaktmöglichkeiten eröffnet. Die **ruf** Homepage dient also nicht nur dazu, potenzielle Kundinnen und Kunden über ein geeignetes Medium

frühzeitig anzusprechen und eine Buchung herbeizuführen – hier werden die **ruf** Gäste auch nachhaltig ans Unternehmen gebunden.

Für den ersten Kontakt zu Neukunden präsentiert **ruf** die Reiseangebote ergänzend auch über die Onlineplattform sozialer Netzwerke. Hier finden viele Detailinfos und Fotos aus der vergangenen Saison Platz, um den potenziellen Teilnehmerinnen und Teilnehmern ein möglichst umfassendes Bild ihrer möglichen Traumreise zu bieten. Zudem können die Kundinnen und Kunden auch via Internet Diskussionen mit anderen Reiseteilnehmern führen oder konkrete Fragen stellen, die in der Regel von den Reiseleiterinnen und Reiseleitern selbst beantwortet werden. Jugendliche, die sich allein anmelden, erhalten außerdem die Gelegenheit, sich über die sozialen Netzwerke ihre Reisepartner zu suchen. So lässt sich bereits auf virtueller Ebene ein erstes Gruppengefühl aufbauen. Die Vorfreude auf die Reise wird geteilt, man stimmt sich gemeinsam auf den Urlaub ein und kann die Abreise kaum erwarten. Und nach der Reise werden über die Onlineplattform wiederum alle Möglichkeiten genutzt, um Reiseerlebnisse auszutauschen und aufleben zu lassen. Hier fällt dann häufig schon sehr frühzeitig nach der Saison die Entscheidung darüber, welches Reiseziel im Folgejahr geplant ist, um dieses dann wieder gemeinsam zu entdecken.

Der Sommer deines Lebens
Welche Zutaten braucht eine Traumreise? Wie sieht das Erfolgsrezept aus? Das lässt sich pauschal natürlich nicht beantworten. So unterschiedlich wie die Reisenden sind auch ihre Erwartungen und Wünsche. Die einen möchten einzigartige Erlebnisse genießen, die sie nachhaltig prägen. Andere möchten einfach nur relaxen, die Sonne genießen, sich vielleicht sportlich betätigen oder kulturelle Veranstaltungen besuchen.

Die folgenden drei Reisebeispiele zeigen allerdings Konzepte auf, die von den Teilnehmerinnen und Teilnehmern in besonderer Weise angenommen wurden – die **ruf** Gäste erlebten wahrhaftig „den Sommer ihres Lebens".

Beispiel 1:
Young Island – ein einzigartiges Reiseziel
Welcher Jugendliche träumt nicht davon: Urlaub machen auf einer Insel in Kroatien, die ausschließlich für Jugendliche buchbar ist – das sind Ferien im eigenen, Eltern- und größtenteils Erwachsenen-freien Paradies. **ruf** ermöglichte den Jugendlichen mit Young Island diese eigene Welt in einer wunderschönen Umgebung: Ein ca. 120 ha großes Reiseziel zum Relaxen, Spaßhaben, Sporttreiben und Feiern. Das Gruppengefühl, das in dieser jugendlich gestalteten Urlaubswelt entstehen konnte, war einzigartig. Betreuerteam, Teilnehmerinnen und Teilnehmer bildeten eine Einheit und tauchten gemeinsam in dieses Eldorado ein. Dieses Urlaubserlebnis war vor wenigen Jahren tatsächlich nur durch **ruf** erlebbar und somit für alle Beteiligten eine besonders intensive Erfahrung.

Beispiel 2:
USA-Traumreise – ein einzigartiges Gruppengefühl
Zwei USA-Rundreisen – an die Ostküste und an die Westküste: Diese beiden Reisen wurden zu einer USA-Traumreise zusammengefügt, die exklusiv nur an einem Ostertermin gebucht werden konnte. Das Ergebnis: ein beeindruckender Buchungserfolg im ersten Jahr, der von einem begeisterten Feedback der Teilnehmerinnen und Teilnehmer begleitet wurde. Ge-

meinsam zum ersten Mal die USA entdecken – das Land der unbegrenzten Möglichkeiten hautnah erleben: Das Betreuerteam sorgte für die richtige Nähe, und so wurde diese Reise für fast 100 **ruf** Gäste zu einem unvergesslichen Gruppenerlebnis. Denn trotz der großen Teilnehmerzahl erfolgte keine Teilung der Gruppe, sondern alle übernachteten in denselben Hotels, und auch die Programmpunkte wurden gemeinsam erlebt. Dies führte zu einer einzigartigen Stimmung in der Gruppe, die sich in dem abschließenden hervorragenden Feedback der Teilnehmerinnen und Teilnehmer widerspiegelte.

Beispiel 3:
Australien-Rundreise – einzigartige Erlebnisse

In Australien betreibt eine ehemalige **ruf** Mitarbeiterin gemeinsam mit ihrem Lebensgefährten eine Reiseagentur – beste Voraussetzungen, um eine individuelle **ruf** Spezialtour mit vielen Insidertipps auszuarbeiten und diese Reise einem kleinen Kreis anzubieten: Lediglich 20 Personen wurden dabei pro Reisetermin zugelassen. Im Gegensatz zur USA-Traumreise lebt dieses Angebot also eher von der kleinen Gruppenstärke und den faszinierenden Erlebnissen in Queensland: Unter anderem steht dabei die Erkundung von Fraser Island auf dem Programm. Die größte Sandinsel wird mit einem Vier-Wheel-Geländewagen erkundet, anschließend zelten die Teilnehmerinnen und Teilnehmer am Strand. Darüber hinaus besucht die Gruppe eine lokale Känguru-Pflegestation und lernt junge Australierinnen und Australier bei einem Get-together kennen. Die beiden Agenturinhaber begleiten diese Reise von Anfang bis Ende und bauen ein ganz besonderes Verhältnis zu den Teilnehmern auf. Hier werden Erlebnisse gestiftet, die diese Reise einzigartig machen!

Feel the summer – explore the world

In diesem Sinne erarbeitet **ruf reisen** auch weiterhin unvergessliche Reiseerlebnisse und Urlaubsträume der ganz besonderen Art – und präsentiert diese in zwei großen Bereichen: „feel the summer" und „explore the world".

Unter „feel the summer" finden Jugendliche wie bisher in europäischen Destinationen ihre klassischen Jugendreisen. Und mit **ruf** NEXT stehen attraktive Reisen für junge Erwachsene in Europa und rund um den Globus zur Verfügung. Insgesamt verwirklicht **ruf** in 120 Reisezielen auf der ganzen Welt die Urlaubsträume dieser jungen Leute.

Im Bereich „explore the world: Entdecke deine Möglichkeiten" können die Teilnehmerinnen und Teilnehmer Sprachurlaube, Fernreisen, Kinderreisen sowie Musik- und Sportreisen buchen, die ihre Talente, Interessen und Leidenschaften fördern. Diese Reisen bieten ihnen Erlebniswelten, in denen sie ihre individuellen Träume leben oder persönliche Grenzen überwinden können.

„Das alte Rom" macht beispielsweise Geschichte auf spannende Weise lebendig: Diese Reise entführt die **ruf** Gäste an alte Kampfstätten der Gladiatoren, in geheimnisvolle Katakomben, in die Paläste der Cesaren und mehr. „Das Blut der Erde" ermöglicht den Teilnehmerinnen und Teilnehmern eine Expedition zu einem aktiven Vulkan in Italien, die von Experten begleitet wird. Bei der Reise „Den Sternen so nah" besuchen die Gäste unter anderem eines der größten optischen Teleskope der Welt – und lassen sich unter fachkundiger Leitung in die Weiten des Weltalls entführen. „Strom aus Wind und Sonne" nimmt sich dem wichtigen Thema alternativer Energiegewinnung und Nachhaltigkeit an. In einem der größten Wind- und Solarprojekte Europas eröffnen Experten und Ingenieure einen tiefen Einblick in die

Möglichkeiten erneuerbarer Energien. Und „Models@Work" entführt die Teilnehmerinnen und Teilnehmer in die Welt der Mode und des Lifestyles: Aus erster Hand erfahren sie nicht nur, wo die neuesten Modetrends entstehen, sondern auch alles rund um das Modelbusiness inklusive Catwalk-Training mit Profis.

Neben diesen und weiteren Angeboten können die Kinder, Jugendlichen und jungen Erwachsenen auch selbst dazu beitragen, dass weitere Reiseträume entstehen: explore the world bietet ihnen die Möglichkeit, ihre Wunschthemen bei **ruf** einzureichen – eignen sich diese, um eine neue Reiseform daraus abzuleiten, werden auf diese Weise neue, individuelle Erlebnisse gestiftet.

„So wie du muss dein Urlaub sein"
Urlaubsangebote zu schaffen, die sich voll und ganz den individuellen Wünschen und Bedürfnissen der jungen Gäste anpassen, bedeutet aber auch, Nischen zu suchen und kleinere Angebote zu offerieren. Vor diesem Hintergrund ist beispielsweise eine Sprachreise auf die Kanalinsel Jersey entstanden, die 2012 ausschließlich zu einem Reisetermin im Sommer angeboten wird. Lediglich 20 Teilnehmerinnen und Teilnehmer können daran teilnehmen und in dieser kleinen Gruppe ihren ganz besonderen Urlaub mit englischen und französischen Einflüssen genießen. Die idyllische Lage zwischen der englischen Südküste und der französischen Smaragdküste macht Jersey zu einem Reiseziel der Extraklasse. Dabei umfasst die Sprachreise neben einem Holiday English Course auch den gemeinsamen Strandspaß in dem mediterranen Klima Jerseys sowie Natur- und Kulturangebote: Viele Museen und Galerien, Theater und Kinos tragen auf Jersey zu einem abwechslungsreichen Aufenthalt bei – und darüber hinaus bietet der Besuch im Jersey Wildlife Park ein echtes Naturerlebnis.

Fazit
Durch die kreativen Reisekonzepte, die leidenschaftliche Umsetzung, das einzigartige Gruppengefühl und die vielen individuellen Möglichkeiten begleitet die **ruf** Gäste bei allen Angeboten das gute Gefühl, dass die ausgewählte Reise nur für sie erarbeitet und zusammengestellt wurde: Sie buchen keine „Reise von der Stange", sondern eine Reise, die genau den eigenen Bedürfnissen und Wünschen entspricht – einen unvergesslichen Urlaub, der viele persönliche Glücksmomente verspricht.

www.youtube.com/user/rufjugendreise#p/u/20/OXKc4oH92nA | www.youtube.com/user/rufjugendreise#p/u/21/KaEalzV-StU
www.youtube.com/user/rufjugendreise#p/u/31/ZxgCAq0QKAU

Qualitätsbasis für junges Reisen
Die ruf akademie
Christoph Edlinger

„Müssen Jugendreisen eigentlich so sein, wie sie sind? So gänzlich ohne Abenteuer, Spaß, neue Erlebnisse und Erkenntnisse? Das geht doch auch anders!" Getrieben von frischen Ideen und dem dringenden Wunsch nach Veränderungen gründeten Freizeitpädagogik-Studierende der Universität Bielefeld rund um Thomas (Tom) Korbus 1981 den Verein Reisen und Freizeit mit jungen Leuten e. V. – die Geburtsstunde von **ruf reisen**. Schnell wurde klar: Neue innovative Reiseideen erfordern ein gänzlich anderes Personalprofil. Deshalb entstand die **ruf akademie** als Teilbereich des Vereins – zunächst als reine Ausbildungsinstitution für den Reiseveranstalter **ruf**. Damals wie heute wurden in der **ruf akademie** motivierte, kompetente Bewerberinnen und Bewerber durch eigene Trainer zu qualifizierten Jugendreiseleiterinnen und -leitern ausgebildet. Doch das ist längst nicht alles: Im Laufe der Jahre hat die **ruf akademie** viele weitere Aufgaben übernommen. Sie bildet heute nicht nur Personal aus und bietet umfassende Qualifizierungsmaßnahmen für die Mitarbeiterinnen und Mitarbeiter an, sondern entwickelt auch neue, innovative Ideen für Betreuungsleistungen und pädagogische Inhalte der Reisen. Ihre Hauptaufgabe ist in diesem Bereich die Qualitätskontrolle der Ausbildung und Betreuung. Dies leistet die **ruf akademie** anhand selbst entwickelter **ruf** Standards sowie mithilfe anerkannter externer Institutionen wie dem TÜV NORD bzw. dem TÜV SÜD: Unter anderem stellt sie sich der jährlichen DIN EN ISO 9001-Zertifizierung und initiiert somit einen Prozess ständiger Verbesserung.

Seit einigen Jahren bringt sich die **ruf akademie** zudem verstärkt zu allgemeinen Fragen der Kinder- und Jugendreisen ein: Sie bezieht Stellung zu jugendpolitischen Fragen, setzt pädagogische Maßstäbe bei der Betreuung und erarbeitet weitere innovative Konzepte. Damit entwickelt sich die Akademie verstärkt zur Zukunftswerkstatt und trägt dazu bei, die Qualität junger Reisen zu sichern. Darüber hinaus ist die Akademie in der Forschung aktiv.

Die Aus- und Fortbildung

An die Qualität der Betreuung werden bei **ruf** höchste Maßstäbe gesetzt. Denn hervorragend ausgebildete Betreuerinnen und Betreuer gehören auch heute noch zu den wichtigsten Erfolgsbausteinen des Unternehmens. Für eine optimale Besetzung akquiriert das **ruf**

Christoph Edlinger
Christoph Edlinger startete mit Beginn seines Pädagogikstudiums an der Universität Bielefeld seine Tätigkeit als Teamer bei **ruf reisen**. Über Jahre hinweg begleitete die Arbeit als Reiseleiter, Koordinator und Ausbilder bei verschiedenen Reiseveranstaltern sein Studium. 2003 begann Christoph seine Arbeit im **ruf** Büro in Bielefeld, ist seit 2008 Bereichsleiter der Personalabteilung für den Verein und die Trend Touristik GmbH und ist Hauptverantwortlicher für die **ruf akademie**.

Personalreferat jährlich bis zu 10.000 Bewerberinnen und Bewerber, die eine umfassende Personalselektion durchlaufen. Diejenigen, die im Bewerbungsprozess bestehen, werden zur Ausbildung an die ruf akademie vermittelt. Auf diese Weise organisiert die **ruf akademie** pro Jahr mehr als 80 Seminare, mit steigender Tendenz.

Die Grundlagenseminare

An den Grundlagenseminaren nehmen grundsätzlich alle zukünftigen Mitarbeiterinnen und Mitarbeiter teil, die in den **ruf** Reisezielen arbeiten möchten. Dabei ist das Auswahlverfahren so konzipiert, dass genau die Bewerberinnen und Bewerber zum Einsatz kommen, die sich persönlich und fachlich für den Job eignen. Von jeder **ruf** Mitarbeiterin und jedem Mitarbeiter wird ein erweitertes polizeiliches Führungszeugnis verlangt. Darüber hinaus stellen die Bewerberinnen und Bewerber in einem mehrtägigen Seminar der **ruf akademie** ihre sozialen Kompetenzen unter Beweis: Wer bei **ruf** arbeiten möchte, ist verantwortungsbewusst, aufgeschlossen, kommunikativ, ideenreich und hat Spaß daran, für Kinder, Jugendliche und junge Erwachsene ein schönes, emotionales und nachhaltiges Urlaubsangebot zu gestalten. In den Seminareinheiten werden zudem pädagogische, juristische und entwicklungspsychologische Inhalte vermittelt, die in erster Linie dem Schutz der jungen Reiseteilnehmerinnen und -teilnehmer dienen: von der Aufsichtspflicht über Strafrecht und den länderspezifischen Jugendschutzgesetzen bis zu einer Grundlagenschulung im Krisenmanagement reicht das Programm. Aber auch Themen wie Sexualität und sexuelle Gewalt werden angesprochen und vertieft.

Die jobspezifischen Seminare

Die Grundlagenseminare ergänzen weitere jobspezifische Qualifizierungseinheiten: Kinderteamerinnen und -teamer, Teamerinnen und Teamer für Jugendreisen, sogenannte Buddys für Reiseangebote für Jugendliche ab 18 oder die **ruf** Klassenfahrt Guides werden in den jobspezifischen Seminaren speziell auf die Anforderungen ihrer jeweiligen Zielgruppe vorbereitet. Auch Sprachreiseleiter müssen sich einer besonderen Ausbildung unterziehen.

Ebenso stehen weitere Fortbildungen für
• Materialteamerinnen und -teamer,
• Teensteamerinnen und -teamer,
• Animateurinnen und Animateure,
• Koordinatorinnen und Koordinatoren sowie für
• pädagogische Fachkräfte zur Verfügung.
Servicekräfte und Köche besuchen ein gesondertes jobspezifisches Grundlagenseminar.

Des Weiteren bietet die **ruf akademie** Fortbildungen für die Bereiche Theater, Choreografie und Musical an und offeriert DJ- und Videoseminare, Train-the-Trainer-Seminare sowie interne Fortbildungen zu PC-Anwendungen oder zu Fremdsprachen und Exkursionen.

Die zukünftigen Mitarbeiterinnen und Mitarbeiter stärken mithilfe der Akademie zudem ihre „Soft Skills": Neben Kommunikationstechniken oder Konfliktmanagement bietet die **ruf akademie** Seminare zur Selbstpräsentation, Führungskompetenz, Deeskalationsseminare oder Bewerbungstrainings an.

Alle Seminare werden auf Basis erprobter Lerntheorien und zeitgemäßer Bildungspädagogik durchgeführt. Dabei stellen Psychologen, Pädagogen, Juristen und Fachleute aus dem
Tourismus sicher, dass die Aus- und Fortbildungen kontinuierlich weiterentwickelt werden.
In diesem Rahmen wird das Ausbildungskonzept jährlich auf den Prüfstand gestellt, hinterfragt und bei Bedarf überarbeitet. So ist gewährleistet, dass die Ausbildung der Reiseleiterinnen und -leiter stets auf dem aktuellen Stand ist.

Karriereplanung mit ruf

Die Praktika bieten einen praktischen Einstieg in die Tourismusbranche und damit wertvolle
Erfahrungen für den weiteren Berufsweg. Nicht selten führt ein Praktikum oder ein erster
Einsatz als Reiseleiterin oder Reiseleiter dazu, die weitere berufliche Karriere mit **ruf** zu
planen. So beginnt bereits mit der ersten, saisonal bedingten Personalakquise ein Prozess,
der bei engagierten Kräften durchaus eine **ruf** Karriere bedeuten kann.

Die **ruf akademie** ermöglicht dabei nicht nur in Kooperation mit der euro-tcm die offizielle
Zertifizierung zur Fachreiseleiterin bzw. zum Fachreiseleiter (IHK), sie zeigt auch die Studi-
enmöglichkeiten in der Reisepädagogik oder im Tourismusbereich auf. In manchen Fällen
wird das Studium sogar finanziell unterstützt: So werden **ruf** Mitarbeiterinnen und Mitarbeiter, die sich beispielsweise an der Bielefelder Fachhochschule des Mittelstandes (FHM)
weiter qualifizieren oder studieren möchten, von **ruf** bezuschusst. Mitarbeiterinnen und
Mitarbeiter, die schon länger im Außendienst für **ruf** arbeiten, erhalten zudem die Möglichkeit, in den Innendienst zu wechseln. Ca. 50 Prozent des Personals stammen schon heute
aus dem **ruf** Außendienst. Die **ruf akademie** leistet also auch Aufgaben im Bereich der
Personalentwicklung, indem sie die Kräfte für den jeweiligen Job umfassend qualifiziert.

Jobs, Qualifikationen & Perspektiven

Die Konzeptentwicklung für **ruf reisen**

Neben der Aus- und Fortbildung des Personals übernimmt die **ruf akademie** eine weitere große Aufgabe: Sie verkörpert das wissenschaftliche und pädagogische Know-how, das hinter den Reiseangeboten von **ruf reisen** steht. Jede Reise basiert auf einem durchdachten Konzept, das ein hohes Maß an Sicherheit, Betreuung, persönlichen Entwicklungsmöglichkeiten und Spaß gewährleistet. Eine einheitliche Formel für die Reisen gibt es jedoch nicht: Jedes Produkt wird individuell erarbeitet. So entstehen in enger, arbeitsteiliger Zusammenarbeit von Produktmanagement und **ruf akademie** neue Reiseangebote. Die **ruf akademie** leistet im Rahmen der Konzeption ihre Beiträge immer dort, wo es um den Menschen geht, um pädagogische Inhalte und um die richtige Form der Betreuung.

Eine wichtige Informationsquelle für die Konzeptentwicklung der Akademie ist die Auswertung der abgeschlossenen Saison auf Basis von Kundenbefragungen, Mitarbeiterbefragungen sowie den Abschlussgesprächen mit der **ruf** Kundenbetreuung und dem Produktmanagement. So zeigt sich, welche Bestandteile einer Reise von den Gästen gut angenommen wurden und wo sich Handlungsbedarf ergibt. Auf dieser Grundlage werden gemeinsam Produktänderungen oder Neuentwicklungen beschlossen. Diese Änderungen lässt die Akademie wiederum in ihre Aus- und Fortbildungsseminare einfließen.

Kompetenzerwerb mit wissenschaftlichem Hintergrund

Die konzeptionellen Akademie-Bausteine einer Reise entstehen vor dem Hintergrund der aktuellen pädagogischen Kinder- und Jugendforschung sowie der Forschungsergebnisse im Themenfeld der Kinder- und Jugendreisen: Eine Reise ohne Eltern ist ein wichtiger Schritt auf dem Weg zum Erwachsenwerden und ein wesentlicher Beitrag zur nonformalen Bildung. Die Kinder, Jugendlichen und jungen Erwachsenen lernen außerhalb der Bildungssysteme – sie können unbekannte Sportarten, Sprachen oder bisher ungenutzte Talente entdecken. Ebenso lernen sie, sich in einem ihnen unbekannten Personenkreis zurechtzufinden und selbstständig zu sein: sie gehen neue Aufgaben an, erweitern ihren Horizont und wachsen daran.

Ziel einer pädagogisch ausgerichteten Reise ist es, den jungen Menschen Hilfestellungen anzubieten, damit sie ihren Platz als demokratisches, emanzipiertes und gleichberechtigtes Mitglied der Gesellschaft einnehmen können. Darüber hinaus kann die Reise in eine fremde Kultur das Verständnis für andere Lebensweisen schaffen oder dazu anregen, das als selbstverständlich Angenommene mit anderen Augen zu betrachten.

Diese Inhalte sowie interkulturelle Themen spielen auch bei **ruf** Klassenfahrten eine gewichtige Rolle. Doch bei den Klassenfahrten erhalten Lehrkräfte nicht nur interessante Vorschläge zur Gestaltung ihrer Fahrt, sondern genießen zugleich ein attraktives Betreuungsangebot. Mit dem Guide stellt **ruf** jeweils einen kompetenten landessprachlichen Ansprechpartner zur Verfügung, der sich vor Ort auskennt und die Lehrkräfte auf Wunsch als Begleitperson bei ihrer Aufsichtspflicht und der Programmorganisation unterstützt.

Dass alle Reisen mit dem gebotenen Programm und ihrem Betreuungsangebot dem pädagogischen Konzept der **ruf akademie** folgen, ist für die Teilnehmerinnen und Teilnehmer kaum zu spüren. Sie profitieren lediglich von den positiven Auswirkungen: Sie tauchen in die soziale Gemeinschaft einer Gruppe Gleichaltriger ein – und werden dabei von den **ruf**

Mitarbeiterinnen und Mitarbeitern begleitet. So beginnt die Gruppendynamik einer **ruf** Jugendreise mit der gemeinsamen Anreise von nahezu fremden Menschen und endet in einer sehr vertrauten Gemeinschaft. Freundschaften, die hier entstehen, halten oft ein Leben lang, und die neuen Erfahrungen prägen für lange Zeit.

Forschung und Lehre

Seit mehr als 25 Jahren betreiben **ruf reisen** und die **ruf akademie** zudem sozialwissenschaftliche Begleitforschungen zum Thema Jugendreisen. Dabei verfolgt die Akademie die Entwicklung relevanter Themen im wissenschaftlichen Kontext und übernimmt die dort gewonnenen Erkenntnisse in die eigene Arbeit. Ebenso gehört es zu den Akademie-Zielen, die Forschung im Kinder- und Jugendreisebereich voranzutreiben. Dafür arbeiten Akademiker und Akademikerinnen aus den Bereichen Pädagogik, Sozialwissenschaft, Psychologie und Sozialpädagogik in der **ruf akademie** eng zusammen.

Fruchtbare Kooperationen bieten sich auf diesem Weg mit der Hochschule Bremen und der Fachhochschule des Mittelstandes in Bielefeld. Im Rahmen dieser Zusammenarbeit wird der Internationale Studiengang Angewandte Freizeitwissenschaft der Hochschule Bremen (ISAF) zukünftig neue Reisekonzepte für **ruf** entwickeln. Auch die FHM begleitet schon bald im Rahmen des Bachelor-Studienganges Tourismusmanagement durch wissenschaftliche Projekte die Entwicklung und Arbeit von **ruf reisen** und der **ruf akademie**. Und zugleich stehen Mitarbeiter von **ruf** beiden Hochschulen als Lehrbeauftragte zur Verfügung – oder die Hochschuldozenten leiten Veranstaltungen der **ruf akademie**.

Die Kooperationen tragen dazu bei, dass **ruf** als Reiseveranstalter mit hoch motivierten Nachwuchskräften zusammenarbeiten kann, die ihre Zukunft im Tourismus sehen. Durch den persönlichen Kontakt zu den Studierenden entstehen jährlich diverse Abschlussarbeiten für die Diplom-, Bachelor- oder Master-Studiengänge. Diese werden in der Akademie betreut; interessante Ergebnisse der studentischen Arbeiten fließen in die Entwicklung der verschiedenen Betreuungs-, Reise- und Ausbildungskonzepte ein. So lässt sich die Qualität der Angebote weiter verstärken. Zudem stellt **ruf** den Studierenden qualifizierte Praktikumsplätze im In- und Ausland sowie Nebenjobs zur Verfügung, damit sie die im Studium erworbenen Kompetenzen in der Praxis anwenden und ausbauen können.

Verbandsarbeit und Kooperationen

Die **ruf akademie** engagiert sich darüber hinaus in nationalen und internationalen Verbänden. Neben einer Mitgliedschaft im Paritätischen Wohlfahrtsverband, einem der sechs Spitzenverbände der freien Wohlfahrtspflege in Deutschland, bringt sich **ruf** im BundesForum Kinder- und Jugendreisen e. V. ein, der als Dachverband die Mehrheit der Kinder- und Jugendreiseveranstalter Deutschlands organisiert. Auch dem deutschen Fachverband für Jugendreisen, dem Reisenetz e. V., ist **ruf** angeschlossen. Sowohl beim BundesForum als auch bei dem Reisenetz e. V. fungierte **ruf** bereits als Gründungsmitglied. Und dem WYSE – World Youth Student & Educational Travel – einer weltweiten gemeinnützigen Jugendreise-Organisation mit mehr als 550 Mitgliedsorganisationen aus 70 Ländern, gehört **ruf** ebenfalls an.

In die Verbandsarbeit wird sich die **ruf akademie** zukünftig noch stärker einbringen, um in der Branche das Qualitätsbewusstsein zu stärken, einheitliche Standards zu definieren und selbst von den Impulsen von außen zu profitieren. Darüber hinaus organisiert die **ruf** akademie Fachveranstaltungen, Tagungen und Kongresse zu verschiedenen Fachthemen. Sie konzipiert Workshops und Zukunftswerkstätten, um bei den sich ständig wandelnden Lebenswelten der Kinder und Jugendlichen stets auf dem aktuellen Stand zu sein.

Die Aufgaben für die Zukunft

Noch immer wachsen die Zielgruppen, die das touristische Angebot von **ruf reisen** nutzen wollen – und in den schnelllebigen Zeiten verändern sie sich beständig: Die Ansprüche von Eltern, Kindern, Jugendlichen und jungen Erwachsenen sind sehr differenziert. Sie lassen sich nicht mit Standardangeboten abbilden. In diesem Umfeld kann die Akademie auf Basis ihrer Fachkenntnisse für interessante Impulse sorgen. So wird sie zeitnah zum Beispiel die Förderung eines gesunden Ernährungsverhaltens besonders beleuchten. Bei den **ruf** Kinderreisen wird diese Ausrichtung bereits getestet: Hier wird auf eine gesunde und kindgerechte Ernährung besonders geachtet. Weitere Themen, mit denen sich die Akademie beschäftigt, sind Inklusion und Nachhaltigkeit.

Über die Jahrzehnte hinweg hat die **ruf akademie** ein Netzwerk von Experten jeglicher Disziplinen aufgebaut. Durch Angebote auf der Homepage, kann die Akademie zukünftig unter **ruf-akademie.de** den immer häufiger auftretenden Anfragen zu Trainern, Beratern und Referenten gerecht werden. Bedient werden verschiedene Fachgebiete aus den Bereichen IT, Marketing, Tourismus, Pädagogik etc. mit Inhalten zu Social Media, Animation (Choreografie, Musical, Sport), Großevents, Ferienarchitektur, Ernährungsberatung für junge Leute, Jugendkultur usw.

Ebenso wird die Forschungsarbeit ausgeweitet, um weiterhin neueste wissenschaftliche Erkenntnisse in die Produkte und die Arbeit einfließen lassen zu können. Die Kooperationen mit der FHM Bielefeld und der Hochschule Bremen sind dabei bedeutsame Meilensteine, aber auch mit weiteren Hochschulen wird eine intensive Zusammenarbeit angestrebt. Die Erkenntnisse ihrer Forschung veröffentlicht die **ruf akademie** regelmäßig im Rahmen der „Bielefelder Jugendreiseschriften". Sieben Bücher wurden seither gemeinsam mit dem Verlag IFKA in dieser Reihe herausgegeben. Im Rahmen der erweiterten Forschungsarbeit sollen weitere Publikationen erstellt werden. Für die Veröffentlichung wird ebenfalls die Homepage genutzt. Hier lassen sich die Schriften sowie mögliche Seminare und Standpunkte publizieren. So sorgt die **ruf akademie** immer wieder aufs Neue für innovative pädagogische Konzepte und bürgt in der Umsetzung für die Qualität aller Leistungen – und das seit 30 Jahren.

 www.youtube.com/user/rufjugendreise#p/u/41/co7vpJ1b9R8
www.youtube.com/user/rufjugendreise#p/u/42/IKIEEgdBXSM
www.youtube.com/user/rufjugendreise#p/u/43/soU3m6b_Qn4
www.youtube.com/user/rufjugendreise#p/u/45/j8W6bdV-Zjc
www.youtube.com/user/rufjugendreise#p/u/46/QPAUntx01_Q
www.youtube.com/user/rufjugendreise#p/u/47/puZmLj4JsvA

Wir bleiben anders
Wie ein „linker" Jugendverband das Jugendreisen sieht
Eckehard Klein

Vorbemerkung

Als mich Thomas Korbus ansprach, einen Beitrag für das neue **ruf** Buch zu schreiben, dachte ich: „Wann soll ich das denn noch machen?" Und: „Das kann doch nur ein sehr kritischer Beitrag zum kommerziellen Jugendreisen werden – ob er das wirklich will?!"

Aber beim weiteren Nachfragen wurde klar: „Er weiß schon, wen er warum gefragt hat." Und hier ist er nun: ein kritischer Rück- und Ausblick aus Sicht eines traditionsreichen „linken" Jugendverbandes auf das Jugendreisen der letzten Jahrzehnte.

Wer wir sind

Die Sozialistische Jugend Deutschlands – Die Falken (SJD – Die Falken) – sind ein sozialistischer Kinder- und Jugendverband, den es schon seit mehr als 100 Jahren gibt. Gegründet haben sich die Falken aus der Arbeiterjugend- und der Kinderfreundebewegung. Heute sind wir Falken bundesweit aktiv und haben Partnerorganisationen in der ganzen Welt.

Wir treten ein für die Demokratisierung der Gesellschaft, eine friedliche Welt, für soziale Gerechtigkeit und Chancengleichheit. In der gegenwärtigen neoliberalen Gesellschaftsordnung können diese humanistischen Ziele nicht erreicht werden. Daher wollen wir mit zivilen Mitteln eine grundlegende Veränderung der bestehenden kapitalistischen Gesellschaft erreichen. Wir verstehen uns als Teil der sozialdemokratischen Bewegung, die ihre Wurzeln in den Werten und Idealen des demokratischen Sozialismus hat. Wir wehren uns, wenn Jugendzentren fehlen, Rechtsextremisten ihre Parolen verbreiten, Ausbildungsplätze gestrichen werden, die Umwelt zerstört wird und Schwächere benachteiligt werden. Unser Prinzip heißt Solidarität.

Politik ist daher für uns ein wichtiger Bestandteil unserer Arbeit, weil sie uns in vielen Bereichen unseres Zusammenlebens betrifft – zum Beispiel, wenn wir unsere Interessen und Bedürfnisse in unserer Stadt vertreten. So haben wir die Möglichkeit, auf uns aufmerksam zu machen und uns politisch für unsere Belange einzusetzen. Wir verstehen uns als Interessenvertretung und als Anwälte von Kindern und Jugendlichen.

Eckehard Klein
geboren 1960, Abitur in Krefeld, Kfz-Mechaniker-Lehre, Studium in Bochum – Dipl.-Sozialarbeiter. Eckehard Klein lebt im Ruhrgebiet, hat eine mittlerweile erwachsene Tochter, die ihn oft auf Jugendreisen erst als Teilnehmerin und später als Helferin begleitet hat. Seit 1989 ist er bei der SJD – Die Falken Recklinghausen – als Bildungsreferent tätig, ebenso Geschäftsführer mehrerer Träger der Jugendhilfe im Kreis Recklinghausen,
Mitarbeit in verschiedensten überregionalen Gremien und Arbeitsfeldern der Kinder- und Jugendarbeit.

Wir sind aber nicht nur politisch aktiv, sondern insbesondere auch in der direkten pädagogischen Arbeit mit Kindern und Jugendlichen tätig. In der Kinder- und Jugendarbeit sehen wir einen unentbehrlichen Beitrag zur Persönlichkeitsentwicklung junger Menschen. In unseren Einrichtungen – dazu gehören Jugendzentren, Bildungsstätten, Kindergärten und Gruppenräume – sowie in den Ferienfreizeiten lernen wir voneinander und leben Mitbestimmung, Gemeinschaft und Freundschaft. Der Höhepunkt des Jahres ist das alljährlich stattfindende Sommerzeltlager. Da heißt es für uns: raus aus dem Alltag und rein in die Natur und ins Abenteuer. Damit wären wir beim eigentlichen Thema Jugendreisen. Allerdings geht es hier nicht nur um die Sommerzeltlager, sondern auch um internationale Jugendbegegnungen.

So weit der Werbeblock, und nun zum Thema: Jugendreisen!

Seit mehr als 100 Jahren fahren Falkengruppen in das Zeltlager. Und als Unterbezirk Recklinghausen, (der dem Verband in Nordrhein-Westfalen angehört der den Kreis Recklinghausen und die Stadt Bottrop umfasst), schwören wir immer noch auf Fahrten von dreiwöchiger Dauer. Sowohl das Zeltlager als auch die Zeitdauer von drei Wochen haben pädagogische Gründe, aber der Reihe nach …

Bevor die Reisebranche Kinder und Jugendliche als Konsumenten und Kunden entdeckt hat, gab es eine Vielzahl mehr oder weniger professionell organisierter Kinder- und Jugendreisen. Kirchengemeinden, Sportvereine und vor allem die Jugendverbände, zu denen auch die Falken zählen, veranstalteten jedes Jahr unzählige Fahrten und Reisen. Damit waren die Ziele verbunden, pädagogische Inhalte umzusetzen und die Ideale der jeweiligen „Tendenzbetriebe" den Kindern und Jugendlichen zu vermitteln.

Als sozialdemokratischer Verband kümmerten sich die Falken traditionell um die Kinder und Jugendlichen aus dem Arbeitermilieu. Historisches Vorbild der Falkenzeltlager sind die Kinderrepubliken der 1920er- und 1930er-Jahre. Sie waren von Anfang an nicht nur Orte der geselligen Freizeitgestaltung, sondern auch Orte der Erziehung zur Demokratie. Diese Überzeugung gab bereits der ersten Kinderrepublik Gestalt – dem Vorgänger der heutigen Falkenzeltlager: Die Kinderrepublik Seekamp fand 1927 in der Nähe von Kiel statt. Die Vorläuferorganisation der Falken, die Kinderfreundebewegung, hatte mit über 2.000 Kindern aus Arbeiterhaushalten vor allem aus dem Deutschen Reich, Dänemark und Österreich die Tradition großer Zeltlager ins Leben gerufen, welche sich bis 1933 der Erziehung zur Demokratie verpflichtet sahen. Demokratie wurde dabei nicht lediglich als eine Staatsform verstanden, in der sich politische Partizipation für den einzelnen Bürger im Wählen erschöpft. Sondern Demokratie wurde als eine umfassende Lebensform verstanden, die im Freundeskreis, in der Familie, in der Schule, im Betrieb und natürlich auch im Verband täglich zur Geltung kommen muss. Deshalb waren die Kinderrepubliken nach basisdemokratischen Prinzipien aufgebaut.

Kurt Löwenstein, der die politisch-pädagogische Ausgestaltung der Zeltlager maßgeblich geprägt hat, hat in einem 1928 veröffentlichten Aufsatz die Idee der Kinderrepubliken beschrieben und das heutige Verständnis von Jugendverbänden als Werkstätten der Demokratie vorweggenommen: „In dem ordnenden Leben der Kinderrepublik lernen die Kinder verantwortlich wählen, lernen sachlich verhandeln, beraten und verwalten. In einer zwar künstlich präparierten Republik, die sie jedoch als ihre natürliche und schöne Lebensgemeinschaft ernst empfinden, in einer solchen Kinderrepublik kann der Gedanke der sozialen Demokratie, der Demokratie der gleichen Lebensbedingungen und gleichen guten Versorgung und der genossenschaftlichen Solidarität so lebensecht und nachdrücklich gemacht werden, daß er auch für später eine Lebensforderung der Kinder bleibt" (Löwenstein, 1928). Entsprechend dieser Tradition legen die Falken bis heute hohen Wert auf Mitspracherecht, Verantwortungsübernahme und Partizipation von Kindern und Jugendlichen bei der alltäglichen Gestaltung der Zeltlager und Gruppenangebote.

In der entbehrungsreichen Nachkriegszeit war es ein Ziel, dass die Kinder und Jugendlichen mit mehr Körpergewicht nach Hause fuhren. So wurden tatsächlich die Kinder zu Anfang und Ende einer Freizeit gewogen, und wenn sie am Ende der Freizeit schwerer waren, wurde die Maßnahme als erfolgreich bewertet. In der heutigen Zeit haben sich diese Ziele sicherlich verändert.

In den 1960er- bis 1980er-Jahren wurden große Jugenderholungsmaßnahmen mit bis zu 1.000 Teilnehmerinnen und Teilnehmern durchgeführt, die an den pädagogischen Grundsätzen der traditionellen Falkenzeltlager anknüpften, aber auch durch die jugendkulturelle Aufbruchstimmung der damaligen Zeit geprägt waren. So waren die Zeltlager immer auch durch die zeitgeschichtliche Situation beeinflusst.

Hätten sich zu dieser Zeit die Vorstände der Jugendverbände und Entscheidungsgremien der Kirchengemeinden offener mit Vermarktlichungs-, Ökonomisierungs- und Kommerzialisierungstendenzen von Kinder- und Jugendreisen auseinandergesetzt, ohne ihr Alleinstellungsmerkmal des „nicht ausschließlich auf das Geldverdienen" angewiesen zu sein, sondern auch politisch und inhaltlich arbeiten zu wollen, nicht vernachlässigt, wäre es sicher anders gekommen. Eventuell gäbe es die heutigen Strukturen so nicht. So aber wird **ruf reisen** 30 Jahre alt (herzlichen Glückwunsch an dieser Stelle!), und viele andere Veranstalter von Kinder- und Jugendreisen sind entstanden und haben das Jugendreisen bzw. den Markt total verändert.

Werte und Weltbilder – Ökonomisierung

Damit veränderte sich zwangsläufig auch der Charakter von Jugendreisen. Diese Vermarkt-lichungs-, Ökonomisierungs- und Kommerzialisierungsprozesse außerhalb der Jugendver-bände kann man äußerst kritisch sehen, weil damit ein deutlicher Verlust der pädagogischen Qualität des Jugendreisens verbunden ist. Jugendreisen werden oft als spaßorientiertes „Event" vermarktet und verlieren damit ihren ursprünglichen Bildungswert. Der pädagogi-sche Wert von Jugendreisen kann sich im Rahmen der Non-Profit-orientierten Jugendarbeit am besten entfalten. Das liegt in dem Umstand begründet, dass Vereine und Verbände durch Strukturmerkmale und ehrenamtliche Ressourcen geprägt sind, über die kommerzielle An-bieter nicht verfügen können, weil sie ihrer profitorientierten Ausrichtung widersprechen.

Nach wie vor geht es den Verbänden nämlich darum, Werte und Weltbilder zu vermitteln, junge Menschen zu bilden, zu erziehen und zu sozialisieren! Sie gehen daher mit einer an-deren Motivation, mit anderen Methoden und mit einem über Jahrzehnte „akkumulierten" pädagogischen Wissen, das sich aus praktischer Erfahrung in der Arbeit mit Kindern und Jugendlichen und inhaltlicher Reflexion speist, an das Thema Jugendreisen heran. Und das unterscheidet uns kräftig von den kommerzialisierten Anbietern!

Die Auswahl der Helferinnen und Helfer

Das beginnt mit der Auswahl und Schulung der Mitarbeiterinnen und Mitarbeiter – Helfe-rinnen und Helfer, wie sie bei uns heißen – und endet in der Programmgestaltung vor Ort! Bei den Falken Recklinghausen durchläuft man als junger Mensch, der einmal im Rahmen unserer pädagogischen Arbeit Kinder betreuen möchte, eine dreijährige Ausbildung. Sie beginnt im ersten Jahr mit dem fünftägigen Junghelfer/-innen-Kurs. An zwei weiteren Wochenenden werden pädagogische Grundlagen vermittelt, aber auch praktische Dinge wie der „Helferschatten" (der anhand eines Schaubildes die Aufgaben eines Helfers visu-alisiert) gelehrt. Selbstverständlich gehört das Wissen über Rechte und Pflichten genau-so dazu wie ein Erste-Hilfe-Kurs. Im zweiten Jahr geht es mit demselben Zeitaufwand in den „fit for Falken"-Kurs, in dem die oben genannten Themen vertieft werden. Bestandteil von beiden Ausbildungsreihen ist der Erwerb praktischer Erfahrungen in einem Zeltlager. Das läuft konkret so, dass ein erfahrener Helfer oder eine erfahrene Helferin gemeinsam mit dem Junghelfer bzw. der Junghelferin eine Zeltgruppe betreut. Die Junghelfer/-innen durchlaufen alle Stationen eines Zeltlagers: sie gestalten das Programm der Kreativangebo-te und das Abendprogramm mit, unterstützen die Küche und den falkeneigenen Kiosk. Diese Lern-erfahrungen tragen unserer Ansicht nach wesentlich zur Persönlichkeitsentwicklung der jungen Menschen bei.

Im dritten Jahr schließlich geht es überregional (NRW) in die GruBi – die Gruppenleiter-ausbildung. Hier lernen die angehenden Gruppenleiterinnen und Gruppenleiter alles, was zum Erwerb der JuLeiCa (Jugendgruppenleitercard) notwendig ist. Dafür gibt es in unseren Jugendbildungsstätten wie dem Salvador-Allende-Haus in Oer-Erkenschwick eigenständige Ausbildungsreihen.

Neben diesen ehrenamtlich aktiven jungen Leuten fahren aber auch die hauptamtlichen Mitarbeiterinnen und Mitarbeiter unserer Jugendzentren und Kindergärten mit in die Maß-nahmen und stellen somit einen hohen Grad an pädagogischer Betreuung sicher. Unter-stützt werden sie von Praktikantinnen und Praktikanten der sozialen Studiengänge, die zwingend an den mindestens drei Vorbereitungswochenenden für eine Maßnahme teilnehmen müssen.

Diese Ausbildungsqualität hat bisher bei kommerziellen Anbietern nicht die Rolle gespielt! In den vergangenen Jahren ist festzustellen, dass auch hier ein Umdenkungsprozess stattfindet. Durch Berichterstattung in den Medien über betrunkene Jugendliche ohne ausreichende Betreuung ist man hier sensibler geworden. Sicher gilt diese Schelte nicht allen Anbietern, aber eine gute Ausbildung ist eben zeitaufwendig und teuer.

Und welche Werte vermittle ich an dieser Stelle als anscheinend „wertneutraler" Kinder- und Jugendreiseveranstalter?!

Mitbestimmung, Partizipation und Demokratie
Womit wir bei einem weiteren wesentlichen Unterschied wären: In einem Falkenzeltlager ist es Tradition, dass es einen sehr hohen Grad an Mitbestimmung für die Teilnehmerinnen und Teilnehmer gibt. Dies wird in der Regel über ein Demokratiemodell gewährleistet: Im Zeltlager werden Bildungs-, Erziehungs- und Freizeitangebote mit dem Ziel genutzt, außerhalb von Familie Selbstverantwortung und Eigeninitiative von jungen Menschen zu fördern. Sie sollen realisieren, dass es möglich ist, ihre Interessen in der Gesellschaft zu vertreten – und sie sollen üben, verantwortungsbewusst und solidarisch in der Gesellschaft mitzuwirken.

Demokratie muss immer gelebte Demokratie sein: In den Handlungsfeldern pädagogischer Erziehung ist die größtmögliche Beteiligung möglichst vieler junger Menschen anzustreben. Dieser Partizipationsprozess schließt das Bekämpfen jedweder diktatorischer Handlungs-

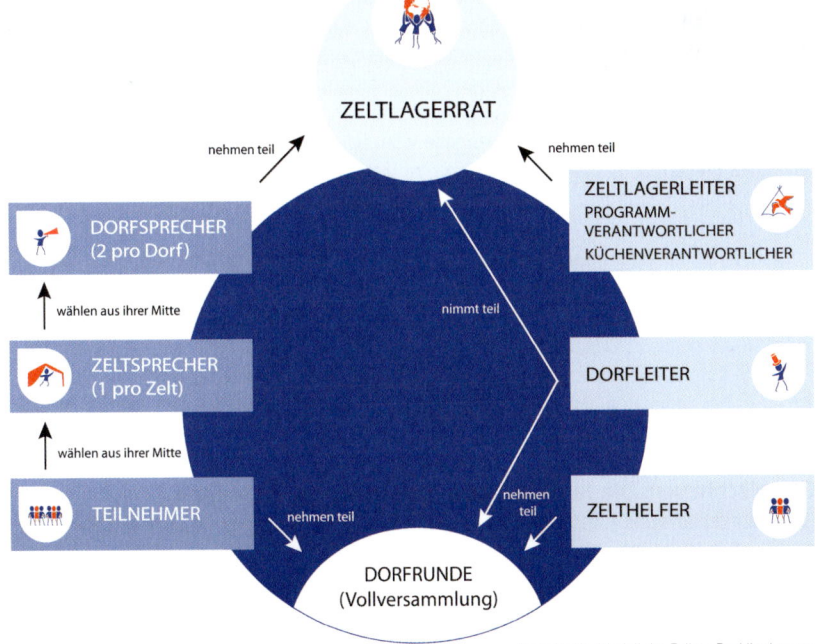

Demokratie-Modell der Falken Recklinghausen

strukturen mit ein. Um zu demokratischen Lösungen zu kommen, müssen eine humane Streitkultur entwickelt und soziale Regeln des kooperativen Miteinanders eingeübt werden. Dies wird in der Regel über die Wahl von Zelt- und Dorfsprechern/-sprecherinnen gesichert, die dann gemeinsam mit den gewählten Helferinnen und Helfern den Dorf- und Zeltlagerrat bilden. Dieses Gremium entscheidet über alle zeltlagerrelevanten Dinge! So können zum Beispiel Sanktionen im Dorfrat erörtert und gemeinsam mit der Lagerleitung von diesem beschlossen werden. In den Jugendlagern ist es aber auch mal so, dass sich hier ein Zahlenverhältnis im Verhältnis der anwesenden Menschen widerspiegelt, sodass die Teilnehmerinnen und Teilnehmer durchaus in der Lage sind, die Helferinnen und Helfer zu überstimmen! Dies passiert jedoch spannenderweise selten, und wenn, dann in durchaus nachvollziehbaren Situationen.

Kinder und Jugendliche können aber noch nicht die gesamte Struktur einer pädagogischen Arbeit überblicken. Insofern ist es wichtig, ihnen in Teilbereichen wie zum Beispiel in der Organisation von Ausflügen u. Ä. Entscheidungsfreiheiten zu geben, sie aber auch im umgekehrten Sinne in die Mitwirkungs- und Verantwortungspflicht zu nehmen. So herrscht in Falkenzeltlagern Anwesenheitspflicht bei der Dorfrunde, beim Mittag- sowie beim Abendessen, damit auch jeder mitbekommt, was geschieht.
Wesentliches Ziel der Arbeit der pädagogischen Mitarbeiterinnen und Mitarbeiter ist deshalb die Förderung der Partizipation und Emanzipation des jungen Menschen. Wir wollen junge Menschen befähigen, Zusammenhänge zu erkennen, den Zeltlageralltag durch Partizipation mitzugestalten und somit durch aktive Veränderung von Strukturen zu ihrer Weiterentwicklung beizutragen. Es soll den Jugendlichen bei allen pädagogischen Angeboten oder Maßnahmen verdeutlicht werden, welche Konsequenz ihr Handeln hat. Wenn man zum Beispiel einen selbstverwalteten Programmetat nur für Ausflüge ausgibt, hat dies zwangsläufig Auswirkungen auf die anderen Programmpunkte!

Weiterhin soll die Arbeit mit den Jugendlichen ressourcenorientiert ausgerichtet sein. Dies bedeutet, dass die Stärken der Jugendlichen gefördert werden und so zu positiven Erlebnissen führen sollen. Dies soll in einem gesetzten Rahmen passieren, um den Kindern und Jugendlichen eine Struktur und Halt zu geben. Bei schwierigen Entscheidungsprozessen gilt es, sie vor Fehlern zu bewahren und daraus zu lernen.

Und:
Im Gegensatz zu den „Rundum-Sorglos-Paketen" von Reiseveranstaltern müssen die Teilnehmerinnen und Teilnehmer bei uns „was tun". Wer sich für eine Kinder- oder Jugendfreizeit bei den Falken Recklinghausen anmeldet, liest in der Einverständniserklärung, dass die Teilnehmerinnen und Teilnehmer verpflichtet sind, sich an Gemeinschaftsaufgaben der Freizeit (z. B. Küchen-, Tischdienst, Spülen ...) zu beteiligen. Dazu gehört auch das Reinigen der Toiletten, bei dem alle mal dran sind. Wer selber einmal „seinen Scheiß" wegputzen musste, geht sicherlich zukünftig anders mit Gemeinschaftseinrichtungen um!

Geschlechtersensible Jugendarbeit – Geschlechtergerechtigkeit

Geschlechtersensible Jugendarbeit ist in Zeiten rollenspezifischer Unsicherheiten unabdingbar. Auch hier tut sich die Jugendreisebranche mit der konkreten Umsetzung in ihren Angeboten schwer. Nur wenn den unterschiedlichen Bedingungen von Mädchen und Jungen gleichermaßen Rechnung getragen wird, können die Chancen einer koedukativen Erziehung zum Tragen kommen. Eine geschlechtsspezifische Theorie und Praxis ist damit Voraussetzung für das Gelingen von Koedukation. Nur dann kann eine gleichberechtigte Auseinandersetzung mit dem anderen Geschlecht im Alltag stattfinden, können partnerschaftliche Umgangsformen, losgelöst von sexuellen Verhaltensweisen, erlernt und Bilder vom anderen Geschlecht entmystifiziert werden.

Für uns ist Mädchenarbeit eine parteiliche Arbeit von Frauen für und mit Mädchen. Sie hat eine klare Zielsetzung: die Förderung von Selbstständigkeit und Selbstverwirklichung über die Stärkung weiblicher Identität und weibliches Selbstbewusstsein. In diesem Sinne ist auch die Mädchenarbeit der Falken zu verstehen. Mädchenarbeit vor der geschlechtersensiblen Jugendarbeit hatte eher ein klassisches Mädchen- und Frauenbild vor Augen und sollte auf die traditionelle Frauenrolle vorbereiten. Davon unterscheidet sich die Falkenpädagogik gravierend. Wir bieten den Mädchen Freiräume, zum Beispiel in der Mädchengruppe, in der Mädchenzeit oder auf Mädchenfahrten, damit sie sich im geschützten Rahmen austauschen können. Darüber hinaus unterstützen wir sie dabei, ihre Ideen zu verwirklichen und in die Realität umzusetzen.

Die Konzipierung von Angeboten von und für Mädchen setzt Kenntnisse über ihre Interessen und Bedürfnisse voraus, damit sie zur aktiven Teilnahme motiviert werden können. Freizeitangebote müssen an den Kompetenzen der Mädchen ansetzen die ihnen als Stärke deutlich gemacht werden können. Schwerpunkte in der Mädchengruppenarbeit sind für uns: Ich-Stärkung, Stärkung des Aktivitätsverhaltens und der Durchsetzungsfähigkeit, Erweiterung der Handlungskompetenzen. Diese Fähigkeiten werden gefördert und erreicht durch eigene regelmäßige Mädchenzeiten mit entsprechenden selbst organisierten Angeboten sowie durch Mädchenprojekte und Mädchentreffen, deren Inhalte von den Teilnehmerinnen selbst bestimmt werden, zum Beispiel durch Kooperationen mit anderen Mädchengruppen.

Im Kontext zur Mädchenarbeit eröffnet sich in den Zeltlagern der Falken die Möglichkeit, mit den Jungen ebensolche Freiräume zu gestalten, abseits der alltäglichen gesellschaftlichen Mädchen-Jungen-Situation in Familie, Freundeskreis und Schule.
Nach wie vor orientieren sich viele Jungen in ihrer Geschlechterrolle noch an traditionellen Männlichkeitsbildern und -entwürfen. In unserer Arbeit wollen wir tradierte Geschlechterrollen hinterfragen und die als naturwüchsig angesehene Dichotomie von Männlichkeit und Weiblichkeit ein Stück weit aufbrechen.

Im Rahmen unserer Zeltlager eröffnet Gruppenarbeit die Möglichkeit, den Jungen erfahrbar zu machen, dass
• zum „stark sein" auch das „schwach sein dürfen" nötig ist,
• sie Gefühle wahrnehmen können und akzeptieren, an sich und anderen,
• statt „Konkurrenz aus Prinzip" „Kooperation" gelebt werden kann.

Durch das Vorleben der männlichen Bezugspersonen werden im Zeltlager Vorbild und Orientierung geboten, was Voraussetzung für eine antisexistische Jungenarbeit ist.
Nicht nur aus rechtlichen, sondern auch aus pädagogischen Gründen legen wir daher großen Wert auf die paritätische Zusammensetzung unser Helferinnen und Helfer.

Wer unsere Einverständniserklärung aufmerksam liest, wird auch auf folgende Formulierung stoßen: „Unser/e Kind/er darf/dürfen, falls er/sie dies will/wollen, zusammen mit anderen Jungen und Mädchen in einer Hütte/Zimmer/Zelt wohnen. Ich bin mir/Wir sind uns darüber im Klaren, dass die Unterbringung meines/unseres Kindes/Kinder in Mehrbettzimmern/Mehrbetthütte/Zelten mit bis zu 8 Schlafplätzen erfolgt."

Eine gerade in der letzten Zeit kontrovers diskutierte Frage ist, ob Jungen und Mädchen gemeinsam in einem Zelt schlafen dürfen. Bei uns dürfen sie das unter Einhaltung bestimmter Regeln. Auch das ist sicherlich ein Unterschied zu vielen anderen Veranstaltern.

Integration – Inklusion

Auch Kinder mit Behinderung möchten gerne mit uns ins Zeltlager fahren. Und auch das bekommen wir hin! Für Kinder mit Behinderung stellen wir eine qualifizierte Einzelbetreuung durch eine ausgebildete Fachkraft (zum Beispiel Sonderpädagoginnen und -pädagogen oder Heil- und Erziehungspflegerinnen und -pfleger zur Verfügung. Die zusätzlichen Kosten werden zurzeit in Höhe eines Teilnehmerbeitrages fällig. Kinder mit Behinderungen können so an allen Angeboten im Zeltlager teilnehmen. Sie schlafen gemeinsam mit den anderen in Zelten, essen mit allen anderen zusammen und erleben das Programm. Leider können wir nur Läufer mitnehmen, da unsere Sanitäranlagen meistens nicht für Rollstuhlfahrer und Schwerpflegebedürftige ausgestattet sind. Hier besteht noch Handlungsbedarf.

Dauer der Maßnahmen – Zeltlager

Wobei wir wieder am Anfang unserer Gedanken wären: Warum ein Zeltlager – warum drei Wochen? Wir sind fest davon überzeugt, dass es pädagogisch sinnvoll ist, in Kinder- und Jugenderholungsmaßnahmen gruppendynamisch zu arbeiten. Dazu sind zwei Wochen in der Regel zu kurz! Es muss bedacht werden, dass bereits die Anreise und das „Zueinander-Finden" von Menschen (und das gilt selbstverständlich auch für Kinder und Jugendliche) zwei bis drei Tage Zeit in Anspruch nimmt. Darüber hinaus kehrt bereits zwei Tage vor der Abreise eine innere Unruhe ein, sodass bei einer 14-tägigen Maßnahme im besten Fall zehn Tage für die ungestörte Gruppenarbeit zur Verfügung stehen. Das ist unseres Erachtens zu kurz, um sinnvoll pädagogisch zu arbeiten.

Bei unseren längeren Maßnahmen bleibt aber Platz für ein echtes Miteinander: das Sich-Kennenlernen wird verstärkt durch das Wohnen in Zelten und überschaubaren Dorfgemeinschaften. Wer schon selber einmal Zelten war, wird den Unterschied zum festen Haus unproblematisch nachvollziehen können.

Vom Staat zum Markt

Auch die Jugendverbände müssen sich der Herausforderung stellen, dass es nun mal nur eine begrenzte Zahl von Kindern und Jugendlichen gibt. Dieses Problem wird sich in Zukunft durch den demografischen Wandel noch verschärfen. Darüber hinaus gibt es weitere Herausforderungen: Die Individualisierungsschübe der letzten Jahrzehnte haben Konsequenzen für die Jugendverbände. Die Motivation, an der Freizeit eines Jugendverbandes teilzunehmen, ist nicht mehr unbedingt durch deren Werteorientierung geprägt. Mussten wir vor der Kommerzialisierung „nur" mit anderen Verbänden konkurrieren, und spielte damals für viele Eltern die Wertorientierung des Verbandes eine große Rolle, so ist das heutzutage oft nur noch ein nachrangiges Kriterium – wenn es überhaupt noch eine Rolle spielt. Jugendstudien wie die Shell-Studie zeigen zudem, dass die Bereitschaft von Jugendlichen nachlässt, sich langfristig an eine Partei, eine Kirche oder eben auch an einen Verband zu binden. Die

abnehmende Bindungsbereitschaft macht eine traditionelle Funktionärskarriere schwieriger. Gruppenkind – Junghelfer/-in - Helfer/-in – Vorstandsmitglied: Diese verbandsinternen Karrieren sind seltener geworden. Oft kommen ehrenamtlich engagierte Menschen als „Quereinsteiger" über Praktika oder eigene Kinder zu unserem Verband.

Dennoch: Unsere Erfahrungen zeigen, dass es allen Klagen über die abnehmende Bindungsbereitschaft junger Menschen zum Trotz noch viele Jugendliche gibt, die sich im Verbands- und Vereinswesen ehrenamtlich engagieren wollen. Zudem zeigt eine der größte Jugendstudien in der Geschichte der Bundesrepublik Deutschland (Fauser, Kathrin; Fischer, Arthur; Münchmeier, Richard 2006), dass Vereine und Verbände mit ihren pädagogischen Angeboten deutlich mehr als die Hälfte aller Jugendlichen im Alter zwischen zehn und 20 Jahren erreichen. Diese Zahlen machen deutlich, dass auch in Zukunft mit den Jugendverbänden als Anbieter von Jugendfreizeiten und -reisen zu rechnen ist. Allerdings werden heute wesentlich mehr Anforderungen an uns herangetragen als noch vor 30 Jahren. Angesichts eines umkämpften Reisemarktes müssen wir uns darauf einstellen, mit der inhaltlichen Qualität unserer Freizeitangebote zu überzeugen, um unsere „Kundinnen und Kunden" zu gewinnen. Um dieses Ziel zu erreichen, müssen wir noch stärker als bisher in der Öffentlichkeit kommunizieren, dass Bildung und Persönlichkeitsentwicklung in und durch Ferienfreizeiten viel mehr bedeuten, als Fremdsprachen zu lernen.
Deshalb bin ich fest davon überzeugt, dass es weiterhin trotz knapper werdender öffentlicher Zuschüsse ein staatlich subventioniertes Kinder- und Jugendreisen geben muss, damit wir die oben aufgeführten Standards halten können. Pädagogische Qualität kostet Geld, das bei Weitem nicht alleine über die Teilnehmerbeiträge erwirtschaftet werden kann. Die Betreuungskosten sind nicht refinanzierbar, da ein Reisepreis nicht unendlich hoch werden kann, weil er sonst, gerade für sozial Schwächere nicht mehr zu bezahlen ist. Ich habe noch erlebt, das Helfer und Helferinnen im Zeltlager ihre Fahrt selbst bezahlt haben und bei manchen Falkengruppen ist es durchaus noch üblich, dass ein symbolischer Helferbeitrag in Höhe der Essenspauschale bezahlt wird um den Reisepreis für die Kinder zu senken. Nichtsdestotrotz müssen auch Jugendverbände sich weiter professionalisieren und bereit sein, „über den Tellerrand" schauen, ihre Arbeit zu hinterfragen und wirtschaftlicher zu gestalten.

Es gibt da noch ungenutzte Potenziale! Die nun schon längere Mitgliedschaft des Unterbezirks Recklinghausen im Reisenetz ist sicher ein Beleg dafür. Wir werden auch zukünftig „mitspielen" im Karussell des Kinder- und Jugendreisens.

Meine Vision dabei ist, voneinander zu lernen und zu profitieren. Gemeinsam die schwarzen

Schafe der Branche aussortieren und ächten (passiert ja gerade?!). Und so konstruktive Diskussionen miteinander führen, wie auf der letzte Offenen Fachtagung des Reisenetzes, als es darum ging, ob denn zukünftig unbegleitete Jugendreisen ein erstrebens- und unterstützenswertes Ziel für das Reisenetz sind, da sie noch profitabler sind.

Wir sollten gemeinsam daran arbeiten, dass das Ansehen (es fällt mir hier ein wenig schwer, nicht „der Ruf" zu schreiben) von Kinder- und Jugendreisen weiter positiv besetzt bleibt, und bei aller Unterschiedlichkeit ein solidarisches Miteinander pflegen.

Ein wenig Kommerz, viele Inhalte und gesunde Konkurrenz! Es geht beim Kinder- und Jugendreisen auch, und aus meiner Sicht im Besonderen, um die Sozialisation ganzer Generationen. Wie oft habe ich z. B. in Bewerbungsgesprächen die um ein vielfaches höhere soziale Kompetenz von Menschen erlebt, die bei einem Jugendverband sozialisiert worden sind!

Ausblick

So stellen wir denn abschließend fest: Die Einbindung von Kinder- und Jugendreisen in ein gesamtpädagogisches Konzept der Jugendarbeit können kommerzielle Jugendreiseanbieter nicht bieten. Der Bildungscharakter von Kinder- und Jugendreisen spielt bei ihnen nur eine sehr untergeordnete Rolle und reduziert sich – wenn überhaupt – auf das Erlernen von

Fremdsprachen durch Sprachreisen. Bildung im Kontext von Jugendarbeit hingegen meint mehr: Dieser Bildungsanspruch ist in § 11 Abs. 1 SGB VIII gesetzlich festgeschrieben.

„Jungen Menschen sind die zur Förderung ihrer Entwicklung erforderlichen Angebote der Jugendarbeit zur Verfügung zu stellen. Sie sollen an den Interessen junger Menschen anknüpfen und von ihnen mitbestimmt und mitgestaltet werden, sie zur Selbstbestimmung befähigen und zu gesellschaftlicher Mitverantwortung und zu sozialen Engagement anregen und hinführen." (Stascheid, Uwe, 2010)

In dieser Formulierung wird der jugendliche Staatsbürger als ein autonomes Subjekt entworfen, das die gesellschaftlichen Verhältnisse mitbestimmen und mitgestalten soll. Ein solches Staatsbürgerverständnis setzt die Hinführung zu Kritikfähigkeit und zur Mündigkeit voraus, wie sie Kinder- und Jugendarbeit leisten soll.

In diesem Sinne zielt das Bildungsverständnis der Falken darauf ab, junge Menschen in ihrer individuellen und gesellschaftlichen Emanzipation zu unterstützen und ihnen dabei zu helfen, Mitgestalterinnen und Mitgestalter einer demokratischeren und sozialer ausgerichteten Gesellschaft zu werden. Unsere Zeltlager und die internationale Jugendbegegnung sind ein wichtiger Bestandteil der Erziehung zur Mündigkeit und Partizipation. Bildung wäre aber realitätsfremd, wenn sie nicht – wie das auch gesetzlich gefordert ist – an den Interessen junger Menschen ansetzen würde. Die Orientierung an den Lebenswelten und Interessen junger Menschen sowie die Einbeziehung ihrer Fähigkeiten und Fertigkeiten sind die Bezugspunkte der pädagogischen Praxis in unseren Einrichtungen und in unseren Kinder- und Jugenderholungsmaßnahmen.

Zu den Interessen junger Menschen gehören selbstverständlich auch Spaß, Gemeinschaft und das Sammeln von Erfahrungen. Die Interessen müssen als Reisemotive von Jugendlichen in der pädagogischen Konzeption von Freizeiten Berücksichtigung finden. Diese Motive sind meiner Einschätzung nach die Voraussetzungen und Ressourcen, auf denen sowohl die kommerziellen Angebote als auch unsere Angebote beruhen. Der große Unterschied ist nur, was dann daraus gemacht wird. Er besteht in dem anspruchsvollen Versuch, Jugendfreizeiten als einen pädagogischen Sozialraum zu gestalten, in dem sich das jugendliche Streben nach Spaß, Gemeinschaft und Erlebnissen kontrolliert und angemessen entfalten und mit neuen Lernerfahrungen verbinden kann.
Neudeutsch würde man uns wohl als Non-Profit-Unternehmen bezeichnen, wir empfinden uns aber als klassischer Kinder-, Jugend- und Erziehungsverband, der sich in der Welt des Profijugendreisens behaupten wird!

Wir bleiben anders.

   www.falken-re.de | www.facebook.com/FalkenRecklinghausen
www.falken-re.de/downloads/programm.pdf

Literatur

Löwenstein, Kurt (1928): „Der Sinn des Zeltlagers." In: Reichsarbeitsgemeinschaft der Kinderfreunde Deutschlands (Hrsg.): Der Helfer für die praktische Arbeit. S. 2

Fauser, Kathrin; Fischer, Arthur; Münchmeier, Richard (2006): Jugendliche als Akteure im Verband. Opladen

Stascheid, Ulrich; Hrsg. (2011): Gesetze für Sozialberufe – Stand: 2011/12, Die Gesetzessammlung für Studium und Praxis, Frankfurt/Main

Deutlich besser als ihr Ruf
Klassenfahrten im Fokus
Uwe Flügel

„Schülerreisen verkommen zum Pauschaltourismus" titelte das Nachrichtenmagazin Focus im November 1999 zum Thema Klassenfahrten. Im März 2006 stellte die Süddeutsche Zeitung in einem Interview die Frage, ob Klassenfahrten überhaupt noch zeitgemäß sind.

„Schulfahrten sind ein wichtiger Bestandteil der Erziehungs- und Bildungsarbeit der Schule. Sie vertiefen, erweitern und ergänzen den Unterricht. Die Sozial- und Gemeinschaftsfähigkeit der Schüler wird in besonderer Weise unterstützt und gefördert", hält die Verwaltungsvorschrift Schulfahrten Sachsen dagegen. „Neben der Vertiefung, Veranschaulichung, Erweiterung und Ergänzung von Unterrichtsinhalten dienen sie partnerschaftlichem Zusammenwirken der beteiligten Schülerinnen und Schüler sowie der Lehrkräfte", ist es auch in der VV Schulfahrten Brandenburg zu lesen. So, oder in ähnlicher Form, werden die verschiedenen Ausführungs- bzw. Verwaltungsvorschriften der Länder die allgemeinen Zielsetzungen und Aufgaben einer Klassenfahrt bestimmen. Nicht nur „von Amts wegen" liegen Klassenfahrten daher voll im Trend. Der „Lernort Reise" steht im Mittelpunkt einer jeden Schulfahrt und ist ein unverzichtbarer Bestandteil der schulischen Bildung.

Gemessen an den verfügbaren Reisezeiträumen, stehen für Ferienfreizeiten je Kalenderjahr durchschnittlich zwölf Wochen zur Verfügung. Für Schulfahrten jedoch – unter Abzug saisonaler Gegebenheiten wie den „Schlechtwettermonaten" November und Dezember – stehen durchschnittlich ca. 30 Wochen pro Jahr zur Verfügung. Im Hinblick auf Reisezeiträume außerhalb der Ferienzeiten sowie auf die Schülerzahlen in Deutschland ergibt sich ein weitaus größeres Potenzial für Schul- und Klassenfahrten. Nach Veröffentlichungen des Bundes-Forum Kinder- und Jugendreisen e. V. reisen jährlich ca. 2 Mio. Schüler und Schülerinnen im Rahmen einer Schulfahrt und geben dafür ca. 300 Mio. Euro aus. Das ist mittlerweile ein nicht unbedeutender Wirtschaftszweig, von dem eine Vielzahl tourismusspezialisierter Betriebe mit einer Fülle von Arbeitsplätzen profitiert.

Uwe Flügel
ist Pädagoge und Tourismusfachwirt und besitzt eine knapp 20-jährige Erfahrung als Touristiker in den Bereichen Gruppenreisen, Klassenfahrten, schulisches Reisen, Bustouristik, Incoming sowie umfangreiche Geschäftskontakte im Low-Budget-Segment und der Hotellerie. Seit 1998 ist er Geschäftsführer der welcome berlin tours GmbH.

Die Grenze zwischen Tourismus und Pädagogik

„Reine Touristikfahrten lehnen wir ab", erklärte Wilfried Steinert, Vorsitzender des Bundeselternrats 2004 im Nachrichtenmagazin Der Spiegel. Klassenfahrten sind aus Sicht der Tourismuslehre genauso Bestandteil der Touristik, wie sie einen schulischen Auftrag haben. Wo lässt sich eine Grenze zwischen Touristik und Pädagogik ziehen? Eine durchaus zeitgemäße Antwort gibt der alte Preußenkönig Friedrich der Große: „Jeden Tag lernen wir Dinge, von denen wir keine Ahnung hatten, Reisen bildet wirklich sehr". Das Verständnis von Touristik ist insbesondere im Schulbereich unklar. Touristik bzw. Pauschaltourismus bedeutet gerade dann nur Gutes, wenn hiermit Bildung im wahrsten Sinne des Wortes befördert werden kann.

Schulfahrtenanbieter können zwar keine spezifische Wertorientierung nachweisen, da die Aufsichtspflicht und Erziehungsverantwortung dem fahrtdurchführenden Pädagogen oder der Pädagogin zugewiesen ist. Jedoch besteht eine Grundvoraussetzung für Anbieter von Schul- und Klassenfahrten darin, pädagogische und bildungspolitische Aspekte in die Reiseplanung zu integrieren und Reiseabläufe daraufhin abzustimmen.

Neue Trends bei der Beherbergung

Insbesondere in den vergangenen 15 Jahren unterlag der deutsche Schulfahrtenmarkt einem starken Wandel. Wenn noch vor 15 Jahren geklagt wurde, dass dieses Teilsegment des Kinder- und Jugendreisens von Fremdenverkehrszentralen und Anbietern vernachlässigt bzw. nicht im vollen Umfange wahrgenommen wird, so haben sich hier grundlegende Veränderungen ergeben. Vor allem in der Beherbergung ist eine deutliche Trendwende ersichtlich. Neben den klassischen gemeinnützigen Anbietern für Schul- und Klassenfahrten (dem Deutschen Jugendherbergswerk oder dem Schullandheimverband) hat eine Vielzahl neuer, privatwirtschaftlich betriebener Anbieter mehr als bewiesen, den hohen Qualitätsstandards des Jugendreisens gerecht zu werden. „Die Jugendherberge", als beliebteste Übernachtungsstätte für schulisches Reisen, hat eine vollkommen neue Begriffsbestimmung erhalten. War die Jugendherberge im Jahre 1998 noch vom Deutschen Jugendherbergswerk als eigene Marke eingetragen, so wurde dieser Eintrag im September 2009 gelöscht. Schließlich stellt der Begriff „Jugendherberge" im Sinne der ursprünglichen Wortbedeutung einen rein beschreibenden Gattungsbegriff der allgemeinen Hotellerie dar. Im allgemeinen Sprachgebrauch ist dieser Begriff vom Wort „Herberge" (semantisch: einfache, preisgünstige Unterkunft) abgeleitet, das durch den Zusatz „Jugend" lediglich eine spezielle Zuordnung bzw. Zielgruppenorientierung erfährt. Die eigentliche Wortbedeutung des Begriffes „Jugendherberge" lässt sich somit als im Standard einfache und damit preisgünstige, auf die Zielgruppe von Jugendlichen ausgerichtete Unterkunft definieren.

Mit der Markenlöschung folgten somit das Bundespatentgericht sowie der Bundesgerichtshof der allgemeinen Marktentwicklung. Die touristische Infrastruktur für junges Reisen und insbesondere für Schulfahrten ist ständig in Bewegung. War diese einst fast ausschließlich durch staatlich geförderte Beherbergungsanbieter dominiert, so hat sich dieses Bild in den vergangenen 15 Jahren entschieden geändert. Insbesondere in den europäischen Großstädten wird der Jugendreisemarkt auf Beherbergungsseite von einer Vielzahl unabhängiger, privat geführter Anbieter bestimmt. Allein durch diese Vielfältigkeit von Angeboten hat sich nicht nur in Deutschland eine Preis-, Leistungs- und Betreuungsstruktur entwickelt, die europaweit ihresgleichen sucht. Auch auf europäischer Ebene haben sich deutliche infrastrukturelle Veränderungen des Beherbergungsmarktes für Jugendreisen ergeben. So wird auf Nachfrageseite mit dem Begriff „Jugendherberge" nicht mehr zwingend eine Unterkunft des Deutschen Jugendherbergswerks verbunden, sondern – unabhängig von der jeweiligen Betreiberschaft – eine jugendgerechte und preisgünstige Unterkunft.

Hostels erobern das Terrain

Vor allem hat sich der Begriff „Hostel", ursprünglich ebenso als preisgünstige Herberge bekannt, als Synonym für „Jugendherberge" im schulischen Reisen etabliert. Insbesondere in Deutschland bieten professionelle Hostelbetreiber Standards, die mit den klassischen Jugendherbergen vergleichbar sind und sich darüber hinaus an den Standards der Hotellerie anlehnen. Wenn noch vor 15 Jahren, als die ersten Hostels eröffneten, rustikale Mehrbettzimmer mit Etagendusche/WC Standard waren, so sind es jetzt komfortable Vier- bis Sechsbettzimmer mit Bad und TV.

In deutschen Großstädten dominieren mittlerweile die Hostels den Markt, zum Beispiel in Berlin: Seit 2000 wurden alleine in der Bundeshauptstadt mehr als 60 überwiegend privat betriebene Hostels und Jugendhotels eröffnet. Mit 20.000 Hostelbetten hat sich die Bettenanzahl in Berlin seitdem mehr als verfünffacht. Die ursprünglich in Berlin groß gewordenen Hostelketten A&O und Meininger betreiben mittlerweile in deutschen und europäischen Großstädten ihre Häuser. Darüber hinaus drängen Hostelbetreiber aus dem Ausland auf den deutschen Markt, wie zum Beispiel Generator Hostels (ursprünglich London, nun auch Berlin und Hamburg), Plus Hostels (ursprünglich Rom, nun auch Berlin), Wombat's (ursprünglich Wien, nun auch Berlin) oder St. Christophers (ursprünglich London, nun auch Berlin). Schulklassen stellen für die Hostelbetreiber eine der Hauptzielgruppen dar. Bei A&O stellen Schulklassen rund 60 Prozent der Gäste.

Dieser Trend setzt sich deutschlandweit in vielen anderen Destinationen fort. Seit Mitte der 1990er-Jahre hat eine Fülle von kommerziell betriebenen Unterkünften eröffnet, zum Beispiel privat betriebene Jugenddörfer bzw. Jugendhotels in Brandenburg, Sachsen-Anhalt, Mecklenburg-Vorpommern und Rheinland-Pfalz. Neue Hostels sind in Dortmund, Düsseldorf, Frankfurt, Köln, München und Hamburg entstanden. Ebenso haben zahlreiche Hotels oder Ferienparks der klassischen Hotellerie europaweit ihre Häuser für Schulklassen geöffnet und bieten über die reine Beherbergung hinaus qualitativ hochwertige Programme an. Viele der zuvor genannten Hostels und Jugendherbergen bieten damit eine noch breitere Infrastruktur für die Durchführung von Klassenfahrten, die sich aber auch im Portfolio der auf Klassenfahrten spezialisierten Reiseveranstalter wiederfindet.

Die Klassenfahrt als Pauschalreise

Nicht nur im Beherbergungssegment wird eine deutliche Trendwende sichtbar, sondern auch auf Anbieterseite. Die Bandbreite der Anbieter erstreckt sich mittlerweile von den Unterkünften bis zu zahlreichen auf Schul- und Klassenfahrten spezialisierten Reiseveranstaltern. Und diese bündeln – wie bei klassischen Pauschalreisen – bei der Klassenfahrt mindestens zwei touristische Hauptleistungen, meist Beförderung und Beherbergung. Damit wird die Klassenfahrt zur Pauschalreise.

Eines hat das Nachrichtenmagazin Focus in seiner Ausgabe 46/1999 richtig prophezeit: „Der Pauschaltourismus für Klassenreisen boomt." Nur die damalige Interpretation, dass Schülerreisen zum Pauschaltourismus in Form von Spaßreisen ohne Inhalt und überteuerten Angeboten verkommen (wie z. B. Klassenfahrten nach Mallorca für 700 DM oder Bangkok für 1.000 DM), war nicht nur weit verfehlt, sondern einfach nur schlecht recherchiert. Ein Blick in das Dossier „Deutsche Veranstalter 2011" des fvw, des führenden Magazins für Touristik und Business Travel, besagt dass die Durchschnittspreise der Klassenfahrtenspezialisten pro Person zwischen 149 Euro und 284 Euro pro Person liegen – inklusive jeder Menge an Bildungsangeboten. Auch der Markt der Klassenfahrtenreiseveranstalter ist deutlich größer geworden. Mittlerweile rangieren in dem fvw-Dossier der 63 größten deutschen Reiseveranstalter insgesamt fünf Klassenfahrtenspezialisten (Alpetour, CTS Reisen, DB-Klassenfahrten, Herolé-Reisen und welcome berlin tours) mit einem Gesamtvolumen von 155,3 Mio. Euro und 702.519 Reiseteilnehmern. An solche offiziellen Zahlen war vor mehr als 15 Jahren nicht zu denken.

Grundlegende Funktion eines Veranstalters für Klassenfahrten ist die Bereitstellung des touristischen Grundgerüstes, bestehend zumindest aus Beförderung, Beherbergung, Verpflegung und verschiedenen Programmbausteinen. Gleichzeitig soll das gebotene Grundgerüst Möglichkeiten aufzeigen, wie der Bildungserfolg einer jeden Fahrt realisiert werden kann, um jede Schulfahrt im eigentlichen Sinne des Wortes zum „Lernort Reisen" zu qualifizieren.

Einfach vorteilhafte Angebote

Soweit Schulfahrten als Pauschalreisen angeboten werden, gelten auch hier für spezialisierte Reiseveranstalter die umfassenden Anforderungen des deutschen Reiserechtes, die einen umfangreichen Verbraucherschutz gewährleisten. Im Vergleich zu einzeln geschlossenen Beherbergungs- und Beförderungsverträgen ist hier die komplexe Vertragssicherheit eines Reisevertrages geboten, angefangen von der Insolvenzabsicherungspflicht bis zur Gewährleistungsverpflichtung eines Reiseveranstalters. Diese Vorteile, die sich so für Eltern, Lehrer und Schüler als Verbraucher insbesondere für Klassenfahrten ergeben, werden in der Praxis zunehmend mehr erkannt und genutzt: Für den fahrtdurchführenden Pädagogen entsteht im Vorfeld einer Fahrt deutlich weniger Organisationsaufwand, was ihm mehr Zeit für eine optimale inhaltliche Planung der Fahrt vor Ort gibt. Durch im Leistungseinkauf erzielte Preisvorteile ist ein professionell tätiger Veranstalter durchaus in der Lage, einen im Vergleich zur selbst organisierten Reise ebenbürtigen, wenn nicht sogar günstigeren Komplettreisepreis zu bieten.

Die blanke Theorie in Form der Ausführungs- und Verwaltungsvorschriften der Länder zur Durchführung von Schulfahrten berücksichtigt das bisher nicht. Reiseveranstalter tauchen hier überhaupt nicht auf. Die Verwaltungsvorschriften selbst beziehen sich größtenteils auf die Realisierung von Schulfahrten über einzelne Leistungsträger (Beherbergung, Beförderung), wohingegen Pauschalreiseveranstalter als komplexe Dienstleister kaum Berücksichtigung und damit nahezu keine Akzeptanz finden. Für die Buchung von Klassenfahrten werden zum Teil durch Schulträger bzw. nachgeordnete Instanzen auf kommunaler Ebene einem Reiseveranstalter Voraussetzungen abverlangt, die ohnehin nach dem Gesetz Verpflichtung sind. So bestimmen nicht nur die komplexen Anforderungen des Reiserechts die Tätigkeit eines auf Klassenfahrten spezialisierten Reiseveranstalters. Erst die Umsetzung der in den Richtlinien der Länder für Schulfahrten bestimmten Bildungsziele in Synthese mit dem Reiserecht stellt das wesentliche Qualitätskriterium einer Klassenfahrt als Pauschalreise dar.

Die Anreise zur Klassenfahrt

Das beliebteste Beförderungsmittel für Klassenfahrten ist nach wie vor der Reisebus. Eine Vielzahl von Omnibusunternehmen bietet eigene Klassenfahrtenprogramme an, bzw. hat sich auf die Durchführung von Klassenfahrten spezialisiert und arbeitet mit Reiseveranstaltern zusammen. Reisebusse sind am flexibelsten einsetzbar und daher besonders für die Durchführung von schulischen Reiseprogrammen geeignet. Der Reisebus ist im Vergleich zum Flugzeug, zur Bahn und zum Pkw das Verkehrsmittel, das Klima und Umwelt am wenigsten mit Schadstoffen belastet. Gerade hier hat die Umwelt- und Verkehrspolitik der vergangenen Jahre zu einer deutlich geringeren Schadstoffbelastung und höheren Sicherheit bei Busfahrten beigetragen. Als „fahrendes Klassenzimmer" verfügen die mittlerweile zum Einsatz kommenden Reisebusse über multimediale Technik, die es dem Lehrer ermöglichen, Ausflugsprogramme unmittelbar inhaltlich vor- und nachzubereiten. Gerade die Fahrt im Reisebus stärkt das Zusammengehörigkeitsgefühl der Gruppe, was bei Bahnfahrten oder Flugreisen nicht ganz gegeben ist.

In den vergangenen 15 Jahren haben die neu entstandenen Low-Cost-Airlines aber auch dazu beigetragen, dass Schulklassen zunehmend mit dem Flugzeug verreisen. Insbesondere sind hier Destinationen im Kommen, bei denen aufgrund der Entfernung die Busreise unattraktiv wird. Trendziele für das „fliegende Klassenzimmer" sind London, Barcelona, Rom, Neapel. Auch innerdeutsche Verbindungen wie zum Beispiel Hamburg—München oder Stuttgart-Berlin werden mittlerweile mit dem Flugzeug bewältigt.

Klassenpauschalreise gewinnt durch Qualität

Die Klassenfahrt als Pauschalreise hat sich als Marktsegment des Kinder- und Jugendreisens durchgesetzt – weil sie sich durch Qualität, Professionalität und Service auszeichnet. Diese Kriterien zeigen sich insbesondere durch eine qualifizierte Vorauswahl von für Klassenfahrten geeigneten Leistungsträgern sowie durch die Umsetzung von erprobten Standards der Tourismusindustrie.

Das oft genug noch von Medien aufgezeigte Negativimage von Schulfahrtenveranstaltern als gewissenlose Geschäftemacher ist einem verantwortungsbewussten, gewissenhaften und qualitätsorientierten Image gewichen. Dazu hat sicher auch die Zertifizierung durch den TÜV Rheinland beigetragen. Seit 2004 hat dieser eigene Prüffelder für Klassenfahrten entwickelt. Die Prozessreife der angebotenen Dienstleistung wird in folgenden Prüffeldern ermittelt:

- Allgemeine Anforderungen an den Veranstalter
- Führung des Dienstleistungsprozesses
- Dienstleistungskonzept (Planung, Umsetzung, Verbesserung, Innovation)
- Servicequalität
- Gewährleistung Sicherheit
- Qualität der Infrastruktur
- Gastronomische Versorgung
- Personalqualität

Der Prüfung der eigenen Unternehmensqualität durch den TÜV haben sich in der Folge mehrere Reiseveranstalter freiwillig gestellt. Das erste, vom TÜV zertifizierte Unternehmen war im Jahr 2005 die alpetour Touristische GmbH, die auf Anhieb das Prädikat „Ausgezeichnet" erhielt. Im Jahr 2006 kamen die Unternehmen Reisebüro Klühspies, EVR Reisen, welcome berlin tours und Jugendtours hinzu, die sich nach wie vor der regelmäßigen Überwachung durch den TÜV unterwerfen.

Weitere Nachweise für ein gestiegenes Qualitätsbewusstsein auf Anbieterseite sind die durch den Qualitätsausschuss des „Reisenetz – Deutscher Fachverband für Jugendreisen" seit 2006 entwickelten eigenen Qualitätskriterien für Klassenfahrten. Das Siegel „Reisenetz – geprüfte Qualität" für das Segment Schulfahrten tragen mittlerweile über 20 spezialisierte Klassenfahrtenreiseveranstalter.

Sparzwänge, Mittelkürzungen, Hindernisse, Perspektiven

Trotz allgemeiner Sparzwänge werden Klassenfahrten von einer Vielzahl von motivierten Pädagogen durchgeführt – obwohl sich häufig Hindernisse bei der erfolgreichen Planung einer Klassenfahrt ergeben. So war es bisher gängige Praxis, dass die Pädagoginnen und Pädagogen Verzichtserklärungen für ihre Reisekostenerstattungen unterschreiben. Dazu ist aber nicht jeder Lehrer bereit. Die Rechtsprechung hat sich mittlerweile in drei bekannten Urteilen mit diesem Thema befasst. Während noch im Dezember 2001 in Sachsen die Klage eines Lehrers auf Reisekostenerstattung vom Landesarbeitsgericht abgewiesen wurde, entschied dasselbe Gericht im April 2002, dass eine entsprechende Verzichtserklärung nicht wirksam ist. Damit folgte das Sächsische Landesarbeitsgericht dem Urteil des Landesarbeitsgerichtes in Bremen vom November 2001. Eine Revision zum Bundesarbeitsgericht (BAG) wurde aufgrund der grundsätzlichen Bedeutung des Falles zugelassen. Nach endgültiger Entscheidung durch das BAG ist es angestellten Lehrern verboten, auf Reisekostenerstattungen zu verzichten (Az.: 6 AZR 323/02).

Diese Entscheidung hat natürlich nicht dazu geführt, dass nun im Rahmen von Klassenfahrten entstehende Reisekosten an Lehrerinnen und Lehrer erstattet werden. Vielmehr werden Lehrer aufgrund knapper Kassen per Verordnung gezwungen, Freiplätze von touristischen Leistungsträgern zunächst zur Minderung der eigenen Reisekosten und damit letztendlich zur Minderung der Kosten des Dienstherren einzusetzen. Solche Freiplätze sind aber für bedürftige bzw. sozial schwache Schüler und deren Integration gedacht. Diesem Anspruch wird damit in keiner Weise mehr Rechnung getragen. Die Entscheidung des Bundessozialgerichtes vom November 2008 steuert dem entgegen: Demnach sind die tatsächlich anfal-

lenden Kosten für Kinder von Hartz-IV-Empfängern zur Vermeidung sozialer Ausgrenzung durch das Jobcenter in voller Höhe zu tragen, solange es sich um mehrtägige Klassenfahrten im Rahmen der schulrechtlichen Bestimmungen handelt. Kinder von Geringverdienern bzw. Familien mit mehreren Kindern bleiben hier aber ggf. außen vor.

Am verrücktesten wird es dann in Ländern, in denen Lehrer auch als Beamte beschäftigt werden. Dort kann nach beamtenrechtlichen Bestimmungen von ihnen nach wie vor der Verzicht auf Reisekostenerstattung verlangt werden – von angestellten Lehrern wird dagegen verlangt, Freiplätze in Anspruch zu nehmen. Schlussendlich führt das dazu, dass verbeamtete Lehrer ebenso gewährte Freiplätze für sich selbst nutzen. Ein ökonomisches Verhalten, was durchaus verständlich ist.

Aus einer Pressemitteilung des Kultusministeriums von Sachsen-Anhalt (28.08.2002) geht sogar hervor, dass zukünftig Schulen ausdrücklich angehalten werden, Freiplätze und Freikarten zu nutzen und sich in jeder Weise ökonomisch sinnvoll zu verhalten. Ein solches ökonomisch sinnvolles Verhalten kann sich auch durch den Vergleich verschiedener Angebote und durch die Verlagerung der Reisetermine ergeben. Denn oftmals werden Termine für die Durchführung von Klassenfahrten zentral vorgeschrieben, wobei sich diese meist in stark frequentierten Reisezeiträumen wie Mai, Juni oder September konzentrieren. Die Möglichkeit, preisgünstigere und durchaus attraktive Alternativen in saisonschwachen Zeiten in Anspruch zu nehmen, wird somit deutlich eingeschränkt.

Zudem finden Klassenfahrten meist nur noch an den Wochentagen Montag bis Freitag unter Ausschluss von Wochenenden und außerhalb der Ferienzeiten statt. Schließlich ist kaum noch ein Pädagoge bereit, sein Wochenende bzw. seine freien Tage zu opfern. Die Ursachen für die sinkende Motivation, auch an Wochenenden zu verreisen, liegt nicht bei den Pädagogen selbst, sondern in mangelnder Honorierung – ob Kostenerstattung oder Freizeitausgleich. Dies führt letztendlich auch dazu, dass Jugendunterkünfte an Wochenenden außerhalb der Ferienzeiten sehr schlecht ausgelastet sind.

Eine im November 2011 durchgeführte Onlineumfrage zur Durchführung von Klassenfahrten mit ca. 9.000 Lehrerinnen und Lehrern durch das Reisenetz zeigt eine erste Trendwende hinsichtlich der Reisekostenerstattung für Lehrer auf: Von den 834 Lehrern, die daran teilgenommen haben, gab mehr als die Hälfte an, Reisekosten teilweise erstattet zu bekommen. Mehr als 10 Prozent erhalten die Reisekosten sogar vollständig zurück. Allerdings werden als größte Schwierigkeiten angegeben, die Preisvorstellungen und -vorgaben einzuhalten bzw. die Ansprüche der Schüler und Eltern an das Programm zu erfüllen. Vor allem die Finanzierung der Reisekosten für Begleitpersonen macht es für mehr als 30 Prozent der Lehrerinnen und Lehrer schwer, weitere notwendige Begleiter zu finden. Offensichtlich wurden aber die Vorgaben der Schulbehörden und Schulleitungen für die Genehmigung von Klassenfahrten erleichtert, was dem allgemeinen Trend entspricht, die Entscheidungswege zu verkürzen.

Allgemeine Sparzwänge können und sollen nicht zur Folge haben, dass Schulfahrten als ein aktiver „Lernort Reisen" künftig in ihrer Existenz bedroht sind. Die Förderung einzelner Anbieter an sich ist überflüssig, da eine Vielzahl von privatwirtschaftlich geführten Anbietern bewiesen hat, ohne staatliche Zuschüsse erfolgreich und qualitativ hochwertig zu arbeiten. Eher die Umschichtung von Mitteln erscheint dringend notwendig, um die Arbeit der Pädagogen wirksam zu honorieren. So zeichnen sich bundesweit Tendenzen ab, dass Kommunen und Bundesländer die Mittel für Klassenfahrten im Bildungsetat umschichten, damit geplante Fahrten durch die Schulträger abgesichert werden können. Erst im November 2011 hat das Bildungsministerium in Mecklenburg-Vorpommern angekündigt, den Etat auf insgesamt 500.000 Euro aufzustocken, um mit dem Geld die Reisekosten der Lehrer zu bezahlen.

Der Blick über den Tellerrand

Schaut man nach Europa, so liegen Klassenfahrten als Pauschalreise dort noch viel mehr im Trend, als es derzeitig in Deutschland der Fall ist. Der größte europäische Reiseveranstaltermarkt für Klassenfahrten befindet sich im Ursprungsland der Pauschalreise – in Großbritannien. Das Markenbewusstsein, bei einem der namhaften Schulfahrtenspezialisten zu buchen, ist dort ganz besonders ausgeprägt. Hier gehört es zum guten Ton, sich für Anbieter wie PGL School Tours, NST Travel Group oder STS School Travel Services zu entscheiden.

Schulfahrtenqualität zeigt sich in Großbritannien insbesondere in den gebotenen erlebnispädagogischen Inhalten. Klassenfahrtenangebote werden hier viel differenzierter dargeboten und orientieren sich an Unterrichtsfächern, Schulzweigen und den Anforderungen der schulischen Bildung. Schulfahrtenreiseveranstalter werden damit gleichzeitig zu Bildungsdienstleistern, was im Portfolio der Anbieter ganz klar deutlich wird. Allein NST bietet eine Katalogvielfalt von 14 verschiedenen Prospekten für Klassenfahrten, die sich ausnahmslos an Bildungsinhalten orientieren – das zeigt sich an den Katalogtiteln wie „Religious Studies", „Art & Design", „Business Studies", „English Drama, Performing Arts, Media & Film Studies", „Primary Educational", „Music Tours", „Psychology & Sociology" etc.

Andere Wege geht hier PGL. Das Unternehmen betreibt in Großbritannien 21, in Spanien zwei und in Frankreich zehn eigene Unterkunftszentren und bietet dort komplette erlebnispädagogische Programme zu Themen, wie „Personal Development", „Making Mathematics",

„Field Studies" u. v. m.

Im europäischen Vergleich ist in Großbritannien eine regelrechte Schulfahrtenindustrie entstanden, die mit eingeführten Marken den Markt bestimmen. NST beschäftigt über 400 Mitarbeiter mit einem Jahresumsatz von 50 Mio £. PGL hat in der Saison 2009/2010 über 310.000 Schüler betreut und erreicht mit einem Jahresumsatz von 66 Mio. £ ein Viertel der Schulen in Großbritannien. Dabei spielen sicherheitsrelevante Aspekte für die Durchführung von Schulfahrten im Vereinigten Königreich eine übergeordnete Rolle. Gerade „Health and Safety" – die Sicherheit und ein ausgeprägter Verbraucherschutz – sind viel mehr ausgeprägt und verlangen von Reiseveranstaltern deutlich mehr ab, als es vergleichsweise im deutschen Markt der Fall ist. Jede angebotene Unterkunft muss im Rahmen eines mehr als zweistündigen „Health and Safety Audits" auf Herz und Nieren geprüft werden. Dazu gehören gebotene Sicherheitsstandards, Genehmigungen, Brandschutz, Zimmerausstattung und vor allem der Ausschluss jeglicher Gefahrenquellen. Federführend für die Umsetzung der „Health and Safety Standards" ist das School Travel Forum, das sich 2003 als Assoziation der führenden britischen Schulfahrtenreiseveranstalter gegründet hat. Das eigene Qualitätssiegel „LOtC – Learning Outside the Classroom" umfasst nicht nur die Selbstkontrolle von „Health and Safety Standards", sondern vielmehr den Aspekt „Learning and Safety", also die Umsetzung bildungsrelevanter Angebote.

Neben Großbritannien erfreuen sich Klassenfahrten als Pauschalreise ebenso in Skandinavien und Frankreich zunehmender Beliebtheit. Führende skandinavische Anbieter wie Kilroys Travel und Team Benns aus Dänemark haben sich von reinen Papierkatalogen seit 2005 verabschiedet und nutzen nur noch die Onlinemedien für das Marketing. Aktive Fredsreiser als der Marktführer in Norwegen hat sein Schulfahrtenangebot unter das Motto „Reisen für Frieden, Freiheit und Demokratie" gestellt. Auch hier steht die Bildung im Mittelpunkt, wenn auch nicht so perfekt wie in Großbritannien. Französische Anbieter, wie Envol Espace, setzen hinsichtlich der Unterbringung eher auf Gastfamilien. Schulfahrten von italienischen Anbietern müssen sich vom Bildungsschwerpunkt am Lehrplan orientieren. Klassenfahrten in Italien werden eher über Reisebüros organisiert, die ihre Leistungen bei großen Anbietern wie Foschilandia, Itermar oder CTS Viaggi mit beziehen. Hier stehen jedoch eher die touristischen Angebote im Vordergrund, wohingegen der Lehrer sich um die Umsetzung der Inhalte kümmert.

Gerade der Blick auf Großbritannien öffnet Horizonte, wie neue und vor allem professionellere Wege auf dem deutschen Markt beschritten werden können. Erst die optimale Synthese von Pädagogik und Touristik wird künftig den Erfolg eines Klassenfahrtenreiseveranstalters bestimmen.

4. Kompetent, menschlich, vertrauenswürdig.
Oder: Ohne Qualität läuft nichts.

Erfolgsformel ruf
Durch und durch professionell unterwegs
Burkhard Schmidt-Schönefeldt

ruf ist seit mehr als 30 Jahren als Veranstalter von Jugendreisen erfolgreich am Markt – und wird immer mehr zum Synonym für junges Reisen. Wie lässt sich dieser Erfolg erklären? Burkhard Schmidt-Schönefeldt gibt Antworten.

Herr Schmidt-Schönefeld, was macht die Marke ruf zu etwas so Besonderem?
Ganz einfach: Wir lieben das, was wir tun, über alles! Und das seit mehr als 30 Jahren. Über die Jahre haben wir eine **ruf** Formel entwickelt, welche die Voraussetzung für das erfolgsentscheidende **ruf** Feeling ist. Diese Formel ist genauso einzigartig wie die Coca-Cola-Formel, nur wird man sie bei uns nicht im Tresor finden. Und selbst wenn man sie dort finden würde, könnte man sie nicht einfach anrühren, und fertig ist die Reise. Dazu gehört deutlich mehr, weil Emotionen und Erfahrungen eben keine dinglichen Zutaten sind.

Das klingt nach viel Idealismus?
Das ist so. Die erste Jugendreise ermöglicht wichtige Erfahrungen und ist ein prägender Baustein auf dem Weg zum Erwachsenwerden. Daher sind wir sind zu 100 Prozent vom Wert einer Jugendreise überzeugt. Wir bringen viel, sehr viel Idealismus mit, um die besten Jugendreisen zu machen, und wollen unseren Kunden in jedem Fall etwas ganz Außergewöhnliches, Unvergessliches anbieten. Dieser Idealismus prägt das ganze Unternehmen und wird von unseren Mitarbeitern und Mitarbeiterinnen auf allen Ebenen mitgetragen. Das besondere **ruf** Feeling ist überall zu spüren. Ich bin überzeugt, dass es nur in wenigen Unternehmen ein so hohes Commitment gibt, wie bei **ruf**. Das lässt sich an vielen Stellen belegen.

Aber reicht Idealismus aus, um die besten Jugendreisen zu veranstalten?
Nein, das reicht ganz und gar nicht. Idealismus ist ohne Frage die beste Motivation. Aber eine Jugendreise kann die Teilnehmer und Teilnehmerinnen nur dann positiv in ihrer Entwicklung unterstützen, wenn sie gut gemacht ist. Dazu ist Professionalisierung unerlässlich. Ohne Management nach allen Regeln der Kunst lassen sich ab einer gewissen Unternehmensgröße heute keine professionellen Jugendreisen mehr anbieten, da bin ich sicher. Wir sind heute durch und durch professionell aufgestellt – angefangen beim Personalmanagement über Einkauf und die Produktentwicklung bis hin zu Vertrieb und Marketing.

Burkhard Schmidt-Schönefeldt
Burkhard Schmidt-Schönefeldt, Jahrgang 1962, ist seit Mitte der 1990er-Jahre in leitender Position bei **ruf** tätig und heute (als Partner von Thomas Korbus) geschäftsführender Gesellschafter. Aufgewachsen in Bremen, absolvierte er dort eine Ausbildung zum Bankkaufmann bei der Commerzbank AG und studierte anschließend in Kiel und Bielefeld Betriebswirtschaft. Vor seinem Einstieg bei **ruf** arbeitete Burkhard Schmidt-Schönefeldt in verschiedenen sozialen Organisationen in leitenden Funktionen.

Was bedeutet das konkret?

Das wird zum Beispiel bei einem Blick in unser Personalmanagement deutlich. Wie schon erwähnt, ist unsere Unternehmenskultur – unser **ruf** Feeling – ganz entscheidend, um unsere Ziele zu erreichen. Neue Mitarbeiter müssen daher nicht nur fachlich bestens zu uns passen, sondern auch unsere Unternehmenskultur mittragen. Gerne rekrutieren wir daher Mitarbeiter, die das **ruf** Feeling schon kennen. Das geschieht im Rahmen unseres ganzheitlichen Personalentwicklungssystems. Ganzheitlich bezieht sich dabei auf alle möglichen Stufen des Mitarbeiterdaseins. Im Idealfall wird der jugendliche Reiseteilnehmer zum Teamer oder zur Teamerin, später zum Chefreiseleiter, möglicherweise auch Ausbilder oder Ausbilderin, und findet nach seinem Studium den Weg in die **ruf** Zentrale, um dort Fach- oder Führungskraft zu werden.

Aber auch viele Mitarbeiter und Mitarbeiterinnen ohne klassische „Reiseleiterkarriere", verstärken unser Team. Zu uns stoßen auch Auszubildende, Trainees sowie Fach- und Führungskräfte. Und die besuchen Teamer-Seminare und arbeiten in der Saison zeitweise in den Destinationen, um das **ruf** Feeling ebenfalls auf allen Ebenen zu erleben.

*Vom Teilnehmer zum Trainee: Gibt es eine Karriere made by **ruf**?*

Die gibt es. Neben unserem Stammpersonal in der Zentrale benötigen wir jedes Jahr etwa 2.000 saisonal beschäftigte Mitarbeiter und Mitarbeiterinnen in den Destinationen vor Ort. Diesen Außendienstlern bietet **ruf** dabei nicht einfach einen Job an, sondern berufliche Perspektiven. Dazu haben wir eigens die **ruf akademie** eingerichtet, die den Weg vom jugendlichen Kunden bis zur jeweiligen individuellen Karrierestufe systematisch begleitet. Die **ruf akademie** erarbeitet die Konzepte für die Qualifikation und Ausbildung des Außendienstpersonals und setzt sie in diversen Seminaren um, die von Bielefeld aus organisiert werden. Dabei bedarf es einer sehr engen Zusammenarbeit mit dem Personalbereich, der im Rahmen des Personalmarketings die Außendienstler rekrutiert, einsetzt und verwaltet. Die qualitativen Anforderungen an das Personal formuliert wiederum das Produktmanagement, in dem alle Fäden für die konkrete Abwicklung und damit auch die Qualitätssicherung der Reisen zusammenlaufen: Hier werden von der Qualität der Unterkünfte über die Verpflegung bis zu den Busrouten sämtliche Entscheidungen gefällt. Vor allem aber wird hier das jugendgerechte Reiseprogramm zusammengestellt und produziert.

Wie sieht denn die Produktion einer Jugendreise aus?

Wir unterscheiden bei der Produktion einer Jugendreise zwischen „Soft"- und „Hardware". Während das Gruppenerlebnis die Software bildet, entscheidet die Hardware und die damit verbundene Organisation und Logistik über die Qualität des touristischen Teils. So müssen Hotels und Campingplätze eingekauft werden, die Reisen IT-seitig angelegt, gesteuert und natürlich kalkuliert werden. Dafür sind die jeweiligen Teams im Contracting und Yield-Management sowie in der Logistik verantwortlich. Wir haben zum Beispiel in mehreren Ländern große Materiallager, in denen unterjährig diverse Camping- und Animationsmaterialen eingelagert sind. Wir reden hier von Tausenden von Zelten, Hunderten von Fahrrädern, Dutzenden mobiler Großküchen und vielem mehr. Ganz abgesehen von einem 50 Fahrzeuge umfassenden Fuhrpark. Ein großes Team von Mitarbeiterinnen und Mitarbeitern im Marketing präsentiert unsere Reisen in Katalogen und im Internet. Der Vertrieb setzt geeignete Instrumente ein, um sie zu verkaufen. Der Unternehmenserfolg ist nicht zuletzt das Ergebnis der Organisation und des Managements all dieser Parameter. Nur so kann man eine Jugendreise wirklich gut machen.

Was heißt „gut gemacht"?
Gut gemacht ist sie, wenn Gruppenerlebnis und touristische Leistung stimmen. Ganz wichtig ist sicherlich das Gruppenerlebnis, das durch die Qualität der Betreuung und die Inhalte geprägt wird – also das Programm. Die touristische Organisation rund um den Transport, die Verpflegung und Unterkunft ist aber mitentscheidend für den Erfolg einer Jugendreise. Wir stellen fest, dass insbesondere während des Entscheidungsprozesses des Kunden für oder gegen eine bestimmte Reise oder Reiseform diese „harten" Faktoren ausschlaggebend sind. Während der Reise spielen die „weichen" Faktoren dann die entscheidende Rolle für die Zufriedenheit. Und eines dürfen wir bei all dem nicht außer Acht lassen: Eine Jugendreise muss den Wünschen der Kids und Teens entsprechen, aber gleichzeitig die Interessen der Eltern berücksichtigen.

*Wie schafft **ruf** es, Kinder- und Eltern-Versteher gleichzeitig zu sein?*
Viele Mitarbeiterinnen und Mitarbeiter bei **ruf** sind selbst Eltern. Wir haben daher auch die Elternbrille auf und wissen, was für Eltern zählt. Der Aspekt Sicherheit ist da natürlich das Kriterium schlechthin. Wir sind uns dieser Verantwortung auf jeder Stufe bewusst. Wir befragen unsere Kunden regelmäßig nach ihrer Zufriedenheit. Verschiedene AGs wie zum Beispiel der pädagogische Arbeitskreis oder der Elternrat, in dem Eltern, die im **ruf** Büro arbeiten, sowie externe Mütter und Väter vertreten sind, setzen sich laufend mit den Reisekonzepten und deren Umsetzung auseinander.

*Wird **ruf** als Marktführer das Jugendreisen auch zukünftig qualitativ weiterentwickeln?*
In jedem Fall! Wir unterziehen unser gesamtes Leistungspaket einem kontinuierlichen Verbesserungsprozess und setzen in der Branche nicht nur Maßstäbe für qualitativ gute Jugendreisen, sondern arbeiten auch daran, dass den Eltern und Kindern diese Maßstäbe bewusst werden. Wir sehen hier weiterhin erheblichen Aufklärungsbedarf, damit Jugendliche und Eltern die Angebote am Markt besser einordnen und bewerten können. Wir engagieren uns sehr aktiv in den Jugendreiseverbänden und bringen uns personell und inhaltlich in den Gremien ein. Nicht zuletzt obliegt uns ein großer Teil der dringend notwendigen Öffentlichkeitsarbeit für das Thema Jugendreise überhaupt.

*Wie konnte **ruf** in den letzten 30 Jahren so ein Wachstum generieren?*
Ich würde sagen: Das war Management mit Herz und Verstand. Der richtige unternehmerische Instinkt in Kombination mit dem Einsatz klassischer Managementmethoden, der pädagogische Zugang zu den Bedürfnissen der Jugendlichen – das alles macht in der Summe den Erfolg aus. Wir mussten im Hinblick auf die Größe des Büroapparates viele sogenannte Schwellengrößen überwinden. Als ich 1995 bei **ruf** eingestiegen bin, hatte das Unternehmen ca. 10.000 Teilnehmer mit einem Umsatz von ca. 5 Mio. Euro. Das war so eine Schwelle. Die IT-Infrastruktur reichte nicht mehr aus und die für das Wachstum notwendigen zusätzlichen Mitarbeiter und Mitarbeiterinnen fielen nicht vom Himmel. Man kann sich vorstellen, dass auch der gesamte betriebswirtschaftliche Teil wachstums- und damit zukunftsfähig gemacht werden musste. Investitionen in IT und vor allem in neue Mitarbeiter stellen immer auch ein Risiko dar, sind aber notwendige Investitionen in die Weiterentwicklung des Unternehmens und damit in die Zukunft. Davor hatten wir nie Angst und können rückblickend sagen: Per Saldo war alles richtig. Wir haben bewusst sehr viel in die Qualifikation unseres Personals und damit in die Qualität unseres Produktes investiert. Zu Recht wird daher mit der Marke **ruf** heute Glaubwürdigkeit und Vertrauen assoziiert.

Herr Schmidt-Schönefeldt, vielen Dank für das Gespräch!

Qualität von Kinder- und Jugendgruppenfahrten
Evaluiert und entwickelt durch Team und Teilnehmende
Heike Peters

Freizeiten haben in der Geschichte des gemeinsamen Verreisens von Kindern oder Jugendlichen eine lange Tradition. Die Beliebtheit solcher Gruppenfahrten ist bis heute ungebrochen. Sie werden im gemeinnützigen Bereich von Jugend- und Wohlfahrtsverbänden, den Kirchen, in kommunaler Trägerschaft, von Sportvereinen, der Feuerwehr und vielen anderen angeboten – und auch das Angebot kommerzieller Anbieter wird immer vielfältiger. Bei allem Anklang, den Freizeiten und Jugendreisen bei Kindern, Jugendlichen und deren Eltern finden, sind solche Angebote trotzdem keine Selbstläufer.

Ein Zauberwort in den aktuellen Debatten ist Qualität.
Nüchtern betrachtet, ist der Begriff „Qualität" an sich ja erst einmal völlig neutral, denn er meint lediglich die Beschaffenheit von etwas. Im alltäglichen Sprachgebrauch jedoch ist Qualität ein bedeutungsgeladener und auch normativer Begriff, mit dem automatisch etwas Gutes oder Positives assoziiert wird.

Was Qualität bei einer Freizeit ausmacht, erscheint aber nur auf den ersten Blick als klar. Von einem unausgesprochenen Einvernehmen der direkt und indirekt Beteiligten einer Freizeit kann nicht ausgegangen werden. Da gibt es die Teilnehmenden, die entspannte oder aufregende Ferien verbringen wollen. Da gibt es das Team der Mitarbeitenden, in dem jeder eigene Vorstellungen und Ziele besitzt. Da gibt es auch den Veranstalter, der in der Regel ein bestimmtes Konzept verfolgt. Und da gibt es – nicht zu vergessen – die Eltern, die ihre Kinder gut und sicher aufgehoben wissen wollen. Basieren Fragen der Qualität und Weiterentwicklung auf Annahmen und gefühlten Einschätzungen – und werden sie womöglich nur durch die Brille weniger hauptverantwortlicher Personen wahrgenommen –, kann die Berücksichtigung verschiedener Perspektiven kaum gelingen.

Fragen der Qualität sind in Organisationen, Vereinen und Verbänden nicht neu. Noch relativ neu ist aber im Bereich der Freizeiten, dass für die Betrachtung und Weiterentwicklung von Qualität die Meinung der Teilnehmenden stärker einbezogen und systematisch ausgewertet wird. Es lohnt sich, immer wieder zu verdeutlichen, dass es die jungen Menschen sind, für die die Angebote gemacht werden!

Heike Peters
geb. 1983; Diplom-Pädagogin; Studium der Erziehungswissenschaft an der Universität Rostock; freiberuflich tätig im Bereich Evaluation in der Kinder- und Jugendarbeit und als wissenschaftliche Mitarbeiterin im Projekt Freizeitenevaluation mit dem Schwerpunkt Kinderfreizeiten (www.kinderfreizeitenevaluation.de).

Evaluation und Qualitätsentwicklung

Evaluation und Qualitätsentwicklung sind eng miteinander verknüpft. Methoden der Evaluation dienen der Aufdeckung und dem Nachweis von Bedarfen und Effekten der Qualitätsentwicklung und -steuerung. Entscheidend ist dabei, woraus sich die Motivation für (mehr) Transparenz der eigenen Arbeit speist. Wird Evaluation aus dem eigenen Interesse heraus angestoßen, um die Arbeit zu beleuchten? Oder geschieht sie nur auf Druck von außen, gemäß der Erfahrung, dass „Wirkungen der Kinder- und Jugendarbeit (...) von der Politik vorzugsweise dann angefragt werden, wenn Legitimationen benötigt werden oder die Umverteilung finanzieller Mittel ansteht – was oftmals eng miteinander verwandt ist" (Lindner 2008, S. 10)? In diesem Zusammenhang haben Qualitätsentwicklung und Evaluation bei Haupt- und Ehrenamtlichen mitunter verständlicherweise keinen leichten Stand. Und Evaluation wird schnell eindimensional mit einer erzwungenen Legitimierung der eigenen Arbeit in Verbindung gebracht.

Die angemessene Motivation für eine systematische Auswertung wächst jedoch von innen heraus und sieht die großen Chancen von Evaluation als Mittel zur Reflexion der eigenen Arbeit und damit auch Qualitätsentwicklung. Die Bundesarbeitsgemeinschaft Evangelischer Jugendferiendienste e. V. (BEJ) bilanzierte 2005: „Reflexionen und Auswertungen von Kinder- und Jugendreisen gehören meist zum Standard vieler Träger. Jedoch werden meist Selbstbewertungen vorgenommen, in die vor allem die Teamer einbezogen sind. Eine zielgerichtete Bewertung durch die Kinder und Jugendlichen (...) hat sich noch nicht etabliert" (BEJ 2005, S. 5).

Neben den geschilderten Ängsten besteht ein weiteres Hemmnis schlicht im Fehlen passender und verlässlicher Methoden. So werden zwar hier und da handgestrickte Fragebogen entworfen, die man häufig ausfüllen lässt und (weniger häufig) auswertet, aber vor dem Stapel ausgefüllter Bögen setzt zumeist die Ernüchterung ein: Soll man die Antworten jetzt in Strichlisten übertragen oder Schaubilder malen? Sind die Fragen überhaupt sinnvoll gestellt? Und wie kann man Ergebnisse interpretieren, wenn keine Vergleichszahlen vorliegen?

Das Projekt Freizeitenevaluation

Vor diesem Hintergrund ist das Projekt Freizeitenevaluation entstanden, das vorherrschende Bedenken sowie Bedürfnisse aus der Praxis berücksichtigte. Das Projekt hat in enger Zusammenarbeit zwischen Wissenschaftlern und Praktikern ein Verfahren zur Evaluation von Freizeiten getestet und entwickelt. So wurde Veranstaltern und Teams eine Methode zur Verfügung gestellt, mit der sie unabhängig und eigenständig eine verlässliche Evaluation durchführen können. Mit der Einführung des Standardverfahrens Freizeitenevaluation 2006 wurden zielgerichtete Bewertungen mithilfe von wissenschaftlich überprüften Fragebogen möglich. In der Freizeitenlandschaft hat sich in Sachen Evaluation seitdem einiges bewegt. Das Verfahren der Freizeitenevaluation wird vielfältig genutzt und genießt Akzeptanz bei unterschiedlichsten Veranstaltern von Kinder- und Jugendfreizeiten sowie internationalen Jugendbegegnungen.

Den Beginn der Freizeitenevaluation markierte eine Studie, die 2001 im Auftrag des Evangelischen Jugendwerks in Württemberg für Freizeiten der kirchlichen Jugendarbeit durchgeführt wurde. Die Aufnahme der dazugehörigen Publikation „Freizeiten auswerten – Perspektiven gewinnen" in die Reihe der „Bielefelder Jugendreiseschriften" hat dann maßgeblich zur Bekanntmachung des Verfahrens beigetragen, das weit über die Grenzen des Evangelischen Jugendwerks in Württemberg hinaus rezipiert wurde und Aufsehen erregte. Im Rahmen des auf Bundesebene agierenden „Forscher-Praktiker-Dialogs Internationale Jugendarbeit" wurden daraufhin im Jahr 2004 die Weichen für das bundesweit anwendbare Standardverfahren zur eigenständigen Evaluation gestellt, das in den Folgejahren zum größten Evaluationsprojekt im Bereich der Kinder- und Jugendgruppenfahrten wuchs. Seit 2007 können Jugendfreizeiten (Ilg 2008) und internationale Jugendbegegnungen (Dubiski/Ilg 2008) professionell ausgewertet werden, im Jahre 2010 erfolgte dann eine bundesweite Studie zur Weiterentwicklung des Verfahrens für Kinderfreizeiten (Peters et al., 2011).

Leitgedanken und Grundprinzipien der Freizeitenevaluation

Die Motivation und Bereitschaft zur Evaluation entsteht durch offene und auch selbstkritische Fragen an die eigene Arbeit. Wer mit dem Verfahren der Freizeitenevaluation arbeitet, erhält als Freizeitteam und Organisation Methoden und Antworten zu folgenden Fragen:

· Was sind unsere Ziele und erreichen wir diese?
· Was ist die besondere Qualität unserer Freizeitenarbeit?
· Wie kann ich das, was ich im Gefühl habe, sichtbar machen?
· Wie kann ich das „Gute" differenzieren, um gezielt daran/damit zu arbeiten?
· Wie kann ich das Geschehene einer Freizeit dokumentieren und somit auch für andere nachvollziehbar machen?
· Wie kann ich die Teilnehmer/- innen als Experten beteiligen?
· Wie kann ich ein differenziertes und breites Meinungsbild zur Freizeit erhalten, das sich leicht auswerten lässt?

Grundlegend für derartige Fragen ist, dass sie (auch) in den Köpfen der beteiligten Mitarbeitenden bestehen. Nur wenn unter ihnen Interesse für das Hinterfragen und Weiterentwickeln der eigenen Arbeit vorhanden ist, kann Selbstevaluation auf Freizeiten wirklich funktionieren. Denn die Befragungen erfolgen während der Freizeit, und die Durchführung liegt in den Händen des Teams. Transparenz und das Klären der verschiedenen Interessen bei einer Evaluation sind wichtig, um ehrliche Rückmeldungen zu erhalten. Nur so kann auf Papier festgeschriebenen Qualitätsansprüchen und -kriterien ein reales und lebhaftes Bild gegenübergestellt werden. Über den Vergleich von Soll- und Istzustand wird das „Bauchgefühl" mitunter eindrucksvoll bestätigt oder aber auch widerlegt. Und im Dialog entstehen Ideen, die vom Team bei der nächsten Freizeit dann aufgenommen werden können.

Einige aus der Zusammenarbeit von Praxis und Wissenschaft hervorgegangene Leitgedanken der Freizeitenevaluation sind im Folgenden aufgeführt:

Aufwand und Nutzen stehen im angemessenen Verhältnis.

Es gibt hoch wissenschaftliche Evaluationsverfahren, die auf qualitativen Analysen von Interviews oder Teilnehmeraufsätzen beruhen. Als Standardverfahren sind solche Methoden kaum denkbar. Das Evaluationsverfahren setzt daher überwiegend auf geschlossene Fragen, deren Ergebnisse sich durch statistische Kennwerte leicht darstellen lassen. Die Dateneingabe und -auswertung einer Fahrt mit sechs Mitarbeitenden und 30 Teilnehmenden lässt sich innerhalb von ca. zwei Stunden am PC durchführen. Die Evaluationsmaterialien sind kostenfrei zugänglich und ohne den Einsatz externer Sozialwissenschaftler möglich.

Nur ein wissenschaftlich erarbeiteter Fragebogen ermöglicht seriöse und verlässliche Aussagen.
Die Formulierungen der Fragen sowie die Gestaltung der Fragebogen wurden in einem langen Prozess entwickelt und wissenschaftlich sorgfältig getestet. Zugleich wird dem Bedürfnis Rechnung getragen, gezielte Fragen zum individuellen Zuschnitt der eigenen Gruppenfahrt zu ergänzen: In die vorgefertigten Fragebogen können selbst formulierte Items zusätzlich eingefügt werden.

Fragebogendaten sind ein Beitrag zur Auswertung.
Doch die Freizeitenevaluation liefert zunächst nur Zahlen. Alle diese Zahlen bleiben blass, wenn sie nicht durch persönliche Eindrücke der Mitarbeitenden und Reflexionsrunden mit den Teilnehmenden ergänzt werden. Daher gehört es zum Grundverständnis der Freizeitenevaluation, dass die Fragebogen Teil einer Evaluationskultur sind. Sie liefern nüchterne Zahlen, die man – am besten mit dem gesamten Team – auswerten und für die konzeptionelle Weiterentwicklung der Arbeit nutzen kann.

Das Evaluationspaket ermöglicht eine vollständig autonome Durchführung.
Herr des Verfahrens und der Evaluationsergebnisse bleibt der Veranstalter bzw. das Mitarbeiterteam. So kann ausgeschlossen werden, dass die Evaluationsmethodik als Kontrollinstrument missbraucht wird. Und nur so ist gewährleistet, dass die Teilnehmenden von ihrem Team nicht zu beschönigenden Antworten animiert werden, sondern ihre positiven und negativen Erfahrungen offen zurückmelden.

Die Auswertung ist vor allem dann interessant, wenn Vergleichsdaten zur Verfügung stehen und so für die eigene Fahrt eine Stärken-Schwächen-Analyse vorgenommen werden kann.
Die Daten der verschiedenen Grundlagenstudien liegen als Vergleichsstichprobe vor. Aus diesen Ergebnissen wurden Vergleichstabellen erstellt, die bei der Einordnung der eigenen Ergebnisse hilfreich sein können.

Eigene Ziele als Messlatte – Grundidee des Evaluationsverfahrens
Keine Freizeit ist wie die andere, und gerade diese Vielfalt macht das Angebot an Kinder- und Jugendgruppenfahrten so reichhaltig. Trotzdem bedarf es einer Bezugsgröße, an der Evaluationsergebnisse gemessen werden können. Neben den erwähnten Vergleichsdaten sind die eigenen Ziele des Teams die naheliegendste und auch individuellste Größe für die Bewertung der eigenen Freizeit, nach dem Motto: „Eine gute Freizeit ist die, die ihre selbst gesteckten Ziele erreicht." Deshalb – so die Grundidee des Verfahrens – werden zu Beginn der Freizeit die Mitarbeitenden um eine persönliche Gewichtung ihrer Ziele gebeten. Am Ende der Freizeit geben die Teilnehmenden anhand des Kinder- bzw. Jugendfragebogens eine Rückmeldung zur Freizeit ab. In der Auswertung können dann differenziert die Ziele eines Teams und die Bewertungen der Teilnehmenden dargestellt werden. Wird beides in Beziehung gesetzt, ergeben sich Hinweise darauf, inwieweit im Vorfeld gesetzte Ziele der Mitarbeitenden die Erfahrungen der Kinder und Jugendlichen prägen. Die Abbildungen verdeutlichen, wie die Ziele im Vorfeld und Aussagen am Ende den Referenzrahmen für die praktische Umsetzung einer Freizeit bilden.

Abbildung 1: Zusammenhang von Mitarbeiterzielen und Teilnehmer-Aussagen

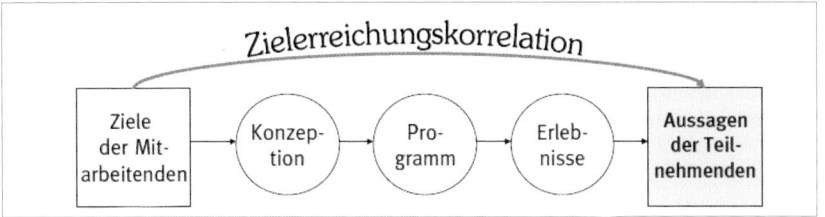

Abbildung 2: Der Zusammenhang im Beispiel

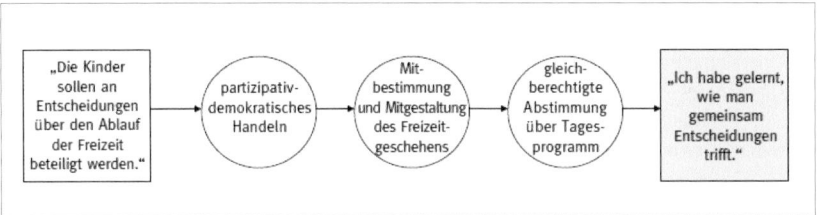

Quelle: Peters et al., 2011, S. 40 f.

Sind Fragebogen eine „gute" Methode?

Ein Fragebogen muss nicht immer die Methode erster Wahl sein, wenn eine Evaluation geplant wird. Für die Freizeitenevaluation wurde die Methodik des Fragebogens gewählt, weil er verschiedene Vorteile vereint:

· Es kommen alle „zu Wort", auch die eher Stillen.
· Es können viele konkrete Fragen zu diversen Bereichen einer Freizeit zügig beantwortet werden.
· Die Rückmeldungen basieren auf quantifizierbaren Antwortmöglichkeiten (bei Kinderfreizeiten eine fünfstufige, bei Jugendgruppenfahrten eine siebenstufige Skala).
· Die quantitativen Daten lassen sich leicht auswerten, zusammenführen und vergleichen (Standardverfahren).
· Die Bewertungen können zum Beispiel auch nach Alter oder Geschlecht betrachtet werden.

Wichtig ist, dass der Fragebogen als ein Baustein der Evaluationskultur verstanden wird. Wer eine quantitative Befragung durchführt, sollte deshalb bewährte mündliche oder spielerische Auswertungsrunden nicht über Bord werfen. Sie liefern ganz andere, zum Beispiel begründete und individuell formulierte Informationen und eröffnen die Möglichkeit, während einer Freizeit eine Momentaufnahme oder ein Meinungsbild zur Stimmung zu bekommen und darauf zu reagieren.

Evaluation mit Kindern – geht das?

In Kurzform lässt sich diese Frage mit „Ja, aber ..." beantworten. Nach einer Vorstudie im Rahmen der Freizeitenevaluation für Kinderfreizeiten (Peters, 2008) konnte bestätigt werden, dass Kinder ab einem Alter von etwa acht Jahren in der Lage sind, einen Fragebogen zu verstehen und verlässlich zu beantworten. Aus diesen Tests und Erfahrungen bei Kinderfreizeiten wurden auch wichtige Bedingungen – also das „aber" – abgeleitet.

Hier ein kleiner Überblick, der sich auch auf andere Befragungen mit Kindern übertragen lässt: Ob Meinungen von Kindern berücksichtigt werden, ist zuerst einmal eine Frage der Haltung von Mitarbeitenden. Wer der Überzeugung ist, dass Kinder über eine eigene ernst zu nehmende Meinung verfügen, und wer zudem ein ehrliches Interesse an deren subjektiver Perspektive hat, hat fast automatisch motivierte Kinder mit Lust auf das ehrliche Ausfüllen eines Fragebogens vor sich. Die meisten Kinder können sich den Kinderfragebogen der Freizeitenevaluation eigenständig erschließen und ihn alleine ausfüllen. Oft möchten aber auch Kinder antworten, die beim Lesen oder Schreiben noch Hilfe benötigen. Hier liegt die Herausforderung in einer möglichst neutralen Hilfestellung.

Folgende Faustregeln fassen das Wichtigste zur kindgerechten Formulierung von Fragen zusammen (vgl. Peters, 2011, S. 212):

1. Die Fragen beziehen sich auf den unmittelbaren Erfahrungsbereich.
2. Fragen konkret stellen, allgemeine Bezeichnungen und nicht quantifizierbare Begriffe (zum Beispiel. meistens, oft, viel) vermeiden.
3. Fragenformulierungen kurz halten (Überleitungstexte sind weniger wichtig als bei Erwachsenen).

So nutzen Veranstalter und Teams ihre Ergebnisse

Eine Evaluation meint die Aus- und Bewertung einer Maßnahme. Die Durchführung der Befragung ist also nur ein Teil der Evaluation, wenn auch ein entscheidender. Die eigentliche Evaluation beginnt anschließend – nach Eingabe der Daten in das Statistikprogramm GrafStat – mit der statistischen Auswertung. GrafStat bietet dazu einfach handhabbare Optionen, zum Beispiel für Diagramme, und lässt sich auch ohne Statistikkenntnisse leicht bedienen. Im Rahmen der dann folgenden Betrachtung und Interpretation der Ergebnisse wird einerseits Bilanz aus der abgeschlossenen Fahrt gezogen, andererseits können mit Blick nach vorn Konsequenzen für künftige Freizeiten gezogen werden. Aus Erfahrungsberichten und dem Austausch mit Anwendern des Verfahrens zeigt sich, dass die Evaluationsergebnisse vor Ort in vielfältiger Weise ausgewertet und genutzt werden.

Reflexion im Team

An erster Stelle stehen das Sichten und Besprechen der Daten mit den Beteiligten, zum Beispiel als Teil des Auswertungstreffens. Manche Veranstalter bieten auch einen vertiefenden Workshop für interessierte Ehrenamtliche an. Die Ergebnisse geben eine Rückmeldung für die eigene Arbeit. Die (häufig) positiven Bewertungen der Teilnehmenden werden als große Wertschätzung erlebt. Die Nachbereitung kann differenziert(er) erfolgen. Besonders neugierig sind Mitarbeitende auf die offenen Antworten der Teilnehmenden am Ende des Fragebogens. Spannend sind auch, vor allem über mehrere Freizeiten gesehen, die soziodemografischen Daten. Sie geben unter anderem. Hinweise darauf, aus welchen Milieus die Teilnehmenden kommen. Vor allem für gemeinnützige Träger der Jugendarbeit, die laut Kinder- und Jugendhilfegesetz ein Angebot für alle sein sollen, sind diese Erkenntnisse mitunter ernüchternd, aber auch erhellend.

Konsequenzen ableiten

Das eigene Profil kann – mit Daten belegt – bestätigt, gezielt bearbeitet, geschärft und nach außen dargestellt werden. So kann zum Beispiel ein ökologisch ausgerichteter Jugendverband sichtbar machen, dass Naturerfahrungen und Umweltbildung auch aus Sicht der Teilnehmenden eine wichtige und geschätzte Rolle einnehmen. Eine kostenfreie Kompaktauswertung mit grafischer Veranschaulichung des Profils erhalten Veranstalter vom Projekt Freizeitenevaluation, wenn sie ihre Daten einschicken. Durch diese Profilgrafiken (s. Abbildung 3) wird dann beispielsweise deutlich, dass sich die Natur-Kinderfreizeit XY in den Bereichen Partizipation, Persönlichkeitsbildung und Umweltbewusstsein sowohl in den Mitarbeiterzielen als auch den Rückmeldungen der Kinder vom Gesamtdurchschnitt aller Kinderfreizeiten (aus der Grundlagenstudie 2010) abhebt. Die einzelnen Bereiche (Indices) werden durch das Zusammenfassen der thematisch entsprechenden Items gebildet. Für den Bereich Partizipation enthalten der Mitarbeiter- und Kinderfragebogen folgende Aussagen:

Mitarbeiterziele
- Die Kinder sollen das Programm der Freizeit mitgestalten können.
- Die Kinder sollen an Entscheidungen über den Ablauf der Freizeit beteiligt werden.
- Die Kinder sollen regelmäßig Zeiträume selbstständig gestalten können.
- Die Kinder sollen Anregungen bekommen, sich mit gesellschaftlichen Themen auseinanderzusetzen.
- Das Interesse der Kinder an Mitbestimmung und Demokratie soll durch die Erfahrungen bei dieser Freizeit wachsen.

Kinderaussagen
- Ich konnte das Programm mitbestimmen.
- Ich konnte oft selbst entscheiden, was ich mache.
- Meine Meinung wurde von den Betreuern ernst genommen.
- Die Regeln hier waren zu streng.
- Ich konnte in der Gruppe meine eigene Meinung sagen.
- Ich habe gelernt, wie man gemeinsam Entscheidungen trifft.

Abbildung 3: Mitarbeiter- und Teilnehmerprofil als Teil der Kompaktauswertung

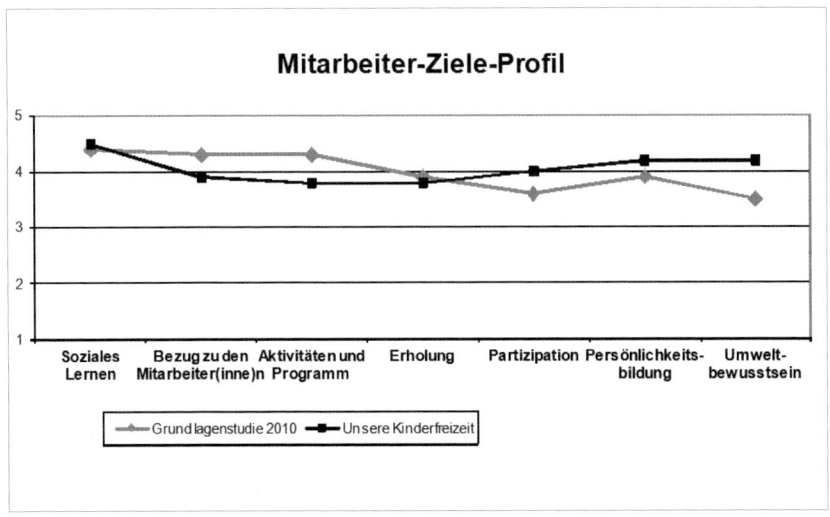

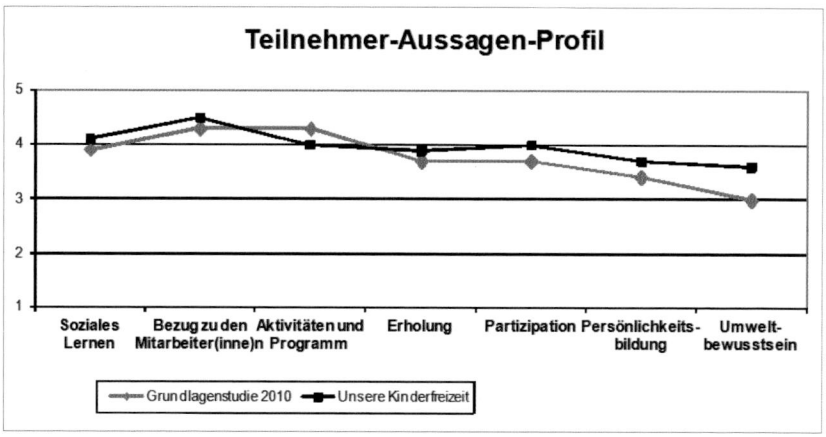

Mehrere Veranstalter berichten, dass sie anhand der Daten Schwächen in der Ausbildung erkennen und entsprechend verbessern können. So werden Seminarthemen vertieft oder neue konzipiert.

Vertiefte Analysen über mehrere Kinder- oder Jugendgruppenfahrten

Das standardisierte Design des Evaluationsverfahrens ermöglicht eine Zusammenführung und Sichtung der Ergebnisse über eine gesamte Saison oder auch Jahresvergleiche und -verläufe. So lassen sich verschiedene Tendenzen ablesen. Neben den deskriptiven Auswertungen, also einer statistischen Beschreibung der Häufigkeiten und Verteilungen, stecken in den Daten natürlich noch wesentlich mehr Informationen. So können Berechnungen von Zusammenhängen (Korrelationen) Aufschluss darüber geben, welche Bereiche (zum Beispiel Unterkunft, Programm oder die Gruppe) besonderen Einfluss auf die Gesamtzufriedenheit haben oder ob es signifikante Mittelwertunterschiede in der Bewertung von Jungen und Mädchen oder erfahreneren Teilnehmenden gegenüber „Neulingen" gibt. Solche Analysen sind mit dem kostenlosen Statistikprogramm der Freizeitenevaluation GrafStat nicht machbar, sondern zum Beispiel mit SPSS und können womöglich durch interessierte Studierende oder auch durch das Team der Freizeitenevaluation auf der Grundlage der aus GrafStat exportierten Daten erstellt werden.

Interessante Daten für die Öffentlichkeitsarbeit

Empirische Belege, die eine genauere und nachvollziehbare Kenntnis des Profils und der Stärken ermöglichen, vereinfachen ein selbstbewusstes Auftreten nach außen und können zur Stärkung des Arbeitsfeldes beitragen. Die Evaluationsergebnisse werden zum Beispiel für Präsentationen im Vorstand, bei Jugendhilfeausschüssen oder auf Informationsabenden für Teilnehmende oder Eltern genutzt. Statistiken als Zahlen oder „harte" Fakten lassen sich nicht einfach vom Tisch wischen und haben eine große Wirkung. Noch greifbarer werden Zahlen, wenn sie mit Zitaten aus den offenen Fragen verbunden werden. Ausgewählte Ergebnisse und Grafiken können auch auf einer Homepage oder im Katalog erscheinen. Wichtig ist dabei, dass Texte nicht mit Zahlen überfrachtet sind und Diagramme einerseits seriös wirken, also wichtige Angaben (zum Beispiel zur Stichprobe) enthalten, andererseits mit schnellem Blick zu erfassen und verständlich sind, damit sie die gewünschte Botschaft transportieren.

Die Bedeutung empirischer Daten

Wenn empirische Daten mit wissenschaftlichen Methoden gewonnen werden, sind sie belastbar und können Effekte der eigenen Arbeit, Argumente und Entscheidungen maßgeblich stützen und absichern. Organisationen berichten, dass sie durch Erkenntnisse aus der Evaluation mehr Sicherheit und Argumente in der Auseinandersetzung mit ihrer Arbeit im Bereich der Freizeiten und Gruppenfahren gewonnen haben. Insgesamt erfahren die Mitarbeitenden mehr Anerkennung für ihre Arbeit, und die letztlich durch die Teams getragene Qualität steigt. Durch belegbare Qualität ist es mitunter einfacher geworden, eine Steigerung der Akzeptanz und Wertschätzung von Jugendarbeit im Verband zu erreichen.

Zentrale Erkenntnisse aus der laufenden Metaevaluation

Was vor Ort möglich und erkenntnisbringend ist, ist auf der Metaebene für die Kinder- und Jugendreiseforschung sowie für die Bildungsforschung zum informellen Lernen mindestens genauso wertvoll. Es gibt seit Langem so gut wie keine abgesicherten Daten und Informationen über das Kinder- und Jugendreisen – von vereinzelten, lokal begrenzten Studien abgesehen. Die Sammlung der Daten aus der Freizeitenevaluation durch freiwilliges Einsenden der Veranstalter ist ein geschätzter Nebeneffekt dieses Evaluationsverfahrens. Für diese Form der vernetzten Selbstevaluation werden zusätzlich einige Strukturdaten (Gruppengröße, Ziel, Kosten Rahmenbedingungen und Besonderheiten) erfasst.

Bereits fünf Jahre, nachdem das Evaluationsverfahren für Jugendgruppenfahrten ins Leben gerufen wurde (2005), liegen mittlerweile die Fragebogen von 20.000 Teilnehmenden und Mitarbeitenden vor – eine beeindruckende Anzahl, wenn man bedenkt, dass es sich hier um ein auf Freiwilligkeit basierendes Angebot handelt. Die vor Ort durchgeführten Evaluationen ohne Einsenden der Daten sind in diesen Zahlen noch nicht enthalten.

Abbildungen 4 und 5: Überblick über die Anzahl ausgewerteter Fragebogen im Projekt Freizeitenevaluation

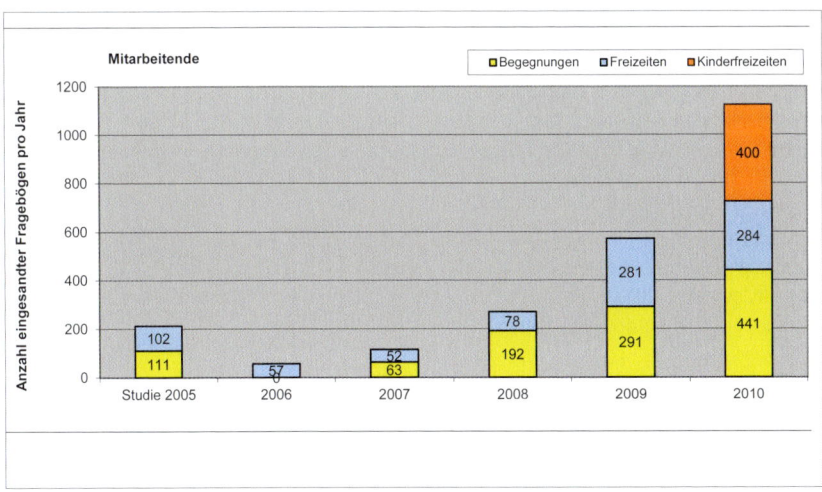

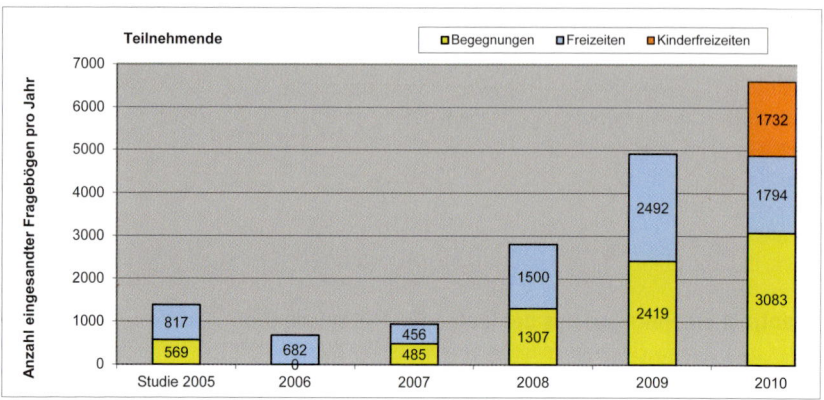

Anmerkungen: Das Jahr 2005 markiert die Grundlagenstudien für Jugendfreizeiten und internationale Jugendbegegnungen, die Studie für Kinderfreizeiten erfolgte 2010. Die Phase der vernetzten Selbstevaluation begann 2006 (Freizeiten) bzw. 2007 (internationale Jugendbegegnungen).

Nachfolgend werden einige zentrale Erkenntnisse vorgestellt. Wichtig ist zu bedenken, dass trotz der Größe der Stichprobe kein Anspruch auf Repräsentativität für das Kinder- und Jugendreisen allgemein erhoben werden kann. Es kann nicht gesteuert werden, wer seine Daten einschickt – die Gesamtgröße und -breite des Feldes bleibt unbekannt.

Kinderfreizeiten

Die Ergebnisse für Kinderfreizeiten stammen aus der Grundlagenstudie 2010 bei bundesweit 45 Kinderfreizeiten, vornehmlich aus dem gemeinnützigen (unter anderem jugendverbandlichen und kirchlichen) Bereich. Es lässt sich zusammenfassen, dass derzeit eine typische Kinderfreizeit zehn Tage dauert, in Deutschland stattfindet, einen Mitarbeiterschlüssel von 1:5 hat und durchschnittlich 28 Euro pro Tag kostet. Dabei gibt es natürlich große Abweichungen nach unten und oben. Beeindruckend ist, dass zwei Drittel der gemeinnützigen Freizeiten komplett von ehrenamtlichen Teams geleitet wurden. Das Durchschnittsalter der Mitarbeitenden liegt bei 22 Jahren. Ehrenamtliches Engagement ist die tragende Säule der Freizeitenarbeit. Die freiwillig Engagierten, meist selbst ehemalige Freizeitteilnehmende, müssen frühzeitig gewonnen werden. Es hat sich nämlich gezeigt, dass es unter den Mitarbeitenden ab 23 Jahren fast keine Neueinsteiger mehr gab.
In Sachen Milieuzugehörigkeit der Kinder gibt der schulische Hintergrund Hinweise. Hier bestätigt sich die bei Jugendgruppenfahrten bekannte Problematik, dass Schüler von Gymnasien, gemessen an der Verteilung auf die weiterführenden Schularten in der Deutschland, stärker erreicht werden als andere.

Tabelle: Anteil der Kinder in den weiterführenden Schularten (Sekundarstufe I)

	Hauptschule	Gesamtschule	Realschule	Gymnasium	Weitere
Studie Kinder-freizeiten 2010	5 %	14 %	24 %	48 %	9 %
Deutschland (Klassenstufen 5-7)	19 %	9 %	23 %	35 %	14 %

Anmerkungen: In der Studie Kinderfreizeiten N = 1.057. Neben den „klassischen" Schulformen wurden andere unter „Weitere" zusammengefasst.
Quelle Deutschland: Statistisches Bundesamt, Schüler 2009/2010 mit eigenen Berechnungen.

Mit Blick auf die Gesamtzufriedenheit der Kinder mit einer Freizeit lässt sich sagen, dass diese am stärksten vom Spaß und der Zufriedenheit mit den Mitarbeitenden geprägt wird. Die Zufriedenheit hängt weniger von „objektiven" Komfortkriterien wie Unterkunft oder Essen ab. Für das positive Erleben einer Gruppenfahrt spielen für die Kinder unverplante Zeit und Raum ohne Erwachsene eine große Rolle. Ein vorab genau durchgeplantes und möglicherweise überfrachtetes Programm ist also nicht im Sinne der Teilnehmenden. Vielmehr sind Kinder dann zufriedener mit der gesamten Freizeit und auch erholter, wenn sie während der Zeit gemeinsam über das Programm entscheiden oder gar aktiv an dessen Umsetzung mitwirken können. Einen besonderen Stellenwert nehmen auf Freizeiten das Draußen-Sein und Naturerfahrungen ein. Das Wahrnehmen der Natur ist für viele Kinder eine besondere (Kontrast-)Erfahrung zum Alltag, was auch verschiedene Zitate eindrücklich zeigen:

„Mein schönstes Ferienerlebnis war hier, wo wir unsere Zelte im Wald aufgebaut haben und dort dann auch geschlafen haben." 11-jähriges Mädchen

„Mein schönstes Erlebnis war im Wald spazieren gehen." 9-jähriger Junge

„Ich war zum ersten Mal an der Nordsee und habe das Watt und den Schlick kennengelernt." 10-jähriger Junge

Die Freizeitmitarbeitenden, zumeist junge Erwachsene, sind eine wichtige Instanz für Kinder. Kinder nehmen sich gerne jemanden aus dem Team zum Vorbild und haben Vertrauen. So schätzen sowohl Jungen als auch Mädchen Gespräche mit den Mitarbeitenden. Weitere wichtige Stichworte, die von den Kindern selbst häufig formuliert werden, machen den gesellschaftlichen Wert von Freizeiten deutlich: Viele Kinder beschreiben, wie sie die Gemeinschaft erleben und Verantwortung für sich selbst oder in der Gruppe übernehmen.

„Wir haben gelernt, zum Beispiel die Toiletten zu putzen oder in der Küche anzupacken. Wir waren fast immer nur gemeinsam. Wir hatten zusammen viel Spaß und hatten am Anfang viel Zeit zum Kennenlernen." 11-jähriges Mädchen

Jugendfreizeiten

Die Ergebnisse für Jugendfreizeiten resultieren aus der Datensammlung von 339 Jugend-freizeiten bis 2010 inklusive der Grundlagenstudie 2005. Demzufolge dauert eine typische Jugendfreizeit 14 Tage und die Gruppe ist mit dem Reisebus unterwegs. Eine von drei Frei-zeiten findet in Deutschland statt, ansonsten ist das europäische Ausland gefragt, allen voran Frankreich und Spanien. Dabei hat sich gezeigt, dass über die Hälfte der Jugendlichen im Rahmen der Gruppenfahrt zum ersten Mal im jeweiligen Land war. Jugendfreizeiten leisten somit einen nicht zu unterschätzenden Beitrag zur Mobilität und zum Kennenlernen neuer Länder und Kulturen. Auf einer Jugendfreizeit fahren durchschnittlich 28 Jugendliche mit, der Tagessatz liegt bei rund 36 Euro, wobei Fahrten ins Ausland teurer sind als solche innerhalb Deutschlands.

Von den Mitarbeitenden haben 60 Prozent eine Juleica-Ausbildung, diese Form der Qualifizie-rung ist weithin anerkannt und hat sich in der Jugendgruppenarbeit breit durchgesetzt. Vier von fünf Mitarbeitenden haben früher selbst an Freizeiten oder Jugendreisen teilgenommen. Auf einen Mitarbeitenden kommen im Schnitt sieben Jugendliche.

Eine beachtliche Erkenntnis aus den Analysen der empirischen Daten ist der Stellenwert des Betreuungsschlüssels als elementarer Qualitätsindikator: Je weniger Jugendliche auf einen Mitarbeitenden kommen, desto positiver sind die Rückmeldungen der Jugendlichen zu ihren Freizeiterlebnissen in sämtlichen Bereichen! So bedeutsam die Peergroup für junge Menschen ist, so wichtig sind dennoch „andere" Erwachsene. Genauso wie bei Kinderfreizeiten stellen auch hier die – zumeist ein paar Jahre älteren – Mitarbeitenden wichtige Bezugspersonen dar. Angesichts dieser Erkenntnis liegt eine wichtige Zukunftsaufgabe darin, genügend Mitar-beitende zu gewinnen und zu qualifizieren – was sich mit Blick auf die Kosten kaum anders als mit Ehrenamtlichen erreichen lässt. Eine ausreichende Zahl von Mitarbeitenden, die sich für die ihnen anvertrauten Kinder und Jugendlichen Zeit nehmen, kann als eine der zentralen Qualitätskriterien von Freizeiten angesehen werden.

Die Begegnung und Gruppenzusammensetzung von Jugendlichen verschiedener Schularten (anders als zum Beispiel in der [Ganztags-]Schule) zählt zu den Stärken von Jugendarbeit und kann bei Freizeiten aufgrund der intensiven Gemeinschaft über mehrere Tage noch mehr zum Tragen kommen. Trotzdem gilt hier wie bei Kinderfreizeiten, dass Gymnasiasten überre-präsentiert sind und bei 60 Prozent der Freizeiten überhaupt kein Hauptschüler dabei war. Dies ist neben der sozialen Dimension auch deshalb bedauerlich, da viele Ergebnisse belegen, dass sozial- und bildungsbenachteiligte Teilnehmende ungleich stärker für ihre individuelle persönliche Entwicklung von einer Freizeit profitieren.

Die Ergebnisse für den Bereich internationaler Jugendbegegnungen sind hier nicht eigens aufgeführt, sie weisen aber in eine ähnliche Richtung wie bei den Jugendfreizeiten – mit einer besonderen Stärke im Bereich der politischen Bildung und des interkulturellen Lernens.

Warum wir Freizeiten brauchen – Perspektiven

Ein Plädoyer für Kinder- und Jugendgruppenfahrten am Ende eines Beitrags in einem Fach-buch wie diesem erscheint wenig überraschend. Der Aufruf an die Praktiker, sich den Wert die-ses Arbeitsfeldes vor Augen zu führen, soll hier aber vor allem mit dem „Wie" verknüpft werden.

Freizeiten auswerten –
Perspektiven gewinnen

2. Auflage

Grundlagen, Ergebnisse und Anleitung zur Evaluation von
Jugendreisen im Evangelischen Jugendwerk in Württemberg

mit Serviceteil:
Fragebögen und
Auswertungshilfen

Wolfgang Ilg

IFKA
Bielefelder Jugendreiseschriften
Hrsg.: Freericks/Korbus/Porwol

Freizeiten und Gruppenfahrten werden in erster Linie für Kinder und Jugendliche gemacht. Dort erleben sie gemeinsam mit anderen Abenteuer, haben Spaß und können sich erholen. Dabei machen sie neue Erfahrungen und lernen mitunter vieles über sich und andere durch Herausforderungen, die der „Freizeitalltag" bereithält, selbst wenn Lernen nicht immer ein intendiertes Ziel des Veranstalters und schon gar nicht der Teilnehmenden ist. Was häufig unter Begriffen wie informeller Bildung oder Alltagsbildung thematisiert wird, kann hier sich optimal entfalten.

In Erinnerung an mehrere Kinderfreizeiten sagte eine ehemalige Teilnehmerin in einem Interview: „Nach der Kinderfreizeit weiß man viel mehr als davor, ohne dass man eigentlich vorgehabt hat, viel mehr zu lernen (...) eigentlich ist es so, dass man in die Schule geht, um was zu lernen, in die Kinderfreizeit gehe ich, um Spaß zu haben, und trotzdem lernt man da was, auch wenn man nur Spaß haben will, automatisch." (Peters et al., 2011, S. 22).

Solche Lernprozesse lassen sich (zum Glück) nicht immer steuern, das Ermöglichen liegt aber doch zu einem großen Teil in den Händen der Mitarbeitenden, was die Analysen der Freizeitenevaluation eindrücklich belegen konnten (vgl. Ilg/Diehl 2011). Denkt man an die Mitarbeitenden, so wird klar, dass Freizeiten gleichzeitig auch ein bedeutender Lern- und Entwicklungsraum für (junge) Ehrenamtliche sind. Veranstalter sind auf die engagierte Mitarbeit junger Menschen angewiesen. Sie können aber im Gegenzug ein attraktives Arbeits- und Entwicklungsfeld bieten, in dem junge Menschen intensive Erfahrungen machen, zahlreiche Kompetenzen ausbilden und praktisch erproben können. Bedarfs- und interessenorientierte Qualifizierungsangebote spielen dabei für beide Seiten eine wichtige Rolle.

Das Verfahren der Freizeitenevaluation hilft, auf diesen verschiedenen Ebenen Fragen zu kon-
kretisieren, zu beantworten oder auch neue aufzuwerfen. Es unterstützt durch die systematische Einbeziehung der Teilnehmerperspektive, Kinder- und Jugendgruppenfahrten stärker
vom Kind oder Jugendlichen her zu konzipieren. „Mögen die Verantwortlichen von Kinder- und
Jugendfreizeiten der Versuchung widerstehen, ihre Freizeit als Verlängerung der Schule in die
Ferien hinein zu verbiegen (frei nach dem Motto: ‚Ein Lerncamp in den Sommerferien und das
Zeugnis im nächsten Jahr stimmt'). Vielmehr gilt es, die Bildungseffekte von Freizeiten anzuerkennen und zu bewahren, die mitten im ‚Spaß-haben' auftauchen" (Peters et al., 2011, S. 22).

Wenig vorab festgelegte Programmpunkte, viel Zeit für das Zwischenmenschliche und Bildung, nicht verstanden als Extra in Konkurrenz zu Spaß und Erholung: Daraus entsteht ein
Rahmen für „gute" Freizeiten. Kinder und Jugendliche lernen in den vielfältigen Situationen,
die sich aus dem „normalen" Freizeitgeschehen ergeben, für das Leben. Darauf sollten die
Verantwortlichen in ihrer Arbeit vertrauen und bauen, dieses Potenzial aber auch gleichzeitig
mit Evaluationen immer wieder für sich und andere sichtbar machen und weiterentwickeln.

*Hinweis: Teile des Textes wurden mit freundlicher Genehmigung des Autors aus einem Aufsatz von Wolfgang Ilg über-
nommen, der 2012 im Reader „Internationale Jugendarbeit wirkt" erscheint.*

 www.freizeitenevaluation.de/

Materialien zur Freizeitenevaluation und Literatur

BEJ (Hg.) (2005, 3. Aufl.): Qualität bei Kinder- und Jugendfreizeiten - Eine Aufsatzsammlung. Hannover: Bundesarbeitsgemeinschaft Evangelischer Jugendferiendienste e.V.

Dubiski, Judith / Ilg, Wolfgang (Hrsg.) (2008): Evaluation internationaler Jugendbegegnungen. Ein Verfahren zur Auswertung von Begegnungen.
        Berlin/Paris/Warschau: Deutsch-Französisches Jugendwerk und Deutsch-Polnisches Jugendwerk

Ilg, Wolfgang (2005, 2. Aufl.): Freizeiten auswerten – Perspektiven gewinnen. Grundlagen, Ergebnisse und Anleitung zur Evaluation von Jugendreisen
        im Evangelischen Jugendwerk in Württemberg. Bremen: IFKA.

Ilg, Wolfgang (2008): Evaluation von Freizeiten und Jugendreisen. Einführung und Ergebnisse zum bundesweiten Standard-Verfahren. Hannover: aej.

Ilg, Wolfgang / Diehl, Michael (2011): Jugendgruppenreisen im Spiegel mehrebenenanalytischer Untersuchungen. Erfahrungen mit vernetzter
        Selbstevaluation in non-formalen Bildungssettings. Zeitschrift für Evaluation 10, 225-248.

Ilg, Wolfgang / Dubiski, Judith (2011): Begegnung schafft Perspektiven. Empirische Einblicke in internationale Jugendbegegnungen.
        Berlin/Paris/Warschau: Deutsch-Französisches Jugendwerk und Deutsch-Polnisches Jugendwerk.

Lindner, Werner (2008): „Heute schon geforscht?" Strategische Perspektiven für ein Ende der Bescheidenheit. In: deutsche jugend 56 (1), S. 9-17

Peters, Heike (2008): Evaluabilität von Kinderfreizeiten. Analyse einer Vorstudie. Diplomarbeit im Fach Erziehungswissenschaft an der Universität Rostock.

Peters, Heike (2011): „Ist der Fragebogen für uns?" Fragebögen als Evaluationsinstrument in der Arbeit mit Kindern. In: deutsche jugend 59 (5), S. 209-217.

Peters, Heike / Otto, Stephanie / Ilg, Wolfgang / Kistner, Günter (2011): Evaluation von Kinderfreizeiten. Wissenschaftliche Grundlagen,
        Ergebnisse und Anleitung zur eigenen Durchführung. Hannover: aej.

Vom Umgang mit Krisen
Prävention, Bewältigung und Nachbereitung
Kristina Oehler und Christoph Edlinger

Es ist ein beeindruckendes Wachstum, das unsere 30-jährige Entwicklung mit sich brachte: Inzwischen verreisen jährlich rund 85.000 junge Menschen mit **ruf**. Diese Buchungszahlen bedeuten aber auch, dass statistisch gesehen mehr negative Ereignisse auftreten können: Umso mehr Menschen verreisen, desto mehr kann passieren. Dabei ist uns bewusst, dass sich jeder Vorfall zu einer Krise ausweiten kann. Ebenso ist die Gefährdung durch Naturkatastrophen und deren Auswirkungen auf den Menschen gewachsen. Aus diesen Gründen gilt der Leitsatz: Es stellt sich nicht die Frage, ob eine Krise kommen wird, sondern wann die nächste Krise da ist. Als Krise verstehen wir alle unerwarteten, schwerwiegenden Ereignisse, die einen großen Handlungsdruck verursachen. Eine Krise kann

- nur in geringem Maß beeinflussbar sein,
- für Leib und Leben des Reisenden bedrohlich sein,
- das Interesse der Öffentlichkeit / der Medien wecken,
- sich negativ auf das Ansehen von ruf auswirken.

Eine Krise verändert die normalen Abläufe des Unternehmens. Sie kann das Image schädigen oder im Extremfall die Existenz des Unternehmens gefährden. Allerdings ist dabei zu unterscheiden, welche Ursache eine Krise hat.

Kristina Oehler
Kristina Oehler ist gelernte Reiseverkehrskauffrau und Diplom-Betriebswirtin (FH) und stammt aus Norddeutschland. Sie leitet seit 2009 das Produktmanagement bei **ruf** und ist mit ihrem Team für die Planung, Durchführung und Weiterentwicklung aller **ruf** Produkte verantwortlich.
Neben der fachlichen Qualifikation kann sie auch ihre langjährigen Erfahrungen als Reiseleiterin bei **ruf** in die tägliche Arbeit einbringen.

Christoph Edlinger
Christoph Edlinger startete mit Beginn seines Pädagogikstudiums an der Universität Bielefeld seine Tätigkeit als Teamer bei **ruf** reisen. Über Jahre hinweg begleitete die Arbeit als Reiseleiter, Koordinator und Ausbilder bei verschiedenen Reiseveranstaltern sein Studium. 2003 begann Christoph seine Arbeit im **ruf** Büro in Bielefeld, ist seit 2008 Bereichsleiter der Personalabteilung für den Verein und die Trend Touristik GmbH und Hauptverantwortlicher für die **ruf akademie**.

VIRUS

Ob sie zum Beispiel
- durch äußere Vorkommnisse wie Naturkatastrophen, Streiks und Unruhen verursacht wurde,
- ob Lebensmittelvergiftungen oder hochgradig ansteckende Krankheiten vorliegen,
- ob ein Unfall mit Reisebussen, Flugzeugen oder Fähren passiert ist,
- ob ein terroristischer Anschlag verübt wurde,
- ob „leichtsinniges Verhalten" vorliegt oder
- ob gegebenenfalls ein Fehler eines Mitarbeiters bei **ruf reisen** zu einer Krise führt.

Insgesamt sind selbst Unglücksfälle von anderen Jugendreiseveranstaltern sowie weitere besorgniserregende Ereignisse mit Kindern und Jugendlichen für uns von Bedeutung, da diese in der Regel schnell verallgemeinert werden und sich so auch auf unser Unternehmen auswirken können. So ein Fall lag beispielsweise 2009 vor, als sich bei einer Spanien-Jugendreise des Kölner Vereins „Spectral Kinder- und Jugendreisen" sechs junge Hildener mit der Influenza A/H1N1 angesteckt hatten – der sogenannten Schweinegrippe. Diese Jugendlichen verbrachten ihren Urlaub in Lloret de Mar, wo auch wir Reisen anbieten. So schlug in der **ruf** Zentrale die Anfragewelle seitens der Presse und der Eltern hoch. Schließlich stehen wir als Marktführer unter der besonderen Beobachtung der Öffentlichkeit.

Krise als Auslöser für Innovation

Wir selbst mussten eine besonders tragische, bedeutsame Krise im Jahr 2000 meistern: Auf dem Weg zu unserer Destination in Ungarn starben acht Jugendliche bei einem Busunglück, 23 wurden zum Teil schwer verletzt. Dieses Unglück geschah, weil ein Lkw in einer Baustelle von seiner Spur abkam, der Anhänger dabei ausbrach und direkt in das Oberdeck des Reisebusses fiel. Das Unglück war nicht zu verhindern.

Im Rahmen dieser großen Krise wurde uns ein gutes Krisenmanagement bescheinigt – und zugleich führte dieses Ereignis zu einer Innovation: zur Einführung eines strukturierten Krisenmanagements bei **ruf**. Die damalige Krise wurde also nicht nur als Gefahrensituation oder als Bedrohung für das Unternehmen verstanden, sondern zugleich als Chance gesehen, zu lernen und etwas Neues zu entwickeln. Somit wurde das Krisenmanagement zugleich zum Möglichkeitsmanagement – und so nutzten wir in dieser schwierigen Situation die Chance zur qualitativen Verbesserung. Heute erfolgt unser Krisenmanagement in drei Stufen:
- die Krisenprävention,
- die Krisenbewältigung und
- die Krisennachbereitung.

Die Krisenprävention

In einer Unternehmungskultur, in der es erlaubt ist, offen Risiken zu benennen und über mögliche Krisen zu sprechen, lassen sich diese wirksam abschätzen und aktiv bewältigen. So schauen wir bereits im Vorfeld, welche möglichen Krisenherde es geben könnte, und versuchen, diese auszuschalten: Von der Verkehrssicherungspflicht über mögliche Betreuungslücken werden alle nur denkbaren Fälle und Szenarien beleuchtet. Ebenso haben wir klare Abläufe und Verantwortlichkeiten definiert und in einem Krisenhandbuch festgehalten. Denn nur, wenn jeder Einzelne seine Rolle innerhalb einer Krise und die entsprechenden Abläufe genau kennt, können wir schnell und gezielt reagieren. Das Krisenhandbuch wird jedes Jahr überarbeitet. In die Aktualisierung fließen dabei nicht nur mögliche personelle

Veränderungen oder veränderte Kontaktdaten ein. Auch Handlungsschritte, die sich verbessern lassen, werden im Handbuch überarbeitet.

Neben den Präventionsmaßnahmen, die der **ruf** Innendienst initiiert, wird vor jedem Saisonstart auch der Außendienst in den Destinationen tätig und betreibt eine aktive Krisenprävention. Die Chefreiseleiterin oder der Chefreiseleiter ermittelt vor Ort direkt die entsprechende Infrastruktur – zum Beispiel, wo sich das nächste Krankenhaus oder die Polizeistation befindet. Auch eine Rufnummernliste wird erstellt, damit der Außendienst im Falle einer Krise sofort weiß, wer bei welchen Ereignissen informiert werden muss.

Tritt ein Krisenfall ein, von dem wir nicht direkt betroffen sind – wie der Bombenanschlag in Oslo im Sommer 2011 –, werden im Zusammenspiel von Innen- und Außendienst sofort die entsprechenden Entscheidungen gefällt. In diesem Fall wurden bei den Schweden-Reisen die Oslo-Ausflüge für 2011 aus dem Programmangebot gestrichen, da nicht abzusehen war, ob noch weitere Anschläge folgen werden: eine Präventionsmaßnahme. Auch in leichteren Fällen organisiert sich das Team vor Ort so, dass möglichen Gefahren aus dem Weg gegangen wird. Das kann bedeuten, dass Straßenzüge, die Gefährdungspotenzial bergen, nicht mehr mit Teilnehmerinnen und Teilnehmern betreten werden.
Dieses Risikomanagement bedeutet ein aktives Krisenmanagement. Denn die vielfältigen Präventionsmaßnahmen tragen dazu bei, das Auftreten einer Krise zu verhindern – oder, wenn dies nicht möglich ist, Ruhe zu bewahren und die richtigen Schritte einzuleiten.

Die Krisenbewältigung
Ist ein Vorfall eingetreten, unterstützt ein Ampelsystem die Mitarbeiterinnen und Mitarbeiter im Innen- und Außendienst dabei, das Ereignis richtig einzuschätzen und zu bewerten.

Die grüne Farbe bedeutet: Leichte Verletzungen. Auch ein Unfall mit leichte Verletzungen wie der Sturz eines Gastes bei einer Mountainbiketour zählt dazu.
Die gelbe Farbe bedeutet: ein logistisches Problem liegt vor, zum Beispiel wurde ein Flug verpasst. Auch Naturkatastrophen im Zielgebiet, von denen **ruf** Gäste nicht direkt betroffen sind, gehören dazu, zum Beispiel ein naher Waldbrand, bei dem für die Teilnehmer / -innen keine Gefahr besteht.
Die orange Farbe bedeutet: eine schwere Verletzung oder ein Unfall liegt vor, die bzw. der einen längeren Krankenhausaufenthalt erfordert. Auch der Ausbruch einer ansteckenden Krankheit oder Gewalttaten, von denen **ruf** nicht direkt betroffen ist, zählen dazu.
Die rote Farbe bedeutet: es besteht Lebensgefahr – durch eine Krankheit, durch Ansteckungsgefahr oder durch einen schweren Unfall. Auch Naturkatastrophen, Terror oder Gewalttaten, von denen **ruf** direkt betroffen ist, gehören dazu.

Das Ampelsystem sieht zu den diversen Ereignisfällen entsprechende Maßnahmen vor.

Klare Führung durch das Krisenmanagement-Team
Zudem wurde ein Krisenmanagement-Team berufen, das bei signifikanten Ereignissen oder einer Krise sofort alle weiteren Schritte einleitet. Denn auch die Kommunikation ist im Medienzeitalter sehr schnell und offen geworden: Binnen Sekunden kann auf Facebook oder Youtube ein Vorfall verbreitet werden. Deshalb wurde die Mitarbeiteranzahl des engsten Krisenmanagement-Teams gering gehalten, um schnellstmöglich reagieren zu können. Ne-

ben zwei Koordinatoren gehört diesem Kreis nur noch die Geschäftsleitung an.

Bei Sitzungen des Krisenmanagement-Teams wird Protokoll geführt, um auch später noch Einzelheiten nachvollziehen zu können. Zudem wird das Team je nach Szenario erweitert – zum Beispiel um die Presse- und Öffentlichkeitsarbeit, die sämtliche Anfragen von Medien bedient. Die Kundenbetreuung kann ebenfalls einbezogen werden, um Telefonanrufe zur Krise anzunehmen und weiterzuleiten. Darüber hinaus können weitere **ruf** Abteilungen oder auch externe Berater in das Krisenmanagement-Team berufen werden. Selbst die Räume sind festgelegt, in denen das Krisenteam schnell zusammenkommen kann; sie lassen sich zu einem Krisenzentrum ausgestalten.

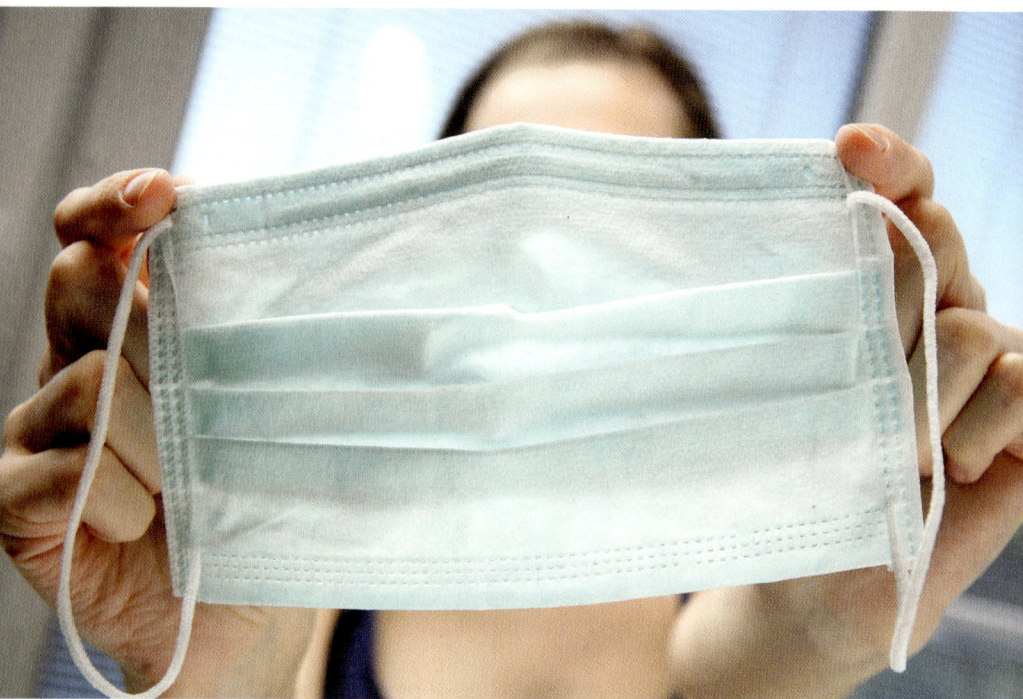

Gesicherte Informationen bilden die Handlungsbasis

Die vorliegenden Informationen bilden die Handlungsbasis für das Krisenmanagement-Team. Um unnötige Unruhe oder Gerüchte im Haus zu vermeiden, werden bei einem signifikanten Ereignis oder einer Krise in der Bielefelder Zentrale zunächst nur wenige, ausschließlich gesicherte Fakten kommuniziert – diese erreichen aber alle Mitarbeiterinnen und Mitarbeiter. Ist auch eine Außendarstellung wesentlich, übernimmt diese das Presseteam, das direkt informiert wird und sich ständig mit den Koordinatoren des Krisenmanagement-Teams über aktuelle Entwicklungen und Informationen austauscht.

Der Mensch steht im Mittelpunkt

Selbstverständlich haben wir uns als Unternehmen so aufgestellt, dass eine Versicherung in vielen Fällen finanzielle Aspekte abdeckt. Aber im Falle eines signifikanten Ereignisses oder einer Krise stehen die Gesundheit der Beteiligten und Hilfeleistungen an erster Stelle.

Es geht zuerst um den Menschen, und das zeichnet **ruf** aus. Wir setzen alles daran, um den Beteiligten jede nur denkbare Unterstützung zukommen zu lassen. Diese erste Hilfe ganz unbürokratisch zu leisten, ist in unserem mittelständischen Unternehmen möglich. Die Philosophie dahinter ist sicher in unserem besonderen Produkt begründet: Die Eltern übergeben uns im Rahmen einer Kinder- oder Jugendreise ihr Kind, und wir übernehmen die Verantwortung. Diese Verantwortung übernehmen wir ohne „Wenn und Aber" und tragen sie gern. Sollte eine schwerwiegende Krise eintreten, machen wir vor diesem Hintergrund für die Angehörigen vieles möglich: Im Rahmen unseres Krisenmanagements sorgen wir dafür, dass die betroffenen Eltern jederzeit bestmöglich informiert werden und auf Wunsch auch zum Unglücksort reisen können, um bei ihrem Kind zu sein.

Aber wir fragen auch nach, wie es den anderen Gästen vor Ort geht, zum Beispiel den mitgereisten Freundinnen und Freunden. Darüber hinaus schauen wir genau, welche Unterstützung der Außendienst vor Ort benötigt. Im Fall einer Krise reisen weitere Mitarbeiter/-innen aus der Bielefelder Zentrale an, um direkt in der Destination zu helfen. Fünf Mitarbeiter/-innen sind sogar als psychosoziale Ersthelfer ausgebildet und können dazu beitragen, das Erlebte bestmöglich zu verarbeiten. Diese Unterstützung sorgt für Entlastung und zugleich für große Erleichterung, denn auch die Kräfte des Außendienstes sind begrenzt.

Menschlich agieren und zugleich konsequent und kompetent den Vorfall abwickeln: Das ist die Anforderung, die in solchen Fällen zu erfüllen ist. So leisten wir sachliche Hilfe mit großer Empathie, um jedes Ereignis bestmöglich zu bewältigen.

Nachbereitung der Krise
Wurde eine Krise beendet, gilt es, diese im Nachfeld noch einmal gezielt aufzubereiten, um für die Zukunft zu lernen. Auch die Nachbereitung ist dabei in drei Schritte unterteilt:
1. die Analyse der Krisenbewältigung ,
2. die Entwicklung von Verbesserungsmöglichkeiten,
3. die Anpassung des Krisenhandbuches.

Die Analyse der Krisenbewältigung
Auf Basis der ausführlichen Krisendokumentation lassen sich die verschiedenen Handlungsschritte im Nachfeld genau analysieren. Dabei steht im Vordergrund, Prozesse zu optimieren und aus möglichen Fehlern zu lernen. Aber neben der großen Menschlichkeit, die rund um eine Krise gelebt wird, muss im Rahmen einer kalkulatorischen Nachbereitung nun auch die Kostensicht betrachtet werden. Haben wir den Eltern Flugtickets zur Verfügung gestellt, ist nachzuhalten, ob eine Versicherung uns diese Kosten abnimmt. Sollte ein Subunternehmer den Vorfall verursacht haben, wird der Regressfall überprüft. Diese Kostensicht führt dazu, dass wir in der Budgetplanung auch in Zukunft finanzielle Mittel für eine mögliche Krise bereitstellen. Auch weitere Verwaltungsarbeiten fallen an: So wird hinterfragt, ob der weitere Medienversand an den oder die betroffenen Teilnehmer/-innen sowie deren Familien nach dem entsprechenden Krisenfall noch sinnvoll ist. Diese und weitere Fragen werden abschließend geklärt und dokumentiert.

Die Entwicklung von Verbesserungsmöglichkeiten
Wir schauen nach jedem Vorfall, wo wir zukünftig Strukturen oder Prozesse optimieren können. Sollte ein ähnlicher Fall noch einmal auftreten, ist die Krisendokumentation eine wichtige Informationsquelle: Dort lässt sich nachlesen, welche Maßnahmen zur gelungenen

Krisenbewältigung beigetragen haben oder welche Abläufe verbessert wurden. Selbst wenn bei Mitbewerbern ein Vorfall auftritt, werden wir aktiv. In dem Fall prüfen wir, ob wir alle Voraussetzungen dafür getroffen haben, dass so etwas bei uns nicht eintreten kann.

Anpassung des Krisenhandbuches

Handlungsschritte, die sich optimieren lassen, werden direkt in das Krisenhandbuch aufgenommen, damit diese Informationen in der nächsten Saison zur Verfügung stehen. Ein aktuelles Handlungsfeld liegt zum Beispiel darin, die interne Kommunikation nochmals zu verbessern, wenn ein Fall abgeschlossen ist: Natürlich möchten auch die Mitarbeiter /-innen der Bielefelder Zentrale, die nicht dem engsten Krisenmanagement-Team angehören, erfahren, welchen Ausgang ein Ereignis genommen hat.

Fazit und Ausblick

In der 30-jährigen Unternehmensgeschichte hatte ruf glücklicherweise nur sehr wenige echte Krisen zu bewältigen. Das lag sicher daran, dass wir Krisen als Teil eines Innovationsprozesses verstanden haben und uns somit bestmöglich auf mögliche Krisenfälle vorbereitet haben: Aus kleineren Vorfällen haben wir stets abgeleitet, was in einem extremeren Fall hätte passieren können. So ist das Bewusstsein dafür sehr ausgeprägt, dass jeden Tag ein Ereignis eintreten kann. Dementsprechend setzen wir alles daran, um bestmöglich präventiv alle Möglichkeiten zu bedenken und potenzielle Gefahrenquellen auszuschalten. Diese Prävention umfasst sogar die Planung neuer Reiseziele. Birgt ein Land großes Gefahrenpotenzial oder hat es dort bereits Vorfälle gegeben, werden wir dieses Land nicht ohne Weiteres als ruf Destination vorsehen.

Im Laufe der Unternehmensgeschichte hat sich aber auch der Umgang mit einer möglichen Krise verändert: In den Anfängen wurden auftretende Ereignisse sehr emotional betrachtet. Bedingt durch die damalige Unternehmensgröße, waren alle Mitarbeiter/-innen sehr dicht am Geschehen und dementsprechend bei jedem Vorfall sehr betroffen. Das Wachstum machte es jedoch notwendig, einer möglichen Krise menschlich und zugleich sachlich zu begegnen. Heute ist es entscheidend, objektiv zu informieren, konsequent zu agieren und letztendlich gezielt den Fall abzuwickeln. Dafür wird das Know-how des Krisenmanagement-Teams umfassend gesichert: Alle Funktionen werden doppelt besetzt, um im Krisenfall jederzeit die Qualität und Sicherheit der Leistungen des Krisenmanagement-Teams zu gewährleisten.

Nicht nur der starke Anstieg der Teilnehmerzahlen sorgt statistisch gesehen für ein höheres Risiko, auch die Wünsche und Ansprüche der Jugendlichen an ihre Reise sind gestiegen. Sie wollen heute Rafting oder andere Outdoorerlebnisse genießen, auch wenn diese ein Gefährdungspotenzial enthalten. Ebenso werden Naturkatastrophen weiter zunehmen und könnten, statistisch betrachtet, auch **ruf** stärker in Mitleidenschaft ziehen. Zudem müssen wir uns auf weitere, neue Krisenszenarien einstellen, da wir unser Angebotsspektrum immer mehr auf Fernreisen ausweiten. Wenn in Europa ein Vorfall eintritt, können unsere Mitarbeiter/-innen oder die Eltern in wenigen Stunden vor Ort sein. Bei einer Fernreise ist dies weitaus aufwendiger, sodass wir noch intensiver schauen müssen, welche Hilfemöglichkeiten sich vor Ort organisieren lassen. So wird das Thema „Krise" bei uns auch weiterhin vielfältige Innovationen hervorrufen: Wir begreifen dies als Chance und Herausforderung, um auch in Zukunft für mögliche Krisenfälle bestens gerüstet zu sein.

Qualitätsfaktoren im Jugendtourismus
Dr. Bernhard Porwol

Die Geschichte von **ruf reisen** ist von Anfang an geprägt durch die Orientierung an den Bedürfnissen der Reiseteilnehmer. Ohne diese Qualitätsdimension ist der Erfolg von **ruf** nicht vorstellbar. Moderne Unternehmen haben erkannt, dass „customer value" wichtiger ist als „shareholder value", um das langfristige Überleben eines Unternehmens zu sichern.

Die Kundenorientierung stellt eine Radikalisierung des bedürfnisorientierten Ansatzes des Sozialpädagogen dar und trägt der Emanzipation der informierten Bürger Rechnung. Die Kundenorientierung steht im Gegensatz zu der Entmündigung durch Experten, die meinen, der Mensch könne nicht selbst ausreichend beurteilen, was richtig für ihn sei.

Es geht ums Geld

Zur Gründungsgeschichte von **ruf** gehört, dass die öffentlichen Zuschüsse, die für die Jugendarbeit von den Kommunen bereitgestellt wurden, unter den bereits etablierten Verbänden aufgeteilt waren. Die Claims waren quasi abgesteckt, und die Vertreter der Jugendverbände hatten sich in ihren Nischen eingerichtet. Zum Repertoire eines jeden Jugendfunktionärs gehörte das Wehklagen über die geringen Mittel und die Behauptung, dass ein Mehr an Mitteln zu einer besseren Jugendarbeit führen würde.

Insbesondere die Jugendreisen waren aber stark von Kürzungen öffentlicher Zuschüsse betroffen. Sie stellten zum einen ein niedrigschwelliges Angebot als Einstieg in die Mitgliedschaft eines Jugendverbandes dar. Und zum anderen waren sie oft eine Art Gratifikation für Jugendleiter/-innen – ein günstiger Urlaub, wenn diese übers Jahr im Verband fleißig mitgearbeitet hatten.

Insofern war es bitter, wenn Jugendreisen nicht mehr so günstig angeboten werden konnten. Gerade der Preis war zum zentralen Qualitätskriterium erhoben, damit sich die „armen" jungen Leute auch mal eine Reise gönnen konnten. Die billige Reise war das herausragende Kriterium einer jugendgemäßen Reise. Zur Erlangung der Zuschüsse war eine gewisse Antragsprosa notwendig, und die Güte der Anträge wurde somit eine wichtige Eigenschaft der Qualität der Jugendreisen. Eine Überprüfung der Anträge mit der Realität fand überwiegend nicht statt.

Dr. Bernhard Porwol
Dr. phil., Diplom-Pädagoge und Reiseverkehrskaufmann, Gründer und bis 2009 geschäftsführender Gesellschafter von RUF-Jugendreisen, Trend Touristik GmbH. Erste Erfahrungen mit Jugendreisen in der katholischen Kirche, im Sportverein und in der Lebenshilfe e. V. mit jungen behinderten Menschen. Studium der Soziologie und Pädagogik in Bonn und Bielefeld, Lehraufträge an der Universität Bielefeld und der Hochschule Bremen, Mitherausgeber der Bielefelder Jugendreiseschriften und nun Berater und Coach.

Qualität im Jugendtourismus

DIE ZENTRALE
BEDEUTUNG DER
KUNDENZUFRIEDENHEIT

Eine empirische Untersuchung

IFKA

Bielefelder Jugendreiseschriften Band 3
Hrsg.: Korbus/Nahrstedt/Porwol

Bernhard Porwol

Da die diversen Zuschusskriterien für Jugendreisen mit legalen Mitteln nicht zu erfüllen waren, hat **ruf** den Markt der Zuschüsse verlassen und sich dem Markt der Kunden zuge-wandt. Dies ist bereits vor 15 Jahren im 1. Band der Schriftenreihe „Vom Staat zum Markt" in verschiedener Hinsicht thematisiert worden. Der Erfolg von **ruf** ist enorm – und nun dauert die Erfolgsgeschichte schon 30 Jahre an. Diese Entwicklung war auch stets mit einer gehö-rigen Portion Neid verbunden, aber es ist wohl ein Phänomen, dass Neid in Deutschland die höchste Form der Anerkennung darstellt.

Wer hat die Macht

Deshalb ist die Qualitätsdiskussion besonders interessant, da mit ihr stets die Frage verbun-den ist, wer die Macht hat, zu definieren, was gut und was schlecht ist. „Kommerziell" war beispielsweise so ein jugendpolitisches Schimpfwort, das synonym für „schlecht" verwendet wurde. In den 1980er-Jahren gab es zahlreiche Unternehmensgründungen, die Jugend-reisen veranstalteten. Einige wählten die Konstruktion eines e. V., andere gründeten eine GmbH. Einige ließen sich beim Finanzamt als gemeinnützig anerkennen, andere arbeiteten gewerblich, also kommerziell.

Mit „kommerziell" versuchten die Funktionäre der Jugendverbände, jugendtouristische Jungunternehmer rhetorisch aus dem Felde schlagen. Es zeigte sich aber, dass selbst im Bereich der Preisführerschaft einige gewerbliche Jugendreiseanbieter in der Lage waren, kostengünstigere Reisen anzubieten als viele jugendverbandliche Hobbytouristiker, die Jugendreisen nur nebenher organisierten und sich mehr an den eigenen Interessen oder denen der Reisebetreuer orientierten. Der „kommerziell"-Vorwurf traf auch deshalb so hart, weil die TvöD- (früher BAT-)besoldeten Kritiker regelmäßig ihr großzügiges Gehalt bezo-gen, während der überwiegende Teil der jugendtouristischen Jungunternehmer sich ständig sorgte, wie sie die Gehälter für die Mitarbeiter bezahlen sollten und wie der eigene Lebensunterhalt zu bestreiten war.

Der Begriff „kommerziell" unterstellt eine Gewinnabsicht, die eine spezielle steuerliche Einordnung nach der Abgabenordnung nach sich zieht. Als Gegenteil wird meist die „Gemeinnützigkeit" gestellt, mit der verschiedene Steuerbefreiungen verbunden sind. Dass dies allein kein Kriterium für die Güte einer Jugendreise ist, wurde schon 1967 in Giesecke/Keil/Perle „Pädagogik des Jugendreisens" thematisiert (als Faksimile 2002 in der Schriftenreihe erschienen, Band 5). Diese Tatsache passte natürlich nicht in das Weltbild der Jugendverbände, und die so genannte Gemeinnützigkeit blieb das vorrangige Kriterium für die Zuschüsse und damit für die Qualitätsbewertung durch die Jugendpolitik. Die Jugendverbände behielten so aufgrund ihrer steuerlichen Einordnung in der jugendpolitischen Diskussion die Deutungshoheit über die Güte von Jugendreisen.

Jugendreisen mit einem anderen Hintergrund konnten somit nicht gute Jugendreisen sein, weil nicht sein kann, was nicht sein darf. Sehr fundiert hatten Giesecke/Keil/Perle herausgearbeitet, dass betreute Jugendreisen „ein eigentümliches, eigenständiges, unaustauschbares spezielles Lern- und Erfahrungsfeld" darstellen und per se jede dieser Jugendreisen wertvolle Jugendarbeit sei.

Jugendarbeit oder Jugendtourismus?
Eine andere, aber ebenso alberne Diskussion wurde mit den Gegensätzen „Jugendarbeit" versus „Jugendtourismus" geführt. Jugendarbeit war gut, Jugendtourismus war schlecht. So wurden die Jugendreisen etikettiert und abgestempelt. Wie absurd diese Polarisierung sein konnte, zeigte sich an den Paketreisen von **ruf**. Paketreisen sind touristische Pauschalreisen, die komplett anderen Reiseveranstaltern zum Verkauf angeboten werden. Diese Reisen führten eine metaphysische Wandlung durch, wenn sie von gemeinnützigen Organisationen bzw. Jugendverbänden angeboten wurden. Auch wenn die Jugendlichen im selben Bus fahren, in demselben Hotel untergebracht sind, die gleiche Verpflegung genießen und identische Jugendbetreuer haben – war diese Reise für die einen Jugendarbeit und für die anderen blieb es Jugendtourismus.
Seit dem Jahr 1979 gibt es in Deutschland das Reisevertragsgesetz, das die Rechte und Pflichten bei Pauschalreisen regelt. Es dauerte viele Jahrzehnte, bis auch die Jugendverbände wahrhaben mussten, dass ihre Jugendreisen Pauschalreisen im Tourismus sind – und die Teilnehmerinnen und Teilnehmer/-innen sowie deren Eltern gesetzliche Rechte haben. Für die Jugendarbeit sollte das Gesetz nicht gelten.

Das gelüftete Erfolgsgeheimnis
Vor zehn Jahren wurde im Band 3 der Schriftenreihe mit „Qualität des Jugendreisens" (Porwol, 2001) der Erfolg von **ruf** auch wissenschaftlich begründet. Fast 20 Jahre systematischer Untersuchung von Kundenbedürfnissen wurden dokumentiert. Das „Geheimnis" des Erfolges von **ruf** wurde gelüftet. Die ständige Erforschung der Bedürfnisse der jugendlichen Reiseteilnehmer/-innen sowie die Erforschung der Eltern-Erwartungen waren die Basis von Reiseprodukten, die bei den Menschen ankommen und von diesen nachgefragt werden. Nur wer weiß, was die Kunden wollen, kann im touristischen Markt bestehen. Schließlich gibt es seit Langem ein Überangebot von Reisen – die Kundinnen und Kunden können auswählen. Darüber hinaus ist jeder Anbieter von betreuten Reisen darauf angewiesen, dass seine Mit-

arbeiterinnen und Mitarbeiter, die betreuenden Jugendreiseleiter, loyal zu dem Produkt stehen. Besonders dann, wenn die Vergütung auf Taschengeldniveau liegt, müssen die Anreize für die Tätigkeit jenseits des Geldes liegen. Bei **ruf** war es eine ständige Herausforderung, zu erfahren, welche Motivation das Engagement der freiberuflichen Kolleginnen und Kollegen antreibt. Eine niedrige Reklamationsquote ist ein weiteres Kennzeichen der Kundenzufriedenheit bei **ruf**. Wenn ein Veranstalter seine Reisen über Reisebüros anbieten will, dann muss die Qualität stimmen, andernfalls wird er ausgelistet.

Es geht um Qualität

Es war in der Jugendreiseszene ein bedeutsames Ereignis, dass im Jahre 2001 auch im Rahmen der evangelischen Jugendarbeit eine Evaluation der Jugendreisen stattfand. Wolfgang Ilg veröffentlichte in der Schriftenreihe den Band 7 „Freizeiten auswerten – Perspektiven gewinnen" (Ilg 2002). Bis dahin stand vonseiten der Jugendverbände die Behauptung im Raum, dass eine Effizienzmessung nicht möglich sei. Methodisch war das Vorgehen von Wolfgang Ilg an die Fragebogenstudien von **ruf reisen** angelehnt. Es nahmen allerdings nur solche Angebote teil, deren Betreuer Lust dazu hatten. Insofern darf eine gewisse Beschönigung der Teilnehmerzufriedenheit unterstellt werden. Demgegenüber fanden bei **ruf** über die Jahre hinweg stets Totalerhebungen statt. Sowohl bezüglich der verschiedenen Zielgebiete als auch der unterschiedlichen Termine und Betreuer wurden immer alle Teilnehmerinnen und Teilnehmer untersucht. Die Werte der Teilnehmerzufriedenheit sind bei den Ferienfreizeiten des Evangelischen Jugendwerkes Württemberg und bei **ruf reisen** etwa gleich hoch. Noch viel interessanter ist aber das Ergebnis der Faktorenanalyse, worauf die Teilnehmerzufriedenheit zurückzuführen ist. Auch im evangelischen Umfeld ist der Faktor Geselligkeit und Spaß der Prädiktor für eine hohe Teilnehmerzufriedenheit. Vielleicht ist dies auch nicht so sehr verwunderlich. Schließlich wurden ja stets junge Menschen untersucht, und bei **ruf** wird nicht nach der Konfession gefragt.

Trotzdem blieb es nicht aus, dass die Qualität der evangelischen Jugendreisen als eine besondere herausgestellt werden musste, um sich gegenüber **ruf reisen** abzugrenzen. Der Erfolg von **ruf** wurde mit der Einschaltquote bei den privaten Fernsehsendern verglichen. Es wurde der Konsens der Meinungen unterstellt, dass dort eher minderwertige Fernsehformate ausgesendet werden. Daraus wurde abgeleitet, dass der Erfolg von **ruf** bei den Kunden eher als suspekt zu bewerten sei bzw. dass niemand von der Einschaltquote auf die Qualität des Programms schließen dürfe. Leider hinkte dieser Vergleich ganz besonders. Für Jugendreisen gibt es keine Fernsteuerung, mit der zwischen den verschiedenen Angeboten hin und her geschaltet werden kann. Aber was noch wichtiger ist: die Fernsehprogramme sind umsonst – Jugendreisen nicht. Würde der Fernsehzuschauer für jede einzelne Sendung bezahlen müssen, sähen die Quoten sicher anders aus. (Anderseits haben sich die Sendeformate der öffentlich-rechtlichen Anstalten mittlerweile so sehr ihren Konkurrenten angepasst, dass dies eine eigenständige Betrachtung wert wäre. Viele durch Rundfunkgebühren finanzierte Sendungen lassen ja keine höhere Qualität erkennen.)

Wer wird eigentlich erreicht?

Im Bereich der Jugendarbeit gibt es keinen Bereich, in dem direkt und unmittelbar so viel Geld fließt, wie im Bereich der Jugendreisen. Die zahlenden Eltern wollen zu Recht wissen, welche Leistungen sie für ihr Geld erhalten. So werden einige Reisen gebucht und andere nicht. Auch bei **ruf reisen** gibt es Reiseangebote, an denen das Herz der Veranstalter mehr hängt als an anderen. Den Katalogseiten ist typischerweise nicht anzusehen, welche Kapazitäten dahinterstecken. Der Run auf Spanien ist ungebrochen, aber liebenswerte Nischenprodukte werden manchmal auch zum Ladenhüter. Und selbst im **ruf** Programm würde man sicher immer sowohl „RTL" als auch „arte" finden. Schließlich muss es im Sinne der Jugendlichen sichergestellt sein, dass sie von betreuten Jugendreisen überhaupt erreicht werden: Jeder Jugendliche sollte an dem „unaustauschbaren Lern- und Erfahrungsfeld" teilhaben können. Doch nach wie vor verreist nur eine Minderheit mit Veranstaltern von betreuten Jugendreisen, egal welcher Ausrichtung und Rechtsform. Nur geschätzte 10 Prozent werden vom betreuten Jugendreisen erreicht, die meisten erreichen diese Angebote überhaupt nicht. Um in dem „schiefen" Vergleich zu bleiben: Die meisten Jugendlichen gucken gar kein Fernsehen!

Es geht um Transparenz

Ilg unterstellt den evangelischen Jugendreisen eine herausragende Qualität, da dort über die touristischen Leistungen hinaus die „Verkündung" erfolgt. Verkündung ist eine spezielle Bildung mit konfessionellem Hintergrund. Damit bewegt sich Ilg in der Tradition der Jugendarbeit, welche die Jugend stets bilden wollte. Kundenzufriedenheit ist dazu aber kein Gegensatz. Auch Bildungsangebote können Spaß und zufrieden machen. Die Inhalte müssen vor Reiseantritt deutlich sein und sind dann ein Teil der Reiseleistungen. Dies ist bei Sprach- oder Sportreisen genauso. Problematisch ist die Verknüpfung mit einem billigen Reisepreis. Warum können Jugendreisen überhaupt billiger sein als die Reisen von Erwachsenen? Möglicherweise sind die Komfortansprüche der Jugendlichen geringer und die Hotels günstiger. Aber allein die Betreuung stellt einen so großen Kostenfaktor dar, dass Jugendreisen kaum preiswerter sein können als Erwachsenenreisen. Es ist deshalb Skepsis geboten, wenn mit dem billigen Preis geworben wird. Möglicherweise wird wie bei Kaffee- und Butterfahrten doch noch ein Heizdeckenverkauf drangehängt. Den Jugendverbänden kann unterstellt werden, dass mit dem niedrigen Reisepreis zukünftige Mitglieder angeworben werden sollen, die während der Jugendreise von den Inhalten des Verbandes überzeugt werden können. Die Zuschüsse, die mit Steuergeldern finanziert werden, führen im Jugendreisebereich so zu einer Wettbewerbsverzerrung. Würden nicht die Institutionen gefördert, sondern könnte jeder Jugendliche mit einem Wertscheck selbst aussuchen, wie er verreisen will, dann gäbe es mehr Transparenz über die Inhalte der Jugendreisen. Wenn Experten behaupten, die Kunden könnten nicht selbst beurteilen, was eine gute Jugendreise ist, dann muss man dies kritisch sehen.

Qualitätsbewusstsein hat seinen Preis

Bereits im September 2000 hatte **ruf reisen** sein Qualitätsmanagement nach der EU-Norm DIN EN ISO 9001 zertifizieren lassen. Nachdem der Studienreiseveranstalter Studiosus seinen Reiseleiterbereich hatte zertifizieren lassen, war **ruf** der erste deutsche Reiseveranstalter, der als gesamtes Unternehmen diese Dienstleistungsnorm erhielt. Der Aufwand war erheblich. Alle Verfahren und Abläufe mussten dokumentiert werden, und ständig galt es, neue Ziele zu aktualisieren. Zum Einarbeiten neuer Kollegen sind solche Handbücher ideal. Für die Mitarbeiter bedeutet dies aber ein ständiges Protokollieren und eine erhebliche Verlangsamung von Veränderungsprozessen – denn anstehende Veränderungen mussten stets mit allen potenziell Beteiligten diskutiert werden. Der bürokratische Aufwand schwoll an, und mindestens eine volle Stelle eines Qualitätsbeauftragten musste eingerichtet werden. Der Nutzen war fraglich. Die Mehrkosten konnten nicht über den Reisepreis weitergegeben werden. Ein Mehrwert war für die Kunden nicht ohne Weiteres zu erkennen, weil sich beispielsweise die Leistungsfähigkeit von teuren Notfallplänen nur im Notfall zeigt und nicht im Regelfall, der ja die Regel sein soll. Den Eltern war offenbar nicht so wichtig, ob ein Veranstalter nach DIN EN ISO 9001 zertifiziert ist, und sie wollten auch nicht mehr Geld dafür bezahlen. Hinzu kam ab 2001 für die folgenden Jahre von der Elektroniksupermarktkette MediaMarkt der Werbeslogan „Geiz ist geil". Nach den Terroranschlägen vom 11. September 2001 in den USA, den Kurseinbrüchen bei Börsen und dem Rückgang der Wirtschaft wurden die Kunden noch sparsamer und noch preisbewusster. Dies waren die Gründe, warum nach 2003 die Zertifizierung nach DIN EN ISO 9001 nicht erneuert wurde. Sie war damals schlichtweg zu teuer geworden, und die Kunden wollten sie nicht bezahlen.

Im Übrigen sind viele Zertifizierungen und die damit verbundenen Labels, Siegel und Plaketten für den Kunden oft nicht durchschaubar und daher von zweifelhaftem Nutzen. Ganz sicher dienen sie der jeweiligen Zertifizierungsstelle und sind damit eine gute Geschäftsidee. Ob die Zertifizierung die Qualität der einzelnen Reise für den Kunden garantiert oder erhöht, muss im Einzelfall kritisch geprüft werden.

Die Marke macht's

Vom Marketing her ist die „Markenstrategie" Erfolg versprechender. Mit einer Marke ist ein Qualitätsversprechen verbunden. Der Kunde weiß, wenn er ein Produkt einer Marke kauft, was er bekommt. Die Marke garantiert die Qualität. Schon vor vielen Jahren war bei **ruf** das Ziel erklärt worden, die „Marke" unter den Jugendreiseanbietern zu werden. So, wie Studiosus die Marke der Studienreiseveranstalter ist.

Heutzutage ist es ja enorm einfach, ein Reiseunternehmen zu gründen. Ein klingender Name, eine Internetdomain und ein talentierter Webdesigner, dazu etwas Kapital, um sich in den Internetsuchmaschinen zu platzieren: Geschätzte 5.000 Teilnehmer sind im deutsch-sprachigen Raum über günstige Preise schnell zum Kauf einer Jugendreise zu bewegen. Das böse Erwachen für die Kunden kommt dann erst, wenn die Reisen durchgeführt werden. Deutschlandweit einsammelnde Busse, abgelegene Hotels und überforderte Jugendreise-leiter zeigen sich erst in der Realität. Zahlreiche Reklamationen und negative Mundpropa-ganda auf Bewertungsportalen und in den sozialen Netzwerken des Internets sind die Folge. Der Konkurs des Reiseveranstalters markierte in der Vergangenheit stets das Ende eines solchen Unternehmenskonzeptes, aber schadete dem Jugendreisen insgesamt. Würden sich die Eltern und Jugendlichen im Vorfeld mehr informieren, dann wären diese Enttäuschun-gen seltener. Da die meisten Jugendlichen nur eine betreute Jugendreise in ihrem Leben durchführen (wenn überhaupt), dann sollte diese auch ein Erfolg sein.

Gute Betreuung ist das A & O

Für das Gelingen einer Jugendreise sind die Jugendreiseleiter, die Betreuerinnen und Be-treuer der jugendlichen Reiseteilnehmer von zentraler Bedeutung. Sie stellen das „Schar-nier" zwischen dem Marketing des Reiseangebotes und den Kunden dar. Die Jugendreise-leiterinnen und -reiseleiter geben dem Jugendreiseveranstalter das Gesicht. Sie sind oft der einzige persönliche Kontakt, den die Kunden mit dem Unternehmen haben. In Zeiten der Onlinebuchungen gibt es ja noch nicht einmal mehr die freundliche und kompetente Person am anderen Ende der Telefonleitung. Die Jugendreiseleiter/-innen lösen das Markenver-sprechen ein. Für eine erfolgreiche Tätigkeit müssen die Jugendreisebetreuer motiviert und qualifiziert sein. Heutzutage ist die Herausforderung, diese Jugendreiseleiter anzuwerben, größer als in der Vergangenheit. Die verschulten Bachelor-Studiengänge lassen nur we-nige Freiräume, um in der Vorlesungszeit mal eine Jugendreise zu betreuen. Selbst in der vorlesungsfreien Zeit gibt es Klausurwochen oder Pflichtpraktika. Der „kreative Chaot" und liebenswerte Lebenskünstler, der früher einfach zwei Semester länger studierte, stirbt aus. Auch der Auslandsaufenthalt hat an Attraktivität etwas verloren: nicht nur, dass die jun-gen Menschen viel reiseerfahrener sind als früher – auch fast alle Studienordnungen sehen Auslandssemester vor. Andere „Soft Skills" wie Teamfähigkeit, Belastbarkeit, Durchsetzungs-fähigkeit oder Kundenorientierung sind im späteren Berufsleben mehr denn je gefordert.

Das Ausbildungssystem der Jugendreiseveranstalter muss aber für die jugendtouristische Praxis konkrete Unterstützung und Werkzeuge bieten. Die Jugendreise soll auch für den betreuenden Jugendreiseleiter ein Erfolg sein. Dies setzt eine hohe Qualität der Auswahl und Ausbildung voraus. Als Motivation für eine Tätigkeit als Jugendreiseleiter hilft sicher der Bekanntheitsgrad des Veranstalters. Auch hierbei nützt die Marke **ruf**, verstärkt durch das Alter des Unternehmens. Mittlerweile sind zudem zahlreiche ehemalige Jugendreiseleiter in Personalverantwortung. Ein Bewerber oder eine Bewerberin mit einem guten Zeugnis von **ruf** fällt sicher positiv auf. Aber jedes Jahr müssen auch die zahlreichen Jugendreiseleiter stets auf Neue von den Reisekonzepten überzeugt werden. Nur wenn sie von der Qualität des Produktes überzeugt sind, können sie die Kunden in deren Urlaub begeistern und so eine maximale Kundenzufriedenheit gewährleisten. Und nur, wer als Jugendreiseveranstal-ter seinen Reiseleitern hohe Qualität im Umgang und ein optimales Betriebsklima bietet, wird ausreichende Bewerberinnen und Bewerber haben.

Die heutigen Herausforderungen

Auch die neuen Medien stellen den touristischen Markt vor neue Herausforderungen. Bereits 1997 sicherte sich **ruf** eine Internetdomain mit nur drei Buchstaben: „www.**ruf**.de". Es scheint erstmals in der Geschichte für jeden Kunden eine totale Markttransparenz zu geben. Per Internet stehen den Kunden potenziell nahezu alle Reiseangebote mit allen Leistungsmerkmalen und dem jeweils günstigsten Preis mittels weniger Mausklicks zur Verfügung. Das Know-how eines Reiseveranstalters, der früher den unbedarften Kunden in die Fremde mitnahm, ihm die Verkehrsmittel besorgte und ein Hotel buchte, hat nun jeder. Mit den sogenannten Billigairlines sind entfernte Ort manchmal zu Preisen zu erreichen, die jede Fahrt mit dem Taxi zu purem Luxus werden lassen. Über Hotelportale erhält jeder Übernachtungen zu Discountpreisen. Da diese Preise tagesaktuell sind, ist ein herkömmlicher Reiseveranstalter, der seine Reisen mit über einem Jahr Vorlauf plant und kalkuliert, kaum konkurrenzfähig.

Für die Jugendreiseveranstalter kommen noch zwei spezifische Probleme hinzu: Die Reisen finden in den Schulferien mit den hohen Preisen der Hauptsaison statt. Und: Es sind stets Gruppenreisen, das heißt, für den Transfer und die Übernachtungen müssen zum selben Termin größere Kontingente vorgehalten werden, was aber mit tagesaktuellen Preisen bei der Buchung von Einzelpersonen nicht vereinbar ist. Eine Individualisierung der Jugendreisen – also dass zum Beispiel jeder kommen kann, wann und wie er will, würde die spezifische Gruppendynamik, die für eine gute betreute Jugendreise notwendig ist, verhindern oder doch zumindest erheblich erschweren. Eine positive Gruppendynamik war aber bis dato ein Qualitätsmerkmal einer gelungenen Jugendreise.
Es besteht die Gefahr, dass in Zukunft Jugendliche sich ihre Reise verstärkt selbst zusammenstellen, weil sie dann billiger ist. Wenn nicht klar ist, welchen Wert die „Betreuung" bei einer Jugendreise mit Qualität hat, dann werden noch viel weniger Jugendliche von den Anbietern betreuter Jugendreisen erreicht.

Das Internet und die Mobilfunknetze stehen fast immer und überall zur Verfügung, und man kann behaupten, dass sich kaum jemand dieser Omnipräsenz entziehen kann. Eine Mitgliedschaft in den verschiedenen Communitys scheint für die meisten Menschen ein Muss zu sein. Diese sozialen Netzwerke ermöglichen eine neuartige Kommunikation. Die meisten jungen Menschen stehen technischen Neuerungen offensichtlich besonders aufgeschlossen gegenüber. Die peergroup, die Gruppe der Gleichaltrigen, hat schon seit einigen Jahrzehnten einen größeren Einfluss auf die Jugendlichen als beispielsweise die Eltern oder die Schule. Innerhalb der peergroups und nun innerhalb der sozialen Netzwerke des Internets wird ausgetauscht, was gut und was schlecht ist. Die Meinung der Gleichaltrigen scheint enorm wichtig zu sein. In Bewertungsportalen wird sich über die Qualität der Jugendreisen und über das Engagement der Betreuer ausgetauscht. In den Communitys der sozialen Netzwerke wird nicht nur über Urlaubspläne kommuniziert, sondern werde Reiseentscheidungen und die Kriterien für die Entscheidungen diskutiert. Nach dem Urlaub werden nicht nur Fotos und Videos online gestellt, sondern Vor- und Nachteile der Reiseerfahrungen thematisiert. Das Empfehlungsmarketing stellt die Qualität einer Jugendreise so dar, wie Jugendliche sie wahrnehmen. Die Jugendlichen halten ihresgleichen für glaubwürdiger, als es Werbung je sein kann. Jeder Reiseveranstalter, der im jugendlichen Markt bestehen will, muss sich mit diesen neuen Netzwerken beschäftigen. Dabei reicht es nicht aus, dort nur Präsenz zu zeigen, sondern tatsächlich muss jeder einzelne Jugendliche von der Qualität der Produkte überzeugt werden, da dieser Jugendliche auch ein Multiplikator in seiner Community ist.

Dieses Mehr an Kommunikation wird in einem gesättigten Markt die Konkurrenz unter den Jugendreiseanbietern weiter verschärfen. Die Konkurrenz findet um die raren Güter Zeit und Geld statt und dies vor dem Hintergrund einer drastisch abnehmenden Anzahl junger Menschen. Bereits Ende der 1970er-Jahre konnte die demografische Entwicklung in Deutschland jedem bekannt sein. Nach den geburtenstärksten Jahrgängen Mitte der 1960er-Jahre ging die Anzahl der jungen Menschen kontinuierlich zurück. Es war bei einer der „Lernbörse Reisen", einer Serie von Fachtagungen der Thomas Morus Akademie in Bonn, als Brigitte Gayler, die damalige Jugendreferentin des Studienkreis für Tourismus e. V., den anwesenden Jugendreiseorganisationen sagte: „Von euch wird es in 15 Jahren nur noch die Hälfte geben!" Sie hat recht behalten.

Man kann **ruf** nur beglückwünschen, zur richtigen Hälfte zu gehören, und wünschen, dass mit der richtigen Unternehmensstrategie mindestens 30 weitere Jahre Erfolgsgeschichte geschrieben werden. Vielleicht begleitet mit etwas stolzem Selbstbewusstsein, das stets auch die Unsicherheit der anderen ist: „Erfolg ist nur halb so schön, wenn es niemanden gibt, der einen beneidet" (Norman Mailer).

www.ruf-jugendreisen.de / gfx / presse / PORW-K-N.pdf

www.ruf-jugendreisen.de / gfx / presse / PORW-Q-N.pdf

www.ruf-jugendreisen.de / gfx / presse / Ethik_Aesthetik.pdf

Das Vertrauen der Eltern gewinnen – durch zertifizierte Qualität?

Der Rost- und Bremsencheck für Jugendreiseveranstalter

Jana Pieper

Wenn Eltern ihre Kinder mit der Kirchengemeinde, dem Sportbund oder dem örtlichen Sportverein verreisen lassen, kennen sie die Jugendleiterinnen und Jugendleiter meist schon seit Jahren. Sie setzen großes Vertrauen in die Menschen und deren geleistete Arbeit. Einen solchen Vertrauensvorschuss, der auf persönlichen Kontakten basiert, besitzen **ruf** reisen und andere Jugendreiseveranstalter nicht. Stattdessen sind das gute Image sowie persönliche Empfehlungen ausschlaggebend dafür, dass Eltern in ganz Deutschland ihre Kinder für eine Weile kommerziellen Reiseveranstaltern anvertrauen.

Das Image und die Kundenzufriedenheit wollen jedoch explizit gepflegt werden. Es gilt, in jeder Saison aufs Neue das Vertrauen der Eltern zu gewinnen und eine Buchungsentscheidung herbeizuführen. Eine Möglichkeit, die Eltern zu überzeugen, liegt darin, anerkannte Qualitätszeichen und Zertifikate zu erlangen, welche die besondere Qualität der Produkte und Leistungen belegen. Denn Qualität ist ein wesentliches Merkmal für den Erfolg eines Produktes – auch der Kinder- und Jugendreisen.

Jeder Produzent oder jede Dienstleisterin nimmt für sein Produkt oder ihre Dienstleistung eine bestimmte Eigenschaft in Anspruch, die eine gewisse Güte beschreibt. Kaum ein/e Verbraucher/in von Dienstleistungen oder Produkten möchte heute ein Angebot nutzen, von dessen Qualität sie oder er nicht überzeugt ist, und aufgrund zahlreicher Angebote gibt es viele Alternativen für die Auswahl. So werden Jugendliche heute nicht nur von Jugendverbänden, sondern auch von einem kommerzialisierten Reisemarkt umworben (Graf, 2005, S. 14).

Orientierungshilfe und Marketinginstrument

Qualität durch Indikatoren, Kennzahlen, Prädikate und Vergleiche messbar und somit öffentlich kommunizierbar zu machen, liegt generell im Trend der Zeit: Das zeigt sich an der Vielzahl von Siegeln und Zertifizierungen, die für die verschiedensten Produkte und Leistungen zur Verfügung stehen. Qualitätszeichen können für viele Verbraucher ein wertvolles

Jana Pieper
geb. 1981, Studium in Bochum: Erziehungswissenschaften (Master of Arts) und Sozialpsychologie (Bachelor of Arts), von 2004 bis 009 Mitarbeiterin an der Fakultät für Sozialwissenschaft der Ruhr-Universität Bochum. Seit 2009 Mitarbeiterin der **ruf akademie** mit den Arbeitsschwerpunkten Personalentwicklung, wissenschaftliche Begleitung von Organisationsprozessen und Qualitätsmanagement im Rahmen der TÜV-Zertifizierungen

Wir setzen Qualitätsmaßstäbe

ruf reisen hat in den vergangenen Jahren erheblich zur Qualitätsfokussierung im gesamten Jugendreisemarkt beigetragen. Diese Auszeichnungen machen uns transparent und zeigen Ihnen, wie wir arbeiten. Unser Anspruch ist es, Innovationen in jedem Feld unserer Arbeit voranzutreiben.

Geprüfte Qualität

ruf reisen setzt Maßstäbe: Als bundesweit erster Reiseveranstalter tragen wir seit 2010 das Siegel „OK für Kids", das vom TÜV NORD gemeinsam mit dem Kinderschutzbund NRW für pädagogisch besonders hochwertige Kinderreisen verliehen wird. Auch unsere Servicequalität und die umfassende Ausbildung unserer Mitarbeiterinnen und Mitarbeiter werden regelmäßig erneut zertifiziert. Zur Qualitätssicherung unterzieht sich ruf reisen ständig objektiven Prüfungen – der Qualitätsstandard wird überprüft und die Siegel werden erneuert. Auf dieser Seite finden Sie eine Übersicht über alle Auszeichnungen.

Richtungsweisend: **ruf reisen** unterzieht sich regelmäßigen Qualitätsprüfungen.

TÜV SÜD „Geprüfte Servicequalität"

Seit 2010 trägt ruf reisen die Plakette „Geprüfte Servicequalität", die vom TÜV SÜD verliehen und jährlich überprüft wird. Hier werden Servicezuverlässigkeit, Beratung, Servicekultur und Kundenzufriedenheit zertifiziert.

TÜV SÜD „ISO 9001:2008"

Mit dieser Auszeichnung zertifiziert der TÜV SÜD seit 2010 jährlich die Arbeit der **ruf akademie**, in der alle ruf Mitarbeiterinnen und Mitarbeiter ausgebildet werden. Voraussetzung für diese Auszeichnung ist die Einführung und Anwendung eines Qualitätsmanagementsystems. Dieses beschreibt die kontinuierliche Weiterentwicklung der Unternehmensleistungen und sorgt für eine Erhöhung der Kundenzufriedenheit.

Deutscher Kinderschutzbund/ TÜV NORD „OK für Kids"

Mit dem Zertifikat „OK für Kids" wurde ruf im Oktober 2010 vom Deutschen Kinderschutzbund NRW und vom TÜV NORD als erster Reiseveranstalter für seine Kinderreisen ausgezeichnet, das Siegel wird jedes Jahr erneut überprüft. Das Zertifikat zeichnet ein Unternehmen als kinderfreundlich aus und bescheinigt die besondere Berücksichtigung der Kinderrechte. Regelmäßig werden die Kinderreisen u. a. auf Sicherheit und pädagogisch hochwertige Betreuung geprüft. Weitere Informationen gibt es im Internet: www.okfuerkids.de.

Qualitätsgemeinschaft Gütegemeinschaft Buskomfort – gbk

Die gbk macht sich seit über 30 Jahren für die Qualitätssicherung bei Bussen und Busreisen stark. Es handelt sich um einen Zusammenschluss von rund 500 Busreiseveranstaltern. Die Einhaltung der Güte- und Prüfbestimmungen wird jedes Jahr von einer unabhängigen Organisation wie TÜV oder DEKRA überprüft. So bietet das Gütezeichen eine zuverlässige Orientierung für stetig und neutral überwachte Qualität. Seit 2010 ist ruf Mitglied in dieser Gemeinschaft.

Das Reisenetz „Geprüfte Qualität"

Im Sommer 2007 und als einer der ersten Reiseveranstalter erhielt ruf reisen das Qualitäts-siegel „Geprüfte Qualität" vom Reisenetz. Der Fachverband betreuter Jugendreisen hat in langjähriger Arbeit ein Qualitätssiegel entwickelt. In einem vielschichtigen Verfahren wurden die unterschiedlichen Arbeitsbereiche des Anbieters auf die Qualitätsanforderungen moderner Jugendreisen hin überprüft. Das Siegel zeigt dem Kunden, dass er sicher sein kann: Hier werden hochwertige Jugendreisen konzipiert, denen er vertrauen kann. Seit Sommer 2007 und frisch zertifiziert.

BundesForum Kinder- und Jugendreisen „Sicher gut!"

Im Frühjahr 2008 und erneut im Herbst 2011 bekam ruf vom BundesForum Kinder- und Jugendreisen e. V. das Qualitätssiegel „Sicher gut!" verliehen. Dabei standen die Auswahl, Ausbildung und Führung der Mitarbeiter, sowie Kenntnisse über Rechte und Pflichten der Reiseleiterinnen und Reiseleiter im Fokus. Auch die Organisation der Reiseleitereinsätze wurde im Qualitätsverfahren bewertet.

Zertifikat Beruf und Familie

Seit August 2009 ist ruf offiziell durch die Hertie-Stiftung für den Projektstart zur Vereinbarkeit von Beruf und Familie zertifiziert. Wichtig hierbei: Nicht alle Mitarbeiterinnen und Mitarbeiter haben Kinder – aber eine Familie hat jeder. Es wurde eine Zielvereinbarung abgeschlossen, die acht Handlungsfelder im gesamten Unternehmen und verschiedene Ansprüche rund um Mitarbeiterförderung, flexible Arbeitszeiten und Betreuung von Kindern oder Angehörigen umfasst. Die entsprechenden Maßnahmenkataloge werden über Jahre schrittweise umgesetzt und überprüft.

Katalogseite aus dem ruf Sommerkatalog 2012

Hilfsmittel sein, um qualitativ hochwertige Angebote von anderen zu unterscheiden – bekannte Zertifikate unterstützen Kaufentscheidungen. Denn die Siegel unabhängiger Institute versprechen, dass so ausgezeichnete Produkte oder Leistungen höchsten Ansprüchen genügen, schließlich wurden sie von erfahrenen Experten mithilfe objektiver Testkriterien und genormter Verfahren überprüft. Insbesondere der Marke TÜV schenken Konsumenten ein hohes Vertrauen.

Aber bekannte und vertrauenswürdige Prüfzeichen, Gütesiegel und Logos führen nicht nur zur Aufwertung der Produkte und Leistungen, sie dienen zugleich als willkommener Anlass für PR- oder Marketingmaßnahmen. Schließlich bietet eine gezielte Öffentlichkeitsarbeit in diesem Umfeld die Chance, das eigene Unternehmen, die eigene Marke verstärkt mit positiven Eigenschaften wie Qualität und Glaubwürdigkeit zu verknüpfen: Der gute, so gestärkte Ruf wirkt sich positiv auf die Kundenzufriedenheit, den Markenwert und den Bekanntheitsgrad aus und eröffnet dadurch langfristig bessere Chancen auf dem Markt.

Dennoch sind nicht alle Qualitätszeichen und vor allem nicht die Flut von verschiedenen Qualitätszeichen Garanten für die aufgeführten positiven Effekte. Erst das richtige gewählte Qualitätszeichen und der bedachte Umgang mit dem Einsatz von Qualitätszeichen bringen den gewünschten Erfolg.

Haben Qualitätszeichen Qualitätsmerkmale?

Für Qualitätszeichen gibt es weder Gesetze und Verordnungen, noch liegt eine einheitliche Definition vor. Allerdings definiert der Dachverband des deutschen Gütezeichenwesens, RAL, Gütezeichen wie folgt: „Wort oder- Bildzeichen, oder beides, die als Garantieausweis (…) von

Waren oder Leistungen Verwendung finden, die die wesentlichen, an objektiven Maßstäben gemessenen, nach Verkehrsauffassung die Güte einer Ware oder Leistung bestimmenden Eigenschaft erfüllen" (RAL, 2008, S. 4).

Dieser Definition folgend, belegen Qualitätszeichen eine spezielle, an objektiven Maßstäben gemessene Qualität bzw. Güte einer Ware. Der Zusatz „nach Verkehrsauffassung" macht deutlich, dass ein Qualitätszeichen nicht irgendwelche Qualitätsmerkmale belegen kann, die von einer neutralen Institution festgelegt werden. Sondern diese Qualitätsmerkmale müssen in der allgemeinen Meinung und Verbrauchererwartung auch als Qualitätskriterien wahrgenommen werden bzw. müssen der allgemeinen Erwartung entsprechen. „Nach Verkehrsauffassung" bedeutet aber auch, dass Qualitätskriterien – sollen sie die Meinung vom Verbraucher widerspiegeln – nicht statisch sein können. Die Erwartungen und die Meinungen von Verbrauchern ändern sich heute ständig, und so müssen auch die einmal festgelegten Qualitätskriterien ständig überarbeitet und den neuen Erwartungen und Meinungen angepasst werden.

Die einem Qualitätssiegel zugrunde liegenden Qualitätsmerkmale und deren Prüfbestimmungen müssen jedem zugänglich sein, soll der Tatbestand der „objektiven Maßstäbe" erfüllt sein. Qualitätszeichen können also nur von neutralen Stellen vergeben werden. Eine zu diskutierende Frage ist, ob (Fach-)Verbände als neutrale Stelle bezeichnet werden können.

Der Argumentation von Bruhn/Hadwich (2004) folgend, kann das Wort „Qualität" vom Lateinischen „qualis" = „wie beschaffen" abgeleitet werden und umschreibt somit die Beschaffenheit oder Güte eines Produktes oder einer Leistung. Das Wort „Zeichen" ist laut den Autoren ähnlich zu verwenden wie ein „Signal". Es muss erst vom Beobachter erkannt und dann interpretiert werden, um seine Information preis zu geben. Nur wenn ich weiß, dass eine rote Ampel bedeutet, dass ich stehen bleiben muss, werde ich das auch tun. Fehlt mir die Information zum Interpretieren des Zeichens, ist das Zeichen nutzlos.

Demnach muss die Definition der RAL weiter gefasst werden. Nicht die neutrale Instanz entscheidet anhand objektiver Kriterien darüber, ob ein Qualitätszeichen vorliegt, sondern dies bestimmt der Beobachter bzw. Konsument erst durch seine Interpretation (vgl. Bruhn/Hadwich, 2004, S. 10 f.). Das führt zu der Voraussetzung, dass der Kunde ein vorliegendes Qualitätszeichen interpretieren kann, das heißt, er muss gewisse Vorinformationen besitzen.

Welche Anforderungen muss ein Qualitätszeichen erfüllen?
Aus Kundensicht ergeben sich vier verschiedene Anforderungen, die ein Qualitätszeichen erfüllen muss:
- Bekanntheit,
- Vergleichbarkeit,
- Verständlichkeit und
- Glaubwürdigkeit.

„Die Bekanntheit eines Qualitätszeichens stellt eine Basisanforderung für dessen Einfluss auf die Qualitätswahrnehmung einer touristischen Dienstleistung dar" (Bruhn/Hadwich (2004, S. 16.)". Kennt der Konsument das Qualitätszeichen nicht, kann er es auch nicht interpretieren. Dies stellt momentan ein großes Problem dar, da immer mehr Qualitätszeichen auf den Markt geschwemmt werden. Und diese stehen – jedes für sich – für diverse Qualitätsauffassungen. Die Vergleichbarkeit ist dann gegeben, wenn der Kunde die Qualitätszeichen kennt, die sich am Markt etabliert haben. Die Vergleichbarkeit der Qualitätszeichen in einem Markt kann aber wiederum zu einer zunehmenden Verunsicherung des Kunden führen. Gerade dann, wenn zu viele Qualitätszeichen vorhanden sind oder er die hinter den Qualitätszeichen stehenden Kriterien nicht kennt – und somit auch nicht vergleichen kann. Die schnelle Verständlichkeit von Qualitätszeichen ist eine weitere Anforderung. Das heißt, der Kunde muss schnell erkennen können, welche Qualitätskriterien hinter dem Zeichen stehen. Und zugleich wird ein Qualitätszeichen nur dann, wenn es eine hohe Glaubwürdigkeit besitzt, dem Kunden helfen können, eine Kaufentscheidung zu treffen.

Qualitätssiegel bei Kinder- und Jugendreisen

Im Tourismusmarkt sollen Qualitätszeichen beim Kunden Unsicherheiten reduzieren und einen Buchungsentscheid herbeiführen. Gerade in dieser Branche ist der Kunde vor dem Kauf einer Leistung häufig verunsichert und möchte sich vorab möglichst umfassend informieren. Das liegt vor allem daran, dass er das Produkt nicht im Vorfeld testen kann. Ein Pullover kann vor dem Kauf anprobiert und ggf. sogar wieder zurückgebracht werden. Diese Prozedur ist bei touristischen Produkten nicht möglich. Wurde der Kunde einmal ins gewünschte Hotel eingeflogen, ist ein Umtausch schwierig.

Zudem sind Angebote von Jugendreiseveranstaltern in vielen Punkten sehr ähnlich konzipiert und für den Kunden nur schwer zu unterscheiden. Auch Anbieter, die eine mindere Qualität und einen mangelhaften Betreuungsstandard bieten, locken mit wohlklingenden Angeboten. Qualitätszeichen sollen eine Differenzierung zu anderen Veranstaltern ermöglichen.

In der Jugendreisebranche existiert momentan jedoch eine Vielzahl von Qualitätszeichen. Am meisten verbreitet sind die beiden Siegel der Branchenverbände Reisenetz und Bundes-Forum Kinder- und Jugendreisen. Diese beiden Qualitätszeichen weisen jedoch erhebliche Schwächen auf. Zum einen sind sie den Kunden kaum bekannt – doch die Bekanntheit ist eines der wesentlichen Kriterien für den erfolgreichen Einsatz. Da die meisten Kundinnen und Kunden weder das Reisenetz noch das BundesForum kennen, können sie das Zeichen auch nicht deuten und werden das jeweilige Siegel nicht als Qualitätszeichen wahrnehmen. Ein weiteres Problem stellen die Qualitätskriterien dar, die hinter diesen beiden Verbandssiegeln stehen. Sie sind in der Lage, Basisanforderungen zu zertifizieren. Doch das reicht nach Bruhn/Hadwich (2004, S. 17) nicht aus, um eine besondere Qualität zu belegen und sich somit von anderen Anbietern abzugrenzen.

Neben den beiden Branchenqualitätszeichen tummeln sich im Jugendreisemarkt noch verschiedene TÜV-Qualitätszeichen. Die Organisationen, die sich im Markt bereits mit einem TÜV-Qualitätssiegel schmücken, haben scheinbar die oben diskutierten Argumente erkannt und sich neben den Branchensiegeln noch einen starken Partner ins Boot geholt: „TÜV-geprüft: Im In- und Ausland verbindet man dieses Attribut mit Sicherheit, Zuverlässigkeit und Qualität" – so heißt es auf der Homepage des TÜV NORD. Schließlich ist die TÜV-Plakette in Deutschland seit vielen Jahren vom Auto landläufig bekannt. Und inzwischen hat der Technische Überwachungsverein sein Angebot wesentlich ausgeweitet. Heutzutage können nahezu alle Systeme, die Leistung des Personals oder auch die verschiedensten Produkte neutral vom TÜV zertifiziert werden, denn der TÜV öffnet sich weiteren Zertifizierungsvorschlägen.

Der Einsatz von Qualitätssiegeln bei ruf

ruf führte im Jahr 2000 ein Qualitätsmanagementsystem nach ISO 9001 ein und war damit der erste deutsche Reiseveranstalter, der als gesamtes Unternehmen für dieses Qualitätssystem zertifiziert wurde. 2010 entschied sich ruf, drei weitere Qualitätszeichen anzustreben: „OK für Kids" vom TÜV NORD CERT und dem Deutschen Kinderschutzbund NRW e. V., „ServiceQualität" vom TÜV SÜD Management Service und die DIN EN ISO 9001-Zertifizierung für die ruf akademie. Alle drei Qualitätszeichen konnten im Herbst 2010 erfolgreich entgegengenommen werden.

Um das Vertrauen der Eltern in die Leistungen von ruf jederzeit zu rechtfertigen, genügt es jedoch nicht, die Gütesiegel und Zertifikate lediglich zu besitzen – die Werte, die dahinter stehen, müssen im Unternehmen gelebt werden. Ein wesentliches Instrument ist dabei die interne Kommunikation. Im Jahr 2010, in dem die drei externen Gütesiegel erlangt werden konnten, wurden sämtliche Mitarbeiter der Zentrale in einer Betriebsversammlung über die neuen Qualitätsstandards und die Auswirkungen auf das Unternehmen informiert. Aber auch den Saisonkräften wie den Chefreiseleiterinnen und -reiseleitern, den Teamerinnen und Teamern sowie den Animateuren etc. wurden und werden die Anforderungen übermittelt. Insbesondere rund um das Siegel „OK für Kids" ist es notwendig, in jeder Saison mit dem Außendienst das Gespräch zu suchen: Die Destinationen für ruf Kinderreisen werden besucht und mit dem entsprechenden Informationsmaterial versehen.
Im gesamten Team wurde die Qualitätsoffensive sehr gut angenommen. Denn durch die klaren Vorgaben und den kritischen Blick von außen lassen sich nicht nur Prozesse optimieren und die Qualität der Leistungen verbessern – auch unnötige Mehrarbeit wird vermieden. Und wenn durch die Gütesiegel das Ziel erreicht wird, das Vertrauen der Eltern zu stärken, können im Unternehmen letztendlich Arbeitsplätze gesichert werden. Auch dieser Aspekt trägt zum Verständnis der Mitarbeiterinnen und Mitarbeiter bei. Selbst dann, wenn es in manchen Fällen unangenehm ist, sich von außen „in die Karten" schauen lassen zu müssen.

Fazit und Ausblick

ruf reisen profitiert von den Zertifizierungen nach innen und außen: Nach innen eröffnet der Prozess der Zertifizierung neue Wege, um Transparenz zu schaffen, Arbeitsabläufe zu optimieren sowie eine kontinuierliche Verbesserung zu initiieren. Nach außen wird die Konformität mit klar definierten Qualitätsansprüchen bescheinigt – und zugleich lässt sich ein bekanntes Siegel wie das vom TÜV tatsächlich sehr gut als Marketinginstrument nutzen.

Dennoch: Sich extern prüfen zu lassen, verlangt Mut und die Bereitschaft, sich den verschiedenen Anforderungen und Kriterien verantwortlich zu stellen. Denn rund um diese Qualitätsversprechen besteht das Risiko ganz klar darin, sich in neuer Form angreifbar zu machen. Insbesondere durch die Kriterien von „OK für Kids" wird beispielsweise nun öffentlich in den ruf Kinderdestinationen darauf hingewiesen, dass es neutrale (den TÜV und den DKSB) Beschwerdemöglichkeiten gibt. Diese gesteigerte Transparenz wurde auch bei ruf kontrovers diskutiert. Und dennoch hat sich das Unternehmen für den aufwendigen, unbequemen externen Blick entschieden. Schließlich setzen sich so alle Mitarbeiterinnen und Mitarbeiter stets mit vollem Engagement dafür ein, die selbst gesteckten oder extern auferlegten Standards einzuhalten.

Es bleibt aber auch bei **ruf** zu diskutieren, ob die verschiedenen Qualitätszeichen, die zurzeit die Titelseite des Katalogs schmücken, in ihrer Vielzahl Sinn machen. Die Kunden können z.B. die Branchen-Qualitätszeichen nicht deuten, und wahrscheinlich ist auch nicht nachvollziehbar, warum ein Unternehmen drei verschiedene TÜV-Siegel braucht. Denn bei diesen Siegeln ist nicht direkt ersichtlich, dass sie sich auf verschiedene Aspekte des Unternehmen beziehen.

Ein wesentliches Problem der gesamten Zertifizierungen bleibt, dass sie im Vergleich höchst unterschiedlich sind und kaum einheitliche Qualitätskriterien aufweisen. Sowohl die Branchenverbände als auch der TÜV nehmen für sich in Anspruch, ein Zertifikat für Qualität zu vergeben. Jedoch hat jede Stelle, die ein Zertifikat vergibt, einen unterschiedlichen Fokus darauf, was Qualität im Kinder- und Jugendreisen bedeutet. So legt das Reisenetz besonders viel Wert auf den Bereich „Sicherheit", das BundesForum auf „pädagogisch wertvolle Betreuung", und der TÜV stellt für jedes Qualitätssiegel wieder andere Kriterien auf: Besonders kundenfreundlich ist diese Vielzahl an Zertifikaten nicht, den sie macht den Markt unübersichtlich.

Dabei sind Anbieter von Zertifikaten darauf angewiesen, dass sich das von ihnen auf den Markt gebrachte Zertifikat auch verbreitet. Denn wenn der Kunde ein Zertifikat nicht kennt, kann er diesem auch wenig Vertrauen entgegenbringen. Der TÜV kann in diesem Zusammenhang darauf setzen, dass die Konsumenten gern dieser starken Marke vertrauen – das trifft auf Branchenverbände oder andere Zertifizierungsstellen nicht ohne Weiteres zu. Daher werden gerade dort die Ansprüche an den zu prüfenden Kriterienkatalog oft so niedrig gesteckt, sodass möglichst alle Veranstalter sämtliche Kriterien ohne Probleme erfüllen. Geht es jedoch um überprüfbare Qualität, wäre es wünschenswert, wenn sich die Branche, vertreten durch die Verbände, auf ein starkes Qualitätszeichen besinnen würde. Diese müssten dann jedoch einen starken Partner an ihre Seite setzen, bis die Branchensiegel ihren eigenen Bekanntheitsgrad so gesteigert haben, dass sie auf einen solchen Partner verzichten können.

Dieses Ziel strebt **ruf reisen** an: Auch hier wird der TÜV als Partner so lange eingesetzt, bis die Marke **ruf reisen** für sich als Qualitätsmerkmal anerkannt ist. Wenn Eltern **ruf** von Anfang an mit hochwertiger Qualität in Verbindung bringen, ist dies ein wesentliches Argument, um ihre Kinder diesem Veranstalter im Rahmen einer jungen Reise anzuvertrauen – ein Meilenstein auf dem Weg zu weiterem Wachstum und Zukunftssicherheit.

www.ruf-akademie.de/zertifikate.html
www.ruf-jugendreisen.de/info/elterninformation-qualitaet.asp

Literatur

GRAF, Michael (2005): „Einführung in das Qualitätsmanagement und seine Bedeutung für die Freizeitenarbeit". In: Bundesarbeitsgemeinschaft
        Evangelischer Jugendferiendienste (Hrsg.): Qualität bei Kinder- und Jugendfreizeiten. Eine Aufsatzsammlung, Hannover, S. 14 und 25

RAL Deutsches Institut für Gütesicherung und Kennzeichnung e. V. (Hrsg.) (2008): Grundsätze für Gütezeichen, 18. Auflage, Sankt Augustin.
        Im Internet unter: http://www.ral-guetezeichen.de/fileadmin/lib/pdf/guete/RAL-Grundsaetze-fuer-Guetezeichen_0808.pdf

BRUHN, Manfred/HADWICH, Karsten (2004): Qualitätswahrnehmung und Qualitätszeichen bei touristischen Dienstleistungen. In: WEIERMAIR, Klaus/PIKKEMAAT Birgit (Hrsg.):
        Qualitätszeichen im Tourismus. Vermarktung und Wahrnehmung von Leistungen, Berlin

Absolut kinderfreundlich: „OK für Kids!"

Entstehung, Entwicklung und Bedeutung des Qualitätszeichens

Friedhelm Güthoff und Ulf Theike

Geprüfte Qualität schafft Vertrauen. Gerade für Eltern ist Vertrauen wichtig, wenn es um ihre Kinder und die eigene Familie geht. Aufgrund einer Vielzahl von Angeboten ist allerdings nicht immer auf den ersten Blick erkennbar, welchem Produkt oder welcher Dienstleistung vertraut werden kann. Welche Angebote sind tatsächlich kinder- und familienfreundlich?

Um diese Frage zu beantworten, haben der TÜV NORD und der Deutsche Kinderschutzbund (DKSB) das Qualitätszeichen „OK für Kids" entwickelt. In dieses Zusammenspiel brachte der TÜV NORD sein anerkanntes Zertifizierungs-Know-how ein – und der 1953 gegründete DKSB stand dabei als stärkster Lobbyverband für die Kinderinteressen in Deutschland Pate. Gemeinsam führten die Partner im Jahr 2002 unter Federführung des DSKB-Landesverbandes NRW e. V. das Qualitätszeichen „OK für Kids" mit Unterstützung der damaligen Bundesfamilienministerin Dr. Christine Bergmann ein. Dabei handelt es sich um ein Verfahren zur Beurteilung und Zertifizierung von kinderfreundlichen Erlebnisorten.

Auch für Kinderreisen entwickelten die Partner neue, geeignete Kriterien für ein Prüfverfahren. Dabei wurden Kinder als Experten in eigener Sache sowie ein Team anerkannter Spezialisten aus unterschiedlichen Fachdisziplinen zurate gezogen. Darüber hinaus brachten Familien in Vor-Ort-Gesprächen ihre Wünsche und Anregungen ein – so wurde die Berücksichtigung realer Bedürfnisse der Verbraucher gewährleistet. Der DSKB stellte den

---

Friedhelm Güthoff
ist seit 1995 Geschäftsführer des Deutschen Kinderschutzbundes Landesverband NRW e. V. Hier hat er sich umfassend u. a. mit den Themen „Kinder- und Jugendreisen", „Kinder als Mitwirkende an Film- und Fernsehproduktionen" und „Kindeswohlgefährdung und Kinderschutz" beschäftigt. Der Deutsche Kinderschutzbund versteht sich als Anwalt für die Rechte und der Interessen von Mädchen und Jungen.

Ulf Theike
ist seit 2008 Geschäftsführer der TÜV NORD CERT GmbH, einem Unternehmen der TÜV NORD Gruppe. Als Dienstleister für umfassende Prüfungen und Zertifizierungen auf Basis nationaler und internationaler Vorgaben betreut TÜV NORD CERT weltweit mehr als 28.000 Kunden. Ein breites Leistungsspektrum mit über 120 nationalen und internationalen Akkreditierungen sowie freiwilligen Prüfstandards in der Personal-, Produkt- und Systemzertifizierung zeichnen das Unternehmen aus.

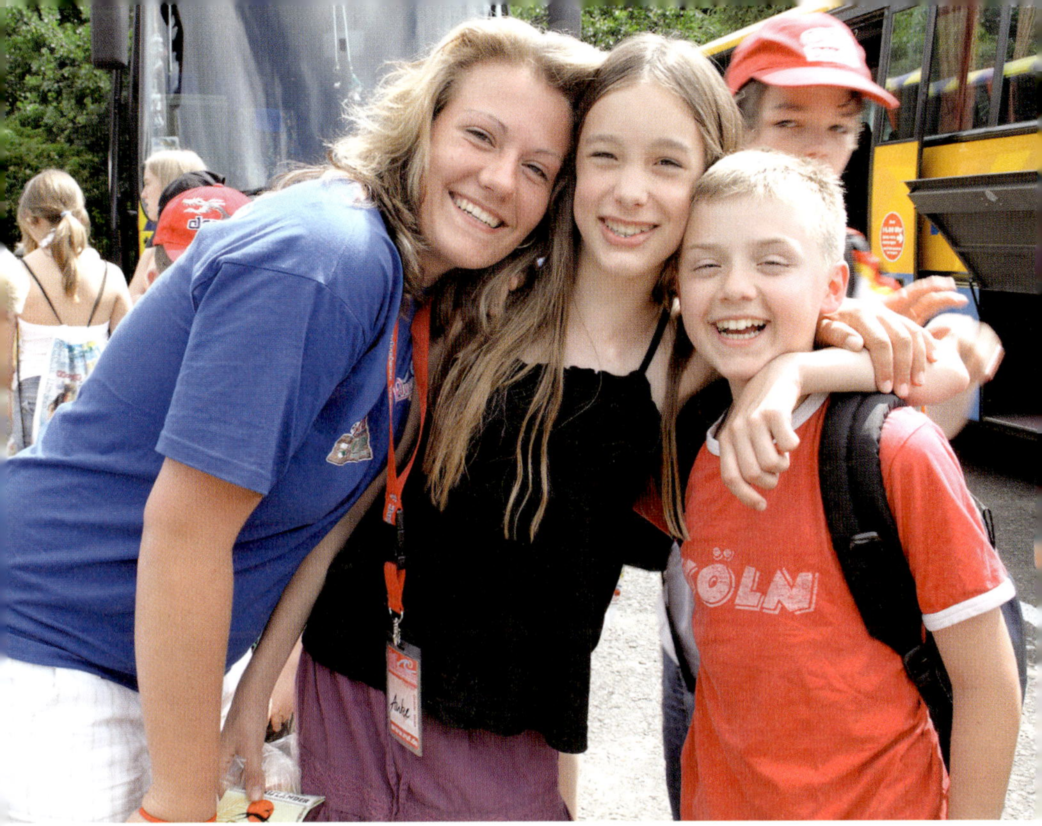
KÖLN

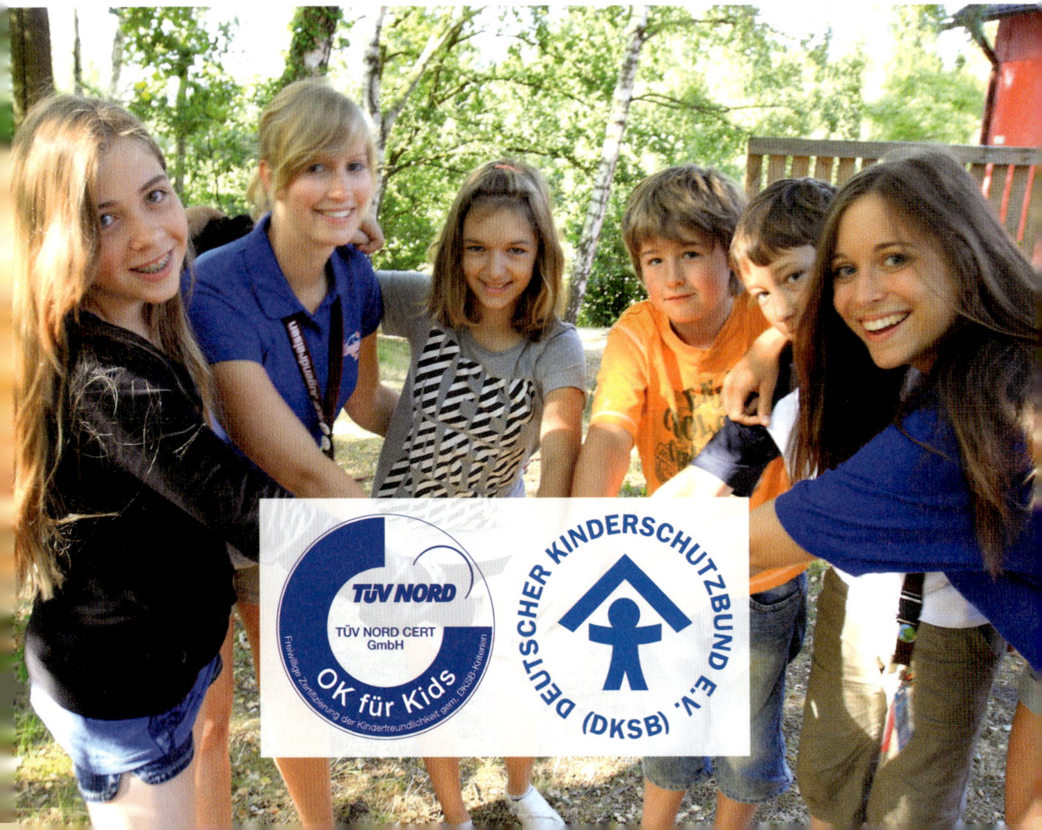
TÜV NORD
TÜV NORD CERT
GmbH
OK für Kids
Freiwillige Zertifizierung der Kinderfreundlichkeit gem. DKSB-Kriterien
DEUTSCHER KINDERSCHUTZBUND E.V.
(DKSB)

Kriterienkatalog für die „OK für Kids"-Zertifizierung im Bereich Kinderreisen zusammen und überprüfte dessen Vollständigkeit.

„Es ist erstaunlich, wie sehr sich die Vorstellungen von Kindern und Erwachsenen in Bezug auf einen guten Urlaub unterscheiden", erklärt Friedhelm Güthoff, Geschäftsführer des Deutschen Kinderschutzbundes Landesverband NRW. „Daher ist es auch notwendig, die Kinder selbst mitreden zu lassen und ihnen eine eigene Perspektive zuzugestehen. Diese findet sich im Kriterienkatalog wieder und bildet somit eine wichtige Grundlage für die Auszeichnung ‚OK für Kids' als wirklich kinderfreundlich gestalteter Kinderreise", so Güthoff weiter.

Drei Bereiche werden geprüft

TÜV NORD obliegt in diesem Umfeld nicht nur die Aufgabe der Festlegung eines entsprechenden Beurteilungsverfahrens, sondern auch die Durchführung der Beurteilung und Zertifizierung anhand der DKSB-Kriterien. Drei grundlegende Bereiche werden dabei in den Reiseveranstaltern umfassend geprüft: Dazu gehört zunächst, ob in den Leitlinien des zu zertifizierenden Unternehmens eine Beschreibung und Information über Kinderfreundlichkeit festgelegt ist. Im Bereich Ausstattung und Service werden der Einsatz von geschulten Betreuerinnen und Betreuern, die Festlegung vernünftiger Betreuungsschlüssel sowie die Kinderfreundlichkeit des Hauses überprüft. Der dritte Kriterienbereich beleuchtet das Handeln gegenüber und gemeinsam mit Kindern, also beispielsweise die Beteiligung der Kinder an der Gestaltung des Programms oder die Auswahlmöglichkeiten aus einem vielfältigen Programmangebot.

Die vier Zertifizierungsphasen

Die Zertifizierung durch TÜV NORD ist in insgesamt vier Phasen gegliedert: Die optionale erste Phase enthält ein Voraudit. Ziel dabei ist es, eine Zertifizierungsfähigkeit zu erreichen und gegebenenfalls Verbesserungspotenziale zu erheben. Phase II umfasst die Dokumentenbewertung und das Zertifizierungsaudit vor Ort für eine Konformitätsbewertung. Das Freigabeverfahren in Phase III verfolgt das Ziel der Zertifikatserteilung und die Vergabe des Gütezeichens „OK für Kids" durch TÜV NORD. Phase IV bedeutet eine jährliche Kontrolle und Überprüfung zur Aufrechterhaltung der DKSB-Kriterien. Das Zertifikat von TÜV NORD gilt für insgesamt drei Jahre. Anschließend erfolgt eine Rezertifizierung.

Für alle Seiten vorteilhaft

Bislang richtet sich das Angebot einer Zertifizierung durch TÜV NORD vor allem an Hotels, Ferienhäuser und Pensionen, an Erlebnisparks und an Veranstalter von Kinderreisen. Kriterienkataloge für weitere Prüffelder sind jedoch in Vorbereitung.

„OK für Kids" bietet Unternehmen somit nicht nur ein neutrales und überprüfbares Argument gegenüber den Familien für das eigene Angebot bzw. die eigene Dienstleistung, sondern auch einen nachhaltigen Imagegewinn bei Eltern und Erziehern. Denn Eltern und Erziehungsberechtigte erkennen anhand der Zertifizierung von TÜV NORD, dass die Dienstleistungen und Produkte, die sie für sich und ihre Familie in Anspruch nehmen, auch wirklich kinderfreundlich sind. Sie erhalten zugleich die Sicherheit, an kinderfreundlichen Orten willkommen zu sein und auf eine kinderfreundliche Infrastruktur zurückgreifen zu können. Das Qualitätszeichen „OK für Kids" ist damit ein vertrauenswürdiges Kriterium bei Kauf- und Buchungsentscheidungen.

„Prävention ist der beste Schutz: „OK für Kids" schafft die Grundlage dafür, dass Eltern ihre Kinder in gute Hände abgeben können", erläutert Ulf Theike, Geschäftsführer von TÜV NORD CERT. „Unser Prüfzeichen bestätigt, dass dort, wo ,kinderfreundlich' draufsteht, auch Kinderfreundlichkeit drin ist."

Aber auch, wenn es um die direkte, positive Kontaktaufnahme mit jungen Zielgruppen geht, ist das Qualitätszeichen des Deutschen Kinderschutzbundes und von TÜV NORD ein wertvolles Kommunikationsinstrument. Zertifizierte Unternehmen erreichen darüber hinaus eine Qualitätssteigerung innerhalb des eigenen Betriebs bei gleichzeitiger Reduktion der Betriebskosten. Es lohnt sich also in vielfacher Hinsicht, auf ein Gütesiegel wie „OK für Kids" zu setzen.

www.okfuerkids.de/

On the road
Jugendreisen mit dem Bus
Dieter Gauf und Ulrich Gauf

Die Bustouristik ist ein bedeutender Bereich des Tourismus. Allein im deutschen Markt ist jährlich von 100 Mio. Gästen touristischer Busfahrten auszugehen. Dazu gehören

- 5,6 Mio. Busurlaubsreisen (ReiseAnalyse 2011) von fünf und mehr Tagen,
- 12 bis 15 Mio. Kurzreisen von zwei bis vier Tagen,
- 65 Mio. sonstige Gelegenheitsverkehre wie Tagesfahrten, Schulausflüge, Transfers, Firmenbesichtigungen, Exkursionen, Fahrten zu Tagungen, Events etc.,
- 19,4 Mio. Urlauber, die ein anderes Hauptreiseverkehrsmittel verwenden, nutzen den Reisebus für Rundfahrten, Ausflüge, teilweise bei An- und Rückreise — so machen zum Beispiel 1,4 Mio. Flugreisende im Zielgebiet eine mehrtägige Busrundreise.

Hinzu kommen noch Reisen von ausländischen Veranstaltern nach und in Deutschland. Aber auch die meisten Vereine und Clubs in Deutschland unternehmen eine oder mehrere Busfahrten im Jahr — und dabei handelt es sich immerhin um ca. 600.000 Vereine. Und gerade Organisationen, die mit der Jugendbetreuung befasst sind, setzen auf die Bustouristik.

Der Marktanteil des Busses bei den 14-19-Jährigen liegt bei 15,4 Prozent bzw. 795.000 Jugendlichen. Zusätzlich haben ca. 300.000 Jugendliche und Kinder unter 14 Jahren (meist in Begleitung) eine Reise im Bus unternommen (RA 2011). Leider sind die Kurzreisen in Deutschland und Europa nicht so gut erforscht wie die Urlaubsreisen, aber sie liegen noch einmal deutlich höher.

Dieter Gauf
MPhil. und Diplom-Betriebswirt, Studium in Frankfurt, Worms und Manchester. Hauptgeschäftsführer des Internationalen Bustouristik Verbandes RDA, Vorstandsmitglied der Forschungsgemeinschaft Urlaub + Reisen, Lehrbeauftragter an der Hochschule Bremen und der Fachhochschule München, Vorsitzender der Reiseleiter-Projektgruppe des Bundesverbandes der Deutschen Tourismuswirtschaft BTW. Herausgeber u. a. RLT-Reiseleiter Training.

Ulrich Gauf
studiert Soziologie und Pädagogik an der Universität Mainz. Seit Abitur und Wehrdienst ist er als Reiseleiter und Tourguide auf internationalen Reisen unterwegs und erlangte 2008 das Reiseleiter-Zertifikat des Bundesverbandes der Deutschen Tourismuswirtschaft und der Hochschule Bremen. Im Fachmagazin „Bus-Fahrt" verfasst er die Serie „Reiseleitung von A bis Z".

Diese Zahlen widerlegen ganz klar das Vorurteil, dass vorwiegend alte Menschen mit dem Bus verreisen. Zwar hat der Bus bei den Senioren deutlich überproportionale Marktanteile, jedoch ist er für viele Jugendliche das ideale Reiseverkehrsmittel für Gruppenreisen. Oft ist die Busreise der erste eigene Urlaub vieler junger Menschen.

Die Anbieter – das sind 4.500 private deutsche Busunternehmen, die vorwiegend im Linien-, Schüler- und Gelegenheitsverkehr tätig sind. Die meisten Betriebe sind klein- und mittelständisch strukturiert, wobei es sich häufig um traditionsreiche Familienunternehmen handelt, die in ihren lokalen Märkten durchaus Markenwirkung erzielen und über ein großes Vertrauen bei den Kunden verfügen.

Argumente für den Bus

Die Gründe für die hohe Bedeutung des Busses, speziell für Jugendreisen, liegen auf der Hand: Der Reisebus eignet sich aufgrund seiner Konstruktion, Umweltverträglichkeit und Preiswürdigkeit für die flexible Beförderung von Gruppen. Die Preiswürdigkeit der Anmietung eines Reisebusses liegt unter anderem an dem geringen Kraftstoffverbrauch pro Sitzplatz. Wobei diese Kosten für den Verbraucher noch viel niedriger sein könnten, wenn der Fiskus Bus und Flieger gleich behandeln würden: Während 70 Prozent der Dieselkosten des Reisebusses als Mineralölsteuer und Ökosteuer an den Staat abgeführt werden müssen, ist Flugkerosin steuerbefreit. Es ist bedauerlich, dass dies den meisten Entscheidern wie Eltern, Lehrern, Trainern usw. nicht bekannt ist.

Die niedrigen Preise für die Busbeförderung sind aber auch auf den harten Wettbewerb der Busunternehmer untereinander zurückzuführen. Leider versuchen viele Veranstalter von Jugendreisen, aber auch Lehrerinnen und Lehrer, diese Situation auszunutzen und den Anmietpreis immer mehr zu drücken. Die Eltern wundern sich dann, wenn daraufhin fallweise alte Fahrzeuge zum Einsatz kommen oder unseriöse Veranstalter die einschlägigen Sicherheits-, Lenk- und Ruhezeitvorschriften umgehen. Verantwortliche Jugendreiseveranstalter und sicherheitsbewusste Eltern sollten dies bei der Auswahl ihres Busunternehmers und auch bei den Preisverhandlungen berücksichtigen. Sicherheit hat ihren Preis.

Sicher Reisen mit dem Bus
Dabei ist der Reisebus das sicherste Reiseverkehrsmittel. Das belegen sowohl aktuelle als auch langjährige Statistiken: Betrug die Anzahl der tödlich verunglückten Busfahrgäste im Jahr 1992 noch 58, so ist sie im Jahr 2011 auf fünf gesunken. Im Vergleich dazu liegt die Zahl der Reisenden, die im motorisierten Individualverkehr tödlich verunglückten, bis zu 250-mal höher: Nach Angaben des Statistischen Bundesamtes verunglückten auf Deutschlands Straßen mit dem Bus in den letzten zehn Jahren (2001-2010) 157 Personen tödlich. Mit dem Pkw kamen im gleichen Zeitraum 29.499 Menschen ums Leben.

2010 nutzten die verletzten oder verunglückten Menschen zu
- 57 Prozent den Pkw,
- 3 Prozent den Lkw
- rund 17 Prozent das Fahrrad,
- rund 7 Prozent das Motorrad
- rund 5 Prozent das Mofa.

8 Prozent waren Fußgänger. Und am seltensten (1,5 %) verunglückten Gäste mit dem Bus! Setzt man die gefahrenen Personenkilometer mit den getöteten Insassen in Beziehung, wird die hohe Bussicherheit noch deutlicher. Jugendliche mit dem Bus verreisen zu lassen, ist also eine statistisch belegte sichere Entscheidung.

Leider spiegeln diese Statistiken nicht die Wahrnehmung der Öffentlichkeit wider. In den Medien wird einer der glücklicherweise sehr seltenen Unfälle mit Busbeteiligung drama-tisierender behandelt als die vielen tragischen Verkehrsunfälle, die jeden Tag auf Europas Straßen passieren. Leider eignen sich Verkehrsunfälle von Massenverkehrsmitteln als Pro-jektionsfläche zur Dramatisierung von Ängsten.

Das Busgewerbe unternimmt natürlich viel, um den hohen Busstandard ständig auszubau-en. Beispielsweise hat der Internationale Bustouristik-Verband RDA mit dem Automobilclub von Deutschland AvD durch die Sicherheitsinitiative „Bus Pilot" Tausende von Busfahrern in puncto Sicherheit geschult. Mit RBI (RDA-AvD-Busintervent) wurde ein 24-Busnotfall-Monitoring geschaffen, das nicht nur Hilfestellung leistet, sondern Busunfälle auch wissen-schaftlich auswertet. Dies gewährleistet eine stetige Verbesserung der technischen Aus-stattungen sowie der Ausbildung von Buspiloten und Reiseleitern.

Sicherheitsfaktor 1: Die ausgereifte Bustechnik
Bremsen, Lenkung, Reifen basieren auf den Erfahrungen des Nutzfahrzeugbaus, bzw. stam-men teilweise aus Lkw-Komponenten, wo erheblich schwerere Lasten bewegt, beschleu-nigt, gelenkt und abgebremst werden. Die gleichen Bremsen, die einen 30-Tonnen-Laster abbremsten, können dies noch viel besser mit einem 18-Tonnen-Bus. Hinzu kommt dass vie-le moderne Busse mit Telma Retarder ausgestattet sind – verschleißfreien, hydrostatischen oder elektrischen Bremseinrichtungen, die gleichermaßen der Sicherheit und dem Komfort dienen. Darüber hinaus gehören ABS-Antiblockiersysteme und ASR, die Antischlupfrege-lung, zum Standard. Auch Tempobegrenzer und Dauerbremslimiter kommen zum Einsatz.

Letztere verhindern, dass Busse an Gefällstrecken durch deren Masse-Schubkraft über die im Tempobegrenzer eingestellte Höchstgeschwindigkeit hinaus beschleunigen. Und im Übrigen sind Busse wesentlich häufiger bei TÜV und DEKRA vertreten als ein normaler Pkw. Im Schnitt werden sie jährlich zu einer Hauptuntersuchung sowie, je nach Fahrzeughalter, viertel- oder halbjährig zu einer Sicherheitsuntersuchung vorgeführt.

Sicherheitsfaktor 2: Qualifizierte Fahrerinnen und Fahrer

Die Reisebusfahrer-Ausbildung und -prüfung ist wesentlich schwieriger als die für Pkw-Fahrer. Seit 2008 gilt zudem das BKrFQG (Berufskraftfahrer-Qualifikations-Gesetz). Berufskraftfahrer müssen, nebst Führerschein, durch eine Grundqualifikation und Weiterbildungen im Abstand von fünf Jahren tätigkeitsbezogene Fähigkeiten und Kenntnisse nachweisen. Das Buspilot-Programm der RDA Akademie in Verbindung mit der TÜV Rheinland Akademie bietet dazu zertifizierte Kurse. Ferner müssen sich Reisebusfahrerinnen und -fahrer regelmäßig vor Verlängerung ihrer Fahrerlaubnis einer Gesundheitsuntersuchung unterziehen – so erhöht sich zusätzlich die Sicherheit.

Durch eine entsprechende Routenplanung wird die Überbeanspruchung des Fahrers stets ausgeschlossen. Auch die gesetzlichen Regeln zu Lenk-, Schicht- und Ruhezeiten sorgen dafür, dass Reisebusfahrer ihre verantwortliche Tätigkeit sicher ausüben können.

Als Faustregel gilt dabei, dass die tägliche Fahrzeit maximal neun Stunden umfasst, zwei Mal wöchentlich zehn Stunden. Nach viereinhalb Stunden Fahrzeit ist eine Pause von 45 Minuten einzulegen, die Pausen lassen sich aber auch in verschiedene Schritte aufteilen. Zudem gilt für Reisebusfahrer natürlich auch ein Alkoholverbot, das heißt 0,00 Promille.

Umfangreiche Kontrollen sorgen für die Einhaltung dieser Bestimmungen. Die Kontrolldichte liegt beispielsweise in Deutschland 500 Prozent über dem EU-Durchschnitt. In diesem Sinne wurde auch der digitale Tachograf eingeführt und schafft so die Möglichkeit von bestmöglicher Transparenz.

Busreisen schont die Umwelt

Der Reisebus ist ein besonders umweltverträgliches Reiseverkehrsmittel. In der aktuellsten Studie des Ifeu-Instituts „Vergleichende Umweltbilanz des Reisebusses" von 2009 wurden die verschiedenen Reiseverkehrsmittel objektiv miteinander verglichen. Dabei weist der Bus gegenüber allen anderen konkurrierenden Verkehrsmitteln die besten Werte aus! Verglichen wurden der Primärenergieverbrauch und die dadurch verursachten Emissionen. Und so viel verbrauchten die verschiedenen Verkehrsmittel pro 100 Kilometer pro Person:

Reisebus: 0,7 Liter
Diesel-Pkw: 1,8 Liter
Benzin-Pkw: 2,0 Liter
Die Bahn bei einer Zuggeschwindigkeit unter 200 km/h: 0,9 Liter über 200 km/h: 1,2 Liter
Flugzeug: 4,7 Liter

Auch bei den CO^2-Werten ist der Reisebus unschlagbar. Doch das Thema Umweltbelastung weist letztlich noch mehr Facetten auf als Kraftstoffverbrauch und Abgasausstoß. So darf man nicht vergessen, dass ein Reisebus weit mehr als 30 Pkw ersetzt und von daher Straßen und Umwelt generell weniger belastet und auch weniger Verkehrsraum beansprucht. So trägt der Reisebus zur Schonung der Umwelt und auch der Kulturstätten bei. Eine logische und bessere Konsequenz für die Umwelt wäre daher eine steuerliche Gleichbehandlung des ökologischen Reisebusses mit den Verkehrsträgern Flugzeug und Bahn, damit die umweltschonende Reiseentscheidung auch belohnt wird. Dies geschieht aus politischen Gründen jedoch nicht und schadet neben der Umwelt auch dem Geldbeutel eines jeden einzelnen Bundesbürger, der über steuerliche Subventionen Flugzeug und Bahn unterstützt. Der RDA klärt gemeinsam mit der Branche und Verbündeten in der Politik über diesen Missstand seit Langem auf.

Komfort, Flexibilität und Gruppengerechtigkeit

Der moderne Reisebus ist von der Ausstattung (WC, Bordküche, Schlafsessel, Klimatisierung etc.) her als moderne Großraum-Limousine anzusehen, dessen Flexibilität seine Gäste quasi überall hinbringt, wo es eine Straße oder Wege gibt. Die Fahrplan- und Schienenunabhängigkeit macht den Reisebus dabei zum idealen Verkehrsmittel für Gruppenreisen. Die Reise beginnt beim individuell vereinbarten Abfahrtsort (Schule, Vereinsheim, Marktplatz, usw.), unterwegs ermöglicht er das Ausrichten an besonderen Reisethemen und den individuellen Interessen der Gruppe. Ein wichtiges Plus ist gerade auch das Eingehen auf spontane Gelegenheiten – wie der Ad-hoc-Stopp bei einem unterwegs wahrgenommenen Event oder einer Destination.

Auch die räumliche Gestaltung des Businnenraumes ist ideal für das Entstehen eines Gruppengefühls. Kommunikation ist über die Köpfe hinweg möglich, Musik ist individuell spielbar, und Reiseutensilien können ausgetauscht werden. „Chillen" mit Freunden und den neuen Kontaktpersonen ist in einem Bus ideal realisierbar und lässt so auch weite und lange Anfahrtswege überbrücken. Die räumliche Nähe zu den anderen Teilnehmern der Reise macht Kontakte unumgänglich und schafft so eine vielseitige Kommunikation für alle Teilnehmer.

Die Überschaubarkeit des Reisebusses ermöglicht auch eine gruppengerechte Betreuung durch Reiseleitungen und Jugendleiter unterwegs, ohne dass diese den Jugendlichen das Gefühl von ständiger Kontrolle geben. Last but not least verfügen die Gruppenreiseveranstalter – je nach Ausgestaltung des Beförderungsvertrages – auch im Zielgebiet über einen dauernden Zugriff auf das bequeme Beförderungsmittel vor Ort für Ausflüge, Fahrten zu Events etc. Damit diese Vorzüge des Busses unterwegs zum Tragen kommen, ist aber gerade auch die Reiseleitung gefordert.

Reiseleitung von Jugendreisen mit dem Bus

Jugendreisen sind geprägt durch
- die Lebensunerfahrenheit der Teilnehmer (oft ist es die erste Reise ohne Eltern),
- die besondere Verantwortung des Reiseleiters oder der Reiseleiterin,
- die teilweise begrenzte Rechtsfähigkeit der Jugendlichen,
- gruppendynamische Effekte und Konflikte untereinander – auch gegenüber Reiseleitung und Fahrer,
- die inhaltlichen Ziele,
- dem Wunsch, „unter sich zu sein".

Viele Jugendreisen sind sozial motiviert, das heißt, sie bieten eine kostengünstige Reisemöglichkeit. Und wenn die Jugendlichen dann mit ihrer Reiseleitung und den Busfahrern auf Tour gehen, ist die Phase vor dem eigentlichen Reiseantritt besonders wichtig. Um Konflikte

während der Fahrt zu vermeiden, sollte die Anreise nicht nur als notwendige Beförderung zum Reiseziel, sondern als ein wichtiger, positiver Bestandteil der Reise verstanden und genutzt werden. So ist es möglich, in einer guten Gemeinschaft
- das durchreiste Land kennen zu lernen,
- das Kennenlernen in der Gruppe schon am Reiseanfang zu starten,
- Freundschaften und neue Kontakte zu stärken.

Dies sollte bei der Planung der Route und dem didaktischen Aufbau der Jugendbetreuung berücksichtigt und eingeplant werden. Viele weitere Einzelheiten sind ferner mit dem Busunternehmen abzuklären, wie zum Beispiel:
- Nutzung der Buseinrichtungen Bordküche, WC, Kühlschrank (Bordküchenumsatz ist bei allgemeiner Touristik oft ein einträgliches Nebengeschäft des Fahrers),
- separate Unterkunft / Verpflegung des Fahrers oder mit der Gruppe (bei Jugendreisen bedeutet dies oft Komfortabstriche für den Fahrer),
- auf jugendfreundlichen Fahrer bestehen: der jugendfreundliche Busfahrer ist von zentraler Bedeutung,
- die zentrale Bedeutung der Auswahl eines jugendgruppengerechten Busses und Fahrers führt dazu, dass evtl. Buswechsel oder Einschaltung von Subunternehmen durch den Busunternehmer besondere Auswirkungen haben können,
- die Sitzordnung (Reihenbestuhlung oder Sitzgruppen) hat Auswirkungen auf die Kommunikation.

Allerdings ist auch die besondere Kompetenz des Jugendreiseleiters oder der -reiseleiterin gefragt. Kommt es zu Problemen zwischen Fahrer und Reiseleiter, so hat dies massive Auswirkungen auf die Gruppe. Dieses Konfliktpotenzial lässt sich vermeiden, indem Reiseleitung und Fahrer sich vorab gut abstimmen und auch während der gemeinsamen Fahrt eine freundliche Kommunikation pflegen. Zur kollegialen Zusammenarbeit mit dem Fahrer, sollten die Reiseleiterinnen und Reiseleiter grundsätzlich darauf hinwirken, dass die Gruppe auf eine schonende Behandlung des Busses achtet. Auch ein Appell an die Solidarität mit der Arbeit des Fahrers wirkt in der Regel Wunder. Und darüber hinaus ist auf die richtige Mischung zwischen Integration des Fahrers in die Gruppe und Schaffung von Freiräumen für ihn zu achten.

Die Regeln für ein gutes Miteinander sollten bereits vor Reisebeginn bekannt gemacht werden. So lässt sich vermeiden, dass die erste Rede im Bus gleich mit lauter Verboten beginnt. Bei Jugendreisen kommt hinzu, dass bei der Abfahrt meist auch noch die Eltern dabei sind, die oft zu größerer Unruhe beitragen. Deshalb sollte bereits in der Abfahrtsphase vor Ankunft des Busses die organisatorische Fürsorge und Kompetenz des Jugendreiseleiters sichtbar werden: Jeder Reiseleiter und jede Reiseleiterin sollte auf Fragen der Eltern vorbereitet sein.

Während der Reise obliegt die Musikauswahl bei „normalen" Reisegruppen dem Reiseleiter. Bei Jugendreisen kann eine Demokratisierung praktiziert werden: zum Beispiel können die Teilnehmerinnen und Teilnehmer CDs mitbringen. Die Auswahl der Raststätten ist einerseits vom knappen Reisebudget der Jugendlichen bestimmt. Anderseits kann die Flexibilität des Busses zu Abstechern zu landestypischen Gaststätten genutzt werden, um Land und Leute besser kennenzulernen. Aber auch ein Stopp bei Fast-Food-Restaurants ist sicherlich eher im Interesse der jungen Gäste als bei „Schnitzel-Willy" oder „Ilses Kaffeebude". Die Gefahr, dass sich Teilnehmerinnen und Teilnehmer bei Pausen verlaufen bzw. die Abfahrtszeit übersehen, ist bei Jugendreisen größer als bei „normalen" Reisen. Während ein Erwachsener, der eine halbe Stunde zu spät kommt, damit rechnen kann, dass der Bus weg ist, muss der Jugendreiseleiter speziell bei Kindern schon erhebliche Schritte ergreifen, um diese zu suchen bzw. deren Weiterbeförderung sicherzustellen. Allerdings darf der gesamte Reiseerfolg auch nicht gefährdet werden.

Die Rückreise ist bei Jugendreisen oft durch den schmerzlichen „Abschied" geprägt. Ein guter Reiseleiter organisiert das Fortleben der Erlebnisse durch Treffen, Adressen- und Fotoaustausch, Internetforen des Reiseanbieters etc.
Als Qualifikationsnachweis für Reiseleiter stehen unter anderem das Reiseleiter-Zertifikat des BTW und der Hochschule Bremen zur Verfügung. Das Zertifikat und den Ausweis erhalten praktizierende Reiseleiter/-innen und Studenten des Internationalen Studiengang Angewandte Freizeit Wissenschaft im Anschluss an eine schriftliche und mündliche Prüfung.

So sind es viele Faktoren, die eine erfolgreiche Jugendreise mit dem Bus ausmachen. Spielen alle optimal zusammen, werden die Buserlebnisse für die Teilnehmerinnen und Teilnehmer sicher besonders sein und zu einer guten Erinnerung an die gemeinsame Reise beitragen.

Eine persönliche Nachbemerkung

An diesem Artikel haben gleich zwei Autoren gearbeitet – warum? Als langjähriger Verbandsfunktionär gehöre ich einer anderen Generation an als die im Buch behandelten Jugendlichen. Da stellte sich die Frage, wie ich über diese Zielgruppe wohl am besten schreiben sollte. In Gesprächen mit meinem Sohn Ulrich, der wie ich bereits in jungen Jahren als Reiseleiter tätig wurde und selbst noch zu der Zielgruppe gehört, entstand die Idee, ihn als Co-Autor einzubinden. Schließlich spielt das generationsübergreifende Spannungsfeld ja auch bei Jugendreisen einegroße Rolle.

Reiserechtliche Problematiken bei Kinder- und Jugendreisen

Dr. Jana Ilchmann und Patrick Wersin

Das Reisevertragsrecht wurde erst 1979 im Bürgerlichen Gesetzbuch kodifiziert. Auf diese Weise hat der deutsche Gesetzgeber auf die wachsende wirtschaftliche Bedeutung der Pauschalreise reagiert. 1990 folgte der europäische Gesetzgeber mit dem Erlass der Pauschalreise-Richtlinie, deren Vorgaben mittlerweile in das nationale Recht umgesetzt wurden. Weiterentwickelt wurde das Reisevertragsrecht mit dem zweiten Gesetz zur Änderung reiserechtlicher Vorschriften vom 23.07.2001, welches insbesondere eine Sondervorschrift für internationale Gastschulaufenthalte einführte.

Wann findet das Reisevertragsrecht Anwendung?

Die gesetzlichen Bestimmungen finden jedoch nicht auf alle Reisen Anwendung. Wenn in den §§ 651a ff. BGB von einer „Reise" die Rede ist, ist damit lediglich die Pauschalreise gemeint. Somit ist der Geltungsbereich des Reisevertragsrechts nur dann eröffnet, wenn sich der Reiseveranstalter zur entgeltlichen Durchführung einer Gesamtheit von mindestens zwei Einzelleistungen (zum Beispiel Flug und Übernachtung) verpflichtet hat. Bucht der Reisende etwa das Hotelzimmer direkt beim Hotel oder die Ferienwohnung direkt beim Eigentümer, findet das Reisevertragsrecht dagegen keine Anwendung.

Das Reisevertragsrecht nach den §§ 651a ff. BGB gilt für jede Pauschalreise. Dabei kommt es nicht darauf an, ob ein Jugendlicher oder ein Erwachsener die Reise bucht, das Gesetz

Dr. Jana Ilchmann
Rechtsanwältin bei BRANDI Rechtsanwälte in Bielefeld, geb. 1979 in Lauchhammer. Studium der Rechtswissenschaft in Rostock. Von 2005 bis 2008 wissenschaftliche Mitarbeiterin am Lehrstuhl Bürgerliches Recht, internationales Privat-, Verfahrens- und Wirtschaftsrecht bei Prof. Dr. Ansgar Staudinger, dabei unter anderem Mitarbeit in der Forschungsstelle für Reiserecht. Seit 2008 als Rechtsanwältin tätig.

Patrick Wersin
Dipl.-Jur., geb. 1980 in Lippstadt, Studium der Rechtswissenschaft an der Universität Bielefeld. 2006 Abschluss des universitären Scherpunktbereichs „International Trade". Seit 2008 wissenschaftlicher Mitarbeiter an der Universität Bielefeld am Lehrstuhl für Bürgerliches und Römisches Recht. Seit 2011 Rechtsreferendar am Landgericht Bielefeld.

spricht von dem „Reisenden". Die Abgrenzung der Pauschalreise ist auch entscheidend für den „Veranstalter": Er ist nur dann Reiseveranstalter, wenn er tatsächlich eine Gesamtheit von Reiseleistungen in eigener Verantwortung organisiert, anbietet und erbringt. Daraus resultieren die umfangreichen Pflichten des Reiseveranstalters, wie das Vorlegen eines Sicherungsscheins und die Haftung bei Reisemängeln.

Das Reiserecht unterliegt einer ständigen Fortentwicklung durch zahlreiche Urteile sowie durch den verstärkten Einfluss europäischen Rechts. Aufgrund der Vielzahl der Gerichtsurteile können diese nicht vollständig aufgeführt werden. Hier soll eine Auswahl verdeutlichen, dass auch das Jugendreiserecht, sofern man überhaupt diese Unterscheidung zum allgemeinen Reiserecht treffen kann, in den letzten 15 Jahren Veränderungen unterworfen war und noch ist.

I. Rechtliche Problemkreise bei Kinder- und Jugendreisen

1. Vertragsschluss

Erste Fallstricke können bereits bei Abschluss des Reisevertrages auftauchen. Da die Reiseleistungen entgeltlich angeboten werden, muss der Minderjährige durch seine gesetzlichen Vertreter (also in der Regel die Eltern) vertreten werden. Ist das Kind oder der Jugendliche älter als sieben Jahre, kann er den Vertrag – mit Zustimmung der gesetzlichen Vertreter – auch selbst abschließen. Im Folgenden ist dann der Jugendliche als Reisender Vertragspartner des Reiseveranstalters.

Für den Reiseveranstalter gilt wiederum besondere Sorgfalt bei der Verwendung des „Kleingedruckten". Erhellend mag in diesem Zusammenhang das Urteil des Landgerichts Dortmund aus dem Jahre 2008 sein (Az. 8 O 324/07). Der Beklagte Jugendreiseveranstalter verwendete in seinen allgemeinen Reisebedingungen eine Klausel, welche den Reisenden verpflichtete, eine Anzahlung in Höhe von 15 Prozent des Reisepreises, mindestens jedoch 175 Euro pro Reiseteilnehmer zu leisten. Das Gericht befand, dass solch eine Klausel gegen Treu und Glauben verstoße und deshalb unangemessen sei. Es bestehe nämlich die Gefahr, dass der Reisende durch den in dieser Klausel verankerten absoluten Mindestbetrag verpflichtet werde, den Reisepreis zu wesentlichen Teilen oder sogar in vollem Umfang bereits bei der Buchung zu entrichten. Dadurch werde ihm die Möglichkeit genommen, bei Nicht- oder nicht vertragsgemäßer Leistung des Reiseveranstalters das Entgelt (oder einen Teil davon) zurückzuhalten.

Mittlerweile werden (Pauschal-)Reisen überwiegend im Internet gebucht. Hier ist im Besonderen darauf zu achten, dass die allgemeinen Reisebedingungen auch wirksam einbezogen werden, das heißt, dass auf diese allgemeinen Reisebedingungen eindeutig hingewiesen wurde und der Reisende die Möglichkeit hatte, von diesen Kenntnis zu nehmen.

2. Aufsichtspflichten

Regelmäßig beschäftigen sich die Gerichte mit der Frage, welchen Umfang die Aufsichtspflicht der mitreisenden Gruppenbetreuer hat. Verletzt einer der Betreuer seine Aufsichtspflicht, besteht für den Reiseveranstalter nämlich die Gefahr, dem geschädigten Reiseteilnehmer gegenüber zu haften, da ihm das Fehlverhalten seiner Mitarbeiter zugerechnet wird.

So hatte sich das Landgericht Bielefeld mit der Frage zu beschäftigen, ob es eine Pflichtverletzung darstellt, wenn man zwei 16-jährige Teilnehmer einer Jugendreise nach einer kurzen

Einführung ohne Beaufsichtigung Holz hacken lässt (Az. 2 O 228/07). Bei der Ausführung dieser Aufgabe wurde einem der beiden Jugendlichen der linke Zeigefinger abgetrennt. Aus der Sicht des Betroffenen kam erschwerend hinzu, dass er zum Unfallzeitpunkt bereits seit fünf Jahren Saxofon und seit zehneinhalb Jahren Klavier spielte. Das Gericht entschied, dass den Betreuern keine Verletzung ihrer Aufsichtspflicht vorzuwerfen sei. So sei von Jugendlichen in diesem Alter zu erwarten, dass sie die Gefahren im Umgang mit der Axt richtig einschätzen können. Es sei aus Sicht der Betreuer nicht zu befürchten gewesen, dass die einfachen und jedermann unmittelbar einleuchtenden Verhaltensregeln beim Holzhacken in so grober Weise missachtet werden. In Ermangelung einer Aufsichtspflichtverletzung bestehe auch kein Anspruch des Geschädigten gegen den Reiseveranstalter auf Schadensersatz und Schmerzensgeld.

Was tun bei Erkrankungen?

Das Landgericht Stuttgart hatte im Jahre 2005 folgenden Fall zu entscheiden (Az. 25 O 68/05): Eine 16-jährige Teilnehmerin einer Jugendreise litt nach Reiseantritt an einer schweren Magen-Darm-Erkrankung und kollabierte auf dem Weg zur Toilette. Dadurch hatte sie sich das Jochbein gestoßen. Die Aufsichtspersonen hatten weder anlässlich der Erkrankung noch anlässlich des Sturzes einen Arzt gerufen. Auch in diesem Fall lehnte das Gericht einen Anspruch der Klägerin auf Schadensersatz und Schmerzensgeld gegen den Reiseveranstalter ab. Die mitreisenden Betreuer hätten ihre Aufsichtspflicht nicht verletzt. So vermochte die Klägerin nicht zu beweisen, dass ihr Zustand dadurch verschlimmert wurde, dass die Betreuer sie trotz hohen Fiebers mit mehreren Decken zugedeckt und nicht auf eine ausreichende Versorgung mit Flüssigkeit und Elektrolyten geachtet hätten. So habe die Klägerin selbst eingeräumt, dass sie angesichts ihres damaligen Zustands nicht in der Lage gewesen sei, Flüssigkeit oder Nahrung aufzunehmen. Auch die unterlassene Konsultation eines Arztes sei den Betreuern nicht vorzuwerfen, da die Eltern des Kindes bei der Reiseanmeldung nicht darauf hingewiesen hätten, dass ihr Kind im Falle einer Magen-Darm-Erkrankung erfahrungsgemäß zum Kollabieren neige. Davon abgesehen könne von einer 16-jährigen Jugendlichen erwartet werden, dass sie notfalls selbst darauf drängt, einen Arzt zu rufen, was die Klägerin im vorliegenden Fall nicht getan hat.

Mit der Versorgung einer während der Reise erkrankten Jugendlichen hatte sich schließlich auch das Landgericht Halle (Saale) in seiner Entscheidung aus dem Jahre 2002 auseinanderzusetzen (Az. 2 T 313/01). Die zum Zeitpunkt der Italienreise 15-jährige Klägerin litt unter starken Halsschmerzen, weshalb sie weder essen noch trinken oder schlucken konnte. Sie widersetzte sich dem Vorschlag der Betreuer, sich in ein örtliches Krankenhaus einweisen zu lassen. Auch in diesem Fall sah das Gericht keine Verletzung der Aufsichtspflicht durch die mitreisenden Aufsichtspersonen. Die Klägerin vermochte nach Ansicht des Gerichts nicht substanziiert darzulegen, wie sich die Krankheit durch das Verhalten der Betreuerinnen verschlimmert haben sollte. Es sei zudem nicht vorwerfbar, dass die Klägerin nicht gegen ihren Willen in ein italienisches Krankenhaus eingeliefert worden sei. So habe die Rückreise unmittelbar bevorgestanden. Zudem hätte eine Einlieferung der Klägerin eine Trennung vom Rest der Reisegruppe zur Folge gehabt. Die Unterbringung in einem Krankenhaus wäre unter diesen Umständen nur dann sinnvoll gewesen, wenn eine akute Notsituation vorgelegen hätte. Das Gericht war jedoch nicht davon überzeugt, dass dies der Fall gewesen ist. Schließlich könne von einer 15-jährigen eine realistische Einschätzung darüber erwartet werden, ob eine ärztliche Behandlung geboten sei oder nicht.

Was tun bei Drogenmissbrauch?

Das Amtsgericht Bielefeld entschied 1998 darüber, ob der Reiseveranstalter zur außerordentlichen Kündigung des Reisevertrages und Veranlassung der sofortigen Rückreise eines 15-jährigen Jugendlichen berechtigt ist, der während einer Jugendreise mit seinen Freunden drei Gramm Haschisch teilte (Az. 42 C 732/98). Zu klären war insbesondere die Frage, ob vor der Kündigung zunächst eine Abmahnung des Jugendlichen hätte erfolgen müssen. Das AG Bielefeld hielt die Kündigung für rechtmäßig. So trage der Jugendreiseveranstalter gegenüber den Mitreisenden eine große Verantwortung. Daher könne er nicht tolerieren, dass sich ein Jugendlicher, der nachweislich Drogen konsumiert und unter seinen Freunden verteilt hat, weiterhin unter den Mitreisenden aufhält.

Letztlich sind die beispielhaft aufgezählten Urteile nur Einzelfallentscheidungen. Daraus wird aber ersichtlich, dass im Rahmen der Aufsichtspflicht das Alter und die Erfahrung der jugendlichen Reisenden zu berücksichtigen sind. Andere Maßstäbe dürften sicherlich bei der Betreuung von jüngeren Jugendlichen gelten. Allerdings haben die Begleitpersonen und damit auch der Reiseveranstalter darauf zu achten, dass die gesetzlichen Bestimmungen (zum Beispiel Jugendschutzgesetz) eingehalten werden.

3. Reisemängel

Das Vorliegen etwaiger Reisemängel stellt einen weiteren Streitpunkt dar, den die Gerichte mit großer Regelmäßigkeit zu klären haben.

Ist die Reise mangelhaft, hat der Reisende einen Anspruch auf Minderung des Reisepreises. Mittlerweile ist die Frankfurter Reisetabelle weit bekannt. Auch der ADAC hat Reisemängel und die entsprechende Minderungshöhe in einer Liste zusammengestellt. Voraussetzung für eine erfolgreiche Reisepreisminderung ist grundsätzlich eine Mängelrüge vor Ort. Diese muss, sofern der Jugendliche Reisender ist, von diesem angezeigt werden, auch wenn er minderjährig ist (so auch das

Landgericht Frankenthal, Urteil vom 11.02.2009, Az. 2 S 295/08, zur Mängelanzeigepflicht bei einem Gastschulaufenthalt).

Hinsichtlich der Mängel im Rahmen einer Jugendreise gibt es keine wesentlichen Unterschiede zu den Mängeln sämtlicher anderer Pauschalreisen. Es kommt immer darauf an, was die Parteien vereinbart haben. Nur wenn die tatsächliche Beschaffenheit der Reise von derjenigen abweicht, welche vereinbart wurde, liegt ein Mangel vor, der zu einer Minderung berechtigt. Zu berücksichtigen sind natürlich die Eigenheiten einer Jugendreise – zur Vermeidung einer Haftung ist es für den Veranstalter jedoch ratsam, die Reise im Prospekt oder im Internet konkret zu beschreiben. Dies zeigt sich auch in den folgenden, beispielhaft dargestellten Urteilen:

Das Landgericht Hamburg hatte im Jahre 2010 etwa darüber zu befinden, ob es einen Reisemangel darstellt, wenn die Bett- und Matratzenlänge das Maß von 1,90 m unterschreitet (Az. 318 S 209/09). Das Gericht stellte zunächst fest, dass es keine Vorschriften oder Normen gibt, die eine Matratzenlänge von 1,90 m als Mindeststandard verbindlich vorschreiben. Unter Berufung auf statistische Erhebungen gelangte das Gericht jedoch zu der Erkenntnis, dass 43 Prozent der Männer in Deutschland 1,80 m und größer seien. In der Altersgruppe der 20- bis 25-Jährigen betrage die durchschnittliche Körpergröße gar 1,81 m. Auf dieser Grundlage und unter Berücksichtigung des Umstandes, dass diese Reise gerade auf ein jüngeres Publikum zugeschnitten war, gelangte das Landgericht Hamburg zu dem Ergebnis, dass die Unterschreitung der Bett- und Matratzenlänge von 1,90 m einen Reisemangel darstellt. Allerdings teilte das Berufungsgericht nicht die Bewertung der Vorinstanz, dass durch solch einen Mangel die Reise derart beeinträchtigt werde, dass der Reisende zur Kündigung des Reisevertrages berechtigt sei. Eine Fortsetzung der Reise sei ihm unter Gesamtwürdigung aller Umstände zuzumuten gewesen, da die Funktion der Betten als Schlafgelegenheit zwar beeinträchtigt, aber nicht aufgehoben sei. In Betracht komme stattdessen eine Minderung in Höhe von 25 Prozent des Reisepreises.

Korrekte Angaben sind ausschlaggebend

Bereits im Jahr 2001 entschied das Amtsgericht Bielefeld, dass ein Reisemangel vorliegt, wenn im Reiseprospekt unter anderem die Altersgruppe „17 bis 21" für die angebotene Reise angegeben wird, tatsächlich aber nur vier bis fünf Teilnehmer aus dieser Altersgruppe mitfahren (Az. 42 C 1060/99). So könne die Angabe im Reiseprospekt bei verständiger Würdigung nur so verstanden werden, dass es einem Reiseteilnehmer möglich ist, mit mehreren Jugendlichen ähnlichen Alters den Urlaub verbringen zu können. Dies setze voraus, dass mindestens zehn bis zwölf Teilnehmer entsprechenden Alters vor Ort sind. Die Klägerin sei daher berechtigt, den Reisepreis um 3 Prozent zu mindern. Dagegen vermochte das Gericht nicht der Argumentation der Klägerin zu folgen, dass die gemeinsame Unterbringung in einem Zelt mit drei Jungen für drei Nächte einen weiteren Reisemangel darstelle, da sie sich vor Ort mit der abweichenden Unterbringung einverstanden erklärt hatte.

Das Amtsgericht Bad Homburg hat im Jahr 2009 entschieden, dass es einen Reisemangel darstellt, wenn die Mitarbeiterin des Reisebüros dem Kunden telefonisch zusichert, dass eine Ankunft am Flughafen eine Stunde und 20 Minuten vor Abflug ausreichend ist, obwohl dies tatsächlich nicht der Fall war (Az. 2 C 2633/08 (20), 2 C 2633/08). Der Reiseveranstalter muss sich die fehlerhafte Zusicherung der Mitarbeiterin des Reisebüros zurechnen lassen. Schließlich sind die Reisebüromitarbeiter Erfüllungsgehilfen des Reiseveranstalters, nachdem die konkrete Auswahlentscheidung getroffen wurde.

Die richtige Aufklärung ist entscheidend

In einem anderen Fall, den das Landgericht Frankfurt a. M. im Jahr 2009 zu entscheiden hatte, ging es um die Frage, ob die fehlende Unterrichtung eines erkennbar nichtdeutschen Kunden über bestehende Einreisebestimmungen durch die Mitarbeiter eines Reisebüros einen Reisemangel darstellt (Az. 2-24 S 136/08). Der Kläger war ägyptischer Staatsangehöriger und wollte mit dem Bus über Slowenien nach Kroatien reisen. Dabei wurde ihm die Einreise nach Slowenien mangels Visum verweigert. Für das Gericht stand nach der Beweisaufnahme fest, dass den Mitarbeitern des Reisebüros der Reisepass des Klägers vorgelegen habe und sie ihn dennoch nicht über die Visumspflicht aufgeklärt hätten. Dies verstoße jedoch gegen die reisevertragliche Pflicht, alle nichtdeutschen Reisekunden über Einreisevorschriften bei der Buchung zu informieren, wenn dem Veranstalter bzw. seinem Vermittler die besonderen Umstände des Kunden hinsichtlich einer fremden Staatsangehörigkeit erkennbar seien. Der Reiseveranstalter müsse sich das Fehlverhalten der Mitarbeiter des Reisebüros zurechnen lassen. Im Ergebnis hatte der Kläger gegen den Reiseveranstalter nicht nur einen Anspruch auf Rückzahlung des Reisepreises, sondern auch auf Schadensersatz für die in Eigenregie unternommene Rückreise. Daneben wurde ihm ein Entschädigungsanspruch in Höhe von 150 Euro wegen entgangener Urlaubsfreude zuerkannt.

Demgegenüber ist das AG Baden-Baden (Urteil vom 10.07.2009, Az. 16 C 2/09) der Meinung, eine Aufklärungspflicht scheide für Angehörige anderer Staaten als des Landes, in dem die Reise angeboten werde, aus.

Interessant ist für den Reiseveranstalter auch die Entscheidung des BGH aus dem Jahr 2010 (Az. Xa ZR 46/10). Der BGH entschied, dass der Reiseveranstalter auch für Bahnverspätungen beim Angebot eines Rail & Fly-Tickets haften müsse, sofern er aus der maßgeblichen Sicht eines durchschnittlichen Reisenden mit seinem Gesamtverhalten den Eindruck vermittele, er biete den Bahntransfer als eigene Leistung an und wolle für den Erfolg einstehen. Der Reiseveranstalter haftet damit für die Versäumnisse des Bahnunternehmens.

Im Übrigen dürften die zahlreichen Entscheidungen der Instanzgerichte zu den einzelnen Reisemängeln auch für Jugendreisen gelten – immer unter Berücksichtigung der Eigenheiten einer Jugendreise.

4. Höhere Gewalt

Die Reisefreude kann nicht nur durch (zurechenbares) Fehlverhalten des Reiseveranstalters getrübt werden. Das AG Rostock hatte 2011 darüber zu entscheiden, ob der Klägerin, die aufgrund des Ausbruchs des Vulkans Eyjafjallajökull nicht wie geplant nach Hause fliegen konnte, sondern stattdessen von Marseille aus mit einem Bus über 19 Stunden nach Berlin fahren musste, ein Anspruch auf Rückzahlung des Reisepreises sowie Schadensersatz gegen den Reiseveranstalter zusteht (Az. 47 C 410/10). Nach Auffassung des Gerichts ist die Klägerin berechtigt, den Reisepreis zu mindern, weil die Rückreise weder von der Beförderungsart her noch in zeitlicher Hinsicht der geschuldeten Leistung entsprach. Dass der Reiseveranstalter den Grund für die Beeinträchtigung nicht zu verantworten hat, ist für die Frage der Minderung des Reisepreises unerheblich. Allerdings betonte das Gericht, dass nur der Rückreisetag von diesem Mangel betroffen gewesen sei, weshalb lediglich eine Minderung des gesamten Tagereisepreises für den Rückreisetag erfolgen könne. Da es sich bei der durch die austretende Vulkanasche ausgelöste Sperrung des Luftraums um höhere Gewalt handele, stehe der Klägerin jedoch kein darüber hinausgehender Schadensersatzanspruch zu.

Noch nicht abschließend geklärt ist, inwieweit streikbedingte Auswirkungen auf den Reiseverlauf als höhere Gewalt zu qualifizieren sind. In diesem Zusammenhang stellt sich auch die Frage, welche Anforderungen an die Reiseveranstalter zu richten sind, um Beeinträchtigungen für die Reisenden aufgrund von Streiks zu vermeiden oder abzufedern. Dies mag gerade im Lichte der im Jahre 2011 vermehrt aufgetretenen Streiks in Griechenland von Bedeutung sein.

II. Rechte des Reisenden außerhalb des Pauschalreiserechts

Seit einigen Jahren wird das deutsche Reiserecht von EU-Verordnungen beeinflusst, welche unmittelbar geltendes Recht sind. Ziel dieser Verordnungen ist die Stärkung der Rechte des Reisenden – unabhängig davon, ob ein Pauschalreise- oder nur ein Beförderungsvertrag geschlossen wurde.

Zu nennen ist etwa die Fluggastrechte-Verordnung (VO 261/2004/EG vom 11.02.2004 über eine gemeinsame Regelung für Ausgleichs- und Unterstützungsleistungen für Fluggäste im Fall der Nichtbeförderung und bei Annullierung oder großer Verspätung von Flügen). Diese begründet Rechte von Flugpassagieren, die ihren Flug in dem Gebiet eines Mitgliedstaates angetreten haben oder deren Flug von einer EU-Fluggesellschaft durchgeführt wird und der einen Flughafen im Gebiet eines Mitgliedstaates zum Ziel hat. Bei Nichtbeförderung, Verspätung oder Annullierung des Fluges stehen dem Fluggast gegen das ausführende Luftfahrtunternehmen Ausgleichsansprüche (Ausgleichszahlungen) und Ansprüche auf Betreuung (Mahlzeiten, Hotelunterbringung) zu. Allerdings gibt es zu dieser Verordnung seit dem Inkrafttreten bereits kaum zählbare Urteile und Anfragen zur Auslegung an den Europäischen Gerichtshof.

Eine weitere Verordnung (VO 1371/2007/EG vom 23.10.2007 über die Rechte und Pflichten der Fahrgäste im Eisenbahnverkehr) ermöglicht Regelungen im inländischen und grenzüberschreitenden Eisenbahnverkehr für Fälle von Verspätung, verpassten Anschlüssen oder Zugausfällen Fahrpreiserstattungen, Fahrpreisentschädigungen oder Hilfeleistungen (Mahlzeiten, Hotelunterbringung). In Deutschland findet diese Verordnung bereits seit 2009 Anwendung.

Am 01.03.2013 tritt zudem eine Verordnung in Kraft, welche Entschädigungsansprüche des Reisenden für Tod, Körperverletzung sowie den Verlust oder die Beschädigung von Gepäck bei Unfällen im Busverkehr, bei denen der Abfahrts- oder der Ankunftsort des Fahrgastes im Hoheitsgebiet eines Mitgliedstaats liegt, begründet (VO 181/2011/EU vom 16.02.2011 über die Fahrgastrechte im Kraftomnibusverkehr). Bei Annullierung oder Verspätung hat der Fahrgast das Recht auf eine Fahrpreiserstattung bzw. -entschädigung.

III. Ausblick

Die aufgeführten Urteile zeigen, dass das Reiserecht einer fortwährenden Entwicklung unterliegt. Zurzeit arbeitet die Europäische Kommission an einer neuen Pauschalreise-Richtlinie. Die Veröffentlichung des Vorschlags wird für das Frühjahr 2012 erwartet. In vielen Bereichen werden die Rechte der Reisenden auf europäischer Ebene vereinheitlicht, um auch den Verbraucherschutz bei grenzüberschreitenden Reisen zu gewährleisten.

Unterdessen ist seit einigen Jahren der Trend zur Individualisierung des Reisens zu erkennen. Häufig bucht der Reisende im Internet Flug und Unterkunft direkt beim jeweiligen Anbieter. Andere lassen sich die Reiseeinzelleistungen über entsprechende Internetportale individuell zusammenstellen und Vertragsschlüsse mit den jeweiligen Dienstleistern vermitteln. Dies tangiert vor allem Pauschalreiseveranstalter. In diesem Kontext ist der Gesetzgeber in der Pflicht, dass das Reisevertragsrecht mit den fortschreitenden Veränderungen Schritt hält, um auch in Zukunft den Schutz des Reisenden zu gewährleisten.

Die Leidenschaft von Doc Holiday

Dr. Volker M. Jorczyk

„Steuerrecht in der Touristik ist äußerst sexy", meint Dr. Volker M. Jorczyk von der Tourism Tax & Law Rechsanwaltsgesellschaft mbH. Im Interview erläutert er, wie das zu verstehen ist.

Herr Jorczyk, was macht für Sie das Steuerrecht in der Touristik besonders spannend?

Zum Beispiel die Frage, wie Jugendreisen und (Margen) Umsatzbesteuerung zusammen-passen — schon diese Frage bewegt die Gemüter seit langem. Geregelt wird die Margen-besteuerung in § 25 UStG und basiert auf Artikel 306 ff. MwStSystRL, soviel zu den immer wichtigen Gesetzesgrundlagen, die man gelegentlich durchaus einmal nachlesen sollte. Dies hilft beim generellen Rechtsverständnis und führt zu der Einsicht, dass es ohne Margenbe-steuerung für die Tourismusindustrie nicht geht. Also ich breche gern eine Lanze für diese Spezialumsatzbesteuerung, auch wenn in der Branche der eine und andere seine m. E. un-begründeten Vorbehalte hegt.

Warum finden Sie die Margenumsatzbesteuerung so gut?

Die Margensteuer ist als sog. „lex specalis" ein einzigartiges Instrument zur steuerrechtli-chen Verfahrensvereinfachung. Sie führt zur fairen Verteilung des internationalen Umsatz-steueraufkommens in der touristischen Leistungskette zwischen Zielgebieten und Quell-märkten, d. h. das Steueraufkommen verbleibt dort, wo die jeweilige Wertschöpfung erfolgt, indem die lokale Umsatzsteuer auf die eingekauften Reisevorleistungen nicht an den Veran-stalter erstattet wird und damit dem Destinationsfiskus verbleibt, während der Veranstalter seine EU-Marge und damit seinen Wertschöpfungsanteil an seinem Sitz im Quellmarkt der Umsatzsteuer zu unterwerfen hat.

Der Veranstalter bewegt sich mit seinen Margensteuerumsätzen also ausschließlich in dem ihm bekannten nationalen Steuerrecht, muss sich folglich mit den teils sperrigen Vorgaben anderer EU-Mitgliedstaaten z. B. in Bezug auf Vorsteuererstattung und Faktura nicht aus-einander setzen.

Diese allenfalls auf den ersten Blick komplexe und nur scheinbar „trockene" Thematik ist, soweit das B2C-Geschäft betroffen ist, hinreichend logisch und sogar partiell harmonisiert. Kompliziert wird's, wenn das B2B-Reisegeschäft zu beurteilen ist. Viele scheuen sich vor diesem nicht ganz trivialen Steuerspagat, aber dafür gibt es eigentlich keinen Grund, wenn man die historische und geltende Rechtslage einigermaßen überschaut.

Dr. Volker M. Jorczyk
(Dipl.-Finanzwirt, Rechtsanwalt, Steuerberater) begann seine berufliche Laufbahn in der Finanzverwaltung NRW bevor er Rechtswissenschaften studierte. Von 1997 bis 2011 koordinierte er das PwC CC „Steuern der Touristik" und gründete im Juli 2011 die TTL Tourism Tax & Law Rechtsanwaltsgesellschaft mbH in Köln (www.tou-rismtaxlaw.com).
Regelmäßig publiziert der im Fachkreisen als „Doc Holiday" bekannte Branchenspe-zialist in Fachzeitschriften (SRTour), hält Praktikerseminare (TTS), (mit-)verantwortet die steuerliche Verbandsarbeit von DRV, VPR, VDR, ECTAA sowie ECSA und hält Vor-lesungen an der ISM Dortmund.

Wie haben Sie es geschafft, diesen Spagat zu trainieren?

Ich bin einfach ein Mensch, der gern nachdenkt und sich stets, also auch bei (steuer-)rechtlichen Zusammenhängen, die Frage stellt: Macht das Sinn? Passt die Regelung ins System? Dieser Grundansatz einer sinnhaften und fairen Gesetzesanwendung schärft einen kritischen Blick auf das Steuerrecht, denn reine Formalismen sind mir zuwider. Für die Touristik bin ich nun seit 15 Jahren am Start und ich weiß aus meiner Zeit als aktiver Finanzbeamter auch, worauf es ankommt. Wohlgemerkt: Ich bin Steuerberater, kein Steuerhinterziehungsberater – letzteres ist mit mir nicht zu machen. Ein wenig stolz bin ich auf meinen internationalen Steuerspitznamen Doc Holiday, vermutlich ein Selbstschutz meiner Mandanten, die mit meinem eigentlichen Namen gelegentlich ihre Schwierigkeiten haben.

Und was empfiehlt nun „Doc Holiday" in Bezug auf die Margebesteuerung?

Schauen wir erst einmal, wen die Margenumsatzbesteuerung überhaupt betrifft: Der deutsche Gesetzgeber unterwirft in § 25 des Umsatzsteuergesetzes – übrigens mit dem dauerhaften Segen der EU-Kommission ausschließlich Reiseleistungen an Nichtunternehmer dieser Spezialbesteuerung. Dies können neben den klassischen B2C- Kunden, also Privatpersonen, auch Vereine, Parteien usw. sein. Für alle anderen im Leistungsgeflecht der Touristik erbrachten Reiseleistungen, insbesondere beim B2B-Reiseverkauf wie z. B. im Paketgeschäft, im Kettengeschäft sowie im Business Travel sind dagegen die allgemeinen Besteuerungsvorschriften des Umsatzsteuerrechts, die sog. Regelbesteuerung, anwendbar. Da die Abgrenzung von Margenbesteuerung und Regelbesteuerung ein jedes touristisches Unternehmen betrifft, sollte auch jeder steuer-, finanz- und produktverantwortliche Mitarbeiter dieses Unternehmens die korrekte Anwendung des nationalen, europäischen und internationalen Umsatzsteuerrechts zumindest in Grundzügen kennen. Wie schnell ist nämlich die Marge dahin, wenn bei der Kalkulation eine Umsatzsteuerbelastung von 19%-Punkten oder aber etwaige ausländische Umsatzsteuern vergessen wurden?

Und was ist mit dem B2B-Geschäft in Europa? Fehlt es auch hier an Harmonisierung und einheitlicher Rechtsanwendung?

Ja. Die Rechtsfrage, ob das Tour Operator Margin Scheme (TOMS), wie die Margenbesteuerung international bezeichnet wird, auch im B2B-Reisegeschäft anwendbar ist, wird seit 2011 in mehreren Vertragsverletzungsverfahren vom Europäischen Gerichtshof untersucht. Eine Vielzahl von EU-Mitgliedstaaten geht anders als Deutschland davon aus, dass auch das B2B-Reisegeschäft unter gewissen von Land zu Land differierenden Voraussetzungen der Margensteuer unterliegt. So wendet England vereinfacht betrachtet beispielsweise TOMS auf alle B2B-Fälle an, in denen die Reiseleistung im Unternehmen konsumiert wird, während bei einem Travel Reseller – das entspricht in Deutschland dem Ketten- und Paketgeschäft – die Regelbesteuerung zum Tragen kommt. Die Rechtslage in Europa ist bedauerlicherweise zersplittert. Und deswegen wird die eingangs erwähnte Klärung der B2B-Reise-Rechtslage durch den EuGH von der Branche mit Hochspannung erwartet.
Insgesamt setzt die Anwendbarkeit der Margenbesteuerung ein Auftreten im eigenen Namen voraus, was der Abgrenzung zum Vermittlergeschäft, also dem Handeln im fremden Namen und für fremde Rechnung dient. Zudem müssen Reisevorleistungen, also Lieferungen und sonstige Leistungen Dritter, die dem Reisenden unmittelbar zugute kommen,

entweder zu einem Reisepaket verbunden oder als Einzelreiseleistung (z. B. Nur-Flug, Nur-Hotel; nicht aber Nur-Eintrittskarte) abgegeben werden. Margensteuerrelevant sind daher typischerweise „sonstige Leistungen", bei Leistungsträgern aus den Bereichen Hotel, Personenbeförderung, Restauration und Catering, Betreuung und Reiseleitung, Zielgebietsaktivitäten und dergleichen eingekauft werden.

Wie wirkt sich die Margenbesteuerung finanziell auf die Unternehmen aus?

Besteuert wird nicht der Umsatz, sondern die EU-Marge, also der vom Veranstalter generierte Mehrwert. Drittlandsmargen sind steuerfrei. In der deutschen Steuerpraxis hat sich die Gesamtmargenbildung gegenüber der Einzelmargenabrechnung durchgesetzt, da hier eine Verrechnung von Negativmargen mit positiven Margen möglich ist. Ggf. kann es aber auch günstiger sein, Gruppenmargen zu bilden, z. B. für einzelne Zielgebiete; dies muss man konkret ausrechnen.
Und das Berechnungsprinzip der Margenermittlung ist simpel und fair:
Sie nehmen den Reisepreis, ziehen die Reisevorleistungen ab, dann erhalten Sie die Bruttomarge. Von dieser ziehen Sie den steuerfreien Drittlandsanteil ab und schon wissen Sie, welche EU-Marge anfällt. Darin sind 19/119 Umsatzsteuer enthalten, also 15,97 %, die ans Finanzamt abzuführen sind. Das ist schon alles.

*Gibt es noch einen Bereich in der Kinder- und Jugendtouristik, den die Finanzämter beson-
ders im Fokus haben?*

Im Jugendreisebereich zeigt sich ein klarer Trend: Die Aufstellung gemeinnütziger Organisationen ist im Laufe der Jahre immer professioneller und erfolgreicher geworden. Damit bewegen sich die Gemeinnützigen im Spannungsfeld zwischen staatlich subventionierter, die
Allgemeinheit fördernder Tätigkeit und einem ganz normalen wirtschaftlichen Geschäfts-
betrieb. Soweit ich das beobachten konnte, schauen die Finanzämter schon seit längerem
genau hin, wann die Grenze zum wettbewerblichen Auftritt überschritten wird und sorgen
dann auch für eine Nachversteuerung von Gewinnen.

Was raten Sie dann?

Die Frage ist, ob es überhaupt bzw. im konkreten Fall noch erstrebenswert ist, die Gemeinnützigkeit aufrechtzuerhalten, denn diese ist ja auch mit einer Vielzahl von Einschränkungen verbunden. Hier muss jeder Einzelfall betrachtet werden, schließlich ist die Rechtsma-
terie komplex bei zunehmender Prüfungsintensität Finanzverwaltung. Da muss jeder Schritt
sorgfältig überlegt sein.

Worauf muss sich die Branche zukünftig noch einstellen?

Bei den Ertragssteuern wird seit geraumer Zeit ein Aspekt diskutiert, der die Branche Millionen kosten kann. Dies betrifft das Thema der Gewerbesteuerhinzurechnung, zugegebenermaßen eine etwas sperrige und technische Sache, aber sehr wichtig. Der Gewinn einer
GmbH wird der Körperschaftsteuer unterworfen, das ist klar. Zusätzlich fällt Gewerbesteuer
an, allerdings nicht genau auf den ermittelten Gewinn, sondern auf eine für gewerbesteu-
erliche Zwecke adjustierte Bemessungsgrundlage, d. h. es sind Hinzurechnungen und Ab-
rechnungen zu berücksichtigen.
Seit 2008 existiert u. a. eine gesetzliche Verpflichtung, Mieten, Pachten und Leasingzahlun-
gen anteilig für Wirtschaftsgüter des unbeweglichen Anlagevermögens gewerbesteuerer-
höhend hinzuzurechnen. Nehmen wir als Beispiel einen Hotelier, der in eigener, vollständig
bezahlter Immobilie sein Hotel betreibt, und dadurch einen relativ hohen Gewinn ausweist.
Sein Mitbewerber, der im angepachteten Nachbargebäude ebenfalls ein Hotel betreibt, weist
einen deutlich geringeren Gewinn aus, weil er die Pachtzinsen als Betriebsausgaben abge-
zogen hat. Der Gesetzgeber erkennt insoweit eine steuerliche Schieflage, wenn der wirtschaftlich Erfolgreiche mit solider Kapitaldecke höher gewerbebesteuert werden soll als sein
Konkurrent in einem gepachteten Gebäude. Aus Gleichbehandlungsgründen werden die ursprünglich abgezogenen Pachtzinsen dem Gewinn also wieder hinzugerechnet, so dass beide Hotels wirtschaftlich gleichgestellt werden. Dieses Prinzip kann man kritisieren als eine
Methode, um Einnahmen zu generieren, es entspricht aber dem Willen des Gesetzgebers.

*Und was bedeutet das nun für Jugendreiseveranstalter? Diese betreiben ja keine Hotels,
sondern kaufen Übernachtungsleistungen nur ein und verkaufen nachher Reisepakete.*

Nun, vor eineinhalb Jahren ist ein Außenprüfer auf die Idee gekommen, den Reisevorleis-
tungseinkauf Hotel als mietähnliches Rechtsverhältnis zu beurteilen, um diese Zahlung

ebenfalls für Gewerbesteuerzwecke hinzuzurechnen. Seither und mit Wirkung ab dem Jahr 2008 steht der Hoteleinkauf nun im Risiko einer gewerbesteuerlichen Hinzurechnung. Dies betrifft Schnitt ein Drittel der Kosten eines Veranstalters.

Aus meiner Sicht ist diese Hinzurechnung überhaupt nicht haltbar und führt zu einer verfassungsrechtlich bedenklichen Übermaßbesteuerung. Ein Reiseveranstalter ist kein Hotel oder gar Hotelähnlicher Betrieb, er ist Händler mit Reiseleistungen und liegt damit von vornherein außerhalb des Anwendungsbereichs der Hinzurechnung. Die Hinzurechnungsvorschriften beschränken sich zudem generell auf Inlandsobjekte, wohingegen das Gros des Hoteleinkaufs das Ausland betrifft. Die Verbände, allen voran BDI, DRV und VPR, haben sich längst an das Bundesfinanzministerium gewandt und begleiten das Musterverfahren in Münster. Leider, muss man auch auch sagen, zeigt die Finanzverwaltung bislang keine Bereitschaft zum Einlenken, so dass eine gerichtliche Entscheidung unausweichlich erscheint. Die Chancen, in diesem Verfahren zu gewinnen, stehen nach meinem Dafürhalten gut, auch wenn sich Prognosen für ein Handeln vor Gericht oder auf hoher See für gewöhnlich verbieten.

Herr Dr. Jorczyk, vielen Dank für das Gespräch.

**5. Kinder- und Jugendreisen im neuen Gewand.
Oder: Starke Marken als Erfolgsfaktor.**

Produktentwicklung mit Markenpartnern
Wie starke Marken einander transportieren
Jens Wiesehöfer

Eigentlich ist **ruf** gar kein Reiseveranstalter! Auch wenn **ruf** sich selbst als „Veranstalter für junges Reisen" bezeichnet und von außen betrachtet wohl am ehesten die Kriterien für einen Reiseveranstalter erfüllt, ist das Unternehmen eigentlich in einem ganz anderen „Business" unterwegs. Das eigentliche Geschäft ist, das „Erwachsensein-Ausprobieren möglich machen" und „Möglichkeiten bieten, um Neues zu entdecken und sich zurechtzufinden".

Seit der Gründung von **ruf** wurden vielfältige Formate und Modelle entwickelt, die in den meisten Fällen wie Reisekonzepte aussehen. Diese Konzepte sollen jungen Menschen Gelegenheiten bieten, Wünschen zu folgen, die eine zentrale Bedeutung in ihrer Entwicklung haben:

- sich selbst zu erkennen,
- erkannt zu werden und
- sich auszuprobieren.

Die Reise war und ist dabei ein sehr probates Mittel zum Zweck und Metapher zugleich. In jeder Hinsicht. Für das Unternehmen, seine Mitarbeiter, seine Kooperationspartner und seine Kunden gleichermaßen.

Nun könnte man meinen: Nach 30 Jahren und als Markt- und Meinungsführer sollte man hinreichend Erfahrung in der Konzeption neuer Reiseangebote und -formate haben, oder nicht? Man sollte in der Lage sein, die Wünsche und Bedürfnisse seiner Kunden zu erkennen und sie in Reiseformate zu übersetzen.
Also sind die Fragen berechtigt: Was können andere, was **ruf** nicht kann? Oder: Warum braucht man Markenpartner bei der Entwicklung von Angeboten und Reiseformaten, wenn es doch letztendlich nur um das „Sich Orientieren" geht? Und wenn man hierbei Partner braucht: Wofür braucht man sie, und welche Partner sind die richtigen? Welche Rolle spielt eine Marke dabei?"

Jens Wiesehöfer
Jens Wiesehöfer durchlief seit 1998 viele Stationen im Außendienst bei **ruf** und begeistert sich seitdem für die touristische und pädagogische Arbeit mit Kindern und Jugendlichen. Seit 2006 arbeitet er im Innendienst und ist nach einigen Jahren als Ressortleiter für den Agenturvertrieb und als Ansprechpartner für die Kooperationspartner 2010 in die neu geschaffene Stabstelle Business-Development gewechselt. Dort arbeitet er im Auftrag der Geschäftsführung an neuen Reisekonzepten und Urlaubsformaten für alle Segmente des Unternehmens.

Wendy-Flyer

Um diese Fragen zu beantworten, um herauszufinden, ob, wann oder warum eine Marken-partnerschaft bei der Konzeption von Reisen sinnvoll ist, und um eine kurze Darstellung der bisherigen Arbeit von **ruf** mit (meist nichttouristischen) Markenpartnern vornehmen zu können, wollen wir zunächst kurz die Theorie von expliziten und impliziten Systemen, Imprints, Frames und der Wirkung von Marken bemühen. Zudem werfen wir einen kurzen Blick auf Innovationsfelder und die Bedeutung von Marken bei Jugendlichen.

Wer sich sorgt, dass dies nun mit einer umfassenden theoretischen Abhandlung geschieht, kann beruhigt sein. Denn weil es bei alledem zunächst (nur) um bewusste und unbewusste Wahrnehmung geht, also um die Abfolge von Signal – Bedeutung – Belohnung, soll das auf „bildhafte" Art und Weise und sehr vereinfacht geschehen. Durch vereinfachende Bilder werden die wichtigsten Annahmen und Erkenntnisse von Kundenwahrnehmung mit Bezug auf Marken dargestellt – wissend, dass dies immer nur fragmentarisch und lückenhaft geschehen kann. Und dann wird aufgezeigt, wie dies im Fall von **ruf** zu einer zielführenden Auseinandersetzung mit Markenpartnern kommen und in welche Konzepte dies münden kann.

Zum Einstieg ein Test
Schauen Sie sich beide Quadrate an. Unterscheiden sich die beiden inneren Quadrate? In der Farbe? In ihrer Größe?

Lautete Ihre Antwort: „Das linke Quadrat ist heller und größer?" Dann sind sie einer optischen Täuschung aufgesessen, die Ihre Wahrnehmung beeinflusst hat. Beide inneren Quadrate sind gleich groß und haben die gleiche Farbe. Lediglich der dunkle Hintergrund lässt das vor ihm liegende Quadrat größer und heller erscheinen.

Was das mit der Frage nach Marken zu tun hat?
Nun: Stellen Sie sich die verschiedenen Hintergründe als unterschiedlich starke Marken vor. Sie dienen den Produkten (also den inneren Quadraten) sozusagen als Hintergrund, als Leinwand, als Fläche, vor der sie heller erscheinen. Besser und deutlicher sichtbarer. Und sogar größer, als sie im Vergleich zu anderen eigentlich sind – je nachdem, wie stark (dunkel) die Marke ist. Und noch etwas passiert: Je intensiver man sich mit dem inneren Quadrat „beschäftigt", desto mehr tritt der Hintergrund zurück, ohne dabei seine verändernde Wirkung zu verlieren.

Und wenn Sie jetzt noch einmal auf die beiden Flächen schauen? Hat sich etwas verändert? Wahrscheinlich nicht! Und das, obwohl Sie wissen, dass die beiden inneren Quadrate die gleiche Farbe und die gleiche Größe haben. Sie können sich selbst nicht erklären, wieso das passiert. Das implizite, unbewusste System ist stärker als das explizite, rationale System. Nebenbei hat die Wahrnehmung natürlich auch etwas mit Optik zu tun, aber das lassen wir an dieser Stelle einmal außer Acht!

Ein zweites Beispiel:

Ein Geschäftsmann sitzt nach einem anstrengenden und sehr erfolgreichen Tag im Flugzeug auf dem Weg nach Hause. Während er im Kopf die getätigten Abschlüsse noch einmal durchgeht, serviert die Stewardess als kleinen Snack ein leckeres, besonders appetitliches Stück Kuchen und stellt es unaufgefordert auf den kleinen Klapptisch. Kurz blickt der Geschäftsmann, aus seinen Gedanken gerissen, auf und nimmt das Stück Kuchen beiläufig wahr. Er muss aber unbedingt auf seine Linie achten und hat sich deshalb vorgenommen, auf Kuchen und Süßigkeiten zu verzichten. Er lässt das Stück also zunächst völlig außer Acht und widmet sich wieder den Gedanken an seine wirklich außergewöhnlich guten Geschäftsabschlüsse. Die Reflexion zaubert ihm ein Lächeln auf die Lippen. Und nur hin und wieder fällt sein Blick auf das verlockende Stück Kuchen. Zunächst nur beiläufig, dann mehr und mehr, bis seine Konzentration und somit seine Gedanken an den Tag schwinden. „Heute war ein besonderer Tag! Anstrengend, aber von Erfolg gekrönt. Das Stück Kuchen kann ich mir deshalb ausnahmsweise gönnen!", denkt er bei sich, als er das Stück greift und genussvoll hineinbeißt.

gezeichnet vom Autor

Welche Bedeutung hat diese Geschichte für die Produktion von Markenreisen? Was haben ein übergewichtiger Geschäftsmann und ein Stück Kuchen mit Jugendreisen zu tun? Auf den ersten Blick sicherlich ebenso wenig wie zwei gleichfarbige Quadrate. Aber wenn man die Geschichte genauer liest, zeigt sie etwas auf, das bei allen Menschen und somit auch bei den Kunden von **ruf** reisen gleichermaßen vorhanden ist: die Wirkung von starken Signalen und die Bedeutung von Belohnungen in individuellen Entscheidungsprozessen.

Der Geschäftsmann, ein vermeintlich analytisch und rational denkender Mensch, entscheidet sich zunächst bewusst, dem Kuchen keine Beachtung zu schenken und ihn nicht zu essen – er muss ja, rational betrachtet, auf seine Linie achten. Aber schlussendlich greift er, von einem starken (unbewussten) Impuls angetrieben, doch zu, um sich zu belohnen. Das Signal „Kuchen" hat für ihn eine Bedeutung, die über die kalorienreiche und ungesunde, rationale Ebene hinausgeht und gegen die er sich nicht wehren kann.

Es steht wahrscheinlich seit seiner Kindheit für ein Ritual, für „etwas Besonderes", für eine „Unterbrechung der strikten Regeln", für eine „Ausnahme". Das „Stück Kuchen am Sonntag", am „Festtag im Kreise der Familie", als „Kennzeichen eines besonderen Moments", hat für ihn eine implizite Bedeutung. Diese Bedeutung ist Teil seines „Imprints", seiner Prägung, und der Schlüssel zu seinem Verhalten. Die Verklärung zur einmaligen Ausnahme, die nachträgliche Begründung, dass es aufgrund des Erfolges, den er an diesem Tag hatte, gerechtfertigt sei, den Kuchen gegessen zu haben, ist der selbsttäuschende Versuch, ein nicht logisch erklärbares Verhalten zu deuten bzw. in einen Kontext zu setzen. Mit seiner Entscheidung, mit seinem Impuls hat diese Erklärung nichts zu tun. Oder hätte er nach einem Stück Kuchen verlangt, wenn die Stewardess keines hingestellt hätte? Die Attraktivität des Signals (einem einfachen Keks hätte der Mann vermutlich widerstanden), die tiefere Bedeutung und Bewertung des Signals sowie die Belohnung waren die entscheidenden Faktoren seiner Handlung.

Selbstverständlich sind nicht alle Handlungen und Entscheidungen die wir, und somit auch die jugendlichen Kunden von **ruf,** tagtäglich treffen, das Resultat von unbewussten, impliziten Vorgängen. Aber sie spielen eine gewichtige Rolle. Vieles in unserem Alltag wägen wir sehr rational und bewusst gegen unser „Bauchgefühl" ab. Unsere rationalen, bewussten Entscheidungen wirken sozusagen als Korrektiv des Unbewussten. Unbewusste Entscheidungen und Verhaltensweisen stehen im Wechselspiel mit rationalen Erwägungen und Reflektionen – und bestimmen unser Tun. Wobei Wechselspiel eine gute Überleitung ist …

Ausprobieren und Verwerfen, Handeln und Belohnen

Sämtliche Handlungen von Menschen werden von zwei Richtungen bestimmt, die insgesamt auf (vereinfacht) sechs Belohnungswerte abzielen:

- die beiden Richtungen sind Prävention (Schutz, Sicherheit etc.) und Promotion (Kampf, Positionsfindung, Auseinandersetzung);
- die Belohnungswerte sind Sicherheit, Genuss, Erregung, Abenteuer, Autonomie und Disziplin.

Darüber hinaus ist ein Kennzeichen von Handlungen immer das Streben nach Individualität, nach Abgrenzung und nach Zugehörigkeit – nicht als lineare Abfolge, sondern als stets wiederkehrendes Wechselspiel. Welche Handlungsausrichtung maßgebend ist und welche Belohnungswerte stärker wiegen, hängt von folgenden Faktoren ab:
- von den neuronalen Bedingungen, also den frühen Prägungen und Erfahrungen,
- von der jeweiligen Situation, die eine Handlung erforderlich macht,
- von den objektiven, mit rationalen Argumenten versehenen Entscheidungshilfen.

In wohl kaum einer Lebensphase sind diese Faktoren einem stetigeren Wechsel ausgesetzt als in der Phase der Jugend.

Auf der Suche nach sich selbst, der eigenen Rolle, dem Selbstbild – also dem Streben nach Individualität, nach der Abgrenzung zu anderen oder der eigenen (kindlichen) Vergangenheit, dem eigenen Verhältnis zur Umwelt, aber auch nach immer wechselnden Zugehörigkeiten zu einer bestimmten Gruppe – sind Jugendliche in einer Phase der Entwicklung, in der sie vieles ausprobieren und wieder verwerfen, sich und andere testen und Grenzen ausloten.

Die erste Urlaubsreise ohne Eltern bietet einen hervorragenden Rahmen für diese Suche, denn sie vereint die verschiedenen zentralen Motive Jugendlicher in ihrer Entwicklung.
Aus der Sicht des Jugendlichen heißt das:
Während einer Reise unter Gleichaltrigen, mir zunächst weitestgehend Fremden, kann ich mich in einer Rolle, die mir neu ist, ausprobieren. Ich kann meine individuellen Facetten

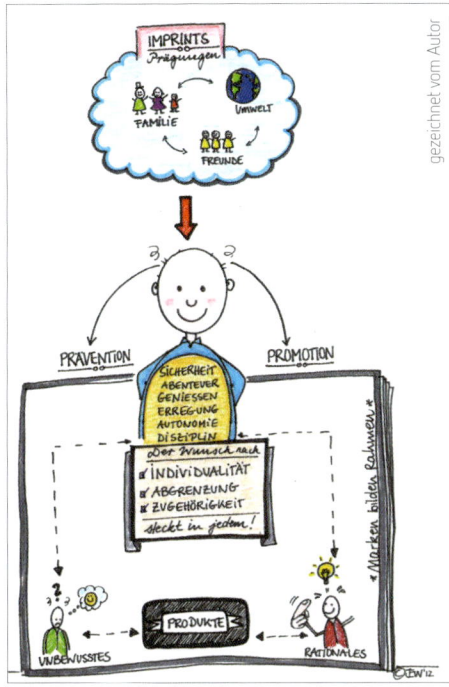

neu sortieren und präsentieren, mich gegenüber meinem „Alltags-Ich", gegenüber meinen Alltagsfreunden, aber auch gegenüber anderen Mitreisenden (positiv) abgrenzen. Ich befinde mich auf einer Urlaubsreise mit anderen im stetigen Wechsel zwischen Prävention und Promotion und erfahre in diesem Setting immer wiederkehrend die elementaren Belohnungen wie Abenteuer, Genuss, Erregung, Autonomie, Schutz und Disziplin.

Urlaub habe ich bisher nur mit meinen Eltern gemacht. Die Entscheidung, den Alltag zu unterbrechen und zu verreisen, ist (in meiner Prägung, in meinem Imprint) für mich eine sehr erwachsene Angelegenheit. Bei meiner ersten Reise ohne Eltern kann ich ausprobieren, wie sich dieses „Erwachsensein" anfühlt.

Alles das würde ich (also der Jugendliche) aber natürlich nicht so äußern. Ich würde sagen: *Ich will Party! Ich will Sonne und Strand! Ich will „Leute kennenlernen"!*

Schon der Satz: „Ich will Freiheit", würde einem Jugendlichen vermutlich nur schwer über die Lippen gehen. Aber haben Sie schon mal versucht, Ihr „Freiheitsgefühl" während einer Reise zu beschreiben, oder Ihren Freunden zu erklären, nachdem Sie von einer Reise zurückgekehrt sind, was das spezifische Freiheitsgefühl war, das Sie erlebt haben? Sie würden Fakten nennen, äußere Faktoren aufzählen, die wichtig sind, damit Sie dieses Freiheitsgefühl erlangen: Ruhe, Zeit, Sonnenuntergang, ein Glas Wein, Musik – oder so in der Art. Sie bräuchten vermutlich ein „Setting", einen „Rahmen", der Ihnen, mit entsprechenden Attributen ausgestattet, dabei hilft, in dieses Gefühl der Autonomie, der Erregung, des Genusses (genau: Belohnung! Ähnlich wie bei dem Mann mit dem Kuchen ...) zu kommen.

Jugendreisen vereinen in sich viele äußere Faktoren, die Jugendliche mit den für sie zentralen Belohnungswerten (unbewusst) in Verbindung bringen. Sie haben eine Bedeutung.

Erwachsensein ausprobieren als Markenversprechen

ruf reisen hat sich in den vergangenen 30 Jahren zu einer starken Marke im Bereich der Jugendreisen entwickelt, weil die Bedeutung allen Handelns und der Kern des Unternehmens, das „Erwachsensein ausprobieren", stets im Zentrum der Konzepte und Produkte stand und immer noch steht. Weil es neben den üblichen kaufmännischen Prozessen und wirtschaftlichen Strukturen, neben Steuerung und Vertrieb, also den expliziten, messbaren Faktoren des unternehmerischen Handelns, eben auch ein implizites Wissen um die Bedeutung von

Jugendreisen, eine nicht durch Kennzahlen verifizierbare, aber trotzdem echte Wahrheit im Handeln der Mitarbeiter von **ruf** gab und gibt. Weil die Kenntnisse über jugendliche Lebenswelten, die Empathie für die Zielgruppe, über statistische Erhebungen und Analysen hinaus, auf einer Erfahrungsebene im Unternehmen vorhanden sind.

Die Produkte von **ruf reisen** bilden auf der expliziten Ebene die Wünsche von Jugendlichen ab. Aber eben nicht nur: Denn einfach nur den Wünschen der Kunden zu folgen, wäre zu kurzsichtig und würde zur Folge haben, dass nur allzu schnell Nachahmer auf den Plan treten und Produkte austauschbar würden. Es gilt die Erkenntnis: Gefallen allein führt nicht zu Verhalten. Hierzu braucht es eine Belohnung. Die Marke **ruf** liefert den Rahmen, den Hintergrund, vor welchem die einzelnen Produkte ihre Wirkung entfalten. Beides zusammen ist der Grund für den Erfolg. Die Marke gibt den expliziten Faktoren, die durch die Wünsche der Kunden artikuliert werden, erst ihre implizite Bedeutung bzw. Belohnung. Und eigentlich wäre damit fast alles gesagt: Weil **ruf** es versteht, die expliziten Anforderungen der Jugendlichen in Produkte zu übersetzen, die auch die tiefere Bedeutungsebene ansprechen, hat man sich über die Jahre eine starke Marke erarbeitet. Ergo: Markenreisen!
Aber eben nur fast.

Den Kuchen haben wollen heißt: Kaufimpulse setzen

Denn vor der Reise steht die Entscheidung eine solche überhaupt anzutreten. Damit der Jugendliche „erkennt", bzw. das Gefühl hat, dass eine Jugendreise – ein Urlaub ohne Eltern – für ihn eine Bedeutung hat und zu ihm passt, braucht er ein Signal (wieder kommt das Kuchenbeispiel zum Tragen!). Um einen (Kauf-)Impuls auszulösen, bedarf es einer impliziten wie expliziten Aktivierung. Der jugendliche Konsument braucht das gute Gefühl, die richtige Entscheidung zu treffen, und die passenden Argumente, um diese Entscheidung zu reflektieren bzw. zu rationalisieren.

Und hier kommen wir auf die Ausgangsfragen zurück: „Warum konzipiert **ruf reisen** Urlaubsformate mit (nichttouristischen) Markenpartnern?" Die einfache und provokant klingende Antwort ist: „Weil sie es können!" Hierbei sind jedoch nicht funktionale Fähigkeiten gemeint. Es ist nicht damit gemeint, dass das Unternehmen in der Lage ist, eine Kooperation zu organisieren. Das wären vermutlich viele andere Anbieter von Jugendreisen auch. Sie können es, weil die Marke **ruf** als Hintergrund für jedes ihrer Produkte ausreichend Strahlkraft besitzt. Und weil nur deshalb jede Kooperation mit Markenpartnern eine Verstärkung der eigenen Bedeutung bzw. der Bedeutung der Produkte zur Folge hat – wodurch die Signalwirkung nicht substituiert, sondern erweitert wird. Weil es nicht darum geht, erst durch die Zusammenarbeit mit einem Partner den Produkten einen Bedeutungshintergrund zu geben. Sondern weil die Entwicklung von Reiseformaten mit anderen starken Marken die Möglichkeit zur Erweiterung und Ausdifferenzierung des Angebotes vor dem Hintergrund des eigenen Markenkerns bietet. Würde die eigene Bedeutung, bzw. die Bedeutung von Jugendreisen, also das „Erwachsensein ausprobieren", gegenüber der des Partners verblassen oder in den Hintergrund treten, wäre das Produkt seines originären Sinns „beraubt". Es würde allenfalls vordergründig attraktiv sein, müsste sich ggf. über ausgleichende Faktoren wie einen günstigeren Preis im Vergleich zum Wettbewerb oder einen vermeintlichen Zusatznutzen verkaufen und wäre, wenn überhaupt, nur kurzfristig erfolgreich. Es wären einzig die bunte Verpackung, die plakative Aufzählung der Leistungsmerkmale und das Hervorheben der expliziten Faktoren, die eine Abgrenzung zum Wettbewerb schaffen – aber dadurch auch gleichzeitig vergleichbarer machen. So würde lediglich das Produkt präsentiert, nicht aber seine Bedeutung.

Auf ihrer Suche nach Orientierung in einer sich fortwährend und zuweilen rasant verändernden Umwelt, in ihrem Streben nach Individualisierung, Abgrenzung und Zugehörigkeit bieten Marken und ihre Bedeutung (jungen) Menschen eine Hilfestellung. Die mit einer Marke in Verbindung gebrachten Attribute helfen den Jugendlichen beim Ausbalancieren sehr komplexer, und sich im Laufe der eigenen Entwicklung verändernden Motivsysteme. Starke Marken sogenannte Trait-Brands, bieten die Möglichkeit der Identifikation und können mit Inhalten und Standpunkten bei der Inszenierung eines (fiktiven) Selbstkonzeptes ein Zugehörigkeitsgefühl vermitteln bzw. die Abgrenzung zu anderen erleichtern. Sie besetzen mit anschlussfähigen Bedeutungen gelernte Rituale und Routinen und schaffen eine für den Einzelnen sinnvolle Verknüpfung von unterschiedlichen Bedeutungsebenen. Wobei wir bei der zweiten zentralen Ausgangsfrage angelangt wären:

Welches sind die richtigen Partner?

Namensschild TKKG-Camp

Auch hier scheint die Antwort relativ simpel: Alle, die zu **ruf** passen! Oder anders: Alle, die in ihrer Bedeutung an die Belohnungs- und Sinnwerte einer **ruf** Reise anschlussfähig sind. Alle, die durch ihre eigenen Attribute die impliziten Belohnungswerte für Jugendliche nachhaltig variieren, sie greifbarer und wahrnehmbarer machen, indem sie Identifikationspunkte und Orientierung bieten, eine Abgrenzung zwischen Produkten ermöglichen und sowohl auf der Signalebene als auch auf Ebene der Bedeutung das **ruf** Produkt erweitern.

So einfach die Beantwortung also auf den ersten Blick scheint: Die tatsächliche Auseinandersetzung mit der Auswahl geeigneter Kooperationspartner erweist sich in der Praxis als ungleich schwieriger. Und die Anzahl möglicher Partner wird dadurch nicht unwesentlich dezimiert. Zumindest dann, wenn der Anspruch besteht, nachhaltig und langfristig erfolgreich zu sein.

Der Erfolg liegt in der stetigen Auseinandersetzung mit möglichen Partnern und den sich daraus ergebenden Chancen für die Entwicklung innovativer Produkte. Innovationen sind das Wohl und Wehe einer modernen Marke. So gilt zum einen der treffende Leitspruch: „Stillstand ist Rückschritt!" Aber auf der anderen Seite steht auch das Wissen, dass über 90 Prozent der Innovationen in Deutschland scheitern. Am häufigsten scheitern sie, wenn

- eine zu große Veränderung der Gewohnheiten erforderlich ist,
- ihre Bedeutung entweder nicht transparent oder aber an den gelernten Belohnungswert nicht anschlussfähig ist,
- der Innovationsgrad des Produktes zu gering ist.

Eine Sommerurlaubsreise für passionierte und aktive Onlinegamer zu produzieren, ist sicherlich eine tolle Innovation. Und die hehren Absichten, den weißhäutigen Computerkids ein wenig Sonne und Bewegung zu ermöglichen, sind bestimmt aller Ehren wert. Aber man muss kein Prophet sein, um zu erkennen, dass die Belohnungswerte bzw. die Bedeutungsebenen nur schwer zu vereinbaren sind und diese Innovation nicht von nachhaltigem Erfolg gekrönt sein wird. Auch könnte man kritisch hinterfragen, ob es unter Marken- und Innovationsgesichtspunkten langfristig notwendig oder gar sinnvoll ist, im Copy-and-Paste-Verfahren Produkte in attraktiven touristischen Zielen zu reproduzieren, sie mit punktuell veränderten expliziten Leistungsmerkmalen zu versehen und sie als Innovation zu deklarieren. Ein Nassrasierer mit fünf statt vier Klingen ist immer noch ein Rasierer!

Aber auch ein Branchenprimus wie **ruf reisen** ist vor Fehlentscheidungen oder falschen Annahmen nicht gefeit. Und es steht natürlich außer Frage, dass es im Wettbewerb mit anderen Anbietern neben den impliziten Belohnungswerten auch um messbare, explizite Vergleichsfaktoren sowie um Bestandssicherung und Marktanteile geht. Und schließlich gelingt es doch ganz passabel, ein ausgewogenes und immer wieder innovatives Portfolio an Produkten zusammenzustellen.

Mit guten Beispielen voran

Ein sicherlich gutes Beispiel für die erfolgreiche Entwicklung eines innovativen Reiseproduktes in Kooperation mit Markenpartnern ist in der Saison 2011 das „YOUR CAMP" vor den Toren Berlins. In Zusammenarbeit mit den Partnern VIVA und D!s-Dance School, flankiert von den Ausstattungspartnern Manhattan-Cosmetics und Yamaha, bietet das „YOUR CAMP" vor allem eines: Die Möglichkeit, sich in unterschiedlichen Bereichen auszuprobieren. Ob Hip-Hop-Dance, Gesang, Modeln oder Moderation – die Reiseteilnehmerinnen und -teilnehmer erhalten die Gelegenheit, ihre Talente zu entdecken, sie auszubauen, etwas dazuzulernen und sich zu entwickeln: Der Name „YOUR CAMP" ist Programm. Die zentralen Motive „Individualisierung – Abgrenzung – Zugehörigkeit" sind bereits in der Konzeption des Produktes verankert. Die Belohnungswerte Autonomie und Erregung – aber auch Disziplin und Abenteuer spielen in der Positionierung des Produktes eine wesentliche Rolle. Alle drei Partner sind hinsichtlich ihrer Bedeutung und ihrer Glaubwürdigkeit relevant und ergänzen sich gegenseitig, die Marken lassen gemeinsam das Produkt „heller strahlen" und unterstützen den impliziten Belohnungswert. Die Ausstattungspartner ergänzen das Format auf nachvollziehbare und sinnvolle Art und Weise. Da wundert es nicht, dass das „YOUR CAMP" bereits im ersten Jahr ein voller Erfolg war. Denn das Produkt adressiert darüber hinaus eine klare Zielgruppe. Es sind Kinder- und Jugendliche, für die Tanzen und Gesang, Ausdruck und Inszenierung bereits ein wichtiger Teil ihres Selbstkonzeptes, ihrer Gewohnheiten und Leidenschaften ist. Es bedient einen Markt. Es bildet Kundenbedürfnisse und Kundenwünsche gleichsam ab. In der Theorie heißt das also: Dieses innovative Produkt ist auf der Bedeutungsebene anschlussfähig, es bietet klare Belohnungswerte und ist deshalb trotz eines relativ hohen Preises erfolgreich. Es sendet eindeutige Signale, die auf der impliziten Wahrnehmungsebene relevant sind und liefert rationale Argumente, die diese Signale unterstützen.

Das „YOUR CAMP" ist nur eines von vielen Beispielen aus der Praxis von **ruf reisen**, das die funktionierende und zielführende Zusammenarbeit verschiedener Partner bei der Konzeption von Reiseformaten deutlich macht. Im Bereich der Kinder- und Teenagerreisen zeigen die „TOGGO-Camps", wie die Übersetzung von Fernsehformaten in die Realität einer Kinder-Urlaubsreise funktioniert. Auch das über mehrere Jahre erfolgreiche Produkt „Micky-Maus-Magazin-Camp" in Walsrode verdeutlicht, wie eine kindgerechte Marken- und Urlaubswelt mit der Fantasiewelt der Kids zu vereinbaren ist. Und das „Teenager-Festival-Camp", das mit dem Deutschen Tourismuspreis 2010 ausgezeichnet wurde, zeigt ebenfalls ein erfolgreiches Zusammenspiel verschiedener Markenpartner (SuperRTL, Teenage-Rockstar, Yamaha, Element-Girls). Und damit wurde es erst zu dem, was die Juroren ausgezeichnet haben: ein aktuelles, nachhaltiges, innovatives Reisekonzept und ein einzigartiges Urlaubserlebnis.

ruf ist eigentlich kein Reiseveranstalter!

Das Geschäft ist das „Erwachsensein ausprobieren möglich machen!". In den vergangenen 30 Jahren wurde dies sehr erfolgreich umgesetzt, in dem **ruf** dafür Reisen organisiert hat. Zunächst mit wenigen idealistischen Studenten, später dann in Form eines Unternehmens, in dem viele junge Menschen das „eine Firma sein" ausprobieren konnten (manche behaupten, das sei bis heute so). Aber jetzt präsentiert sich **ruf** in einer komplexen Struktur, welche die Erfordernisse des Marktes ebenso zu berücksichtigen hat wie die Bedürfnisse des einzelnen Kunden – des Jugendlichen.

Und in Zukunft? Inzwischen selbst eine Marke zu sein, birgt Chancen und Gefahren. Vor dem eigenen Markenhintergrund erscheinen die Produkte heller – bekommen sie eine Bedeutung – erkennt man die Belohnung. Der Markenkern kann handlungs- und richtungsweisend sein und bietet die Möglichkeit, neue Dinge auszuprobieren, neue Verbindungen einzugehen und unbekannte Wege zu beschreiten. Eine gefestigte, nach innen und außen deutliche Markenidentität eröffnet den Weg zu anderen Partnern und somit zu einer Vielzahl neuer Produkte. Hierin liegt die große Chance für die Zukunft.

Aber zugleich ergibt sich die Gefahr, sich selbst zu sehr zu gefallen. Oder Gefallen mit Bedeutung zu verwechseln und so den Markenkern aus den Augen zu verlieren (oder wie erklärt es sich sonst, dass der Fernsehsender VIVA 476.054 Follower bei Facebook hat – Branchenprimus RTL aber nur 173.160 Menschen, die bisher den „Like"-Button gedrückt haben?). Wenn es gelingt, diesen Kern immer wieder in das Zentrum allen Handelns zu bringen und sich mit der Frage auseinanderzusetzen:

„Wie können wir Jugendlichen dabei helfen, erwachsen zu werden?",

werden zukünftig nicht nur Reisen und damit Kooperationen mit Partnern, die in diesem Bereich „anschlussfähig" sind, das Bild des Unternehmens prägen – sondern auch neue Angebotsformate und Produkte, die mit Reisen nichts mehr zu tun haben. Wen überrascht das schon: denn eigentlich ist **ruf** ja kein Reiseveranstalter!

Mit Tick, Trick und Track durch den Sommer
Die Erfindung des Micky Maus Camps
Jörg Risken

„Alles begann mit einer Maus". Dieses bekannte Zitat von Walt Disney gilt sinngebend für das Micky Maus Camp, welches im Jahr 2006 erstmals gemeinsam von **ruf** reisen und dem Egmont Ehapa-Verlag in der Lüneburger Heide durchgeführt wurde. Das damals einzigartige und innovative Kinderreisekonzept bedeutete für beide Partner in gewisser Weise Neuland. **ruf** war bis zu diesem Zeitpunkt noch nicht mit einem derart großen Projekt in die Zielgruppe Kinder vorgestoßen, und für Egmont Ehapa, dem Marktführer im Bereich der Kinderzeitschriften, zählt der touristische Markt sicher nicht zu den Kernkompetenzen. Dennoch zeigte sich in den kommenden Jahren, dass genau diese Gegensätze eine ideale Ergänzung darstellen.

Die Idee des Micky Maus Camps

Im Jahr 2005 begannen erste Gespräche zwischen Egmont Ehapa und **ruf reisen** mit dem Ziel, ein gemeinsames Kinderreisecamp durchzuführen. Schnell war die Idee geboren, die Pfadfindergeschichten der Disney-Comic-Helden Tick, Trick und Track konzeptionell in den inhaltlichen Mittelpunkt des Reiseangebots zu rücken. In unzähligen Comicgeschichten meistert das pfiffige Pfadfindertrio vom Fähnlein Fieselschweif mit dem „Schlauen Buch" selbst die kniffligsten Situationen. Da Donald Ducks gewitzte Neffen für viele junge Leser des Micky Maus-Magazins ein hohes Identifikationspotenzial liefern, ergab sich eine einmalige Gelegenheit, die Abenteuer der Drillinge einmal selbst in einem Sommercamp zu erleben.

Bei der Konzeption des Angebots wurde auf einen naturverbundenen Urlaub besonderer Wert gelegt: Neben inhaltlichen Bezügen zum Fähnlein Fieselschweif sollten auch Sport und Spiel sowie viele Erlebnisse und Lerneffekte geboten werden. In diesem Zuge wurde das Micky Maus Camp um den Claim „Fähnlein Fieselschweif live!" ergänzt.
Warum wir gemeinsame Sache mit **ruf** machen
Die Lebensgewohnheiten von Kindern und Erwachsenen haben sich in den letzten Jahrzehnten stark verändert. Die nachteiligen Auswirkungen der medienorientierten Welt auf das Spiel- und Freizeitverhalten von Kindern und Jugendlichen werden immer deutlicher. Viele Kinder sind zu passiven Konsumenten geworden und folglich körperlich zu wenig aktiv. Untersuchungen in Deutschland ergaben, dass sich Kinder durchschnittlich nur eine Stunde

Jörg Risken
studierte zunächst Angewandte Geografie, BWL und Kunstgeschichte an der Universität Trier, bevor er seine ersten beruflichen Erfahrungen im Bereich Jugendreisen bei Hostelling International sammelte. Nach einer mehrjährigen Tätigkeit in der Werbung ist er seit 2001 beim Egmont Ehapa-Verlag tätig, wo er als Mitglied der Geschäftsleitung unter anderem das Disney-Magazingeschäft verantwortet.

Übersicht Campplan Micky Maus Camp

am Tag bewegen. Nach dem Vorbild amerikanischer Sommercamps wurde folgerichtig das Motto „Raus in die Natur" ausgerufen. Dabei sollten den Kindern durch zahlreiche Aktivitäten die Natur und Umwelt nähergebracht werden. Im Vordergrund standen Aktionen in Anlehnung an die Abenteuer von Fähnlein Fieselschweif und die Verleihung von Auszeichnungen und Orden, die ebenfalls aus den Geschichten übernommen wurden.

Die kreative Phase der Programmgestaltung stellte sich als ideale Konstellation zweier Kooperationspartner heraus. Der Egmont Ehapa-Verlag brachte seine Kompetenz ein, spannende und fesselnde Geschichten zu erzählen, während **ruf** primär dafür verantwortlich war, diese in kindgerechte Reiseprogramme zu übertragen. Der Jugendreisespezialist stellte die Organisation des gesamten touristischen Teils von Buchungsabwicklung über die Auswahl des Zielgebietes, Transportlogistik, Unterbringung und Verpflegung, ausgebildete Reiseleiterinnen und Reiseleiter, altersgerechtes Rahmenprogramm bis hin zum Vertrieb über Internet und Reisebüros zur Verfügung. Egmont Ehapa brachte wiederum die Erlebniswelt sowie die eigenen Magazine als reichweitenstarke Kommunikationsplattformen ein. Schnell waren spannende Themen mit Bezug zu Fähnlein Fieselschweif identifiziert: zum Beispiel Geheimschriften entziffern, Spuren lesen, Flöße bauen oder am Lagerfeuer Gruselgeschichten lauschen.

Spannende Abenteuer erleben

Von Donald Duck selbst stammt die Aufforderung: „Hinaus in Feld und Flur! Durch Hag und Heide, durch Moor, Modder und Morast!". Moderig und morastig sollte es dann aber im Micky Maus Camp natürlich nicht zugehen. Die Erlebnisferien umfassten Angebote wie Schnitzeljagden, Nachtwanderungen und Abende am Lagerfeuer sowie eine Übernachtung im Heuschober, Ponyreiten, Kanutouren oder Ausflüge in die Umgebung. Darüber hinaus sollten die „Scouts" des Fähnleins Fieselschweif lernen, wie man Feuerstellen anlegt, Hängematten und Flöße baut, Spuren liest oder sich in der Indianer-Zeichensprache verständigt. Auch Sport wurde gleich von Beginn an im Micky Maus Camp großgeschrieben: vom Schwimmen im eigenen Badesee über Fußball, Beachvolleyball, Tischtennis und Federball bis zum Klettern.

So war es dann auch eine glückliche Fügung des Schicksals, dass es **ruf** gelang, in Vethem bei Walsrode in der Lüneburger Heide ein nahezu perfektes Areal für das Micky Maus Camp aufzuspüren. Das Herzstück der Anlage bildete ein westernähnliches Fort, welches sogleich als Fort Entenhausen benannt wurde. Ein solches Fort spielt in der Tat eine zentrale Rolle in der Historie der fiktiven Stadt Entenhausen, welches für die weitere Programmplanung ein Glücksfall war.

Marketing via Micky Maus-Magazin

Für die inhaltliche Gestaltung des Ferienprogramms war somit eine ideale und zudem glaubwürdige Location gefunden – das Feintuning der Planung vor Ort sowie die Marketingplanung konnten konkretisiert werden. Schnell war klar, dass ein Großteil der Kinder im Alter von acht bis zwölf Jahren über das Micky Maus-Magazin und andere (Comic-)Titel des Egmont Ehapa-Verlags akquiriert werden sollte. In der Hauptbuchungszeit zwischen Dezember 2005 und April 2006 wurden umfassende Berichte, Anzeigen und Gewinnspiele in das Micky Maus-Magazin integriert, welches jede Woche mehr als 700.000 Leserinnen und Leser im Alter von sechs bis 13 Jahren erreicht. Als Kundenbindungsmaßnahme für das Magazin wurde den Abonnenten zudem ein besonderer Frühbucherrabatt eingeräumt. Bereits mit Start der ersten Maßnahmen zeigte sich ein unmittelbarer Effekt: Mit Erscheinen

des ersten Magazins mit Integration des Micky Maus Camps wurde ein rasanter Anstieg der Buchungszahlen verzeichnet, was ein erneuter Beleg für die Glaubwürdigkeit und Attraktivität des Reiseangebots war.

Die naturnahen Reisen, die in der Zeit von Ende Juni bis Anfang September für jeweils eine Ferienwoche angesetzt wurden, richteten sich – ganz entsprechend der Micky Maus-Leserschaft – zu 70 Prozent an Jungs und zu 30 Prozent an Mädchen. Für die Betreuung der Kinder zeichneten sich die **ruf** Teamerinnen und Teamer verantwortlich, die im Micky Maus Camp zum „Oberwaldmeister" oder zur „Oberwaldmeise" wurden. Auch diese Titel wurde passenderweise aus dem Vokabular des Fähnlein Fieselschweif übernommen.

Die Kooperation beflügelt weitere Urlaubskonzepte
Das Micky Maus Camp bildete den erfolgreichen Auftakt einiger maßgeschneiderter Urlaubskonzepte für Markenanbieter durch **ruf reisen**. Bereits im ersten Jahr haben mehr als 2.000 Kinder eine aufregende Ferienwoche im Micky Maus Camp erlebt. Nicht wenige von ihnen kamen im darauffolgenden Jahr zurück, um wieder einen Sommer voller Abenteuer zu erleben.

Mit Blick auf die Zukunft derartiger „White Label"-Reiseprogramme wäre wohl kaum ein Ausspruch passender als: „Wohin geht die Reise?" Klar ist, dass sich Kinder angesichts einer

immer stärkeren Relevanz von (digitalen) Medien auch zunehmend über diese Kanäle ansprechen lassen. Insofern nehmen die Medien auch in den kommenden Jahren sicher einen großen Anteil an der Bewerbung von Reiseangeboten für Kinder und Jugendliche ein. Trägt eine Reise dann das Label einer (Medien-)Marke, so lässt sich daraus ein Wettbewerbsvorteil ableiten, solange sich die Marke mit glaubwürdigen Inhalten in ein Reiseerlebnis für die jungen Zielgruppen übersetzen lässt. Dass die inhaltliche Gestaltung des Reiseprogramms im Fall des Micky Maus Camps dann allerdings einen bewussten Gegenpol zum digitalen Lebensumfeld der Kinder darstellt, hängt nicht nur mit der Referenz an die Comicinhalte zusammen. In naturnaher Umgebung sollte ganz bewusst ein möglichst ungewohntes, gleichermaßen aber aufregendes Erlebnis geschaffen werden. Das Micky Maus Camp diente quasi als Gegenangebot zum technischen Overkill im Umfeld der Multimediakids. Getreu dem Motto „Kein Trend ohne Gegenbewegung" erlebt etwa momentan die gute, alte Vinyl-Schallplatte einen zweiten Frühling. So wurden 2011 in Deutschland etwa 1,65 Millionen Schallplatten verkauft — so viele wie seit 17 Jahren nicht mehr. Auch hier wird offenbar die Sehnsucht nach einem bewussten Gegenangebot zur Reizüberflutung des Alltags befriedigt.

Im Fall des Micky Maus Camps war die gezielte Abkehr von Spielkonsole und Computer sicher ein nicht ganz risikofreies Unterfangen. Letztlich erwies sich die Praxis dann aber als überaus erfolgreich. Das Reiseprogramm und der Aufenthalt in der Natur beschwerte den Kindern eine intensive und spannende Ferienwoche mit neuen Herausforderungen und großem Zusammengehörigkeitsgefühl. Als unsere Ehapa-Besuchergruppe beim Abschlussabend der ersten Reisegruppe miterleben konnte, mit welchem Spaß der eigens geschriebene Camp-Song vorgeführt wurde, war dies für uns ein sehr emotionaler Moment: Wir haben gesehen, dass unsere Geschichten durch unsere Leserinnen und Leser zum Leben erweckt wurden.

In den beiden Folgejahren wurde das Micky Maus Camp mit leicht modifiziertem Erfolgskonzept wiederholt. Aufgrund der großen Nachfrage wurde die Infrastruktur vor Ort weiter ausgebaut, wurden neue Übernachtungsstellen geschaffen und wurde das Programm inhaltlich weiter diversifiziert. Leider mussten wir uns aus nachvollziehbaren lizenzrechtlichen Gründen nach der Sommersaison 2008 von der Idee des Micky Maus Camps verabschieden.

Für die Zukunft erhoffen wir uns irgendwann eine erneute Startchance. Dafür hat uns und vor allem die Kinder das Angebot zu sehr in den Bann gezogen.

Vom Fernsehsender zu Markenreisen

Die TOGGO Sommercamps

Matthias Kappeler

Kinder lieben Fernsehen. Kaum etwas anderes übt auf sie eine größere Faszination aus, prägt ihre Lebenswelt nachhaltiger und schafft mehr Gesprächsstoff unter Gleichaltrigen als dieses Medium. Verantwortungsvolle Eltern haben dabei stets ein wachsames Auge auf den Medienkonsum ihres Nachwuchses – die Kleinen sollen weder zu viel noch das falsche Fernsehprogramm sehen.

SUPER RTL möchte beiden Seiten gerecht werden: Schon seit über 16 Jahren setzt der Kölner Familiensender ganz auf die Wünsche und Bedürfnisse von Kindern – und berücksichtigt zugleich die Ansprüche der Eltern. Damit ist SUPER RTL seit 1998 Marktführer im TV bei Kindern im Alter von drei bis 13 Jahren.

Um die unterschiedlichen Kinderzielgruppen optimal bedienen zu können, entstanden die Marken TOGGO und TOGGOLINO. Dabei entscheiden sich mehr als 40 Prozent der Fernsehanfänger täglich für das SUPER RTL-Vorschulprogramm TOGGOLINO. Und mit TOGGO, dem gewaltfreien und spaßigen Unterhaltungsprogramm für Kinder von sechs bis 13 Jahren, hat SUPER RTL die heute erfolgreichste Kinderunterhaltungsmarke in Deutschland etabliert, die crossmedial auf vielen Plattformen auch außerhalb des Fernsehens funktioniert. So unterhält SUPER RTL mit www.toggo.de die meistbesuchte Website für Kinder im Internet mit vielen lustigen Spielen. Der TOGGO CleverClub stellt dort zudem als kostenpflichtige Clubsite hochwertige pädagogische Angebote bereit. Darüber hinaus wurden mit verschiedenen Lizenzpartnern auch TOGGO-Produkte wie Bücher, Musik-CDs oder Eis im Handel platziert.

Auch in Form von Events tritt die Marke seit vielen Jahren beispielsweise mit der TOGGO Tour und den TOGGO Spaßtagen auf, um auf diese Weise den direkten Kontakt mit den jungen Zuschauern zu suchen und anfassbare Erlebnisse zu schaffen. Und mit genau dieser Zielsetzung hat SUPER RTL im Jahre 2007 gemeinsam mit **ruf reisen** auch die TOGGO Sommercamps ins Leben gerufen.

Das unvergessliche Ferienerlebnis

Es galt also, mit den TOGGO Sommercamps einen ganz nahen und persönlichen Kontakt zu den Zuschauern aufzubauen. Dabei sollten die beliebten TV-Inhalte für die Kinder aktiv und

Matthias Kappeler
ist seit 2006 Leiter Marketing & Brand-Management von SUPER RTL.
Er verantwortet dabei die plattformübergreifenden Marketingkampagnen, das Brand- und Produktmanagement sowie Events von SUPER RTL sowie den dazugehörigen Marken TOGGO und TOGGOLINO. Nach dem Studium der Betriebswirtschaftslehre an der LMU München begann er seine Karriere in der Kundenberatung der Werbeagentur Ogilvy&Mather und betreute dort unter anderem die Marken Bitburger, Dresdner Bank und EnBW. Vor seinem Einstieg bei SUPER RTL war er zudem Geschäftsführer und Trainer von Neue-Kommunikative, einem Anbieter von Kommunikations- und Managementtrainings für Werbeagenturen und Dienstleistungsunternehmen.

TOGGO Sommer Camp

Föhr
Wyk

Rügen
Binz

Lünebuger Heide
Walsrode

BergischesLand
Glörsee

Saaletal
Naumburg

Schwarzwald
Titisee

N O S W

erlebnisreich Realität werden. Schließlich haben Kinder auch in einer zunehmend medialen Welt, die immer stärker von Spielekonsolen und virtuellen Welten geprägt ist, den Wunsch nach realen, schönen und aufregenden Erlebnissen.

Das TOGGO Sommercamp holt die Kinder durch die Inhalte in ihrer medialen Welt ab, um sie dann in eine aktive und kreative reale Erlebniswelt mitzunehmen und zu begeistern: Spaß haben, Sport treiben, Ausflüge unternehmen, neue Erfahrungen sammeln, die Natur kennenlernen, nach Herzenslust kreativ sein – und das alles mit Jungen und Mädchen im gleichen Alter: So wünschen sich Kinder ihre Ferien. Und all das soll im TOGGO Sommercamp erlebbar sein.

Langeweile ist im TOGGO Sommercamp ein Ding der Unmöglichkeit. Von der ersten Minute an bietet sich den Kindern ein abwechslungsreiches und mitreißendes Aktivprogramm mit hohem Fun-Faktor. Der Clou dabei: Vieles von dem, was die Kinder aus dem Programm von SUPER RTL kennen, wird im TOGGO Sommercamp zur Wirklichkeit.

Jeden Sommer werden dabei die aktuellsten TV-Serien für die Kinder kreativ in ein Programm aus spannenden Erlebnissen, Spielen, Erkundungstouren und aufregenden Ausflügen umgesetzt. Viel Musik, jede Menge Workshops und am Ende die große Abschlussshow runden das Ferienprogramm ab.

Ein positives, reales Markenerlebnis

„VOLL TOGGO" – wenn dieser Schlachtruf durchs Camp hallt, wird schnell klar, was die TOGGO Sommercamps für die Marke TOGGO bedeuten und bewirken. Die Kinder erleben in diesen Ferien sehr intensive und emotionale Momente, die ihre Beziehung zur Marke TOGGO und deren TV-Inhalten nachhaltig positiv beeinflussen.

Nach inzwischen fünf Jahren sind die TOGGO Sommercamps zu einem festen Bestandteil des SUPER RTL- und ruf-Angebotes geworden. Dennoch ist die Marktsituation nicht leicht. Immer mehr Themen und Freizeitangebote buhlen um die Aufmerksamkeit und das teilweise eher rückläufige Zeitkontingent der Kinder.

Für die Zukunft der TOGGO Sommercamps ist es deshalb aus unserer Sicht wichtig und notwendig, dass sich diese Ferienangebote inhaltlich stets aktuell und neu erfinden müssen

– und gleichzeitig doch immer nah am TOGGO TV-Programm und der klaren Zielgruppen-ausrichtung auf die Acht- bis Zwölfjährigen bleiben müssen.

Zudem gilt es, die Bedürfnisse nach zeitlicher und regionaler Flexibilität durch Kurzreisen und durch zusätzliche Angebote an weiteren Standorten zu erfüllen – Aspekte, die sich bereits im Konzept für 2012 widerspiegeln, in dem die Camps von vier auf sechs Standorte erweitert werden und erstmalig auch Dreitagesreisen angeboten werden.

Einen „Oscar" für ruf reisen

Die Geschichte vom **ruf festivalcamp** auf Rügen

B. Florian Kuff

Was ist der Deutsche Tourismuspreis?

Der Deutsche Tourismuspreis gilt als die höchste Auszeichnung der Tourismusbranche in Deutschland. Der Deutsche Tourismusverband zeichnet mit diesem Preis herausragende, zukunftsweisende, innovative und anspruchsvolle touristische Initiativen aus, die neue Maßstäbe hinsichtlich Kreativität und Originalität setzen. Um den Preis können sich einzelne Personen, Unternehmen, Vereine, Verbände oder Kommunen bewerben, die neue Angebote im und für den deutschen Tourismusmarkt entwickelt haben. Nach den Kriterien Innovationsgrad, Qualität, Kundenorientierung und Wirtschaftlichkeit bewertet eine Jury aus Vertretern Tourismus, Wissenschaft und Medien die eingereichten Bewerbungen. Im Jahr 2005 wurde der Preis erstmals verliehen.

Wie es dazu kam?

Die Geschichte beginnt für **ruf** bereits im Jahr 2007. Damals plante man gemeinsam mit dem Fernsehsender SUPER RTL die TOGGO Sommercamps — in ganz Deutschland sollten Kinderthemenreisen angeboten werden, die das TOGGO Kinder-TV-Format in ein spannendes Urlaubsangebot verwandeln. Vom Fernseher in den Urlaub, aus dem Sessel ins Abenteuer: So lautete das Motto. Die TOGGO Sommercamps sollten die Abenteuer der Fernsehserienhelden lebendig werden lassen.

Im Rahmen der Kooperation mit SUPER RTL positionierte **ruf** diese neuartige Kinderthemenreise mit am Markt. Eines der TOGGO Sommercamps sollte im Kurort Titisee-Neustadt im Schwarzwald stattfinden. Dieser Standort zeichnete sich schon damals als besonders kinder- und familienfreundlicher Ferienort aus. Auch der damalige Kurdirektor, Lothar Burghard, war persönlich sehr motiviert und engagiert, das Kindercamp erfolgreich in seiner Kommune umzusetzen. Er war es letztendlich dann auch, der den Impuls gab, dass sich **ruf reisen** mit dem innovativen TOGGO Sommercamp an der Ausschreibung des Deutschen Tourismuspreises 2008 beteiligte. Resultat: **ruf** gewinnt auf Anhieb den 3. Platz der begehrten Branchentrophäe.

B. Florian Kuff
kommt aus Düsseldorf und hat in Hannover Architektur studiert. Seit 1992 ist er im Kinder- und Jugendtourismus tätig. Seit 1995 für **ruf**, unter anderem als Zielgebietskoordinator und Destinationsmanager in Italien, Frankreich, Spanien und Deutschland. Ausbilder und Trainer an der **ruf akademie**. Inzwischen bei **ruf** verantwortlich für die Kinder-, Sport- und Teenagerreisen, leitet er als Senior Product Manager das Ressort „explore the world".

Das ruf festivalcamp

Eine neue Gelegenheit, um sich für den Deutschen Tourismuspreis zu bewerben, ergab sich im Jahr 2009, als ein ganz neues Produkt in die Entwicklung ging. Es gab in der Branche bislang keine expliziten Reiseangebote ausschließlich für Teenager – für pubertierende Jugendliche im Alter von zwölf bis 15 Jahren. Genau dieser Zielgruppe wollte **ruf** in Deutschland ein eigenes Angebot unterbreiten. So entstand die Idee des **ruf festivalcamp** auf Rügen. Dieser Urlaub sollte wie ein Festival sein – ein Fest, welches alle Teens aus ihrem Alltag herauszuholen vermag. In lockerer Atmosphäre und bei guter Stimmung, denn hier sind Chillen und Aktivität angesagt. Aber ein Festivalcamp assoziiert natürlich auch die Nähe zur Musik, und so können die Teens im **ruf festivalcamp** Rügen auch selbst Musik machen sowie musikalische Angebote konsumieren.

Die Innovationen

Ein Hauptmerkmal des **ruf festivalcamp** Rügen ist die Musik. Im Zentrum steht eine professionelle Bühne mit technischem Equipment, die Festivalatmosphäre vermittelt. Die Teens können tanzen, solo auftreten oder als Band agieren. So werden die Jugendlichen aktiv und entdecken neue Talente. Im Programmangebot gibt es verschiedene Coaching-Workshops. So werden beispielsweise die Gewinner des „School Jam"-Schulbandfestivals – dem wichtigsten deutschen, vom Bundesfamilienministerium geförderten musikalischen Nachwuchswettbewerb – als Gesangscoaches angefragt. Als Vorbild agiert die junge Sängerin Eva Croissant, die als Musikcoach gewonnen werden kann.

Doch **ruf** wollte nicht nur extrovertierte Teens erreichen, die gerne die Bühne erobern – sondern auch diejenigen, die länger brauchen, um sich mit ihren Talenten zu präsentieren. Oder solche jungen Leute, die sich das Flair des **ruf festivalcamp** Rügen für einen Urlaub wünschen, aber eher Backstage-interessiert sind. So wurde unter anderem der DJ-Führerschein entwickelt. Ein Programmtool, in dem Teenager lernen, wie DJs arbeiten – von der Technik der Musikanlage über die Playlist bis zu den Übergängen zur Steigerung der Partystimmung.

Die Kooperation mit SUPER RTL verlieh dem **ruf festivalcamp** Rügen neben dem kreativen Aspekt eine große mediale Aufmerksamkeit: Das Finale des Musik-Castingcontests „Teenage Rockstar 2010" sollte im Rahmen des **ruf festivalcamp** stattfinden: Junge talentierte Musiker bekommen in diesem TV- und Internetformat ein professionelles Coaching und produzieren während ihres Campaufenthaltes eine eigene CD. Zehn Finalisten beleben für zwei Wochen das **ruf festivalcamp**, finden sich zu zwei konkurrierenden Bands und proben täglich im Kreise der übrigen Campteilnehmer. Das Finale dokumentiert SUPER RTL in 20 Kurzfolgen mit einer Länge von zehn bis 15 Minuten. Eine Art „Daily Soap" entsteht, bei der die **ruf** Gäste den spannenden Blick hinter die Kulissen einer Fernsehproduktion werfen können.

Weitere Partner werden als Sponsoren angesprochen. Der namhafte Instrumentenbauer Yamaha stellt die Musikinstrumente für das Festivalcamp, Manhattan wird der Partner fürs Make-up. Denn im Rahmen eines professionellen Maskenbildner-Workshops können die Teens auch die richtigen Schminktechniken für die Bühne erlernen. Die Musical-erfahrene, staatlich anerkannte Maskenbildnerin Astrid Michels wird aber auch viele Tipps für den Schminkalltag geben.

Die Kundenorientierung

Welcher Jugendliche hat sich, im Zeitalter der Castingshows, nicht schon einmal als Star auf der Bühne gesehen? Teenager definieren sich über Musik, individualisieren sich über Musik, es entwickelt sich der eigene Musikgeschmack – und sie lassen sich über Musik zusammenführen. Im **ruf festivalcamp** Rügen können Jugendliche ihre Visionen erstmals Wirklichkeit werden lassen. So ist über die Musik ein hoher Anteil an Kundenorientierung gegeben. Aber auch sportliche Angebote sollen ein weiteres Element des Festivalcamp-Programms darstellen. Denn die Entwicklung der Kinder in diesem Alter schreitet schnell voran: Der Körper verändert sich, Kräfte entfalten sich, Teens wollen sich austoben und abreagieren – das funktioniert im positiven Sinne beim Sport und bei Wettkämpfen. In diesem Umfeld kommt ein Besuch im Klettergarten sehr gut an, in dem die Teens in der Rügener Natur ihre Grenzen austesten können. Auch Wassersportangebote wie Surfen und Banana-Riding werden ins Programm integriert: Einmal im Neoprenanzug aufs Brett steigen – das ist für viele Teenager eine spannende neue Erfahrung.

Der Qualitätsanspruch

Bei der Frage nach der besonderen Qualität des Angebots achtet **ruf** insbesondere auf die Auswahl und Ausbildung der Mitarbeiterinnen und Mitarbeiter. Denn gerade pubertierende Jugendliche fordern von ihren Reisebegleitern viel, und deren Fähigkeiten wiederum entscheiden über Gelingen oder Misslingen des Reiseangebots. Alle Teamer werden deshalb speziell auf die Anforderungen, die Teenager stellen, geschult. Es werden ein eigenes Ausbildungsseminar und ein neues **ruf** Jobprofil entwickelt, aufbauend auf den Basisausbildungsseminaren der **ruf akademie**. So können sich, Eignung vorausgesetzt, sowohl bisherige Kinder- als auch Jugendteamer für den Job des Teensteamers weiterbilden lassen. In dem Fortbildungsseminar geht es speziell um die Pubertät und die Belange von Zwölf- bis 15-Jährigen. Sexualität und Aufklärung werden ebenso thematisiert wie die psychische und körperliche Entwicklung in diesem Alter.

Die Wirtschaftlichkeit

Rund um die Wirtschaftlichkeit zeigt sich schnell, dass auch das **ruf festivalcamp** Rügen von den Eltern und Teenagern sehr gut angenommen wird. So konnte man erfreulicherweise bereits bei der Bewerbung um den Deutschen Tourismuspreis positive Aussagen rund um die Wirtschaftlichkeit treffen. Dazu trug die Unterstützung der Partner SUPER RTL, Yamaha und Manhattan wesentlich bei, mit denen im Rahmen der Reiseausschreibung geworben werden konnte. Das crossmediale Konzept und die starken Markenpartner zeigten positive Effekte.

Der Tourismuspreis 2010

Insgesamt 78 Bewerbungen gingen 2010 beim Deutschen Tourismusverband ein, und es zeigte sich, dass das Mitbewerberfeld in diesem Jahr ganz besonders stark war. Auch die RUHR 2010 hatte sich um den Deutschen Tourismuspreis beworben und lud den Deutschen Tourismusverband ein, den Tourismustag in Essen auszurichten und die Preisverleihung in der Zeche Zollverein durchzuführen. Ebenso hatten sich die Havenwelten Bremerhaven beteiligt, die mit ihrer höchst innovativen touristischen Wissens- und Erlebniswelt preisverdächtig waren.

ruf reisen konnte den ersten Platz belegen. Bei der Laudatio lobte die Jury insbesondere die konsequente, professionelle und kundenorientierte Umsetzung des **ruf festivalcamps** Rügen: „Mit dem Festivalcamp überträgt **ruf reisen** die Lebensträume der Zwölf- bis 15-Jährigen in ein stimmiges Urlaubskonzept. Über die Themen Popmusik, Show und Prominente begeistert der Veranstalter Teenager für einen Urlaub der besonderen Art in Deutschland. Pädagogische Konzepte, die Teenagern die Begeisterung für Musik, Kreativität und sportliche Aktivität im Freien näherbringen, runden das Angebot ab", hieß es. Ebenso wurde gewürdigt, dass **ruf** die Planzahlen für das erste Jahr bereits im Mai erreicht hatte. Und auch die Medienkooperation mit SUPER RTL wurde als Paradebeispiel deutlich erwähnt.

Ein Preis zeigt Nachhaltigkeit

Der Preis brachte nicht nur Lob und ein riesiges Medienecho mit sich. Es ergaben sich zugleich weitere Kooperationen: Noch am Abend der Preisverleihung kamen die ersten und zweiten Preisträger (die Havenwelten Bremerhaven) intensiv ins Gespräch. Und so kam der Gedanke auf, gemeinsame Projekte anzustreben. Daraus sind bereits zwei Dinge entstanden. Zum einen führte der **ruf** Betriebsausflug 2011 in die Havenwelten Bremerhaven – ein Kurztrip, der alle Mitarbeiter begeisterte. Und zum anderen wurden die Havenwelten Bremerhaven in den **ruf** Klassenfahrten-Katalog aufgenommen.

Auch viele andere Einrichtungen und Kommunen starteten Anfragen beim Gewinner des Deutschen Tourismuspreises. So erhält **ruf** immer neue Impulse von außen, die sowohl in die Kinder- als auch in die Teenager- oder Jugendreisen einfließen können.

Die Ziele für die Zukunft

Lässt sich dieser große Erfolg ein zweites Mal erzielen? Für **ruf** steht fest, dass der Deutsche Tourismuspreis auch zukünftig ein attraktives Umfeld ist, um weitere Innovationen in diesem Rahmen zu präsentieren. Zudem hat sich der Deutsche Tourismuspreis seit dem Jahr 2005 weiterentwickelt: Er lobt beispielsweise inzwischen auch interessante Sonderpreise aus, deren Themen genauso in das Portfolio von **ruf** passen.

ruf wäre nicht **ruf**, wenn hier nicht ständig Innovationen entstehen und weiterentwickelt würden. Und deshalb gehen viele Ideen und Gedanken bereits in Richtung einer erneuten Bewerbung um den Deutschen Tourismuspreis. Schon jetzt ist **ruf** hier der erfolgreichste Reiseveranstalter. Wir arbeiten daran, dass dies so bleibt!

„Forever young, who wants to be forever young ..."
Jens Grefen

Woran denken Sie bei dieser Headline? Etwa an Alphaville, die Band, die mit eben jener Zeile und dem dazugehörigen Stück Popmusik im Jahr 1984 Münsteraner Musikgeschichte schrieb – genau drei Jahre nach der Gründung von „Reisen und Freizeit mit jungen Leuten e. V."? Oder denken Sie bei „Forever young" an die Tatsache, dass die Musik (und alles andere natürlich auch) früher viel besser war? Kommt es Ihnen so vor, als sei es noch gar nicht so lange her, dass sie zu diesem Titel Klammerblues in der Disko getanzt haben?

Mal anders gefragt: Fühlen Sie sich noch jung und am Puls der Zeit? Verstehen Sie die Jugend von heute, wenn sie über „Apps", „likes" und „tweets" spricht? Wissen Sie, was die Jugendlichen heute interessiert? Was sie bewegt und antreibt?

Fragen, die sich das Unternehmen **ruf** jeden Tag stellt und auf die es in den letzten 30 Jahren offenbar immer wieder die richtigen Antworten gefunden hat. Der Marktführer im Jugendreisesegment versteht es wie kein Zweiter, die Bedürfnisse von Jugendlichen zu erkennen und entsprechende Reiseangebote daraus zu schnüren – ohne dabei die Sorgen der Eltern zu ignorieren oder die Sicherheit der Teilnehmer zu gefährden.

Aber reicht dies aus in der heutigen Zeit? Der Markt hat sich gewandelt, es gibt eine Vielzahl konkurrierender Freizeitangebote und Veranstalter. Die Gesellschaft ist schnelllebiger geworden, und ein Unternehmen hat es in der Fülle der Angebote immer schwerer, aus der Menge herauszustechen. Natürlich verändert sich auch die Kernzielgruppe selbst – die Jugend von heute ist „erwachsener", anspruchsvoller. Und so, wie sich die Zielgruppe und die Gewohnheiten ändern, muss sich auch ein Unternehmen dem Markt anpassen.

Wie also kann man sich weiterhin im Markt differenzieren, künftige Marktpotenziale abschöpfen und sich den aktuellen Herausforderungen stellen? Indem die seit drei Jahrzehnten etablierte Marke im Markt entsprechend aktuell und zukunftsorientiert positioniert wird.

Jens Grefen
ist Design Director bei Interbrand und arbeitet seit mehr als acht Jahren in der Gestaltung, Entwicklung und Führung von Marken. Nach seinem Studium an der University of applied sciences, Dortmund und der Academy of Art, San Francisco, begann er seinen beruflichen Werdegang in kleineren Designbüros, bevor er 2004 zu Interbrand wechselte. Im Rahmen seiner Gestaltungstätigkeit arbeitete er unter anderem an Auftritten internationaler Marken wie TUI, ThyssenKrupp, Lanxess, SAP, Walter AG und Deutsche Telekom.

Die Entwicklung der Marke

>>> ab 2011

>>> 1999–2011

>>> 1992–1998

>>> 1989–1991

>>> 1981–1988

Mit einer klaren Idee, warum es gerade diese Marke braucht.

ruf hat sich vom Jugendreiseveranstalter zu etwas Größerem entwickelt: zu der Kompetenzmarke in Sachen Jugend, zu einer Institution, wenn es darum geht, zeitgemäße Angebote für junge Menschen zu entwickeln. ruf ist mehr als Reisen. ruf bietet „Die beste Jugend deines Lebens". Eine Tatsache, die einem unmissverständlich klar wird, wenn man auf der jährlich stattfindenden ruf Saisonabschluss-Party „H.I.P." 4.500 Jugendliche in Deutschland miteinander feiern sieht. Hier geht es nicht nur um Reisen. Hier geht es um Freundschaft, Erlebnisse, Treffen von Gleichgesinnten, um das Gefühl, Teil von etwas Großem zu sein. Diese Relevanz schafft nur eine Marke, die weiß, wofür sie steht.

Mit einer Marke, die immer wieder ihrem eigenen Anspruch gerecht wird.

Die Marke muss beweisen, dass sie die Marktführerschaft zu Recht innehält und dies auch in Zukunft leisten kann. Sie muss eine Glaubwürdigkeit entwickeln und sich diese bewahren, sowohl für Mitarbeiterinnen und Mitarbeiter als auch für Kundinnen und Kunden.

ruf hat sich diesen Ruf durch die konsequente Weiterentwicklung der Angebote in seiner Kernkompetenz erworben. Durch innovative Produkte, die oft der Konkurrenz um mindestens eine Saison voraus sind. Durch gut ausgebildete Teamerinnen und Teamer, die Reiseleiter anderer Anbieter hinter sich lassen, wenn es darum geht, auf Augenhöhe mit den Jugendlichen zu sprechen und deren Anliegen ernst zu nehmen. Und durch das klare Selbstverständnis sowie die klare Markenfokussierung auf das, was man kann und versteht: mit jungen Menschen zu arbeiten.

Mit einer Marke, die sich im Markt differenziert.

Auch hier beweist ruf, dass zwischen maximalem Spaß (relevant für die Jugendlichen) und größtmöglicher Sicherheit (relevant für die Eltern) kein Widerspruch liegt. Im Gegensatz zu vielen Anbietern, die nur auf das eine oder andere fokussieren, nutzt ruf das erworbene Know-how, um dieses scheinbare Paradoxon aufzulösen und daraus ein einzigartiges Qualitätsmerkmal seines Angebotes zu machen.

Alles in allem muss eine Marke Orientierung bieten, nach innen wie nach außen. Mit einer klaren, fassbaren Markenidee. Mit verlässlichen und klaren Werten, die glaubwürdig vertreten werden können. Und mit Markenattributen, welche die Markenpersönlichkeit erlebbar machen.

„Die beste Jugend deines Lebens." Die Essenz des Unternehmens bietet Antworten auf genau diese relevanten Punkte: Die Markenidee bietet Orientierung, da sie klar den Kompetenzfokus „Jugend" in den Mittelpunkt rückt. Sie formuliert einen klaren Anspruch („Die beste Jugend deines Lebens.") und eine Haltung, die der Marktführerschaft des Unternehmens gerecht wird. Zu guter Letzt differenziert sie und wird glaubwürdig, indem sie den Kunden („Die beste Jugend deines Lebens.") direkt anspricht und die Relevanz des Angebotes betont.

Auch der visuelle Markenauftritt muss diese Qualitäten widerspiegeln. Mit einem zeitgemäßen „look-and-feel", der die Marke außergewöhnlich und wiedererkennbar kennzeichnet, ohne in kürzester Zeit schon wieder zu veralten. Mit einer Kommunikation, welche die Zielgruppen auf Augenhöhe erreicht und die Markenidee „Die beste Jugend deines Lebens" auf den Punkt bringt. Und durch konsistente Implementierung, im Quellmarkt wie auch vor Ort in den Zielgebieten, um die Marke nachhaltig in den Köpfen der Kunden zu verankern.

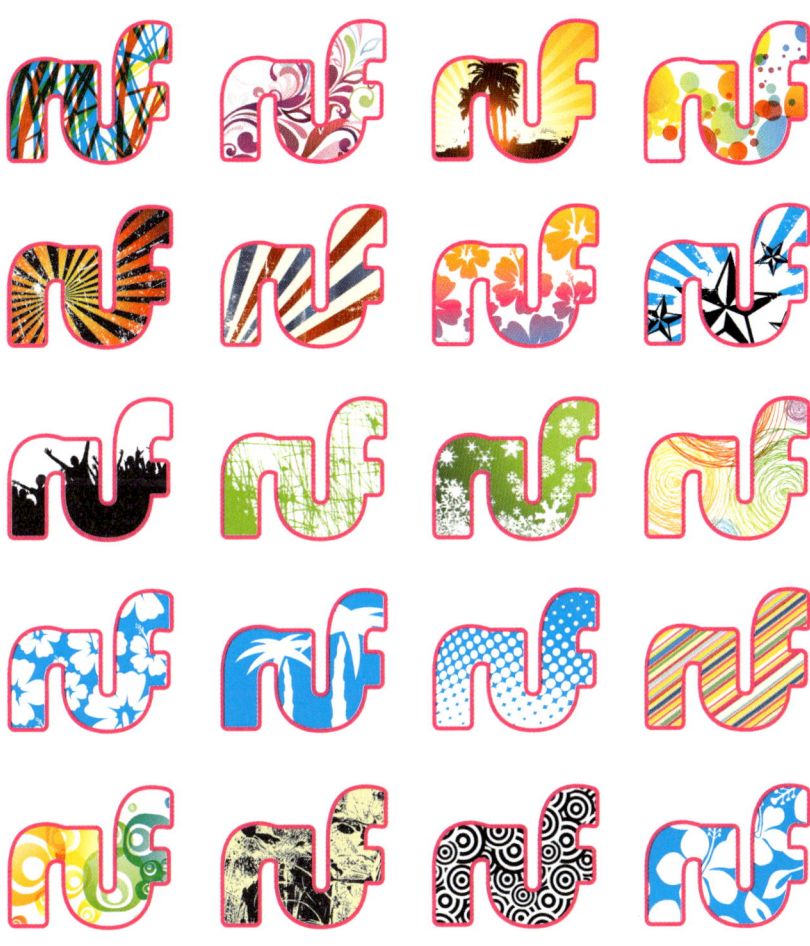

Die Marke kommuniziert auf allen Ebenen. Nur wenn diese Kommunikation in jeder Facette ein stimmiges Gesamtbild erzeugt, wird daraus auch ein glaubwürdiges, relevantes und differenzierendes Markenbild, das von den Kunden goutiert wird.

Ich freue mich darauf, zu sehen, wie die nächsten 30 Jahre für die Marke verlaufen werden. Und nun suche ich erst einmal meinen Sony DD-II Walkman heraus, lege eine alte Alphaville-Kassette ein und denke sicher auch an meine erste Freundin, mit der ich in der Disko Klammerblues getanzt habe. „Forever young, who wants to be …"

6. Gekonnt gebucht.
Oder: Zielgruppengerechte Vertriebskanäle.

Das junge Reisen und die Bedeutung für die Touristik
Dirk Rogl

Die Pauschalreise ist der Topseller im touristischen Geschäft. Fast 32 Mio. Mal ist sie im Jahr 2011 gebucht worden, und zwar primär im Reisebüro. Auch der Onlinevertrieb brummt – ein „rulebreaker" für die Geschäftslogik der Touristik ist das Internet bislang jedoch nicht. Veranstalterangebote für Kinder, Jugendliche und junge Erwachsene sind die ideale „Einstiegsdroge" in die Vorzüge der organisierten Reisen.

Wann ersetzt das Internet die Reisebüros? Und wie lange brauchen wir überhaupt noch Veranstalter? Diese Fragen werden seit vielen Jahren mit hohem Engagement geführt. Auf den ersten Blick sind die Antworten naheliegend: Die Zahl der Reisebüros ist im neuen Millennium zwar um rund 4.000 auf 10.240 Betriebsstellen im Jahr 2011 gesunken, die Umsätze bleiben jedoch auf hohem Niveau.

Und dann sind da die deutschen Veranstalter. 31,9 Mio. Teilnehmerinnen und Teilnehmern haben sie im Jahr 2011 die mutmaßlich schönsten Tage des Jahres beschert. Das waren fünf Prozent mehr als 2010. Und der Umsatz der 63 größten Reiseanbieter im Land stieg um stolze neun Prozent auf 23,3 Mrd. Euro.

Neben den von vielen Anbietern heiß umworbenen Best Agern – je nach Definition das reife Publikum ab einem Lebensalter von 50 bis 60 Jahren – sind es insbesondere Familien, die die Vorzüge einer Veranstalterreise schätzen: Sie wollen Sicherheit, Service und die Aussicht auf eine hohe Qualität genießen. Ein missglückter Jahresurlaub kann erheblich am Familienfrieden rütteln.

Zugegeben: Die 42 Mio. Euro Umsatz von **ruf reisen** sind im Vergleich zum knapp 32 Mrd. schweren Gesamtmarkt eine eher bescheidene Summe. Doch die knapp 80.000 Teilnehmerinnen und Teilnehmer im Jahr sind die Kunden von morgen für den gesamten Reisemarkt. Sie genießen eine extrem hohe Marktrelevanz.

Attraktiv: die Reise ohne die Eltern
Was also passiert, wenn der Nachwuchs nicht mehr mit den Eltern in die weite Welt fliegen will? Für viele Eltern besteht keine Frage, dass sie ihre heranwachsenden Kinder – wenn »»

Dirk Rogl
ist stellvertretender Chefredakteur der fvw. Er begleitet seit 1999 den deutschen Reisemarkt und legt dabei Schwerpunkte auf die Themen Reisevertrieb, E-Commerce und Social Media, Business Travel und Verkehr. Während seines Wirtschaftsstudiums arbeitete er unter anderem für **ruf reisen**.

überhaupt – mit einer qualifizierten Betreuung in den Urlaub schicken. Sicherheit, Service, Qualität: Was für die Veranstalterreise allgemein gilt, spielt bei Kinder- und Jugendreisen eine herausragende Rolle. Es ist nicht bekannt, wie viele Kinder und Jugendliche entweder allein oder aber im organisierten Graumarkt etwa mit Kirchen und Verbänden in den Urlaub fahren. Letzteres dürfte aber eine sehr relevante Größe sein. Dass Kinder unter 16 Jahren ohne Betreuung auf Reisen gehen, ist und bleibt trotz aller Verlockungen die Ausnahme.

Solche Verlockungen zum Alleinreisen kommen heutzutage virtuell daher. Natürlich haben auch Jugendliche und junge Erwachsene einen guten Überblick über die Vielfältigkeit des Reisemarkts. Die 9,99-Euro-Tarife der Billigflieger sind durchaus auf dem Schulhof ein Thema: Schnäppchentickets sind für Teenager eine Anregung, um den eigenen Horizont zu erweitern. Und Veranstalter sowie Onlineportale gehen im Marketing gerade via Internet und TV gezielt die junge Zielgruppe an. Reisecommunitys wie TripAdvisor und Holidaycheck bieten Jugendlichen und jungen Erwachsenen zudem eine Flut von Anregungen für einen coolen Urlaub ohne Eltern.

Vernetzt: reelle versus virtuelle Reise

Beflügelt wird dieser Trend vom Phänomen Social Media. Jugendliche und junge Erwachsene sind auch schon in frühen Jahren bestens vernetzt. Facebook ist nur eine von vielen Optionen, um Freundschaften in aller Welt zu pflegen und auszubauen. Hohe Relevanz dürften Gaming-Plattformen oder Onlinerollenspiele wie World of Warcraft haben, die ebenfalls zum Vernetzen einladen – allerdings in aller Regel ohne den Einfluss und damit die Kontrolle der Eltern.

Im besten Sinne beeinflussen diese Netzwerke das Reisegeschäft positiv, weil nach dem Kontakt über das Internet ein persönlicher Austausch erfolgen kann. Im negativen Sinne hindern soziale Netzwerke am Reisen, weil die Erwartungshaltung junger Menschen sich ändert. Reisen sind kein alternativloses Mittel mehr, um die Welt kennenlernen zu können. Globaler Austausch lässt sich, zumindest ansatzweise, auch am heimischen Computer erleben.

Auch große Reiseveranstalter haben diese Gefahr erkannt. Die Pauschalreise attraktiv zu machen für junge Zielgruppen, sie als echtes Lifestyleprodukt durchaus in Konkurrenz zu Tablet-PC und Smartphones zu etablieren, ist eine der ganz zentralen Herausforderungen der Tourismusbranche.

Die Bedeutung des jungen Reisens

Junges Reisen spielt hierbei eine zentrale Rolle. Gelingt es den professionellen Veranstaltern, Kinder und Jugendliche frühzeitig von den Vorteilen einer Veranstalterreise zu überzeugen, so kann dies langfristigen Einfluss auf die Reiseplanung der Kunden von morgen haben. Und es ist durchaus bezeichnend, dass diese Reisen ganz mehrheitlich über Reisebüros gebucht werden.

Ein Garant für eine langfristig starke Stellung von Reiseveranstaltern und gar von Reisebüros ist das freilich nicht. Nur wenn es den etablierten Anbietern im Urlaubsgeschäft gelingt, ihre Vorzüge gezielt herauszuarbeiten, haben sie langfristig eine Bestandsgarantie. Und so schließt sich der Kreis im Hinblick auf die Themen Sicherheit, Service und Qualität: Was diese Aspekte für das eigene Angebot bedeuten, muss jeder Veranstalter und jedes Reisebüro für sich definieren.

Me-Too-Angebote allein werden nicht ausreichen. Der Reiz einer organisierten Kinder- und Jugendreise etwa liegt eher weniger im perfekten Hotel und der komfortablen Anreise. Er liegt stattdessen im exklusiven Gruppenerlebnis und einer professionellen Betreuung – sowohl im Tagesgeschäft als auch für den Fall, dass unvorhergesehene Ereignisse eintreten. In diesem Punkt gibt es auffällig viele Übereinstimmungen mit den Unique-Selling-Points klassischer Pauschalreiseanbieter.

Von diesen Anbietern haben nur wenige die Gruppenreise als Produkt für sich entdeckt. Mal sind es exklusive Hotels, mal besonders flexible Reisezeiten, und auffällig häufig ist es der günstigste Preis. Letzteres allein wird auf Dauer vermutlich nicht reichen, um sich im Markt zu behaupten. Wie gut, dass die meisten Reiseveranstalter dies längst erkannt haben.

Es darf auch etwas Luxus sein
Matthias Gürtler

Ein Blick in die Zukunft führt zuerst einmal in die Vergangenheit: Als Elfjähriger Urlaub mit den Eltern an der Ostsee, als 13-Jähriger zum ersten Mal allein auf Fahrradtour, als 15-Jähriger mit Zug und Rucksack auf den Balkan. Mit Kumpels und Freundinnen, individuell und unabhängig.

Organisierter Urlaub? Für mich war das damals undenkbar. Oder doch nicht? Gemeinsam mit Sportfreunden ins Trainingslager – ist das nicht auch organisiert? War da vielleicht sogar ein Reisebüro mit im Spiel? Keine Ahnung. Die Erinnerung streikt.

Die Jugend von heute scheint anders zu sein. Zeltplatz? Herberge? Almhütte? „Da kann man sich nicht einmal richtig waschen", hörte ich neulich meinen 23-jährigen Neffen maulen. Und die 22-jährige Nichte meiner Frau gibt zu Protokoll: „Ein bisschen Luxus darf es im Urlaub schon sein. Man will sich doch erholen."

Spaß und Rundum-Service
Das ist schlecht für die Rucksackindustrie – und gut für Reiseveranstalter und Reisebüros. So berichtet die Chefin eines Reisebüros aus dem hessischen Bad Homburg: „Seitdem wir eine junge Kollegin haben und für Jugendreisen und Events Werbung machen, haben wir eine ganz neue Generation an Kunden für uns gewonnen. Die buchen Musicals, Sportevents und sogar Mallorca. Die wollen Spaß und Rundum-Service." Dass bei Flugreisen grundsätzlich das Billigste gefragt sei, ist für die Reiseverkäuferin aus dem Taunus kein Problem: „Dafür buchen wir immer gleich eine ganze Gruppe ein. Und wenn sie mit unserer Beratung zufrieden sind, kommen sie vielleicht später wieder."
Selbstverständlich ist dieser Run auf den klassischen Reisevertrieb nicht. Zwar scheint es ein Trend zu sein, dass Jugendliche von heute deutlich mehr Wert auf gute Verpflegung, eine saubere Unterkunft und wenig Risiko im Urlaub legen. Doch ob sie tatsächlich gerne organisiert in den Urlaub verreisen oder in der Mehrheit lieber alles selbst organisieren würden, ist meines Wissens nach nicht eindeutig belegt.

Matthias Gürtler
kam als Reiseleiter für deutsche und amerikanische Veranstalter von Erlebnis- und Studienreisen in die Touristik. Wichtigste Zielgebiete waren damals Nord- und Mitteleuropa, Libyen, Irak und Südamerika. Zuvor studierte er in Leipzig und Dublin Journalismus, Kunstgeschichte und Völkerkunde. Parallel zu seinem Job als Reiseleiter arbeitete Gürtler für Tageszeitungen und Zeitschriftenmagazine als Korrespondent. Seit 1998 ist der Diplom-Journalist als Redakteur bei der Reisebüro-Fachzeitschrift touristik aktuell tätig, seit Februar 2009 als Chefredakteur. Seine thematischen Schwerpunkte sind der Reisevertrieb, Studien- und Erlebnisreisen sowie Kreuzfahrten.

Die Dienstleistung des klassischen Vertriebs sei etwa bei Studenten gar nicht präsent – berichtet Birgit Aust, Chefin der Flugbörse- und Sonnenklar TV Reisebüros und Gastdozentin an der Universität St. Gallen: „Für die sind wir total Old School." Um dies zu ändern, müssten Reisebüros viel aktiver auf junge Kunden zugehen – und das nicht nur offline, sondern vor allem im Internet. Der Leser weiß, was jetzt kommt: Ohne Social Media geht nichts mehr beim Thema Reisen und junge Menschen.

Was kommt nach Twitter und Facebook?

Noch mehr Vernetzung? Weniger Vernetzung? Eher nicht. Das mobile Internet wird nicht mehr verschwinden. Und es wird den Urlaub — vor allem aber dessen Planung — immer mehr verändern. Was bleibt, sind die Produkte und die Urlaubsziele. Auch sie verändern sich immer wieder, aber Lloret de Mar war und ist bei jungen Leuten angesagt. Wer es ruhiger mag, kann nach Playa de Aro oder Malgrat de Mar reisen — oder mit dem Rucksack in die Pyrenäen. Auf die Namen kommt es dabei gar nicht einmal so sehr an, vielmehr auf das Feeling und die Art des Urlaubs: Auch 2027 wird es Schüler, Lehrlinge und Studenten geben, die einfach nur gammeln, feiern und Party machen wollen. Und es wird diejenigen geben, die aktiv sein möchten. Auf eigene Faust oder mit der Hilfe eines Reiseveranstalters. Weil dann alles so schön organisiert ist.

„Was macht ihr Kind eigentlich während der Sommerferien?"

Jürgen Büchy

Manfred, einer unserer Betreuer, gab mir ein paar Tropfen Klosterfrau Melissengeist auf einem Stück Zucker. Ich lag mit einer fiebrigen Erkältung im Bett – gar nicht lustig, wenn die anderen im Bodensee baden oder einen Ausflug mit dem Dampfer machen. Aber der Melissengeist wirkte Wunder, und am nächsten Tag war ich wieder auf dem Damm.

Betreutes Reisen in den 1960er-Jahren: organisiert vom CVJM – wie in meinem Fall – oder von der Kirchengemeinde, von den Pfadfindern, vom Sportverein. Kommerzielle Reisen für Jugendliche gab es praktisch nicht, lediglich die ersten Sprachreisen wurden angeboten.

Und diese organisierten Urlaubsreisen von Jugendlichen brauchten in jedem Fall einen tieferen Sinn: Persönlichkeitsentwicklung in einer christlichen Gemeinschaft, sportliche Körperertüchtigung oder eben Vertiefung der Sprachkenntnisse. Die Freizeitgesellschaft war noch nicht erfunden, unbeschwerte Ferien vom Alltag und der Genuss von Meer, Strand, Sonne gemeinsam mit Gleichaltrigen waren als alleiniger Urlaubszweck – insbesondere für erziehungs- und bildungsbedürftige Jugendliche - noch nicht gesellschaftsfähig.

„Mami, darf ich in den Ferien mit meiner CVJM-Gruppe an den Bodensee fahren?" So begann der familiäre Entscheidungsprozess damals mit 16 Jahren bei mir. Und so oder ähnlich funktioniert das auch heute noch in vielen Fällen. Bei der inzwischen sehr populären Sprachreise geht die Initiative häufig von den Eltern aus: „Möchtest du nicht in den Ferien deine Englischkenntnisse bei einem Auslandsaufenthalt verbessern?"
Und in den vergangenen Jahren findet sich immer häufiger auch dieser Einstieg: „Papa, meine Freundin Rebekka fährt im Sommer in ein Feriencamp. Darf ich auch mit?" In allen Fällen wird deutlich: Es gibt bei Jugendreisen zwei Parteien, die entscheiden und überzeugt werden müssen – Kinder und Eltern. Und deren Interessen sind naturgemäß nicht identisch.

„Herr und Frau Wondratschek, nachdem wir jetzt die Buchung Ihres wunderbaren Türkei-Urlaubs unter Dach und Fach haben, habe ich noch eine Frage: Hat Ihre Tochter eigentlich schon Pläne für den Rest der Ferien? Haben Sie schon einmal über einen Aufenthalt in einem Jugend-Feriencamp nachgedacht?"

Jürgen Büchy
Jahrgang 1951, ist Präsident des Deutschen ReiseVerband e.V. in Berlin, der Interessenvertretung deutscher Reisebüros, Reiseveranstalter und Dienstleister der Reiseindustrie. Seit 30 Jahren in führenden Managementpositionen der Reiseindustrie tätig, hat er in den letzten zwei Jahrzehnten den Deutschlandverkauf der Lufthansa AG geleitet, den Vorsitz der Geschäftsführung der Start Amadeus GmbH innegehabt und über elf Jahre den Vertrieb im Personenverkehr der Deutschen Bahn AG verantwortet. Jürgen Büchy ist Vorsitzender des Aufsichtsrats der Ameropa-Reisen GmbH, des Deutschen Reisepreis-Sicherungsverein VVaG und Vorsitzender des Beirats der Europäischen Reiseversicherung AG. Seit Oktober 2011 ist Büchy neben seiner ehrenamtlichen Arbeit im Verband als freiberuflicher Managementberater tätig.

Das könnte die freundliche Dame im Reisebüro nach Abschluss der Buchung für die 14-tägige Familienurlaubsreise in die Türkei fragen. Und damit könnte sie vielleicht den Einstieg in ein weiteres Verkaufsgespräch finden – und in eine neue Kundenbeziehung.

Professionelle Dienstleister sind viel wert

Das Produkt der Reisebranche ist die professionell vermittelte und organisierte Reise. Kompetente Informationen über Destinationen und Zielgebiete, bedürfnisorientierte Beratung über die vielfältigen Anbieter und Produkte sowie sachverständige Entscheidungshilfe bei der konkreten Auswahl zeichnen den professionellen Reisemittler aus.

Der Reiseveranstalter entwickelt aufgrund seiner jahrelangen Erfahrung marktgerechte Angebote für die unterschiedlichsten Ansprüche, Vorlieben und Bedürfnisse seiner Kundinnen und Kunden, sorgt für eine reibungslose Organisation der Reisekette und der Betreuung vor Ort und stellt sicher, dass gerade auch bei unvorhersehbaren Ereignissen wie zum Beispiel Unfällen und Naturkatastrophen alles getan wird, um Sicherheit und Wohlergehen der Reisenden zu garantieren.

Den Mehrwert dieser professionellen Dienstleistung gegenüber einer vom Kunden selbst organisierten Reise müssen die Reiseanbieter immer wieder unter Beweis stellen. Schließlich stellen im Internetzeitalter für einen digital bewanderten Kunden weder die Informationsbeschaffung über jedes beliebige Ziel noch die Vorausbuchung von Transport und Unterkunft in jede Ecke der Welt ein unüberwindbares Problem dar. Der Bungee-Sprung in Neuseeland, die Ballonfahrt in der Kalahari oder die Höhlenwanderung in den Pyrenäen können bequem auch von zu Hause aus geplant und gebucht werden. Was der Kunde bei einer selbst gebuchten Reise allerdings nicht mitnehmen kann, ist das Vertrauen auf professionelle Dienstleister, die für einen problemlosen Reiseablauf geradestehen und für schnelle Hilfe sorgen, wenn mal etwas schiefgeht. Und das ist viel wert.

Worauf es bei der Kundengewinnung ankommt

Unsere Jugendlichen wachsen heute mit dem Internet, mit lückenloser mobiler Kommunikation und weltweiter Vernetzung auf. Sie wissen sich in der digitalen Welt zu bewegen: eine Information zu finden, sich über den Erfahrungsaustausch mit anderen ein eigenes Bild zu verschaffen und den Kontakt zu einem Anbieter herzustellen – das alles ist für sie keine große Herausforderung.

Diese Jugendlichen sollen morgen die Kundinnen und Kunden der professionellen Reise-dienstleister werden und den Bestand unserer Branche sichern. Aber: Wie überzeugen wir sie davon, dass sie bei uns in guten Händen sind, wenn's um ihren Urlaub geht?

Auch heute noch bilden die meist von kirchlichen Organisationen und Vereinen semipro-fessionell organisierten Gruppenreisen einen wesentlichen Teil des Marktes für Jugendliche. Genaue Zahlen über das Volumen dieses Segments gibt es nicht, aber es dürfte weit mehr als die Hälfte der Gruppenreisen für Kinder zwischen zehn und 18 Jahren ausmachen.

Ein weiteres bedeutendes und längst fest etabliertes Standbein bilden die Sprachreisen, die das Urlaubserlebnis mit Fremdsprachenunterricht verbinden. Gut für die Eltern, die ei-nen Beitrag zur Verbesserung der Englisch- oder Französisch-Noten leisten wollen und auf intensiven Unterricht setzen. Gut für die Jugendlichen, die oft zum ersten Mal ihre Ferien ohne Eltern mit gleichaltrigen Schicksalsgenossen verbringen dürfen und sich vor allem ei-nen möglichst großen Freizeitanteil wünschen. Diese unterschiedlichen Interessen zeigen aber sehr deutlich, worauf es bei Reisen für Jugendliche ankommt: Die Eltern und die Kinder müssen vom Nutzen des Produkts überzeugt werden!

Dieser Aspekt ist naturgemäß das A und O bei allen Reisen für diese Zielgruppe: Die Eltern zahlen die Rechnung und haben die Erziehungsgewalt, die Jugendlichen müssen mitfahren wollen, denn eine „Zwangsverschickung" macht auch beim besten pädagogischen Konzept keinen Sinn.

Bei dem dritten Segment des Jugendgruppenmarktes, der Urlaubsreise für Jugendliche, gelten natürlich die gleichen Spielregeln. Hier geben meist die Kinder selbst den Anstoß. Allerdings muss, da es ja vordergründig nichts zu lernen oder zu trainieren gibt, die Überzeugung der Eltern etwas anders laufen.

Ein Blick auf die Eltern

Was motiviert Eltern, ihren Kindern eine Reise mit Gleichaltrigen zu erlauben und zu finanzie-ren? Bei Sprachreisen ist klar: Das Lernen steht im Vordergrund. Bei den Vereins- und Kirchen-reisen sind die Verstärkung der sozialen Integration in der Gruppe, die intensivere Vermittlung christlicher Werte oder die Förderung der sportlichen Fähigkeiten die Hauptmotive. Und im Hintergrund stehen immer diese Grundbedingungen: das Vertrauen in die Fähigkeit der veran-staltenden Organisation, gewissenhaft ihrer Aufsichtspflicht nachzukommen, uneingeschränkt für Sicherheit und Wohlbefinden der anvertrauten Kinder zu sorgen und – ihnen keine Flausen in den Kopf zu setzen. Der Ferienaufenthalt soll ja die eigenen Erziehungsziele unterstützen, nicht gefährden. Schließlich ist es ohnehin schon schwer genug, das doch noch so kleine Kind zum ersten Mal für eine Woche oder länger in fremde Hände zu geben. Ob gemeinnützig oder kommerziell: Wer diese Grundanforderungen nicht erfüllt, kann keine Reisen veranstalten.

Ohne Vertrauenswürdigkeit ist alles nichts

Traditionelle Institutionen wie Kirche, CVJM, Pfadfinder, Sportvereine oder auch Jugendorgani-sationen von Gewerkschaften und Parteien besitzen diese Vertrauenswürdigkeit sozusagen als Markenkern. Kommerzielle Reiseveranstalter müssen sie sich erarbeiten und durch Qualität und Professionalität überzeugen. Im Jugendreisebereich hat die Glaubwürdigkeit und Kompetenz des Veranstalters eine deutlich größere Bedeutung als bei der klassischen Pauschalreise, sie ist letztlich wichtiger als das Reiseangebot selbst, denn die Sicherheit der Kinder hängt davon ab.

Zwei Besonderheiten des Jugendreisemarktes stehen damit in unmittelbarem Zusammenhang:
• Die meisten im Markt erfolgreichen kommerziellen Anbieter haben sich aus persönlichem, zunächst oft gemeinnützigem Engagement Einzelner bzw. kleiner Gruppen entwickelt.
• Fast alle in diesem Segment etablierten Veranstalter sind Spezialisten, das heißt, sie haben sich auf den Bereich Jugendreise spezialisiert – sei es nun mit Sprachreisen oder Feriencamps.
Große Reiseveranstalter haben in diesem Bereich nie Fuß fassen können oder haben es gar nicht erst versucht. Ganz offensichtlich bedarf es einer besonderen Qualifikation, um hier erfolgreich zu sein und langfristig zu überleben: das besondere Vertrauen.

Hier finden die Anbieter betreuter Jugendurlaubsreisen mit ihren Feriencamps ihren Platz. Sie gewinnen das Vertrauen der Eltern mit ihrem professionellen Betreuungskonzept und der qualifizierten Auswahl und Ausbildung der Betreuerinnen und Betreuer. Sie überzeugen aber auch mit der Chance auf Weiterentwicklung der Selbstständigkeit und Persönlichkeit des Kindes durch soziale Integration in einem zunächst fremden Umfeld. Die Jugendlichen selbst setzen auf unbeschwerte Ferien mit Badespaß und Gemeinschaftserlebnis, auf neue Freunde und Tage der Freiheit ohne elterliche Aufsicht. Und beide stützen ihre Entscheidungen auf die Erfahrungen, die andere vor ihnen gemacht haben.
Vertrauen erwirbt man nicht durch hochtrabende Ankündigungen und vielversprechende Werbesprüche. Es braucht positive Erfahrungen, vielfach bestätigt und weitergegeben, um einen Vertrauensvorschuss bei neuen Kunden zu erzeugen. Die Jugendreise verkauft sich wesentlich über Mund-zu-Mund-Propaganda, und zwar sowohl auf der Ebene der Eltern als auch der Jugendlichen selbst.

Bis vor wenigen Jahren war Erfahrungsaustausch genau das: der Austausch guter und schlechter Erfahrungen mit einem Produkt, einem Dienstleister im persönlichen Gespräch, eben Mund-zu-Mund, in gravierenden negativen Fällen auch öffentlich über Leserbriefe oder entsprechende Medienberichte – mit entsprechend weitreichenden Folgen.

Heute ist die Rückmeldung des Erlebten an eine große Gruppe mitlesender „Freunde" nur eine Handy- oder PC-Tastatur entfernt. Soziale Netzwerke spiegeln jede Befindlichkeit, jede Unpässlichkeit, jede versalzene Suppe, jeden missmutigen Betreuer und jeden Regentag in Sekundenbruchteilen wider – natürlich aber auch den positiven oder negativen Gesamteindruck des Erlebten, und das von Tausenden von Teilnehmern. Die bisherigen Erfahrungen mit dem Anbieter, mit dem Produkt sind so transparent wie nie. So kommt es mehr denn je darauf an, durch konsistente Produktqualität und qualitätsgesicherte Leitungsketten einen positiven Tenor der Kommentare zu erzeugen und zu erhalten. Im Wettbewerb um das Vertrauen von Eltern und Kindern ist das letztlich der einzig entscheidende Faktor.

Positive Erlebnisse stärken die Kundenbeziehung

Wir hatten die Frage gestellt, wie wir die Jugendlichen von heute davon überzeugen, dass auch für sie die von einem professionellen Veranstalter organisierte und betreute Urlaubsreise eine höhere Garantie für gelungenen Urlaub bietet. Meine Antwort lautet: Bieten wir ihnen schon in jungen Jahren positive Erlebnisse, positive Erfahrungen mit dieser Urlaubsform. Gewinnen wir ihr Vertrauen und legen so die Basis für eine intensive Kundenbeziehung auch in späteren Jahren. Wir müssen als Branche die Jugendreise als die Chance begreifen, schon junge Menschen an unsere Produkte, unsere Serviceleistungen heranzuführen, die sich später gern daran erinnern.

Wie es morgen weitergeht

Wohin geht die Jugendreise in den nächsten Jahren? Der Markt für Jugendreisen wird weiter wachsen, das steht für mich fest. Damit wird das Segment auch für die großen Anbieter noch attraktiver, und vielleicht wird es Versuche für einen Markteintritt geben, zum Beispiel durch die Beteiligung oder Übernahme eines Spezialisten. Mit dem Wachstum wird das Angebot noch vielfältiger: Reisen in fernere Destinationen, aber auch mehr Rundreisen und Spezialangebote werden die Produktpalette ergänzen. Ein Problem aber bleibt: Die Saison beschränkt sich auf die Ferien, und damit ist sie sehr kurz. Das begrenzt die Möglichkeiten, langfristig in segmentspezifische Infrastruktur zu investieren und fördert die Nutzung flexibler Ressourcen, die außerhalb der Ferien anderen Reiseformen zur Verfügung stehen.

Und noch eine Entwicklung hat bereits begonnen: das Ausdehnen der Altersspanne. Ändert sich der Mensch mit seinem 18. Geburtstag? Hat er plötzlich andere Vorlieben, andere Interessen? Sicher nicht, nur die Aufsichtspflicht fällt bei den nunmehr volljährigen Kundinnen und Kunden weg. Es ist also folgerichtig, diesen Stammkunden aus Jugendtagen weiterhin ein modifiziertes Reiseangebot zu unterbreiten, um sie auch jenseits der Altersgrenze weiterhin als Kunden zu halten. Der Veranstalter erweitert sein Geschäft, er reduziert die Abhängigkeit von den Ferien und erhöht die Auslastung seiner Ressourcen, alles sehr sinnvolle Argumente. Und gleichzeitig wird die Brücke von der Jugendreise zur klassischen Pauschalreise weiter ausgebaut, ein Stück Zukunftssicherung für unsere Reiseindustrie.

Abschließend komme ich nochmals auf die Rolle des Reisebüros zurück. Auch hier sehe ich in der Vermittlung von Jugendreisen eine große Chance, die heute noch viel zu wenig genutzt wird. Das Interesse der Kundinnen und Kunden ist da, der Markt ist da, und er wird wachsen. Aber vieles läuft am Reisebüro vorbei – und zwar nicht nur wegen der bequemen Direktbuchungsmöglichkeiten, sondern oft auch wegen mangelnder Kenntnisse dieser Angebotsform und der mangelnden Fähigkeit zum aktiven Akquirieren in dieser speziellen Zielgruppe. Die Möglichkeiten sind da: Der Markt für kommerzielle betreute Jugendreisen ist noch lange nicht ausgeschöpft, der Bekanntheitsgrad der Angebote ist – von Sprachreisen abgesehen – noch nicht sehr hoch, und nur wenige Reisebüros kümmern sich um dieses Segment. Das sind Gründe genug, sich intensiv um diesen Markt zu bemühen. Und so wird zukünftig sehr viel öfter die Frage zu hören sein: „Was macht Ihr Kind eigentlich während der restlichen Sommerferien?"

Links liegen gelassen
Das junge Reisen und die Medien
Thomas C. Wilde

Keine Frage – das Potenzial ist groß: Reisen für junge Menschen sind ein attraktives und weites Feld, das in den Medien entsprechend berücksichtigt wird. Sollte man meinen … Thomas Korbus von der ruf Geschäftsführung führte dazu ein Gespräch mit dem PR-Experten und ehemaligen Journalisten Thomas C. Wilde.

Thomas Korbus: In der Werbung bedient sich die Reiseindustrie vornehmlich Testimonials aus der Zielgruppe der jungen Reisenden, um für ihre Angebote zu werben. In den Medien scheint das Thema „Junges Reisen" dagegen eine eher untergeordnete Rolle zu spielen.

Thomas Wilde: Das ist sehr diplomatisch ausgedrückt. Ausnahmen bestätigen die Regel, doch inhaltlich kommt das Thema „Junges Reisen" in den klassischen Medien so gut wie nicht vor. Außerhalb der eigens für Eltern und Familien ausgerichteten Magazine führt diese ansonsten im Hinblick auf die Berichterstattung in Sachen Reisen so umworbene Zielgruppe ein Schattendasein. Hand aufs Herz – wann und wo haben Sie das letzte Mal einen größeren redaktionellen Beitrag in einer Tageszeitung über „Junges Reisen" gelesen? Wo positionieren sich die Print-medien als Informationsquelle für dieses Segment?

Thomas Korbus: Worauf ist das offensichtliche Desinteresse am Thema „Junges Reisen" zurückzuführen?

Thomas Wilde: Es ist nicht so, dass auf die Reiseangebote für die unter 30-Jährigen gar nicht eingegangen wird. Die Frage ist doch eher, wie sich die Medien diesem Thema nähern. Insbesondere bei Kindern und Jugendlichen beschränkt sich die Berichterstattung in der Regel lediglich auf die Preispolitik der Veranstalter. Kurzmeldungen zu Kinderfestpreisen, zur preisgünstigen oder gar kostenlosen übernachtung von Kindern und Jugendlichen im Zimmer ihrer Eltern werden von den Medien mit aller Regelmäßigkeit nach den Programmvorstellungen der Reiseveranstalter gerne abgedruckt. Doch über die Wünsche und Erwartungen der jüngeren Zielgruppe und die entsprechenden Angebote liest man – im Vergleich zu anderen Urlaubsformen wie zum Beispiel dem Thema Kreuzfahrten – in der Tat recht wenig.

Thomas C. Wilde

Thomas C. Wilde gilt als einer der ausgewiesenen Kommunikationsspezialisten in Sachen Reisen. Nach vielen Jahren als Nachrichtenredakteur gründete er 1986 die w&p Wilde & Partner Public Relations GmbH mit Sitz in München. Die Agentur gilt mit ihren über 30 Mitarbeitern heute als die führende Kommunikationsagentur im deutschsprachigen Europa für die Bereiche Travel & Tourism, Hospitality und Aviation & Logistic. Er ist in verschiedensten Bereichen der Reiseindustrie tätig und unter anderem Mitinitiator und Präsidiumsmitglied des Travel Industry Club. Ferner engagiert er sich als Beirat im Verband Internet Reisevertrieb V. I. R., in dem die umsatzstärksten deutschen Reise-Onlineportale organisiert sind. Darüber hinaus berät er den ITB Kongress, den weltweit größten Fachkongress der internationalen Reiseindustrie.

REISEBERICHT aus 2011

Alle RUF YOUNG TRAVELER haben einen Reisebericht geschrieben. Und hier ist der Gewinnerreisebericht von Linebiene. Linebiene war 2011 mit **ruf reisen** in Schweden.

Herzlichen Glückwunsch.

Der beste Urlaub meines Lebens!

ej tilsammans [=hallo zusammen] :)

Meine Reise war eigentlich von Beginn an einfach nur spitzenmäßig! Meine Freundin und ich wohnen in Süddeutschland, daher hatten wir eine lange Fahrt. Jedoch wurden wir gleich schon im Bus bestens unterhalten, wie z. B. mit verschiedenen Ratespielen, Filme ansehen ... Morgens um ca. 8.00 Uhr sind wir in Skagersbrunn angekommen. Nachdem wir nach einer tollen Begrüßung der Teamer und einem leckeren Frühstück das Gelände gezeigt bekommen haben, hatten wir erst mal ein wenig Zeit für uns, um z. B. das Gelände noch ein klein bisschen selbst zu erkunden. Der erste Tag verging wie im Fluge, wie eigentlich die nächsten paar Tage auch ..., bis dann endlich das Musical-warm-up stattfand — ab da verging die Zeit mit den vielen

Proben und den Ausflügen noch schneller. Die Ausflüge sind auf jeden Fall empfehlenswert. Ich selbst habe bei allen Ausflügen teilgenommen, obwohl ich das zu Hause noch nicht vorhatte. Aber man kann ja zum Glück die Ausflüge auch vor Ort buchen (wenn zum Beispiel die neu gewonnenen Freunde den Ausflug schon vorab gebucht haben und man aber doch mitfahren möchte!). Besonders hat mir im Urlaub auch gefallen, dass man einen Teamer pro Haus hatte, der für jeden ein Ansprechpartner war. Man hat immer auf den-/diejenige zukommen können, wenn etwas anlag. Danke noch mal Ändy für die tolle Zeit! Ich hatte wirklich Glück, am Musical teilnehmen zu können. So hatte ich immer wieder Proben und am vorletzten Tag auch dann endlich die Aufführung. Alle waren super aufgeregt, dadurch,

dass wir den ganzen Tag geprobt hatten (Durchlaufprobe, Generalprobe, einzelne Szenenproben ...). Doch als dann das Musical vor Publikum aufgeführt worden war, merkte man, wie allen ein Stein vom Herzen gefallen ist. Das Musical hat die ganze Gruppe so enorm „zusammengeschweißt"", dass man gar nicht mehr aufhören wollte zu schauspielern und zu tanzen. Der letzte Tag war für mich persönlich ein weiteres Highlight. Morgens um 9.00 Uhr mussten wir die Zimmer räumen. Für alle, die die Bodaborg gebucht hatten, ging es dann auch schon wieder in das Abenteuerhaus. Was die Bodaborg genau ist, müsst ihr allerdings selbst herausfinden! Als wir um ca. 15.00 Uhr in Skagersbrunn wieder ankamen, war noch eine Fotoshow, mit vielen Fotos unseres Urlaubs, und noch ein wenig Zeit, sich von seinem Meeting zu verabschieden sowie letzte Fotos zu machen. Danach war der „Heulspaß"" angesagt. Traurige Musik wurde gespielt und man konnte sich nochmals von allen verabschieden. Dann war der Urlaub auch schon vorbei!

Fazit: Der weltbeste Urlaub überhaupt! Besonders hat mir gefallen, dass man soooo viele neue Leute kennengelernt hat, sowie die Ausflüge, das ganze Programm und noch vieles mehr, was man gar nicht alles aufzählen kann. Diese Zeit ist einfach unvergesslich!

Eure Linebiene

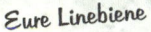

Nutellllllllla

Thomas Korbus: Die werbetreibende Industrie in Deutschland, insbesondere das Privatfernsehen, aber auch die öffentlich-rechtlichen TV-Sender haben ihre Kommunikationsstrategie doch ganz maßgeblich auf die sogenannte werberelevante Zielgruppe zwischen 14 und 49 Jahren ausgerichtet. Entsprechend sehen auch die Inhalte der Programme aus. Warum wird diese Zielgruppe von den Printmedien im Hinblick auf die redaktionelle Berücksichtigung so offensichtlich links liegen gelassen?

Thomas Wilde: Es ist kein Geheimnis, dass die Printmedien seit Jahren kontinuierlich an Auflage verlieren. Und zwar in allen Mediengattungen. Das betrifft einen Titel wie Bravo ebenso wie die großen Frauen- oder Nachrichtenmagazine. Ganz besonders haben die Tageszeitungen zu leiden. Und dieser Trend ist nicht gestoppt. Die Leser gehen zum großen Teil an das Medium Internet verloren. In den USA haben bekanntlich zahlreiche Traditionsblätter den Kampf um die Gunst der Leser und um die Attraktivität für die werbetreibende Wirtschaft aufgegeben. Sie haben ihre Erscheinungsweise verändert und gehen nur noch mit ein paar Ausgaben an den Kiosk. Andere erscheinen nur noch online oder haben den Betrieb ganz eingestellt. Unter anderem ist es den Zeitungen nicht gelungen, die Generation Facebook weiterhin an ein Printmedium zu binden. In den USA wird 2012 erstmals mehr Geld für Werbung im Internet als für Anzeigen in Magazinen und Zeitungen investiert. Die Onlineausgaben werden allein 2012 um rund 25 Prozent steigen. Und begreift man die Medien als Werbeträger, dann ist deutlich, wohin die Reise geht. Print ist für die Industrie nicht mehr sexy. Und ohne Werbung keine Zeitung. So einfach ist das.

Thomas Korbus: Und wie sieht die Entwicklung in Europa aus?

Thomas Wilde: Ich bin fest davon überzeugt, dass uns diese Entwicklung zeitversetzt ebenso in Europa und sicherlich auch in Deutschland erreichen wird. Warum auch nicht? Schauen Sie sich um: Welcher Jugendliche informiert sich noch über Printmedien, liest täglich eine Tageszeitung, abonniert eine Lokalzeitung oder gibt Geld für Special-Interest-Titel wie ein klassisches Reisemagazin aus? Das Informationsbedürfnisse und die Weise, wie sich die jungen Konsumenten informieren, haben sich radikal verändert. Das hinterlässt Spuren. Trotz aller durchaus respektablen und lobenswerten Versuche: Ich behaupte, dass zahlreiche Tageszeitungen den Kampf um die nächste Generation ihrer Leser bereits aufgegeben haben. Sie machen sich auch keine Illusionen mehr, jemals wieder zur alten Stärke aufzulaufen. Sie nehmen billigend in Kauf, dass sie Leser verlieren und wissen sehr genau, dass es mit dem Printgeschäft weiter bergab geht.

Thomas Korbus: Wo sehen Sie die Herausforderung aufseiten der Medien?

Thomas Wilde: Magazine und Tageszeitungen haben die Gefahr erkannt. Aber sie unternehmen meiner Meinung nach seit Jahren nur halbherzig den Versuch, die Stärken des gedruckten Wortes und entsprechender Bilderstrecken gegenüber der jüngeren Zielgruppe auszuspielen. Oder nach Ansätzen zu suchen, die klassischen Printmedien mit den Online-Medien sinnvoll zu verknüpfen. Das Thema „Reisen" böte sich hier in idealerweise an. Aber man muss wissen: auch heute hat das Thema „Reisen" für Verlage nur einen untergeordneten Stellenwert. Ganz zu schweigen von der Ansprache der jungen Leserschaft!

Thomas Korbus: Und das im Land der Reiseweltmeister?

Thomas Wilde: Ja – so absurd das auch klingen mag. Aber nehmen Sie die Berichterstattung der Tageszeitung. Die Rechnung ist einfach: Die Reiseindustrie lebt mit bekanntlich sehr bescheidenen Margen und hat ein entsprechend niedriges Marketingbudget. Dieses bereits schmale Budget landet nur in den seltensten Fällen in Form von Anzeigen bei den klassischen Medien. Entsprechend lieblos gehen die Verlage dann auch mit dem redaktionellen Umfeld um. Das spüren die Leser, das spüren im Übrigen die Journalisten, deren Honorar mehr als bescheiden ist. Anspruchsvoller Qualitätsjournalismus ist vor diesem Hintergrund eher die Ausnahme als die Regel. Und wenn diese Medien weiterhin an Leserschaft verlieren – warum sollten Unternehmen hier weiter in Marketingspendings investieren. Ein Teufelskreis.

Thomas Korbus: Wie sieht es mit den klassischen Reisemagazinen aus?

Thomas Wilde: Ein Blick auf die Zahl der tatsächlich verkauften Reisemagazine in Deutschland ist eine sehr ernüchternde Übung. Wenn man die Auflagen der Printmedien, die sich mit dem Thema „Reisen" befassen, in Relation zu der Bedeutung der Reise in und für unsere Gesellschaft stellt, dann kann man durchaus ins Zweifel kommen.

Thomas Korbus: Zurück zur eigentlichen Reise und der Zielgruppe unter 30 Jahren. Gibt es einen Grund, warum sich insbesondere die Massenmedien nur am Rande mit dem Thema „Junges Reisen" beschäftigen?

Thomas Wilde: Die Antwort fällt pragmatisch aus. Zunächst werden die Inhalte auf den Reiseseiten in Tageszeitungen und Magazinen – Reisereportagen, Trendberichte zu neuen Reisezielen oder Kurzmeldungen – grundsätzlich sehr stark von den Angeboten bestimmt, mit denen die Reiseveranstalter aktuell am Markt sind und die sich in Reisebüros, über Online-Reiseportale oder andere Vertriebswege vermarkten lassen. Das ist durchaus nachvollziehbar, sind Zeitungen oder Magazine doch darum bemüht, auf die Wünsche ihrer gesamten Leserschaft einzugehen. Berichte über spektakuläre Reisen, die nicht zu buchen sind, dienen als Appetitmacher. Sie sind aber mit Berichten über nachvollziehbare Reisen in einem gesunden Verhältnis wohl zu dosieren. Fakt ist aber auch, dass sich insbesondere die großen Veranstalter sehr schwer damit tun, auf die Wünsche und Erwartungen ihrer Zielgruppe unter 30 Jahren maßgeschneidert einzugehen. Diese Veranstalter punkten über den Preis, meist nicht über Inhalte. Oder konkreter: Mit ihren Angeboten für diese Zielgruppe können die großen Veranstalter bei den jungen Menschen nicht ernsthaft einen Blumentopf gewinnen. Ausnahmen bestätigen auch hier die Regel. Aber wir wissen doch alle: Mit einem ganz bestimmten Alter gehen die Interessen von Erwachsenen und ihren Kindern einfach auseinander. Die jungen Reisenden haben kein Interesse mehr daran, mit ihren Eltern gemeinsam in Urlaub zu fahren. Das ist gut so und daran kann auch kein Kampfpreis etwas ändern. Und als Reiseveranstalter werde ich selbstverständlich keine Versuche unternehmen, diese Achillesferse auch noch publik zu machen. Wenn ich keine richtig überzeugende Antwort auf die Wünsche dieser Zielgruppe habe – warum sollte ich dann mit der mir eigenen Marktmacht proaktiv in die Medien gehen und mir die Blöße geben?

Thomas Korbus: Vielen Dank für das Gespräch!

www.wilde.de/

Jan, das unbekannte Wesen
Über das Informations- und Reiseverhalten der „Digital Natives".
Dirk Föste

Ein typisch deutsches Durchschnittswohnzimmer[1] hat die Hamburger Werbeagentur Jung von Matt vor einiger Zeit in seiner ganzen Pracht nachgebaut. Hier war alles vorhanden, was der Deutsche gemeinhin so zum Wohlfühlen benötigt: ein gläserner Couchtisch, die cremefarbene Eckgarnitur, ein dunkler Veloursteppich, die Schrankwand in hellem Buchen-furnier und natürlich der unvermeidliche Ficus Benjamini. Das Ergebnis erscheint gleichwohl erschreckend wie bestens vertraut. Basteln wir uns also nach eben diesem Muster einmal Deutschlands Durchschnittsteenager.

Unser Vorzeige-Teenager vom Reißbrett ist 17 Jahre alt. Dieser Jugendliche wurde demzufol-ge 1995 geboren, er ist ein junger Mann[2] und heißt folgerichtig Jan[3]. Jan wohnt im größten Bundesland Nordrhein-Westfalen[4], hier wiederum in der bevölkerungsreichsten Stadt Köln[5,] und seine Eltern möchten, dass er schon bald studiert. Deshalb ist Jan auf dem Gymnasium. Der Wettbewerb um die Studienplätze ist hart – inzwischen gibt es deutschlandweit mehr Schüler in Gymnasien als in Haupt- und Realschulen zusammen[6]. Erschwerend kommt hin-zu, dass sich seit 1980 die Anzahl der Studierenden in Deutschland nahezu verdoppelt hat. Also muss Jan sich anstrengen. Das meinen auch seine Eltern.

Was tut Jan so den ganzen Tag?
Morgens geht er gegen 7:30 Uhr zur Schule. Durchschnittlich hat Jan 34 Stunden pro Woche[7] Unterricht, also knapp sieben pro Tag. Hinzu kommen einige AGs, das Englisch-Zertifikat, das er freiwillig macht, und ab und an ein Praktikum oder eine Studienarbeit. Und natürlich die Mittagspause, denn Jan isst inzwischen auch in der Schule. Meist kommt er gegen 15:00 Uhr nach Hause, manchmal aber auch erst um 18:00 Uhr. Er muss fast immer noch einige Hausaufgaben machen oder sich auf Tests und Prüfungen vorbereiten. Dann wird es zeit-lich oft schon eng. Denn Jan hat zweimal pro Woche Fußballtraining, muss zur Fahrschule, gibt einem Nachbarsjungen Mathe-Nachhilfe, hat zu Hause einige kleine Jobs im Haus-halt zu erledigen und verbringt, wenn es geht, auch gern etwas Zeit mit seiner Freundin

»

Dirk Föste
Nach einem Studium der Informationsverarbeitung übernahm Dirk Föste die Marketingleitung der pc.Spezialist Systemzentrale in Bielefeld. Von der IT-Industrie begeistert, wechselte er in den B2B-Bereich zum börsennotierten US-Unternehmen Avocent (heute: Emerson), für welches er das Marketing im Vertriebsbereich EMEA verantwortete. Im Jahr 2005 wechselte Föste in die Tou-ristik und ist seit dem für **ruf**, Deutschlands größten Reiseveranstalter für junge Menschen, tätig. Hier ist er für die Unternehmensbereiche Vertrieb, Marketing und PR verantwortlich und koordiniert mit seinem Team zahlreiche Social-Media-Kampagnen in der jungen Zielgruppe.

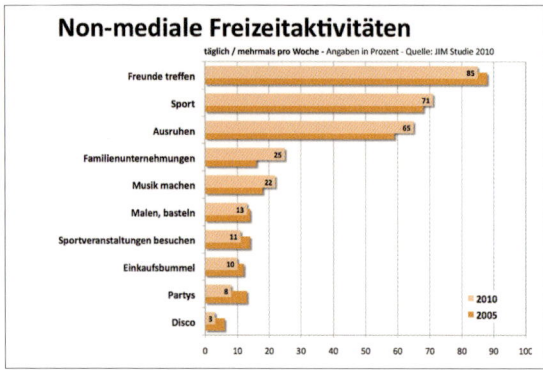

Laura[3]. Das Gitarrenspiel hat er schon vor drei Jahren aufgegeben – aus Zeitmangel, wie er sagt. Jan hat früh lernen müssen, seine Zeit zu managen, Prioritäten zu setzen. Sonst könnte er den Anforderungen seiner Eltern, der Gesellschaft und auch seinen eigenen Wünschen und Hoffnungen längst nicht gerecht werden.

Wenn Jan Freizeit hat ...

... dann sitzt er in der Regel vor dem Computer[8]. Fernsehen schaut Jan immer weniger. Eigentlich läuft die „Glotze" nur noch nebenbei. Wenn er schaut, dann Pro7, manchmal noch RTL. Dort sieht er am liebsten Comedy, Sitcoms, Soaps und Cartoons. Die meisten Programme gefallen ihm nicht, sind ihm zu alt. Das zeigt auch das Durchschnittsalter der einzelnen TV-Formate, die ständig weiter vergreisen. So ist der Zuschauer Deutschlands erfolgreichster Vorabendsoap „GZSZ – Gute Zeiten, schlechte Zeiten" (RTL) inzwischen im Mittel 43 Jahre alt[9]. Selbst „TV-Total" (Pro7), vermeintlich ein starkes Jugendformat, lockt im Durchschnitt 35-Jährige vor den Bildschirm. Doch dies ist in der Tat noch jung, betrachtet man das Publikum von „Wer wird Millionär" (RTL, 55 Jahre) oder gar der „Heute-Nachrichten" (ZDF, 65 Jahre). Das älteste Publikum aller Fernsehsender verzeichnen die dritten Programme der ARD. Die Zuschauer des Bayerischen Rundfunks sind hier mit durchschnittlich 64 Jahren die betagtesten, im Durchschnitt vier Jahre älter als das Publikum des Ersten (60). Die Privatsender erfreuen sind hingegen etwas jüngerer Anhänger: Die jüngsten hat Pro Sieben mit einem Schnitt von 35 Jahren, mit 46 Jahren ist der Zuschauer von RTL etwas älter. Jan ist 17. Für ihn hat das Fernsehprogramm nicht viel zu bieten.

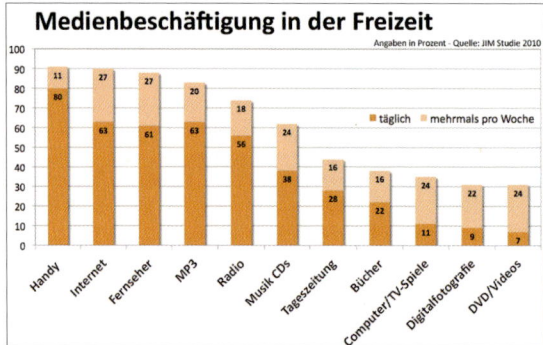

Im Haushalt von Jans Eltern gibt es vier Handys, zwei Fernseher und zwei Computer. Natürlich besitzt Jan ein eigenes Handy, einen MP3-Player, einen Rechner mit Internetzugang, einen Fernseher, eine Digitalkamera und die obligatorische Spielkonsole. Jan hat einen eigenen PC in seinem Zimmer, wie fast 90 Prozent seiner Schulkameraden. Er geht gern ins Internet, hört Musik, schaut sich Videos an, kommuniziert mit Freunden und Bekannten und verbringt so durchschnittlich etwas mehr als zwei Stunden täglich im Netz. Wenn es die Zeit erlaubt, zerstreut er sich auch mit Computerspielen, meist mit dem FIFA Fußballmanager, den SIMs oder GTA[10]. Über die Hälfte seiner

Onlinezeit verwendet Jan jedoch zur Pflege seiner Kontakte. Hier ist er bevorzugt in sozialen Netzwerken unterwegs.

Jan hat viele „Freunde"

Jan ist, wie seine Altersgenossen, gleich in mehreren verschiedenen Social Networks aktiv[11]. Das am häufigsten verwendete Netz ist Facebook. Bei Jugendlichen genießt Facebook eine Bekanntheit von mehr als 99 Prozent. Nur einer von zehn Teenagern ist dort nicht – zumindest gelegentlich – aktiv. Auf den weiteren Plätzen, wenn auch weit abgeschlagen, folgen SchülerVZ, Werkennt-wen sowie MySpace. Allein bei Facebook verbringt Jan täglich eine bis zwei Stunden[11] – mit leicht abnehmender Tendenz. Er ist dort seit ca. 1,5 Jahren

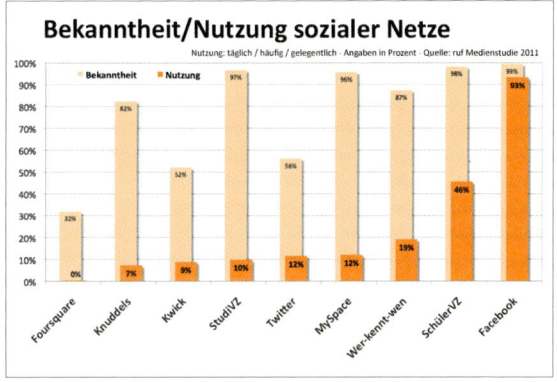

registriert und zählt 350 Menschen zu seinem virtuellen Freundeskreis. Dabei handelt es sich keineswegs nur um flüchtige, anonyme Netzbekanntschaften: Nahezu seine gesamte Jahrgangsstufe ist hier vernetzt, dazu seine Kurse, die Fußballmannschaft, seine Party- und Urlaubsbekanntschaften, seine Cousins und Cousinen – sogar die Gasteltern aus den USA sind hier vertreten. Er pflegt auf Facebook seine eigene Pinnwand, schreibt kurze Mitteilungen, präsentiert dort Bilder und chattet gern mit seinen Freunden.

Blogs, Twitter oder Geotagging-Dienste wie Foursquare sind Jan zwar bekannt, er nutzt sie aber nicht[11]. Gleiches gilt für Social Bookmarking à la Mr. Wong, die Fotocommunity flickr oder lokale Networks wie UBoot oder Kwick. Eigentlich spielt sich inzwischen online alles auf Facebook ab, weil seine Freunde halt ebenfalls hier sind. Früher war das anders: Noch vor einem Jahr waren viele von ihnen bei SchülerVZ, StudiVZ oder MySpace[12].

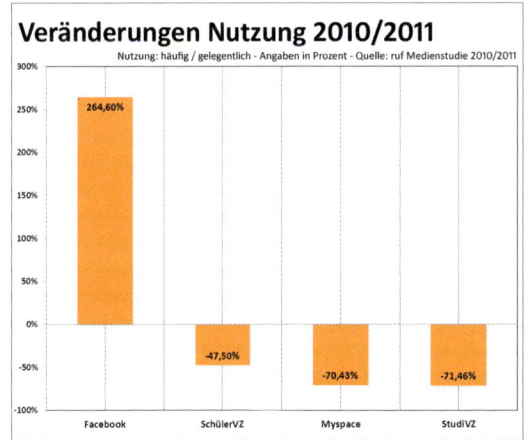

Welche Medien nutzt Jan noch?

Natürlich hat Jan ein Handy. In seinem Fall ist es ein Smartphone, wie bei fast der Hälfte seiner Altersgenossen. Und genau wie sie nutzt er mit dem Mobiltelefon regelmäßig das Internet. Dabei liegen seine Telefongebühren mit unter 20 Euro pro Monat noch im Rahmen, meinen seine Eltern. Das ist nicht unwichtig, da sie zumindest einen Teil der Kosten für Jan übernehmen.

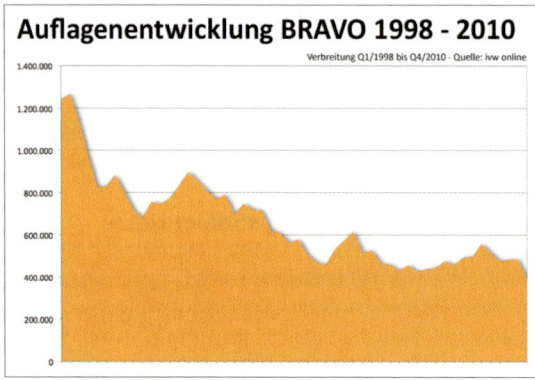

Ab und an greift Jan zum Buch. Obwohl er inzwischen oft im Internet unterwegs ist, nimmt er sich ab und an die Zeit[13]. Natürlich nicht so häufig wie die Mädchen in seiner Stufe, aber ein- bis zweimal pro Monat vertieft sich auch Jan in eine spannende Geschichte. In letzter Zeit findet er zunehmend Interesse an den Onlineportalen der großen Tageszeitungen.

Zeitschriften lassen Jan inzwischen kalt. Früher, ganz früher, hat er sich die Bravo geholt[14]. Das war spannend, denn dort standen immer die neuesten News zu Stars, Musik und Kinofilmen. Inzwischen findet er diese viel eher im Internet. Und Poster hängt er sich nicht mehr an die Wand. Dafür ist er jetzt zu alt – viel zu alt. Für Werbetreibende ist Jan ein harter Brocken: Jugendliche und junge Erwachsene wie er haben ihr Medienkonsumverhalten in den vergangenen zehn Jahren maßgeblich verändert. Über klassische Medien wie Print, TV oder Hörfunk sind sie kaum noch in Massen erreichbar. Allenfalls als untergeordneter Bestandteil des Mediamix haben diese Werkzeuge ihre Berechtigung. Dafür sind sie – gerechnet auf Menge und Qualität der Kontakte – deutlich zu kostenintensiv. Jan und seine Generation findet man im Internet. Dort verbringen sie ihre Zeit. Durch den Siegeszug der sozialen Netze ist das Internet endgültig zum Kommunikationsmedium gereift. Hier treffen sich Freunde. Sie unterhalten sich, tauschen offen ihre Meinungen und Sichtweisen aus, auch wenn diese subjektiv, ungerecht oder sogar falsch sind.

Chancen erkennen und nutzen

Dies stellt viele Firmen vor völlig neue Herausforderungen. Der Kunde spricht ganz öffentlich über mangelnde Leistungen, fehlerhafte Produkte, unerfüllte Wünsche oder bisweilen auch gern über positive Dinge. So was! Bisher hatten Unternehmen über ihre Kommunikations- und Presseabteilungen die Hoheit über alle öffentlich gemachten Informationen. Sie beschäftigten Spezialisten, konnten an Formulierungen feilen, hatten Zeit und sogar die Freiheit, auf Kundenanfragen bisweilen gar nicht zu reagieren. „Wir werden Ihre Anfrage an die zuständige Stelle weiterleiten. Danke für Ihre Geduld.". Das hat sich geändert. Jan und seine Freunde stehen vor der virtuellen Tür Schlange und klopfen. Jeden Tag, zu jeder Uhrzeit und für jeden lesbar. Hierauf angemessen, zeitnah, professionell und vor allem vertriebs- und marketingrelevant zu reagieren, ist eine der größten Herausforderungen, aber auch Chancen, die soziale Netze an Unternehmen stellen.

Und wir stehen erst am Anfang dieser Entwicklung. Die zunehmende Mobilität und Verbreitung multifunktionaler Endgeräte wird die soziale und somit die kommunikative Komponente zukünftiger Plattformen weiter vorantreiben. Standortbezogene Dienste wie Geotagging, LDS, Geocaching oder Augmented Reality werden dem Benutzer, soweit sie intuitiv und spielerisch bedienbar sind, neue Wege schaffen, sich unterwegs noch intensiver zu vernetzen. Die virtuelle Gemeinschaft wird mobiler, größer und dichter.

Bei aller berechtigten Sorge um den Datenschutz birgt diese Entwicklung ungeahnte Chancen für Unternehmen, neue Kunden über Mehrwerte und Services zu finden und an sich zu binden. Vor allem die Geschwindigkeit und die Breite der Kommunikation sind den Möglichkeiten klassischer Medien nicht vergleichbar. Das Handy der Zukunft wird seinen Besitzer unterwegs darauf hinweisen, wenn ein Store um die Ecke gerade Sonderangebote der Lieblingsmarke anbietet, ein lang ersehnter Kinofilm läuft, wenn in der Stadt gerade die Kultband spielt, der Lieblingsautor eine Lesung gibt oder Freunde – respektive potenzielle Partner – den Weg in der Einkaufsstraße kreuzen. Plakatwände werden nur noch anzeigen, was den davor stehenden Konsumenten interessiert, denn seine Wünsche und Kaufgewohnheiten sind bekannt. In den Windschutzscheiben unserer Autos werden Tipps zu Sehenswürdigkeiten eingeblendet – natürlich individuell. Ein kurzer Hinweiston erklingt, wenn uns Freunde im Verkehrsgewühl oder in der Disco entgegenkommen. Studien und Prototypen dieser Dienste sind bereits in Arbeit. Sie gewinnbringend für sich zu nutzen, sollte Unternehmen schon jetzt brennend interessieren und in Hochstimmung versetzen.

Wie Jan am liebsten reist

Wenn Jan in den Urlaub fährt, dann wünscht er sich viel Strand, Sonne und gutes Essen[15]. Er muss ein wenig abschalten, denn sein Alltag ist anstrengend. Seine Erholung findet Jan aber nicht beim tagelangen Herumliegen am Strand oder Pool. Klar, das muss auch sein, aber Jan möchte vor allem neue Leute kennenlernen, mit ihnen Zeit verbringen, Neues entdecken, viel erleben und auch feiern. Das sind seine stärksten Urlaubsmotive. Auch über einen Sprachurlaub haben er und seine Eltern nachgedacht, denn sein Englisch-Zertifikat steht ja bald ins Haus. Eine Verbindung von Lernen, Erleben und Urlaub kann er sich sehr gut vorstellen. Jan fährt ungern allein in die Ferien. Er mag es, wenn einige seiner Freunde und Freundinnen ihn begleiten. Deshalb plant er seinen Urlaub gleich mit ihnen zusammen. Das Urlaubsland wird dabei fast zur Nebensache. Viel wichtiger ist, dass sie unter anderen jungen, gleichgesinnten Menschen sind, Erholung und Spaß finden, vielleicht ein wenig dazulernen und viele neue Kontakte knüpfen.

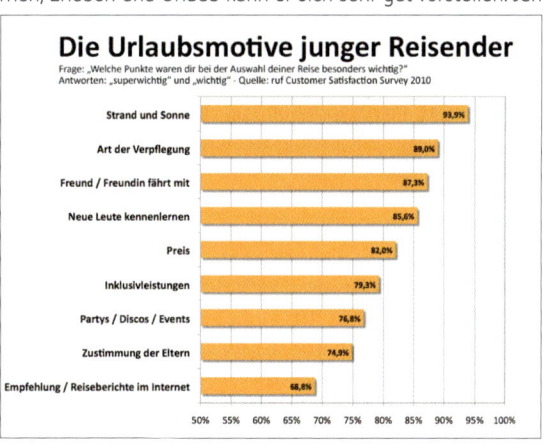

Die klassischen Pauschalreiseangebote der Touristikkonzerne sind für Jugendliche und junge Erwachsene wenig interessant. Zwar sind sie oft recht preiswert, aber während des Urlaubs von Familien, Rentnern und kleinen Kindern umgeben zu sein, schreckt diese Zielgruppe eher ab. Kleinere Kinder finden in den Clubanlagen reichlich Abwechslung, für Jugendliche ab 13 Jahren ist der Aufenthalt dort jedoch wenig aufregend – sie werden von Hoteliers, Mitreisenden und oft den eigenen Eltern bestenfalls geduldet. Sie „hängen" in Gruppen am Pool herum, hören Musik, springen ins Wasser, sind laut, bleiben abends lang unterwegs und frühstücken spät. Kurz: Sie stören die Ruhe der älteren Generation – eben genau wie zu Hause. Für den Miniclub sind sie zu alt, für die Clubdisco zu jung. Sie langweilen sich und

strapazieren so die Nerven ihrer Eltern. Dann heißt es: getrennt verreisen, damit beide Parteien ihren Traumurlaub verbringen können. Die Eltern im Fami-lienclub mit Liege am Pool
auf Lanzarote. Und die Jugendlichen und jungen Erwachsenen?

Jans Traumreiseziele

Wenn Jan jemand nach seinen Traumreisezielen fragt, steht Spanien bei ihm ganz oben auf
der Liste[16]. Spanien kennt er, dort war er als Kind mit seinen Eltern. Und in Spanien findet er
genau das, was er und seine Freunde suchen: eine kurze Anreise, günstige Reiseangebote,
Sonne, Strand und eine professionelle, kontakt- und jugendfreundliche Infrastruktur. Perfekt.
Daher steht Spanien nicht nur bei Jan ganz hoch im Kurs – es ist das Top-Urlaubsziel der
jungen Generation. Doch auch Italien, Griechenland, Frankreich und Kroatien schaffen es in

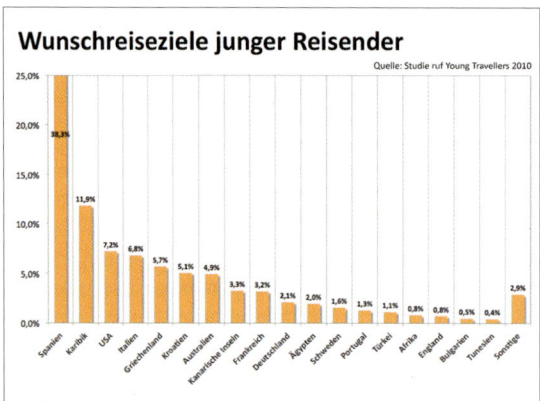

die Top Ten der Traumreise-
ziele der jungen Reisenden.
Natürlich tauchen auch hier
die Klassiker wie die USA,
die Karibik oder Australien
auf, denn junge Menschen
sind besonders neugierig
und abenteuerlustig. Wo
auch immer es hingeht, Jan
und seine Clique brauchen
Reiseformen, Reiseinhalte,
Programmgestaltung, Un-
terkünfte und Konzepte, die
ihren ur-eigenen Wünschen
nach Erholung, Unterhal-
tung, Kontakt, Kommunikation und nicht zuletzt der Abgrenzung von älteren Reisenden
Rechnung tragen. Ohne Wenn und Aber – denn für Kompromisse war die junge Generation
noch nie zu haben.

Wie sich Jan über seinen Urlaub informiert

Wenn Jan und seine Freunde sich über einen Urlaub informieren, dann tun sie dies im
Internet. Damit sind sie auf-
gewachsen, hier kennen sie
sich aus. Sie haben von Kin-
desbeinen an gelernt, alles
für sie Relevante im Internet zu finden und für sich
zu verarbeiten. Diese hohe
Medienkompetenz versetzt
sie in die Lage, Fakten und
Meinung zu unterscheiden
und individuell zu bewerten.
So beginnt auch die Suche
nach dem Urlaub im Inter-
net. Studien zufolge geht
bereits mehr als zwei Drit-
teln aller Reisebuchungen

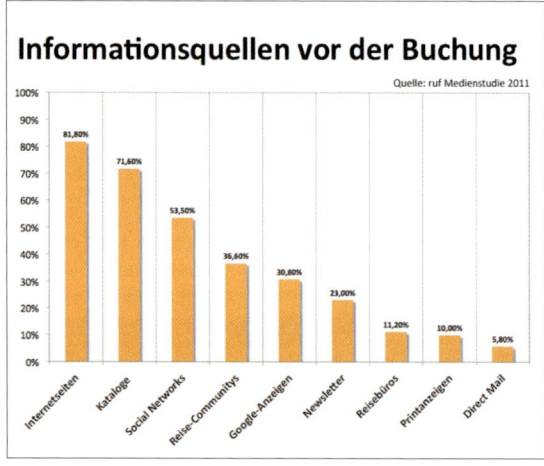

Deutschlands eine Internetrecherche voraus[17] – unabhängig davon, wo die Reise letztendlich gebucht wird. In der Zielgruppe der jugendlichen „Digital Natives" liegt dieser Wert weit
darüber[18].

Vor der Buchung werden Suchmaschinen, Seiten von Reiseveranstaltern, Online-Reisebüros
und Preisvergleiche nach Informationen aufgerufen. Zudem werden Social Networks, Be-
wertungsportale und andere Communitys ganz gezielt nach subjektiven Meinungen zur
geplanten Reise genutzt. Diese Suche nach Sicherheit und Bestätigung ist ein wesentlicher
Bestandteil der Internetrecherche geworden. Hieraus festigt sich im Laufe einiger Tage eine
Meinung, eine Kaufentscheidung – auch bei Jan und seiner Clique. Da sie den verschiedenen
Inhalten – Informationen und Meinungen – im Internet vertrauen und sie zu deuten wissen,
wundert es wenig, dass auch die Buchung online passieren wird. Lediglich 15 Prozent der
jungen Reisenden ziehen eine Buchung im Reisebüro in Erwägung[19]. Dies liegt nicht darin
begründet, dass kein Bedarf an Beratung oder Sicherheit besteht – dieser wird aus Sicht
des jungen Kunden vielmehr bereits ausreichend durch das Internet gedeckt. Viele Reisebüros sind im Begriff, ihre über Jahrzehnte gewachsene Beratungshoheit zu verlieren und
schaffen es noch nicht, sich als Vertriebskanal eine vom Kunden anerkannte Relevanz und
Priorität zurückzuerobern.

Jan bleibt einfach jung

So wie Jan und seinen Freunden ergeht es einer ganzen Generation. Sie sind jung, ungebunden, abenteuerlustig, kontaktstark und sie sind vernetzt. Selbst 30-Jährige passen inzwischen exakt in dieses Muster. Da das Durchschnittsalter sowohl bei Eheschließung als auch das bei der Geburt des ersten Kindes kontinuierlich steigt[20] und vor allem gut situierte Akademiker und Akademikerinnen oft gänzlich auf Nachwuchs verzichten, erstreckt sich die subjektiv empfundene jugendliche Lebensphase weit über das rein biologische Jugendalter hinaus. Beispiele für das massive Auftreten dieser Junggebliebenen finden sich in der Praxis zuhauf.

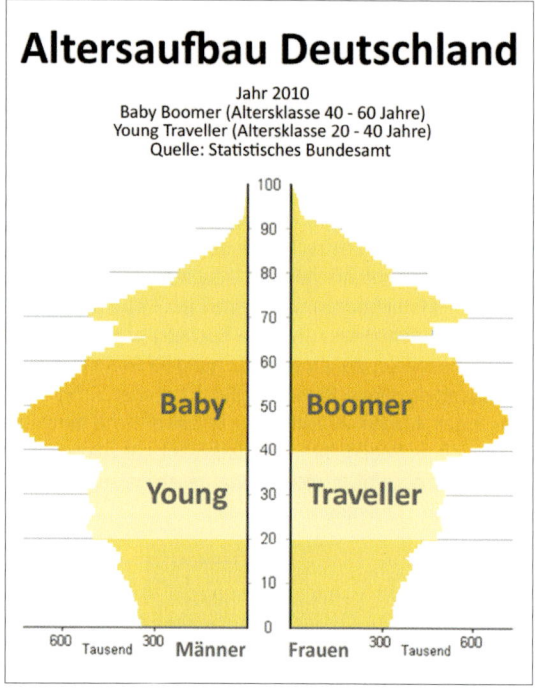

So werden Modemarken, Hotelketten, Musik-Acts oder auch Urlaubskonzepte, die ursprünglich für Jugendliche und junge Erwachsene konzipiert wurden, in Windeseile von den „jung" gebliebenen Mid-Agern annektiert. Warum dies so ist, liegt auf der Hand. Ein weiter Teil unserer Bevölkerung von 14 bis 40 Jahren bildet laut der reinen Marketinglehre eine homogene Zielgruppe: „Eine Gruppe von potenziellen Konsumenten, die identische Erwartungen, Wünsche, Hoffnungen und Ängste verbindet." Und das – unabhängig vom realen oder gefühlten Alter.

Hauptsache, Jan ist begeistert

Auf diese Entwicklung hat die Touristik noch wenig Antworten gefunden. Die klassische Pauschalreise, wie sie heute noch existiert, ist eine Erfindung der 1960er-Jahre. Es ist eine Familienreise aus der Zeit, als 30-jährige Eltern schon zwei Kinder hatten. Den Entwicklungen unserer Gesellschaft, der steigenden Anzahl von Kinderlosen, Alleinerziehenden, späten Eltern, jung gebliebenen Singles und Akademikern trägt sie jedoch keine Rechnung. Momentan zehrt die Branche von den geburtenstarken Jahrgängen, den „Baby-Boomern", die, inzwischen allesamt über 40 Jahre alt, mit Macht in das kreuzfahrttaugliche Alter eindringen. Doch was kommt danach? Für die junge Zielgruppe sind neue Reiseformate notwendig, die ihre individuellen Wünsche adressieren. Wünsche nach Gemeinschaft, Begegnung, Aktivität, Erlebnis, Kommunikation, Inhalt und Individualität, wie sie schon jetzt bei Jugendlichen existent sind. So wie bei Jan, unserem 17-jährigen Durchschnittsteenager aus Köln – wenn man so will, dem Prototypen des jungen Reisenden der kommenden Generation. Wer es also schafft, Jan und seine Freunde für seine Reiseideen zu begeistern, wird auch die touristischen Angebote der zweiten Generation in den kommenden Jahren, wenn nicht sogar Jahrzehnten, prägen.

„... 2008 fanden insgesamt 76,3 Millionen Reisen mit einer Dauer von fünf Tagen und mehr statt. Kinder, Jugendliche und junge Erwachsene bis 26 Jahre führten über 22,5 Millionen Urlaubsreisen durch. Das sind knapp 30 Prozent aller Reisen. Außerordentlich hoch ist auch die Reiseerfahrung und Reiseintensität bei Jugendlichen im Alter von 14 bis 17 Jahren. Sie liegt im Schnitt bei 82,2 Prozent ..."

Ernst Burgbacher, MdB, Parlamentarischer Staatssekretär beim Bundesminister für Wirtschaft und Technologie, Pressemitteilung BMWi vom 08.12.2009

[1] Siehe auch: http://jvm-wozi.de
[2] vgl. Statistisches Bundesamt: 1995 Frau/Mann Proporz = 0,95
[3] vgl. beliebteste Vornamen des Jahres 1995. Jungen = Jan, Mädchen = Laura
[4] vgl. Statistische Ämter des Bundes und der Länder: Gebiet und Bevölkerung
[5] vgl. nrw.de – Land und Leute, Die zehn größten nordrhein-westfälischen Städte
[6] vgl. Kultusministerkonferenz, Dokument 161, Schule in Deutschland - Zahlen, Fakten, Analysen
[7] vgl. Ministerium für Schule und Weiterbildung des Landes Nordrhein-Westfalen
[8] vgl. Medienpädagogischer Forschungsverbund Südwest/JIM-Studie 2010
[9] Quellen: media control, NDR, Horizont
[10] Medienpädagogischer Forschungsverbund Südwest/JIM-Studie 2010
[11] Quelle: ruf Social Media Studie 2011
[12] Quelle: ruf Social Media Studie 2011/ruf Social Media Studie 2010
[13] vgl. Medienpädagogischer Forschungsverbund Südwest/JIM-Studie 2010, Nutzungsentwicklung Printmedien
[14] Quelle: iww BRAVO 1998 - 2010
[15] vgl. Studie Young Travellers 2010/ruf reisen & ITB Berlin
[16] vgl. Studie Young Travellers 2010/Wunschreiseziele
[17] vgl. u.a. Yahoo Reisestudie 2010, AGOF Branchenbericht „Reise & Touristik"
[18] vgl. Studie ruf Mediennutzung 2011
[19] vgl. Studie Young Travellers 2010/Buchungswege
[20] vgl. Statistisches Bundesamt Geburten und Sterbefälle

Alles begann mit dem PC
Michael Buller

Als ich in den 1980er-Jahren zum ersten Mal mit einem PC in Berührung kam, befand ich mich im zweiten Ausbildungsjahr in einer Münchener Steuerkanzlei. Der PC war der ganze Stolz der Kanzlei, obwohl er nach heutigen Kriterien alles andere als anbetungswürdig ausgestattet war – ganz zu schweigen von seinem Aussehen. Es war ein durch und durch in Plastik gearbeitetes, großes viereckiges Gehäuse, auf dem ein monochromer Bildschirm stand. Der sah irgendwie schon für damalige Verhältnisse veraltet aus. Das Gerät besaß zwei Diskettenlaufwerke. Auf dem einen wurde ein Programm eingespielt und auf dem anderen wurden die Daten aufgezeichnet. Die Diskette mit den Daten wurde übrigens anschließend per Post an ein Rechenzentrum verschickt.

Steinzeit pur, aber angeblich war unser Gerät intelligenter als die Computer, welche die Apollo-Missionen an Bord hatten – und man wundert sich bis heute, dass alle Astronauten ihren Weg zur Erde zurück gefunden haben. Der Preis dieses PCs lag etwa in Höhe eines Neuwagens, und damals hätte ich sicherlich niemals ein Auto gegen einen PC eingetauscht.

An Festplatten war übrigens noch nicht zu denken. Das Vorgängermodell des damaligen PCs wies sogar noch anstatt eines Diskettenlaufwerks ein Kassettenlaufwerk auf. Zuerst wurde mittels dieses Gerätes ein Programm eingespielt und später damit dann die Daten aufgezeichnet. Gerüchte sagten, dass man mit dem Bandaufzeichnungsgerät auch Musik hätte abspielen können. Ich wäre gespannt gewesen, wie das Gerät auf „I can't get no satisfaction" von den Rolling Stones reagiert hätte, anstatt sein gewohntes Programm zu bekommen. Der Respekt vor meinem Lehrherrn und die möglichen Konsequenzen verbaten mir allerdings, das auszuprobieren.

Das Vorgängermodell durfte man übrigens tatsächlich erst ab dem zweiten Ausbildungsjahr bedienen. Der „neue" PC blieb aber während meiner gesamten Ausbildungszeit tabu. Den durfte nur der Chef nutzen, denn es war absolute Sorgfalt bei der Eingabe der Daten zu beachten. Eine Löschtaste gab es nicht. So musste ein falsch eingegebener Datensatz mit umgekehrtem Vorzeichen erneut eingegeben werden, anschließend folgte dann der richtige Datensatz im

Michael Buller
Vorstand des Verbands Internet-Reisevertrieb e. V. (VIR), ist seit vielen Jahren in der Touristikbranche tätig. Seine berufliche Laufbahn begann er im Jahre 1990 bei der Holiday Autos GmbH, wo er zunächst die Bereiche Finanzen & Controlling verantwortete. Drei Jahre später erhielt er Prokura und wurde 1995 zum Geschäftsführenden Gesellschafter ernannt. Als die lastminute.com Group im Jahre 2003 holiday autos übernahm, wurde Michael Buller zum Geschäftsführer für das Deutschlandgeschäft der lastminute.com Gruppe ernannt. Er zeichnete für sechs Marken verantwortlich: lastminute.com, holiday autos, lastminute.de, travelocity.de, holiday and more sowie Medhotel. Zur Jahresmitte 2007 wurde Michael Buller Gesellschafter beim Softwarehaus BPCS Consulting Services GmbH. Seit 2009 ist er zudem Beiratsmitglied der Firma Trustyou.com sowie Non-Exekutive Managing Director der Firma Holiday Extras. Darüber hinaus hat Michael Buller unterschiedliche Beratungsmandate in der Tourismusindustrie inne.

zweiten Anlauf. Da die Rechenzentren damals nach der Anzahl der eingegebenen Datensätze bezahlt werden mussten, konnte ein schusseliger Auszubildender eine Kanzlei langsam, aber sicher in den Ruin treiben. Meine hat übrigens meine Ausbildungszeit überlebt.

An der großen Verbreitung des PCs wurde damals gezweifelt. Man ging davon aus, dass sich nur wenige diese teuren Geräte leisten werden, und ein Einsatz in privaten Haushalten war schlichtweg undenkbar. Eines der vielen Dinge in der Geschichte der Menschheit, bei denen man sich täuschte. Aber dazu später mehr.

Allen Unkenrufen zum Trotz entwickelten sich die Computer rasant, und so gab es bald die ersten Server und Festplatten. In meiner späteren Tätigkeit als Controller bei einem Mietwagenanbieter bauten wir uns 1990 aus Kostengründen unseren ersten Server selbst zusammen. Er hatte damals einen Turboknopf, mit dem sich die Taktung erhöhen ließ. Heute würden wir das als Mopsgeschwindigkeit bezeichnen, und lange hielt der Server das auch nicht aus. Die Festplatte des Gerätes war groß wie ein Schrank und dabei lag die Speicherkapazität gerade mal bei 300 MB. Das galt damals allerdings als gigantisch und war unglaublich teuer. Internet gab es noch nicht, und so war der Server nur dafür zuständig, die Daten aus unserem internen Netz zu verwalten.

Das Webzeitalter

Dr. Dominik Rossmann, Geschäftsführer von Web-Tourismus, sagte einmal in einem Vortrag: „Alle fundamentalen Erfindungen in der Geschichte der Menschheit zeichnen sich dadurch aus, dass es kein Zurück mehr gibt!" So startete 1989 die Internetrevolution: Das World Wide Web wurde 1989 in CERN bei Genf von Tim Berners-Lee eingeführt, und böse Zungen behaupteten, sie würden versuchen, mittels ihres Teilchenbeschleunigers ein schwarzes Loch zu erzeugen, um das Ganze wieder rückgängig zu machen.

Es war übrigens nicht der erste Versuch, zwei Rechner mithilfe einer Leitung zu verbinden und miteinander kommunizieren zu lassen. Am 29.Oktober 1969 wurden erstmals zwei Computer des Stanford Research Institutes miteinander vernetzt. Angeblich stürzten sie beim ersten Versuch ab – also nicht anders als heutzutage.

Die Verbreitung des Internets zum Massenmedium verlief in rasender Geschwindigkeit. Hatte das Internet 1993 gerade einmal einen Anteil von 1 Prozent des Informationsflusses im weltweiten Telekommunikationsnetz, so waren es 2007 bereits 97 Prozent (Quelle: Wikipedia). Im Vergleich dazu brauchte das Auto eine halbe Ewigkeit, bis es sich zum Massenprodukt entwickelte. Der Mercedes-Benz Patentwagen von 1886 verlieh der Entwicklung des Automobils mit Verbrennungsmotor einen entscheidenden Schub. Allerdings baute der Franzose Nicolas Cugnots bereits 1769 ein dampfgetriebenes vierrädriges Fahrzeug. Die Massen mit Automobilen auszustatten, dauerte in Europa bis in die 1930er Jahre. Henry Ford hat dies sicherlich mit seinem Ford T in den USA begründet: Den brachte er 1908 auf den Markt und führte damit die Massenproduktion ein, um die Bezahlbarkeit eines Autos überhaupt zu ermöglichen. Denn alles davor waren sündhaft teure Spezialanfertigungen. Der deutsche Kaiser Wilhelm II. sagte übrigens noch in den 1910er-Jahren „Ich glaube an das Pferd. Das Automobil ist eine vorübergehende Erscheinung." Wie es wirklich ausging, wissen wir heute alle besser.

Mittlerweile haben (laut Reiseanalyse 2011) 70 Prozent der deutschen Bevölkerung Zugang zum Internet. Dabei gibt es einige Unterschiede bei den Altersgruppen, die sich jedoch sicherlich bald ausgleichen werden. Die Altersgruppe der 14- bis 39-Jährigen liegt dabei mit fast 90 Prozent Abdeckung an der Spitze. Das Schlusslicht bildet die Altersgruppe der über 60-Jährigen, die nur einen Anteil von 31 Prozent bei dem Internetzugang aufweisen. Man muss allerdings dazu sagen, dass diese Altersgruppe das Internet und seine Vorteile gerade erst entdeckt und zu der am stärksten wachsenden Gruppierung gehört.

Am Anfang des Internets stand die kommerzielle Nutzung im Vordergrund. Eine Website zu entwickeln, galt damals als etwas ganz Besonderes und sehr Aufwendiges. So war dies aufgrund des Betrages, den man dafür investieren musste, für eine Privatperson unerreichbar. Die Unternehmen, welche die Nutzung des Internets in die breite Masse trugen, sind sicherlich Amazon, ebay und Google. Ihnen gehört mein großer Respekt. Durch ebay wurde der Flohmarkt ins Internet gebracht, plötzlich konnte jede Privatperson Teil eines internationalen Handels werden. Früher mussten Sammler sich in Clubs organisieren, weil das Wissen darum, wo welche Teile zu beziehen waren, nur dort vorhanden war. Heute genügt ein Durchstöbern der ebay-Website. Man kann seltene Dinge finden, die aus der ganzen Welt stammen und dort möglicherweise schon jahrzehntelang in einem Keller schlummerten.

Viele denken, Amazon sei so besonders, weil es den Buchhandel in das Webzeitalter überführte und damit eine Branche auf den Kopf stellte – was für sich bereits schon eine Leistung ist. Einer der größeren Verdienste von Amazons ist es aber, eine unglaubliche Kundenbindung und eine hervorragende Markenbildung erreicht zu haben, ohne ständig große Marketingaktivitäten zu starten. Erfolgsentscheidend dürfte die einfache Benutzerführung sein, die noch immer Vorbildfunktion hat. Das ist sicherlich auch der Grund, warum Amazon heute mehr als Bücher erfolgreich verkauft.

Zu Google braucht man sicherlich nicht viel sagen! Es spricht schon für sich, wenn ein Unternehmensname zum Synonym für eine Tätigkeit wird: Wir suchen nicht im Internet, wir googeln. Die Abhängigkeit durch die besondere Stellung beim Konsumenten hat sicherlich auch ihre Schattenseiten. Eine gute Platzierung in den Google-Suchen hat durchaus Auswirkung auf den Geschäftserfolg eines Unternehmens. Sie ersetzt aber keine Kundenbindung, auch wenn der Kunde oftmals durch den Google-Einstieg zu einer Unternehmens-Website findet.

Der echte Durchbruch des Internets

Der richtig große Durchbruch des Internets fand nicht am heimischen PC, sondern am Handy statt. Es ist schon erstaunlich, dass das Handy vor gar nicht allzu langer Zeit kurz vor seinem Entwicklungsendpunkt zu stehen schien, zumindest kam es mir so vor. Es stand die Frage im Raum: „Was soll jetzt noch kommen?" Internet gab es schon auf dem Handy, aber so recht durchgesetzt hatte es sich noch nicht. Bis dann das iPhone kam, und die Grenzen zwischen Handy- und Internetnutzung verschwanden. Die Revolution, die sich dann entwickelte, ist eine ganz wesentliche, denn ein immerwährender Internetzugang hat unser Verhalten verändert und verändert es noch immer. Ich will die Leistung der Netzbetreiber, die sicherlich ebenfalls einen großen Anteil daran haben, nicht herunterspielen. Sie haben für schnelles Internet gesorgt, sowohl im Festnetz- als auch im Handybereich. Auch die Bezahlbarkeit durch die Einführung von Flatrates spielt eine wichtige Rolle, aber erst ein wirklich nützliches Endgerät brachte den Durchbruch beim mobilen Internet.

Heute sitzt man irgendwo und grübelt nach einem Namen oder einem Ereignis. Und wenn es einem nicht einfällt, geht man online und holt sich die Informationen im Internet. Als Gutenberg den Buchdruck erfand, waren viele nicht begeistert, denn Wissen war Macht. So war man mit der Wissensverbreitung über Bücher nicht sehr glücklich. Dass dieses Wissen eines Tages im Internet landen und damit plötzlich für jedermann zugänglich sein würde, war damals sicherlich unvorstellbar. Ich befürchte sogar, es hätte Visionäre als Hexer auf das Schafott gebracht, wenn sie dies vorausgesagt hätten. Heute zeigt sich, dass die Vernetzung durch das Internet und der Zugang zu Wissen sogar ganze Regierungen stürzen können.

Viele Wissenschaftler behaupten, dass das Wissen im Internet Auswirkung auch auf die Entwicklung unseres Gehirns hat! Dass die Menschen vieles von dem, was sie sich bislang noch merken mussten, nun nicht mehr abspeichern, sondern nur noch wissen, wo sie die entsprechenden Inhalte finden und wie sie dorthin gelangen. Das ist eine neue Fertigkeit, welche die Entwicklung des Gehirns beeinflussen wird,

Herausforderungen, die das Internet mit sich gebracht hat

Datenschutz: Wenn man zum Bäcker geht und von diesem mit Namen begrüßt wird, er sich nach dem Befinden der Frau erkundigt und zum Schluss fragt „Die gleichen Brötchen wie immer?", dann empfinden wir dies als perfekten Service und kaufen künftig gerne wieder dort ein.

Im Internet gilt allerdings eine ganz andere Wahrnehmung: Wir würden uns sofort mit Unbehagen fragen, was man sonst noch alles über uns weiß? Dabei gilt dasselbe Prinzip. Um einen guten Service zu leisten und einem Kunden die Suche zu erleichtern, werden mehr Informationen über die Person benötigt. Würde man das Reiseverhalten eines Kunden umfassend kennen, so kann dieses Wissen dazu beitragen, ihm aus 16 Mrd. verfügbarer Pauschalreisen seine Top 5-Reiseempfehlungen herauszufiltern. Allerdings kommt hier der Datenschutz ins Spiel, bzw. die Diskussionen um einen solchen Service wären vermutlich ziemlich groß. Dabei sind die Daten an sich nicht das Problem, sondern unsere Angst, was mit ihnen spekulativ passieren könnte. Eine aufklärende und nicht panikerzeugende Berichterstattung zu diesem Thema wäre wünschenswert, damit hilfreiche Entwicklungen, die eigentlich im Sinne eines Konsumenten sind, nicht mehr verhindert werden. Und es gibt dar-über hinaus noch einen weiteren Aspekt zu diesem Thema: Viele Daten dürfen aufgrund von Datenschutzauflagen nicht oder nicht lange genug gespeichert werden, was die Aufklärung von Betrugsdelikten, welche Onlineanbieter zunehmend treffen, stark erschwert.

Urheberrecht und Markenrecht: Es gibt wohl kaum eine Zeit, in der die Menschen derartig kreativ sind, wie heute. Das liegt zum einen daran, dass sich die technischen Möglichkeiten deutlich vereinfacht haben (ob digitale Fotografie oder Filmbearbeitung usw.). Zum Zweiten besteht ein gewisser Wohlstand, der die richtigen Mittel und die Zeit mit sich bringt, um kreativ zu sein. Plattformen wie Flickr, YouTube, Facebook oder Foren spielen eine große Rolle bei der Verbreitung der Daten.

Dabei kommt es vermehrt zu Urheberrechts- oder Markenverletzungen, die den meisten Nutzerinnen und Nutzern sicherlich gar nicht bewusst sind. Unternehmen sind diesbezüg-lich geschulter als eine Privatperson, die hierzu vermutlich ganz andere Vorstellungen oder Wahrnehmungen hat. An dieser Stelle ist sicherlich eine deutliche Aufklärung und Sensibili-sierung notwendig, um unnötige Rechtsstreitigkeiten zu vermeiden.

Verlagerung der Geschäfte in das Internet: Ein gutes Beispiel, wie sich ein Geschäft von einem reinen Offlineprodukt (Platten, Musikkassette, CD) zu einem digitalen Produkt ent-wickelt hat, zeigt die Musikindustrie. 1982 wurde das MP3-Format am Fraunhofer Institut entwickelt. Dass dies eine ganze Musikindustrie auf den Kopf stellen würde, hat damals wohl niemand angenommen. Es hat ziemlich lange gedauert, bis die Möglichkeiten dieses Formats genutzt wurden – und den Wandel musste ein Branchenfremder in die Wege leiten. 2001 wurde durch den iPod von Apple ein Gerät geschaffen, das in Verbindung mit dem Apple Internetshop iTunes die Vorteile des MP3-Formats erst richtig nutzbar machten. Das Erstaunliche daran ist eigentlich, dass auch in dieser Branche die etablierten Anbieter viel zu lange darüber nachgedacht haben, wie sie Daten schützen, anstatt die Chancen einer Vermarktung zu nutzen. Apple ist heute der weltweit größte Musikanbieter, und es ist nicht abzusehen, dass sich daran etwas ändern wird.

Viele Diskussionen, die um das Internet geführt werden, drehen sich in erster Linie um die Sicherung des Status quo und weniger darum, etwaige Chancen damit zu nutzen. Auch wird der Konsument dabei ausgeblendet, der sich in der Regel für den bequemsten Weg ent-scheidet. Das heißt nicht konsequenterweise, dass künftig nur noch der Onlinekanal exis-tieren wird, sondern vielmehr wäre doch eine Kombination aus beiden (online/offline) sehr wünschenswert. Es gibt eben Dinge, die man aus unterschiedlichsten Gründen (Zeitfaktor, Komplexität usw.) heute online und morgen offline kauft.

Das Erstaunlichste daran ist, dass meist eher die etablierten Anbieter über ihre Bestandssi-cherung nachdenken. Sind sie jedoch selbst Kunden, und auf der anderen Seite des Schreib-tisches, nutzen auch sie plötzlich die Vorteile der Internetnutzung. „Aber bitte nicht in mei-ner Branche!", lautet die Devise.

Wie viel Schutz brauchen die Menschen?

Mit Facebook gehen in Deutschland große Diskussionen um den Datenschutz einher. Viele Forderungen der Politik oder der Verbraucherschützer sind durchaus richtig. Das Problem allerdings ist, dass sie die Menschen damit oftmals stark verunsichern – und dass sie von einer absoluten Naivität des Privatmenschen ausgehen. Ich hielt kürzlich einen Vortrag an einer deutschen Hochschule und war erstaunt über die kritische Haltung der Studierenden hinsichtlich ihres Umgangs mit persönlichen Daten in Facebook. Nachdem gerade der Jugend ein zu sorgloser Umgang mit dem Internet vorgeworfen wird, hätte ich – ehrlich gesagt – eine deutlich unkritischere Haltung der Studentinnen und Studenten erwartet.

Ähnlich erging es uns in der Touristik in Sachen Hotelbewertungen. In der Presse war zu lesen, dass einige Versuche, gefälschte Bewertungen abzugeben, erfolgreich gewesen wären. Wie viele dieser Versuche aber abgewehrt wurden, darüber wurde nicht berichtet. Und so wurden einen ganzen Sommer lang in Presse und Foren Diskussionen darüber geführt, „wie gefälscht Hotelbewertungen wirklich sind". Tatsächlich wurde die Frage der Auswirkung einer gefälschten Hotelbewertung auf das Gesamtergebnis einer Hotelbewertung nie gestellt. Und so wurde ein Artikel nach dem anderen veröffentlicht, der die Kundinnen und Kunden unbedingt warnen sollte.

Wir als Verband Internet Reisevertrieb (VIR) haben mit der Universität Bad Honnef im Jahr 2011 Konsumentinnen und Konsumenten nach ihrem Umgang mit Hotelbewertungen befragt. 65 Prozent der Befragten gaben an, sie würden Bewertungen immer als Entscheidungshilfe nutzen, 59 Prozent ließen sich durch Bewertungen in ihrer Urlaubsentscheidung beeinflussen. Das Erstaunlichste war allerdings, dass 52 Prozent der Befragten davon ausgingen, dass Bewertungen durchaus manipuliert sein könnten, und trotzdem hielten 89 Prozent Hotelbewertungen für glaubwürdig. Ich denke, wer schon einmal auf einem Hotelbewertungsportal war, sieht nicht nur auf eine Gesamtnote, sondern bei Interesse auch einzelne Bewertungen im Detail an. Die darin enthaltenen Informationen kann der Konsument vernünftig einschätzen und er ist in der Lage, zwischen hilfreichen, zu guten oder auch zu schlechten Bewertungen zu unterscheiden.

Die Diskussionen um Arbeitgeber, die im Zuge der Recherche über einen potenziellen künftigen Mitarbeiter Informationen von diesem (zum Beispiel von der Partynacht eines 15-Jährigen) im Web finden und diese für ihre Entscheidungsfindung heranziehen, halte ich ein wenig an den Haaren herbeigezogen. Ein Arbeitgeber, der nicht unterscheidet, ob ein 15-Jähriger oder ein 30-Jähriger eine Partynacht überschwänglich verbringt, ist wohl kaum geeignet, Personalentscheidungen zu treffen. Es ist fraglich, ob überhaupt derartig viele kompromittierende Informationen von Privatpersonen im Internet frei zugänglich sind.

Eines darf man natürlich in Bezug auf das Internet nicht übersehen. Das Web vergisst nichts, und so ist eine Information, die einmal dort gelandet ist, nicht mehr zu löschen. Das kann natürlich zu Irritationen führen. Ein Unternehmen, das zum Beispiel vor Jahrzehnten einen Umweltskandal verursachte, dies zum Anlass nahm, um künftig ökologisch einen anderen Weg einzuschlagen und heute womöglich als vorbildlich gilt, wird immer ein Problem haben, wenn beide Informationen (damals/heute) zur selben Zeit nebeneinander in einem Suchergebnis auftauchen.

Es steht außer Frage, dass ein vernünftiger Umgang mit Daten und Informationen aus dem Internet noch am Anfang ist, denn dazu ist das Medium noch zu jung. Die regelmäßige Panikmache mit extremen Beispielen halte ich aber für den falschen Weg. Auch hier würde eine ausgewogene Darstellung in der Berichterstattung deutlich hilfreicher sein, verbunden mit gesundem Menschenverstand, den viele Menschen durchaus haben. Sicherlich sind Eltern und Schulen für die nächste Generation hier gefragt, um entsprechendes Wissen zu vermitteln.

Das Internet und die Touristik

Mittlerweile haben bereits 29 % der deutschen Gesamtbevölkerung ihre Urlaubsreise schon einmal online gebucht. Wenn man die Bevölkerungsschicht mit Internetzugang für sich allein betrachtet, liegt dieser Wert sogar bei 59 %. Der Weg dorthin war mühselig.

Eine der menschlichsten Eigenschaften ist die Angst vor Neuem und vor Veränderung. Leider geht dabei das Erkennen möglicher Chancen meist verloren. So wurde das Internet für die Touristik zu einer großen Schwarz-Weiß-Malerei, es wurde bei den etablierten Anbietern viel diskutiert und wenig gehandelt. Dabei war das Internet eine der größten Chancen, welche die Touristik sicherlich am nachhaltigsten verändert hat. Ich arbeite seit mehr als zwanzig Jahren in der Touristik und seit 2009 auch im Vorstand des VIR, dem Verband Internet Reisevertrieb. Heute besteht, wenn von Onlinetouristik die Rede ist, noch immer der Eindruck, es handele sich um eine andere Branche und nicht um einen Teil der touristischen Vertriebskanäle.

Es ist wichtig zu verstehen, dass der Kunde die Entscheidung trifft, wo er kauft. Unternehmen bieten ihre Dienstleistung an, und wenn sie gut ist und vom Kunden angenommen wird, spielt es keine Rolle, ob dies online oder offline stattfindet – solange die Dienstleistung dem Kunden einen Vorteil bietet. Das Verteufeln einer Entwicklung, insbesondere der des Internets, hilft nicht. Viel wichtiger wäre, dass eine gesamte Branche die Möglichkeiten des Internets ebenso nutzt, wie es ihre Kunden bereits schon tun.

Vermutlich ist es wie in vielen Branchen: Wer zu lange in einer Industrie tätig ist, wird blind für die Möglichkeiten. Es mussten also Branchenfremde den ersten großen Schritt gehen – in der Touristik hieß dieser Branchenfremde „Microsoft". Relativ schnell war klar, dass eine neue Software notwendig sein wird, um im Internet Reisen verkaufen zu können. Die Kernkompetenz von Microsoft ist die Softwareentwicklung, und so gründeten sie 1995 Expedia, das heute zu den erfolgreichsten Online-Reiseportalen gehört. Rühmliche Ausnahme unter den etablierten Anbietern der Touristik ist übrigens Travel Overland, die schon sehr früh angefangen haben, ihr Flugangebot online zu verkaufen und bereits Ende der 1990er-Jahre einen nicht unwesentlichen Teil ihres Umsatzes im Internet generierten.

Laut der Ausgabe der Fachzeitschrift fvw vom 10. Juli 1998 begann das Thema Internet für die gesamte Touristik in diesem Jahr. Im März 1998 zählte man 341 touristische deutsche Websites. Die wenigsten Unternehmen hatten einen Internetanschluss oder eine E-Mail-Adresse. Technik rund um das Internet wurde gerade erst entwickelt. Man kann die Bemühungen, welche die Branche umtrieben, sehr gut aus diesem Artikel herauslesen, ihr Zögern allerdings auch.

Nach dem Vorbild von Expedia entwickelten sich viele Online-Reiseportale und eine Vielfalt an technischen Lösungen für den Verkauf touristischer Leistungen wie Flug, Hotel oder Pauschalreisen. Und das in einer nie da gewesenen Geschwindigkeit. Eine besondere Eigenschaft, welche die großen Online-Reiseportale auszeichnete, war es, weniger die Probleme in den Vordergrund zu stellen, sondern vielmehr Lösungen dafür zu finden und zu versuchen, dabei stets der Schnellste zu sein. Man darf sicherlich nicht verschweigen, dass durch die Boomjahre an der Börse viel Geld für Experimente vorhanden war, und zugegebenermaßen ist so manches Experiment nicht geglückt. Aber zum Unternehmertum gehört eben auch, etwas zu unternehmen.

Die gesamte Touristik hat von dieser Bewegung profitiert: Vieles, was für diese Unternehmen entwickelt wurde, steht heute einer ganzen Branche zu bezahlbaren Preisen zur Verfügung – und dies gilt insbesondere für die Reise-Buchungsmaschinen.

In der ersten Stufe des touristischen Internets ging es um Content. Wie macht man Reiseprodukte im Internet buchbar? Es gab damals keine Datenbanken, die Hotels oder klassische Pauschalreisen enthielten. Sie mussten erst gebaut werden (neben der Entwicklung von Zahlungsabwicklungsprozessen oder der eigentlichen Website). Die Auswüchse davon sind heute allerdings, dass Kunden vor einem virtuellen Regal mit täglich mehr als 16 Mrd. verschiedenen Pauschalreiseangeboten stehen – oder sie bei der Suche nach einem Hotel in London 600 verschiedene Möglichkeiten zur Auswahl erhalten. Ein großes Angebot hat sicherlich den Vorteil einer gewissen Neutralität, sorgt aber immer auch für die Qual der Wahl bei den Nutzerinnen und Nutzern.

Zur selben Zeit bauten die heute großen Online-Reiseportale ihre Markenpräsenz mit großem Mitteleinsatz in der klassischen Werbung aus. Später kam Google hinzu und entwickelte sich zu einem der wichtigsten Vertriebskanäle in dieser Industrie. Google hatte dabei zwei Vorteile: Es war ein kalkulier- und berechenbares Modell für den Vermittler, und es wurde möglich, auch ohne Markenbildung an einen Kunden heranzutreten (SEO und SEM). Der Nachteil gegenüber klassischer Werbung ist allerdings, dass es keine Nachhaltigkeit gibt. An dem Tag, an dem die Online-Marketingaktivitäten in Google beendet werden, generiert ein Unternehmen eben auch keinen Umsatz mehr aus diesem Kanal!

Wohin Googles Reise in der Touristik geht – seit der Übernahme von ITA oder der Googleeigenen Hotelsuche – und welche Auswirkungen das auf die Vermittler haben könnte, wird sich in naher Zukunft zeigen. Eines ist allerdings sicher: Kundenbindung und direktere Wege zum Kunden werden in der Touristik schon bald eine noch größere Rolle als bisher spielen.

Eine zweite Herausforderung ist der verstärkte Wettbewerb, bei dem so mancher versucht, über das rechtlich Zulässige hinaus seinen Vorteil zu nutzen. Dabei alle auf Kurs zu halten, damit sich nicht Gepflogenheiten einschleichen – nach dem Motto „wenn die das machen, mache ich das auch" –, wird nicht einfach werden. Eine Maßnahme, um im Onlinemarketing aktiv einzugreifen, wurde durch den VIR und den DRV (Deutscher Reiseverband) im Jahr 2010 mit dem Code of Conduct für Onlinemarketing in der Touristik geschaffen. Mittlerweile haben sich über 100 wichtige Onlineaktive Touristikunternehmen dem Code of Conduct verpflichtet.

Die Menschen übernehmen das Netz, und das ist gut so!

Es hat lange gedauert, bis es so weit war. Am Anfang standen sicherlich die Foren. Wer schon einmal ein solches Forum besucht hat, lernt schnell den Umgang damit kennen und wird womöglich sogar abgeschreckt, dort aktiv zu sein. Unterwürfigkeit gegenüber der ehrwürdigen Forengemeinschaft hilft übrigens immer.

Die wichtigsten Meilensteine im Überblick:
Seit 2001 gibt es Wikipedia in Deutschland und prägte den Begriff der Schwarmintelligenz: Die Menge weiß mehr, als jeder Einzelne. Dabei gab es durchaus Fälle von Wettbewerb nach dem Motto „Wer weiß es wirklich?". Tatsache ist, dass Wikipedia heute zu einer der wichtigen Informationsquellen im Internet zählt.

Im Jahr 2003 starteten Netzwerke wie Xing (damals: openBC) oder das internationaler ausgerichtete LinkedIn, die im Arbeitsleben heute nicht mehr wegzudenken sind. Sie ermöglichen ein Networking auf digitaler Ebene und durch ihre Foren den Austausch zu diversen Themen.

Zwei Jahre später ging YouTube ans Netz. Das Unternehmen wurde von drei ehemaligen PayPal-Mitarbeitern gegründet. Sicherlich ging die Entwicklung von YouTube einher mit dem Trend der Nutzung digitaler Geräte. Waren es zuvor Filme auf Bändern, die man sich vorwiegend in häuslicher Umgebung angesehen hatte, so machte die Digitalisierung es nun möglich, die Aufnahmen im Internet einzustellen und mit anderen zu teilen.

Ab 2005 kamen auch Blogs in Mode und wurden zur ersten echten Möglichkeit für Privatpersonen, ein Teil des Internets durch eine eigene Website zu werden. Dazu kam eine technik ,die jeder bedienen konnte, die meist sogar kostenfrei erhältlich war. Mittlerweile gibt es in Deutschland die stattliche Anzahl von 1,5 Mio. Blogs, auch wenn viele davon sicherlich nicht aktiv betrieben werden.
Ein Jahr später wurde der Microblog namens Twitter modern und senkte die Hürde für das Mitmachweb deutlich. Die Beschränkung auf 140 Zeichen für das Verfassen einer Mitteilung war auf der einen Seite ein Fluch („Wie sag ich's in Kürze?"), lud aber gleichzeitig viele dazu ein, aktiv zu twittern, denn man musste ja nicht viel schreiben.

Soziale Netzwerke gab es bereits vor Facebook. Und die Verbreitung von Facebook dauerte in Deutschland deutlich länger als bei Twitter, obwohl Facebook schon im Jahr 2004 gegründet wurde. Erst ab 2008 kann man von einer deutlichen Verbreitung in Deutschland sprechen. Mittlerweile gibt es 22 Mio. Facebook-Nutzerinnen und -Nutzer in Deutschland (Stand: Januar 2011), also rund ein Viertel aller Deutschen nutzt dieses soziale Netzwerk, und so spielt Facebook in manchem Alltag eine große Rolle.

Die Auswirkungen

Viele dieser Entwicklungen gaben unbekannten Menschen eine Plattform, um sich in einer zuvor nicht da gewesenen Öffentlichkeit auszudrücken. So manche/r kam dadurch zu einer Bekanntheit, die ohne das Internet nie möglich gewesen wäre. Auch die bisherige Vorstellung, dass Markenbildung nur Unternehmen vorbehalten sei, wurde durch die technischen Entwicklungen über Bord geworfen. Und so konnte manche Privatperson nun auch von sich sagen: „Ich bin eine Marke."
Für Unternehmen bedeuten die sozialen Medien jedoch eine neue, große Herausforderung, und sie werden meiner Ansicht nach deutlichen Einfluss auf die Qualität ihrer Produkte haben. Nicht eingehaltene Werbeversprechen werden in einer bisher nie da gewesenen Öffentlichkeit bestraft, denn die Möglichkeiten dazu haben sich erheblich verändert.

Früher gab es die berühmten zehn Freunde und Bekannte, denen man von Reklamationen berichtete, doch heute stehen dazu Foren, YouTube, Bewertungsplattformen und das persönliche soziale Netzwerk zur Verfügung, das im Schnitt mit durchschnittlich 135 „Freunden" bestückt ist. Einen so genannten Shitstorm hat so manches Unternehmen bereits erlebt, und nun gilt es, damit richtig umzugehen. Ein Aussitzen der Situation wie in früheren Zeiten ist dabei eine schlechte Wahl und kann zu einem Super-GAU für die Öffentlichkeitsarbeit werden.

Manche Unternehmen sehen dies eher als Fluch, für den Kunden ist es jedoch ein Segen: Man kauft nicht mehr die Katze im Sack. Werbeversprechen können überprüft werden!
Die Hotellerie kann sicherlich ein Lied davon singen und brauchte eine Weile, bis sie den richtigen Umgang mit Kundenmeinungen in Bewertungsplattformen fand. Heute ist sie einen Schritt weiter: Unternehmen wie Trustyou bereiten Hotelbewertungen semantisch auf und stellen sie den Hotels zur Verfügung, sodass diese damit ein gezieltes Qualitätsmanagement betreiben und etwaige Schwächen Stück für Stück verbessern können.

Jens Oellrich von Tourismuszukunft sagte einmal: „Nicht der Kunde muss zur Website gehen, sondern die Websie zum Kunden!" Das dürfte für die Wirtschaft eine der größten Veränderungen in ihrem zukünftigen Handeln werden. Bislang wurden Produkte durch Werbung und Öffentlichkeitsarbeit bekannt, und mithilfe eines gewissen Werbebudgets generierte man entsprechenden Traffic auf seiner Website. Als weiteres Element gewinnt das Empfehlungsmarketing durch die Nutzung sozialer Netzwerke zunehmend an Bedeutung. Das Prinzip ist nicht wirklich neu, denn Empfehlungen waren schon immer die beste Werbung, denn sie sind nachhaltig. In den sozialen Netzwerken finden sie nun in digitaler Form statt. So manches Foto von einem Urlaubshotel, das ein Freund oder Bekannter in ein soziales Netzwerk einstellt, kann bereits Einfluss auf eine Urlaubsentscheidung haben. Wie weit das gehen wird, muss sich noch zeigen.

Was wohl die Zukunft bringt?

Wenn ich mir meinen Lebensweg so ansehe, dann habe ich irgendwann aufgehört, darüber zu spekulieren, was wohl als Nächstes kommen wird. Die Technologie von Endgeräten hat mittlerweile die Geschichten aus Raumschiff Enterprise überholt (ein iPad ist deutlich nützlicher als ein Tricorder, oder?) und jeden Tag werden neue Soft- oder Hardwarelösungen entwickelt, die wesentlichen Einfluss auf unser Leben haben – es bereichern oder vereinfachen. Das Erstaunliche ist die immense Geschwindigkeit, in der sich diese Schritte vollziehen. Wer hätte vor vier Jahren schon an ein iPad oder an Facebook gedacht? Ich denke, das, was wirklich wichtig dabei ist, sich eine gesunde Neugier zu bewahren und offen zu sein für Veränderungen. Angst ist ein schlechter Berater. Der gesunde Menschenverstand ist da deutlich nützlicher!

Ich bin mir sicher, dass gerade in diesem Augenblick jemand in seiner Garage an der nächsten Revolution arbeitet – und ich bin gespannt darauf.

Heute wie damals

Jugendreisen: Die Chance für den stationären Vertrieb

Claudia Christmann

Früher war alles anders, besser … So liest und hört man es immer wieder von vielen Reiseverkäufern im Jahr 2012. Und wenn wir einmal beleuchten, was tatsächlich anders war, dann hatten wir noch vor gut zehn Jahren doppelt so viele Reisebüros wie heute im Jahr 2012. Was war also daran besser? Wir kannten unsere direkten Mitbewerber, ihre Stärken und Schwächen. Noch vor 15 Jahren war die Reisebürodichte in Deutschland so hoch wie nie zuvor – und der direkte Wettbewerber saß mal besser und auch mal schlechter in der Nachbarschaft zum eigenen Ladenlokal.

Nicht jedes Reisebüro verkaufte Reisen aus demselben großen Topf. Anfang der 1990er-Jahre durften die meist inhabergeführten Reisebüros oft nur einen großen Leitveranstalter verkaufen. Ab 1990 konnten in Reisebüros dann auch die ersten Camps in Frankreich, Italien, Jugoslawien, Griechenland und Holland von **ruf reisen** gebucht werden. Thomas Korbus von der **ruf** Geschäftsführung erzählte mir, dass er damals noch die Reisebüros persönlich besuchte und Agenturverträge mit ihnen abschloss.

Reiseunterlagen und Tickets wurden in den Reisebüros noch per Hand ausgestellt. Ebenso setzten die Mitarbeiterinnen und Mitarbeiter auf individuelle Beratung: Es gab keine Beratungstools am Counter, und der Reiseverkauf war insgesamt wesentlich persönlicher. Eine Bedarfsanalyse wurde nicht wie heute per Checkliste oder Klick ausgeführt, sondern fand auf Basis einer persönlichen Empfehlung statt. Die klassische Pauschalreise avancierte jedoch mit der fortgeschrittenen Technologie zur Massenware, und die Counterfachkräfte wurden durch die technischen Möglichkeiten immer austauschbarer.

Aufgrund großer Sortimentsbereinigungen nahm die Individualität der Reisebüros ab: Die Sortimente an kleineren und mittleren Reiseveranstaltern wurden geschmälert und nur die Visionäre und hoch qualifizierten Reiseverkäufer konnten sich im Laufe der Jahre im Markt behaupten. Die Filialisierung nahm ihren Lauf, und ähnlich, wie in der Lebensmittelbranche, ergab sich eine Bereinigung des Marktes. Reisebüros mussten immer strukturierter, leis-

Claudia Christmann
Sales Manager / Reisebürovertrieb bei **ruf**. Die gelernte Reiseverkehrskauffrau, Jahrgang 1968, kann auf mehr als 20 Jahre Berufserfahrung in der Touristik zurückgreifen. Zuvor war sie als Regional Sales Manager für Sixt holiday im Einsatz. Bei **ruf reisen** wird sie den stationären Vertrieb weiter ausbauen und die Zusammenarbeit mit den Partnern intensivieren.

tungsfähiger arbeiten, um sich möglichst sicher im Wandel der Zeit und im Markt zu positionieren. Der stationäre Vertrieb brauchte neue Ideen und weitere Spezialisierungen, um sich von anderen, neuen Vertriebswegen abzugrenzen – Kinder- und Jugendreisen boten dabei ein geeignetes Feld.

Wie sieht es 2012 aus?

Einen großen, beratungsintensiven Markt für Jugendreisen gab es schon immer. Nicht aber unbedingt eine absolut sichere und qualifizierte Beratungsqualität von Reiseverkäufern. Wir arbeiten an Zertifizierungen, bilden Reisebüros und deren Mitarbeiter weiter aus, um eine optimale Beratung sicherstellen zu können. Und heute, im Zeitalter von Social Media und Co., können unsere Partner aus dem stationären Vertrieb zielgruppengerecht ihre Kunden via Facebook und Internetpartnerprogramm erobern – und ins Reisebüro locken. Das leisten sie durch einen Mix aus Vertrieb, Marketing und insbesondere durch ihre Fachkompetenz als unabhängige Berater und Verkäufer am Reisebürocounter. Diesen großen Mehrwert für die Zukunft „Reisebüro" haben unsere Partneragenturen bereits erkannt: Sie sichern sich die Eltern, die Schulen um die Ecke und Lehrer als Stammkunden und erkennen, dass unsere Zielgruppe „Kind/Jugend/junge Erwachsene" für ihre Zukunft und für den Fortbestand ihres stationären Reisebüros unabdingbar ist. Das setzt natürlich einen Willen an steter Weiterbildung, Interesse und Lust am Verkauf für diese Zielgruppe voraus. Und so arbeitet auch **ruf reisen** weiter an neuen Konzepten für den stationären Vertrieb, forciert den Markt als Marktführer Nummer eins in Europa. Gemeinsam wachsen, mit dem stationären Vertrieb – das ist unsere gemeinsame Devise, und die setzen wir höchst professionell auf sehr hohem Niveau um: Kinder und Jugendliche werden an das sichere Reisen, aber auch an den Spaß am Reisen herangeführt, den Eltern bieten die betreuten Reisen Sicherheit – und zugleich lassen sich positive Auswirkungen auf die persönliche Entwicklung der Kinder und Jugendlichen erhoffen.

Was bietet junges Reisen noch?

Altersgerechtes, insbesondere junges Reisen erfordert sehr viel mehr Professionalität als jede „normal" vermittelte Pauschalreise. Jede Spezialisierung erfordert ein gewisses Interesse, diese Nische besetzen zu wollen. Jedoch sind Jugendreisen noch recht einfach zu vermittelnde Reisen, denn wir waren alle einmal jung und erinnern uns sicher noch an unsere ersten Reisen und die Sehnsucht nach Unabhängigkeit von den Eltern.
Heute möchten die Jugendlichen noch wesentlich mehr „Erlebnis" als ältere Generationen. Sie wachsen an ihren Erlebnissen und insbesondere an ihren Reisen in jungen Jahren.

Gerne erinnere ich mich an meine ersten Jugendreisen zurück. Ich weiß heute noch sehr genau, wo ich sie „damals" gebucht habe. Die Urlaubserinnerungen sind heute noch absolut präsent – und ich war schon in den 1980er-Jahren sehr gut beraten. Meine erste Jugendreise ging nach Callela, ich war 15 Jahre jung und hatte über ein Reisebüro gebucht. Und 2011, im Rahmen einer Dienstreise von **ruf reisen**, habe ich mich sofort an gewisse Momente meiner ersten Reise erinnert. Welche, werde ich an dieser Stelle allerdings nicht verraten. Schön ist, wenn der erste Kontakt in jungen Jahren zum Reisebüro bestehen bleibt, Kundenbindungen ausgebaut werden und der junge Reisende zum neuen Stammkunden wird. Denn mit der ersten Reise und einer qualifizierten Beratung gewinnt man das Vertrauen dieser jungen Reisenden – auch ich könnte heute noch Kunde dieses Reisebüros sein, hätte mich diese Branche nicht auch beruflich geprägt.

Henry Ford sagte einmal:
„Jeder, der aufhört zu lernen, ist alt, mag er zwanzig oder achtzig Jahre zählen. Jeder, der weiter lernt, ist jung, mag er zwanzig oder achtzig Jahre zählen."

Jugendreisen: Die Chance für den stationären Vertrieb

Der stationäre Vertrieb wird für **ruf reisen** dauerhaft der einzige seriöse und zuverlässige Partner sein. Jedoch ist es wichtig, dass die Menschen dort zu jeder Zeit ihre Kundinnen und Kunden jeden Tag neu begeistern: Es ist notwendig, auf die jungen Zielgruppen und deren Eltern zugehen, sich weiter zu qualifizieren und Kundenbindungen zu pflegen. Nur so ist es möglich, neue junge Stammkunden für die jetzige und zukünftige Kernkompetenz des „persönlich beraten und verkaufen" zu gewinnen.

„Wir haben hier im Reisebüro leider keine Kunden für dieses Produkt": Diesen Satz habe ich im Rahmen meiner Außendiensttätigkeit bei **ruf reisen** oft gehört. Aber diese Aussage lässt sich leicht widerlegen. Allein in Deutschland gibt es eine Zielgruppe von ca. 700.000 jungen Kunden pro Jahrgang. Rechnen wir diese Zahl hoch, dann sprechen wir über knapp 10 Mio. möglicher Kunden im Alter von 16 bis 30 Jahren.

Jüngste Erhebungen belegen, dass nur etwa 18 Prozent der jungen Erwachsenen ein Reisebüro aufsuchen würden, um dort eine Reise zu buchen. Vermutlich auch deshalb, weil Jugendreisen und Reisen für junge Erwachsene noch immer nicht in allen Reisebüros zum festen Kernsegment gehören, nicht genügend beworben werden und die jungen Kunden „ihre Reisen" demzufolge auch nicht im Reisebüro vermuten würden.

Doch Fakt ist: Jugendreisen erfreuen sich bei den Reisebüros immer größerer Beliebtheit, da sie ein strategisch sehr wichtiges und lukratives Produkt für unsere stationären Vertriebspartner sind. Gleichzeitig sind sie besonders beratungsintensiv – dieser Entwicklung kommen wir mit unseren Schulungen entgegen. Wir werden weiter kräftig am Counter schulen und unermüdlich unseren Mehrwert für den Reisebürocounter erklären. Wir werden weiter Jugendreisespezialisten ausbilden und den stationären Vertrieb für unsere Produkte begeistern.

Um mit den Worten von Thorsten Lehmann, dem Geschäftsführer von Sunny Cars München, zu sprechen „Liebe, was du tust!" Und ich möchte gerne noch ergänzen „… dann wirst du erfolgreich sein!"
Der Erfolg gibt uns recht!

Ein kleiner gewagter Blick in die Zukunft
Dass **ruf reisen** keine Angst vor neuen Dimensionen hat, das wurde in der Vergangenheit mehrfach bewiesen. Und das Thema „Kreuzfahrten" könnte eine wahrlich neue Dimension für die neue Generation „junge Erwachsene" werden. Ich persönlich bin sehr gespannt, in welchem Jahr das erste Vollcharter-Kreuzfahrtschiff vielleicht mit Namen „explorer by **ruf**" von einem Hafen ablegt. Natürlich mit einem internationalen Publikum an Bord.

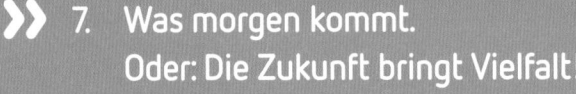

7. Was morgen kommt.
Oder: Die Zukunft bringt Vielfalt!

Wird Reisen wieder zum Statussymbol?

Annahmen über die Wirkungen der Kommunikation in sozialen Netzen

Dr. Wolfgang Isenberg

Die sozialen Netzwerke schreiben eine einzigartige Erfolgsstory. Wachstum und Nutzungs-zahlen sind gigantisch: sie belegen einen Wandel des Medienverhaltens. Im Dschungel der digitalen Welt tummeln sich in erster Linie junge Menschen. Als Digital Natives sind sie mit den vielseitigen Möglichkeiten des Internets groß geworden. Virtuell kommen sie im Inter-net weit herum und dank dichter Vernetzung in Social Media verabreden sie sich jederzeit mit ihren Freunden zu realen Reisen. Beobachtungen zeigen, dass die digitale Medienkom-petenz jedoch nicht nur Menschen aus unterschiedlichen Generationen spaltet, sondern auch Gleichaltrige voneinander trennt. Die Überlegungen hier richten sich nicht auf Fragen des Online-Reisemarktes. Das Interesse gilt vielmehr den Einstellungen, Wünschen, Hand-lungsweisen der Generation Internet mit Blick auf das Reisen selbst. Wird sie anders reisen als die Generationen vor ihnen?

Zwar haben Alltagsleben und Urlaubserfahrungen sich schon immer gegenseitig beeinflusst und Reisen haben zum gesellschaftlichen Wandel beigetragen. Vor allem von Jugendlichen wurden Verhaltensweisen ausprobiert, für die im Alltag keine Gelegenheiten bestanden. Freizeit und Tourismus lassen sich durchaus als Motor der Modernisierung der Gesellschaft ansehen – ein Aspekt, der jedoch viel zu wenig beleuchtet worden ist. Nun kommen Über-legungen ins Spiel, die danach Ausschau halten, ob sich Einstellungen zum Reisen, ob sich Reisegewohnheiten in einer digitalen Gesellschaft verändern. Mit dieser Thematik beschäf-tigte sich der „TUI Think Tank Freizeit und Tourismus", eine von TUI Vorstandschef Dr. Michael Frenzel lancierte „Denkfabrik", um Debatten über die Zukunft des Tourismus anzustoßen. Eine von dem Think Tank in Auftrag gegebene qualitativ-tiefen- und kulturpsychologische Studie formuliert erste Annahmen (ZweiEinheit, 2011). Einige davon werden im Folgenden kurz skizziert.

• Nutzer von Social Media wollen das Gefühl haben, mitten im Leben zu stehen. Sie wollen nichts verpassen und fühlen sich so gut informiert, als wären sie ständig mit ihrem Kreis zusammen. Social Media hilft ihnen, Kontakte zu Freunden zu halten, mit denen sie ver-

Dr. Wolfgang Isenberg
geboren 1952, Studium der Geographie, Romanistik und Erziehungswis-senschaften. Langjährige Beschäftigung mit Freizeit- und Tourismus-themen in Form von Veröffentlichungen, Lehraufträgen, Beratungen, Forschung und Durchführung von Fachtagungen im In- und Ausland (USA, Spanien, Großbritannien, Türkei u.a.). Vorsitzender des Beirates des Nordrhein-Westfalen Tourismus, externer Koordinator des TUI Think Tanks Freizeit und Tourismus der TUI AG. Direktor der Thomas-Morus-Akademie Bensberg.

reisen möchten, Freunde, die man auf Reisen besuchen oder sich sonst wie nutzbar machen könnte. Das hat aber Grenzen: Die Nutzerinnen und Nutzer kämen kaum auf die Idee, offen zur Reiseteilnahme einzuladen. Mitreisende werden vielmehr selbst ausgesucht. Niemand soll dabei sein, der nicht bekannt ist.

• Social Media erlauben, sich und die Freunde in einem Entwicklungskontext zu erleben. So bleibt man auf dem Laufenden, weiß, was sich alles tut. Und das bezieht sich auch auf die Reisen: es wird auf Entwicklungen hingewiesen, auf neue Angebote, Trends, neue Destinationen, neue Apps, neue Online-Führer.

• Social Media erlauben, sich selbst in einer selbstbestimmten Weise darzustellen, von sich ein Bild als Weltbürger zu zeichnen und sich so eine gewisse Öffentlichkeit zu verleihen. Zugleich befasst man sich mit den Darstellungen anderer und sucht, hinter deren Sinn und Absicht zu kommen. Der Einzelne kann sich beim Thema Reisen dadurch profilieren, indem er auf besondere Angebote, auf ausgefallene Reiseziele aufmerksam macht. Profil gewinnt er auch, wenn er einen privaten Reisekreis zusammenhält, seine Reise-Affinität darstellt, seine Weltläufigkeit betont, seine Findigkeit herausstellt.

• Die Generation Internet reist gerne. Für sie ist es Ehrensache, den Urlaub selbst mittels Internet zu planen und zu arrangieren. Social Media spielen im Reiseprozess eine große Rolle: Sie sind ein Instrument des Managens von Reisen und Urlaub. Als Internet-Virtuose wird viel Ehrgeiz an den Tag gelegt, den günstigsten Flug, das am schönsten gelegene Hotel, die beste Verbindung im Netz auszukundschaften. Planungsgruppen von Freunden mit verteilten Aufgaben bilden sich, die über Social Media durchaus hier miteinander wetteifern. Auffallend ist, dass wesentliche Schritte der Urlaubsvorbereitung nicht online, sondern (noch) auf alte Art am Kneipen- oder Küchentisch vorgenommen werden. Von jedem Einzelnen möchte man, während er einem in die Augen sieht, hören, dass er tatsächlich mitkommt und morgen seinen Anteil auch überweist. Denn, wenn es ernst wird, werden durchaus Erinnerungen daran wach, dass das Netz wenig verlässlich ist. Es wird umgekehrt aber nicht gereist, um Social Media nutzen oder verwerten zu können.

- Verabredungen werden für Discobesuche, zu Partys und vielleicht für Wochenendtrips online getroffen. Ein Urlaub aber ist (noch) eine zu heikle Angelegenheit, um sie allein online und mit virtuellen Freunden durchzuführen. Urlaub wird mit wirklichen Freunden verbracht, auf die Verlass ist und deren Eigenarten bekannt sind. Wer andere online zum Mitreisen auffordert offenbart nur, dass er keine realen Kontakte hat. Mit seinen realen Freunden lässt sich allerdings über verschiedene Themen und Phasen hinweg via Social Media kommunizieren.

- Gereist wird, um möglichst die gesamte Vielfalt von Urlaubsformen kennen zu lernen. Man möchte aktuell beliebte „Bilder" von Urlauben realisieren und darüber neue Orte, Leute und Betätigungen – und sukzessive die in Rede stehende Vielfalt von Urlaubs-formen kennen lernen. Wegen des Hangs zum Gewohnten wird die Vielfalt der Urlaubs-bilder meist nur sehr begrenzt realisiert. Der Urlaub wird unter der Perspektive verbracht, das Heft in der Hand zu behalten.

- Der klassische Erholungsurlaub ist nicht tot. Er ist nur eine Form unter vielen geworden, die dann angezeigt ist, wenn man wirklich einmal die Nase voll hat und sich rundum um sorgen lassen möchte.

- Das Urlaubsverhalten ist einerseits durch vertraute Urlaubsformen bestimmt. Anderer-seits möchte man die Fülle noch unbekannter, aktueller Urlaubsformen erfahren. Der Urlaub soll selbst initiiert und gestaltet sein, aber als Gelingens-Garantie und Rückver-sicherung wird gerne auf Autoritäten wie Veranstalter gebaut – und dies umso mehr, je mehr es zu neuen Ufern geht.

- Durch Urlaube möchte man als Angehöriger der globalisierten Kultur in möglichst vielen Weltgegenden gewesen und „zu Hause" sein. Der globalisierte Mensch, der sich in der Welt auskennt, ist ein von allen geteiltes Ideal der Internet-Generation. Man möchte als bewunderter Kosmopolit gelten. Dabei wird eine Idee von Freiheit verfolgt, die einen ganz außerhalb von Zwängen und Eintönigkeiten des Alltags stellt.

- Urlaubsreisen stellen einen Übergang her, in dem Identitäten ausprobiert werden sollen, die mehr oder weniger offen sind. Gesucht wird das Erlebnis als Hersteller und Manager des Übergangs. Dabei soll mit einer Vielfalt von Urlaubs-Identitäten experimentiert wer-den, ohne dass man sich gleich auf eine bestimmte Identität festlegt. In diesem Über-gang sind mehr Absicherungen verlangt als sich selbst eingestanden wird. Reisen ist eine realisierbare Idealisierung. Viele beschäftigen sich gerne akribisch – vorher wie nach-her – mit ihrem Urlaub. Er wird im Nachhinein idealisiert und zurechtgemacht dargestellt.

Soweit einige Aspekte aus der Studie, die Christoph Melchers und Patricia Schulte-Moser für den TUI Think Tank erstellt haben. Die Ergebnisse erfordern weitere, differenzierende Ansätze und sind erst der Beginn. Interessant wird es werden, die Rolle des Reiseveranstalters auszuleuchten.

 www.tma-bensberg.de/

Literatur

ZweiEinheit, Institut für Markt- und Kulturforschung (2011): Generation Internet. Reisen und Social Media. Ergebnisbericht vom 10. Juni 2011.

Unveröffentlichtes Manuskript, Berlin. Bearbeiter der Studie: Christoph Melchers und Patricia Schulte-Moser.

Gemeinsam mehr erreichen

Ein Plädoyer für eine integrierte, gesamtdeutsche Zusammenarbeit

Christiane Brandenburg

Ja, es gab sie, die Unterschiede beim Kinder- und Jugendreisen zwischen Ost und West: Während sich in der DDR in erster Linie Ferienlager mit vielen Unterkünften entwickelt hatten, sicherten sich im Westen immer mehr auch die kommerziellen Reiseveranstalter neben Wohlfahrtsverbänden, Jugendverbänden und Jugendämtern ihren Marktanteil. Rund um die Wiedervereinigung Deutschlands in den Jahren 1989 / 1990 ging es also für den ostdeutschen Kinder- und Jugendtourismus zunächst darum, die richtige Position im gesamtdeutschen Markt zu finden. In dem bestehenden „Schrank" des westlichen Kinder- und Jugendtourismus waren die Fächer soweit verteilt. Und nun kamen mit den neuen Bundesländern fünf neue Schubfächer hinzu – die mussten erst einmal schauen, wie sie dort hineinpassten.

Für die vielen Häuser in Ostdeutschland begann damit eine spannende Zeit. Schnell wuchs die Erkenntnis, dass es nicht reicht, einfach nur eine „Bettenburg" zu sein. Programm, Qualität, Service, pädagogisch geschultes Personal – all das waren neue Impulse, die es umzusetzen galt. Aber: Diese Qualität zu realisieren, hatte und hat bis heute ihren Preis. Doch wenn es um eine wirtschaftliche Unterstützung der Häuser ging, fühlte sich auf politischer Ebene lange Zeit niemand dafür zuständig. Als Einzelkämpfer kam aber niemand recht voran. Und so schlossen sich in einigen Bundesländern verschiedene Akteure zusammen, um vernetzt Synergien zu nutzen, einen Wissenstransfer zu ermöglichen und gemeinsam mehr zu erreichen.

Beispiel Sachsen: Hier entstand das Forum gemeinnütziger Kinder- und Jugendübernachtungsstätten, dem das Deutsche Jugendherbergswerk Landesverband Sachsen e. V., der Landesverband Kinder- und Jugenderholungszentren Sachsen e. V., der Sächsische Landesverband der Schullandheime Sachsen e. V., die AG Christliche Freizeitheime Sachsen, die Kindervereinigung Sachsen e. V. und die Naturfreunde Sachsen e. V. angehören. Dieser Kreis entwickelte sogar im Jahr 2010 ein gemeinsames Positionspapier zur Tourismusstrategie des Freistaates Sachsen, das für eine Würdigung dieses touristischen Angebotssegments bei der Fortschreibung der Tourismusstrategie bis 2016 wirbt. Schließlich stellen in Sachsen „(...) 217 gemeinnützige Kinder- und Jugendübernachtungsstätten mit ca. 15.000 Betten

»

Christiane Brandenburg
Dipl.-Pädagogin, geb. 1958, Studium am Institut für Lehrerbildung in Potsdam und an der Humboldt Universität zu Berlin. Seit 1990 Leiterin, seit 1994 Geschäftsführerin des Kinder- und Erholungszentrums Güntersberge e. V. (KiEZ) im Harz. Mitarbeit im Kinder- und Jugendring Sachsen-Anhalt e. V., Abteilungsvorstand Harzer Tourismusverband, AG Kinder- und Jugendtourismus beim Ministerium für Wissenschaft und Wirtschaft Sachsen-Anhalt, für Reisenetz im BundesForum für Kinder- und Jugendreisen, Moderatorin des PolitTalks. Mitgründerin Runder Tisch der Unterkünfte.

DEM DEUTSCHEN VOLKE

ihre Angebote zur Verfügung. Damit werden pro Jahr ca. 1.635.000 Übernachtungen und ein Gesamtumsatz von ca. 34,8 Millionen Euro realisiert (Stand 2007). Nach Jahren des demografiebedingten Rückganges sind seit 2006 diese Kennziffern stabil bis steigend. Bei Investitionen und Werterhaltungen in Kinder- und Jugendübernachtungsstätten wurden 2009 in den Mitgliedsverbänden des Forums gemeinnütziger Kinder- und Jugendübernachtungsstätten insgesamt ca. 5,5 Mio. Euro eingesetzt, die hauptsächlich mit sächsischen Bau- und Handwerksbetrieben umgesetzt wurden. Mit diesen Fakten wird die Wirtschaftskraft dieses Angebotssegmentes im sächsischen Tourismus deutlich." (Gemeinsames Positionspapier, 2010)

Insgesamt bietet Deutschland eine hohe Anzahl von Kinder- und Jugendunterkünften – aber es existiert keine amtliche Statistik darüber, wie viele Kinder- und Jugendhäuser es tatsächlich gibt. Und das, obwohl diese Häuser mit ihren vielen Betten ein wichtiges Segment im Deutschland-Tourismus darstellen.

„Die im Verlag Klaus Ludwig herausgegebene CD-ROM „Gruppenhäuser – Ausgabe 2008/2009" enthält ca. 4.200 Häuser in Deutschland. Die Redaktion Vademecum (www.gruppenunterkuenfte.de) arbeitet mit einer weiter gefassten Definition und kommt auf ca. 7.600 Gruppenhäuser und Zeltplätze. Unter Abzug von Zeltplätzen, Klöstern, Schützenhallen, Heuhotels, Bauernhöfen, Segel- und Surfschulen, Reiterhöfen, Wagenburgen und Feriendörfern, die nicht als Kinder- und Jugendunterkünfte im engeren Sinne (...) angesehen werden können, (...) kann also von ca. 5.000 Einrichtungen ausgegangen werden." (Bundesministerium für Wirtschaft und Technologie (BMWi), 2010)

Qualität überprüfbar machen

Und noch immer ist es möglich, dass jeder Mensch in Deutschland ohne Weiteres ein solches Kinder- und Jugendhaus eröffnen kann – ohne seine Eignung nachweisen zu müssen! Während bei der geplanten Eröffnung eines Hotels sofort das Gewerbeamt nach dem Rechten schaut, ist dies bei den Kinder- und Jugendunterkünften nicht der Fall. So musste deutlich die Frage gestellt werden: Wie kann unter diesen Bedingungen die Qualität der Unterkünfte einheitlich definiert und nachhaltig gesichert werden?

Mecklenburg-Vorpommern entwickelte daraufhin als erstes Bundesland ein Qualitätssiegel sowie eine Sterne-Klassifizierung speziell für Jugendreisen. Das gemeinsam vom Landestourismusverband Mecklenburg-Vorpommern und der Arbeitsgemeinschaft „Junges Land für Junge Leute" ins Leben gerufene Projekt „Qualitätsmanagement Jugendreisen" (QMJ) bot zunächst den Jugendübernachtungsstätten in Mecklenburg-Vorpommern die Möglichkeit, sich um ein Qualitätssiegel und um eine Klassifizierung mit bis zu fünf Sternen zu bewerben. Über das BundesForum wurde dieses Qualitätsmanagement später allen Bundesländern zugänglich gemacht: Im Rahmen des „QMJ Unterkünfte" können sich Häuser auf freiwilliger Basis zertifizieren lassen. Und das Qualitätsbewusstsein zu steigern, ist in vielen Fällen auch notwendig, wie die Erkenntnisse des BundesForum zeigen:

„Dass in der Projektumsetzung bei etwa jeder fünften Unterkunft zum Teil erhebliche Mängel aufgetreten sind, die durch gezielte Schulung identifiziert und behoben werden konnten, zeigt, dass in diesem Bereich Handlungsbedarf besteht und eine Basiszertifizierung nicht nur Selbstverständliches zertifiziert." (BundesForum Homepage 2012)
Nur mit einem solchen Zertifikat, das unabhängige Auditoren vergeben, lässt sich die Qua-

lität belegen. Und somit erhalten Reiseveranstalter die Wahlmöglichkeit und die Sicherheit, sich für ein Haus mit Qualitätsanspruch entscheiden zu können.

Eine Intensivierung der Zusammenarbeit

Insgesamt geht es aber um mehr: Es geht um die generelle Bedeutung, die das Kinder- und Jugendreisen in Deutschland hat. Um den Kinder- und Jugendtourismus weiter zu profilieren, ist ein offener Dialog zwischen den verschiedenen Akteuren notwendig, der auch die politischen Vertreterinnen und Vertreter mit einbezieht.

Die Basis für die gemeinsame Arbeit bildet der Aktionsplan zum Kinder- und Jugendtourismus in Deutschland, der von der Bundesregierung im Jahr 2002 beschlossen wurde. Dieser Aktionsplan sollte dazu beitragen, die Akzeptanz des Kinder- und Jugendreisens weiter zu verbessern und trägerübergreifend bundesweite Qualitätsstandards zu entwickeln. Der Aktionsplan befindet sich zurzeit in der Aktualisierungsphase.

Was aber noch schneller und noch früher entstanden ist, sind wichtige Fachgremien, die dazu beitragen, den Austausch untereinander zu fördern. So bildete sich im Jahr 1998 der „Runde Tisch der Unterkünfte", an dem unter anderem die Bundesarbeitsgemeinschaft der Kinder- und Jugenderholungszentren, das Deutsche Jugendherbergswerk, der Verband Deutscher Schullandheime, die Naturfreundejugend und das Reisenetz vertreten sind. Hier werden zwei Mal jährlich wesentliche Themen rund um das Kinder- und Jugendreisen diskutiert – ein Schritt in die richtige Richtung.

Der PolitTalk Kinder- und Jugendreisen/Internationale Begegnung ist ein weiterer Meilenstein auf dem Weg: Seit acht Jahren wird jährlich in Berlin mit Bundestagsmitgliedern aus den Ausschüssen Tourismus, Gesundheit sowie Familie, Senioren, Frauen und Jugend darüber konstruktiv diskutiert, wie das Kinder- und Jugendreisen in Deutschland und darüber hinaus attraktiv gestaltet werden kann. Politikerinnen und Politiker treten dabei mit Fachleuten der Bereiche Kinder- und Jugendreisen, internationale Begegnungen und Jugendarbeit in den Dialog. Und in diesem gemeinsamen Talk wird der Arbeitsbereich durchaus als Querschnittsaufgabe verstanden: Gemeinsam will man die Arbeitsfelder weiterentwickeln. Dabei kommt der Intensivierung der Zusammenarbeit zwischen freien und öffentlichen Trägern der Jugendarbeit, Verbänden, Vereinen und anderen Initiativen eine besondere Rolle zu.

Und nicht nur in diesen Gremien zeigt sich eine wesentliche Erkenntnis: Die Zielgruppe für das junge Reisen ist über die Jahre hinweg allen erhalten geblieben. Was sich aber beständig ändert, sind die gesellschaftlichen Rahmenbedingungen und die Ansprüche der Zielgruppe – und damit ergeben sich immer neue Themenfelder: Im Jahr 2011 stand der PolitTalk zum Beispiel unter dem Thema Gesundheit, das einen immer wichtigeren Stellenwert in unserer Gesellschaft einnimmt. Kinder- und Jugendreisen bieten vielfältige Möglichkeiten, wenn es um Bewegung, Ernährung und Stressregulation geht. Sie können unter anderem Impulse zu einer bewussten Körperwahrnehmung setzen. Viele Reiseveranstalter und Jugendunterkünfte haben sich beispielsweise GUT DRAUF angeschlossen, eine Jugendaktion der Bundeszentrale für gesundheitliche Aufklärung (BZgA). Sie setzen die „GUT DRAUF"-Kriterien in ihren Angeboten erfolgreich um.

Inklusion und Migration werden Themen der nahen Zukunft sein – und auch hier werden sich alle Akteure einbringen und die Anbindung an das eigene Arbeitsfeld prüfen. Insgesamt zeigt sich aber – es gibt weiterhin viel zu tun: Es müssen statistische Erhebungen erfolgen, um mehr Transparenz über die Anzahl und die Qualität der Kinder- und Jugendunterkünfte zu schaffen. Es gilt, zu forschen und Ergebnisse zu veröffentlichen, um Trends und Themenfelder der Zukunft aufzuzeigen. Denn mit den gesellschaftlichen Veränderungen verändern sich die Ansprüche der Kinder und Jugendlichen gleich mit: War noch vor Jahren die abendliche Kissenschlacht das Highlight einer gemeinsamen Kinder- und Jugendreise, so sind heute erlebnispädagogische Konzepte gefragt. Waren früher Achtbettzimmer auch für Achtklässler noch der Standard, so lassen sich heute Zwei- bis Vierbettzimmer mit Dusche und WC viel besser verkaufen. Und wer denkt, dass Entspannungszentren mit Sauna & Co. nur in Hotels ab der Viersternekategorie zu finden sind, der irrt ebenfalls: Solche Zentren bilden heute durchaus auch in Kinder- und Jugendunterkünften die Voraussetzung für gesundheitsfördernde Angebote. Natürlich gehören in diesem Zusammenhang besonders appetitlich angerichtete und gesund zubereitete Mahlzeiten unbedingt dazu. Und darüber hinaus bietet sich rund um die sozialen Kompetenzen, die sogenannten Soft Skills, ein riesiges Lern- und Aktionsfeld für die Branche.

Ein Fazit

Es geht also beim Kinder- und Jugendreisen längst nicht mehr um West oder Ost: Der demografische Wandel und die gesellschaftlichen Veränderungen verlangen stattdessen nach einem gelungenen gesamtdeutschen Zusammenspiel aller Akteure. Und dabei ist es ganz gleich, ob sie Verbänden, Vereinen und öffentlichen Institutionen angehören oder einen kommerziellen Hintergrund haben: Es gilt, voneinander zu lernen, sich gegenseitig zu befruchten und die verschiedenen Arbeitsfelder voranzutreiben. Wenn die „Jugendmobilität", wie das junge Reisen heute genannt wird, insgesamt eine starke Lobby hat, können wir die Herausforderungen der Zukunft meistern und echte Chancen nutzen.

Denn mit mehr als 22,5 Millionen Reisen in den Bereichen Kinder- und Jugendreisen sowie den internationalen Begegnungen stellt das junge Reisen einen wichtigen Wirtschaftsfaktor dar. Diese Reisen schaffen Arbeits- und Ausbildungsplätze, unterstützen den regionalen Handel, die Gastronomie und viele weitere touristische Dienstleister. Auch als wichtiges Lernfeld für die Kinder und Jugendlichen sind diese Reisen nicht wegzudenken: Sie sind das ideale Umfeld für soziales und nonformales Lernen. Kinder und Jugendliche brauchen solche Reiseangebote, um gemeinsam Spaß zu haben, ihre Talente zu erproben und sich zu bilden. Für all dies brauchen sie geeignete Unterkünfte, die ihnen den richtigen Raum bieten, um Gemeinschaft, Werteorientierung, Weltoffenheit und Toleranz zu leben und zu erleben. Und in diesem Sinne geht es noch immer darum, jedem Kind die Teilnahme an einer solchen Reise zu ermöglichen.

Inzwischen wird der Aktionsplan aktualisiert, die Fraktionen werden aktiv. So stellten CDU/CSU und FDP am 24.01.2012 einen gemeinsamen Antrag an den Deutschen Bundestag, dass der Kinder- und Jugendtourismus weiter unterstützt und gefördert werden solle. Und dieser Antrag berücksichtigt nicht nur wesentliche Themen wie Teilhabe und die weitere notwendige Vernetzung jugendtouristischer Anbieter und Leistungserbringer. Er sieht auch die Notwendigkeit, dem Modernisierungsbedarf von Jugendherbergen und Jugendfreizeitstätten Rechnung zu tragen. Es ist davon auszugehen, dass die weiteren Fraktionen nachziehen und so ihren Blick ebenfalls auf den Kinder- und Jugendtourismus richten. Es bleibt spannend abzuwarten, wie die weitere politische Diskussion im Bundestag nun angeschoben wird.

Es gilt also, im Gespräch zu bleiben – Politik und Öffentlichkeit einzubeziehen, damit unsere Angebote wahrgenommen, geschätzt und tatsächlich gefördert werden. In den letzten 15 spannenden Jahren sind wir auf diesem Weg sehr gut vorangekommen. Und in Riesenmeilenschritten gehen wir die Zukunft an. Gemeinsam. Weil wir dann mehr erreichen.

 www.kiez-harz.de/

Literatur

Bundesministerium für Wirtschaft und Technologie, BMWi (Hrsg.) 2010: Deutsche Kinder- und Jugendreisen 2008. Aktuelle Daten zu Struktur und Volumen, Vorschläge für eine künftige kontinuierliche Datenerhebung, Schritte zu einem Referenzrahmen, Berlin

Landesverband Kinder- und Jugenderholungszentren Sachsen e. V. (2010) et al.: Gemeinsames Positionspapier des Forums gemeinnütziger Kinder- und Jugendübernachtungsstätten Sachsen zur Tourismusstrategie des Freistaates Sachsen, im Internet: http://kiez.com/fileadmin/files/kiez-sachsen/Downloadliste/015_Positionspapier_Kinder-_und_Jugendreisen_2010.pdf

BundesForum (2012): Das Qualitätsmanagement Kinder- und Jugendreisen. Im Internet: http://www.bundesforum.de/index.php?id=427

Klassenzimmer in der Natur
Erlebnispädagogische Klassenfahrten
Holger Falk und Ellen Marquardt

Prolog

Dass wir als Erlebnispädagogikanbieter – unter anderem für Schulklassenfahrtsprogramme – mit einer kleinen Veröffentlichung zu diesem schönen Projekt beitragen dürfen, freut uns sehr: vielen Dank an dieser Stelle an Thomas Korbus und sein Team! Als wir uns daraufhin zusammensetzten, um den Artikel gemeinsam zu verfassen, ist uns aufgefallen, wie viel sich seit der Gründung der Firma IFBE-Klassenfahrten in diesem Sektor verändert hat. Insofern war es längst überfällig, kurz anzuhalten und zurückzuschauen.

Da ich – Holger Falk – als Firmengründer seit 1999 dabei bin, entsprechen die Schilderungen in der Rückblende meiner Sicht der Dinge. Ich – Ellen Marquardt – trete im späteren Verlauf als gleichberechtigte Geschäftspartnerin ab 2007 hinzu, sodass sich daraus dann ein erzählerisches „W" ergibt. Und so versuchen wir hier gemeinsam, die gegenwärtige Lage zu beschreiben und einen Ausblick in die Zukunft zu wagen.

Wie alles begann

„Vom Staat zum Markt" könnte hierbei als Titel nicht trefflicher gewählt sein! Ich habe bei der Rückschau sehr oft schmunzeln müssen und bin nachträglich selbst ein bisschen erstaunt darüber, dass ich trotz aller mir entgegengebrachten Zweifel heute auf eine zwölfjährige Firmengeschichte zurückblicken kann. Als Angestellter im Jugendamt kam mir damals die Idee, mich mit erlebnispädagogischen Schulklassenfahrten für Kinder und Jugendliche

Holger Falk
geboren 1971, ist Inhaber und Geschäftsführer teamEXPERTE sowie Inhaber der IFBE-Klassenfahrten. Firmengründung 1999. Diplom-Sozialpädagoge, Erlebnispädagoge, Kindergärtner, DJH-Kreisverbandsvorsitzender Kreis Siegen-Wittgenstein, Jugendamtsmitarbeiter Kreis Siegen-Wittgenstein Erziehungshilfe. Staatliche Skilehrerausbildung in Tirol.

Ellen Marquardt
geboren 1972. Entwurf, Entwicklung und Einführung der Marke teamEXPERTE (hier Prokuristin), als Coach spezialisiert auf Individualberatung im beruflichen Kontext: Krisenbewältigung & Imagebildung „Zukunftswerkstatt". Bis 2007: wissenschaftliche Mitarbeiterin und Projektmanagerin an der Charité – Universitätsmedizin Berlin, Altersmedizin und Altersforschung. Studium in Marburg, Münster und Siegen: Germanistik, Philosophie, VWL, Architektur. Magistra Artium in Soziologie, Psychologie, Angewandte Sprachwissenschaften.

selbstständig zu machen. Mit kleiner Eigenkapitaldecke unternahm ich zunächst den Versuch, eine Bank davon zu überzeugen, mein aussichtsreiches Unternehmen zu unterstützen – eine Odyssee. Die Standardantwort lautete: „Mit Sozialem ist kein Geld zu verdienen, junger Mann."

Nach vielen Wochen der verzweifelten Suche traf ich auf Verständnis bei einem Bankangestellten aus dem Siegerland. Dessen Tochter litt gerade in der Schule unter einer schlechten Klassengemeinschaft. Selten habe ich mit so viel Pathos und Herzblut auf einen Menschen eingeredet, um für meine Sache zu kämpfen. Ich hatte Glück, und ein winziger Kredit wurde bewilligt.

Begonnen hat dann alles in meiner Privatwohnung, einer 4er-WG. Im ersten Jahr führte ich stolze fünf Klassenfahrtsprogramme durch. Hierfür war ich jeweils bei den einzelnen Schulen vorstellig geworden und hatte das Direktorium sowie die Klassenlehrer persönlich von der Nützlichkeit meiner Tätigkeit überzeugt. Zu dieser Zeit waren angeleitete pädagogische Programme für Schulklassenfahrten nahezu unbekannt, Erlebnispädagogik ein zumeist diffus wahrgenommener Begriff. Rückblickend denke ich, dass die Lehrer wahrscheinlich eher von der Idee begeistert waren, sich selbst auf der Fahrt nicht mehr um alles allein kümmern zu müssen, als von meinem Konzept. Insofern war der Anspruch an die Inhalte und Durchführung der Programme ein völlig anderer als in der Gegenwart. Darüber hinaus waren Serviceleistungen in Form von standardisierter Komplettbetreuung vor, während und nach der Fahrt meines Erachtens nach schlichtweg unbekannt.

Der erste Flyer
Damit ich den fünften Auftrag bekommen konnte, forderte der Lehrer von mir „etwas Schriftliches". Hierüber war ich fast beleidigt. Ich würde doch persönlich zu den Elternabenden kommen und das Lehrerkollegium auch gerne von meinem Anliegen überzeugen. Aber es war nichts zu machen, er bestand auf einem Flyer!

Auf gelbem Papier mit schwarzer Schrift bastelte ich etwas zusammen – und traf danach zufällig einen befreundeten Architekten im Hausflur. Als der meine Kreation sah, schaute ich in sehr erschrockene Augen. „Das kannst du auf keinen Fall so abgeben!" Die Entschiedenheit seiner Aussage stimmte mich nachdenklich, und so verbrachten wir eine schlaflose Nacht vor seinem Computer. Das Ganze kostete eine Kiste Bier, aus der ich mich selbst auch freudig bediente ...

Es war die Zeit des „Elsa 56K Modems": keine eigene Homepage, keine Korrespondenz über E-Mails, kein Büro, kein Firmenwagen, keine Angestellten etc. Von meinen fünf Aufträgen konnte ich im ersten Jahr selbstverständlich nicht leben. Dementsprechend arbeitete ich nebenher weiter im Jugendamt, studierte Sozialpädagogik und ärgerte meine Nachbarn, wenn ich meine Flyer auf einem sehr lauten Drucker die ganze Nacht über produzierte. Der Vorteil junger Jahre ist rückblickend sicherlich, dass man sich im Lebensabschnitt der 20er nicht so viele Gedanken über die eigene Zukunft macht. Mein Enthusiasmus war ungebremst, und meinen Mitstreitern auf dem Markt ging es wohl ganz ähnlich – ich habe mir also nicht allzu viele Sorgen gemacht. Die meisten von uns waren wahrscheinlich nicht unbedingt in ihrer Hauptsache Geschäftsleute, sondern mehr oder weniger Idealisten in einem noch wenig aufstrebenden Sektor.

Der persönliche Hintergrund

Als gelernter Kindergärtner, Jugendamtsmitarbeiter im Feld „Hilfe zur Erziehung" und überzeugter pädagogischer Arbeiter war die Aussicht auf ein selbstbestimmtes Berufsleben die logische Folge: Ich wollte umsetzen können, was mir wichtig erschien, ohne ständig mit „langen Dienstwegen" konfrontiert zu sein. Mein Vater nahm mich schon als Kind mit aufs Segelboot, wir verbrachten viele Familienurlaube in Jugendherbergen, das Klettern wurde schnell zur Leidenschaft. Kindern und Jugendgruppen innerhalb dieses erweiterten „Klassenzimmers Natur" wichtige Dinge über sich und die anderen nahezubringen, gemeinsam zu lehren und zu lernen – das erfüllte mich schlichtweg mit Freude. Ich konnte alles ausprobieren: Biwakieren, Kanufahren, Skitouren durchführen, Floß bauen, Methoden verfeinern, mit Netzwerkarbeit beginnen. Als Angestellter im öffentlichen Dienst hatte ich dagegen früh Angst, irgendwann die Farbe der traurigen Flurteppiche anzunehmen. Lange bevor das Krankheitsbild „Bore-out" publik wurde, erfüllte mich schon die Angst davor! Ich bin dafür einfach nicht geeignet.

Selbstverständlich möchte hier nichts romantisieren: Eine gewisse Naivität hat mich in dieser Zeit davor bewahrt, einen für mich vermeintlich sicheren Weg auszuschlagen und mein Ziel im Auge zu behalten. Selbstverständlich ging dies nicht ohne Rückschläge – vom Wasserrohrbruch über einen Totalschaden bis Basel II war alles dabei, da könnte ich noch einiges erzählen. Aber wie der Kölner zu sagen pflegt: „Et hätt noch immer jot jejange …"

Das erste Ladenlokal

Die kölsche Mentalität ist mir so ans Herz gewachsen, dass wir hier 2010 unser erstes Ladenlokal eröffnet haben, ein „pädagogisches Fachgeschäft". Unter unserer neuen Firma teamEXPERTE können wir alle direkt beraten, die an unseren Produkten interessiert sind: Wir bieten von Schulkassenprogrammen bis zum Individual Coaching im Erwachsenenbereich alles. So ist auch die IFBE-Klassenfahrten ein starkes Produkt von teamEXPERTE geworden. Mittlerweile gibt es eine erlebnispädagogische Skischule teamSKI in Winterberg, ein

Jurtendorf am Biggesee und einen eigenen Hochseilgarten teamJOKER an der Gründerju-
gendherberge von Wilhelm Münker in Hilchenbach. Hier sind wir seit Januar 2012 Pächter,
funktionieren sie zum Programmhaus um und stehen dort kurz vor der Gründung einer
Sozialakademie. Wir bilden selbst Erlebnispädagogen aus und bieten Zusatzqualifikationen
für Erzieherinnen, Studenten und Lehrer im Bereich Erlebnispädagogik an. Zu diesem Zweck
haben wir uns 2010 über das Hessische Kultusministerium als Ausbilder akkreditieren lassen.

Es geht uns an dieser Stelle nicht um Werbung in eigener Sache, sondern wir möchten verdeutlichen, dass diese Entwicklung nur möglich war, weil sich allgemein in unserem Arbeitsfeld sehr viel verändert hat. Unsere Mitanbieter waren selbstverständlich auch nicht untätig
und verzeichnen ähnliche Ergebnisse, wir bewegen uns selbst nach eigener Einschätzung
wahrscheinlich im guten Mittelfeld.

„Was machen Sie denn eigentlich beruflich?"
Wir haben einige Zeit damit verbracht, um die für uns markantesten Veränderungen zwischen 1999 und 2012 komprimiert darstellen zu können. Hier unser Ergebnis:

Dass mit Schulklassenfahrtskonzepten im Bereich Erlebnispädagogik zur Förderung sozialer Kompetenzen bei Kindern und Jugendlichen mittlerweile ein eigener solider Geschäfts-
zweig ausgebildet worden ist, sorgt außerhalb der Branche häufig noch für Verwirrungen.
Die Annahme, dass diese Programme staatlich gefördert werden und der Vergleich zum
„Ehrenamt" naheliegt, passt hervorragend zum Titel „Vom Staat zum Markt". Weiterhin wird
mit Erlebnispädagogik noch immer häufig das „Spielen mit Kindern" oder „ein bisschen
Sport machen" impliziert. Da wir ja alle mittlerweile in der sogenannten Erlebnisgesellschaft
leben, kommt es hier zu vielfältigen Verwechslungen.

Die zielgerichtete pädagogische Arbeit wird oft erst nach einer Veranstaltung verstanden. Genau deswegen haben sich in den vergangenen Jahren Anbieter in Verbänden organisiert, um verbindliche Qualitätsstandards miteinander festzulegen. Ebenso ist eine erfreuliche Entwicklung im universitären Bereich festzustellen: Die ersten Studiengänge für Erlebnispädagogik sind eingeführt, Anbieter lassen ihre Ausbildungsprogramme akkreditieren, Bewerber verfügen zunehmend über sehr gute pädagogische Allroundausbildungen, die Anzahl wissenschaftlich fundierter Veröffentlichungen wächst und das eigene Profil wird dadurch gestärkt. Wir begrüßen diese Entwicklung sehr und versuchen unsererseits, dabei nach besten Kräften mitzuwirken. Es wird Zeit, dass die Erlebnispädagogik aus ihren Kinderschuhen herauswächst und der Wert dieser wichtigen Arbeit eine breitere Anerkennung erhält – nicht zuletzt auch in finanzieller Hinsicht für die dort Praktizierenden.

Der Bedarf ist groß.

Der große Reformpädagoge Kurt Hahn hatte ursprünglich mit seiner dafür entwickelten Erlebnistherapie zum Ziel, eine krankende Gesellschaft zu heilen. Er gilt als einer der bedeutenden Vorreiter der Erlebnispädagogik, die sich vor allem an Jugendliche richtet. Der Anspruch der heutigen Anbieter liegt sicherlich weniger in einer allgemeinen Heilung, als vielmehr in der konkreten Förderung und Vermittlung sozialer Kompetenzen bei Kindern und Jugendlichen. Die Konzepte und Methoden haben sich der heutigen Zeit angepasst und verfügen über ein vielseitiges Spektrum an Möglichkeiten.

Die Lehrenden sowie die Schülerinnen und Schüler sehen sich in unserer Leistungsgesellschaft einem hohen Druck ausgesetzt. Zudem erhalten Fälle von Mobbing bei Kindern und Jugendlichen über die Fortschritte der Technik eine neue Dynamik:
Selbstverständlich ist beispielsweise die Erfindung des Internets eine Errungenschaft, die wir alle nicht mehr wegdenken möchten. Allerdings können Klassengemeinschaften in extremen Internetmobbingfällen häufig so stark beschädigt sein, dass die Unterrichtsdurchführung streckenweise nicht mehr möglich ist. Die Anonymität über dieses Medium lässt die Verursacher – ob Jungen oder Mädchen – als besonders skrupellos und kaum emphatisch erscheinen. Bei genauerer Analyse der Situation stellen wir allerdings häufig fest, dass den Mobbern meist gar nicht bewusst ist, was sie mit ihrem Handeln einem Klassenkameraden zumuten. Das bewusste und direkte Erleben, was ihr Handeln auslöst, fehlt als Kontrollstelle während der „Durchführung". Die Folgen sind entsprechend intensiv. Werden Jugendliche öffentlich und über längere Zeiträume der Pein ausgesetzt, hat das für den Komplex Schulklasse gravierende Folgen.

Genau hier besitzt die Erlebnispädagogik sehr geeignete Instrumente, um eine außer Kontrolle geratene Dynamik zu stoppen und um in Ergänzung zum Schulbetrieb intervenieren zu können. Die hier konstruierten Situationen können als direkt und echt erlebt werden. Ein Zugang zu den Gefühlswelten der Beteiligten wird gegenseitig hergestellt, Fremd- und Selbstwahrnehmung werden geschärft. Somit verfügt das Klassenzimmer in der Natur über die Möglichkeit, Gewesenes zu verstehen und Vertrauen neu herzustellen. Der Sinn eines guten Miteinanders kann so bewusst erlebt werden.

Selbstverständlich ist es notwendig, über solide Deutsch- und Mathematikkenntnisse zu verfügen, allerdings verlieren Fächer wie Musik oder Kunst, die Praxis- und Kulturtechniken verbinden, dadurch zunehmend an Bedeutung. In Zeiten von PISA und Co. gehen wir eben deshalb auch nicht davon aus, dass Zusatzfächer wie „Soziales Lernen" eine größere Ausbreitung erfahren werden, auch wenn sie in einigen von uns betreuten Schulen seit 2001 zum festen Lehrplan der Unterstufen gehören. Umso wichtiger ist es für die Schulen, solide Berater aus dem Bereich Erlebnispädagogik zu haben, um soziale Kompetenzen regelmäßig zu trainieren.

„Wer sind denn eigentlich eure Kunden?"

Auch wenn die Eltern mit der Bezahlung der Programme betraut sind und die Lehrerinnen und Lehrer sich an uns wenden, sehen wir die Kinder und Jugendlichen als unsere Kunden an. Wir gehen mittlerweile selten in die Schulen – die Lehrer wenden sich über Jugendherbergen, unsere Homepages oder telefonisch an uns. Hierbei suchen sie ganz konkret nach erlebnispädagogischen Angeboten, weil sie Kenntnis davon haben. Darüber hinaus ist in manchen Schulen die Durchführung erlebnispädagogischer Einheiten fest installiert.

Die Schülerinnen und Schüler reisen im Rahmen ihrer Klassenfahrt in der Jugendherberge an, das Ziel des Programms ist ihnen meist erst im Nachhinein bewusst. In Erwachsenengruppen sind die Teilnehmerinnen und Teilnehmer vorab besser informiert, Initiatoren sind ebenfalls vor allem die Vorgesetzen bzw. die Ausbildungsleitungen. Hier kommt es darüber hinaus auch vor, dass eine Belegschaft mit dem Wunsch an die Vorgesetzen herantritt, ein solches Training durchführen zu dürfen. Von allen werden wir selbstständig gefunden. Schulbesuche führen wir heute lediglich in Erzieherschulen durch, da die Möglichkeit einer zusätzlichen Ausbildung parallel zum Unterricht oft noch nicht so bekannt ist. Die Resonanz ist auch hier sehr positiv.

Insgesamt können wir sagen, dass die Angebote vielfältiger geworden sind, die Qualität ist überprüfbarer und hochwertiger, weil weitere Zielgruppen erschlossen wurden und unsere Kunden mittlerweile selbst konkrete Ziele haben. Dies spricht alles zusammen für einen zunehmenden Bekanntheitsgrad der Branche. Wir freuen uns über diese sehr positive Entwicklung.

Ein Blick in die Zukunft: Wo geht die Reise hin?

Unsere bedeutendste Zielsetzung für die nächsten Jahre liegt in der Verstärkung der Nachhaltigkeit unserer Programme. Über Arbeitsaufträge an Schüler und Lehrer soll die Klasse auch nach Programmende weiter an sich arbeiten. Zu einem vorab besprochenen Termin könnte die Übertragung des Gelernten in den Alltag überprüft werden. Die Verstärkung der Transferleistung könnte darüber hinaus auch die Abhängigkeit zu einem bestimmten Trainer am Programmort reduzieren. Zum einen steht so die Klasse noch klarer im Mittelpunkt, zum anderen erhöht es die Wirksamkeit des Konzeptes an sich.

Bei aller Beschäftigung mit den pädagogischen Inhalten unserer Programme wollen wir an dieser Stelle nicht vergessen, dass die Kinder und Jugendlichen auf jeden Fall Freude an ihren Reisen haben sollen. Wir selbst versuchen vor allem, unseren kleinen und großen Kunden die schönen Seiten einer gut funktionierenden Gemeinschaft zu vermitteln. Wir gelten als sehr lebensfroh, entsprechend legen wir unseren Trainern ans Herz, den Humor nicht zu kurz kommen zu lassen! Pädagogik sollte nicht den erhobenen Zeigefinger implizieren, sondern für die Menschen da sein. Weiterhin gehören zu einer gelungenen Reise gutes Essen und eine schöne Unterkunft – die Mitarbeiterinnen und Mitarbeiter unserer Kooperationshäuser des DJH Westfalen-Lippe leisten dazu einen großen Beitrag.

Wir freuen uns jedenfalls auf die nächsten Jahre, sind gespannt, welche Veränderungen die Branche zukünftig erfährt, und wünschen allen an diesem Buchprojekt Beteiligten viel Freude und Erfolg bei der Arbeit im Sektor Kinder- und Jugendreisen!

Qualifiziert in die Zukunft

AkaBEST – eine Akademie für Unterkünfte entsteht

Horst Bötcher

Prolog

Der hier anzuführende Teil meiner Vita umfasst rund dreizehn Jahre Hausleitung im Deutschen Jugendherbergswerk (DJH) – meine Frau und ich hatten als Team eine der größten Jugendherbergen mit 630 Betten aufgebaut und auf einen guten Weg gebracht. In den darauffolgenden Jahren durfte ich als Geschäftsführer im DJH wesentlich zur Sanierung und zukunftssicheren Aufstellung des Landesverbandes beitragen. Nach zwanzig Jahren im Deutschen Jugendherbergswerk machte ich mich im Januar 2007 in der Krause & Böttcher Bildungsstättenberatung GmbH selbstständig und baute deren Büro Nord in Bremen auf.

Neue Eindrücke an neuen Ufern

Krause & Böttcher berät seit über zwanzig Jahren gemeinnützige Bildungs- und Tagungsstätten sowie Übernachtungshäuser in betriebswirtschaftlichen Fragen bei einer Konzepterstellung und in Entwicklungsprozessen. Schnell merkte ich, dass es innerhalb dieser Häuser eine große Vielfalt gibt, gemeinsame Nenner sind nicht immer leicht zu entdecken. Je nach Zählweise sind in Deutschland zwischen 6.000 und 8.000 Häuser zu verzeichnen, die sich mehr oder weniger in die Kategorie „gemeinnützig" einordnen lassen. Rund 45 Mio. Übernachtungen wurden (alle Zahlen aus 2010) in diesen Häusern realisiert, das entspricht rund 16 Prozent der touristischen Übernachtungen in Deutschland.

Die größte Anbietergruppe bilden bundesweit über 800 kirchliche Häuser, der größte Einzelanbieter ist das Deutsche Jugendherbergswerk. Dort werden mit rund 535 Häusern mittlerweile knapp über 10 Mio. Übernachtungen erzielt. Die NaturFreunde Deutschlands belegen als Verband den zweiten Platz und betreiben dabei etwa 450 Häuser, die Schullandheime nehmen mit ihren ca. 350 Häusern den dritten Rang ein.

Wer einen Blick auf die aktuellen Zahlen der Häuser wirft, stellt fest, dass seit einigen Jahren bei den großen Verbänden in Folge von Netzplanung und Optimierungsdruck teils erhebliche Hausschließungen umgesetzt werden. Zurückgehende Übernachtungszahlen sind meist ein Auslöser, wachsende und oft mehrjährig aufgeschobene Sanierungsstaus untermauern die Entscheidung. Hinzu kommt der Druck, gesamtverbandlich wirtschaftlicher arbeiten zu müssen, weil dem Träger weniger Mittel zur Verfügung stehen, um rote Zahlen auszugleichen.

Horst Bötcher

(Jg. 1952), vormals Lehrer, dann ein gutes Dutzend Jahre Leiter eines 600 Betten-Hauses und schließlich langjährig Geschäftsführer eines großen Landesverbandes mit über 45 Häusern, kennt Theorie und Praxis in Tagungs- und Übernachtungshäusern aus allen Perspektiven. Mit diesem Hintergrund geht er bei Analysen, Beratung und Audits immer noch neugierig in neue Häuser und Strukturen, lernt gern dazu und schlägt bei Problemen praxisnahe Lösungen vor. Neben seiner Arbeit bei Krause & Böttcher ist er Geschäftsführer der AkaBEST GmbH. Mit seiner Firma „Brot und Stühle" setzt er vor allem Konzepte im Bau- und Verpflegungsbereich um.

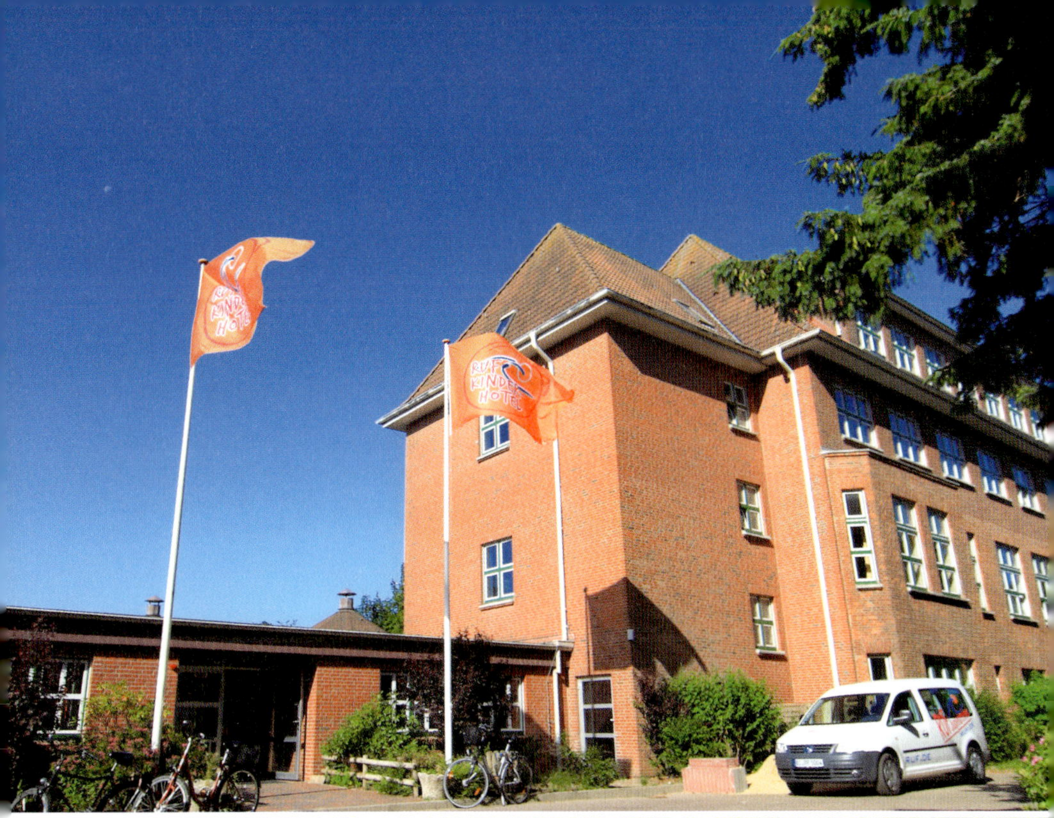

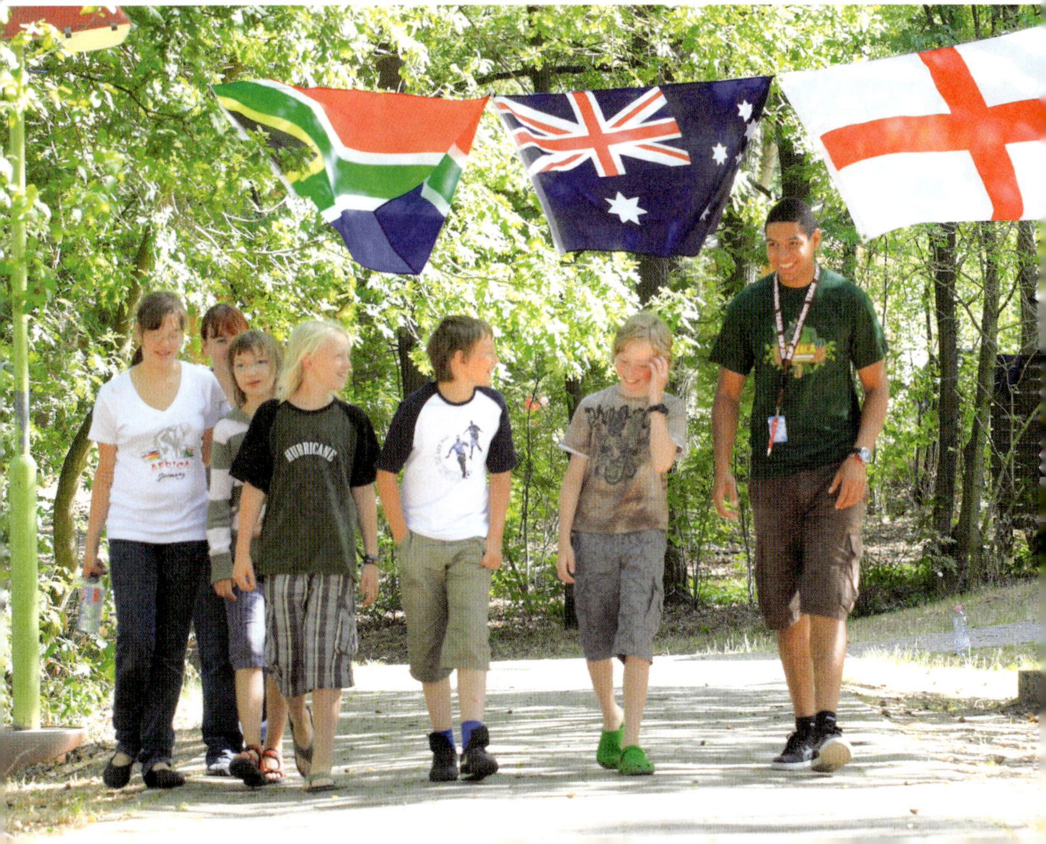
HURRICANE

Bei den vermutlich rund 4.000 Häusern, die „allein" am Markt agieren – also ohne das Dach eines Verbandes oder Trägers – ist der Druck aber mindestens ebenso stark. In einem Verband mit mehreren Häusern kann in Schieflagen meist noch mit „Solidarität" und mittelfristiger Planung ein wenig gegengesteuert werden, ein einzelnes Haus steht dann unmittelbar auf dem Prüfstand. Anstehender Sanierungsdruck kann in solchen Konstellationen meist nur aus Rücklagen bedient werden, die notwendige Öffnung für neue Gästegruppen führt zu Diskussionen über Satzung und Vereinszweck, und die wachsenden Anforderungen (neuer) Gäste verlangen nach neuen Konzepten.

Bei Verbänden wie Einzelhäusern kommt in letzter Zeit verstärkt hinzu, dass die verbandliche Struktur des „e. V." häufig verlassen wird. Es werden gemeinnützige GmbHs gegründet, Aufsichtsräte etabliert, vielleicht sogar ein Haus in einen gewerblichen Wirtschaftsbetrieb überführt.

Bedenkt man, dass es zugleich aber immer wieder auch neue Häuser gibt, komplettiert sich das Bild des aktuellen Marktes. Neue Häuser entstehen überwiegend in attraktiven Lagen wie in Großstädten, „am Meer" und „im Gebirge". In den Lagen dazwischen haben meist nur die Häuser eine Chance, die mit einem absoluten Alleinstellungsmerkmal punkten können, um dessentwillen der Gast dann die touristische B-Lage akzeptiert.

Und natürlich drängen immer stärker gewerbliche Anbieter auf diesen Markt. A&O, ein Anbieter für Low-Budget-Hostels und Hotels ist hier weit vorn, aber auch andere Anbieter punkten immer mehr. Zugleich zeigt sich der Trend, dass sich Programmanbieter mit eigenen Häusern in den Markt bewegen. Die „erlebnistage" als Anbieter für erlebnispädagogische Gruppenfahrten und „ruf" sind für mich gute Beispiele für diese Entwicklung.

Sucht man nach einer Schnittmenge für die erfolgreichen Häuser, so wären darin, neben gutem betriebswirtschaftlichem Handwerkszeug, vor allem enthalten:

- ein erkennbares, ehrliches Hausprofil,
- ein passgenaues Programmangebot für die Kunden,
- ein aufmerksames Ohr am Markt und am Gast und
- ein eingelöstes Qualitätsversprechen enthalten.

Das BundesForum Kinder- und Jugendreisen schreibt dazu auf seiner Homepage „Die Zukunft des Kinder- und Jugendreisens entscheidet sich an Qualitätsfragen. Die Rechtsform des Reiseanbieters oder seine steuerliche Einstufung als gewerblich oder gemeinnützig sind als Unterscheidungsmerkmale weniger bedeutend."

Um die Qualität in den Häusern, die ja auch in der Analyse und Beratung immer stärker eine Rolle spielt, möglichst umfänglich kennen zu lernen, habe ich mich in den letzten Jahren sowohl beim BundesForum Kinder- und Jugendreisen als auch beim Bundesverband Individual- und Erlebnispädagogik zum Auditor ausbilden lassen. Seither durfte ich fast 50 Häuser im Audit oder in der Rezertifizierung begleiten. Dabei kam ich in viele „normale Häuser", aber auch auf einen idyllischen Bauernhof im Allgäu, ein Schiff, das in der Ostsee tourt und in Häuser wie die von A&O mit fast 1.000 Betten.

Unstrittig hat sich also im Markt der Häuser vieles verändert in den letzten Jahren, aber …

„Etwas fehlt …"

In den letzten Jahren hat sich in Folge der beschriebenen Umbrüche im Markt der (gemeinnützigen) Häuser auch das Umfeld, in dem Hausleitungen arbeiten, stark gewandelt. Das von Gästen eingeforderte, alleinstellende Hausprofil und der wachsende Wettbewerb zwischen den Häusern im Markt, versiegende Zuschüsse und die Gästeforderung nach überprüfbarer Qualität sind Beispiele für gewandelte Schwerpunkte im Arbeitsfeld.

Der „Herbergsvater", wie ihn viele meiner Generation noch kennen gelernt haben, gehört dabei zu einer aussterbenden Spezies. Ähnliches gilt auch für vergleichbare Strukturen in Häusern außerhalb des DJH. Hausleiter werden heute vielmehr immer häufiger als Fachkräfte anforderungsgenau eingestellt, in den Stellenausschreibungen tauchen verstärkt Begriffe wie „betriebswirtschaftlich orientiertes Handeln" auf, eine Ausbildung im Hotelfach ist nicht mehr schädlich, sondern immer öfter Voraussetzung. Und wenn jemand „betriebswirtschaftliches Handeln und eine ehrliche, schwarze Null im Verbandsergebnis" eines gemeinnützigen Verbandes einfordert, wird er heute nicht mehr so gerügt wie ich, als ich dies vor rund 25 Jahren in einer Sitzung des Finanzausschusses formulierte. Begründung damals: man sei doch gemeinnützig und dürfe keine Gewinne machen. Die Unterschiede zwischen Überschuss, Gewinn und Rücklagen waren eben damals oft noch fließend.

Mit dem skizzierten Wechsel bei den Anforderungen an die Leitung gingen aber auch Veränderungen im Anforderungsprofil für die „zweite Reihe" einher. Mehr Übernahme von Verantwortung im eigenen Bereich, mehr Arbeit am Gast, Mitarbeit am Hausprofil und den Qualitätsstandard illustrieren – dies sind nur einige der heute geforderten Kompetenzen. Deshalb setzt sich auch bei der Auswahl von Mitarbeiterinnen und Mitarbeitern immer stärker durch, auf gut ausgebildete Kräfte zu vertrauen.

In der Feedback-Runde nach Seminaren oder bei Gesprächen vor Ort hörte ich sowohl von Hausleitungen als auch von Mitarbeitern häufig Sätze wie „da müssen wir besser werden", „das Team braucht eine Fortbildung" oder auch „das kennen wir noch nicht, aber es klingt interessant für unser Haus".

Die Notwendigkeit von Weiterbildung wurde in den meisten Fällen ausdrücklich thematisiert, denn nur so kann man Schritt halten mit den Entwicklungen des Marktes und den Erwartungen der Gäste.

Eine Idee entsteht

Das BundesForum Kinder- und Jugendreisen lädt zweimal im Jahr zum „Runden Tisch der Unterkünfte" ein. Zu diesem bundesweiten, trägerübergreifenden Treffen der Unterkunftsbetreiber des Kinder- und Jugendreisens kommen auch weitere Partner des BundesForums, um sich mit aktuellen Trends im Kinder- und Jugendreisemarkt zu befassen. Ende 2009 kam es am Rande des Runden Tisches über folgende Frage zu einem ersten Austausch einiger Beteiligter: „Wie können wir die notwendige gute Aus- und Fortbildung für alle Mitarbeiter in den Häusern auf die Beine stellen?"

Nun war die Idee zwar in der Welt, musste aber erst einmal reifen. Anfang 2010 wurde eine Arbeitsgruppe gegründet, in der Grundlagen, Strukturen und Ziele einer Ausbildung für „Hausleitungen und die zweite Reihe" erarbeitet werden sollten. Ich wurde angefragt, diese AG zu organisieren. Recht schnell war klar, dass für die skizzierte Aufgabenstellung eine Akademie die beste Komplett-Lösung bot. Ebenso schnell wurde deutlich, dass keine der bestehenden Akademien ein Dach bieten würde. So begann die Gründung einer eigenen Akademie.

Die Umsetzung

Gespräche mit mehreren Verbänden wurden geführt, um eine möglichst breite Plattform der Bedarfe, Wünsche und Unterstützung zu schaffen. Nicht alle Angesprochenen wollten mit auf die Reise, mancher Wechsel in der Arbeitsgruppe führte zu neuen Ansätzen und Aufbrüchen. So wurden in einem mehrschrittigen Prozess vier Thesen erarbeitet, die das Profil und das Selbstverständnis der Akademie darstellen.

1. Die Akademie ist ein Dach der Vielfalt
„Das Ganze ist mehr als die Summe seiner Teile". (Aristoteles)
Durch den Zusammenschluss unterschiedlicher Träger und durch den „Blick über Grenzen hinweg" wird gewährleistet, dass eine große Bandbreite an Angeboten das Portfolio der Akademie auszeichnet. Zugleich gibt es bewusst stets auch Raum für trägertypische Seminare und Angebote.

2. Die Akademie bietet zusätzliche Lernorte
„Wir leben alle unter demselben Himmel, aber wir haben nicht alle denselben Horizont." (Konrad Adenauer)
Einzelhäuser und Häuser kleiner Verbände können meist nur selten „über den eigenen Tellerrand" schauen, zu sehr sind sie im Alltagsgeschäft gefangen. Häuser großer Träger nutzen hingegen überwiegend Angebote im eigenen Verband. Seminare der Akademie ermöglichen die Änderung des eigenen Blickwinkels und erweitern Horizonte.

3. Die Akademie sichert Qualität
„Qualität ist das Gegenteil eines Zufalls." (Klaus Zumwinkel)
Verabredete Standards, fortlaufende Evaluation sowie eine aktive Kommunikation mit allen Beteiligten sind Basis für die notwendige umfängliche Akzeptanz und sichern zugleich die Qualität des Angebots.

4. Die Akademie erfüllt Erwartungen
„Die Wirklichkeit bleibt stets hinter dem Erträumten zurück. Wir leben in einem System der Annäherungen." (Ralph Waldo Emerson)

Mit dem Angebot „IHK-zertifizierte Hausleitung / Assistenz" und den vielfältigen Themen für Mitarbeiter in führenden Positionen reagiert die Akademie zielgerichtet auf die Bedürfnisse und Wünsche von Arbeitgebern und Arbeitnehmern im Komplex Aus- und Weiterbildung. Inhouse-Seminare unterstützen die Teams in den Häusern passgenau, und die Rückmeldungen zu den Seminaren zeigen, dass die Angebote den Erwartungen entsprechen.

Wo stehen wir heute?

Die Akademie	gegründet 2011 als GmbH
Die Gesellschafter	BundesForum Kinder- und Jugendreisen e.V. Krause&Böttcher, Bildungsstättenberatung GmbH **ruf**
Das Seminarangebot	aktuell rund 30 Themen, meist mehrfach im Jahr angeboten
Die Schwerpunkte	Wirtschaftlichkeit, Recht, Personalführung, IHK-zertifizierte Module für Leitungen/Ass., Qualität, Ernährung, Steuerrecht, Versicherungen, Programme, Belegung, Inhouse-Seminare
Die Referenten	vornehmlich aus dem Kinder- und Jugendreisetourismus, samt Umfeld

Die Akademie hat bewusst kein eigenes Haus, sie nutzt die Angebote geeigneter Häuser bundesweit. Die knapp zwanzig Referenten sind ausgewiesene Fachleute und meist schon mehrjährig erfahren in der Seminararbeit mit Mitarbeitern aus Bildungs-, Erholungs-, Seminar- und Tagungshäusern.

Aktuell entsteht in Zusammenarbeit mit der IHK ein modulares, zertifiziertes Angebot für Hausleitungen und Assistenten, es startet im ersten Halbjahr 2012. Momentan etabliert sich die Akademie mit ihren Angeboten im Markt der Häuser. Die Resonanz ist ermutigend und bestätigt „hinter dieser Lücke steckt ein Markt".

Wo wollen wir übermorgen sein?
Mittelfristig soll die Marke AkaBEST für das Angebot zur Aus- und Fortbildung für alle Mitarbeiter in Bildungs-, Erholungs-, Seminar- und Tagungshäusern stehen, AkaBEST eben.

Kreuzfahrten im Trend – ein Produkt auch für Jugendreisen?

Rainer Nuyken

„Eine Kreuzfahrt? Das ist doch was für Alte: Nach der Rente kaufe ich mir zuerst ein Wohnmobil, und wenn das durchgerostet ist, dann kann ich ja mal an eine Kreuzfahrt denken!" So, oder so ähnlich, dachte ein Großteil der Bevölkerung noch vor wenigen Jahren. Aber denken junge Menschen auch so?

Bis in die Mitte der 1990er-Jahre galten Kreuzfahrten als elitär, als Reisen für Senioren mit guter Rente. Und so fuhren die Kreuzfahrtschiffe ans Nordkap, ins Mittelmeer oder um die Welt, mit Vormittagsbouillon, Kaffeetafel, Kapitänsdinner, Hummer, Sekt und Kaviar, selbstredend inklusive häufigem Garderobenwechsel.

1996 kam dann AIDA – eine Revolution in der Kreuzfahrtbranche. Die Wettbewerber amüsierten sich angesichts des unglaublichen Vorhabens: ein Schiff mit über 1.000 Betten (bis dahin galten Schiffe mit bis zu 500 Betten als Standard), ohne Schlips und Kragen, ohne feste Tischzeiten im Restaurant, ohne Trinkgeld und Kabinenservice! Ein Clubschiff, mit dem vor allem junge Menschen und Familien angesprochen werden sollten. Über 100 Kabinen mit Zusatzbetten für Kinder – das gab es noch nie! Und das konnte nur schiefgehen. Prompt stand das Projekt „Clubschiff" schon nach einem Jahr vor dem Aus. Die AIDA wurde verkauft – an Norwegian Cruise Lines – und vorübergehend zurückgechartert, denn so ganz wollten die AIDA-Erfinder noch nicht aufgeben. Und von da an lief es: Schon ein Jahr später konnten die Investoren das Schiff zurückkaufen. Der Rest ist bekannt: 2002 und 2003 kamen mit AIDAvita und AIDAaura Clubschiff Nummer 2 und 3 und seit 2007 geht es Schlag auf Schlag: jedes Jahr ein neues Schiff mit über 2.000 Betten.

Ein Riesengeschäft

Mit AIDA begann ein Boom in der deutschen Kreuzfahrtbranche: Wies die Kreuzfahrtstudie des Deutschen ReiseVerbandes e. V. (DRV) für 1996 noch 357.004 gebuchte Kreuzfahrten aus (davon 254.520 Hochsee, 102.484 Fluss) waren es 2010 schon 1.652.239 (davon 1.219.473 Hochsee, 432.766 Fluss) – der Markt hat sich fast verfünffacht!

Rainer Nuyken
Dipl.-Betriebswirt, geb. 1961 in Duisburg, Betriebswirtschaftsstudium an der FH Heilbronn (Fachrichtung Verkehr und Tourismus), 6 Jahre Praktika und Reiseleiterjobs bei verschiedenen Busreiseveranstaltern, 1987 bis 1990 EF-Sprachreisen, 1991/92 Vertrieb von Touristiksoftware, selbständig seit 1992, 1996 Gründung AtourO Gruppenreisen, 2003 Gründung von Treffpunkt Schiff (Kreuzfahrtvermittlung). Ab 1994 branchenpolitisches Engagement im Deutschen ReiseVerband e. V. (DRV), 2001 bis 2007 als Vorstandsmitglied. 2011 Mitbegründer und Vorstandsmitglied der „Kreuzfahrt Initiative e. V."

Prognosen von Prof. Alexis Papathanassis von der Hochschule Bremerhaven sehen die Kreuzfahrtnachfrage – bei unveränderten demografischen, sozialen- und wirtschaftlichen Rahmenbedingungen – bereits 2015 bei 2 Mio., die 3-Millionen-Marke soll 2020 geknackt werden. Das Marktpotenzial sieht Papathanassis bei 5 Mio. deutschen Passagieren, die 2030 erreicht sein dürften – erst dann sieht er ein Abflachen des Trends voraus.

Mit der „Demokratisierung der Kreuzfahrt" durch AIDA sank das Durchschnittsalter der Hochseepassagiere aller Anbieter von einst ca. 60 Jahren auf heute 48 Jahre (Quelle: DRV). Die Reisedauer ging von einst durchschnittlich zwei Wochen auf heute 9,3 Tage zurück (Quelle: DRV). Auch die Reisepreise sind im Sinkflug: Nicht zuletzt wegen wachsender Kapazitäten (die Auftragsbücher der Werften sind bis 2017 gut gefüllt) werden mitunter Last-Minute-Schnäppchen für unter 300 Euro pro Woche angeboten, selbst in den Sommerferien 2011 gab es Angebote für unter 1.200 Euro für Familien mit zwei Kindern.

Mit der steigenden Zahl der Kreuzfahrtpassagiere gibt es auch immer mehr Kinder und Jugendliche, die selbst bereits eine Kreuzfahrt erlebt haben. Da die Kundenzufriedenheit extrem hoch ist – eine Reklamationsquote ist kaum messbar –, erfahren immer mehr Jugendliche von Freunden und Bekannten von den Vorzügen einer Kreuzfahrt. Insofern ist es nicht abwegig, über Kreuzfahrtangebote für Jugendliche nachzudenken.

Was macht Kreuzfahrten attraktiv?

Im ersten Buch dieser Reihe wurde mehrfach hervorgehoben, dass jugendlichen Reisenden ein ausgeprägtes Anspruchsdenken eigen ist. Sie verreisen zwar gerne, möchten neue Länder und Menschen kennenlernen, zugleich möchten sie aber nicht auf den gewohnten Standard hinsichtlich Komfort und Verpflegung verzichten: Sie wollen quasi die Welt live erleben, aber aus sicherer Distanz. Für diese Zielgruppe ist eine Kreuzfahrt geradezu ideal: jeden Tag ein anderer Hafen, Städte, Länder, aber immer ist das Hotel dabei, mit schicken Kabinen, gutem Essen, meist wird sogar die eigene Sprache an Bord gesprochen. Keine Angst vor Magenverstimmungen, schäbigen Hotels, die im Prospekt so toll aussahen, und Langeweile. Tagsüber erlebt man viel an Land, beim Shoppen oder am Strand, und abends ist dann Party auf dem Pooldeck oder in der Disco angesagt.

Wie verträgt sich eine Kreuzfahrt mit Umwelt und Kultur?
Ist diese Urlaubsform sozial verträglich?

Moderne Kreuzfahrtschiffe sind weniger Transportmittel, als vielmehr künstliche Urlaubswelten. An Bord läuft das Leben in gewohnten Bahnen – Sitten und Gebräuche der Zielländer müssen an Bord niemanden kümmern. Wird zum Beispiel in arabischen Ländern ein Kopftuch bei Frauen erwartet, ist das Bräunen im knappen Bikini auf dem Sonnendeck kein Problem.

Häufig äußern Kritiker, dass Kreuzfahrtpassagiere kein Geld für Hotels oder Restaurants ausgeben und Einheimische deshalb ihre Jobs verlieren. Aber das Gegenteil ist der Fall: Während die Gewinne der Ferienhotels in die Taschen großer Konzerne wandern und nur wenige Gäste das Land außerhalb der Hotelanlagen kennenlernen, geben Kreuzfahrtpassagiere viel Geld in Restaurants, auf Basaren und Geschäften aus. Geld, das bei den „kleinen Menschen" ankommt.

In Sachen CO_2-Ausstoß und Rußfilterung gibt es sicher noch viel zu tun, dennoch sind Kreuzfahrten auch unter diesem Gesichtspunkt sauber: Bei einem Urlaub an Land wird die Energie in vielen Zielgebieten sicher weniger ökologisch produziert – insofern ist die Versorgung mit Landstrom in den Häfen nicht unbedingt eine gute Alternative. Moderne Kreuzfahrtschiffe haben modernste Filtersysteme, Abgasreinigung und Kläranlagen, die Wiederverwendung von Abwasser ist vorbildlich. Also: Aus umwelt- und sozialpolitischen Gründen muss niemand die Kreuzfahrt scheuen.

Passen Kreuzfahrten zu den Urlaubswünschen Jugendlicher?

Die Kreuzfahrtangebote sind heutzutage so vielfältig wie die Urlaubsmöglichkeiten an Land. Familien schätzen die Freizeit- und Animationsangebote für alle Altersklassen. Sind Kreuzfahrtschiffe damit aber auch geeignet für Jugendgruppen? Bei der Auswahl eines Schiffes wird sich der Reiseanbieter mit dem An-Bord-Produkt der Reederei beschäftigen müssen. Freiheit und Ungezwungenheit, Abnabelung von den Eltern, Gruppenerlebnis mit Gleichaltrigen, Flirt und Liebe gehören zu den wichtigsten Erwartungen Jugendlicher an eine Jugendreise (vgl. Porwol, Bernhard; Steinecke, Albrecht, 1997). Feste Tisch- und Essenzeiten, Bekleidungsvorschriften und Galadinner, wie von vielen Reedereien praktiziert, passen da nicht unbedingt zu den Urlaubserwartungen Jugendlicher.

Eine große Herausforderung für den Jugendreiseveranstalter stellen die Nebenkosten an Bord dar:
• Sind die Getränke inklusive, bzw. was kosten diese?
• Was kosten die Landausflüge?
• Ist die Benutzung des Fitnessstudios gratis?
• Werden Serviceentgelte oder Trinkgelder erwartet?

Mit zunehmendem Preisdruck aufgrund stark wachsender Kapazitäten zeigen sich die Reedereien sehr erfindungsreich bei der Erschließung neuer Einnahmequellen: Der sogenannte On-Bord-Revenue, also die Ausgaben der Passagiere an Bord während einer Kreuzfahrt, werden immer wichtiger für den wirtschaftlichen Erfolg der Reedereien.

Ein wichtiges Kriterium bei der Buchungsentscheidung ist der Reisepreis: Sind die wesentlichen Eigenschaften der Angebote identisch, bucht der Kunde zum günstigsten Preis. Die letztlich günstigsten Preise werden dabei stets die Reedereien anbieten können. Diese verfügen über ausgefeilte Systeme zur „Yield-Steuerung", also der Erzielung optimaler Erträge durch die Steuerung der Kapazitätsauslastung über tagesaktuelle Preise. Ziel ist die 100-prozentige Auslastung der Schiffe, da eine maximale Passagieranzahl zugleich den On-Board-Revenue optimiert. Denn ist der Passagier erst an Bord, egal zu welchem Preis, ist die Ausgabebereitschaft deutlich größer. Häufig liest man sogar von Auslastungen deutlich über 100 Prozent, diese Auslastung wird auf Basis der zwei „unteren" Betten pro Kabine berechnet. Sind auch Zusatzbetten belegt, kann die Auslastung höher liegen. Und im Umkehrschluss: An Einzelbelegungen sind die Reedereien nicht interessiert, denn ein einzelner Passagier konsumiert an Bord eben nicht für zwei. Entsprechend sind Einzelzuschläge extrem hoch, und nur bei schlechter Gesamtauslastung schaltet die Yield-Steuerung günstige Preise für Alleinreisende frei.

Was für die Reedereien eine logische Preispolitik ist, birgt für einbuchende Fremdveranstalter erhebliche Probleme, denn diese sind nicht an den On-Board-Revenues beteiligt und profitieren nicht von den Preismaßnahmen der Yield-Steuerung: Der einmal vertraglich vereinbarte Reisepreis ist fix, es besteht also stets die Gefahr, dass die Reederei dieselbe Reise dem Verbraucher erheblich günstiger anbietet, als das einem Fremdveranstalter möglich wäre. Die Reedereien möchten mit ihren Gruppen- und Charterraten für Fremdveranstalter sogar sichergestellt wissen, dass Fremdveranstalter die eigenen Angebote nicht unterbieten. Erhebliche Risiken bergen folglich Garantieverträge, in denen der Fremdveranstalter die Abnahme der Kabinen garantiert, um sich im Gegenzug besonders vorteilhafte Konditionen zu sichern. Zieht die Reederei nun auch noch in Betracht, dass der On-Board-Revenue von Jugendgruppen wohl deutlich geringer ausfällt als im gewohnten Mittel (weniger Ausflüge, weniger Spa- und Shopumsätze), dann lässt sich vermuten, dass die angebotenen Gruppen- und Charter-Raten bereits diesen geringeren On-Board-Revenue berücksichtigen und folglich keine marktgerechten Angebotspreise des Fremdveranstalters ermöglichen.

Wichtig in diesem Zusammenhang ist auch ein Blick auf den vorgesehenen Vertrieb des Fremdveranstalters. Sofern Reisemittler in den Vertrieb eingebunden werden sollen, sind für die Vermittler neben Produkt und Preis die Vermittlungskonditionen von großer Bedeutung, sprich: Die Konditionen des Fremdveranstalters müssen mindestens denen der Reederei für deren Fremdvertrieb entsprechen, idealerweise sogar Verluste des Vermittlers aus Staffel- und Bonusprovisionen ausgleichen. Bekommt ein Reisebüro also zum Beispiel 14 Prozent Provision von MSC-Kreuzfahrten, dann wird das Reisebüro ungern eine Jugendreise mit zehn Prozent Provision vermitteln, wenn Preis und Leistung ähnlich sind.

Wie sieht ein wettbewerbsfähiges Kreuzfahrtangebot für Jugendliche aus?

Die einzige Möglichkeit, dem direkten Preisvergleich mit den eigenen Angeboten der Reedereien zu entkommen, ist die Produktdifferenzierung. Es stellt sich die Frage, für welche

Produkteigenschaften der Kunde bereit wäre, einen höheren Preis zu bezahlen. Ganz wichtig ist dabei natürlich der Imagefaktor, denn mit der Marke (zum Beispiel **ruf**) verbindet der Jugendliche bestimmte Vorstellungen, für die er unter Umständen bereit ist, einen höheren Reisepreis zu akzeptieren. Wenn er dann aber an Bord keine Unterschiede zum Produkt der Reederei vorfindet, wird der Erfolg der Reise am Preis gemessen. Enttäuschung wäre die Folge, teilweise gibt es Reklamationen und Regressforderungen, die Kundenbeziehung wäre gefährdet.

Die Differenzierung des An-Bord-Produktes des Jugendreiseveranstalters im Vergleich zum Produkt der Reederei selbst ist daher von essenzieller Bedeutung für den langfristigen Erfolg des Angebotes. Aber wie lässt sich das Angebot differenzieren, ohne die Interessen der Reederei zu gefährden? Diese setzen regelmäßig voraus, dass sich
a) Reisegruppen in das Geschehen an Bord einordnen und keine anderen Reisegäste stören und
b) die On-Board-Revenue-Kalkulation nicht gefährden.

Einige Reedereien (zum Beispiel Costa, MCS und Norwegian) untersagen Fremdveranstaltern zum Beispiel die Organisation eigener Landausflüge und berechnen dem Fremdveranstalter eine Ausfallentschädigung von bis zu 35 Euro pro Teilnehmer und Hafen, in dem ein eigener Ausflug organisiert wurde.

Blenden wir einmal die Kreuzfahrt als Bestandteil des Produktes „Jugendreise" aus so bleiben die An- und Abreise, evtl. Vor-und Nachprogramme, sowie Leistungsbestandteile im Vorfeld und nach der Reise (zum Beispiel Vorbereitungs-/Wiedersehenspartys) zur Angebotsdifferenzierung. Die Einbindung der Kreuzfahrtteilnehmer in die Anreiselogistik anderer landgebundener Angebote des Jugendreiseveranstalters könnte dazu beitragen, den Reisepreis attraktiver zu gestalten. Dem kommt entgegen, dass viele Kreuzfahrthäfen in der Nähe beliebter Jugendreise-Destinationen liegen, zum Beispiel Barcelona, Venedig oder Marseilles.

Es dürfte unter diesen Voraussetzungen insgesamt aber schwierig sein, auf der Basis von Gruppenbuchungen ein langfristig erfolgreiches Jugend-Kreuzfahrten-Produkt im Markt zu etablieren. Mit diesem Resümee könnte man dieses Kapitel abschließen. Oder wollen wir nicht doch versuchen, so etwas wie eine Vision für ein Jugendreise-Produkt zu entwickeln, das langfristig am Boom der Kreuzfahrtbranche partizipieren könnte?

Ein Blick über den „Großen Teich"
Wagen wir dazu einen Blick nach Amerika. Hier ist der Reiseveranstalter Atlantis Events sehr erfolgreich mit einem Kreuzfahrtprodukt für eine klar begrenzte Zielgruppe: dem schwulen und lesbischen Reisemarkt. Nun gibt es sicher wesentliche Unterschiede in den Reise- und Freizeitwünschen von Schwulen und Lesben auf der einen Seite und den Jugendlichen auf der anderen. Beiden Zielgruppen ist aber gemein, dass sie, wenn sie gemeinsam in größeren Gruppen verreisen, nicht sehr „kompatibel" zum klassischen Kreuzfahrtpublikum sind und andere Erwartungen an Verpflegung, Animation und Freizeitgestaltung stellen. Eine weitere Parallele: Atlantis-Kundinnen und -Kunden suchen ebenso wie die Teilnehmerinnen und Teilnehmer eines Jugendreiseveranstalters im Urlaub Freiheit von Reglementierung und Konventionen − bei den einen bezieht sich diese Freiheit auf gesellschaftliche Intoleranz, bei

den anderen auf erzieherische Autorität durch Eltern und Schule. Deshalb sei ein Exkurs in die Besonderheiten des Atlantis-Produktes erlaubt.

Zunächst: Atlantis Events bucht keine Gruppen auf eine klassische Kreuzfahrt, sondern chartert komplette Schiffe. Heute bietet Atlantis zusammen mit der Tochterfirma RSVP Vacations etwa acht bis zehn Kreuzfahrten pro Jahr im Vollcharter an, durchweg Megaschiffe mit mehr als 2.000 Betten, darunter auch die Allure of the Seas, mit 5.400 Betten das größte Kreuzfahrtschiff der Welt. Alle Reisen sind stets ausgebucht, Atlantis-Kreuzfahrten genießen Kultstatus in der Zielgruppe in den USA. Was unterscheidet, abgesehen von den Passagieren, nun eine Atlantis-Kreuzfahrt von anderen Kreuzfahrten?

Kurz gesagt: Alles ist anders! Der Veranstalter Atlantis greift tief in das Basisprodukt ein.

Das Routing: Sieht ein klassisches Kreuzfahrt-Routing meist Hafenaufenthalte von 8:00 bis 18:00 Uhr vor, lässt Atlantis die Teilnehmer nach langer Partynacht gerne ausschlafen. Dafür bleibt das Schiff in manchen Häfen dann auch bis spät in der Nacht, damit die Party-Locations an Land genutzt werden können. Ebenso wird in das Restaurantkonzept eingegriffen – das reicht vom Verzicht auf feste Essenszeiten bis zur Gestaltung der Menüs: weniger Gänge, mehr Büfetts, statt Hummer und Kaviar fit und gesund. Es wird zwar am Verpflegungsbudget gespart, aber die Teilnehmer erleben es als Gewinn. Das komplette Animations-, Show- und Partyprogramm wird von Atlantis gestaltet: Die normale Show-Crew wird in Urlaub geschickt, stattdessen fliegt Atlantis prominente Künstler und Comedians mit besonderer Beziehung zur Zielgruppe ein – ebenso die Top-DJs der besten Szeneclubs. Mehrere Container Bühnen-, Show- und Branding-Ausstattung werden eingeflogen und innerhalb kürzester Zeit installiert, inklusive kompletter Light- und Soundanlage auf dem Pooldeck, das für die Dauer der Kreuzfahrt in eine riesige Open-Air-Disco verwandelt wird. Täglich um 17:00 Uhr startet der Abend mit dem Tea-Dance, die anschließenden Themenpartys sind legendär: White Night, Roman Night, Pirates of the Caribbean usw.

Natürlich hat auch Atlantis einmal klein angefangen, mit Flusskreuzfahrten und einem kleinen Hochseeschiff. Könnte dieses Beispiel als Vorbild für einen Jugendreiseveranstalter, selbstredend mit angemessener Kapitalausstattung und einer gesunden Risikobereitschaft, dienen? Denn zwei wesentliche Unterschiede gibt es neben der schwulen/lesbischen Zielgruppe und Jugendlichen abgesehen von der sexuellen Neigung dann doch:

1. Das verfügbare Geld – viele Jugendliche sind auf die Bezahlung durch die Eltern angewiesen, oder sie haben nur ein geringes Einkommen/Ausbildungsvergütung – während Schwule/Lesben als „DINKS" (double income no kids) über überdurchschnittliche Finanzmittel verfügen.
2. Schwule/Lesben sind hinsichtlich der Reisezeit flexibel, während Jugendliche häufig an die Schulferien (= Hochsaison) gebunden sind.

Die Vision

Im klassischen Marketingverständnis sollen alle Maßnahmen zur Gestaltung von Produkt, Preis und Vertrieb/Werbung so gestaltet und aufeinander abgestimmt sein, dass der Kunde seine Bedürfnisse in optimaler Weise erfüllt sieht und das Produkt deshalb kauft. Der Autor vertritt ein erweitertes Marketingverständnis und formuliert salopp: „Marketing ist, sich im Markt so zu verhalten, dass mein Gegenüber mir gerne das gibt, was ich von ihm haben möchte." Der Begriff des Marketings soll somit nicht einseitig in Richtung des Kunden verstanden werden, sondern auch die Zulieferer und die Mitarbeiter des Unternehmens einschließen: Die Kunden sollen den Reisepreis bezahlen, die Lieferanten sollen Qualität zu optimalen Konditionen liefern und die Mitarbeiter hoch motiviert ein tolles Produkt produzieren und verkaufen.

Auf der Grundlage dieses Marketingverständnisses soll nun überlegt werden, wie ein Erfolg versprechendes Jugend-Kreuzfahrt-Produkt aussehen könnte. Wie oben gezeigt wurde, ist ein Gruppenkonzept, eingebucht auf einer klassischen Kreuzfahrt, nur schwer zum Erfolg zu führen. Deshalb wird im Folgenden ein Produkt skizziert – getreu dem amerikanischen Grundsatz „Think big!"

1. Das Produkt: Vollcharter eines Kreuzfahrtschiffes im Mittelmeer
- Termin/e in den Schulferien („bigger": eine komplette Mittelmeersaison, fünf Monate von Mai bis September)
- Anreise und Landausflüge werden vom Jugendreiseveranstalter organisiert
- Die Route der Kreuzfahrt und die Liegezeiten in den Häfen werden speziell für die Jugendgruppen in enger Zusammenarbeit mit der Reederei festgelegt
- Spezielles Verpflegungskonzept (Büfetts, jugendgerechte Speisen)
- Auswahl des zu charternden Schiffes: Topimage besitzt nur AIDA – Alternativen sind im Ausland zu suchen

2. Der Preis: jugendgerechte Leistungen zum fairen Preis
- Mehrbettkabinen pro Bett vermarkten (anstatt Zuschlag für 3. und 4. Person)
- Eigene Zusatzerlöse/On-Board-Revenues planen, zum Beispiel Landausflüge, hochwertige Merchandising-Kollektion
- Ausgleich für fehlende On-Board-Revenues für die Reederei verhandeln (Trinkgeld, Ausflüge, Spa)
- Skaleneffekte der Schiffsgröße beachten: Große Schiffe haben geringere durchschnittliche Crew- und Overhead-Kosten (ein Kapitän kostet dasselbe, ob er ein 200- oder ein 5.000-Betten-Schiff kommandiert, die nautisch-technische Ausstattung ist weitgehend identisch)
- Food-Budget kürzen: Pasta und Pommes statt Hummer und Kaviar (Ziel: mindestens 30 Prozent sparen)
- Passagier-Crew-Quotient optimieren (auf Top-Service-Schiffen liegt der Quotient bei ca. 2:1, bei AIDA mit Fokus auf Büffetgastronomie ca. 4:1, auf vielen Flussschiffen ca. 6:1)
- Service einschränken: Kabine nur jeden zweiten Tag säubern, kein Kabinenservice für Getränke/Snacks, Handtuch-/Wäschewechsel nur 2 x pro Woche (Ziel: mindestens 30 Prozent für Kabinenpersonal und Wäscherei sparen)
- Restaurantservice reduzieren: Büfetts statt Service am Tisch (Ziel: 30 Prozent Personalkosten einsparen)
- Animation/Entertainment/Shows: kompletter Verzicht auf Mitarbeiter der Reederei (ausgenommen Techniker, Koordinator zum Cruise-Director, Ziel: 70 Prozent Entertainment-/Animationskosten einsparen)

Diese Personalkosteneinsparungen lassen sich am ehesten verhandeln, wenn das Schiff über eine komplette Saison (mindestens fünf Monate) gechartert wird.

3. Der Vertrieb:
- Verkauf an Stammkunden
- Reisemittler (Reisebüros, Online-Reiseportale) – attraktive Provisions-/Konditionen-modelle, CRS-Anschluss und Hotline-Support müssen gewährleistet sein
- Verkauf über Multiplikatoren/Gruppen: Schul-/Abi-Klassen, Vereine, Jugend-organisationen
- Vertriebskooperationen mit in- und ausländischen Jugendreiseveranstaltern
- Neben Vertriebspartnern auch Risikopartner suchen (die sich am Charter-Risiko beteiligen)

Das hier skizzierte Produkt ist ziemlich groß gedacht. Ein Schiff vom Standard und Image einer AIDAvita, der kleinsten AIDA im Mittelmeer mit 1.266 unteren Betten (ca. 1.600 Betten bei Maximalbelegung), hat in der Hochsaison eine Tages-Charterrate von mindestens 250.000 Euro, sofern AIDA überhaupt an einem Vollcharter in der Hochsaison interessiert ist. Die Schiffe amerikanischer Reedereien im Mittelmeer sind sehr groß: mindestens 2.000 untere Betten. Kleinere Einheiten sind entweder besonders luxuriös, oder in den Sommer-monaten in Nordeuropa eingesetzt – was einen höheren Yield als das Mittelmeer verspricht –, oder es sind ältere Schiffe vor allem griechischer und zypriotischer Reedereien mit ent-sprechendem Reklamationspotential.

Mit geringerem Risiko ließe sich an eine Flusskreuzfahrt denken, denn die Flussschiffe bie-ten lediglich zwischen 120 und 200 Betten. Die Reedereien sind flexibler, der Passagier-Crew-Quotient ist sehr attraktiv, die Destinationen bei Jugendlichen gefragt: Zu denken wäre an die Donau (Wien, Budapest) oder auch an die Rhône mit Marseille, Avignon und Lyon, ggf. mit Badeverlängerung in einem Jugendcamp am Mittelmeer.

Das Durchschnittsalter deutscher Flusspassagiere lag 2010 mit 59,4 zwar deutlich über dem auf Hochseeschiffen (48,4 Jahre laut DRV). Das könnte aber auch damit zusammenhängen, dass auf klassischen Flusskreuzfahrten keine Kinderbetreuung angeboten wird und Familien deshalb selten auf Flussschiffen anzutreffen sind. Aber warum nicht einmal ein Schiff allein für Jugendliche? Das wäre doch eine schöne Vision: Jugendreisen sorgen für eine deutliche Verjüngung der Flusspassagiere!

Tom Korbus beschreibt im ersten Buch dieser Reihe (vgl. Thomas Korbus, Nahrstedt, Wolfgang, 1997) das Modell der „Echternacher Springprozession": drei Schritte vor und mindestens einen zurück. Wer die Experimentierfreude von **ruf reisen** und die Entwicklung des Unternehmen kennt, sieht, wie konsequent an der Umsetzung der Visionen gearbeitet wurde: 1996 wurde das erste **ruf** Clubdorf für bis zu 400 Teilnehmer in Marseillan Plage / Frankreich eröffnet, 2005 startete „Young Island" in Kroatien, eine Insel, exklusiv für bis zu 1.000 **ruf** Teilnehmer. Betrug die Teilnehmerzahl 1993 noch 7.500, wuchs diese weit über der Marktentwicklung auf 19.000 im Jahr 1996, 2006 auf 60.000 und lag 2011 bei 80.000 Teilnehmern.

Fazit

Der überwältigende Erfolg der Urlaubsform „Kreuzfahrt" seit Einführung des AIDA Clubschiff-Konzeptes auf der einen Seite und die nicht unähnliche Entwicklung von ruf reisen auf der anderen haben im Kern ein gemeinsames Erfolgsrezept: die konsequente Erforschung der Kundenwünsche und die Entwicklung dazu punktgenau passender Angebote. In beiden Produktlinien haben die Marktteilnehmer mit dem schärfsten Markenprofil die Nase vorn: AIDA hat im deutschen Kreuzfahrtenmarkt einen Marktanteil von ca. 40 Prozent, der Marktanteil von **ruf** dürfte im Markt der kommerziellen Jugendreiseveranstalter noch darüber liegen.

Beide Produktlinien haben bis heute keine nennenswerten Berührungspunkte, obwohl die rasanten Wachstumsraten ein Produkt „Jugend-Kreuzfahrt" geradezu herausfordern. Den Kreuzfahrtveranstaltern fehlt das pädagogische Know-how, zudem versprechen Jugendliche geringere Erträge. Für Jugendreiseveranstalter ist hingegen die Logistik rund um eine Kreuzfahrt unbekanntes Terrain.

Die Innovationsfreude und Risikobereitschaft beider Seiten wird zeigen, ob das oben skizzierte Kreuzfahrtkonzept für Jugendliche Realität werden wird. Warten wir ab, was in dieser Buchreihe zum 50. Geburtstag von **ruf** zu lesen sein wird.

 www.atouro.de | www.treffpunkt-schiff.de
www.facebook.com / TreffpunktSchiffKreuzfahrten

Literatur

Korbus, Thomas; Nahrstedt, Wolfgang (1997): „Einleitung", in: Korbus, Thomas; Nahrstedt, Wolfgang; Porwol, Bernhard; Teichert, Martina (Hrsg.): „Jugendreisen – vom Staat zum

Markt: Analysen und Perspektiven, Bielefeld 1997, Seite 17

Porwol, Bernhard; Steinecke, Albrecht (1997): „Jugendliche: Trendsetter oder Trittbrettfahrer im Tourismus? Ein Vergleich aktueller Trends n Tourismus und Jugendtourismus", in:

Korbus, Thomas; Nahrstedt, Wolfgang; Porwol, Bernhard; Teichert, Martina (Hrsg.): „Jugendreisen – vom Staat zum Markt: Analysen und Perspektiven, Bielefeld 1997, Seite 30

Bildung – das Business von morgen

Ein Megatrend, der den Kinder- und Jugendreisemarkt prägen wird

Rolf Kosakowski

Schon immer waren Eltern bestrebt ihren Kindern durch eine gute Ausbildung den bestmöglichen Start ins Leben zu ermöglichen. Doch der Bildungs- und Erziehungsdruck war noch nie so hoch, wie in unserer globalisierten Leistungsgesellschaft. Viele Eltern versuchen dementsprechend, so früh wie möglich die Talente ihres Nachwuchses zu fördern, um dessen Zukunftschancen zu erhöhen. Beginnend mit dem privaten zweisprachigen Kindergarten, vom Nachhilfeunterricht über den Vereinssport bis zur Musikschule: Private Förderangebote nehmen einen immer größeren Raum im Leben der Kinder ein. Kindheit ist „ein Ernstraum" geworden, in dem wichtige Weichen für alle sich anschließenden Lebensphasen gestellt werden (vgl. World Vision, 2007), die später in beruflichen und wirtschaftlichen Erfolg münden sollen.

Produkte und Services, die sich an Kinder richten, wollen diese deshalb vor allem in ihrer kognitiven Entwicklung positiv unterstützen. In der Konsequenz flimmern mittlerweile jede Woche mindestens 20 verschiedene Programmformate mit mehr oder weniger pädagogisch wertvollen Informationen über die Mattscheibe. Auch am Kiosk findet der Nachwuchs ein immer breiteres Angebot an edukativ geprägten Qualitätsmedien: Nach GEOlino und Dein Spiegel wendet sich seit Neuestem auch DIE ZEIT mit ihrem Kindermagazin ZEIT LEO an Acht- bis 14-Jährige.

Insgesamt steigt bei den Eltern zusehends die Unsicherheit darüber, was für eine erfolgreiche Zukunft ihrer Kinder das Richtige ist. Dementsprechend ist eine Fülle von Infoservices und Ratgebern für Eltern rund um die Themen Bildung und Erziehung entstanden. Nichtstaatliche Bildungsangebote florieren, und private Angebote schießen wie Pilze aus dem Boden: Es kristallisiert sich – ähnlich wie auf dem Gesundheitssektor – ein von privater Hand finanzierter zweiter Bildungsmarkt heraus (vgl. Zukunftsinstitut, 2010).
Bildung erobert die Freizeit – und damit die Urlaubsreise
Der Megatrend Bildung wird nicht nur unser Schulsystem, sondern auch die Ansprüche der Eltern und Kinder an die Freizeit verändern (vgl. Zukunftsinstitut, 2010). Edutainment lautet das Zauberwort, Pauken hat sich in lehrreiches Erleben verwandelt. Es liegt auf der Hand,

Rolf Kosakowski
geboren 1968 in Hamburg und Vater von zwei Kindern, ist Inhaber und Geschäftsführer von KB&B - The Kids Group. 1998 gemeinsam mit Julia Kosakowski und Alexander Vogel gegründet, zählt das Unternehmen heute mit Kunden wie The Walt Disney Company Germany, Sony Music Entertainment und Super RTL zu einer der führenden Spezialagenturen für Kinder- und Familienmarketing in Deutschland. In seiner Position als Agenturchef leitet Kosakowski als Ideenfinder und strategischer Visionär die kreative Entwicklung des Unternehmens.

dass auch der Kinder- und Jugendtourismus als Dienstleistungsbranche von diesem Trend beeinflusst wird. Die seit Langem etablierten Sprachreisen waren nur ein Vorgeschmack auf einen der großen entstehenden Zukunftsmärkte, der zunehmend in das Interesse der Tourismusbranche rücken wird.

„Durch die Möglichkeit zu reisen werden Weichen gestellt für Welterfahrung, Horizonterweiterung, das Umgehen mit Fremdheit. Neue Situationen aus eigener Kraft und Erfahrung zu meistern wird immer öfter überlebenswichtig, Teilhabe an Mobilität damit immer entscheidender für Chancen auf ein gelingendes Leben." (BUNDESMINISTERIUM FÜR WIRTSCHAFT UND TECHNOLOGIE, 2010, S. 68).

Die Arbeitswelt von morgen wird mit dafür verantwortlich sein, dass Kreativität und die Fähigkeit zur Problemlösung oder Kooperationsfähigkeit stärker in den Fokus rücken werden. Dementsprechend werden vor allem Angebote, die zum Ziel haben, einen Anreiz zur kreativen Entfaltung zu geben, von steigender Nachfrage profitieren (vgl. Zukunftsinstitut, 2011). Und auch Social Skills zählen zu den Schlüsselqualifikationen des 21. Jahrhunderts: Gerade die Gruppenerfahrung bei Reisen – vom Segeltörn bis zur Tanzchoreografie – ist es, die das Individuum für den künftigen Berufsalltag fit macht (Zukunftsinstitut, 2011, S. 32).

Mehr denn je gilt: jedem das Seine
Zeitgemäße Bildungskonzepte werden also ein Motor weiterer Diversifikation im Markt der Kinder- und Jugendreisen. Funktionierte deren pädagogischer und bildender Charakter herkömmlich eher „nonformal", also „durch die Verarbeitung von Erfahrungen" (vgl. ruf Akademie, 2011), so wird zukünftig zunehmend der spezifische Vorteil, ein konkreter Mehrwert im Vordergrund stehen: Kinder und ihre Eltern wollen sich ganz bewusst im Urlaub mit Themen oder Inhalten auseinandersetzen, etwas Sinnvolles tun. Sie wünschen eben einen Urlaub, der nicht nur nebenbei Lerneffekte ermöglicht (vgl. ruf Akademie, 2011), sondern Reisen als wichtigen Teil des kindlichen und jugendlichen Lernprozesses versteht.

Analog zur Bildungsdiskussion um die Förderung spezieller Talente werden Reisen zudem deutlich individueller: Neue Komponenten ergänzen ganz im Sinne der Multioptionalität das künftige Angebot. Gefragt ist eine Art Bausteintourismus, der Bildungsmodule kombiniert. Angebote, welche dieses spezifische Bedürfnis der Kinder, Jugendlichen und deren Eltern berücksichtigen, nehmen im touristischen Markt einen immer höheren Stellenwert ein. Ein Blick auf die Website des Kinder- und Jugendreiseanbieters ruf zeigt bereits heute Reiseveranstaltungen, die durch individuelle Angebote gezielt darauf ausgelegt sind, sich in der Freizeit persönlich weiterzuentwickeln. Der Katalog für 2012 bietet unter dem Titel „Explore the World" innovative Angebote wie das „KreAktiv-Camp". Spielerisch können die Teilnehmerinnen und Teilnehmer hier jeden Tag etwas Neues lernen: Naturkunde, Biologie, Ernährung, Kunst oder Musik. Das Programm wird dabei ganz nach dem Geschmack sowie den individuellen Interessen und Vorstellungen der Kinder gestaltet. Neben klassischen Aktivitäten, wie Ausflügen und Museumsbesuchen, halten spielerische und experimentelle Elemente Einzug: Es scheint, als ob die Angebote sehr viel ausdifferenzierter werden (müssen): Digitalfotografie wird zum Beispiel mit einer Entdeckungstour kombiniert – und Wissenschaft mit Abenteuerurlaub gepaart. Im Urlaub werden aber auch Lernen durch Coaching und Therapie an Bedeutung gewinnen.

Ich will Spaß, ich will Spaß

Kinder sind von Natur aus wissbegierig. Sie wollen wachsen und erwachsen werden – dazu gehört, sich Wissen anzueignen. Denn trotz des aufkommenden Prinzips des lebenslangen Lernens: In keiner anderen Phase ist uns der Erwerb von Wissen ein so großes inneres Bedürfnis wie in unserer Kindheit. Die Welt verstehen, mit eigenen Augen sehen und erfahren: Das ist die Grundlage für neue Reisekonzepte.

Viele Chancen ergeben sich für innovative Reiseanbieter, diese „neuen" Bedürfnisse seitens der Kinder und Jugendlichen sowie der Eltern zu befriedigen. Das Erfolgsrezept wird im richtigen Mix zwischen der Vermittlung von Lerninhalten und Spaß liegen: Denn Kinder wollen Spaß, ganz gleich, worum es geht. Gerade die jungen Wissbegierigen sind am wenigsten bereit, in ihrer Freizeit auf das Vergnügen zu verzichten. War früher mit dem Begriff „Kinder- und Jugendreise" eher die Vorstellung von Lagerfeuerromantik und Kumbaya-Gesang verbunden, werden damit in Zukunft vor allem zeitgemäße touristische Bildungsangebote, bei denen der Spaß an der Sache nicht zu kurz kommt, assoziiert.

Im Zuge des Wandels zur Wissensgesellschaft wächst also eine „Wir wollen's wissen"-Generation heran, die schon früh weiß, was sie will: ihren eigenen Weg im Leben finden. Spätestens mit der Erkenntnis, dass sie ihre Zukunft selbst in der Hand haben, wächst bei Kindern das Bedürfnis, mitzubestimmen, eigene Entscheidungen zu treffen, die Weichen zu stellen. Vor diesem Hintergrund wird eine neue Generation von Kindern heranwachsen, die selbst um den Wert der Bildung weiß: die der „Schlaumeier" (Zukunftsinstitut 2010, S. 58). Diese Kinder lernen nicht nur in der Kita oder Schule, sondern auch in ihrer Freizeit. Sie legen Wert auf gute Noten, interessieren sich für ihre Zukunft, wollen gefordert und gefördert werden. Gemeinsam ist den Schlaumeiern der Wissensdurst, gekoppelt mit dem Wunsch, auf nichts zu verzichten. Die Zeiten, in denen „Drei Wünsche auf einmal – das geht nun wirklich nicht" galt, sind bald vorbei. Es gibt kein Entweder-oder, sondern vielmehr ein Sowohl-als-auch. Denn selbst wenn Kinder immer früher erwachsen werden – im Herzen bleiben sie doch kindlich und verspielt (vgl. Zukunftsinstitut, 2010). Kinder wünschen sich eine Mischung, die sowohl „Fun" als auch „Funktion" ermöglicht. Zeitgemäße Bildung, die Spaß macht. Urlaub, der einerseits den Wunsch nach Wissen, andererseits nach Rückzug und Erholung erfüllt.

Wie sag' ich's dem Kinde?

Bildung ist ein Thema, das bei Eltern und Kindern gleichermaßen Relevanz genießt. Und zunehmend sind Kinder von klein auf echte Kenner in Konsumfragen, sodass ihnen in Zukunft bei Entscheidungen ein noch größeres Mitspracherecht eingeräumt werden wird, als es jetzt schon der Fall ist. Entsprechend groß ist ihr Einfluss auch in Sachen Urlaub. Und die Nachfrage nach Angeboten steigt, die Kindern Freiräume geben, um wichtige Erfahrungen selbst zu machen. Die Eltern sind als Entscheider aber mindestens so wichtig wie die Kinder und Jugendlichen. Sie sind es, die einen echten Nutzen von touristischen Produkten einfordern (vgl. Zukunftsinstitut, 2010). Die Tourismuswirtschaft wird — stärker als heute — für beide Gruppen eine zielgerichtete Kommunikation entwickeln müssen, die alle Beteiligten von den Vorteilen positiver Lernerfahrungen im Urlaub überzeugt.

Doch Alter, Geschlecht, soziale Herkunft — diese Kriterien sind nur noch partiell relevant, wenn es um die Kommunikation mit dem Konsumenten geht. Vor allem Kinder wollen in ihrer Entwicklungsstufe — und nicht in ihrem Alterssegment — angesprochen werden (vgl. Zukunftsinstitut, 2010). Entscheidend ist für Reiseanbieter also, klar zu kommunizieren, welche Fähigkeiten im Urlaub gefördert und welche dafür vorausgesetzt werden.

Es ist ein gigantischer Markt, der sich aktuell auftut und Chancen für Veranstalter von Kinder- und Jugendreisen bietet. Denn Eltern wünschen sich, dass ihre Kinder künftig mehr als schöne Erinnerungen aus dem Urlaub mitbringen. Sie wünschen sich einen konkreten Mehrwert, etwas, wovon ihre Kinder – zurück im echten Leben – früher oder später tatsächlich profitieren. Ein altes Sprichwort kommt damit zu neuen Ehren: Reisen bildet.

 www.kbundb.de/

Literatur

BUNDESMINISTERIUM FÜR WIRTSCHAFT UND TECHNOLOGIE (2010): Deutsche Kinder- und Jugendreisen 2008: Aktuelle Daten zu Struktur und Volumen,

Vorschläge für eine künftige kontinuierliche Datenerhebung, Schritte zu einem Referenzrahmen, Berlin

ruf akademie (2011): Nonformales Lernen, Bielefeld

Im Internet unter: http://www.ruf-akademie.de/kinder-jugendreisen/nonformales-lernen.html, Recherche am 09.01.2012

ruf akademie (2011): Pädagogik, Bielefeld

Im Internet unter: http://www.ruf-akademie.de/kinder-jugendreisen/paedagogik.html, Recherche am 09.01.2012

World Vision Deutschland e. V. (2007): Kinder in Deutschland 2007: 1. World Vision

Kinderstudie, Frankfurt am Main

ZUKUNFTSINSTITUT (2010): Future Kids: Die geheimen Wünsche und wa(h)ren,

Bedürfnisse der Konsumenten von morgen, Kelkheim

ZUKUNFTSINSTITUT (2011): Travel Trends: Wie wir in Zukunft leben werden, Kelkheim

Vom Making-of zu neuen Plänen

Jana Pieper und Thomas Korbus

Es ist vollbracht: Das Buch „Jugendreisen 2.0" liegt in gedruckter Fassung vor. ruf Geschäftsführer Thomas Korbus und Projektleiterin Jana Pieper lassen im Gespräch die Entstehungsgeschichte Revue passieren und berichten dabei schon von neuen Plänen: Nach dem Buch ist vor dem Buch …

Es hat genau 15 Jahre gedauert, um nach „Band 1, Vom Staat zum Markt" nun mit Band 8 einen weiteren Jugendtourismus-Reader zum 30-jährigen ruf Geburtstag auf den Weg zu bringen – zeigen sich große Unterschiede zum ersten Buch?

Thomas Korbus: Vor 15 Jahren ging es beim ersten Buch noch darum, unser Position zu verdeutlichen. Wir sind dabei eher wissenschaftlich vorgegangen, haben Forschungsarbeiten genutzt, weil wir nachweislich belegen wollten, dass wir bei **ruf** auf dem richtigen Weg sind. „Das Buch muss wissenschaftlich sein, damit es auch ernst genommen wird, damit unsere Arbeit ernst genommen wird" – so haben wir gedacht. Heute ist unsere Ausgangslage eine ganz andere: Wir sind inzwischen der Marktführer im Bereich „Junges Reisen". Wir haben in unserer Unternehmensentwicklung viele Dinge in der Branche angestoßen und initiiert. Und von uns gehen auch weiterhin viele Impulse aus. Wir müssen heute also nichts mehr beweisen. Daher haben wir uns bei der Erstellung des Buches auch an amerikanischen Fachbüchern orientiert. Es finden sich darin keine großen Fußnoten, es finden sich keine ewig langen Literaturverzeichnisse. Die Amerikaner verfolgen einen Pragmatismus, wie wir

Jana Pieper
geb. 1981, Studium in Bochum: Erziehungswissenschaften (Master of Arts) und Sozialpsychologie (Bachelor of Arts), von 2004 bis 2009 Mitarbeiterin an der Fakultät für Sozialwissenschaft der Ruhr-Universität Bochum. Seit 2009 Mitarbeiterin der **ruf akademie** mit den Arbeitsschwerpunkten Personalentwicklung, wissenschaftliche Begleitung von Organisationsprozessen und Qualitätsmanagement im Rahmen der TÜV-Zertifizierungen.

Thomas Korbus
Jahrgang 1959, Dipl.-Pädagoge, Studium in Köln, Oldenburg und Bielefeld, Gründer von Reisen und Freizeit mit jungen Leuten e. V. (**ruf**) und geschäftsführender Gesellschafter von **ruf**, Trend Touristik GmbH, Bielefeld, Gründer des Reisenetz e. V., des BundesForum Kinder- und Jugendreisen e. V., der Jugendreisehalle auf der ITB und der Bielefelder Jugendreiseschriften.

ihn hier in Mitteleuropa kaum kennen. Demnach sind es immer nur die praktischen, lebens-
weltlichen Konsequenzen und Wirkungen von Handlungen, welche bestimmen, was Bedeutung hat oder die Wahrheit ist. Die alltagsweltliche Praxis bestimmt alle Theorie. Es wird
vorausgesetzt, dass auch das theoretische Wissen seinen Ursprung nur in dem praktischen
Umgang mit Dingen haben kann. Diesen Ansatz haben wir in unserem Buch übernommen.
Wir hatten den Mut, zu sagen: Wir haben eine Meinung und wir müssen diese nicht mit
empirischen oder hermeneutischen Zugängen hinterlegen.

Nach welchen Kriterien habt ihr die Autoren ausgewählt?
Jana Pieper: Die Auswahl der Autorinnen und Autoren ist sicher auf Basis dieses anderen
Selbstbewusstseins entstanden. Wir haben uns gefragt: Wo sitzen die Experten, die unsere
Art zu denken unterstützen – oder genau gegensätzlicher Ansicht sind. Wir wollten bewusst
eine Polarisierung erzielen. Interessant war auch zu sehen, dass die Bereitschaft, an diesem
Buch mitzuwirken, sehr viel höher war als damals. Die angefragten Autoren haben gesehen,
dass das erste Buch erfolgreich war, es ist ein Standardwerk für die Jugendreiseszene geworden. Und so wollten viele gern an dieser Ausgabe mitwirken.

Thomas Korbus: Und dass so viele dabei sind, hat sicher auch mit dem Grad unserer Vernetzung zu tun: 30 Jahre Vernetzung in der Branche zahlen sich aus!
Und inhaltlich sind wir nicht von Themenfeldern ausgegangen und haben dann nach entsprechenden Autoren gesucht, sondern wir sind von unserer Vernetzung ausgegangen und
haben daraufhin gesehen, welche Themen die Branche bewegen. Dementsprechend wurde
der Buchtitel auch erst ganz am Schluss festgelegt.

Wie ist es zu dem Titel gekommen?
Thomas Korbus: Der Arbeitstitel lautete „Vom Staat zum Markt zum Kunden". Aber bei diesem Buch zeigte sich schon sehr frühzeitig, dass die Vielzahl der Artikel durch die Revolution
im Internet und die Entwicklung von Social Media beeinflusst ist. Wir wollten dazu aber nicht
ein großes Kapitel zu diesem Thema gestalten, das ganze Buch ist davon durchdrungen.
Also haben wir dieses Buch „jugendreisen 2.0" genannt. Kritisch anmerken lässt sich dabei,
dass der kein Statement enthält. Wer in zehn Jahren das Buch in die Hand nimmt, weiß,
welche Zeit gemeint war, aber der Titel enthält eben keine inhaltliche Aussage.

Das Buch ist ja thematisch weitaus vielfältiger geworden als der erste Band, wie ist es dazu gekommen?

Jana Pieper: Zum einen haben wir unseren Autoren völlig freie Hand bei der Textgestaltung gelassen. So sind in diesem Buch sehr unterschiedliche Stilrichtungen zu finden. Aber auch insgesamt sind wir mit diesem Reader weitaus vielfältiger unterwegs: Wir zeigen Illustrationen und Fotografien, denn unser Thema lebt von Bildern: Urlaub – das sind Träume, das sind Emotionen, die sollen die Leserinnen und Leser bildhaft erleben. ruf ist zudem dafür bekannt, dass wir immer wieder etwas Neues ausprobieren. Das ist auch bei diesem Buch der Fall. Wir wollten es ganz bewusst anders gestalten als ein „normales" Fachbuch.

Warum beschäftigt sich ruf in diesem Buch erneut mit pädagogischen Fragen – ist das Thema nicht längst „durch"?

Thomas Korbus: Als Kinder- und Jugendreiseveranstalter müssen wir uns immer mit pädagogischen Fragen auseinandersetzen. Die Fragen ändern sich seit Jahren kaum, jedoch werden sich immer die Antworten, die wir neu finden müssen, ändern. Wir haben mit der **ruf akademie** ein Organ, das sich genau mit diesen pädagogischen Fragen beschäftigt. Und dieses Wissen ist gefragt: Immer mehr unserer Mitarbeiterinnen und Mitarbeiter werden als Referenten angefragt, immer mehr werden wir gebeten, Statements zu pädagogischen Fragen abzugeben – auf Kongressen, Tagungen, Workshops, Talkshows usw. Das heißt: Unsere Meinung ist gefragt. Daran wollen wir arbeiten – auch mit einem solchen Buch, das wir nach vielen Jahren erstmals wieder aufgelegt haben. Wir übernehmen damit gesellschaftspolitische Verantwortung – wir nehmen zu gesellschaftlichen Fragen Stellung und bauen diese in unsere Angebote ein.

Denn ich bin damals vor mehr als 30 Jahren (also 1981) nicht angetreten, um Reiseveranstalter zu werden. Ich bin damals angetreten, um das Jugendreisen besser zu machen, und da gab es sehr viele Aspekte von Lehre und Lernen, von Publizieren und Forschen – und das ist noch immer ein weites Feld. Aber in der **ruf akademie** haben wir die richtigen Experten, um viele Themenfelder weiter voranzutreiben. Ein Beispiel dafür ist unser pädagogischer Arbeitskreis. Ein Gremium, in dem langjährige Außendienstmitarbeiter und Mitarbeiter aus unserem Produktmanagement und unserer **ruf akademie** gemeinsam immer wieder neue und moderne Antworten auf die pädagogische Fragestellungen unseres Feldes finden.

Wie muss man sich das vorstellen?

Jana Pieper: Wir diskutieren immer wieder aktuell, ob die Ansätze, die wir heute in der Pädagogik auf Reisen verfolgen, noch zeitgemäß sind. Und Social Media verändert daran sehr viel. Gingen wir früher von gruppendynamischen Prozessen aus, welche die üblichen Phasen durchlaufen, dann muss man sich heute fragen, ob die Kennlernphase heute noch funktioniert, wenn sich alle „fremden" Teilnehmerinnen und Teilnehmer bereits bei der Hinfahrt in den Armen liegen, weil sie sich via Facebook, SchülerVZ, StudiVZ oder das **ruf**-eigene Reisepartner-finden-Portal längst kennengelernt haben. Da jederzeit am Puls der Zeit zu bleiben, ist die Herausforderung, der wir uns stellen müssen.

Aber wie lassen sich pädagogische Ansprüche mit Wirtschaftlichkeit vereinbaren?

Thomas Korbus: Damals, vor 30 Jahren, sind wir als Pädagogen mit dem Anspruch angetreten, uns letztendlich überflüssig zu machen. Wir dachten, dass wir dazu da sind, Defizite aufzuarbeiten – und wenn diese Defizite beseitigt sind, können wir gehen. Übersetzt bedeutet das: Wir bringen den jungen Leuten das richtige Reisen bei, dann brauchen sie später solche Pauschalreisen mehr. Da haben wir aber die Rechnung ohne unsere Teilnehmerinnen und Teilnehmer gemacht. Wir haben diese Frage auch bei uns im pädagogischen Arbeitskreis kontrovers diskutiert. Das Ergebnis war jedoch deutlich: Bei unseren Angeboten passen die touristisch ökonomischen Ziele mit pädagogisch emanzipatorischen Zielen zusammen. Jens Wiesehöfer aus unserem Team brachte es schließlich auf den Punkt: Pädagogisch ist, dass der junge Mensch **weiterkommt**, wirtschaftlich ist, dass er **wiederkommt**, das heißt wieder bei uns bucht. Daraus folgt: Der junge Mensch kommt weiter, weil er wiederkommt, und weil er wiederkommt, kommt er weiter. „Weiterkommen" bedeutet für uns kurz gesagt, dass der Teilnehmer in der Gruppe bei **ruf** viel für sein Leben in der Gesellschaft erlernen und erleben kann. Die Gruppe nimmt hier die Rolle der Gesellschaft ein, in der der Teilnehmer seinen Platz zu finden und wahrnehmen lernt. In der nichtalltäglichen Situation des **ruf** Urlaubs eignet der Teilnehmer sich so Kompetenzen an, die er im Alltag für seine Entwicklung zu einem mündigen Mitglied der Gesellschaft nachhaltig anwenden kann.

Auch wenn der Teilnehmer nicht direkt selber „wiederkommt" wird er für uns zum Multiplikator für eine positive Lebenserfahrung und Entwicklung durch einen **ruf** Urlaub.

Jana Pieper: Und um das zu erreichen, ist die Überprüfung unserer pädagogischen Werkzeuge immer wieder notwendig. Es geht auf der einen Seite darum, einem Jugendlichen einzigartige, positive Erlebnisse zu verschaffen, die ihn weiterbringen – und auf der anderen Seite stehen die Eltern, die sich sicher sein können, dass sie ihr Kind gesund an Körper und Seele wieder in die Arme schließen können. Das sind die beiden ganz wichtigen Aspekte, die wir immer wieder aufs Neue sicherstellen und interpretieren müssen.

Wie lassen sich diese Ziele erreichen?

Thomas Korbus: Ideal ist nach wie vor die Gruppenreise – sie bietet viele Möglichkeiten. In dem Zeitkorridor, der zur Verfügung steht, haben die Reiseleiterinnen und Reiseleiter die Aufgabe, die entsprechenden Prozesse anzustoßen. Aber natürlich verändern sich die äußeren Umstände. Für viele wird das Reisen kürzer, und so müssen wir heute versuchen, mit unseren Inhalten den Prozess der Gruppenfindung zu beschleunigen und das besondere **ruf** Feeling in kürzester Zeit zu erzeugen. Die pädagogische Arbeit ist deshalb der Motor für unsere weitere Produktentwicklung. Ebenso sind viele touristische Dienstleistungen hinzugekommen. Wir verkaufen Ausflüge oder auch Partys, und ehrlicherweise sagen wir, dass diese Leistungen Teil der Wertschöpfung sind. Wenn wir das weiterdenken, übernehmen unsere Reiseleiterinnen und Reiseleiter vor Ort durchaus betriebswirtschaftliche Funktionen. Oder schauen wir nach den Betreuungsfunktionen, die unsere Teamerinnen und Teamer übernehmen. Sie wissen genau, wie sie die Kids so an sich binden, dass der Spagat zwischen Freiheit und gesetzlichen Vorschriften kein großes Thema ist.

In den Diskussionen der letzten Zeit spielen vor allem Begriffe wie „Health and Safety" auf den Reisen eine erhebliche Rolle. Viele Diskussionen drehen sich um die Frage der Aufsichtspflicht, deren Umsetzung und Durchführung. Die Frage nach einer Abgrenzung des Marktes „betreutes Jugendreisen" zu anderen Formaten spielt eine erhebliche Rolle.

Eine größere Herausforderung entsteht da, wo junge Menschen immer früher selbstständig werden und in immer jüngerem Alter eine größere Freiheit ausleben wollen, die sie durchaus von zu Hause gewöhnt sind. Gerade für die Zielgruppe der 16- bis 17-Jährigen gilt es, Formate zu finden, die zum einen eine Einhaltung der gesetzlichen Rahmenbedingungen gewährleisten und zum anderen die Jugendlichen nicht in ihrer gewohnten Freiheit einengen. Diesen Spagat zwischen den Ansprüchen von „Health and Safety" und den Bedürfnissen der Jugendlichen so zu gestalten, dass beide Punkte ihre Berücksichtigung finden, ist eine Herausforderung, die die Szene noch nicht abschließend gelöst hat.

Zum Making-of zurück: Was hat dir die Lektüre der Artikel gebracht?
Jana Pieper: Wir lassen Leute zu Wort kommen, die heute ganz aktuell dabei sind. Manche davon sind keine ausgewiesenen Experten, auch junge Reiseleiterinnen und Reiseleiter äußern sich in diesem Buch. Das ist so gewollt, weil sie an einer bestimmten Stelle in diesem großen Gefüge des Jugendreisens ihren Beitrag leisten. Insgesamt aber habe ich beim Lesen wirklich deutlich gemerkt: Es ist wichtiger geworden, was wir tun. Wir haben eine viel bessere Stellung mittlerweile in den Medien und der Politik.

Thomas Korbus: Aber warum ist das so? Das liegt sicher unter anderem mit daran, dass es die Jugendreisehalle der ITB gibt. Die ITB ist das drittgrößte Medienereignis der Welt, das jährlich wiederkehrt. Und dadurch, dass immer weitere Aussteller hinzugekommen sind und jedes Jahr dort sichtbar waren, haben wir mehr Aufmerksamkeit bekommen, als es uns als Einzelorganisation möglich gewesen wäre. Berlin ist zugleich der Nabel der Politik – die Fraktionen besuchen uns bei der ITB. Weil unsere Themen interessieren. Jugendreisen ist immer Inhalt, nicht nur Form – das macht unser Feld so spannend.

Und wo geht es letztendlich hin?
Thomas Korbus: Wir sehen, dass die Politiker unsere Themen erfassen. Die blicken natürlich häufig auf das Thema Klassenfahrten – auch mit dem Anspruch, dass jedes Kind daran teilhaben können soll. Doch dabei ergeben sich durchaus auch Herausforderungen mit Migration, mit Inklusion – mit all den neuen Themen, die unsere Branche bewegen werden. Jugendreisen ist schon immer auch Sozialpolitik gewesen. In der aktuellen Entwicklung zeigt sich, dass es immer mehr auch um Bildungspolitik gehen wird.
Auch in diesem Bereich kommen unsere Reiseleiterinnen und Reiseleiter ins Spiel: Lehrerinnen und Lehrer, die bei uns schon einmal als Teamer gearbeitet haben, zeigen große Lust auf Klassenfahrten, weil sie genau wissen, wie sie ihrer Klasse ein tolles Erlebnis stiften können. Andere haben Angst davor, weil befürchten, dass sie ihre Gruppe nicht im Griff haben. Deshalb können wir nur dazu anregen, dass Lehramtsstudierende während ihres Studiums bei uns ein Praktikum machen. Das wird sie auf ihrem weiteren Weg in der Schule ganz sicher unterstützen. Dieser Job bringt sie einfach weiter!

Jana Pieper: Und was ebenfalls schwer im Kommen ist, sind Bildungscamps – diese Angebote erreichen die Tourismusindustrie. Und da sehen wir mit unseren Kompetenzen sehr viel Potenzial. Eltern sind bereit, für Bildung durchaus Geld auszugeben.

Thomas Korbus: Debattierclubs sind auch etwas, was wir sicher im Auge behalten werden. Denn Diskutieren lernt man in Deutschland eigentlich nicht. Dabei geht es auch in diesem Feld um ein Selbstsicherheitstraining – Fähigkeiten, die hoch im Kurs stehen. Selbst der Weg des Geldes ist ein Thema, das ich durchaus spannend finde. Solche Formate bedienen sicher nicht den Massenmarkt, sondern das sind Nischenprodukte. Aber warum sollen wir diese Themen nicht angehen und anbieten? Eins ist klar: Bei **ruf** landen sehr viele Anfragen. Eltern fragen bei uns sogar Nachhilfe als Reiseformat an – eine Nachhilfe, die präventiv eingesetzt wird. Und mit all diesen Anregungen und Ideen werden wir auch weiterhin innovativ sein.

Und – nach den Erfahrungen mit diesem Buch: Sind schon weitere Publikationen geplant?
Thomas Korbus: Auf jeden Fall, geplant ist ein Buch zum jungen Reisen für die Zielgruppe der 16- bis 30-Jährigen. Denn dieses Buch hat einfach richtig Spaß gemacht.

Stichwortverzeichnis „Jugendreisen 2.0"

Stichwort	Seitenzahl
Abireisen	78f.,106f.
Akademie	214ff., 416ff., 441, 464, 470
Ausbildung	138,174
Bedürfnisse	34ff., 57ff., 277, 428, 435
Begleitete Jugendreisen	104f.
Beratung	392ff.
Betreuer	94, 131f.
Betreuung	103ff., 131f., 175, 214ff., 281
Bildung	28, 78, 81f., 180ff., 192ff., 432ff
Branchenverbände	90ff.
Buchen	50, 161f., 172f., 350ff.
Bundesforum Kinder- und Jugendreisen (Bufo)	90f., 418f.
Busreise	296ff.
Dachverband	99
Demografischer Wandel	26
Deutsches Jugendherbergswerk (DJH)	144ff., 160
Digital Natives:	54f., 370ff., 398
Eltern	29, 56, 60f., 103ff.,116ff.,126,130, 249, 284ff., 324f., 352ff., 363f.
Erlebnispädagogik	95, 408ff.
Evaluation	250ff.
Explore the world	212f.
Facebook	30, 48f., 65, 68f., 370ff.
Fachverband	92, 99, 115, 194f.

Autorenspiegel

Daniel Amersdorffer

legt die Schwerpunkte seiner Arbeit auf die strategische Beratung zu Innovationen im Tourismus, Strategie digitale Medien (mobile, social media, social software in Unternehmen, Websites), Medialisierung der Reisebranche und des Reisens sowie seit 2011 auf Qualitätsmanagement, Produktmanagement, Servicedesign. Aufbauend auf sein Studium der Tourismuswissenschaften (Dipl. Geograph) in Deutschland und Finnland sowie Berufserfahrungen in Norwegen und Deutschland ist er seit drei Jahren Mitglied der Geschäftsführung von Tourismuszukunft.

Horst Bötcher

(Jg. 1952), vormals Lehrer, dann ein gutes Dutzend Jahre Leiter eines 600 Betten-Hauses und schließlich langjährig Geschäftsführer eines großen Landesverbandes mit über 45 Häusern, kennt Theorie und Praxis in Tagungs- und Übernachtungshäusern aus allen Perspektiven. Mit diesem Hintergrund geht er bei Analysen, Beratung und Audits immer noch neugierig in neue Häuser und Strukturen, lernt gern dazu und schlägt bei Problemen praxisnahe Lösungen vor. Neben seiner Arbeit bei Krause & Böttcher ist er Geschäftsführer der AkaBEST GmbH. Mit seiner Firma „Brot und Stühle" setzt er vor allem Konzepte im Bau- und Verpflegungsbereich um.

Christiane Brandenburg

Dipl.-Pädagogin, geb. 1958, Studium am Institut für Lehrerbildung in Potsdam und an der Humboldt Universität zu Berlin. Seit 1990 Leiterin, seit 1994 Geschäftsführerin des Kinder- und Erholungszentrums Güntersberge e. V. (KiEZ) im Harz. Mitarbeit im Kinder- und Jugendring Sachsen-Anhalt e. V., Abteilungsvorstand Harzer Tourismusverband, AG Kinder- und Jugendtourismus beim Ministerium für Wissenschaft und Wirtschaft Sachsen-Anhalt, für Reisenetz im BundesForum für Kinder- und Jugendreisen, Moderatorin des PolitTalks. Mitgründerin Runder Tisch der Unterkünfte.

Jürgen Büchy

Jahrgang 1951, ist Präsident des Deutschen ReiseVerband e.V. in Berlin, der Interessenvertretung deutscher Reisebüros, Reiseveranstalter und Dienstleister der Reiseindustrie. Seit 30 Jahren in führenden Managementpositionen der Reiseindustrie tätig, hat er in den letzten zwei Jahrzehnten den Deutschlandverkauf der Lufthansa AG geleitet, den Vorsitz der Geschäftsführung der Start Amadeus GmbH innegehabt und über elf Jahre den Vertrieb im Personenverkehr der Deutschen Bahn AG verantwortet. Jürgen Büchy ist Vorsitzender des Aufsichtsrats der Ameropa-Reisen GmbH, des Deutschen Reisepreis-Sicherungsverein VVaG und Vorsitzender des Beirats der Europäischen Reiseversicherung AG. Seit Oktober 2011 ist Büchy neben seiner ehrenamtlichen Arbeit im Verband als freiberuflicher Managementberater tätig.

Dr. Martin Buck

Jahrgang 1960, ist bei der Messe Berlin als Vice President Travel + Logistics unter anderem verantwortlich für die ITB. Davor arbeitete er bei der Deutschen Lufthansa in verschiedenen kaufmännischen Führungspositionen im In- und Ausland, zuletzt als kaufmännischer Leiter der Condor Flugdienst GmbH. Buck ist promovierter Wirtschaftswissenschaftler und Lehrbeauftragter an der Fachhochschule Worms.

Michael Buller

Vorstand des Verbands Internet-Reisevertrieb e. V. (VIR), ist seit vielen Jahren in der Touristikbranche tätig. Seine berufliche Laufbahn begann er im Jahre 1990 bei der Holiday Autos GmbH, wo er zunächst die Bereiche Finanzen & Controlling verantwortete. Drei Jahre später erhielt er Prokura und wurde 1995 zum Geschäftsführenden Gesellschafter ernannt. Als die lastminute.com Group im Jahre 2003 holiday autos übernahm, wurde Michael Buller zum Geschäftsführer für das Deutschlandgeschäft der lastminute.com Gruppe ernannt. Er zeichnete für sechs Marken verantwortlich: lastminute.com, holiday autos, lastminute.de, travelocity.de, holiday and more sowie Medhotel. Zur Jahresmitte 2007 wurde Michael Buller Gesellschafter beim Softwarehaus BPCS Consulting Services GmbH. Seit 2009 ist er zudem Beiratsmitglied der Firma Trustyou.com sowie Non-Exekutive Managing Director der Firma Holiday Extras. Darüber hinaus hat Michael Buller unterschiedliche Beratungsmandate in der Tourismusindustrie inne.

Claudia Christmann

Sales Manager/Reisebürovertrieb bei **ruf**. Die gelernte Reiseverkehrskauffrau, Jahrgang 1968, kann auf mehr als 20 Jahre Berufserfahrung in der Touristik zurückgreifen. Zuvor war sie als Regional Sales Manager für Sixt holiday im Einsatz. Bei **ruf reisen** wird sie den stationären Vertrieb weiter ausbauen und die Zusammenarbeit mit den Partnern intensivieren.

Prof. Dr. Roland Conrady

ist seit 2002 Professor am Fachbereich Touristik/Verkehrswesen der Fachhochschule Worms. Seine Forschungs- und Lehrschwerpunkte sind Luftverkehr, E-Business und Touristik. Prof. Conrady ist seit 2004 auch Leiter des weltgrößten Tourismuskongresses, des ITB Berlin Kongresses, sowie im Aufsichtsrat verschiedener Tourismusunternehmen. Daneben ist er Vorstand der Deutschen Gesellschaft für Tourismuswissenschaft DGT und Buchautor (u. a. Sterzenbach, R./Conrady, R./Fichert, F. Luftverkehr, München 2009). Zuvor war er Leiter des Studiengangs „Electronic Business" und Professor für Allgemeine und Verkehrsbetriebswirtschaftslehre an der Fachhochschule Heilbronn. Nach der Promotion zum Dr. rer. pol. an der Universität zu Köln im Jahr 1990 war er bis 1998 in verschiedenen Leitungspositionen bei der Deutschen Lufthansa AG tätig.

Axel Dammler

geboren 1965 in Lemgo, hat Kommunikationswissenschaft studiert und ist seit 1992 als Jugendforscher tätig. Im Rahmen dieser Tätigkeit hat er diverse Studien für renommierte Kunden aus den verschiedensten Branchen erstellt. Seit 1999 ist er Geschäftsführer von iconkids & youth, dem größten deutschen Spezialinstitut für Kinder- und Jugendforschung.

Peter de Jong

Since 01 January 2012 Peter de Jong joins STB as Vice President, Business Development, operating out of New York and Bangkok.
Before that he was Senior Partner at 'Travel and Tourism Strategies, Inc.' (TTSI), a global travel industry consulting group. From 2001 to 2008, he served as President and CEO of PATA, the 'Pacific Asia Travel Association', based in Bangkok. Prior to that, he served for ten years as Director General of FIYTO, the 'Federation of Youth Travel Organisations', based in Copenhagen.
From 1985 to 1990 Mr. de Jong lived and worked in Sao Paulo, Brazil.

Ansgar Drücker

Diplom-Geograf, 1990 bis 1993 Aufbau von Strukturen der Jugendarbeit in Thüringen, 1993 bis 2004 Bildungsreferent und 2004 bis 2010 Bundesgeschäftsführer der Naturfreundejugend Deutschlands, 2005 bis 2011 Vorstandsmitglied bzw. Vorsitzender des BundesForum Kinder- und Jugendreisen e.V. Koordinierender Herausgeber des Leitfadens „InterKulturell on Tour" (Wochenschau Verlag). Seit Januar 2011 Geschäftsführer des Informations- und Dokumentationszentrums für Antirassismusarbeit e. V. (IDA), ein von Jugendverbänden gegründetes bundesweit tätiges Dienstleistungszentrum für die Themenfelder (Anti-)Rassismus, Rechtsextremismus, Antisemitismus, Interkulturelle Öffnung, Diversität, Antidiskriminierung und Migration.

Christoph Edlinger

Christoph Edlinger startete mit Beginn seines Pädagogikstudiums an der Universität Bielefeld seine Tätigkeit als Teamer bei **ruf reisen**. Über Jahre hinweg begleitete die Arbeit als Reiseleiter, Koordinator und Ausbilder bei verschiedenen Reiseveranstaltern sein Studium. 2003 begann Christoph seine Arbeit im **ruf** Büro in Bielefeld, ist seit 2008 Bereichsleiter der Personalabteilung für den Verein und die Trend Touristik GmbH und ist Hauptverantwortlicher für die **ruf akademie**.

Klaus Eikmeier

Lemgo und Allensbach, geb. 1955, verheiratet, Geschäftsführender Gesellschafter CTS Gruppen- und Studienreisen GmbH, Vorsitzender Reisenetz – Deutscher Fachverband für Jugendreisen e.V., 2003 bis 2007 auch Vorstandsmitglied des BundesForum für Kinder- und Jugendreisen e.V. Berufliche Schwerpunkte: Personalentwicklung/Fortbildung, IT/Internet, Vertragswesen/Reiserecht, Krisenmanagement, Qualitätsstandards, Finanzen/Kalkulation.

Michael Faber

ist Geschäftsführer von Tourismuszukunft – Institut für eTourismus. Der gelernte Reiseverkehrskaufmann und studierter Touristiker (M.A.) berät seit 2005 touristische Unternehmen im Bereich Social Media, Online-Marketing und Reisevertrieb. Zuvor war er bei verschiedenen touristischen Unternehmen operativ tätig und ist Gründer der Reiseveranstalters MyPassion-Tours. An der Fachhochschule Worms hat er sich in einem gemeinsamen Projekt mit dem Deutschen ReiseVerband wissenschaftlich mit dem Thema Social Media auseinandergesetzt und hat neue Ansätze im E-Commerce für die Touristik entwickelt. Er ist Mitglied im DRV-Ausschuss Onlinevertrieb und hält Lehrveranstaltungen an der Fachhochschule Worms und der Hochschule Nürtingen-Geislingen.

Holger Falk

geboren 1971, ist Inhaber und Geschäftsführer teamEXPERTE sowie Inhaber der IFBE-Klassenfahrten. Firmengründung 1999. Diplom-Sozialpädagoge, Erlebnispädagoge, Kindergärtner, DJH-Kreisverbandsvorsitzender Kreis Siegen-Wittgenstein, Jugendamtsmitarbeiter Kreis Siegen-Wittgenstein Erziehungshilfe. Staatliche Skilehrerausbildung in Tirol.

Uwe Flügel

ist Pädagoge und Tourismusfachwirt und besitzt eine knapp 20-jährige Erfahrung als Touristiker in den Bereichen Gruppenreisen, Klassenfahrten, schulisches Reisen, Bustouristik, Incoming sowie umfangreiche Geschäftskontakte im Low-Budget-Segment und der Hotellerie. Seit 1998 ist er Geschäftsführer der welcome berlin tours GmbH.

Dirk Föste

Nach einem Studium der Informationsverarbeitung übernahm Dirk Föste die Marketingleitung der pc.Spezialist Systemzentrale in Bielefeld. Von der IT-Industrie begeistert, wechselte er in den B2B-Bereich zum börsennotierten US-Unternehmen Avocent (heute: Emerson), für welches er das Marketing im Vertriebsbereich EMEA verantwortete. Im Jahr 2005 wechselte Föste in die Touristik und ist seit dem für ruf, Deutschlands größten Reiseveranstalter für junge Menschen, tätig. Hier ist er für die Unternehmensbereiche Vertrieb, Marketing und PR verantwortlich und koordiniert mit seinem Team zahlreiche Social-Media-Kampagnen in der jungen Zielgruppe.

Prof. Dr. Renate Freericks

Jahrgang 1961, Dr. phil., Professorin im Lehr- und Forschungsschwerpunkt Pädagogische Freizeit- und Tourismuswissenschaft.
Forschungsschwerpunkte: Freizeit- und Tourismusforschung, informelles Lernen, Zeitforschung. Studiengangsleiterin des „Internationalen Studienganges Angewandte Freizeitwissenschaft" (ISAF) an der Hochschule Bremen, Vorsitzende des Instituts für Freizeitwissenschaft und Kulturarbeit (IFKA) e. V., stellv. Vorsitzende der Kommission pädagogische Freizeitforschung der Deutschen Gesellschaft für Erziehungswissenschaft (DGfE), Mitherausgeberin der Zeitschrift Spektrum Freizeit und der Bielefelder Jugendreiseschriften.

Dieter Gauf

MPhil. und Diplom-Betriebswirt, Studium in Frankfurt, Worms und Manchester. Hauptgeschäftsführer des Internationalen Bustouristik Verbandes RDA, Vorstandsmitglied der Forschungsgemeinschaft Urlaub + Reisen, Lehrbeauftragter an der Hochschule Bremen und der Fachhochschule München, Vorsitzender der Reiseleiter-Projektgruppe des Bundesverbandes der Deutschen Tourismuswirtschaft BTW. Herausgeber u. a. RLT-Reiseleiter Training.

Ulrich Gauf

studiert Soziologie und Pädagogik an der Universität Mainz. Seit Abitur und Wehrdienst ist er als Reiseleiter und Tourguide auf internationalen Reisen unterwegs und erlangte 2008 das Reiseleiter-Zertifikat des Bundesverbandes der Deutschen Tourismuswirtschaft und der Hochschule Bremen. Im Fachmagazin „Bus-Fahrt" verfasst er die Serie „Reiseleitung von A bis Z".

Heiner Giese

ist Geschäftsführer und Mitbegründer von offaehrte Sprachreisen IP International Projects GmbH. offaehrte Sprachreisen ist Sprachreiseveranstalter seit 1986, dabei hat sich das Unternehmen auf Schülersprachreisen mit Zielen im In- und Ausland spezialisiert. Ferner veranstaltet offaehrte Sprachreisen Familiensprachreisen und Sprachreisen für Erwachsene. Von 1999 bis 2011 war Heiner Giese zudem Vorsitzender des Fachverbands Deutscher Sprachreise-Veranstalter e. V. (FDSV).

Jens Grefen

ist Design Director bei Interbrand und arbeitet seit mehr als acht Jahren in der Gestaltung, Entwicklung und Führung von Marken. Nach seinem Studium an der University of applied sciences, Dortmund und der Academy of Art, San Francisco, begann er seinen beruflichen Werdegang in kleineren Designbüros, bevor er 2004 zu Interbrand wechselte. Im Rahmen seiner Gestaltungstätigkeit arbeitete er unter anderem an Auftritten internationaler Marken wie TUI, ThyssenKrupp, Lanxess, SAP, Walter AG und Deutsche Telekom.

Matthias Gürtler

kam als Reiseleiter für deutsche und amerikanische Veranstalter von Erlebnis- und Studienreisen in die Touristik. Wichtigste Zielgebiete waren damals Nord- und Mitteleuropa, Libyen, Irak und Südamerika. Zuvor studierte er in Leipzig und Dublin Journalismus, Kunstgeschichte und Völkerkunde. Parallel zu seinem Job als Reiseleiter arbeitete Gürtler für Tageszeitungen und Zeitschriftenmagazine als Korrespondent. Seit 1998 ist der Diplom-Journalist als Redakteur bei der Reisebüro-Fachzeitschrift touristik aktuell tätig, seit Februar 2009 als Chefredakteur. Seine thematischen Schwerpunkte sind der Reisevertrieb, Studien- und Erlebnisreisen sowie Kreuzfahrten.

Friedhelm Güthoff

ist seit 1995 Geschäftsführer des Deutschen Kinderschutzbundes Landesverband NRW e. V. Hier hat er sich umfassend u. a. mit den Themen „Kin-
der- und Jugendreisen", „Kinder als Mitwirkende an Film- und Fernsehproduktionen" und „Kindeswohlgefährdung und Kinderschutz" beschäftigt.
Der Deutsche Kinderschutzbund versteht sich als Anwalt für die Rechte
und der Interessen von Mädchen und Jungen.

Petra Hedorfer

Jahrgang 1965, studierte Wirtschafts- und Sozialwissenschaften in Augsburg.
Seit 2003 leitet sie als Vorsitzende des Vorstandes die Deutsche Zentrale für
Tourismus in Frankfurt und steht damit für die professionelle Bewerbung des
Reiselandes Deutschland im Ausland. Marktgerechte Zielgruppenansprache
steht bei der internationalen Marketingarbeit im Fokus. Diese setzt die DZT mit
ihren weltweit 30 Büros und Agenturen auch für die wichtige Gruppe „Junge
Reisende" um. Zentrale Plattform zur Vermarktung des jungen Deutschlands
ist die DZT-Website www.germany.travel. Außerdem investiert sie verstärkt in
Aktivitäten im Social-Media-Bereich und stellt ihre Tourismuswerbung 2013
weltweit unter das Themenjahr „Junges Reisen nach Deutschland".

Dr. Jana Ilchmann

Rechtsanwältin bei BRANDI Rechtsanwälte in Bielefeld, geb. 1979 in
Lauchhammer. Studium der Rechtswissenschaft in Rostock. Von 2005 bis
2008 wissenschaftliche Mitarbeiterin am Lehrstuhl Bürgerliches Recht,
internationales Privat-, Verfahrens- und Wirtschaftsrecht bei Prof. Dr. Ansgar Staudinger, dabei unter anderem Mitarbeit in der Forschungsstelle für
Reiserecht. Seit 2008 als Rechtsanwältin tätig.

Dr. Wolfgang Isenberg

geboren 1952, Studium der Geographie, Romanistik und Erziehungswis-
senschaften. Langjährige Beschäftigung mit Freizeit- und Tourismusthe-
men in Form von Veröffentlichungen, Lehraufträgen, Beratungen,
Forschung und Durchführung von Fachtagungen im In- und Ausland
(USA, Spanien, Großbritannien, Türkei u.a.). Vorsitzender des Beirates des
Nordrhein-Westfalen Tourismus, externer Koordinator des TUI Think Tank
Freizeit und Tourismus der TUI AG. Direktor der Thomas-Morus-Akademie
Bensberg.

Dr. Volker M. Jorczyk

(Dipl.-Finanzwirt, Rechtsanwalt, Steuerberater) begann seine berufliche Laufbahn in der Finanzverwaltung NRW bevor er Rechtswissenschaften studierte. Von 1997 bis 2011 koordinierte er das PwC CC „Steuern der Touristik" und gründete im Juli 2011 die TTL Tourism Tax & Law Rechtsanwaltsgesellschaft mbH in Köln (www.tourismtaxlaw.com).

Regelmäßig publiziert der in Fachkreisen als „Doc Holiday" bekannte Branchenspezialist in Fachzeitschriften (SRTour), hält Praktikerseminare (TTS), (mit-)verantwortet die steuerliche Verbandsarbeit von DRV, VPR, VDR, ECTAA sowie ECSA und hält Vorlesungen an der ISM Dortmund.

Walter Kaltner

geb. 1956, verheiratet und Vater von zwei Töchtern, ist zusammen mit Bruder Ludwig Eigentümer der Unternehmensgruppe Young Austria. Unternehmungsgründung 1950 durch Ludwig Kaltner sen. (†). Seit 1977 im Unternehmen, ursprünglich tätig im Bereich Camps und Teameraus-bildung. 1984–1993 Sprecher des Arbeitskreises Jugendtourismus der Handelskammer Salzburg, 2000–2006 Präsident Skalclub Salzburg und Vizepräsident Skal Austria. Seit 2011 Vorstandsmitglied des REISENETZ. Hobbys: EDV und Nautik.

Matthias Kappeler

ist seit 2006 Leiter Marketing & Brand-Management von SUPER RTL. Er verantwortet dabei die plattformübergreifenden Marketingkampagnen, das Brand- und Produktmanagement sowie Events von SUPER RTL sowie den dazugehörigen Marken TOGGO und TOGGOLINO. Nach dem Studium der Betriebswirtschaftslehre an der LMU München begann er seine Karriere in der Kundenberatung der Werbeagentur Ogilvy&Mather und betreute dort unter anderem die Marken Bitburger, Dresdner Bank und EnBW. Vor seinem Einstieg bei SUPER RTL war er zudem Geschäftsführer und Trainer von Neue-Kommu-nikative, einem Anbieter von Kommunikations- und Managementtrainings für Werbeagenturen und Dienstleistungsunternehmen.

Eckehard Klein

geboren 1960, Abitur in Krefeld, Kfz-Mechaniker-Lehre, Studium in Bochum – Dipl.-Sozialarbeiter. Eckehard Klein lebt im Ruhrgebiet, hat eine mittlerweile erwachsene Tochter, die ihn oft auf Jugendreisen erst als Teilnehmerin und später als Helferin begleitet hat. Seit 1989 ist er bei der SJD – Die Falken Recklinghausen – als Bildungsreferent tätig, ebenso Geschäftsführer mehrerer Träger der Jugendhilfe im Kreis Recklinghausen,

Mitarbeit in verschiedensten überregionalen Gremien und Arbeitsfeldern der Kinder- und Jugendarbeit.

Thomas Korbus

Jahrgang 1959, Dipl.-Pädagoge, Studium in Köln, Oldenburg und Bielefeld, Gründer von Reisen und Freizeit mit jungen Leuten e. V. (**ruf**) und geschäftsführender Gesellschafter von **ruf**, Trend Touristik GmbH, Bielefeld, Gründer des Reisenetz e. V., des BundesForum Kinder- und Jugendreisen e. V., der Jugendreisehalle auf der ITB und der Bielefelder Jugendreiseschriften.

Rolf Kosakowski

geboren 1968 in Hamburg und Vater von zwei Kindern, ist Inhaber und Geschäftsführer von KB&B - The Kids Group. 1998 gemeinsam mit Julia Kosakowski und Alexander Vogel gegründet, zählt das Unternehmen heute mit Kunden wie The Walt Disney Company Germany, Sony Music Entertainment und Super RTL zu einer der führenden Spezialagenturen für Kinder- und Familienmarketing in Deutschland. In seiner Position als Agenturchef leitet Kosakowski als Ideenfinder und strategischer Visionär die kreative Entwicklung des Unternehmens.

Eric Kubisch

Dipl.-Journalist, geb. 1984 in Frankreich, studierte Jura und Journalismus in Bordeaux. Er arbeitete für verschiedene Zeitungen und Fernsehsender in Frankreich und Luxemburg, zuletzt für den internationalen TV-Sender LUXE. TV mit Schwerpunkt Luxus und Reisen. Seit 2010 ist er Gesellschafter der Ferienanlage Albatros in Vieux-Boucau an der französischen Atlantikküste.

B. Florian Kuff

kommt aus Düsseldorf und hat in Hannover Architektur studiert. Seit 1992 ist er im Kinder- und Jugendtourismus tätig. Seit 1995 für **ruf**, unter anderem als Zielgebietskoordinator und Destinationsmanager in Italien, Frankreich, Spanien und Deutschland. Ausbilder und Trainer an der **ruf akademie**. Inzwischen bei **ruf** verantwortlich für die Kinder-, Sport- und Teenagerreisen, leitet er als Senior Product Manager das Ressort „Explore the World".

Sandra Lessau

Jahrgang 74, hat Hotelfachfrau gelernt, später ein Tourismusstudium angehängt und ist nun seit über 22 Jahren im Tourismus tätig. Seit 2007 leitet sie das Marketing und den Pressebereich der Föhr Tourismus GmbH, zuständig für den Tourismus auf Föhr, der zweitgrößten deutschen Nordseeinsel.

Karen Löhnert

Jahrgang 1962, hat nach dem Abitur zunächst ein Tiermedizinstudium angefangen, sich dann aber doch für das „Kurieren" von gestressten Menschen entschieden, denen sie im Rahmen ihres beruflichen Werdegangs in der Reisebranche Urlaub und Erholung verschafft. Die Tourismusmanagerin war unter anderem als Bereichsleiterin bei den FIRST Reisebüros und als Vertriebsleiterin bei ÖGER TOURS tätig, bevor sie sich nach Stationen in der „New Economy" und als Geschäftsführerin eines Hoteldienstleisters im Jahr 2007 aus Überzeugung für eine Arbeit beim DJH entschied, um Werte und Dienstleistungsorientierung im Tourismusgewerbe miteinander zu vereinbaren. Sie ist heute Vorstandsvorsitzende des DJH Landesverbandes Mecklenburg-Vorpommern und seit Januar 2012 zusätzlich Vorstandsmitglied im DJH Landesverband Berlin-Brandenburg.

Ellen Marquardt

geboren 1972. Entwurf, Entwicklung und Einführung der Marke teamEXPERTE (hier Prokuristin), als Coach spezialisiert auf Individualberatung im beruflichen Kontext: Krisenbewältigung & Imagebildung „Zukunftswerkstatt". Bis 2007: wissenschaftliche Mitarbeiterin und Projektmanagerin an der Charité – Universitätsmedizin Berlin, Altersmedizin und Alternsforschung. Studium in Marburg, Münster und Siegen: Germanistik, Philosophie, VWL, Architektur. Magistra Artium in Soziologie, Psychologie, Angewandte Sprachwissenschaften.

Dr. Werner Müller

Dr. phil., Jahrgang 1951, geboren in Hamburg, mit Familie in Köln lebend. Berufliche Laufbahn: 1975–1979 Koordinator für (internationale) Jugendarbeit bei der Ev. Kirche in Hamburg und beim Bayerischen Jugendring; 1979/1980 Bundesreferent für „Europäische Jugendwochen"; Promotion über internationalen Jugendaustausch; 1981–1986 Freiberuflichkeit als Fortbilder; 1986–1993 Referatsleiter „Modellseminare" der Kölner Außenstelle des Studienkreises für Tourismus, Starnberg; seit 1994 Geschäftsführer des transfer e. V., Köln (Beratung und Qualifizierung für Kinder- und Jugendreisen, interkulturelle Begegnung, Jugend & Gesundheit). Seit 2011 Vorstandsvorsitzender des BundesForum Kinder- und Jugendreisen.

Kai Nitzke

Jahrgang 1974 aus Porta Westfalica, hat Wirtschaftspädagogik in Paderborn studiert. Drei Jahre arbeitete er als Personal- und Destinationsleiter für einen Gruppenreiseveranstalter. Seit Anfang 2011 ist er als **ruf** Product Manager für die spanischen Destinationen verantwortlich. Für das Reisenetz e. V. ist er im dritten Jahr als gewähltes Mitglied im Qualitätsausschuss der Säule „Betreute Jugendreisen" aktiv.

Rainer Nuyken

Dipl.-Betriebswirt, geb. 1961 in Duisburg, Betriebswirtschaftsstudium an der FH Heilbronn (Fachrichtung Verkehr und Tourismus), 6 Jahre Praktika und Reiseleiterjobs bei verschiedenen Busreiseveranstaltern, 1987 bis 1990 EF-Sprachreisen, 1991/92 Vertrieb von Touristiksoftware, selbständig seit 1992, 1996 Gründung AtourO Gruppenreisen, 2003 Gründung von Treffpunkt Schiff (Kreuzfahrtvermittlung). Ab 1994 branchenpolitisches Engagement im Deutschen ReiseVerband e. V. (DRV), 2001 bis 2007 als Vorstandsmitglied. 2011 Mitbegründer und Vorstandsmitglied der „Kreuzfahrt Initiative e. V."

Kristina Oehler

Kristina Oehler ist gelernte Reiseverkehrskauffrau und Diplom-Betriebswirtin (FH) und stammt aus Norddeutschland. Sie leitet seit 2009 das Produktmanagement bei **ruf** und ist mit ihrem Team für die Planung, Durchführung und Weiterentwicklung aller **ruf** Produkte verantwortlich.
Neben der fachlichen Qualifikation kann sie auch ihre langjährigen Erfahrungen als Reiseleiterin bei **ruf** in die tägliche Arbeit einbringen.

Heike Peters

geb. 1983; Diplom-Pädagogin; Studium der Erziehungswissenschaft an der Universität Rostock; freiberuflich tätig im Bereich Evaluation in der Kinder- und Jugendarbeit und als wissenschaftliche Mitarbeiterin im Projekt Freizeitenevaluation mit dem Schwerpunkt Kinderfreizeiten (www.kinderfreizeitenevaluation.de).

Jana Pieper

geb. 1981, Studium in Bochum: Erziehungswissenschaften (Master of Arts) und Sozialpsychologie (Bachelor of Arts), von 2004 bis 2009 Mitarbeiterin an der Fakultät für Sozialwissenschaft der Ruhr-Universität Bochum. Seit 2009 Mitarbeiterin der **ruf akademie** mit den Arbeitsschwerpunkten Personalentwicklung, wissenschaftliche Begleitung von Organisationsprozessen und Qualitätsmanagement im Rahmen der TÜV-Zertifizierungen.

Dr. Bernhard Porwol

Dr. phil., Diplom-Pädagoge und Reiseverkehrskaufmann, Gründer und bis 2009 geschäftsführender Gesellschafter von RUF-Jugendreisen, Trend Touristik GmbH. Erste Erfahrungen mit Jugendreisen in der katholischen Kirche, im Sportverein und in der Lebenshilfe e. V. mit jungen behinderten Menschen. Studium der Soziologie und Pädagogik in Bonn und Bielefeld, Lehraufträge an der Universität Bielefeld und der Hochschule Bremen, Mitherausgeber der Bielefelder Jugendreiseschriften und nun Berater und Coach.

Manfred Prager

Jahrgang 1960, studierte in Bochum Sozialwissenschaften. Er setzt sich seit Mitte der 1980er-Jahre mit Jugendreisen auseinander und war für verschiedene Jugendreiseunternehmen tätig, im Besonderen 17 Jahre für **ruf** Jugendreisen, zuletzt als Bereichsleiter Touristik. Weiterhin ist Manfred Prager Mitglied bei transfer e. V.in Köln. Seit 2007 arbeitet er als freiberuflicher Management-Trainer und systemischer Business-Coach und ist Inhaber von compass-business coaching in Bielefeld. Als Berater ist er der Jugendtouristik auch heute noch verbunden.

Benjamin Richter

Product Manager, geb. 1979 in Kempten, studierte Erziehungswissenschaften und Anglistik in Erfurt. Nach seinem Studium und mehrmonatigen Auslandsaufenthalten schloss er eine Zusatzausbildung zum Personalreferent ab. Seit 2009 arbeitet er im Innendienst bei **ruf reisen** und ist als Product Manager für die Jugenddestinationen in Schweden, Italien, Frankreich, Griechenland, Kroatien und Malta zuständig.

Jörg Risken

studierte zunächst Angewandte Geografie, BWL und Kunstgeschichte an der Universität Trier, bevor er seine ersten beruflichen Erfahrungen im Bereich Jugendreisen bei Hostelling International sammelte. Nach einer mehrjährigen Tätigkeit in der Werbung ist er seit 2001 beim Egmont Ehapa-Verlag tätig, wo er als Mitglied der Geschäftsleitung unter anderem das Disney-Magazingeschäft verantwortet.

Dirk Rogl

ist stellvertretender Chefredakteur der fvw. Er begleitet seit 1999 den deutschen Reisemarkt und legt dabei Schwerpunkte auf die Themen Reisevertrieb, E-Commerce und Social Media, Business Travel und Verkehr. Während seines Wirtschaftsstudiums arbeitete er unter anderem für **ruf reisen.**

Saskia Schiller

M. A. Integrative Heilpädagogik/Inclusive Education. Derzeit Studium der Sonderpädagogik mit den Fächern Deutsch und Philosophie. Außerdem Studium des Erweiterungsfachs „Spiel- und Theaterpädagogik".
Erfahrung in der Jugendarbeit gesammelt während Tätigkeiten bei der evangelischen Kirche, Übungsleitung im Turnverein 1898 Münster e. V. und eines Auslandspraktikums an einer Grundschule in Frankreich im Bereich Integration/Inklusion. Während des Studiums mehrere Jahre bei der Lebenshilfe e. V. (vorwiegend als Integrationskraft in Schulen) beschäftigt. Bei **ruf** seit 2007 in verschiedenen Jobprofilen tätig.

Burkhard Schmidt-Schönefeldt

Burkhard Schmidt-Schönefeldt, Jahrgang 1962, ist seit Mitte der 1990er-Jahre in leitender Position bei **ruf** tätig und heute (als Partner von Thomas Korbus) geschäftsführender Gesellschafter. Aufgewachsen in Bremen, absolvierte er dort eine Ausbildung zum Bankkaufmann bei der Commerzbank AG und studierte anschließend in Kiel und Bielefeld Betriebswirtschaft. Vor seinem Einstieg bei **ruf** arbeitete Burkhard Schmidt-Schönefeldt in verschiedenen sozialen Organisationen in leitenden Funktionen.

Katharina Schnellen

geb. 1981, absolvierte den Diplomstudiengang Tourismusmanagement in Dortmund und erlangte ihren Master, ebenfalls mit Schwerpunkt Tourismus, in Australien. Nach Beendigung ihres Studiums arbeitete sie als Management Trainee bei der TUI Travel Plc. 2009 begann Katharina ihre Arbeit im **ruf** Büro in Bielefeld als Produktmanagerin für **ruf** NEXT, das Segment für Reisen ab 18 Jahren.

Andrea Schütt

ist seit 2009 als Product Manager für den Bereich Sprache und Kultur bei **ruf** verantwortlich. Außerdem leitet sie dort das Projekt Beruf und Familie. Vorher arbeitete die Diplom-Betriebswirtin zehn Jahre bei einem Sprachreiseveranstalter im Vertrieb und Produktmanagement. Ihr Studium der Betriebswirtschaftslehre mit Schwerpunkt Touristik absolvierte Andrea Schütt von 1996 bis 1999 an der Fachhochschule der Wirtschaft (FHDW) in Paderborn.

Reinhard Schwarz

geb. 1951 in Barth/Mecklenburg -Vorpommern, Abschluss der 10. Klasse und Lehre in der Landwirtschaft
1974 Arbeitsaufnahme in verschiedenen Funktionen beim Jugendreisebüro der DDR bzw. Reisebüro der FDJ „Jugendtourist" im Bezirk Rostock. Ab 1987 stellv. Leiter der Bezirksstelle für das Jugendherbergswesen im Bezirk Rostock, ab 1990 Aufbau des Jugendherbergsverbandes in Mecklenburg-Vorpommern e. V., Geschäftsführer bis 2001, ab 2002 Projektleiter der Arbeitsgemeinschaft „Junges Land für Junge Leute" beim Tourismusverband Mecklenburg-Vorpommern für den Bereich Kinder- und Jugendreisen.

Bernd Seidl

geb. 1979, verheiratet, seit 2000 bei young austria in den Bereichen Vertrieb, Marketing und Produktentwicklung tätig, seit 2007 Geschäftsführer der young austria – Österreichs Erlebnisgästehäuser GmbH, seit 2012 Geschäftsführer der young austria Service GmbH, seit 2006 stellvertretender Sprecher des Arbeitskreises Jugendtourismus der Handelskammer Salzburg. Hobbys: Ski, Tennis, Digital Media, Musik und Kultur.

Ulf Theike

ist seit 2008 Geschäftsführer der TÜV NORD CERT GmbH, einem Unternehmen der TÜV NORD Gruppe. Als Dienstleister für umfassende Prüfungen und Zertifizierungen auf Basis nationaler und internationaler Vorgaben betreut TÜV NORD CERT weltweit mehr als 28.000 Kunden. Ein breites Leistungsspektrum mit über 120 nationalen und internationalen Akkreditierungen sowie freiwilligen Prüfstandards in der Personal-, Produkt- und Systemzertifizierung zeichnen das Unternehmen aus.

Jan Vieth

ist Geschäftsführer und Gründer des 2002 gegründeten Unternehmens Camp Adventure mit Hauptsitz in Hamburg und weiteren Geschäftsstellen in Reus/Spanien und Ottawa/Kanada. Hauptgeschäftsfeld sind internationale Sport- und Sprachcamps in Europa sowie die Beratung im Bereich Abenteuersport. Als Botschafter für Deutschland beim „International Camping Fellowship" und Beauftragter für internationale Kontakte des deutschen Fachverbands für Kinder und Jugendreisen „Das Reisenetz" kann er auf vielfältige Erfahrungen mit internationalen Camps und Organisationen blicken.

Patrick Wersin

Dipl.-Jur., geb. 1980 in Lippstadt, Studium der Rechtswissenschaft an der Universität Bielefeld. 2006 Abschluss des universitären Scherpunktbereichs „International Trade". Seit 2008 wissenschaftlicher Mitarbeiter an der Universität Bielefeld am Lehrstuhl für Bürgerliches und Römisches Recht. Seit 2011 Rechtsreferendar am Landgericht Bielefeld.

Jens Wiesehöfer

Jens Wiesehöfer durchlief seit 1998 viele Stationen im Außendienst bei **ruf** und begeistert sich seitdem für die touristische und pädagogische Arbeit mit Kindern und Jugendlichen. Seit 2006 arbeitet er im Innendienst und ist nach einigen Jahren als Ressortleiter für den Agenturvertrieb und als Ansprechpartner für die Kooperationspartner 2010 in die neu geschaffene Stabstelle Business-Development gewechselt. Dort arbeitet er im Auftrag der Geschäftsführung an neuen Reisekonzepten und Urlaubsformaten für alle Segmente des Unternehmens.

Thomas C. Wilde

Thomas C. Wilde gilt als einer der ausgewiesenen Kommunikationsspezialisten in Sachen Reisen. Nach vielen Jahren als Nachrichtenredakteur gründete er 1986 die w&p Wilde & Partner Public Relations GmbH mit Sitz in München. Die Agentur gilt mit ihren über 30 Mitarbeitern heute als die führende Kommunikationsagentur im deutschsprachigen Europa für die Bereiche Travel & Tourism, Hospitality und Aviation & Logistic. Er ist in verschiedensten Bereichen der Reiseindustrie tätig und unter anderem Mitinitiator und Präsidiumsmitglied des Travel Industry Club. Ferner engagiert er sich als Beirat im Verband Internet Reisevertrieb V. I. R., in dem die umsatzstärksten deutschen Reise-Onlineportale organisiert sind. Darüber hinaus berät er den ITB Kongress, den weltweit größten Fachkongress der internationalen Reiseindustrie.

Oliver Winter

geboren 1975, ist Mitbegründer und Vorstandsvorsitzender der A & O HOTELS and HOSTELS Holding AG, die zurzeit 9.500 Betten an neun deutschen Standorten sowie in Prag und Wien anbietet. Er ist verheiratet und hat zwei Kinder.

www.ruf-akademie.de

 akademie

Seit 1981 ist die ruf akademie als Teil des Vereins Reisen und Freizeit mit jungen Leuten e. V. in der Forschung, Ausbildung und Konzeptentwicklung für Kinder- und Jugendreisen tätig.

Auf wissenschaftlicher und pädagogischer Basis werden Konzepte für Seminare, Veranstaltungen und Reisen entwickelt.

Die RUF Akademie ist nicht nur eine Aus- und Fortbildungsakademie für den Jugendtourismus, sondern sie verkörpert darüber hinaus das wissenschaftliche und pädagogische Knowhow, das hinter den Reiseangeboten von RUF Jugendreisen steht.

Das Team der RUF Akademie entwickelt moderne und zielgruppenorientierte Seminarkonzepte anhand erprobter Lerntheorien und zeitgemäßer Bildungspädagogik.
In Zusammenarbeit mit Psychologen, Pädagogen, Juristen, sozialen Organisationen und Fachleuten aus dem Tourismus werden sowohl Konzepte der Reisen als auch der Aus- und Fortbildungen kontinuierlich weiterentwickelt und angepasst.
Fachveranstaltungen zu verschiedenen Themen, wie Tagungen und Kongresse, werden ebenfalls von der RUF Akademie organisiert und durchgeführt.

Auch die sensible und verantwortungsbewusste Auswahl des Betreuungspersonals für ruf reisen fällt in den Arbeitsbereich der RUF Akademie.

Der TÜV SÜD hat die RUF Akademie mit dem Qualitätskennzeichen „ISO 9001:2008" zertifiziert

Homepage ruf-akademie.de

IFKA

Institut für Freizeitwissenschaft und Kulturarbeit e. V.

Forschung

- Sozialwissenschaftliche Freizeitforschung
- Teilnehmer- und Gästebefragungen in den Feldern Gesundheit, Wellness, Tourismus, Kultur und Weiterbildung
- Image- Leistungsträger- und Zielgruppenanalysen

Konzeptentwicklung und Evaluation

- Wissenschaftliche Begleitung der Freizeit- und Tourismusentwicklung von Städten und Regionen
- Entwicklung von Konzepten und Szenarien für erlebnisorientierte Lernorte
- Evaluation von Serviceleistungen in der Freizeit- und Tourismuswirtschaft

Beratung und Gutachten

- Modernisierung von Tourismus-, Freizeitkultur- und Kurkonzepten
- Expertisen zur Planung von Infrastruktur
- Machbarkeitsstudien
- Beratung für die Profilierung von Freizeitdienstleistungen

Fachtagungen und Weiterbildungen

- Organisation von Events der Freizeitbildung (z. B. KidsColleges)
- Workshops zum Berufsfeld Freizeit
- Internationale Kongresse zu aktuellen Forschungsthemen
- Aus- und Fortbildungen von Gästeführern, Gästebetreuern und Gesundheitsberatern
- Moderation von Zukunftswerkstätten und Fachtagungen

Dokumentation

- Veröffentlichung wissenschaftlicher und praxisbezogener Publikationen für die Bereiche Freizeit, Kultur, Gesundheit, Wellness, Tourismus und Weiterbildung

Institut für Freizeitwissenschaft und Kulturarbeit (IFKA e.V.)

Hochschule Bremen · Fakultät 3
Neustadtswall 30 · **28199 Bremen**

Telefon 0421) 59 05 20 12 · info@ifka.de

Bielefelder Jugendreiseschriften

Im Jahr 1997 startete die Herausgebergruppe die Reihe der Bielefelder Jugendreiseschriften. Sie entstand aus einer initiative engagierter Freizeitwissenschaftler im Institut für Freizeitwissenschaft und Kulturarbeit e,V. (IFKA) und den Machern von RUF Jugendreisen. Es galt bestehende Defizite aufzuarbeiten.
Der Jugendtourismus genießt im Ausland hohes Ansehen. Das war in Deutschland lange Zeit nicht so. Mangelnde Aufmerksamkeit von Seiten der Politik, der Wirtschaft, der Medien und auch der Wissenschaft waren der Antrieb für diese Bücherreihe.

Die wirtschaftliche Bedeutung war auch damals schon hoch. Aus der damaligen Initiative von Bernhard Porwol, Thomas Korbus und Wolfgang Nahrstedt entstanden bisher 7 Bücher. In 2003 löste Renate Freericks den ausscheidenden Wolfgang Nahrstedt ab. Mit diesem Buch dem Band 8. schließen wir den Bogen zu Band 1 „Jugendreisen vom Staat zum Markt". Eine Vielzahl von Experten beschreibt damals und heute ihre Sichtweise zu Problemfeldern und Möglichkeiten im Jugendreisemarkt. Professionalisierung und Qualitätsorientierung waren damals, wie heute Themen.

Hat es sich gelohnt? Haben wir einen Bedeutungszuwachs erreicht? Das Fazit ist klar! Der Jugendtourismus in Deutschland hat stark an Aufmerksamkeit zugenommen. Das ist der Zusammenarbeit aller Player im Markt geschuldet. Jugendreisen hat eine Stimme in der Politik bekommen. Die Medien, wie die Fachöffentlichkeit nehmen Jugendreisen als wichtigen Baustein im Gesamtmarkt Tourismus wahr. Die wirtschaftliche Bedeutung unseres Segments wird anerkannt, benannt und gefördert. Die wissenschaftliche Diskussion hat das Tempo der letzten 15 Jahre nicht mitgemacht, wenngleich wir mit der Bielefelder Jugendreiseschriftenreihe einen wichtigen Beitrag dazu geleistet haben. Aber auch hier gibt es Hoffnung. Neue universitäre Netzwerke im Forscher-Praktikerdialog entstehen und die Bereitschaft in Forschung und Lehre auch gerade den Praxisbezug des Jugendreisens als wichtigen Baustein für universitäres Lernen stärker zu fördern wächst. Das neue Buch beschreibt die vielfältigen Ansätze in Praxis und Theorie. 61 Autoren haben sich bereit erklärt daran mitzuwirken. Das Fazit ist positiv, die Herausforderungen an die Zukunft bleiben.

Das Internet hat in den letzten 15 Jahren auch die Jugendreisebranche grundlegend revolutioniert. Die Professionalisierung schreitet weiter fort. Qualitätsorientierung ist und bleibt das Thema auch für die Zukunft- neue Themen kommen auf uns zu. Das vorliegende Buch greift sie auf und versucht sie perspektivisch einzufangen.

Zu den Herausgebern:
Renate Freericks, Jahrgang 1961, Dr. phil., Professorin an der Hochschule Bremen, Studiengangsleiterin „Internationaler Studiengang für Angewandte Freizeitwissenschaft" (ISAF), Vorsitzende des Instituts für Freizeitwissenschaft und Kulturarbeit e.V. (IFKA), Stellv. Vorsitzende der Kommission pädagogische Freizeitforschung der Deutschen Gesellschaft für Erziehungswissenschaft (DGfE).

Thomas Korbus, Jahrgang 1959, Dipl.-Pädagoge, Studium in Köln, Oldenburg und Bielefeld, Gründer von Reisen und Freizeit mit jungen Leuten e.V. (RUF) und geschäftsführender Gesellschafter von RUF-Jugendreisen, Trend Touristik GmbH, Bielefeld, Gründer des Reisenetz e.V. und des Bundesforum Kinder- und Jugendreisen e.V.

Bernhard Porwol, Dr.phil., Jahrgang 1959, Dipl.-Pädagoge und Reiseverkehrs-kaufmann, Gründer und bis 2009 geschäftsführender Gesellschafter von RUF-Jugendreisen, Trend Touristik GmbH. Erste Erfahrungen mit Jugendreisen in der katholischen Kirche, im Sportverein und in der Lebenshilfe e.V. mit jungen behinderten Menschen. Studium der Soziologie und Pädagogik in Bonn und Bielefeld, Lehraufträge an der Universität Bielefeld und der Hochschule Bremen, Mitherausgeber der Bielefelder Jugendreiseschriften und nun Berater und Coach.

Mitherausgeber bis 2002:
Wolfgang Nahrstedt, Jahrgang 1932, Dr. phil., emeritierter Professor an der Universität Bielefeld, Schwerpunkte: Freizeitpädagogik, Kulturarbeit und Tourismuswissenschaft.

Informationen zum **Institut für Freizeitwissenschaft und Kulturarbeit e.V.** und zu weiteren Veröffentlichungen im Internet unter: **www.ifka.de.**

In der Reihe der Bielefelder Jugendreiseschriften beim Institut für Freizeitwissenschaft und Kulturarbeit e.V. (IFKA), Bremen (bis 2002 mit Sitz in Bielefeld) sind bisher erschienen:

Band 1: KORBUS, Thomas; NAHRSTEDT, Wolfgang; PORWOL, Bernhard & TEICHERT, Marina (Hrsg.) (1997). **Jugendreisen: Vom Staat zum Markt; Analysen und Perspektiven.** Bielefeld: IFKA. ISBN 3-926499-35-4

Mit der Sammlung von Beiträgen der 27 Autoren wird der Bereich des Jugendreisens einer aktuellen Analyse unterzogen. Dies ist nach jahrzehntelangem Fehlen nennenswerter Veröffentlichungen zum Thema Jugendreisen bemerkenswert. Anlässlich des 15jährigen Geburtstages von ruf reisen konnten als Autoren gewonnen werden (alphabetisch):
Gerhard Au, Christiane Brandenburg, Ottmar L. Braun, Johannes Enßle, Bernd Fechler, Thomas Gehlen, Heinz Hahn, Wolfgang Isenberg, Peter de Jong, Rainer Kluck, Thomas Korbus, Jens Kosmale, Werner Müller, Wolfgang Nahrstedt, Herbert Oberste-Lehn, Bernhard Porwol, Manfred Prager, Alwin Proost, Harald Schmidt, Carsten Schneider, Sebastian Schuster, Günter Seeliger, John Seekings, Kerstin Sievert, Albrecht Steinecke, Marina Teichert und Markus Wallney.
Damit liefern fast alle, die in den letzten Jahren in der deutschen „Jugendreiseszene" aktiv waren, ihre spezifische Sicht zu den Entwicklungen und Tendenzen des Jugendreisens. Die Professionalisierung des Jugendreisens zum marktorientierten Produkt als Alternative zu staatlich subventionierten Reisen beschäftigt viele Autoren, wie auch Themen zur historischen Entwicklung in Ost- und Westdeutschland, aber auch Recht, Steuern, Ausbildung, Reisekonzepte, Forschung und Branchenpolitik.

Band 2: BRAUN, Ottmar L. & KLUCK, Rainer (Hrsg.) (1997). **Ost- und westdeutsche Jugendliche im Feriencamp: Perspektiven, Formen und Konflikte gemeinsamer Ferienaufenthalte.** Bielefeld: IFKA.
ISBN 3-926499-36-2

Das Zusammenwachsen beider Teile Deutschlands ist von großer Wichtigkeit und eine Generationenaufgabe. Von besonderem Interesse sind da die Einstellungen und Verhaltensweisen der jungen Leute. In der spezifischen Urlaubssituation stecken besondere Chancen des gegenseitigen Kennenlernens und Verstehens. Behandelt werden die folgenden Themen:
Konflikte im Jugendferien-Camp: Überblick über Ziel, Methoden und Ergebnisse des Forschungsprojektes (Ottmar L. Braun und Rainer Kluck); Die Befragung der Reiseleiter (Ottmar L. Braun und Rainer Kluck); Die Befragung der jugendlichen Teilnehmer. Ergebnisse der quantitativen Analyse (Ottmar L. Braun und Catharina Wrede); Verhalten, Einstellungen und Motive von ost- und westdeutschen Jugendlichen im Feriencamp (Maren Böhler und Jasmin Mathäß), Konflikte, Stereotype und Reiseerwartungen von ost- und westdeutschen Jugendlichen im Feriencamp (Kathrin Gandre und Susann Otto); Stereotype, Konflikte und Cliquenbildung von ost- und westdeutschen Jugendlichen im Feriencamp (Catharina Wrede und Sonja Pohle); Analyse der Jugendreisestudien Sommer `94 und `95 der RUF-Reisen Kooperation (Ottmar L. Braun); Kontaktpflege contra Sonnenbaden. Reisen ost- und westdeutscher Jugendlicher im Vergleich (Harald Schmidt); Der Kampf um Anerkennung in einem Jugendferiencamp (Bernd Fechler).

Band 3: PORWOL, Bernhard (2001).
Qualität im Jugendtourismus: Die zentrale Bedeutung der Kundenzufriedenheit. Eine empirische Untersuchung.
Bielefeld: IFKA. ISBN 3-926499-42-7

Jugendreisen haben sich als touristisches Spezialangebot etabliert. Nicht das Kinder- und Jugendhilfegesetz (KJHG), sondern das Reisevertragsgesetz bestimmt primär die Rahmenbedingungen eines Jugendreiseanbieters. Das moderne Jugendreisen für Minderjährige befindet sich im Spannungsfeld von Jugendlichen, deren Eltern, den betreuenden JugendreiseleiterInnen und den vermittelnden Reisebüros. Es werden hierzu erstmals empirische Studien von ruf reisen vorgestellt. Die Ergebnisse sind sowohl für Veranstalter von Jugendreisen, als auch für WissenschaftlerInnen in Tourismus und Jugendarbeit interessant. Es zeigt sich ein Wechsel weg vom Bildungsanspruch herkömmlicher Jugendreiseangebote hin zur Zufriedenheit aller Beteiligten. Die Ergebnisse belegen die Notwendigkeit einer bedürfnisorientierten Ausrichtung der Jugendreiseangebote. Die vorliegende Untersuchung markiert vor diesem Hintergrund den Versuch, die in der Praxis bereits vollzogene „pragmatische" Wendung im Jugendtourismus hin zu einer stärkeren Markt- und damit Kundenorientierung, nunmehr empirisch und theoretisch einzuholen und eine neue fachöffentliche Debatte über die Qualität des Jugendreisens im Spannungsfeld von Jugendarbeit und Tourismus zu eröffnen.

Band 4: STUMPF, Frank (2012).
BEACHFOOTBALL – Trendsport für Jugendliche.
2. erweiterte Aufl., Bremen: IFKA.
ISBN 13 978-3-926499-60-8

Mit „Beachfootball - Trendsport für Jugendliche" wird gezeigt, wie eine professionelle Sportart im jugendtouristischen Kontext als Trendsportart zu einer attraktiven Freizeitgestaltung werden kann. Die aus den USA stammende Mannschaftssportart, die auch eine Kontakt- bzw. Kampfsportart ist, wird für die jugendliche Urlaubssituation „entschärft" und attraktiv gemacht, ohne dass die Ernsthaftigkeit dieser Sportart in Strategie und Taktik oder das Regelwerk außer Acht gelassen werden. Das Interesse an Football erklärt sich möglicherweise aus dem Reiz des Neuen und weil es aus Amerika stammt. Die Faszination ist aber sicher auch in der Tatsache begründet, dass American Football mit allem Drum und Dran sehr publikumswirksam inszeniert werden kann.

Bereits seit 20 Jahren führt ruf reisen Beachfootball in seinen Sommercamps durch. Es ist für bislang etwa 20.000 Mädchen und Jungen zu einem unvergesslichen Urlaubserlebnis geworden.

Die erweiterte 2. Auflage wurde um die Untersuchung der allgemeinen Trendpotentiale von Beachfootball ergänzt und nimmt neben der praktischen Orientierung auch eine theoretische Einbindung des Coaches in der besonderen Rolle des Beachfootball-Referees vor.

Band 5: GIESECKE, Hermann, KEIL, Annelie & PERLE, Udo (2002):
Pädagogik des Jugendreisens. Faksimileausgabe. (2. Auflage, Faksimileausgabe).
Bielefeld: IFKA.
ISBN 3-926499-47-8

Die Faksimileausgabe des 1967 erschienenen Buches konfrontiert die Leser mit den Anfängen des Jugendtourismus in Deutschland, als dieser in einem größeren Umfang immer weiteren Bevölkerungsschichten möglich wurde.

Erstmalig wurde empirisch untersucht, wie junge Leute verreisen und welche Motive sie haben. Dabei wurde herausgefunden, dass sich „Pädagogik" und „Kommerz" nicht ausschließen oder im Gegensatz zueinander stehen. Bei Gruppenreisen kommt den Aktionen der JugendreiseleiterInnen eine herausragende Bedeutung zu. Ebenso wurde erkannt, dass die Unterscheidung nach „gemeinnützig" oder „kommerziell/gewerblich" keinerlei Aussage über die Qualität der Reisen zulässt. Sehr wohl gibt es da wie dort gute oder schlechte Reiseangebote.

Beachtet wurde seinerzeit dieses Buch kaum. Die 68er-Generation wandte sich anderen Themen zu. In der Wissenschaft war das Werk den (Sozial-) PädagogInnen zu kommerziell, den BetriebswirtInnen wiederum zu pädagogisch. So ist es auch immer noch in der Politik: Weder Jugendministerium noch Wirtschaftsministerium fühlten sich für den Jugendtourismus zuständig.

Die neuen Vorworte von PORWOL und GIESECKE versuchen das Buch einzuordnen und stellen einen aktuellen Bezug zur Gegenwart her.

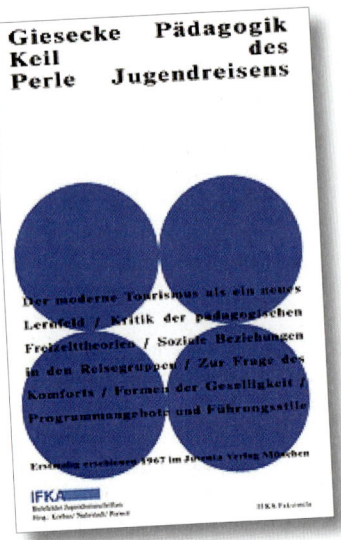

Band 6:   RUF Akademie/RUF Jugendreisen (2002). Animationspraxis: Spiele für Gruppen.
Bielefeld: IFKA.
ISBN 3-926499-48-6

Die Sammlung verschiedenster Spiele für Gruppen stellt nicht einfach nur ein weiteres Spielebuch innerhalb der zahlreichen Publikationen von mehr oder weniger interessanten Spielideen dar. Vielmehr sind hier praxiserprobte und aktuelle Spiele und Spielsituationen vorgestellt, die für unterschiedliche Gruppengrößen und Rahmenbedingungen geeignet sind. Jeder Leser, jede Leserin wird neben altbekannten auch neue Spiele finden. Es gibt schließlich „Klassiker", die über Generationen hin aktuell bleiben. Auch wenn es nie eine Erfolgsgarantie bei der Durchführung von Animation gibt, so sind die vorgestellten Spiele bei Beachtung grundlegender Regeln mit einem großen Erfolgsfaktor ausgestattet. Sie wurden von den vielen JugendreiseleiterInnen von ruf reisen und den zahlreichen Ausbildern und Ausbilderinnen der ruf Akademie in den letzten Jahren ausprobiert, werden heute gern gespielt und sind hier erstmals gesammelt. Die Spiele und Spielsituationen sind nicht der alleinige Faktor für das Gelingen einer tollen Jugendreise oder eines erfolgreichen Seminars, aber sicher ein wichtiger Beitrag dafür, dass diese Veranstaltungen Spaß machen. Die Spiele für Gruppen sind für Kinder- und Jugendreisen und für Seminargruppen geeignet, können aber ebenso bei anderen Gruppenreisen oder auch auf Partys oder „nur zum Spaß" gespielt werden.

Band 7: ILG, Wolfgang (2005).
Freizeiten auswerten – Perspektiven gewinnen: Grundlagen, Ergebnisse und Anleitung
zur Evaluation von Jugendreisen im Evangelischen Jugendwerk in Württemberg.
2. überarbeitete Auflage.
Bremen: IFKA. ISBN 3-926499-57-5

Erstmalig führt ein etablierter Verband eine umfassende empirische Untersuchung zur Qualität
seiner Jugendferienfreizeiten durch und veröffentlicht diese Ergebnisse. Das ist in doppelter
Hinsicht bemerkenswert.
Zum Einen wird einer These der jahrzehntelan-
gen Diskussion widersprochen, wonach Qualität
grundsätzlich nicht empirisch messbar sei. Von
sozialpädagogischer und jugendpolitischer Seite
her wurde stets behauptet, soziale Prozesse wä-
ren viel zu komplex, als dass sie sich empirisch untersuchen ließen. Zum Anderen lässt sich ein
großer Verband und Reiseveranstalter „in seine Karten schauen". Dies wird bislang von anderen
Organisationen mit dem Argument verwehrt, dass es sich ja um interne Belange handeln würde,
es also quasi um Betriebsgeheimnisse geht. Dieser bislang einmalige Vorgang ermöglicht nun
auch anderen Jugendreiseanbietern ein Qualitätsmanagement durch benchmarking. Die Qualität der eigenen Reisen kann erstmals mit denen anderer Organisationen verglichen werden.
Dies ist unabhängig davon, ob primär eine gewerbliche oder vorrangig eine verbandspolitische
Orientierung vorliegt. Der Serviceteil liefert eine praktische Anleitung zur Evaluation eigener
Jugendreisen und stellt die Fragebögen für eine selbständige Teilnehmer- und Mitarbeiterbe-
fragung zur Verfügung.

IFKA-Neuerscheinung 2011

Zukunftsfähige Freizeit
Renate Freericks, Dieter Brinkmann (Hrsg.)

Bremer
Freizeit.kongress
Analysen · Perspektiven · Projekte

Die Herausforderungen an eine zukunftsfähige Freizeitgestaltung liegen auf der Hand:
internationale Finanzkrise und Erhalt der Freizeitinfrastruktur, Globalisierung von Freizeit-
kulturen, neue Erlebnis- und Sinnsuche in der Freizeit, Veränderung des Publikums durch
den demographischen Wandel, aber auch wachsende Potenziale in der Gesellschaft für ein
freiwilliges Engagement. „Wie kann man die Freizeit der Zukunft gestalten?" war daher die
verbindende Frage für ganz unterschiedliche Programmteile und Foren des ersten Bremer
Freizeitkongresses in der Hochschule Bremen.

Der vorliegende Tagungsband dokumentiert kritische Analysen, neue Perspektiven und
beispielgebende Projekte aus den Bereichen Freizeitbildung, Freizeitmanagement und
Freizeitplanung. Eine zukunftsorientierte Freizeitwissenschaft, so scheint es, wird dringender denn je gebraucht, um Fehl-
entwicklungen zu vermeiden und die Potenziale der freien Lebenszeit individuell und gesellschaftlich ausschöpfen zu können.

Mit Beiträgen von: Renate Freericks, André Schulz, Felix Herle, Heike Becker, Udo Wilken, Reinhold Popp, Ulrich Reinhardt,
Thomas Rieger, Inna Piskunova, Björn Gernig, Florian Carius, Antje Wolf, Rainer Hartmann, Torsten Fischer, Heike Bähre,
Michael Pries, Kristiane Klemm und Jürgen Brunsing.

IFKA-Dokumentation: Band 25, Preis 17,80 €
245 Seiten, mit zahlreichen Grafiken und Abbildungen
ISBN 978-3-926499-59-2

IFKA

Bestellungen an:
Institut für Freizeitwissenschaft und Kulturarbeit e.V.
(IFKA) an der Hochschule Bremen
Neustadtswall 30, 28199 Bremen
Mail: info@ifka.de, Fax: 0421-5905-2013

Facharchiv und Fachbuchverkauf internationale Jugendmobilität

Auf der Basis des umfangreichen und legendären Literaturbestands des Jugendreferats des Studienkreises für Tourismus e.V. in Starnberg (1963 - 1993) hat transfer e.V. in Zusammenarbeit mit dem BundesForum Kinder- und Jugendreisen e.V. in den vergangenen Jahren eines der umfangreichsten Archive in Deutschland zu Forschung und Praxis der internationalen Jugendmobilität aufgebaut.

Mit seinen knapp 5.000 Fachbüchern, Fachaufsätzen, Fachzeitschriften, Abschlussarbeiten, Veranstaltungsdokumentationen und anderen wissenschaftlichen Arbeiten bietet das Facharchiv u.a. Zugang zu vergriffener, nicht mehr im Fachhandel erhältlicher Fachliteratur, die größtenteils in der Geschäftsstelle des transfer e.V. in Köln einsehbar ist.

Ergänzt wird das Facharchiv um einen Fachbuchverkauf, der aktuelle Fachliteratur zu den Themenbereichen Kinder- und Jugendreisen, Internationale Begegnungen, Aus- und Fortbildung und Jugendgesundheit vorhält.

Fachbuchverkauf im Internet: **www.transfer-ev.de**

Facharchiv im Internet: **www.facharchiv.de**

Weitere Informationen: transfer e.V.,

Oliver Schmitz, Grethenstr. 30, 50739 Köln